张群力 著

二审再审的突破与逆转

中国人民大学出版社
·北京·

图书在版编目（CIP）数据

二审再审的突破与逆转/张群力著．--北京：中国人民大学出版社，2023.7
ISBN 978-7-300-31868-4

Ⅰ.①二… Ⅱ.①张… Ⅲ.①民事诉讼-研究-中国 Ⅳ.①D925.104

中国国家版本馆 CIP 数据核字（2023）第 116232 号

二审再审的突破与逆转
张群力　著
Ershen Zaishen de Tupo yu Nizhuan

出版发行	中国人民大学出版社		
社　　址	北京中关村大街 31 号	邮政编码	100080
电　　话	010-62511242（总编室）		010-62511770（质管部）
	010-82501766（邮购部）		010-62514148（门市部）
	010-62515195（发行公司）		010-62515275（盗版举报）
网　　址	http://www.crup.com.cn		
经　　销	新华书店		
印　　刷	北京昌联印刷有限公司		
开　　本	720 mm×1000 mm　1/16	版　次	2023 年 7 月第 1 版
印　　张	32.5 插页 1	印　次	2023 年 7 月第 1 次印刷
字　　数	582 000	定　价	138.00 元

版权所有　　侵权必究　　印装差错　　负责调换

抱法处势则治,背法去势则乱。
　　——《韩非子·难势》

诉讼是一门艺术（代序）

诉讼是一门艺术。

诉讼具有鲜明的技术特性。就诉讼律师而言，熟悉相关法律规定，熟悉诉讼规则，这是最基本的要求。每一起案件的案情都不相同，每一位裁判者和每一位当事人都有其特有的个性。对代理律师而言，要成功代理一起案件，不仅需要熟悉相关的法律规定和诉讼规则，更重要的是，要结合案件的特点，在经验的帮助下，创造性地开展工作，为客户提供最恰当的法律服务，最大限度地维护客户的权益。诉讼不只是对知识和规则的简单运用，它更是经验和智慧的付出，更是一种创造性的工作，更是一门艺术。

诉讼艺术包括诉讼决策艺术。诉讼决策指在具体个案中，全面了解案件的基本事实，全面了解案件的相关法律规定，运用法律思维，对案件进行分析判断，最终确定具体诉讼思路和诉讼方案。

诉讼艺术还包括诉讼证据艺术。打官司就是打证据，诉讼工作在很大程度上表现为收集证据证明案件事实，依据证据认定案件事实。证据的艺术不仅包括对证据的收集和提交，还包括对证据的整理和阐释。

诉讼艺术还包括诉讼文书艺术。文书工作是代理律师的主要工作内容之一，诉讼文书不仅要客观准确，而且要有说服力，要能很好地表达本方观点，为说服法官起到相应的作用。

诉讼艺术还包括庭审艺术。庭审工作是代理工作的重中之重，是律师专业能力的综合体现。庭审陈述、庭审举证质证、庭审询问、庭审辩论、庭审应变等都非常重要。

诉讼艺术还包括说服法官的艺术、与当事人相处和交流的艺术、团队管理的艺术，等等。

诉讼是一门艺术就说明，诉讼专业技能的提升需要经验的积累，需要在实践中不断领悟、总结。对代理律师而言，每一起曾经代理的案件都需要认真总结，都值得认真总结。承办的二审和再审案件，尤其在二审和再审中反败为胜的案件，更需要总结。

我长期关注商事诉讼/仲裁业务，所在工作团队代理了大量二审、再审案件，也积累了大量在二审、再审中反败为胜的案例。在法律界朋友的鼓励下，我对这些案件进行了总结，并出版了本书。

本书是对我以往工作的回顾，方便我和所在工作团队今后更好地开展工作。另外期望本书能成为律师同行之间、法律界朋友之间相互探讨和交流的素材。

本书第一章是对我的二审、再审代理方法的概要总结。在这一章里主要介绍了在二审和再审中六个方面的突破。二审和再审是纠错审，要实现二审和再审中的突破和逆转，就需要凸显原审的错误。思路突破就是通过调整思路，包括依托证明理论调整思路、依托法学理论调整思路，凸显原审的错误，从而实现二审和再审中的突破。证据突破就是收集新证据，或者利用对方证据，或者对原审证据进行重新整理和阐释，凸显原审的错误，从而实现二审和再审中的突破。程序突破就是找出原审程序的瑕疵，从而获得发回重审或启动再审的机会。文书突破就是通过提升文书的说服力，包括提升民事上诉状、再审申请书和代理词等法律文书的说服力，凸显原审的错误，说服法庭，从而实现二审和再审中的突破。庭审突破就是利用宝贵的庭审机会，利用庭审举证、质证的机会，利用庭审辩论的机会，凸显原审的错误，说服法庭，从而实现二审和再审中的突破。团队突破就是发挥团队的优势，利用案件讨论、案件论证、法律检索和可视工具等团队办案措施辅助实现二审和再审中的突破。

在进行了上述总结后，我和所在团队对每一起新代理的二审和再审案件，都从上述这六个方面寻找突破，开展代理工作。我感觉到，上述总结的效果非常明显，它不仅有效提高了我和所在团队的二审、再审代理工作的效率，而且还大幅度提升了我和所在团队的二审和再审代理工作的质量。

本书的第二章到第六章是我对所代理的二审、再审案例的具体总结。结合前述六个方面的突破，我和所在团队遴选了我本人代理的20个反败为胜案例，包括10个在最高人民法院反败为胜的案例，然后逐一对这些案例进行介绍和总结。第二章是股权转让和投资纠纷方面的4个案例，第三章是建设工程和房地产纠纷方面的6个案例，第四章是金融借款和担保纠纷方面的4个案例，第五章是合作合同和买卖合同纠纷方面的3个案例，第六章是知识产权纠纷方面的3个案例。

这20个案例中每一个案例都包括了三部分主要内容。第一部分是案件介绍、原审情况及案件代理思路。第二部分是代表性的法律文书，这些法律文书在案件的反败为胜方面发挥了重要作用，大部分法律文书得到了当事人和承办法官的充分肯定，也成为我所在团队内部专业培训的重要素材。第三部分是我结合上述六个方面的突破方法，对案件代理工作进行的评析。我们期望对这些具体案例的介绍和分析，能对诉讼技能的交流和提升，能对诉讼艺术的交流和探讨带来稍许裨益。

本书的出版离不开我所在工作团队的大力支持和参与。团队合伙人卢青律师和团队合伙人苏艳律师共同参与了本书大量案件的代理工作，为这些案件的反败为胜作出了不可或缺的重要贡献。团队成员董理炼律师、唐雪威律师、孙健主管和张隼翼助理在疫情期间共同参与了本书材料的整理和校稿。在此，对他们的努力和付出表示衷心的感谢。

在这里，我还要特别感谢我所在工作团队的合作伙伴邢卫先生和"007法律"平台，感谢他们对本书出版的支持和鼓励。

法律人追求的终极目标就是法律的公平和正义。正是一个个具体鲜活的案例将法律的公平和正义带到了我们的面前，正是无数个个案的公平和正义最终汇聚成了我们这个时代法治进步的大潮。

面对时代的大潮，让我们彼此交流、相互鼓励，在各自的岗位上尽我们的本分。

张群力

2023年6月12日

目 录

第一章 二审再审六个方面的突破 / 1

第一节 二审再审突破概述 / 3
一、二审再审的特点 / 3
二、二审再审改判率分析 / 6
三、凸显原审错误，实现二审再审突破 / 8

第二节 二审再审的思路突破 / 13
一、二审再审思路突破概述 / 13
二、调整思路，实现思路突破 / 13
三、依托证明理论，实现思路突破 / 15
四、依托法学理论，实现思路突破 / 16

第三节 二审再审的证据突破 / 18
一、二审再审证据突破概述 / 18
二、收集新证据，实现证据突破 / 18
三、利用对方证据，实现证据突破 / 21
四、整理阐释证据，实现证据突破 / 21

第四节 二审再审的程序突破 / 24
一、寻找程序瑕疵，促成发回重审或再审 / 24
二、寻找程序瑕疵，辅助推动二审改判 / 25

第五节 二审再审的文书突破 / 26
一、二审再审文书突破概述 / 26
二、结合法学理论，提高说服力，实现文书突破 / 27
三、结合行业特点，提高说服力，实现文书突破 / 28
四、结合案件特点，提高说服力，实现文书突破 / 29

第六节 二审再审的庭审突破 / 31
一、二审再审庭审突破概述 / 31

二、利用举证质证，凸显原审错误，实现庭审突破 / 32

　　三、利用庭审辩论，凸显原审错误，实现庭审突破 / 33

第七节　二审再审的团队突破 / 35

　　一、二审再审团队突破概述 / 35

　　二、进行团队讨论，寻找案件突破 / 35

　　三、组织案件论证，推动案件突破 / 36

　　四、进行法律检索，推动案件突破 / 37

　　五、运用可视工具，辅助案件突破 / 37

第八节　法势术结合与二审再审突破的法哲学思考 / 39

　　一、法势术结合 / 39

　　二、二审再审中的以法为本 / 39

　　三、二审再审中的法势结合 / 40

　　四、二审再审案件中的法术结合 / 41

第二章　股权转让和投资纠纷案件的突破与逆转 / 43

案例1：结合案件特点，论述三份协议是一个整体，股权转让客观真实，凸显原审错误

　　——最高人民法院邹某某与李某飞等股权转让合同纠纷再审案的文书突破和团队突破 / 45

案例2：收集银行卡交接单等新证据，证明在银行卡上的取款不是投资款，凸显原审错误

　　——最高人民法院宋某某与王某某合作合同纠纷再审案的证据突破和文书突破 / 79

案例3：结合证明理论，完善诉讼思路，论述在股权结算协议中写明原凭条作废后举证责任发生了转移，凸显原审错误

　　——最高人民法院上海某机械集团公司与黄某某股权损害赔偿纠纷再审案的思路突破和文书突破 / 99

案例4：结合法学理论，完善诉讼思路，阐述自主经营发生的风险和成本不属于股权转让瑕疵且股东无权在股权转让纠纷中主张项目公司的损失，凸显原审错误

　　——云南省高级人民法院深圳某投资公司与广州某旅游集团公司股权转让合同纠纷二审案的思路突破和庭审突破 / 117

第三章 建设工程和房地产纠纷案件的突破与逆转 / 143

案例 5、6：调整诉讼思路，收集中标无效新证据，证明房屋租赁合同无效
——北京市高级人民法院和北京市第二中级人民法院两起租赁合同纠纷二审案的思路突破和证据突破 / 145

案例 7：调整诉讼思路，论述介绍工程转包，居间合同无效，凸显原审错误
——最高人民法院南京某建筑公司与葛某某建设工程居间合同纠纷再审案的思路突破和文书突破 / 193

案例 8：调整诉讼思路，论述赔偿协议的效力独立于先前的框架协议，凸显原审错误
——最高人民法院湖北某建筑公司与河南某实业公司工程合同纠纷再审案的思路突破和文书突破 / 221

案例 9：结合建筑租赁行业的特点及租赁合同的签订与履行，阐述应当认定再审申请人是租赁合同的主体，凸显原审错误
——山东省高级人民法院刘某某与阳谷某劳务公司租赁合同纠纷再审案的文书突破和庭审突破 / 234

案例 10：结合法学理论，论述建设工程设计合同纠纷不适用建设工程施工合同纠纷的专属管辖，凸显原审错误
——山东省烟台市中级人民法院山东某设计院与龙口某医院建设工程设计合同纠纷管辖权异议二审案的文书突破和团队突破 / 252

第四章 金融借款和担保纠纷案件的突破和逆转 / 273

案例 11：结合法学理论，论述免除利息和债务人在收回特定资金后再偿还债务不构成显失公平，凸显原审错误
——最高人民法院张某某与肖某某等民间借贷担保合同纠纷二审案的程序突破和文书突破 / 275

案例 12：依托法学理论，完善诉讼思路，论述担保债权已过保证期间，凸显原审错误
——最高人民法院荆州某机电公司与武汉某资产管理公司金融借款担保合同纠纷再审案的思路突破和文书突破 / 307

案例 13：寻找原审程序瑕疵，论述原审证据瑕疵，凸显原审错误
——北京市第一中级人民法院赵某某借款担保合同纠纷再审案的程序突破和文书突破 / 322

案例 14：充分利用庭审质证，否定对方担保合同的真实性，凸显原审错误
——安徽省芜湖市中级人民法院芜湖某农业公司与某国有商业银行八起金融借款担保合同纠纷再审案的程序突破和庭审突破 / 333

第五章 合作合同和买卖合同纠纷案件的突破和逆转 / 357

案例 15：调整诉讼思路，将对方证据作为本方二审新证据，凸显原审错误
——北京市第三中级人民法院北京 A 公司与上海 B 公司两起影视剧合作合同纠纷二审案的思路突破和证据突破 / 359

案例 16：结合案件特点，结合新证据，论述三方转账协议客观真实，凸显原审错误
——北京市第一中级人民法院北京 A 贸易公司与北京 B 汽车厂国际贸易合同纠纷二审案的文书突破和证据突破 / 391

案例 17：结合行业特点，收集新证据，证明名为买卖、实为借贷，凸显原审错误
——河南省高级人民法院濮阳某粮库与洛阳某光电公司买卖合同纠纷二审案的证据突破和庭审突破 / 408

第六章 知识产权纠纷案件的突破和逆转 / 423

案例 18：结合著作权理论和侵权理论，阐述委托人授权他人在原约定范围内使用委托作品不构成侵权，凸显原审错误
——最高人民法院山东某设计院与济南某设计公司建筑图纸著作权侵权纠纷再审案的文书突破与庭审突破 / 425

案例 19：结合合同法理论，阐述放弃已支付的合同款仍无权单方解除合同，凸显原审错误
——最高人民法院北京某化工公司与重庆某工业公司技术许可合同纠纷再审案的文书突破和庭审突破 / 452

案例 20：结合证明理论，结合行业特点，完善诉讼思路，论述已经达到著作权权属高度盖然性证明标准，凸显原审错误
——最高人民法院北京某图像公司与重庆某外运公司侵犯著作财产权纠纷再审案的思路突破和文书突破 / 492

第一章
二审再审六个方面的突破

二审再审六个方面的突破

思路突破
- 调整思路，实现思路突破
- 依托证明理论，实现思路突破
- 依托法学理论，实现思路突破

证据突破
- 收集新证据，实现证据突破
- 利用对方证据，实现证据突破
- 整理阐释证据，实现证据突破

程序突破
- 寻找程序瑕疵，促成发回重审或再审
- 寻找程序瑕疵，辅助推动二审改判

文书突破
- 结合法学理论，提高说服力，实现文书突破
- 结合行业特点，提高说服力，实现文书突破
- 结合案件特点，提高说服力，实现文书突破

庭审突破
- 利用举证质证，凸显原审错误，实现庭审突破
- 利用庭审辩论，凸显原审错误，实现庭审突破

团队突破
- 进行团队讨论，寻找案件突破
- 组织案件论证，推动案件突破
- 进行法律检索，推动案件突破
- 运用可视工具，辅助案件突破

第一节　二审再审突破概述

一、二审再审的特点

了解我国二审和再审救济程序的特点，我们能更好地开展二审和再审代理工作，能更好地实现二审和再审的突破与逆转。

（一）二审救济程序的特点

我国实行两审终审制。对可以上诉的一审判决和裁定，当事人不服就可以向上一级法院提起上诉，寻求救济，由上一级法院进行二审（专利等知识产权案件的二审直接由最高人民法院知识产权庭审理的除外）。二审是上诉审，针对的是可以上诉的还没有生效的一审判决和裁定。它是当事人对判决和裁定不服的通常救济程序。

1. 二审是事实审

就审理内容而言，上诉审包括事实审和法律审两种类型。事实审是指既审理案件的事实认定问题，也审理案件的法律适用问题。而法律审是指不再对案件的事实认定问题进行审理，而只审理案件的法律适用问题。普通法系国家的上诉审一般为法律审。大陆法系国家一般承认当事人对事实认定有提起上诉的权利，上诉程序还常常包括二审和三审，二审一般是事实审，三审一般仅局限于法律审。我国实行两审终审制，我国的二审是事实审，既包括对事实认定的审理，也包括对法律适用的审理。

2. 二审是继续审

根据二审和一审的关系，二审可以采用复审主义、事后审主义和续审主义三种模式。

在复审主义模式中，二审法院审理案件不受一审程序的限制，二审法院可以全面地重新收集诉讼材料，当事人可以不受限制地提出新事实和新证据，二审法院从头进行审理。复审主义模式有助于更大程度地发现真相，但明显有违诉讼经济原则。

在事后审主义模式中，当事人不得在二审中主张新的事实，也不能为以前主张的事实提供新的证据，二审法院仅在一审裁判据以作出的原有证据材料和诉讼材料的基础上进行事后审查。事后审主义模式有利于诉讼经济原则，但不利于最大程度地发现真相。

续审主义模式是复审主义模式和事后审主义模式的折中，目的是在诉讼经济原则和发现真相之间取得平衡。在续审主义模式中，当事人一审中的诉讼行为在二审中仍然有效，但当事人在二审中享有辩论更新权，可以提出新的主张，也可以提出新的证据。二审法院在一审法院审理的基础上，结合二审中出现的新主张和新证据针对当事人的上诉请求进行审理。

和德、日等国家一样，我国二审采用续审主义模式。了解这一特点，有利于我们更好地开展二审代理工作，实现二审的突破。

（二）再审救济程序的特点

再审是人民法院为了纠正已经生效裁判的错误而对案件进行再次审理的程序，它针对的是已经发生法律效力的判决书、裁定书和调解书。虽然它也是一种救济程序，但它显然是一种非常的救济程序。

1. 启动再审程序有很强的职权主义特点

我们要做好再审代理工作，首先要了解启动再审程序有很强的职权主义特点。发动再审有三种方式，即：人民法院依职权决定再审，人民检察院发动再审，当事人申请再审。

人民法院依职权决定再审包括上级人民法院发现下级人民法院的生效法律文书确有错误而决定再审，也包括各级人民法院院长发现本院生效法律文书确有错误，经审判委员会讨论后对本院生效法律文书决定再审。

人民检察院发动再审包括人民检察院提出抗诉和检察建议，即人民检察院发现人民法院的生效判决书、裁定书有发动再审的法定事由，或者发现调解书损害国家利益、社会公共利益时，最高人民检察院对各级人民法院提出抗诉，或上级人民检察院对下级人民法院提出抗诉，或者同级人民检察院对同级人民法院提出再审检察建议。

当事人申请再审即当事人对可以申请再审的判决书、裁定书、调解书，认为确有错误，有法定再审事由，而请求人民法院再审，人民法院经审查后，认为当事人申请再审的法定再审事由成立而裁定再审。

在上述三种发动再审的方式中，前两种分别是人民法院依职权启动再审和人民检察院依职权启动再审。第三种虽然是依当事人申请而启动再审，但在该种情形下，再审案件要历经再审审查阶段和再审审理阶段。只有经过再审审查阶段，人民法院经审查认为当事人的再审申请具有法定再审事由后，才能裁定再审，案件才能最终进入再审审理阶段。因此，第三种启动方式同样具有很强的职权主义特点。

基于启动再审程序具有很强的职权主义特点，我国立法上将再审程序表述为审判监督程序。我们在代理再审案件时，应该了解到这一基本特点。

2. 申请再审是一种准诉讼程序

我们要做好再审代理工作，还必须了解再审程序的第二个特点，即申请再审程序已经上升为一种准诉讼程序。虽然启动再审程序有很强的职权主义特点，但2007年修订民事诉讼法对我国的民事审判监督制度进行了重大改革，将申请再审上升为一种准诉讼程序：明确了申请再审的法定事由，明确了当事人申请再审的程序，明确了人民法院对当事人申请的审查程序，明确了人民法院对申请再审以裁定方式结案，明确了申请再审的期限及人民法院对申请再审的审查期限。

申请再审成为一种准诉讼程序之后，我国两审终审制得到了进一步完善，即民事诉讼程序由原来的两审终审制发展为两审终审制加申请再审纠错制。当事人申请再审的方式成为启动再审最主要的方式。我们在本书中将再审程序表述为申请再审纠错程序也正是考虑了这一程序特点。

3. 人民法院对申请再审的审查将围绕法定再审事由进行

我们要做好再审代理工作，还必须了解再审程序的第三个基本特点，即人民法院对申请再审的审查将围绕法定再审事由进行。如果当事人的再审申请具有法定再审事由，人民法院将裁定再审。如果当事人主张的再审事由不成立，人民法院将裁定驳回当事人的再审申请。如果当事人主张的理由不属于法定再审事由的范围，人民法院对当事人的该部分理由将不再审查。因此，开展再审代理工作必须紧紧依托于法定再审事由，并围绕法定事由展开。

依据2021年修改后的《民事诉讼法》第207条，对判决书申请再审的法定再审事由包括13项。依据2021年修改后的《民事诉讼法》第208条，对调解书申请再审的法定再审事由包括2项。二者加起来共15项。这15项法定再审事由分别是：(1) 有新的证据足以推翻原判决、裁定的；(2) 原判决、裁定认定的基本事实缺乏证据证明的；(3) 原判决、裁定认定事实的主要证据是伪造的；(4) 原判决、裁定认定事实的主要证据未经质证的；(5) 对审理案件需要的主要证据，当事人因客观原因不能自行收集，书面申请人民法院调查收集，人民法院未调查收集的；(6) 原判决、裁定适用法律确有错误的；(7) 审判组织的组成不合法或者依法应当回避的审判人员没有回避的；(8) 无诉讼行为能力人未经法定代理人代为诉讼或者应当参加诉讼的当事人，因不能归责于本人或者其诉讼代理人的事由，未参加诉讼的；(9) 违反法律规定，剥夺当事人辩论权利的；(10) 未经传票传唤，缺席判决的；(11) 原判决、裁定遗漏或者超出诉讼请求的；(12) 据以作出原判决、裁定的法律文书被撤销或者变更的；(13) 审判人员审理该案件时有贪污受贿、徇私舞弊、枉法裁判行为的；(14) 调解书违反自愿原则的；(15) 调解协议的内容违反法律的。

从事再审代理工作，必须对上述15项法定再审事由全面熟悉、了解和掌握，并能在每一个再审案件中具体运用。

(三) 二审再审的主要程序功能

开展二审和再审代理工作，我们需要从宏观的角度了解二审和再审的功能定位。二审和再审主要发挥以下两方面的作用。

第一是纠错，即纠正一审或原审的错误，保证公正司法，维护当事人的合法权益。这是最基本、最主要的程序功能，也是设定二审程序和再审程序的最主要目的。无论是二审程序还是再审程序，从纠错的角度，从维护当事人合法权利的角度，我们都将其称为救济程序。

第二是维护法律适用的统一。对同一法律争议问题，不同的人民法院，甚至不同的法官对其可能有不同的理解，可能作出不同的裁判，法律裁判的尺度和法律适用的尺度可能并不统一。这样一方面影响案件裁决的公正性，另一方面也损害法律和司法的权威。通过二审和再审程序，能纠正一审和原审在法律适用方面可能出现的偏差，更好地维护法律适用的统一。对法律适用有重大争议的案件或新类型案件，这方面的作用将更加重要。

二审和再审当然还有其他程序功能，如维护当事人合法权益，实现人民法院之间的审级监督，维护司法的权威，但这些功能基本上可以归纳到上述两项基本功能当中。二审和再审完成纠错，自然能更好地维护当事人的合法权益。上级人民法院通过二审和再审程序纠错，自然体现了人民法院之间的审级监督。二审和再审的纠错，二审和再审对法律适用统一的维护，自然更好地促进了公正司法，更好地维护了司法的权威。

二、二审再审改判率分析

(一) 二审再审改判率现状

开展二审和再审代理工作不可回避的问题是二审和再审的改判率低。从宏观角度了解二审再审案件的改判率有助于准确把握和评估二审再审代理工作。

我们可以从最高人民法院官方网站（www.court.gov.cn）上公布的全国法院司

法统计公报中了解近三年来二审民事案件的改判率。

依据2020年全国法院司法统计公报，2020年全国民事案件一审结案13 305 873件，2020年一审裁判正确率（一审结案数减去二审改判和发回数之差与一审结案数的比率）为98.20%，即对一审审结案件而言，2020年的改判发回率仅为1.80%。依据2021年全国法院司法统计公报，2021年全国民事案件一审结案15 745 884件，一审裁判正确率为98.32%，即对一审审结案件而言，2021年的改判发回率仅为1.68%，相比2020年略有降低。因此，从一审民事案件的裁判正确率来看，二审改判发回率非常低。

依据2020年全国法院司法统计公报，2020年全国审结民事二审案件1 343 485件，改判172 648件，发回重审66 599件，改判率12.85%，发回率4.96%，即相对全部二审上诉案件而言，改判率、发回率合计为17.81%。依据2021年全国法院司法统计公报，2021年全国审结民事二审案件1 539 004件，改判189 357件，发回重审74 668件，改判率12.30%，发回率4.85%，即相对于全部二审上诉案件而言，改判率、发回率合计17.15%，相比2020年也略有降低。

上述两方面的统计分析可能存在一定偏差。因为以一审全部民事案件为基数的统计和以二审全部上诉案件为基数的统计，二者计算的二审改判发回率相差10倍左右。依此反推，一审判决后的上诉率应该仅为10%左右，但实际上，一审判决后上诉率可能远远超过了10%。

当然统计标准或统计口径不同，得出的二审改判发回率也不尽相同。不同地域的人民法院，二审改判发回率也存在较大差异。但整体来说，二审改判发回率低是一个不争的事实。部分法律界人士认为，就二审上诉案件而言，相当部分人民法院二审改判发回率在3%到5%以内。

相比于二审，申请再审后被人民法院成功裁定再审的比例更低。绝大部分申请再审案件会被人民法院裁定驳回，部分申请再审案件甚至没有经过询问或听证程序，经人民法院书面审查后就被直接驳回。当然，申请再审案件如果被裁定再审，再审改判的可能性会比较高，因实体而不是因程序被裁定再审的案件尤为如此。我们通常说的再审案件改判率低，是指申请再审案件被裁定进入再审并最终被改判的整体比率低。

（二）二审再审改判率分析

如前所述，二审和再审改判率低是一个不争的事实。如果二审和再审改判率低是自然形成的结果，而不是有意设定的指标，或刻意人为地维持的结果，则低的改判率恰恰说明司法的成熟和进步，说明人民法院裁判文书的稳定，恰恰体现司法的权威，因为无论是二审，还是再审，它们终究是救济程序，在二审和再审之前，原审法院已经对案件进行过全面的审理。

二审再审改判率低，除了二审再审是救济程序、维护法律文书稳定、维护司法权威的原因，客观地说，还受到人民法院内部政策和管理方面的影响。

第一，人民法院案件改判内部程序的限制。人民法院要维持一审裁判，或驳回当事人的再审申请的，一般来说承办法官提出意见，合议庭讨论通过后，审判长就可以直接签发裁判文书。但如果二审中要改变一审裁判结果，或申请再审中要裁定再审，则不仅需要合议庭讨论通过，而且还可能需要承办法官向庭长或院长汇报，由庭长或院长提请法官会议讨论通过，甚至提请审判委员会讨论通过。改判或裁定再审在人民法院内部管理程序上十分复杂，工作量很大。

第二，人民法院内部评比考核的影响。如果案件被改判或被发回或被裁定再审，自然而会影响一审法院的裁判决正确率，进而影响一审法院或原审法院承办法官的评比或考核。

整体来说，二审中人民法院实际秉持的政策是依法维持、慎重改判、强化调解、严格发回。

三、凸显原审错误，实现二审再审突破

（一）原审错误之一为事实认定错误

如前所述，二审和再审是纠错救济程序，二审和再审改判率低，要实现二审和再审的突破和逆转，就必须凸显原审错误。为做好二审和再审代理工作，我们需要全面了解原审裁判错误的各种情形。

原审裁判错误主要表现在三个方面：事实认定错误、法律适用错误和程序错误。无论是对二审案件，还是对再审案件，我们都可以参照2021年修订的《民事诉讼法》第207条规定的情形来分析原审裁判的错误。

证据裁判原则是人民法院认定案件事实的基本原则。证据裁判原则有三个基本要求：第一，人民法院认定案件事实的证据是有证据能力的证据，即认定案件事实的证据必须具有真实性、合法性和关联性；第二，人民法院认定案件事实的证据必须是经举证、质证和认证程序的证据；第三，除免证事实外，人民法院认定的案件事实必须是有证据加以证明的事实。如果违背证据裁判原则这三个基本要求中的任何一个，则原审在认定事实方面就存在错误。

依据证据裁判原则的要求，参考《民事诉讼法》第207条的规定，我们将原审

事实认定错误的主要表现归纳为以下四种类型。

1. 原审认定案件事实的证据没有证据能力

原审认定案件事实的证据没有证据能力，不符合证据裁判原则的要求，主要是指原审认定案件事实的证据不具有客观性或合法性，如《民事诉讼法》第207条第3项规定的情形——"原判决、裁定认定事实的主要证据是伪造的"。

2. 原审认定案件事实违背举证、质证、认证程序

原审认定案件事实违背举证、质证、认证程序，同样不符合证据裁判原则，如《民事诉讼法》第207条第4项和第5项规定的情形，"原判决、裁定认定事实的主要证据未经质证的""对审理案件需要的主要证据，当事人因客观原因不能自行收集，书面申请人民法院调查收集，人民法院未调查收集的"。

3. 原审认定的案件事实缺乏证据证明

原审认定的案件事实缺乏证据证明，同样不符合证据裁判原则。这也是原审认定案件事实错误最主要的表现，相当部分二审和再审案件的改判包含了这一理由。《民事诉讼法》第207条第2项规定的"原判决、裁定认定的基本事实缺乏证据证明的"就属于这种情形。当然，判断原审认定的案件事实是否缺乏证据证明，涉及举证责任和证明标准。对举证责任的分配和转移、证明标准，律师团队在《最高人民法院新证据规定和证据实务：民事证据制度的完善与阐释》《诉讼代理55步：案件流程管理》这两本书中已经作了探讨，这里不再重复探讨。

4. 有新的证据证明原审认定的案件事实错误

虽然在原审证据的基础上，原审法院对案件事实的认定并没有违背证据裁判原则，但在原审判决作出后出现了新证据，或在二审或再审过程中，当事人提交了新证据，这些新证据能够证明原审认定的案件事实错误。如《民事诉讼法》第207条第1项规定的情形——"有新的证据，足以推翻原判决、裁定的"。再如，《民事诉讼法》第207条第12项规定的情形——"据以作出原判决、裁定的法律文书被撤销或者变更的"。

（二）原审错误之二为适用法律错误

广义来说，适用法律错误包括适用实体法律错误，也包括适用证据法律错误，还包括适用程序法律错误。但一般来说，适用法律错误是从狭义角度来说的，即它仅指适用实体法律错误。适用法律错误主要包括以下六种情形。

（1）适用的法律与案件性质不符。如本书的案例1，最高人民法院审理的一起股权转让合同纠纷再审案。该案是股权转让纠纷，而不是股权权属纠纷，隐名股东

9

和显名股东对股权的归属本没有争议,但一审法院和二审法院却以股权权属纠纷司法解释的规定来认定该案邹某某不是实际股东。再如本书案例9,山东省高级人民法院审理的一起建筑器材租赁合同纠纷再审案。该案是租赁合同纠纷,但二审法院却以刘某某违反竞业限制的相关法律规定为由,认定刘某某不是租赁合同的主体。这两起案件中,原审适用的法律明显与案件性质不符,适用法律明显错误。

(2)确定民事责任违背当事人约定或者法律规定。这是最常见的适用法律错误情形。依法成立的合同对双方当事人有约束力,就是双方当事人之间的法律,如果原审确定民事责任违背当事人的约定,自然违背了基本的契约原则,违背了原《合同法》、现行《民法典》的规定,适用《合同法》或《民法典》的相关规定错误。

(3)适用已经失效或尚未施行的法律。

(4)违反法律溯及力规定。

(5)违反法律适用规则。

(6)适用法律违背立法本意。

(三)原审错误之三为程序违法

原审程序违法是二审案件发回重审或申请再审案件裁定再审的重要理由。原审程序违法又主要包括以下三种情况。

1. 裁判组织组成不合法或裁判组织违法

《民事诉讼法》第207条第7项规定的情形是,"审判组织的组成不合法或者依法应当回避的审判人员没有回避的"。《民事诉讼法》第207条第13项规定的情形是,"审判人员审理该案件时有贪污受贿,徇私舞弊,枉法裁判行为的"。

2. 违反法律规定,损害了当事人的基本诉讼权利

《民事诉讼法》第207条第8项规定的情形是,"无诉讼行为能力人未经法定代理人代为诉讼或者应当参加诉讼的当事人,因不能归责于本人或者其诉讼代理人的事由,未参加诉讼的"。第9项规定的情形是,"违反法律规定,剥夺当事人辩论权利的"。第10项规定的情形是,"未经传票传唤,缺席判决的"。在上述三种损害当事人基本诉讼权利的情形中,未经传票传唤,违法缺席判决的情形出现的概率相对较高。

3. 遗漏或超出诉讼请求

基于不告不理的原则,人民法院裁判的内容不能超出当事人的诉讼请求。同样基于人民法院不能拒绝裁判的原则,人民法院的裁判也不能遗漏当事人的诉讼请求,不能对当事人的部分诉讼请求不作出裁判。

（四）原审裁判错误的标志

我们除从内容的角度对原审错误进行分析外，还可以从法官自由裁量权这一角度来分析。

法官的自由裁量权是指法官根据自己的认识、经验、态度、价值观以及对法律规范的理解而选择司法行为和对案件作出裁判的权力。如果原审法院的法官是在自由裁量权范围内对案件进行裁判，且原审裁判没有超过法官自由裁量权的边界，就不能认定原审裁判错误。相反，如果原审裁判超出了法官自由裁量权的范围，则构成错案。因此，我们可以说裁判是否超出法官自由裁量权边界是判断原审是否存在错误的标志。

对原审裁判错误还可以从量与质关系的角度来分析。如果原审裁判只是一个合理程度的问题，即只是一个量的问题，没有超出法官自由裁量权的范围，则不能认为原审裁判存在错误。但如果这种不合理性超出了一定限度，超出了法官自由裁量权的边界，违反了法律的规定，则对原审裁判就存在质的否定，就应当认定原审裁判错误。

事实上，无论是二审救济程序，还是再审救济程序，它们所纠正的错误往往是原审较为的重大错误。尤其是在再审程序中，只有原审错误达到一定程度，具备法定再审事由规定的错误情形时，案件才能被裁定再审。

（五）原审裁判错误的负面影响

我们还可以从负面影响来进一步分析和了解原审裁判错误。原审裁判错误的负面影响主要表现为以下三个方面。

1. 造成当事人之间利益重大失衡

原审裁判错误的直接影响是使当事人之间的利益重大失衡，严重损害一方当事人的合法权益，严重违背基本的公平原则。这一负面影响与二审再审的纠错功能相对应。二审和再审就是要纠正原审的错误，公平地维护双方当事人的合法权益。

2. 损害法律适用的统一

原审裁判错误的另一影响是损害法律适用的统一。原审对法律的理解和适用出现偏差，导致同案不同判，裁判尺度不统一。这一负面影响也和二审、再审另一程序功能相对应。二审再审就是要纠正原审的错误，维护法律适用的统一。

3. 损害司法权威

原审裁判错误严重违背公平原则，损害法律适用的统一，自然损害了司法权威。除此之外，损害司法权威还表现为，人民法院的裁判违背行业的基本惯例，违背社会的普遍认知，违反当事人的约定和基本的契约原则，违背国家的基本政策，或者造成不良的社会影响，等等。

（六）凸显原审错误实现二审再审突破的六种方法

二审和再审是救济程序，要实现二审再审的突破，就必须想方设法凸显原审的错误。我们从不同角度总结六种凸显原审错误、实现二审再审突破的方法，包括思路突破、证据突破、程序突破、文书突破、庭审突破和团队突破。下文中我们会结合具体案件对这六种突破方法做进一步探讨。掌握这六种突破方法后，就能更好地开展二审再审代理工作，提高二审再审反败为胜的成功率。

第二节　二审再审的思路突破

一、二审再审思路突破概述

思路是一个通俗的表述，一般指思维的条理和脉络。诉讼思路也常常被称为诉讼方案。广义的诉讼方案包括管辖法院的选择和确定，诉讼主体的选择和确定，诉讼请求的设定和提出，诉讼证据的收集、组织和提交，诉讼理由的选择、组织和阐述，诉讼团队的分工，诉讼代理程序的安排，等等。

对二审和再审案件来说，管辖法院、诉讼主体等方面已经确定，诉讼请求很难再作调整。我们通常说的二审再审思路往往是从狭义的角度来说的，往往仅就诉讼理由而言，即：在二审和再审中如何选择、调整和完善诉讼理由？基于辩论更新权，在二审再审中有无新增的诉讼理由？是否舍弃和不再坚持原来不成立的诉讼理由？如何强化原来的诉讼理由？如何系统阐述原来的诉讼事由？如何使原来的诉讼理由更有条理和说服力？

常言道，思路决定出路。思路突破在二审和再审的突破与逆转中非常重要。我们结合本书 20 个反败为胜的案例，拟重点总结三个常见的思路突破方法，即：调整思路，实现思路突破的方法；依托证明理论，实现思路突破的方法；依托法学理论，实现思路突破的方法。

二、调整思路，实现思路突破

取得一审裁判文书或原审裁判文书后，如果原审裁判文书对本方不利，想通过上诉或再审得到救济，在提起上诉或申请再审以前，一定要先对原审裁判文书进行全面客观评析，了解原审中本方诉讼理由不被支持的原因。事实上，原审中双方充分的抗辩，人民法院在原审裁判文书中对双方观点的分析和认定，人民法院在原审裁判文书中的说理，有助于律师团队和当事人对案件进行重新评估，有助于律师团队和当事人对本方原主张的诉讼理由进行重新评估。

基于辩论更新权，在二审和再审中，我们要有一个习惯，对拟提起上诉或申请再审的案件，要从一个更广阔更全面的视角来重新审视和分析，寻找是否有新理由、新观点支持本方诉讼请求或诉讼主张。如果能寻找到新的理由，新的理由或许就能成为该案的突破。

案例5~6是调整思路、实现思路突破后反败为胜的典型案例。这是两起房屋租赁合同纠纷二审案件，一审分别在北京市第二中级人民法院和北京市房山区人民法院败诉。这两起案件的一审法院都认为这两起案件的租赁合同是通过公开招投标后签订的合同，合法有效，委托人不交付房屋构成违约，应承担违约责任。一审中，委托人主张只要支付三个月的违约金就可以单方解除合同，委托人这一主张显然不能成立。一审中虽然委托人以房屋没有规划许可证为由也主张过合同无效，但主张合同无效这一理由也显然不能成立。二审中我们接受委托后，查阅了案件的全部材料，尤其是查阅了招投标的全部材料，提出了证明中标无效、租赁合同无效的新思路和新主张，果断放弃了一审中不能成立的原诉讼理由，积极寻找对方当事人串通投标、挂靠投标和以虚假业绩投标的证据，最终寻找到对方投标文件中业绩虚假的证据。通过调整思路，这两起案件最终分别在北京市高级人民法院和北京市第二中级人民法院调解结案，反败为胜，取得了良好的代理效果。对具体细节情况，我们在本书案例5、6中进行了分析和总结。

案例15也是调整思路、实现思路突破后反败为胜的典型案例。委托人的两起影视剧合作合同纠纷案同时在北京市朝阳区人民法院一审败诉，一审法院认为委托人没有及时支付第二笔投资款构成违约，而委托人主张对方迟延拍摄、没有取得电视剧版权构成违约的主张却没有得到支持。委托人在二审委托作者所属律师团队代理后，我们全面查阅了案卷材料，尤其是反复查阅了本案的合作合同。其后，我们提出了对方擅自转让合作项目权益构成违约和对方擅自挪用专设账户资金构成违约的新思路和新主张，并将这部分理由作为这两起案件二审上诉的主要理由。这些理由被北京市第三中级人民法院在二审中采信，为这两起案件最终反败为胜发挥了重要作用。对具体细节情况，我们在本书案例15中同样进行了分析和总结。

案例7同样是调整思路、实现思路突破后反败为胜的典型案例。这是一起建设工程居间合同纠纷申请再审案，当事人二审在江苏省高级人民法院败诉后委托作者所在团队向最高人民法院申请再审。本案的关键是认定当事人和原工程中标人之间是工程联营关系还是工程转包关系，如果是工程转包关系，则对方当事人介绍工程转包，居间合同无效，我方当事人可以不支付居间费。申请再审中，我们提出了主体结构工程不是原工程中标人施工的观点，主体结构工程转包，自然是工程转包，而不是工程联营，居间合同自然无效。这一新观点最终被最高人民法院采信，本案最终被最高人民法院裁定再审并在江苏省高级人民法院的再审中彻底胜诉。对具体细节情况，我们在本书案例7中同样进行了分析和总结。

案例8同样是调整思路、实现思路突破后反败为胜的典型案例。这是一起在最高人民法院申请再审的建设工程施工合同纠纷案。在申请再审中我们提出了赔偿协议独立于双方之前的框架协议这一新主张，即赔偿协议是双方结算时签订的协议，是双方真实意思的表示，不仅它的效力独立于之前的框架协议，而且它对赔偿款金额的约定也独立于之前框架协议中对定金数额的约定。这一新主张同样被最高人民法院采信，本案最终成功被最高人民法院裁定提审。对具体细节情况，我们在本书案例8中进行了分析和总结。

其他调整思路、实现思路突破后反败为胜的案例还包括：案例4，云南省高级人民法院二审反败为胜的股权转让合同纠纷案；案例12，最高人民法院再审反败为胜的金融借款担保合同纠纷案。

三、依托证明理论，实现思路突破

如前所述，大部分案件原审出现偏差的主要表现是事实认定错误，而事实认定错误的主要原因是原审对举证责任的分配和举证责任的转移认定错误，或者是原审对是否达到证明标准认定错误。而举证责任和证明标准是证明理论中的重要内容。因此，对这部分案件的二审和再审，我们可以依托证明理论，即依托证明理论的举证责任理论和证明标准理论，实现思路突破。

举证责任包括行为意义上的举证责任，也包括结果意义上的举证责任，即当事人对自己诉讼请求所依据的事实，或反驳对方诉讼请求所依据的事实，有责任提供证据加以证明，没有提供证据或提供的证据不足以证明其主张的，承担由此产生的不利法律后果。

举证责任的分配由法律规定，在具体案件中由人民法院依据法律规定进行客观认定。行为意义上的举证责任在一定情况下会发生转移。举证责任的分配和转移是证明理论中比较疑难的问题，相当部分案件事实认定错误，是对举证责任分配和转移认定错误导致的。

案例3是最高人民法院的一起股权损害赔偿纠纷再审案。在这起案件中，原审法院没有对举证责任转移的事实进行认定，将举证责任不当地分配给委托人，导致委托人败诉。我们接受委托后，结合举证责任分配和转移理论，对案件进行了全面分析，提出了双方签订结算协议后，举证责任已经发生转移的新观点，即对方当事人在结算协议上写明"原凭条作废"后，举证责任就转移到了对方当事人，对方当事人有义务证明"原凭条"不是原来承诺给对方当事人股权的承诺函。如果对方当事人不能证明"原凭条"不是该承诺函，对方当事人就应当承担举证不能的不利后果。这一新观点最终被最高人民法院采信，本案最终被最高人民法院裁定提审并在提审中胜诉。

我国民事诉讼案件的证明标准主要是高度盖然性，对欺诈、胁迫、恶意串通、口头遗嘱、赠与等的证明标准是排除合理怀疑，对保全、回避等程序事项的证明标准是优势证据。

证明标准有客观性，即证明标准是长期的司法实践中形成的普遍性标准，反映了人们对诉讼活动证明规律的认识，对法官和其他诉讼主体具有指导作用和约束力。但证明标准又具有主观性和模糊性，难以完全精准确定，是否达到了证明标准需要法官来把握和判断。基于上述原因，证明标准也是证明理论中比较疑难的问题。

案例20是最高人民法院的一起数码图像著作权作品侵权赔偿纠纷再审案。在这起案件中，原审法院对图像著作权权属证明要求过于苛刻，对委托人是否已经完成举证责任，是否已经达到了权属主体的高度盖然性证明标准过于苛刻，从而认定委托人没有证明其是涉案图像著作权权属的主体，驳回了委托人的诉讼请求。我们接受委托后，从数码图像著作权权属证明标准的角度、从数码图像特点的角度，提出了新观点，这一新观点最终被最高人民法院采信，该案最终被最高人民法院裁定提审并在最高人民法院提审中胜诉。

四、依托法学理论，实现思路突破

除考虑依托证明理论实现思路突破外，我们还可以根据案件的具体情况，考虑是否可以依托该案涉及的法学理论实现思路突破，如合同法基本理论、侵权法基本理论。事实上，每一个案件都涉及相应的法学理论，都可以从法学理论方面进行思考，找到思路突破。

案例18是最高人民法院的一起建筑图纸著作权侵权纠纷再审案。对这起案件总结时，我们将其主要归类到文书突破和庭审突破当中，因为再审申请书和再审庭审确实在该案的反败为胜中发挥了重要作用。但是，该案中同样存在依据法学理论形成的思路突破。这起案件涉及委托创作作品著作权限制的著作权理论，涉及著作权权属内容的著作权理论，涉及侵权构成要件的侵权法理论。我们依托这三个方面的理论，形成了新的系统的思路和观点，这些新思路和新观点在该案中也起到了非常重要的作用。尤其是依托侵权构成要件理论，对该案是否存在损失的思路及观点，在该案中非常有说服力，为这起案件被最高人民法院裁定提审并最终再审胜诉发挥了重要作用。对具体细节情况，我们在本书案例18中进行了分析和总结。

案例19是最高人民法院审理的一起技术合同纠纷再审案。由于再审申请书、代理词和再审庭审在这起案件中的作用，我们同样将这起案件归类到了文书突破和庭审突破当中。但本案涉及合同解除权、合同条款解释的相关理论，我们依托合同法的这些相关理论，形成了新的系统的思路和观点。这些观点同样被最高人民法院采信。这起案件中，思路突破同样发挥了重要作用。对具体细节情况，我们在本书案例19中进行了分析和总结。

事实上，相当部分案件都可以依托法学理论去完善诉讼思路，并对这些思路和观点进行系统和有说服力的阐释。如案例1，最高人民法院审理的一起股权转让合同纠纷再审案，涉及隐名股东和显名股东的理论问题；案例10，烟台市中级人民法院审理的一起工程设计合同纠纷管辖权异议二审案，涉及案由分级及适用、设计合同履行地确定等理论问题；案例11，最高人民法院审理的一起借款担保合同纠纷二审案，涉及合同可撤销条件和表见代理等理论问题。

依据法学理论，形成新思路和新观点，依据法学理论对这些新思路和新观点进行系统阐述，与提高法律文书说服力紧密关联。对这部分内容我们将在本章第五节文书突破部分继续探讨。

第三节　二审再审的证据突破

一、二审再审证据突破概述

证据是人民法院认定案件事实的基础和依据，证据工作也是律师团队开展代理工作的主要内容，代理律师在案件代理过程中相当部分时间是在收集、整理、提交和阐释证据。人民法院对案件事实的认定依赖于当事人提交的证据及人民法院对证据的了解和采信程度。当事人在部分案件中败诉的原因是人民法院对案件事实认定错误。造成人民法院案件事实认定错误的原因可能与当事人没有及时提交证据有关，也可能与当事人没有对提交的证据进行充分说明和阐释有关。因此，当事人及时提交证据，并对证据进行充分说明和阐释非常重要。

和思路突破一样，证据突破也是二审、再审案件实现突破并反败为胜的主要方式之一。

二审、再审的证据突破包括在二审再审中收集和提交新证据，实现证据突破，也包括对原审已有证据进行补充发掘、说明和阐释，充分发挥原审已有证据的证明效力，实现证据突破。这些原审已有证据不仅包括本方原审的证据，也包括对方当事人原审的证据。

二审、再审的证据突破与二审再审的思路突破紧密关联，在部分案件中它们相互促进，共同为案件的反败为胜发挥作用。正是因为有了思路突破，在新思路的指导下，才最终收集到了新证据，才最终通过新证据证明了新观点和新理由，从而使案件反败为胜。正是因为有了思路突破，在新思路的指导下，才更好地对本方原审证据进行说明和阐释，才能更好地发挥本方原审证据的作用，使案件反败为胜。也正是因为有了思路突破，在新思路的指导下，才从另一个角度发现了对方原审证据在案件中的证明作用，从而使案件反败为胜。

二、收集新证据，实现证据突破

如前所述，相当部分案件败诉是因为本方的证据不足以证明本方的事实主张。因此，在二审再审案件中，无论是对上诉方，还是对申请再审方，都要努力寻找和收集新证据。如果能够收集到新证据，就很有可能实现案件的突破。

律师团队在二审、再审中收集的新证据，可能是原审中当事人已经掌握或已经了解到的证据，但原审中当事人和原代理团队没有认识到这些证据的价值，没有将这些证据提交给法院，或者当事人和原代理团队之间交流不充分，原代理团队没有从当事人处了解到这些证据，从而没有将这些证据提交给人民法院。律师团队在二审、再审中收集到的新证据，也可能是原审中当事人和原律师团队都没有掌握或了解的证据，即在二审或再审中，当事人和律师团队通过努力新了解、新收集到的证据，尤其是在二审、再审新思路的指导下，新了解、新收集到的证据。

律师团队在二审再审中收集到的新证据，可能是证明新的案件事实，即在新思路指导下，当事人新主张的案件事实。提交这些新证据是为了证明当事人在二审和再审中新主张的案件事实。律师团队在二审、再审中收集的新证据，也可能是进一步证明原审中当事人已经主张过的事实，即对原来已经主张的事实，当事人在原审中已经提供了部分证据，现在再增加补充提交这些新证据，进一步对这些事实进行证明。

无论属于上述哪种情形，只要这些新证据能够在二审和再审中发挥作用，当事人和律师团队就应当毫不犹豫地提交这些新证据，以实现二审、再审案件中的证据突破。

在《诉讼代理55步：案例流程管理》中，我们总结了收集证据的八种方法，这八种方法同样适用于二审和再审对新证据的收集。这八种方法分别是：

第一，阅看材料。阅看原审的全部案卷，引导当事人给律师团队提供全部案件材料，在原审中当事人或原代理团队认为没有价值的证据，或者认为没有必要提交的证据，可能成为二审再审的新证据。

第二，开会交流。在阅看原审材料的基础上，在对原审裁判进行评估分析的基础上，和当事人、当事人单位员工及相关人员进行充分交流，听取他们的介绍，查找新的证据线索，引导到他们给二审再审律师团队提交新的证据。

第三，察看现场。二审和再审中察看现场同样重要，在现场收集新证据或发现新证据线索。

第四，发送函件。书面指导当事人在二审再审中配合收集新证据。

第五，向第三方取证。在原审的基础上，根据需要，努力向第三方收集有利的证据。

第六，固定证言。申请证人出庭作证。

第七，网络检索。现在网络检索已经成为律师团队收集证据的主要方式之一，我们在部分二审和再审案件中，发挥团队检索优势，取得了案件需要的宝贵证据。

第八，公证保全。对部分证据，如网络检索获得的证据、现场拍照录像形成的证据进行公证保全，将公证书提交给人民法院。

这八种收集证据的方法主要是协助和配合当事人收集证据的方法。这八种方法中，阅看材料、开会交流、察看现场、网络检索这四种方法在二审再审中的作用最为突出。

当然从广义上来说，二审、再审收集新证据还包括在二审和再审中申请人民法院调查取证，包括申请人民法院责令对方当事人提交书证。

在二审、再审收集证据中，可能性规则对收集证据同样发挥着非常重要的指引作用，尤其是思路调整后的二审、再审案件，在新代理思路和可能性规则的指引下，收集到新证据，实现证据突破的可能性会大幅提升。

案例 2 是最高人民法院受理的一起合作合同纠纷申请再审案。这起案件中，委托人二审在福建省高级人民法院败诉。二审法院认定委托人和对方当事人的合作合同成立，认定委托人在对方当事人个人银行卡上的取款可以视为对方当事人支付了合作款，因此判决解除双方之间的合作合同，判决委托人退还对方当事人合作款并分配经营利润。本案的关键是认定对方当事人是否支付了合作款，从对方当事人个人银行卡上取款是否可以认定为对方当事人支付了合作款。接受委托后，我们和委托人及委托人聘请的财务人员进行了交流，了解到以对方当事人名义开户的银行卡实际归委托人经营部统一保管，该银行卡主要用于收取经营部经营过程中的销售款，几年前对方当事人和委托人的财务人员签署过银行卡交接单。银行卡交接单这一份新证据就能证明从该银行卡取款不能被认定为对方当事人支付了投资款。向最高人民法院申请再审时我们提交了这份新证据。当然，除这份新证据外，我们还提交了相关客户的证明材料等新证据。这些新证据在再审中实现了证据突破，该案最终被最高人民法院裁定再审，并在福建省高级人民法院再审胜诉。对具体细节情况，我们在本书案例 2 中进行了分析和总结。

案例 17 是河南省高级人民法院受理的一起粮食买卖合同纠纷二审案。这是一起名为多方连环买卖、实为资金拆借的案件。这起案件关键是要证明没有真实的粮食买卖交易。我们接受二审委托后，律师团队集体到粮库现场收集了大量新证据，包括粮库库容，粮库入库设备及入库能力，粮库入库流程及粮库入库单样式等新证据。这些新证据证明原审认定粮食已经交付和入库是明显错误的。这些新证据在二审中发挥了重要作用，实现了证据突破。河南省高级人民法院最终裁定撤销一审判决，将该案发回重审。对具体细节情况，我们在案例 17 中进行了分析和总结。

除上述两起案件外，在案例 5~6、案例 9、案例 11、案例 14 等中，我们提交的二审或再审新证据也发挥了积极作用。

三、利用对方证据，实现证据突破

在有些案件中，对对方证据进行仔细分析后就能发现，对方某些证据在某些方面对本方有利，能证明本方主张的某些观点。尤其是在诉讼思路调整后，这种可能性会更大一些。也即在这些案件中，在新诉讼思路指导下，最终可能发现对方某些证据能证明本方主张的新观点。

如果出现这种机会，我们就可以充分利用之，将对方原审证据为本方所用。当然，这样的机会不是每一起案件中都有的，但只要抓住了这样的机会，就能在案件代理中起到很好的推动作用。

在二审再审案件，尤其是在二审案件中，利用对方证据有两种方式。一种方式是对对方原审证据发表补充质证意见，在补充质证意见中说明对方证据能证明本方哪一个观点或事实。另一种方式是直接将对方一审的证据作为本方二审的新证据。如果对方证据在本案中对本方主张有较强的证明力，最好的办法是将对方一审的该份证据作为本方二审的新证据。这样，不仅对该份证据有补充质证的机会，而且可以保证对该份证据有举证阐释的机会，可以更好地凸显这份证据在该案中的证明作用。

案例4是云南省高级人民法院受理的一起股权转让合同纠纷二审案。在该起案件的二审中，律师团队将对方一审中提交的银行转账凭证作为我方二审的新证据。这些证据证明，支付争议费用的主体是项目公司，而不是对方当事人。也就是说，这些证据能够证明，即使股权转让存在瑕疵，承担这些损失的主体也是项目公司，而不是对方当事人，对方当事人作为股权转让方，无权主张我方当事人向其赔偿项目公司的损失。这些证据在二审中形成了我方的证据突破，为该起案件的二审反败为胜起到了重要作用。对具体细节情况，我们在案例4中进行了分析和总结。

案例15是北京市第三中级人民法院受理的两起影视剧合作拍摄合同纠纷二审案。在调整思路后，律师团队将对方当事人在一审中提交的与第三方的合作合同作为我方二审的新证据。这些证据能够证明对方违反合作合同的约定，未经我方当事人书面同意，擅自用合作项目权益与第三方合作，擅自向第三方转让在合作项目中的权益。律师团队同时还将对方当事人在一审中提交的专设账户上的银行流水作为我方二审的新证据，以证明对方违反合作合同的约定，擅自挪用专设账户上的资金。上述两方面的新证据在二审中起到了重要作用，实现了证据突破。

四、整理阐释证据，实现证据突破

证据本身不会说话，通过整理和阐释才能使证据更好地发挥作用。一审中证据的整理阐释很重要，二审和再审中同样需要对证据进行整理和阐释，从而更好地发挥已有证据的作用，实现证据突破。

律师团队将一审中的证据整理归纳为十个步骤，这十个步骤同样适用于二审和再审，尤其是适用于二审和再审的新证据。这十个步骤包括：证据取舍、证据组织、形式规范、辅助说明、证据编号、证据页码、证据清单、与当事人交流、证据装订、证据标注。

当然，二审和再审的证据整理工作也有需要特别注意的事项。第一，二审再审证据的整理，一般围绕争议焦点进行，一般与一个争议焦点相关的证据，或者与一个证明事项相关的证据，或者与一个上诉理由或再审理由相关的证据，单独分为一组。这样分组和整理，不仅条理清晰，有利于发挥这些证据的证明作用，还方便律师团队参加庭审询问和庭审调查时使用这些证据。第二，二审再审整理证据时，一般将一审证据、二审新证据，甚至对方证据根据需要证明的事项组合在一起，形成一个总的证据清单。当然，如二审再审有新证据，应当另行单独准备一份新证据清单。第三，无论是原审本方证据，还是原审对方证据，这些证据仍应当保留原来的证据编号，不应当重新编号，即一份证据在案件中的编号一般应当始终保持一致。当然，将对方一审的证据作为本方二审新证据的情形例外。

二审再审中对证据的说明和阐释与一审的情形也有所不同。代理二审和再审案件时，首先，应当了解原审中双方对该份证据的举证意见和质证意见，原审裁判对该份证据的采信情况；其次，要分析原审认定的事实与该份证据是否有矛盾之处，该份证据的证明效力是否已被充分发掘、说明、展示和阐释，有无必要从二审和再审的角度重新进行说明和阐释，从而充分发挥该份证据的作用，实现二审再审证据突破。

案例1是最高人民法院受理的一起股权转让合同纠纷再审案。该案有三份协议书，关键是要认定这三份协议书是一个整体，它们共同完成的股权转让交易客观真实。在书面补充举证意见时，在再审听证中，律师团队对这三份协议进行了说明，说明了它们的相互关系——数据之间的一致性。阐释这三份协议本身就能证明原审对基本事实认定错误。再审中我们对这三份协议书的说明和阐释，就形成了对该案的证据突破。

案例9是山东省高级人民法院受理的一起建筑器材租赁合同纠纷再审案。该案原二审裁定没有认定刘某某的债权人主体身份。这一认定与该案的租赁合同矛盾。为此，我们在再审中重点对该份租赁合同进行了说明和阐释，重点说明了该份租赁合同的签订背景、签订过程、承租主体的表述、出租主体的表述、签章情况。对该份租赁合同的说明和阐释，很好地发挥了该份证据在该案中的证明作用，凸显了二审裁定认定事实错误，从而实现了该案的证据突破。

案例11是最高人民法院受理的一起借款担保合同纠纷二审案。该案争议的焦点是补充协议的相关条款是否显失公平，是否构成欺诈胁迫，是否可以主张撤销。律师团队对该份补充协议重点进行了说明和阐释，还原了该份补充协议的签订过程，包括补充协议的打印情况、手写改动过程、手写改动内容、双方的签字顺序，说明了一审认定的基本事实与补充协议之间的矛盾。二审中我们对该份证据的说明和阐释，同样起到了很好的作用，实现了该案的证据突破。

第四节　二审再审的程序突破

在本章第一节我们已经较为详细地探讨了原审程序错误的主要内容。

二审再审的程序突破是指，寻找原审程序的错误和瑕疵，并以此作为上诉理由或申请再审理由，请求二审法院或再审法院，裁定将本案发回重审或裁定再审，或促使对原审改判。

一、寻找程序瑕疵，促成发回重审或再审

程序突破有两个方面的作用。第一个作用是，争取到发回重审或再审的机会。2021年修正的《民事诉讼法》第177条第1款第4项规定，"原判决遗漏当事人或者违法缺席判决等严重违反法定程序的，裁定撤销原判决，发回原审人民法院重审"。《民事诉讼法》第207条第7项、第8项、第9项、第10项、第11项、第13项规定，原审有重大程序错误，符合程序性法定再审事由的相应情形，当事人以此为由申请再审的，人民法院应当裁定再审。寻找到上述重大程序瑕疵，并以此为由提起上诉或申请再审，取得发回重审或再审的机会，对二审和再审案件而言，就实现了程序突破，取得了阶段性成果。

当然，因程序问题发回重审或裁定再审，并不表明原审的实体裁判结果一定错误，要改变原审裁判结果，同时还需要从实体方面寻找相关理由。

案例11是最高人民法院受理的一起借款担保合同纠纷二审案，该案一审由贵州省高级人民法院审理。一审并没有有效地给被告张某某送达开庭传票，张某某被强制执行时才知道该案的存在。后张某某以未经传票传唤缺席判决为由向最高人民法院申请再审，最高人民法院以此为由裁定由贵州省高级人民法院再审。再审维持一审判决后，张某某向最高人民法院提起上诉。该案的程序突破为该案获得了重审和重审后二审上诉的机会，使该案的一审判决最终得到了纠正。

案例13是北京市第一中级人民法院受理的一起借款担保合同纠纷再审案。该案中委托人赵某某是美籍华人，并没有收到一审应诉通知和开庭传票。赵某某以一审没有有效送达应诉通知，剥夺其辩论权，未经传票传唤缺席判决为由申请再审。该案被北京市第一中级人民法院裁定再审，再审后发回一审法院重审。在重审中对

方当事人撤回了一审起诉。该案的程序突破同样为该案获得了再审和发回重审的机会，使该案最终有机会反败为胜。

案例14是芜湖市中级人民法院受理的八起金融借款担保合同纠纷再审案。在这八起再审案中，委托人同样以未有效送达应诉通知和开庭传票为由申请再审，该案的程序突破同样为该案获得了再审机会，并通过实体抗辩最终反败为胜。

二、寻找程序瑕疵，辅助推动二审改判

程序突破的第二个作用是辅助推动二审改判。虽然一审存在程序瑕疵，但一审的程序瑕疵不属于遗漏当事人或违法缺席判决等严重错误的，不足以使案件发回重审。在这种情形下，对一审程序瑕疵的表述，可以辅助说明一审裁决的不合理性，可以辅助凸显一审裁判的错误，从而辅助推动二审对一审进行改判。

案例4是云南省高级人民法院受理的一起股权转让合同纠纷二审案。该案一审中，一审法院没有将项目公司列为第三人，也没有向对方当事人释明是否变更诉讼请求，询问对方当事人是否要求一审被告将赔偿款支付给项目公司。一审的该方面程序瑕疵，促使了二审的直接改判，为二审的反败为胜发挥了一定的作用。

案例16是北京市第一中级人民法院受理的一起汽车国际贸易合同纠纷二审案。该案一审中，一审法院调查取证程序不规范，在没有听取当事人质证意见时就直接作出认定和判决，存在一定的程序瑕疵。二审中对这些程序瑕疵的表述，也辅助说明了一审判决的错误，起到了较好的作用。最终二审法院撤销了一审判决，驳回了对方当事人的全部诉讼请求。

第五节　二审再审的文书突破

一、二审再审文书突破概述

相比于一审案件，二审再审案件的法律文书显得更加重要。这一点是由二审和再审的特点决定的。第一，如前所述，二审再审的改判率低，大部分二审和申请再审案件会被维持和驳回。只有少数案件才能引起人民法院的重点关注，才有获得人民法院改判或再审的机会。如果二审再审的法律文书不能将上诉理由或申请再审理由表述清楚，没有说服力，不能对原审法律文书的错误形成很强的反驳，则这些案件就很难有机会获得改判或再审。第二，不同于一审案件，二审和再审案件更重视书面审理。司法实践中，大部分二审案件没有采取开庭审理的方式，而是采用承办法官询问和书面审理的方式进行。申请再审案件的审查一般也是通过询问或听证的方式进行，部分案件甚至不组织询问或听证，而直接采取书面方式审查。

基于二审和再审的上述特点，二审和再审的法律文书就显得更加重要，尤其是民事上诉状和再审申请书。好的民事上诉状和再审申请书要达到这样的效果，即人民法院的法官，包括协助承办法官审理案件的法官助理，在阅读完民事上诉状和再审申请书后，就形成原审裁判确有错误的印象，就产生需要纠正原审裁判错误的初步想法。如果民事上诉状和再审申请书等法律文书起到了这样的效果，则可以说该案实现了二审再审的文书突破。

二审再审案件中呈送给人民法院的法律文书主要包括民事上诉状、再审申请书、代理词、案件报告等。其中，民事上诉状、再审申请书这两种法律文书的作用最为突出，撰写的难度也最大。

二审再审法律文书应当满足一般法律文书"信达雅"的基本要求。信即内容真实、用词准确、语句通顺。达即逻辑正确、层次清晰、主题突出、言之有物、格式正确。雅即注意修辞和排版。

二审再审法律文书要达到文书突破的目的，除满足上述一般要求外，还应当满足以下两方面要求，即不仅能凸显原审裁判错误，而且有较强的说服力。

凸显原审裁判错误就要求二审再审法律文书能清晰系统地阐述原审裁判在事实

认定、法律适用和程序方面的具体错误，指出原审裁判违反了法律规定，违背了公平原则，损害了当事人合法权益，超出了法官自由裁量权范围，指出原审裁判的负面影响，论述原审裁判错误被纠正的必要性。

有说服力就要求二审再审法律文书言之有物，有广度和深度，能有力地反驳原审裁判的错误和不当。广度可以是围绕原审裁判错误的横向展开，深度可以是对原审裁判具体错误的纵向深入论述。广度和深度结合，自然使二审再审法律文书更有说服力，自然能更好地实现法律文书的突破。

案例 8 是最高人民法院受理的一起建设工程施工合同纠纷再审案。该案的再审申请书结合证据、事实、法律，从三个方面论述了二审判决的错误，论述了该案具有法定再审事由，应当被再审和改判。该份再审申请书得到了当事人的赞赏和肯定，也有力地推动了最高人民法院对该案裁定再审。

案例 16 是北京市第一中级人民法院受理的一起汽车国际贸易合同纠纷二审案。该案的民事上诉状针对一审判决的错误主要从三个方面展开了论述，即：第一，三方转账协议客观真实，一审判决不认定三方转账协议的真实性，属认定事实严重错误；第二，被上诉人对涉案合同没有债权，一审判决认定被上诉人对涉案合同拥有债权，属认定事实严重错误；第三，二审新证据也证明上诉人垫付了合同款，一审认定上诉人没有垫付合同款，属认定事实严重错误。该篇民事上诉状结合具体证据进行论述，言之有物，而且层次清晰、主题突出，有广度、有深度、有较强的说服力。在二审法院组织的调解过程中，承办法官对双方代理律师说，合议庭反复阅看了双方的民事上诉状和上诉答辩状，对该起案件非常重视。从承办法官的上述表述来看，二审法院对该篇民事上诉状是非常认可的。该篇民事上诉状对该案的二审改判发挥了重要作用。

案例 20 是最高人民法院受理的一起图像作品著作权侵权纠纷再审案。在参加该起案件的再审询问前，我们起草了详细的代理词。代理词结合数码图像的特点、民事诉讼证明标准，详细论述了当事人的原审证据已经证明了当事人对涉案图像作品的著作权，论述了原审裁决的错误和危害。这份代理词为这起案件的反败为胜也起到了很好的推动作用。

事实上，在本书的 20 个反败为胜的案例中，每一个案例的法律文书都起到了相应的作用，每一个案例中我们都提供了一到两份有代表性的法律文书，与大家分享交流。

二、结合法学理论，提高说服力，实现文书突破

要使二审再审法律文书有深度、提高二审再审法律文书的说服力，一个重要的

方法是结合法学理论对法律文书进行深入展开。有理论深度，法律文书自然更有说服力，自然更能实现文书突破。

例如，从法律规定、司法解释的规定展开，从法律规定和司法解释的关系展开，从立法的变化展开。再如，从司法案例及司法案例的对比展开，从司法实践的变化展开。又如，从合同法的基本理论展开，从侵权法的基本理论展开，从案件涉及的具体法学理论展开。

案例18是最高人民法院受理的一起建筑图纸著作权侵权纠纷再审案。该案件的再审申请书补充意见和再审代理词，从委托作品著作权限制的理论、著作权权属内容的理论、侵权损害赔偿构成要件的理论，分别深入进行论述。这三个方面的深入论述，又殊途同归，从不同的角度分别说明该案中的行为不构成侵权。上述再审申请书补充意见和代理词，因有理论深度，所以有比较强的说服力，有力地推动了该起案件的再审和改判，较好地实现了该案的文书突破。

案例19是最高人民法院受理的一起技术许可使用合同纠纷再审案。该案的再审申请书结合合同法条款解释理论和合同解除理论进行了深入的系统论述。从条款的文字表述、条款所处合同的位置、合同的结构、合同中其他条款的对比等方面论述争议条款的真实含意。再审申请书结合上述合同理论的论述，保证了论述的深度，同样有较强的说服力，凸显了原审判决的错误，推动了本案被最高人民法院裁定再审，也较好地实现了该案的文书突破。

案例10是山东省烟台市中级人民法院受理的一起建设工程设计合同纠纷管辖异议二审案。该案的管辖权异议上诉状结合案件案由分级的理论及法律规定，阐述了该案应当依据建设工程设计合同纠纷来确定案由，而不能依据建设工程合同纠纷确定案由；同时结合合同履行地确定的理论及法律规定，阐述了本案作为设计合同纠纷，履行地不在烟台市，而应当在济南市。该管辖权异议上诉状结合法学理论的论述同样有较强的说服力，也有力地推动了二审法院撤销一审错误裁定，将本案移送济南市市中区人民法院审理。就管辖权异议而言，该案同样实现了文书突破。

三、结合行业特点，提高说服力，实现文书突破

要使二审再审法律文书有深度、提高二审再审法律文书的说服力，另一个重要的方法是结合行业特点对法律文书进行深入展开。

法官的自由心证、自由裁量权，应当在法律规定的范围内行使，应当符合社会的普遍认知、行业的基本惯例、行业的实际情况。如果案件的事实认定和法律适用，背离社会的普遍认知，背离行业的基本惯例，背离行业的实际情况，则这样的

事实认定和法律适用就构成明显错误。这样错误的裁决不仅会导致案件双方当事人利益重大失衡，背离基本的公平原则，而且还可能对行业的发展及行业内正常市场秩序的维护造成不利的影响，因此自然应当被纠正。

结合行业特点，对案件争议问题进行论述，对原审错误进行论述，自然会更具体、更言之有物，自然会更有深度、更有说服力。

案例9是山东省高级人民法院受理的一起建筑器材租赁合同纠纷再审案。对该起案件，我们在再审申请书中，结合建筑租赁行业的特点，从租赁合同的签订、租赁物的交付、租赁物的归还、租金的支付和收取、租金的结算等方面进行了论述，说明委托人就是债权主体。再审申请书结合行业特点的论述有较强的说服力，为该案在再审中反败为胜起到了较好的突破作用。

案例15是北京市第三中级人民法院受理的两起影视剧合作合同纠纷二审案。我们在这两起案件的民事上诉状中，结合影视剧行业的特点进行了论述。该论述有较强的说服力，起到了良好的效果。

案例17是河南省高级人民法院受理的一起粮食买卖合同纠纷二审案。我们在该案的上诉补充意见和代理词中，结合粮食行业的特点进行了论述，该论述也同样有比较强的说服力，起到了良好的效果。

案例20是最高人民法院受理的一起图像作品著作权侵权纠纷再审案。我们在该案的再审申请书和代理词中结合图像行业的特点，尤其是结合数码图像企业及其经营的特点进行了论述。该论述也有较强的说服力，同样起到了良好的效果。

四、结合案件特点，提高说服力，实现文书突破

要使二审再审法律文书有深度、提高二审再审法律文书的说服力，还有一个重要的方法是结合案件特点对法律文书进行深入展开。

每一个案件都有其特点，如案件主体的特点、双方合作的特点、标的物交付的特点、合同约定的特点、合同履行的特点、交易环境的特点、案件性质的特点、案件影响的特点，等等。结合案件特点对争议问题进行论述，对原审错误进行论述，自然更具体、更有说服力，更能实现文书突破。

案例1是最高人民法院受理的一起股权转让合同纠纷再审案。在该起案件中，涉案的项目公司是民营企业，再审申请人是民营企业负责人。我们结合部分民营企业亲属代持股权的特点进行了论述。这方面论述在该案中有较强的说服力。

案例2是最高人民法院受理的一起合作合同纠纷再审案。在该起案件中，涉案合作的公司是小型民营企业，该案是民营企业合作人之间的纠纷。我们结合小型民

营企业财务管理的特点，对经营部以员工个人账户收取销售货款进行了论述。这方面论述在该案中也有较强的说服力。

案例 19 是最高人民法院受理的一起技术许可使用合同纠纷再审案。在该起案件中，我们结合该案合同约定的特点，结合知识产权无形性的特点进行了论述。该方面的论述对认定再审申请人已经履行了合同义务、再审申请人已经发生了实际损失，有较强的说服力，也起到很好的作用。

第六节　二审再审的庭审突破

一、二审再审庭审突破概述

如前所述，相比于一审的法律文书，二审和再审的法律文书，尤其是民事上诉状和再审申请书发挥着更加重要的作用，但对二审再审案件而言，庭审工作也非常重要，也不应当被忽视。

做好二审再审的庭审工作，关键是要在庭审前做好充分的准备。一审案件的大部分庭审准备工作同样适用于二审再审，包括我们在《诉讼代理55步：案例流程管理》中提及的三个重要庭审准备工具——思维导图、庭审提纲、模拟法庭，同样适用于二审和再审的庭审准备。

相比于一审，做好二审和再审的庭审工作，还要注意以下几方面：

第一，二审再审案件并不必然组织庭审，也不必然组织谈话、询问或听证，但对因实体争议而可能被裁定再审的案件，一般会组织询问或听证，对因实体争议而可能被改判或发回重审的案件，一般也会组织由合议庭全体成员参加的庭审。因此，对二审和再审案件，如有可能，一定要争取庭审、谈话、询问或听证机会，以尽力提高二审再审的代理效果，实现反败为胜。

第二，代理二审再审案件，首要任务是全面查看原审材料，包括原审法律文书、原审庭审笔录、原审证据及举证质证意见，熟悉原审情况。只有在全面了解原审的基础上，才能有针对性地开展二审再审代理工作。对原审裁判文书要认真反复阅读，对程序方面的表述、对事实认定方面的表述、对法律适用方面的表述，如认为有相应错误或遗漏，则应在判决书上做好标注，方便在庭审中及时进行说明。

第三，二审和再审的法庭调查和法庭辩论可能会合并进行，即庭审可能围绕案件争议焦点逐个进行，按照一个争议焦点接一个争议焦点进行询问、调查和辩论。因此，在庭审前应结合这一特点做好相应准备。

第四，二审再审的庭审、谈话、询问或听证中，法庭一般会比较注重就具体问题询问双方当事人，因此，有必要对法庭询问可能涉及的问题进行更充分的准备，以配合法庭的审理。另外，如有必要，也可以准备相应的问题询问对方当事人，以配合法庭的调查。

第五，参加二审和再审庭审的目的，除协助法庭查清案件事实外，更为重要的是，借助庭审宝贵机会凸显原审错误，说服法官在内心做出决定，纠正原审裁判错误，以实现二审和再审的庭审突破。

二、利用举证质证，凸显原审错误，实现庭审突破

庭审突破一个重要的途径是利用举证质证机会，凸显原审错误。

二审再审的举证质证包括对二审再审新证据的举证和质证，也包括对原审本方证据发表补充举证意见，对原审对方证据发表补充质证意见。无论是对新证据的举证和质证，还是对原审证据补充的举证和质证，都应当结合案件争议焦点、原审裁判认定的事实进行，目的是通过证据，具体证明原审裁判错误。

在庭审准备阶段，对新证据应当准备书面的举证意见或质证意见，对原审证据，可以根据需要准备书面的补充举证意见和书面的补充质证意见。应提前做好规划，对原审哪些证据重点补充说明、如何说明，做好标注和索引，方便在庭审中及时发表举证意见和质证意见。对一些重要证据，如合同书、交接单等，要结合原审裁判进行说明并发表意见，重点指出这些证据与原审裁决矛盾的地方，重点凸显原审裁判的错误。这样有重点的补充举证和补充质证，往往会起到比较好的效果，从而帮助实现二审再审的庭审突破。

另外，在举证质证中，对原审没有质证过的证据要重点审查，不应当放过每一个可能的疑点。部分原审案件发生偏差，往往是部分证据不真实造成的。如果能发现原审没有质证过的证据的瑕疵、原审据以认定事实的证据的瑕疵，则同样能起到好的效果，从而帮助实现二审再审的庭审突破。

案例14是芜湖市中级人民法院受理的八起金融借款担保合同纠纷再审案。这八起案件因程序问题，被芜湖市中级人民法院裁定再审。再审时，芜湖市中级人民法院组织了三次庭审。在庭审中我们对借款合同、担保函、担保函附件、抵押合同等证据进行了认真质证，要求核对这些证据的原件。律师团队仔细核对了这些证据的原件和复印件是否一致。在质证过程中，对方当事人部分证据没有出示原件，这些没有出示原件的证据的真实性就没有得到法庭认定。另外，通过质证，发现对方当庭出示的原件与复印件不一致。这一事实就说明，对方当事人至少同时拥有两份原件，并没有将原件交给我方当事人。加之这些证据没有加盖骑缝章，存在变造或更换的可能，双方对合同的签订又存在争议。在这种情况下，这些瑕疵证据的真实性就没有得到法庭的认定。通过质证，否定了对方主要证据的真实性，取得了良好

的效果，从而实现了这八起案件的庭审突破。

案例 17 是河南省高级人民法院受理的一起粮食买卖合同纠纷二审案。在这起案件中，我们不仅收集了大量新证据，当庭对这些新证据发表了举证意见，而且对原审双方证据发表了补充举证意见和补充质证意见，重点说明了买卖合同的闭环关系、资金划转的闭环关系，重点指出了对方当事人一审提交的粮食入库单不真实的地方。二审中的举证质证工作起到了良好的效果，为该案发回重审发挥了重要作用。

三、利用庭审辩论，凸显原审错误，实现庭审突破

庭审突破另一个重要的途径是利用庭审辩论机会，凸显原审错误。

二审、再审案件庭审辩论的要求和一审案件庭审辩论的要求基本上一致：对庭审辩论应当有充分的准备，要能做到脱稿辩论，要有针对性、有说服力、有感染力。

二审、再审庭审辩论的针对性非常重要。庭审辩论的针对性要求，不仅要结合法庭归纳的争议焦点进行辩论，对对方的观点进行回应，而且更为重要的是，要针对原审裁决的错误进行辩论，要有针对性地凸显原审裁判的错误，从而实现庭审突破。

二审再审庭审辩论的说服力也同样非常重要。要使庭审辩论有说服力，庭审辩论就应当言之有物，有广度和深度。深度可以是结合法理进行纵向深入展开，也可以是结合行业特点或案件特点进行纵向深入展开。辩论的广度和深度可以参考我们在文书突破部分的探讨。

案例 4 是云南省高级人民法院受理的一起股权转让合同纠纷二审案。由于是在疫情期间，庭审以网络的方式进行。虽然是网上开庭，但事前我们也做了充分的准备。面对屏幕，脱稿辩论，指出一审判决的错误，指出一审判决与双方证据的矛盾。脱稿的庭审辩论取得了较好的效果，有力地推动了该案的改判。

案例 14 是芜湖市中级人民法院受理的八起金融借款担保合同纠纷再审案。在这八起案件的再审辩论中，我们最后结合案件证据的瑕疵、对方当事人作为国有大型商业银行的特点、案件的举证责任，对实事求是地解决历史遗留问题综合发表了辩论意见。这八起案件的庭审辩论也取得了较好的效果，为案件的改判发挥了积极作用。

案例 18 是最高人民法院受理的一起建筑图纸著作权侵权纠纷再审案，案例 19 是最高人民法院受理的一起技术许可使用合同纠纷再审案，案例 20 是最高人民法

院受理的一起图像作品著作权侵权纠纷再审案。这三起案件因为涉及较深的法学理论，涉及对知识产权的保护，我们结合相关法学理论、合同特点、知识产权的特点，发表了系统的辩论意见，都取得了较好的效果，庭审辩论都为案件在最高人民法院再审胜诉发挥了积极作用。

第七节 二审再审的团队突破

一、二审再审团队突破概述

随着信息网络技术的发展，诉讼业务越来越朝着专业化和团队化的方向发展。对二审再审民商事法律服务而言，这种趋势更加明显。相比单个诉讼律师，诉讼团队的优势非常明显。我们这里说的团队突破实际上是指借助诉讼团队的优势，综合推动二审再审代理工作，实现二审再审案件的突破。

为了探讨的方便，我们将团队讨论、案件论证、法律检索和可视化工具运用等综合措施都归类到了团队突破当中，在本部分一并探讨。这些措施对推动二审再审代理工作发挥着越来越重要的作用。

要发挥团队优势，就要处理好团队负责人、主办律师、辅办律师和案件秘书之间的分工，要处理好承办律师和团队其他成员之间的分工；要发挥团队优势，就要大力培养青年律师，发挥青年律师的作用和优势；要发挥团队优势，就要做好团队的流程管理、标准化管理和知识管理。

在前述的综合措施中，律师团队讨论和案件论证是团队的综合优势和工作方式之一，法律检索和可视化工具是青年律师和案件秘书的分工优势。这些综合措施几乎应用于每一个复杂的二审、再审案件，在二审、再审案件代理中发挥着不可替代的作用。

二、进行团队讨论，寻找案件突破

律师团队讨论是律师团队的优势之一，对二审、再审案件，它应当是团队代理工作的必经程序。对二审、再审案件，在进行初步的事实准备和法律准备之后，团队就应当及时对案件组织讨论。讨论可以发挥集体的智慧，更好地寻找二审、再审的突破方案，更合理地确定案件代理思路。

二审、再审案件常用的团队讨论方法包括要件分析法、证据分析法、头脑风暴法、风险分析法、方案比较法等。要件分析法需要从法律构成要件、请求权基础的角度，对原审裁判的事实认定、法律适用及裁判结果进行分析，寻找和分析其可能的错误之处，重新评估原审代理方案及诉讼理由的合理性，重新确定二审和再审的代理思路。证据分析法，即探讨和分析有无收集新证据的可能，如何收集新证据，从举证责任和证明标准来分析原审认定事实有无错误，从证据的角度分析代理方案是否需要进行调整。头脑风暴法，即采取发散式思维方式，从更广的视角，集体寻找二审、再审有无新的突破方法，是否有思路调整的突破，是否有收集新证据的突破。

案例5、6是北京市高级人民法院和北京市第二中级人民法院受理的两起租赁合同纠纷二审案。在这两起案件中，团队讨论发挥了很好的作用。律师团队内部反复进行交流，律师团队与当事人集团单位的法务部门多次开会研讨。经过讨论，最终转换思路，提出了合同无效的新理由，并在新思路的指引下收集到对方当事人以虚假业绩投标的证据，最终使这两起案件成功逆转。

案例14是芜湖市中级人民法院受理的八起金融借款担保合同纠纷再审案，律师团队在接受这八起案件的委托后，多次与当事人共同进行讨论，确定了案件代理的三个目标，即：第一，用房产和土地进行抵押的公司不承担责任，保住委托人家族的核心资产；第二，股东个人不承担责任；第三，所有的关联公司均不承担责任。对每一个目标我们都组织和确定了相应的抗辩理由。团队讨论为这八起案件的反败为胜发挥了重要作用。

案例17是河南省高级人民法院受理的一起粮食买卖合同纠纷二审案。接受委托后，律师团队进行了集体讨论，完善了上诉思路，制订了收集证据的方案。团队讨论为该起案件的思路突破和证据突破发挥了积极作用。

三、组织案件论证，推动案件突破

对复杂疑难的二审再审案件，尤其是对法律适用存在重大争议的案件，在团队讨论的基础上，可以根据需要组织案件论证。专家论证在二审和再审案件中可以发挥以下几方面的作用：第一，邀请相关领域的专家对案件及相关问题进行论证，方便律师团队在更广阔的视野上把握案情，寻找思路突破和证据突破。第二，书面的专家论证意见可以作为辅助材料递交给人民法院，供人民法院审理案件时参考。第三，对部分有影响的案件或社会关注的案件，通过专家论证可以表达专业领域或法律界对该案件或该类型案件的关注和意见，进而推动案件的代理工作。

案例20是最高人民法院受理的一起数码图像作品著作权侵权纠纷再审案。该起案件一审二审在重庆市第一中级人民法院和重庆市高级人民法院败诉后，当事人在全国范围内的维权工作受到了很大影响。当事人在北京组织了数码图像版权保护研讨会，邀请版权协会专家、法律界专家、数码图像企业负责人参会，结合该起案件共同研讨和论证数码图像著作权的证明标准，研讨数码图像版权维权困境。该研讨会引起了法律界对数码图像版权保护的关注，引起了最高人民法院对该起案件的重视，最终该起案件被最高人民法院裁定提审并最终胜诉。

四、进行法律检索，推动案件突破

法律检索在案件代理中非常重要，在二审再审中更是如此。广义的法律检索包括法律检索、案例检索和论文检索。二审再审案件中，法律检索可以在原审法律检索的基础上，在双方引用的法律和案例的基础上，在原审裁判对相关法律适用和法律问题认定的基础上，有针对性地进行检索。二审再审的法律检索更侧重于专题检索及案例比较检索。

律师团队在本书所述的20个案例的承办过程中，对每一起案件涉及的法律问题，尤其是双方争议的法律问题、原审裁决认定的法律问题都进行了检索。这些检索对调整和确定诉讼思路、完善诉讼理由、提供说理素材和做好庭审准备等都发挥了非常重要的作用。

案例5、6是北京市高级人民法院和北京市第二中级人民法院受理的两起租赁合同纠纷二审案。在这两起案件的代理中，我们对串通投标案例进行了检索，对挂靠投标案例进行了检索，对提供虚假业绩骗取中标案例进行了检索。这些检索对客观分析和评估诉讼理由被法院采信的可能性，对案件代理思路的调整和突破，对证据的寻找和突破，都发挥了重要的作用。

案例17是河南省高级人民法院受理的一起粮食买卖合同纠纷二审案。这起案件名为多方连环买卖，实为借贷。我们对名为买卖实为借贷的法律问题进行了专题检索，检索内容包括相关法律、案例和论文，并制作了详细的法律专题检索报告，向二审法院提交了这份检索报告。法律专题检索报告在这起案件中起到了很好的作用。

案例19是最高人民法院受理的一起技术许可使用合同纠纷再审案。在这起案件的再审中，我们对政府行为是否构成不可抗力和情势变更这两个问题进行了专题检索。通过专题检索，我们完善了在这两个方面的代理观点，准备了相应的案例素材。这些工作在庭审中都发挥了很好的作用。

五、运用可视工具，辅助案件突破

随着诉讼专业化的推进，诉讼可视化工具在诉讼中的应用越来越广泛，对诉讼代理工作起到了良好的推动作用。

对诉讼可视化工具的运用是律师团队的优势，也是青年律师和案件秘书的分工优势。常用的诉讼可视化工具包括案件事实一览表、大事记、时间轴、法律关系图、流程图、证据清单等图表。这些可视化工具能直观形象地将案件事实、法律关系等表达出来，方便二审和再审法官对案件进行了解，方便律师团队向法庭进行介绍和说明，方便凸显原审错误，辅助实现案件突破。

案例14是芜湖市中级人民法院受理的八起金融借款担保合同纠纷再审案。在这八起再审案件中，律师团队绘制了借新还旧的时间轴和借款单位关系图，这两个可视化工具非常清晰地说明了借新还旧的事实，较好地凸显了原审错误。

案例16是北京市第一中级人民法院受理的一起汽车国际贸易合同纠纷二审案。在这起案件中，律师团队绘制了上诉人、被上诉人、第三人和海外买家四方的买卖关系图以及它们之间的资金流向图，这两个图清楚地说明了各方之间的法律关系，同样凸显了一审判决的错误。

第八节　法势术结合与二审再审突破的法哲学思考

一、法势术结合

法势术结合是我国战国时期法家重要的法律思想内容之一。商鞅、慎到、申不害、韩非是战国时期法家重要的代表人物。商鞅重法，慎到重势，申不害重术。韩非是法家集大成者，主张法势术结合，认为只有做到法势术结合，才能更好地推行法治，建设一个理想社会。

法势术结合的主要内容包括"以法为本"、"法势结合"和"法术结合"，即在法势术三者当中，法最为重要，以法治国，垂法而治才是根本。同时强调法势结合和法术结合。韩非在《难势》中说，"抱法处势则治，背法去势则乱"；在《难三》中说，"人主之大物，非法则术也"。

古代法家的法治是以君主权力为中心的法治，而不是现代意义上真正的法治，但古代法家法势术结合的思想却至今仍有参考意义。

二审再审案件的审理和代理是司法实践的组成部分，我们可以从法势术结合的角度，对二审再审突破进行法理思考和总结。

二、二审再审中的以法为本

古代法家"以法为本"中的"法"是指国家的法律，而二审再审案件"以法为本"中的"法"则是指事实和法律，即任何二审再审案件要取得突破和逆转，都必须以事实为根据，以法律为准绳。在案件代理中，任何背离事实和法律的主张或措施都不足取，都与"以法为本"的要求相背离。要实现二审再审的突破，就要从事实和法律出发，凸显原审裁判的错误，从而使原审裁判的错误被纠正。

在前面分析的六种突破方法中，第一种方法思路突破和第二种方法证据突破，主要是事实认定和法律适用上的突破，涉及的是事实和法律。对第三种方法程序突破，我们也可以将其分解为程序方面的事实和程序方面的法律，涉及的也是事实和法律。因此，前三种突破方法实际上都是在事实和法律方面的总结，是以法为本在二审再审突破中的具体表现。

三、二审再审中的法势结合

古代法家"法势结合"中的"势"是指君主的权势和地位，即要依靠君主的权势、地位和强制力，推行法治，保证法律在国家范围内的实施。同样，我们也可以将二审再审中的"势"理解为司法裁判权。二审再审中的法势结合，实际就是要依据事实和法律，启动二审再审法院的司法裁判权，纠正原审的错误裁判。

我们可以从更广和更深层面对二审再审中的司法裁判权进行分析，将其归结为以下三个层面，即二审再审中的"势"包括以下三个层面。

第一个层面，法官对具体案件行使裁判权，包括独任法官和合议庭对具体案件行使裁判权。这个层面是司法裁判权最主要的表现方式，也非常好理解。

第二个层面，支持、管理和监督法官正确行使裁判权的司法制度以及政法制度。这是一个比较广义的理解，但也是我们开展二审、再审代理工作应当考虑的因素，是我们做好二审再审代理工作应当思考的。

第三个层面，是更广层面的理解，包括法律职业共同体和社会对法治进步的追求，对社会公平正义的追求，包括支持和引导法官正确行使裁判权的法治理念和法律职业信仰。

法势结合，就是要在二审再审案件中，将法律和事实与上述三方面的势相结合。如果在二审再审案件中做到了法势结合，则自然能更好地做好二审再审代理工作，更好地纠正原审裁判的错误。

法官拥有司法裁判权，律师团队没有司法裁判权。律师团队在二审再审案件中的职责就是要依据事实和法律说服法官，做到法势结合。说服法官主要有两种方法。

第一种是书面方法，即通过书面的法律文书，包括民事上诉状、再审申请书、代理词等法律文书，凸显原审的错误，说服法官，纠正原审的错误。法律文书，尤其是民事上诉状和再审申请书，在二审再审案件中非常重要。第四种突破方法——文书突破就是借助法律文书书面说服法官的突破。

第二种是口头方法，即通过庭审表达、庭审的举证质证、庭审的辩论，凸显原审裁判的错误，说服法官，纠正原审的错误。庭审工作在二审再审中同样重要，第五种突破方法——庭审突破主要就是通过口头表达说服法官的突破。

因此，第四种突破方法文书突破，第五种突破方法庭审突破，实际上是从说服法官的角度归纳的突破方法，是法势结合在二审再审突破中的具体表现。

在这里我们要特别强调的是，二审再审中的法势结合一定应当在合法的框架范围内进行。无论是法官还是律师团队，都必须遵守职业道德和执业纪律，都必须谨守司法工作的廉洁性,都必须尊重司法礼仪和司法权威。一切违背法律原则的行为都应当被禁止。

四、二审再审案件中的法术结合

"法术结合"中的"术"是指方式、方法、技巧和技能。二审再审中的术是指二审再审实现突破的方式、方法、技巧和技能,即在二审再审中,依据事实和法律,凸显原审裁判的错误,说服法官纠正原审裁判,从而实现二审再审突破和逆转的方式、方法、技巧和技能。

我们可以从以下五个方面来分析二审再审的方法和技能。

(一)案件思路方面的方法和技能

案件思路方面的方法和技巧包括:对原审裁判客观分析和评估的方法和技巧,对原审事实认定方面分析和评估的方法和技巧,对原审法律适用方面分析和评估的方法和技巧,法律要件分析的方法和技巧,请求权基础分析的方法和技巧,诉讼风险分析的方法和技巧,诉讼思路突破的方法和技巧,对案件整体分析判断的方法和技巧,等等。

在案件思路方面最重要的是应当培养法律思维能力和法律分析判断能力。在二审再审代理中,应当能够从法律专业的角度,抓住案件的核心点和关键点,应当能够从法律的角度,形成思路突破,组织和完善诉讼理由。

(二)证据方面的方法和技能

证据方面的方法和技巧包括:调查收集证据的方法和技巧,举证和质证的方法和技巧,证据整理和阐释的方法和技巧,依据证据认定案件事实的方法和技巧,案件事实的归纳、概括和总结的方法和技巧,等等。

在证据方面应当培养证据思维习惯和证据思维能力,掌握证明理论和证据理论,培养证据实务技能。证据实务技能必须在实践中不断学习、不断总结、不断提升。

(三)文书方面的方法和技能

在文书方面,律师团队应当满足法律文书写作的基本要求,做到文书的信达雅;掌握民事上诉状和再审申请书等二审再审文书的特点和要求,提高文书的说服力;能够通过民事上诉状和再审申请书凸显原审裁判的错误,引起人民法院对案件的关注,说服法官纠正原审的错误。

(四)庭审方面的方法和技能

庭审方面的方法和技巧包括:庭审准备的方法和技巧,庭审陈述的方法和技巧，庭审调查和庭审询问的方法和技巧，庭审辩论的方法和技巧，等等。律师团队应当掌握庭审准备和参加庭审的基本技能，应当有良好的庭审表达能力和庭审应变能力，应当遵守庭审礼仪，注重庭审形象，通过庭审凸显原审的错误，说服法官纠正原审的错误。

（五）团队综合方面的方法和技能

二审再审应当充分发挥诉讼团队的优势，完善团队的案件流程管理和标准化、专业化管理，掌握团队讨论的方法和技巧，每一位团队成员都应当掌握法律检索的方法和技巧，掌握常见的可视化工具。

上述五个方面的技能，需要每一位法律服务工作者在实践中不断地总结，不断地提升。在二审再审中，培养和发挥上述五方面的职业技能，利用上述五方面的方法和技巧，依据事实和法律，说服法官，从而做到二审再审案件中的法术结合。

二审再审突破中的第六种方法团队突破就是法术结合的具体表现。但二审再审的法术结合不仅表现在团队突破当中，同样也表现在前五种突破方法当中，即也同样表现在思路突破、证据突破、程序突破、文书突破和庭审突破当中。

如同在法势结合中所强调的一样，在法术结合中我们同样强调，任何方法和技巧的运用，都必须在法律允许的范围内进行，都必须以事实为根据，以法律为准绳。任何违背法律、违背法律职业道德、损害法律权威、违背以法为本的方法和技巧都应当被禁止。

坚持以法为本，法势结合，法术结合，才能在二审再审中更好地做到法势术结合，才能更好地开展二审再审代理工作，才能更好地纠正原审错误，维护当事人的合法权益，从而从个案的角度推动社会法治的进步。

第二章

股权转让和投资纠纷案件的突破与逆转

案例1：结合案件特点，论述三份协议是一个整体，股权转让客观真实，凸显原审错误

——最高人民法院邹某某与李某飞等股权转让合同纠纷再审案的文书突破和团队突破

- 申请再审思路
- 再审申请书
- 申请再审代理词
- 律师团队15点评析

一、代理工作概述

这是一起在最高人民法院申请再审并反败为胜的股权转让合同纠纷案。

委托人邹某某是山东聊城知名的民营企业家，原经营着北方地区两家规模最大的民营变压器生产企业。因身体原因，2016年，邹某某将这两家企业转让给了李某飞和王某增等人，双方签订了三份协议，转让对价是1 000万元股权转让款和拟剥离出来价值8 000万元的老厂区土地和房产。李某飞和王某增等人违约后，2019年6月，邹某某向山东省聊城市中级人民法院提起了诉讼，要求李某飞和王某增等人支付8 000万元土地和房产折价款。2019年12月，聊城市中级人民法院（2019）鲁15民初381号民事判决书以邹某某不是实际股东及股权转让协议是虚假意思表示为由驳回了邹某某的全部诉讼请求。邹某某提起上诉后，2020年6月，山东省高级人民法院（2020）鲁民终479号民事判决书驳回了邹某某的上诉，维持了原一审判决。

邹某某一审和二审均败诉后，到北京委托作者所在团队代理其向最高人民法院申请再审。最高人民法院经听证后作出了（2020）最高法民申5802号民事裁定书，以原审认定的基本事实缺乏证据证明和原审适用法律确有错误为由裁定提审本案。

最高人民法院提审后，对本案进行了开庭审理，并作出了（2021）最高法民再128号民事裁定书，认定邹某某是实际股东，认定本案三份协议是一个整体，是双

方真实意思的表示，并最终裁定撤销山东省高级人民法院原二审判决和聊城市中级人民法院原一审判决，发回聊城市中级人民法院重审。

在发回重审后，作者所在团队建议邹某某变更和增加了诉讼请求。2022年4月，聊城市中级人民法院重审后作出了（2021）鲁15民初273号民事判决书，支持了邹某某变更后的诉讼请求，要求李某飞和王某增等人支付9000万元股权转让款及相应的利息损失，要求各被告在8000万元本金和利息损失的范围内承担连带责任。后王某增等被告提起了上诉，2022年6月，山东省高级人民法院经审理后作出了（2022）鲁民终1377号民事判决书，驳回了王某增等人的上诉，维持了聊城市中级人民法院的重审判决。

本案涉及的问题包括：在股权转让合同中如何认定邹某某真实的股东身份？如何认定三份协议是否是一个整体？如何认定三份协议是否是双方真实的意思表示？在聊城市中级人民法院和山东省高级人民法院对上述问题均作出不利认定的情况下，如何向最高人民法院申请再审并进而让最高人民法院作出有利认定？另外，本案涉及的法律问题还包括：剥离老厂区的土地和房产是否合法？是否会导致股权转让协议无效？如何认定担保人身份？如何认定担保债务的保证期间？本案在重审中能否变更诉讼请求？

本案从申请再审到最高人民法院听证审查，从最高人民法院裁定提审到最高人民法院发回重审，从聊城市中级人民法院重审到山东省高级人民法院重审后的二审，历时近两年。最终，人民法院就上述问题都作出了对邹某某有利的判决和认定，从诉讼角度，邹某某在本案中彻底反败为胜。

取得本案的诉讼结果实属不易！本案每一份法律文书，每一阶段的代理，每一方面的工作，都值得律师所在团队认真回顾和总结。综合分析，本案的文书突破和团队突破为本案的反败为胜发挥了重要作用。[①]

二、基本案情和原审情况

（一）基本案情

在申请再审时，根据本案已有证据及邹某某的介绍，律师团队整理了本案基本事实。案件事实的整理不仅方便律师团队开展代理工作，方便律师团队进行案件讨论和交流，而且它本身也成了再审申请书和再审代理词的组成部分，还方便人民法

[①] 本案是张群力律师和盈科全国女律师工作委员会终身名誉主任奚玉律师合作代理的案件。张群力律师和奚玉律师共同担任了本案的主承办律师。卢青律师、朱雅琦律师、周冬律师、唐雪威实习律师和团队的其他成员协助参与了本案的部分代理工作。在此，向他们一并表示感谢！

院对案件事实进行审查和认定。

为方便读者了解本案的基本事实，也为了方便读者了解律师团队在本案中的案件事实整理工作，再审申请书中的案件事实陈述部分摘录如下（读者也可以选择跳过这部分，直接阅看后续内容）：

1. 自 20 世纪 90 年代起，邹某某就一直在山东省聊城市从事变压器等电力设备的生产和销售工作，很早就在聊城市创办了聊城某变压器厂。

2. 2001 年 7 月，邹某某出资设立了涉案股权转让的目标公司之一即聊城 A 变压器有限公司（以下简称聊城 A 公司），并委托刘某伟和郝某军作为名义股东代其持有聊城 A 公司的全部股权，同时还聘请刘某伟担任聊城 A 公司的总经理，负责聊城 A 公司的日常经营。

3. 2010 年 8 月，聊城 A 公司的名义股东变更为刘某伟和邹某某的儿子邹某志，由他们二人代邹某某持有聊城 A 公司的全部股权。其中，刘某伟代邹某某持有 9.84% 的股权，邹某志代邹某某持有 90.16% 的股权。邹某某仍实际持有聊城 A 公司 100% 的股权。

4. 聊城 A 公司位于聊城市老城区，占地面积 67 亩，房屋建筑面积 7 458.55 平方米，以上土地和房屋都取得了土地使用权证和房屋所有权证。

5. 涉案股权转让协议签订时，聊城 A 公司所在地段的住宅用地市场价约为每亩 400 万元。考虑到政府对老工业用地退城进园的优惠政策，聊城 A 公司所在地段的工业用地的市场价值达到了每亩 120 万元。依此工业用地价格计算，聊城 A 公司仅 67 亩土地的价值就达到了 8 000 万元以上。但聊城 A 公司上述土地和房产（老厂区）已经在聊城某商业银行办理了 2 400 万元贷款的抵押担保。

6. 由于聊城市老城区的改造及业务发展需要，2012 年 6 月，邹某某又出资设立了涉案股权转让的目标公司之二即山东 B 变压器有限公司（以下简称山东 B 公司）。山东 B 公司也全部由邹某某出资，并由其弟弟邹某军作为名义股东代其持有 100% 的股权。

7. 山东 B 公司位于聊城市东昌府区工业园，占地面积 190 亩。其中 110 亩土地在股权转让时已经取得了土地使用权证，剩余 80 亩土地已经办理了全部土地出让手续，但还未取得土地使用权证。山东 B 公司为取得上述土地支出成本约 3 372 万元，建设办公楼和厂房支出工程款 3 683 万元。山东 B 公司土地和房产（新厂区）的成本支出合计约为 7 055 万元。

8. 山东 B 公司新厂区建成后，聊城 A 公司老厂区的设备搬迁到了新厂区，老厂区搬迁的设备加上新购置的设备，价值总额达 2 318 万元，同时，聊城 A 公司的实际办公地点也转移到了新厂区。聊城A公司老厂区只保留了原来的土地和房产，并由聊城A公司和邹某某出租给了案外的第三人，由邹某某收取租金。

9. 山东B公司成立后，由于聊城A公司和山东B公司这两家公司都归邹某某一人所有，因此，这两家公司也一直合并在一起经营，业务并没有分开。两家公司的管理人员相同，财务人员也相同。这两家公司的大部分对外应收账款仍在聊城A公司名下，大部分银行贷款也在聊城A公司名下。

10. 涉案股权转让前，聊城A公司和山东B公司的经营状况良好，在行业内有稳定的客户，有良好的经营声誉，还拥有包括变压器在内的众多电力设备产品的生产资质。但由于邹某某身体不好，在2012年年底进行了心脏搭桥手术，聘请的总经理刘某伟也患有肺癌，因此，邹某某在2015年年底就有对外转让两家公司的意向。

11. 李某刚和李某华为聊城市某局职工，长期在电力行业工作。经中间人介绍，他们向邹某某表示有意收购这两家公司，并多次与邹某某进行协商。

12. 2016年1月中旬，李某刚安排其财务人员张某梅进入山东B公司，和聊城A公司及山东B公司的会计王某芬一起对这两家公司的财务进行了为期20多天的清理核查。经清理核查，张某梅和王某芬依据这两家公司的资产负债表，共同编制了资产交接清单及披露函。

13. 双方财务人员共同清理核查的结果显示，在不包括聊城A公司名下的土地和房产的情况下，即不包括已经对外出租的老厂区的土地房产的情况下，两家公司资产与负债相抵后，这两家公司账面净资产超过1500万元。加上聊城A公司老厂区土地和房产价值8000万元，这两家公司的净资产合计达到9500万元。事实上，再考虑到山东B公司新厂区土地和房产的增值情况、这两家公司拥有的变压器等众多电力设备的生产资质以及这两家公司的商誉，这两家公司的实际价值远远超过9500万元。

14. 在双方财务人员对这两家公司的财务清理核查的基础上，双方又进行了多次协商，最终确定了这两家公司的转让方案，即李某刚和李某华等人收购这两家公司，负责将聊城A公司老厂区的土地和房产解除抵押担保，并将这部分资产剥离出来，交付给邹某某，再另支付邹某某1000万元股权转让款。如果李某刚等人不能将聊城A公司老厂区的土地和房产剥离出来交付给邹某某，则须另行向邹某某支付8000万元，合计支付9000万元股权转让款。

15. 李某刚与李某华等人于2016年3月4日到山东B公司与邹某某签订收购协议。李某刚和李某华称他们是聊城市某局的员工，李某刚还是中层干部，出于国有企业员工身份的原因，他们不宜直接代表收购方签署股权转让协议，故要求李某飞和王某增作为收购方的代表签署股权转让协议，由他们代表受让这两家公司的股权，由李某刚、李某华、李某飞、王某增、聊城 A 公司和山东 B 公司对双方之间的收购协议提供担保。

16. 2016 年 3 月 4 日，双方共同签署了三份协议即两份股权转让协议和一份收购协议书，这三份协议是一个整体。前两份是为了办理工商变更登记而签订的股权转让协议，第三份是双方之间的收购协议书，前两份协议是第三份协议的附件。

17. 聊城 A 公司股权转让协议由聊城 A 公司的名义股东刘某伟、邹某志和收购方代表李某飞签订，该股权转让协议约定收购方须支付股权转让款 440 万元。该股权转让协议收购的资产没有包括聊城 A 公司老厂区的土地和房产。

18. 山东 B 公司股权转让协议由山东 B 公司的名义股东邹某军和收购方代表王某增签订，该股权转让协议约定收购方须支付股权转让款 560 万元。两份股权转让协议共约定收购方须支付股权转让款 1 000 万元。

19. 双方签订的第三份协议是收购协议书，标题是"协议书"。收购方（甲方）的代表人是李某飞，出售方（乙方）是邹某某本人，担保人是李某刚、李某华、李某飞、王某增、聊城 A 公司和山东 B 公司。"协议书"约定，收购方受让聊城 A 公司后，应当偿还聊城 A 公司欠聊城某商业银行 2 400 万元贷款，解除聊城 A 公司老厂区的土地和房产抵押，将该部分土地和房产剥离出来，交付给邹某某。如果不能剥离交付聊城 A 公司的土地和房产，则收购方应支付邹某某 8 000 万元。山东 B 公司及股权转让后的股东、聊城 A 公司及股权转让后的股东、李某刚、李某华对 8 000 万元债务承担担保责任。

20. 协议书签订后，双方办理了两家公司的资产交接。2016 年 3 月 9 日，山东 B 公司的股东和法定代表人均由邹某军变更为了王某增。2016 年 3 月 10 日，聊城 A 公司的股东由邹某志、刘某伟变更为了李某飞，法定代表人由邹某某变为了李某飞。邹某某履行了协议书的全部义务，同时也退出了这两家公司的全部经营。

21. 在办理完工商变更登记和资产交接后，李某刚等收购人未按照约定支付转让款，也没有撤销聊城 A 公司名下土地和房产的抵押。

22. 李某刚等收购人员违约后，邹某某反复催促李某刚、李某华以及股权转让后的公司人员，但他们一直以各种理由拒绝履行合同。其中，2017 年 11 月，邹某某到李某刚办公室催促，双方进行了会谈，邹某某还对谈话进行了录音。

23. 2018 年 7 月 6 日，双方又就聊城 A 公司名下土地和房产解除抵押等事宜在山东 B 公司办公室进行了协商。转让方邹某某及总经理刘某伟、会计王某芬参加了会谈。受让方负责人李某刚、会计张某梅、财务总监郝某亭、副总郏某兴参加了会谈。会后，受让方起草了会议纪要，郏某兴将会议纪要发给了刘某伟，刘某伟提出修改意见后，受让方又对会议纪要进行了修改，其后再次将修改后的会议纪要发送给刘某伟。会议纪要中，受让方提出要用山东B公司新厂区房产办理抵押后才能置换并解除聊城A公司老厂区土地和房产的抵押，邹某某对这一方案不认可，因此，双方最终没有签署该份会议纪要。

24. 在股权转让后，受让方变卖山东B公司土地、低价处理存货，一直没有支付邹某某任何合同款，就此引发了本案的诉讼。

(二) 一审情况

因收购方的违约，2019年6月，邹某某被迫向聊城市中级人民法院提起诉讼，要求李某飞和聊城A公司向邹某某支付土地和房产折价款8 000万元并赔偿利息损失，要求王某增、山东B公司、李某刚、李某华就上述债务承担连带清偿责任。一审中，邹某某提交了三份协议书、聊城A公司的工商变更登记信息、邹某志和邹某军的书面说明，并申请刘某伟出庭作证。

被告李某飞一直没有参加诉讼。

被告聊城A公司的主要答辩观点包括：(1) 邹某某不是聊城A公司工商登记的股东，没有诉讼主体资格；(2) 剥离转让聊城A公司8 000万元土地和房产因违反法律规定而无效；(3) 聊城A公司本身没有在协议书上盖章，不应当承担责任。

被告王某增的主要答辩观点包括：王某增虽然提供了担保，但本案已经过了保证期间。

被告李某华和李某刚的主要答辩观点包括：(1) 他们在协议书上签字只是见证人，不是保证人，也没有收购这两家公司，不应当承担责任；(2) 本案的保证期间已过，因此，保证人不应再承担保证责任。

一审法院以本案的股权转让是虚假意思表示为由驳回了邹某某的诉讼请求。一审判决书"本院认为"部分和判决主文部分表述为：

本院认为，原告邹某某提起本案诉讼依据的两个协议存在诸多疑点。一、聊城A公司注册资本1亿元，即使存在出资不到位的情况，两个股东邹某志和刘某伟以440万元的对价将全部股权转让给李某飞不符合常理。二、两个协议中的权利义务不对等。李某飞以440万元的价款购买聊城A公司的股权后，要偿还2 400万元的银行贷款，撤回公司房产和土地使用权的抵押后以该房产和土地使用权成立新公司，将新公司的股权无偿转让给邹某某，李某飞义务大于权利，邹某某权利大于义务，李某飞的行为并没有使自己受益，而邹某某不是聊城A公司的股东，却能无偿得到聊城A公司的优质资产于情理不通。三、邹某某称其是聊城A公司和山东B公司的实际控制人，因心脏疾病无力经营公司，但却让李某飞成立新公司后无偿转让给他，该陈述与事实矛盾。四、邹某某已经提起本案诉讼，要求李某飞偿还8 000万元及利息，李某飞作为被要求还款的一方没有积极应诉，即便法庭多次联系也不配合调查，李某飞存在与邹某某恶意串通的嫌疑。五、聊城A公司的股权在不转让的情况下，亦可以由聊城A公司偿还贷款后，撤销对房产和土地使用权的抵押，并以此设立新公司。

综上分析，邹某某提起本案诉讼存在诸多的疑点，其提交的证据和本人陈述并不能排除本院对该协议存在恶意串通，并以合法形式掩盖非法目的的合理性怀疑，故邹某某要求李某飞支付8 000万元及利息不能成立，进而原告要求各保证人承担保证责任亦不能成立。依照《中华人民共和国民事诉讼法》第一百四十九条之规定，判决如下：

驳回原告邹某某的诉讼请求。

（三）二审情况

一审判决后，邹某某向山东省高级人民法院提起了上诉。

邹某某的上诉理由主要包括：（1）本案邹某某与李某飞的股权交易模式是公平的，一审法院认定聊城A公司股东邹某志、刘某伟与李某飞的股权转让行为不符合常理，邹某志、刘某伟与李某飞签订的股权转让协议以及邹某某与李某飞签订的协议书中权利义务关系不对等，属认定基本事实错误。（2）邹某某与李某飞不存在恶意串通行为，一审法院以李某飞没有积极应诉，不配合调查为由，认定李某飞存在与邹某某恶意串通的嫌疑，认定事实和适用法律均严重错误。（3）涉案协议书有效，聊城A公司应当承担偿还8 000万元及利息的责任。

二审中邹某某补充提交了大量证据，这些证据分为三组。第一组证据证明邹某某是涉案二家公司的实际控制人，包括邹某志、邹某军、刘某伟的代持股确认书，涉案两家公司的工商登记信息等。第二组证据证明协议签订时，涉案两家公司的股权价值远远超过9 000万元，包括两家公司转让时的资产交接清单及披露函，两家公司的资产负债表、土地证、房产证等。第三组证据证明股权转让后，邹某某一直在与股权受让方联系和协商，双方不存在恶意串通的行为，包括双方之间的微信聊天记录、会议纪要、谈话录音等。除此之外，邹某某还申请邹某志、邹某军、刘某伟、王某芬等4人出庭作证。这4位证人当庭证明邹某某是实际控制人，本案的交易过程客观真实。

聊城 A 公司、李某华的二审答辩理由主要包括：（1）邹某某主张权利的依据是 2016 年 3 月 4 日所签订的协议书，但是该协议书中第 4 条所约定的内容存在故意规避交纳国家税款的情形，应当认定为无效条款。按照法律规定，无效条款自始至终没有法律效力，邹某某主张要求支付 8 000 万元款项没有法律依据。（2）聊城 A 公司、李某华不应当承担李某飞所签署的协议中所设定的 8 000 万元给付义务。在 2016 年 3 月 4 日，李某飞还不是聊城 A 公司的法定代表人，无权设定聊城 A 公司的权利与义务。（3）不认可邹某某为两公司的实际控制人，邹某某向法庭提供的证人证言均与邹某某存在利害关系，对证明内容的真实性不予认可。

山东 B 公司、王某增二审的答辩理由主要包括：（1）涉案"协议书"第 4 条、第 5 条属于恶意串通，以合法形式掩盖非法目的，违反了法律强制性规定，应为无效，且邹某某的行为构成虚假诉讼。（2）山东 B 公司不应承担连带保证责任，涉案"协议书"涉及邹某某以零对价受让聊城 A 公司资产，主合同无效，作为从合同的担保条款亦无效。（3）邹某某无权主张利息。涉案协议约定的不动产至今仍由邹某某管理支配并对外出租获益，未向新股东移交，其无权主张利息损失。

李某飞、李某刚二审未参与应诉。

山东省高级人民法院经审理后认为：邹某某二审提交的证据不足以推翻一审认定的事实，并进而驳回了邹某某的上诉，维持了原一审判决。

三、代理思路和律师文书

（一）申请再审思路

本案聊城市中级人民法院和山东省高级人民法院判决邹某某败诉的原因主要集中在两个方面。一是没有认定邹某某是涉案两家公司的隐名股东和实际控制人，二是将涉案的三份协议割裂开来，从而认定这三份协议不合常理，不是双方真实的意思表示。

二审判决是生效判决，只有在具有民事诉讼法规定的法定再审事由的情况下才能被人民法院裁定再审。因此，针对上述情况，应当重点阐述这两个方面的错误，并将其归纳为民事诉讼法规定的法定再审事由。

在申请再审时，要强调各代持股东出具了书面的确认书确认邹某某是隐名股东和实际控制人的事实，强调各代持股东出庭作证的事实，强调一审法院和二审法院不认定邹某某是隐名股东和实际控制人严重错误，并将这一错误归纳到"认定的基本事实缺乏证据证明"和"适用法律确有错误"这两项法定再审事由当中。

另外，在申请再审时，还要强调涉案两家公司的实际价值，强调涉案三份协议是一个整体、不可分割，强调本案的交易模式是这两家公司作为一个整体打包转让，拟剥离出来的8 000万元土地和房产实际是股权转让款的一部分，从而证明一审法院和二审法院认为三份协议不是双方当事人真实意思表示严重错误，并同样将这一错误归纳到"认定的基本事实缺乏证据证明"和"适用法律确有错误"这两项法定再审事由当中。

在本案再审过程中，再酌情强调资产置换和剥离的方式不违反法律效力性强制规定，强调双方的约定具有法律效力，强调一审各被告方担保人身份，强调本案没有过保证期间。在发回重审的情况下，才酌情变更和增加诉讼请求，全方面维护邹某某的合法权益。

（二）再审申请书

再审申请书

再审申请人（一审原告、二审上诉人）：邹某某（当事人主体信息略，下同）

被申请人（一审被告、二审被上诉人）：李某飞

被申请人（一审被告、二审被上诉人）：聊城A公司

被申请人（一审被告、二审被上诉人）：山东B公司

被申请人（一审被告、二审被上诉人）：李某华

被申请人（一审被告、二审被上诉人）：王某增

被申请人（一审被告、二审被上诉人）：李某刚

再审申请人邹某某（以下简称申请人或邹某某）与被申请人李某飞、被申请人聊城A公司（以下简称聊城A公司）、被申请人山东B公司（以下简称山东B公司）、被申请人李某华、被申请人王某增、被申请人李某刚（以上六位被申请人或合称为被申请人）股权转让合同纠纷一案，聊城市中级人民法院作出了（2019）鲁15民初381号民事判决书一审判决（以下简称一审判决），山东省高级人民法院作出了（2020）鲁民终479号民事判决书二审判决（以下简称二审判决）。申请人不服一审判决和二审判决，认为一审判决和二审判决（一审判决和二审判决或合称为原审判决）认定的基本事实缺乏证据证明、适用法律确有错误，依据《中华人民共和国民事诉讼法》（以下简称《民事诉讼法》）第二百条第二项和第六项的规定，特向贵院申请再审。

申请再审请求：

请求依法再审，并判决如下请求：

一、请求撤销山东省高级人民法院（2020）鲁民终479号民事判决和山东省聊城市中级人民法院（2019）鲁15民初381号民事判决；

二、请求判决被申请人李某飞和被申请人聊城A公司支付申请人邹某某房产和土地折价款8 000万元；

三、请求判决被申请人李某飞和被申请人聊城A公司以8 000万元为基数，自2016年11月1日起计算至实际付清之日止赔偿申请人延迟付款的利息损失（2019年8月20日前的利率按照中国人民银行同期贷款利率计算，2019年8月20日之后的利率按照全国银行间同业拆借中心公布的贷款市场报价利率计算）；

四、请求判决被申请人山东B公司、被申请人李某华、被申请人王某增和被申请人李某刚对第二项和第三项债务向申请人承担连带清偿责任；

五、请求判令被申请人承担本案一审和二审的全部诉讼费用。

申请再审事由：

一、名义股东邹某志是邹某某的儿子，邹某军是邹某某的弟弟，他们不仅按邹某某的要求将涉案股份转让给了被申请人，而且书面确认原代持的股份为邹某某所有，并当庭作证。二审认定邹某某不是实际股东，认定的基本事实缺乏证据证明，认定事实严重错误，本案符合《民事诉讼法》第二百条第二项规定的情形，应当再审并改判。

二、本案的三份协议书同时签订，是一个不可分割的整体。协议书签订前，申请人和被申请人都安排了财务人员共同对聊城A公司和山东B公司这两家企业进行资产清理，并编制了"资产交接清单和披露函"；协议书签订后，双方办理了这两家企业的工商变更登记，除拟剥离置换出的聊城A公司老厂区土地和房产外，邹某某依"资产交接清单和披露函"向被申请人移交了这两家企业的资产及管理权；被申请人违约后，双方还多次进行了协商，并形成了会议纪要。通过这三份协议书，邹某某实实在在向被申请人转让了涉案两家企业，涉及资产2亿多元。协议书的签订不仅客观真实，而且邹某某的义务已全部履行完毕，二审法院却认定协议书不是邹某某真实的意思表示。二审认定的基本事实缺乏证据证明，认定事实严重错误，本案符合《民事诉讼法》第二百条第二项规定的情形，应当再审并改判。

三、本案是股权转让纠纷，而不是股权权属纠纷。显名股东即股份代持人邹某志、邹某军、刘某伟与隐名股东即实际股东邹某某关于涉案股份的权属并没有争议，他们共同确定邹某某是实际股东，而且协议书中所有被申请人也认可邹某某是实际股东。二审错误适用《最高人民法院关于适用〈中华人民共和国公司法〉若干问题的规定（三）》（以下简称公司法司法解释三）第二十二条，认定邹某某不是实际股东，适用法律明显错误。本案符合《民事诉讼法》第二百条第六项规定的情形，应当再审并改判。

四、协议书是双方真实的意思表示，除协议书外，双方并没有其他隐藏的法律行为，而且邹某某在协议书中的义务已经全部履行完毕，二审错误适用《中华人民共和国民法总则》（以下简称《民法总则》）第一百四十六条，主观臆断认为协议书不是邹某某的真实意思表示，进而认定协议书无效，适用法律明显错误。本案符合《民事诉讼法》第二百条第六项规定的情形，应当再审并改判。

申请再审的具体事实与理由如下：

一、本案的基本事实

（略）

二、邹某某是聊城A公司和山东B公司的实际股东，实际持有这两家公司100%的股权，一审、二审认定邹某某不是这两家公司的实际股东，一审、二审认定的基本事实缺乏证据证明，认定事实严重错误，本案符合《民事诉讼法》第二百条第二项规定的再审情形，应当再审并改判

（一）邹某志是邹某某的儿子，邹某军是邹某某的弟弟，邹某某让两位近亲属代持股份是民营企业的通常做法，符合社会常理

股权转让前，聊城A公司的名义股东是邹某志和刘某伟，山东B公司的名义股东是邹某军。但邹某志是邹某某的儿子，他是代邹某某持有聊城A公司的股权。邹某军是邹某某的弟弟，他是代邹某某持有山东B公司的全部股权。

聊城A公司设立时，邹某某的儿子邹某志年仅17岁，他曾在聊城A公司短暂工作过。自山东B公司设立以来，邹某某的弟弟邹某军一直在山东B公司从事库房管理工作。他们二人都是代邹某某持股。在我国，这种基于近亲属关系的股权代持情况，普遍存在于诸多民营企业当中。本案中，申请人邹某某让他的儿子邹某志和他的弟弟邹某军代自己持有两家公司股份，符合社会常理。

（二）邹某志、刘某伟和邹某军书面确认了他们是代邹某某持有涉案股份

二审中，邹某某提交了股权代持人邹某志、刘某伟和邹某军书写的三份股权确认书。在确认书中，他们三人均确认自己是代邹某某持有聊城A公司和山东B公司的股权。实际上，这三份确认书具有书证的证据性质，而不是简单的证人证言，与股权代持协议的效力相当。因为在确认书中他们是确认自己代持的股份归邹某某所有，而不是证明其他人代邹某某持有股份。因此，这三份确认书能够充分证明邹某志、刘某伟、邹某军是代邹某某持有聊城A公司和山东B公司的股权，邹某某是两家公司的实际股东。

（三）邹某志、刘某伟和邹某军出庭证明他们是代邹某某持有涉案股份，他们是按邹某某安排签订的涉案股权转让协议书

二审中，邹某某申请邹某志、刘某伟和邹某军出庭作证。他们三人当庭证明，他们是代邹某某持有聊城A公司和山东B公司的股权。涉案股权转让时，他们是根据邹某某的指令与收购方签订股权转让协议，并且按照邹某某的要求配合办理了两家公司的工商变更登记。

（四）签署涉案三份协议书时，所有被申请人均认可邹某某是聊城A公司和山东B公司的实际股东

受邹某某指令，名义股东邹某志、刘某伟和受让方之一的李某飞签署了聊城A公司股权转让协议。同样受邹某某指令，名义股东邹某军和受让方之一的王某增签署了山东B公司股权转让协议。同时，邹某某又以股权转让方的身份与所有被申请人签订了一份协议书，协议书对受让方在取得两家公司股权后的义务作了约定，该协议书由被申请人李某刚、李某华、李某飞、王某增等人签字。由此可见，涉案股权转让协议签订时，所有被申请人对邹某某是这两家公司实际股东的事实均没有异议。如果邹某某不是实际股东，如果被申请人不认可邹某某的实际股东身份，他们为什么会和邹某某签订协议书呢？

（五）股权转让前邹某某一直管理着涉案两家企业，股权转让前和股权转让后，邹某某一直将老厂区的房产和土地即协议书中要求置换和剥离出的资产对外出租

涉案两家企业在转让前均由邹某某负责最终的管理和决策，聊城A公司的法定代表人就是邹某某本人。无论在转让前，还是在转让后，老厂区的房产和土地，即协议书要求被申请人负责置换和剥离出的土地和房产均由邹某某以个人的名义对外出租。一审中，被申请人还认为，邹某某仍在出租老厂区的土地和房产，因此不能主张8 000万元折价款的利息损失。二审中，申请人提交了邹某某出租老厂区房产和土地的租赁协议。如果邹某某不是实际股东，老厂区的房产和土地怎么可能由邹某某个人向外出租呢？

（六）从股权转让的事实来看，邹某某作为两家公司的实际股东，已经按照协议约定履行了全部股权出让方义务

涉案股权转让协议签订后，邹某某按照"资产交接清单和披露函"将两家公司的资产和管理权都交给了受让方，完成了全部资产的交接，而且按照转让协议约定，要求三位股权代持人邹某志、刘某伟、邹某军配合被申请人办理了两家公司的工商变更登记，履行了所有股权出让方的义务。如果邹某某不是实际股东，被申请人怎么可能从邹某某处取得这两家企业呢？

综上，申请人邹某某是聊城A公司和山东B公司的实际股东，实际持有这两家公司100%的股权，这一事实非常清楚。稍有社会常识的人就应当能确认这一事实。一审、二审认定邹某某不是这两家公司的实际股东，一审、二审认定的基本事实缺乏证据证明，认定事实严重错误，本案符合《民事诉讼法》第二百条第二项规定的再审情形，应当再审并改判。

三、协议书是双方真实意思的表示，协议书中邹某某的全部义务已经履行完毕，二审认定协议书不是邹某某的真实意思表示，认定的基本事实缺乏证据证明，认定事实严重错误，本案符合《民事诉讼法》第二百条第二项规定的再审情形，应当再审并改判

（一）从本案的交易背景来看，涉案股权转让是客观真实的交易，邹某某不存在虚假意思表示的行为

如前文基本事实部分所述，邹某某于2001年出资设立了聊城A公司，即老厂。老厂位于聊城市老城区，占地面积67亩，房屋建筑面积7 458.55平方米。由于退城进园的政策要求，邹某某又于2012年出资设立了山东B公司，即新厂。新厂位于聊城市东昌府工业园区，占地190亩。

山东B公司新厂区建成后，聊城A公司老厂区的设备搬迁到了新厂区，实际办公地点也转移到了新厂区。这二家公司也合并在一起经营，业务并没有分开。聊城A公司老厂区只保留了原来的土地和房产，但不再用于二家公司的生产经营，而是由邹某某以个人名义出租给他人。

涉案股权转让前，聊城A公司和山东B公司的经营状况良好，但由于邹某某身体不好，聘请的总经理刘某伟也患有肺癌，因此，邹某某在2015年年底决定将两家公司对外转让。

邹某某是由于身体原因无力经营才想转让这两家公司，也才有了后续本案的股权交易。因此，转让两家公司股权是邹某某真实的意思表示，而不是二审法院推测的虚假意思表示。

（二）从本案的交易模式来看，申请人与被申请人以签订三份股权转让协议的方式，将两家公司整体打包转让，该交易模式真实且公平

如前文基本事实部分所述，协议书签订前，申请人和被申请人都安排了财务人员共同对聊城A公司和山东B公司一并进行资产清算。清算结果为：两家公司资产高达2亿元，在不包括已经对外出租的聊城A公司老厂区土地房产的情况下，两家公司资产与负债（含老厂区土地房产上的2 400万元银行抵押贷款）相抵后，账面净资产超过1 500万元。加上价值8 000万元的聊城A公司老厂区土地和房产，这

两家公司的净资产合计达到 9 500 万元。

根据上述资产清算结果，双方确定两家公司的股权转让对价合计为 9 000 万元，同时制定了如下交易模式：被申请人负责将聊城 A 公司老厂区的土地和房产解除抵押，将这部分资产剥离置换出来，成立新公司，交付给申请人，再另行支付申请人 1 000 万元股权转让款。如果被申请人不能将聊城 A 公司老厂区的土地和房产剥离置换出来交付给申请人，则需另行向申请人支付 8 000 万元股权转让款，合计支付 9 000 万元。

依据上述交易模式，双方分别签订了三份协议：第一份，聊城 A 公司股权转让协议，股权对价 440 万元；第二份，山东 B 公司股权转让协议，股权对价 560 万元；第三份，协议书，股权对价为置换和剥离聊城 A 公司老厂区的土地和房产或另行支付 8 000 万元股权转让款。

上述三份协议是双方基于同一股权转让方案而同时签订的不可分割的整体。单拿出任何一份，都不能体现本案完整的股权转让事实。整体来看，该交易模式公平合法，不存在任何权利与义务失衡情况。

（三）从整个交易过程来看，涉案股权转让是客观真实的交易，而且邹某某已履行了所有的合同义务

股权转让协议签订前，双方就两家公司转让事宜进行过多次沟通协商。申请人和被申请人都安排了财务人员共同对聊城 A 公司和山东 B 公司进行了资产清理，制作了两家公司的"资产负债表"，并依此编制了"资产交接清单和披露函"。

在对两家公司的资产共同清理核对完毕后，双方人员在同一天签订了涉案三份协议，即聊城 A 公司股权转让协议、山东 B 公司股权转让协议、协议书。协议签订后，申请人配合被申请人办理了这两家公司的工商变更登记。除拟剥离置换出的聊城 A 公司老厂区的土地和房产外，申请人依"资产交接清单和披露函"向被申请人移交了这两家公司的资产及管理权。至此，协议书中申请人的全部义务已经履行完毕。

被申请人违约后，双方还就支付股权转让款及聊城 A 公司名下土地和房产的置换事宜进行了多次协商，并形成了两份会议纪要。

综上，通过这三份协议书，申请人实实在在向被申请人转让了这两家企业，协议书的签订不仅客观真实，而且邹某某的合同义务已经履行完毕。如果协议书不是双方真实意思的表示，双方怎么可能办理这两家企业的过户呢？双方怎么可能进行两家企业的资产交接呢？邹某某已经真实履行了全部义务的协议书怎么可能不是邹某某真实意思的表示呢？二审法院认定协议书并不是邹某某真实意思的表示，二审认定的基本事实缺乏证据证明。二审法院不仅认定事实严重错误，而且违背基本常识和逻辑！

本案符合《民事诉讼法》第二百条第二项规定的再审情形，应当再审并改判。

四、二审法院适用《公司法》司法解释三第二十二条的规定，认定申请人不是两家公司实际股东，适用法律明显错误。本案符合《民事诉讼法》第二百条第六项规定的再审情形，应当再审并改判

《公司法》司法解释三第二十二条是关于股权权属纠纷的法律规定。该条规定："当事人之间对股权归属发生争议，一方请求人民法院确认其享有股权的，应当证明以下事实之一：（一）已经依法向公司出资或者认缴出资，且不违反法律法规强制性规定；（二）已经受让或者以其他形式继受公司股权，且不违反法律法规强制性规定。"上述规定是指在显名股东和隐名股东发生争议时，隐名股东要求确认其真实股东身份时，应当提供出资的相关证据或受让股权的相关证据。

本案是股权转让纠纷，股权代持人即显名股东邹某志、邹某军、刘某伟和实际股东邹某某没有争议，他们都共同确认邹某某是本案的实际股东。本案不是股权权属纠纷，不适用《公司法》司法解释三第二十二条。无须要求邹某某提供出资的相关证据或受让股权的相关证据。

事实上，虽然邹某某和邹某志、邹某军、刘某伟是近亲属关系或同事关系，邹某某出资成立这两家公司时并没有和邹某志、邹某军、刘某伟签订代持股协议，但邹某志、邹某军、刘某伟本人在本案中已经签署了书面的确认书并当庭作证，他们签署的确认书实际已经起到了和代持股协议同样的证明作用，确认书的证明效力并不低于代持股协议。

因此，二审法院依据《公司法》司法解释三，认为邹某某未能证明其实际履行了公司股东出资义务，认定邹某某不是聊城A公司和山东B公司的实际股东，适用法律确有错误，本案符合《民事诉讼法》第二百条第六项规定的再审情形，应当再审并改判。

五、二审法院适用《民法总则》第一百四十六条的规定，认定协议书不是邹某某真实意思的表示，进而认定协议书无效，适用法律明显错误。本案符合《民事诉讼法》第二百条第六项规定的再审情形，应当再审并改判

（一）本案中，申请人并不存在任何隐藏的民事法律行为

《民法总则》第一百四十六条规定："行为人与相对人以虚假的意思表示实施的民事法律行为无效。以虚假的意思表示隐藏的民事法律行为的效力，依照有关法律规定处理。"该条中，行为人既有虚假意思表示的民事法律行为，同时也有隐藏的民事法律行为。而本案中，申请人自始至终只有一个真实的民事法律行为，即股权转让行为。申请人不存在任何其他隐藏的民事法律行为。因此，本案不属于《民法

总则》第一百四十六条规定的情形。

（二）已经客观履行的协议书不可能是虚假的意思表示

不论从本案的交易背景来看，还是从整个交易过程来看，涉案股权转让都是客观真实的交易。邹某某已经履行了所有的合同义务，将两家公司的资产和管理权交付了被申请人。已经客观履行完毕的协议不可能是虚假的意思表示。

综上，协议书是双方真实意思的表示，双方并没有其他隐藏的法律行为。二审法院错误适用《民法总则》第一百四十六条，主观臆断认为协议书不是邹某某真实意思的表示，进而认定协议书无效，适用法律严重错误。本案符合《民事诉讼法》第二百条第六项规定的情形，应当再审并改判。

综上，原审认定邹某某不是实际股东，认定协议书不是邹某某的真实意思表示，认定的基本事实缺乏证据证明，认定事实严重错误，本案符合《民事诉讼法》第二百条第二项规定的再审情形，应当再审并改判；原审错误适用《公司法》司法解释三第二十二条和《民法总则》第一百四十六条，本案符合《民事诉讼法》第二百条第六项规定的再审情形，应当再审并改判。

基于上述理由，特向贵院申请再审，请求依法公正再审并判决如上所述请求。

此致
中华人民共和国最高人民法院

再审申请人：×××

二〇二〇年七月十六日

（三）申请再审代理词

邹某某与李某飞等股权转让合同纠纷申请再审案
代理词

尊敬的审判长、审判员：

在贵院审理的案号为（2020）民申字第5802号申请人邹某某与被申请人李某飞、聊城A公司、山东B公司、王某增、李某华和李某刚等股权转让合同纠纷申请再审一案中，律师团队受盈科律师事务所的指派，接受申请人邹某某的委托，担任其本案的诉讼代理人。现依据事实和法律，发表如下代理意见，敬请采信。

一、项目公司介绍及双方当事人人员介绍

为方便贵院了解涉案转让的两家项目公司的情况及双方当事人的人员情况，我们整理了项目公司及双方人员一览表。详细内容见附件一（相关附件已略去。——

作者注)。

二、本案的基本事实

为方便贵院全面了解本案的基本事实,我们在再审申请书的第一部分对本案的基本事实进行了书面陈述(再审申请书第4页至第8页)。参加听证后,我们又整理了本案的案件事实一览表,详细内容见附件二(相关附件已略去。——作者注)。

三、关于邹某某一审提交的证据

一审中,邹某某提交了邹某某签署的协议书及聊城A公司股权转让协议、山东B公司股权转让协议,共三份协议,并申请证人刘某伟出庭作证。但一审法院拒绝了刘某伟出庭作证的申请,而且遗漏了三份协议中的一份协议,即山东B公司股权转让协议。一审法院的上述行为,导致一审法院对本案的基本事实认定出现重大遗漏,从而导致基本事实认定错误。

为方便贵院了解邹某某一审中提交的证据,我们对一审中邹某某提交的证据及一审庭审笔录进行了整理,同时对一审中邹某某的主要证据补充发表了举证意见。详见附件三:邹某某一审证据补充举证意见及一审证据、一审庭审笔录(相关附件已略去。——作者注)。

四、邹某某与被申请人以签订三份协议的方式将聊城A公司和山东B公司整体转让,三份协议和所附的资产交接清单是一个整体,本案的交易客观真实

(一)聊城A公司和山东B公司由邹某某合并经营,转让时邹某某将这两家企业整体转让,所签订的三份协议是一个整体

聊城A公司在老厂区,山东B公司在新厂区,新厂区建成后,聊城A公司在老厂区的业务转移到了新厂区,这两家公司事实上是合并在一起经营的。

涉案股权转让时,邹某某也是将这两家公司的业务合并在一起转让的。这两家公司的资产也被一并编制在一本"资产交接清单和披露函"当中。

协议书签订前,邹某某和被申请人都安排了财务人员共同对聊城A公司和山东B公司进行了资产合并清算。清算结果为:两家公司合并资产高达2亿元,在不包括已经对外出租的聊城A公司老厂区土地房产的情况下,两家公司资产与负债相抵后,账面净资产超过1500万元。加上价值8000万元的聊城A公司老厂区土地和房产,这两家公司的净资产合计达到9500万元。根据上述资产清算结果,双方确定了两家公司的合并股权转让对价为9000万元。

这两家公司的股权交易模式是:被申请人负责将聊城A公司老厂区的土地和房产解除抵押担保,并将这部分资产剥离置换出来,交付给邹某某,再另支付申请人1000万元股权转让款。如果被申请人不能将聊城A公司老厂区的土地和房产剥离

置换出来交付给邹某某,则需另行向申请人支付 8 000 万元股权转让款,合计支付 9 000 万元股权转让款。

依据上述交易模式,双方签订了三份协议。第一份,协议书,由邹某某与收购方代表李某飞签订,其余收购人李某刚、李某华、王某增以及山东 B 公司在担保人处签字盖章。协议书约定收购方负责置换和剥离聊城 A 公司老厂区的土地和房产或另行支付 8 000 万元股权转让款给邹某某。第二份,聊城 A 公司股权转让协议,由邹某志、刘某伟按邹某某的要求与收购人代表李某飞签订,股权对价为 440 万元。第三份,山东 B 公司股权转让协议,由邹某军按邹某某的要求与收购人代表王某增签订,股权对价为 560 万元。

因此,从这两家企业合并的经营情况来看,从这两家企业的整体转让来看,本案的三份协议是一个整体,不可分割。

(二)本案的三份协议是同时签订的,这三份协议是一个整体

三份协议是同时签订的,落款时间均为 2016 年 3 月 4 日。事实上,邹某某也是在同一地点与被申请人签订的三份股权转让协议。2016 年 3 月 4 日,名义股东邹某志、邹某军等人均是按照邹某某的指令,前往邹某某的办公室,分别在聊城 A 公司股权转让协议和山东 B 公司股权转让协议上签字。同时,邹某某与被申请人签订了协议书。

(三)从三份协议的关系来看,两份股权转让协议是协议书的附件,资产交接清单同时作为两份股权转让协议的附件,这些文件是一个整体

实际上,协议书是转让人邹某某与收购人签署的主协议,约定了本案股权收购人最主要的股权转让款的支付方式和内容,即被申请人负责置换和剥离聊城 A 公司老厂区的土地和房产或另行支付 8 000 万元股权转让款给邹某某。

而两份股权转让协议是协议书的附件,约定了本案股权收购人其余股权转让对价的支付方式和内容,即聊城 A 公司股权转让协议对价为 440 万元,山东 B 公司股权转让协议对价为 560 万元,被申请人以货币资金的方式合计支付 1 000 万元股权转让款给邹某某。

协议书签订前,邹某某和被申请人都安排了财务人员共同对聊城 A 公司和山东 B 公司进行了资产合并清算。根据该清算结果,双方共同制定了"资产交接清单和披露函",又基于该文件中反映出的资产负债情况确定了涉案两家公司的股权转让价格。因此,双方将"资产交接清单和披露函"作为两份股权转让协议的附件列在协议末页。

综上,从三份协议的关系来看,两份股权转让协议是协议书的附件,"资产交

接清单和披露函"又是两份股权转让协议的附件，这些文件是一个整体。邹某某是通过这三份协议将两家公司合并整体转让的。

（四）涉案两份股权转让协议、资产负债表以及资产交接清单中的数据完全吻合，这也说明上述文件是一个整体

聊城A公司股权转让协议和山东B公司股权转让协议都在协议第一项"目标公司情况"中记载了股权转让时两家公司的资产和负债金额。代理人对两份协议书中所记载的数据与两家公司合并的资产负债表中的数据进行了对比核算，发现这三份文件中的数据完全吻合。为方便对比，代理人制作了下表。

序号	资产类别	聊城A公司股权转让协议数据（元）	山东B公司股权转让协议数据（元）	二份协议合计金额（元）	资产负债表金额（元）
1	应收账款	40 786 159.27	14 991 813.83	55 777 973.1	55 777 973.1
2	预付账款	3 734 620.70	321 033.74	4 055 654.44	4 055 654.44
3	固定资产	20 358 298.48	39 650 196.84	60 008 495.32	23 177 410.08
4	无形资产	/	33 568 558.77	33 568 558.77	33 568 558.77
5	短期借款	68 000 000	70 857 407.5	138 857 407.5	138 857 407.5
6	应付账款	15 052 834.89	4 418 227.07	19 471 061.96	19 471 061.96
7	应付票据	5 715 051.72	/	5 715 051.72	5 715 051.72

该表第三项的数据虽然因统计标准不一致，表面上数据不同，但实际上互相吻合。原因如下：山东B公司股权转让协议所载固定资产为39 650 196.84元，该数据将协议签订时山东B公司在建工程36 831 085.24元计算在内。扣减该笔款项，山东B公司其他固定资产为2 819 111.6元（39 650 196.84－36 831 085.24＝2 819 111.6）。加上聊城A公司股权转让协议所载固定资产20 358 298.48元，两家公司固定资产总计为23 177 410.08元（2 819 111.6＋20 358 298.48＝23 177 410.08），该数据与资产负债表中固定资产数据一致。

综上，涉案三份协议是双方基于同一股权转让方案而同时签订的不可分割的整体。单拿出任何一份，都不能体现本案完整的股权转让事实。整体来看，该交易模式公平合法，不存在任何权利与义务失衡的情况。

五、涉案三份股权转让协议真实有效，本案是以置换的方式剥离公司资产支付给申请人，而非抽逃出资，这种交易模式合法有效，并不违反法律禁止性规定

（一）本案不构成抽逃出资

所谓抽逃出资，是指在公司验资注册后，股东将所缴出资暗中撤回，却仍保留股

东身份和原有出资数额的欺诈性违法行为。该种行为侵犯了公司的财产权，违反了资本维持原则，并可能侵犯公司债权人的利益，因而被法律所不允。对此，最高人民法院《关于适用〈中华人民共和国公司法〉若干问题的规定（三）》第十二条规定："公司成立后，公司、股东或者公司债权人以相关股东的行为符合下列情形之一且损害公司权益为由，请求认定该股东抽逃出资的，人民法院应予支持：（一）制作虚假财务会计报表虚增利润进行分配；（二）通过虚构债权债务关系将其出资转出；（三）利用关联交易将出资转出；（四）其他未经法定程序将出资抽回的行为。"

涉案股权交易过程中，需要受让方注入其他资产将聊城A公司的土地和房产置换出来，再剥离给申请人邹某某。这种剥离资产的约定，没有损害债权人利益，也没有违反法律禁止性规定，涉案协议书合法有效。事实上，在涉案协议书中，受让方承诺在受让聊城A公司全部股权后，继续按期偿还聊城农商行贷款的约定不但没有损害债权人利益，反而保障了公司债权人利益的实现。从协议的实际履行情况来看，也并未损害公司债权人的利益。

本案中，将聊城A公司的土地和房产置换剥离出来的前提是受让方注入相同价值的其他资产，例如注入股权、货币资金或者其他资产。因此，这种交易模式既没有侵犯公司的财产权，也未违反资本维持原则，本案的交易模式并没有违反任何法律规定。贵院相同的案例见附件三（相关内容已略去。——作者注）。

（二）退一步讲，即使本案三份股权转让协议违反了公司法的管理性规定，也不会导致三份股权转让协议无效

股东不得抽逃出资的规定属于管理性规定，而不属于合同效力性规定。即使在本案协议书的履行过程中，被申请人发生了抽逃出资的行为，被申请人抽逃出资的行为也不会影响申请人和被申请人之间协议书的效力。

事实上，双方在协议书明确，如果被申请人不能剥离和交付老厂区的土地和房产，被申请人应当支付申请人8000万元。被申请人支付申请人8000万元就更不可能构成抽逃出资，更不存在协议书无效的情形。

（三）再退一步讲，即使本案三份股权转让协议无效，一审、二审法院也应当向邹某某释明，邹某某可以变更诉讼请求，一审、二审法院不应该直接驳回邹某某的请求

如前所述，本案股权转让协议书合法有效，被申请人在没有剥离和交付老厂区土地和房产的情况下，应当支付邹某某8000万元股权转让款。

退一步讲，本案中，邹某某如实履行了合同义务，将两家公司的全部资产交付给了收购方。根据《合同法》第五十八条规定，合同无效或者被撤销后，因该合同

取得的财产，应当予以返还。因此，即使本案股权转让协议书无效，被申请人也应当返还邹某某两家公司的股权及相关资产。一审、二审法院在认定协议书无效的情况下也应当对合同的效力进行释明，而不是错误地驳回申请人的诉讼请求，而导致当事人之间权利义务严重失衡。

综上，一审、二审法院认定邹某某不是实际股东，认定协议书不是邹某某的真实意思表示，认定的基本事实缺乏证据证明，认定事实严重错误。本案中，邹某某作为这两家公司的实际持股人，实实在在地转让了这两家公司，并交付了这两家公司的管理权以及与变压器业务相关的资产，邹某某自然应当依据协议书收取相应的股权转让对价，申请人邹某某的诉讼请求理应得到支持。一审、二审判决明显错误，理应被及时纠正。

特发表如上代理意见，敬请合议庭采信。谢谢！

申请人邹某某的委托代理人

北京市盈科律师事务所张群力律师

2020 年 11 月 27 日

四、胜诉裁判摘要

（一）最高人民法院提审裁定摘要

中华人民共和国最高人民法院
民事裁定书

（2020）最高法民申 5802 号

（当事人情况略）

再审申请人邹某某与被申请人李某飞、聊城 A 公司、山东 B 公司、李某华、王某增、李某刚股权转让纠纷一案，不服山东省高级人民法院（2020）鲁民终 479 号民事判决，向本院申请再审。本院依法组成合议庭进行了审查，现已审查终结。本院认为，邹某某的再审申请符合《中华人民共和国民事诉讼法》第二百条第二项、第六项规定的情形。

依照《中华人民共和国民事诉讼法》第二百零四条、第二百零六条，《最高人民法院关于适用〈中华人民共和国民事诉讼法〉的解释》第三百九十五条第一款之规定，裁定如下：

本案由本院提审。

（二）最高人民法院发回重审裁定摘要

中华人民共和国最高人民法院
民事裁定书

（2021）最高法民再128号

（当事人情况略）

再审申请人邹某某与被申请人李某飞、聊城A公司、山东B公司、李某华、王某增、李某刚股权转让纠纷一案，不服山东省高级人民法院（2020）鲁民终479号民事判决，向本院申请再审。本院作出（2020）最高法民申5802号民事裁定，提审本案。本院依法组成合议庭对本案进行了审理。

本院认为，邹某某原审提交的三份协议，即邹某志、刘某伟与李某飞签订的"股权转让协议"、邹某军与王某增签订的"股权转让协议"以及邹某某与李某飞签订的"协议书"，整体体现出本案所涉的交易安排是，聊城A公司与山东B公司原股东以股权转让的方式将两公司整体打包转让，对价为1 000万元股权转让款和以聊城A公司的土地使用权、房产出资设立新公司的全部股权；如新公司设立不成，则将该土地使用权和房产折价8 000万元，即对价总计为9 000万元。原审未将上述三份协议作为一个整体进行审查判断，未查明当事人签订、履行上述协议的真实意思表示即适用《中华人民共和国民法总则》第一百四十六条认定涉案股权转让行为系当事人以虚假意思表示实施的无效民事法律行为认定事实不清，适用法律错误。另外，关于邹某某是否系聊城A公司、山东B公司实际股东的问题，因本案系股权转让纠纷，而非实际股东与显名股东之间的股权权属纠纷，且邹某志、刘某伟、邹某军对邹某某实际股东的身份并无争议，故原审作出"现有证据不足以证实邹某某为实际股东"的认定亦有不当。考虑到原审以涉案协议无效为由驳回了邹某某的全部诉讼请求，并未对涉案股权转让的基本事实进行查明，未对各方当事人的权利义务进行实质审理，导致本案的基本事实不清，适用法律错误，故本案发回一审法院重审。重审时，应对前述三份协议进行整体审查判断，查明当事人的真实意思表示，并根据涉案股权转让协议中约定的各方当事人权利义务以及实际履行等情况，对邹某某的诉讼请求进行实质审理。

依照《中华人民共和国民事诉讼法》第一百七十条第一款第三项的规定，裁定如下：

一、撤销山东省高级人民法院（2020）鲁民终479号民事判决；

二、撤销山东省聊城市中级人民法院（2019）鲁15民初381号民事判决；

三、本案发回山东省聊城市中级人民法院重审。

（三）山东省聊城市中级人民法院重审判决摘要

山东省聊城市中级人民法院
民事判决书

(2021) 鲁 15 民初 273 号

("本院认为"以前部分略)

本院认为，本案重审的争议焦点为：一、邹某某是否为本案适格原告；其在重审中增加的诉求能否在本案中一并处理。二、原告要求股权受让方履行合同义务并要求相关担保人承担连带责任是否成立。

关于第一个争议焦点。首先，本案系股权转让纠纷，而非实际股东与显名股东之间的股权权属纠纷。邹某某虽非涉案股权转让协议的合同主体，但在股权转让方的显名股东邹某志、刘某伟、邹某军三人对邹某某的实际股东身份均不持异议的情况下，应认定邹某某为原聊城 A 公司和山东 B 公司的实际股东，能够作为股权出让方向受让方主张权利，故邹某某是本案的适格原告。被告聊城 A 公司、山东 B 公司、王某增辩称邹某某不具有本案的诉讼主体资格，无事实和法律依据，本院不予采纳。

其次，根据《最高人民法院关于适用〈中华人民共和国民事诉讼法〉的解释》第二百五十二条第四项的规定，再审裁定撤销原判决发回重审的案件，当事人增加的诉讼请求无法通过另诉解决的，应当准许当事人增加诉讼请求。本案重审中，原告邹某某增加的诉讼请求是要求股权受让方支付股权转让金，同样是基于双方股权转让协议的履行而形成的权利义务争议，与本案原审中邹某某的诉讼请求所涉法律关系及款项性质同一，应予一并处理。聊城 A 公司、山东 B 公司、王某增及李某华主张涉案三份协议所涉内容性质不同、法律关系不同，不应合并审理，无事实和法律依据，故对上述三被告的该项辩称理由，本院不予采纳。

关于第二个争议焦点，包括涉案协议的效力以及股权受让方、担保方的责任承担问题，本院逐一分析如下：

（一）关于涉案三份协议的效力问题。

根据邹某志及刘某伟与李某飞签订的"股权转让协议"、邹某军与王某增签订的"股权转让协议"、邹某某与李某飞签订的"协议书"以及资产交接清单的内容可以看出，上述协议系同时签订且内容相互关联，应作为一个整体审查判断涉案股权转让的事实，并由此能够认定，本案所涉两家公司的股权交易模式是，聊城 A 公司与山东B公司原股东以股权转让的方式将两公司整体打包转让，对价为1 000万元股权转让款和以聊城A公司的土地使用权、房产出资设立新公司的全部股权；如新公司设立不成，则将该土地使用权和房产折价8 000万元，即对价总计为9 000万元。

综合本案现有证据及当事人陈述，本案能够认定股权出让方、受让方共同对两公司的有关资产进行一并清算后，在平等自愿的基础上签订了上述三份协议，且协议内容均是当事人的真实意思表示，亦不违反法律禁止性规定。上述协议中，除"协议书"第四条、第五条外，当事人就合同条款的有效性并无实质争议。"协议书"第四条约定，股权受让方将以聊城A公司的房产、土地使用权作为抵押的2 400万元贷款偿还及撤销抵押后，以上述资产作为出资设立的新公司，将该公司100%股权无偿转让给邹某某。第五条约定，股权受让方未按第四条约定履行义务，双方一致同意作为出资的房产和土地使用权折价8 000万元，邹某某可要求聊城A公司支付，并由股权转让后的山东B公司及股东，以及股权转让后的聊城A公司的股东提供连带责任保证。聊城A公司主张，上述第四条约定因涉及偷逃国家税款的情形，应为无效条款；山东B公司及王某增则主张，上述第四、五条的约定属于恶意转移公司优质资产，损害公司债权人利益的无效条款。对此本院认为，上述协议签订后，股权受让方并未按第四条的约定履行，即未实际发生将聊城A公司的房产、土地使用权予以剥离的后果，且邹某某在本案诉讼中亦未主张股权受让方继续履行该条款之约定，故第四条约定是否有效，既不影响其他条款的效力，也不影响本案的实体处理。对于山东B公司及王某增所主张的上述第五条属无效约定的事由，二者均未提供相关证据予以佐证，本院不予认定。据此，对聊城A公司、山东B公司及王某增的上述反驳主张，本院均不予采纳。

（二）关于股权受让方及担保人的责任承担问题。

1. 李某飞、王某增应分别向原告支付股权转让金440万元、560万元。

涉案三份协议签订后，股权转让方按约定履行了转让方的全部义务，李某飞、王某增作为股权受让人却均未支付任何股权转让价款，应依法承担违约责任。原告按协议约定要求李某飞、王某增继续履行股权转让金440万元、560万元的给付义务并支付逾期付款利息，依法成立，应予支持。但是，因涉案"股权转让协议"中并未明确约定有担保主体，故原告要求李某刚、李某华、王某增对李某飞的上述债务承担连带清偿责任以及要求李某刚、李某华、李某飞对王某增的上述债务承担连带清偿责任，均无事实和法律根据，本院不予支持。

2. 李某飞与聊城A公司应向原告支付8 000万元合同款。

根据前述对涉案三份协议的整体分析认定，聊城A公司及山东B公司整体转让的对价为1 000万元股权转让款和以聊城A公司的土地使用权、房产出资设立新公司的全部股权，如新公司设立不成，则将该土地使用权和房产折价8 000万元，即对价总计为9 000万元。基于此，在股权受让方"以聊城A公司的土地使用权、房产出资设立新公司并将全部股权无偿转让给邹某某"不能成就的情况下，该8 000万元款项性质也是本次交易的股权转让款。上述协议签订后，股权转让方积极履行了全部义务，同时也退出了两家公司的经营，但股权受让方却并未按约支付任何股权转让价款，亦未按约偿还贷款、解除聊城A公司资产抵押及以该资产出资设立新公司。由此，原告要求股权受让人李某飞履行协议约定向其支付8 000万元，依法应予支持。"协议书"中约定，对于上述8 000万元，邹某某可要求聊城A公司支付。因该协议是由聊城A公司股权转让前后的法定代表人邹某某、李某飞签署，且李某飞系聊城A公司100%股权的受让人，应认定聊城A公司知悉并同意该约定，故原告要求聊城A公司履行协议约定向其支付8 000万元，本院予以支持。

另，关于原告主张的逾期支付8 000万元的利息损失，因"协议书"中并未明确约定8 000万元的给付时间，且聊城A公司名下的房产和土地一直由邹某某实际支配使用和收益，故对原告的该项诉讼主张，本院不予支持。

3. 山东B公司、王某增、李某刚及李某华均应对上述8 000万元债务承担连带保证责任。

首先，关于该笔债务的保证人范围及保证方式问题。从涉案"协议书"担保人项下的签章情况看，山东B公司、王某增、李某刚及李某华均进行了签名确认。山东B公司、王某增抗辩称协议书中保证条款为无效条款，没有事实依据，本院不予采纳。李某刚、李某华主张二人系以"见证人"身份在协议书中签名捺印，对此本院认为，其二人作为完全民事行为能力人和具有一定社会知识的人，应当知道保证人与见证人在法律上所承担的不同责任，但二人在签名时并未标注"见证人"字样，且紧接着保证人山东B公司、王某增签名盖章的下方对应位置签名捺印，符合担保的形式要求。诉讼中，李某刚、李某华虽主张二人系以"见证人"身份在协议书中签名捺印，但未提供相关证据予以佐证，另结合在案证据综合判断，在涉案两个公司的整体转让、收购过程中，李某刚、李某华均作为收购方主要人员参与其中，应认定二人是保证人而非见证人，故对上述二人的此项反驳主张不予采信。由此，山东B公司、王某增、李某刚及李某华均是上述8 000万元债务的保证人。关于保证方式，涉案"协议书"中明确约定山东B公司、王某增提供连带责任保证；该协议对李某刚、李某华的保证方式没有明确约定，根据《中华人民共和国担保法》第十九条"当事人对保证方式没有约定或者约定不明确的，按照连带责任保证承担保证责任"之规定，亦应按照连带责任保证承担保证责任。

其次，关于原告对保证人主张权利是否超过保证期间的问题。《中华人民共和国担保法》第二十六条规定："连带责任保证的保证人与债权人未约定保证期间的，债权人有权自主债务履行期届满之日起六个月内要求保证人承担保证责任"。本案中，对于上述8 000万元的给付时间及担保期间，"协议书"中均未明确约定。从当事人提供的证据来看，在提起本案诉讼前，双方一直就聊城A公司房产和土地剥离问题进行沟通和协商，直至原告提起本案诉讼，要求股权受让方支付8 000万元合同款，同时要求担保人承担连带保证责任。因此，根据上述法律规定，本案的保证期间应当从原告提起本案诉讼之日起计算，原告向保证人主张权利未超过保证期间，不能免除相应的保证责任。山东B公司、王某增、李某刚及李某华的该项抗辩理由不能成立，本院不予支持。

据此，原告要求山东B公司、王某增、李某刚、李某华对上述8 000万元债务承担连带清偿责任，本院予以支持。

综上所述，原告邹某某的诉讼请求部分成立，应予支持。经本院审判委员会讨论决定，依照《中华人民共和国合同法》第四十四、第六十条、第一百零七条、第一百零九条，《中华人民共和国担保法》第十八条、第十九条、第二十六条、第三十一条，《中华人民共和国民事诉讼法》第六十七条、第一百四十七条、第一百五十二条以及《最高人民法院关于适用〈中华人民共和国民事诉讼法〉的解释》第二百五十二条第四项规定，判决如下：

一、被告李某飞于本判决生效之日起十日内向原告邹某某支付股权转让价款440万元，并赔偿逾期支付的利息损失（以440万元为基数，其中220万元自2016年3月20日起计算至实际给付之日止，另外220万元自2017年3月14日起计算至实际给付之日止，2019年8月19日之前的利息按中国人民银行同期同类贷款基准利率计算，自2019年8月20日起至实际给付之日止的利息按全国银行间同业拆借中心公布的贷款市场报价利率计算）；

二、被告王某增于本判决生效之日起十日内向原告邹某某支付股权转让价款560万元，并赔偿逾期支付的利息损失（以560万元为基数，其中280万元自2016年3月20日起计算至实际给付之日止，另外280万元自2017年3月14日起计算至实际给付之日止。2019年8月19日之前的利息按中国人民银行同期同类贷款基准利率计算，自2019年8月20日起至实际给付之日止的利息按全国银行间同业拆借中心公布的贷款市场报价利率计算）；

三、被告李某飞和聊城A公司于本判决生效之日起十日内向原告邹某某支付合同款 8 000 万元；

四、被告山东 B 公司、王某增、李某刚及李某华对上述第三项确定的债务承担连带保证责任，被告山东 B 公司、王某增、李某刚及李某华承担保证责任后，有权向被告李某飞和聊城 A 公司追偿；

五、驳回原告邹某某的其他诉讼请求。

如果未按本判决指定的期间履行给付金钱义务，应当依照《中华人民共和国民事诉讼法》第二百六十条之规定，加倍支付迟延履行期间的债务利息。

案件受理费 588 538 元、财产保全费 10 000 元，由邹某某负担 85 720 元；由李某飞、聊城 A 公司、山东 B 公司、王某增、李某刚、李某华共同负担 419 818 元；由李某飞负担 42 000 元；由王某增负担 51 000 元。

如不服本判决，可以在判决书送达之日起十五日内，向本院递交上诉状，并按照对方当事人或者代表人的人数提出副本，上诉于山东省高级人民法院；也可以在判决书送达之日起十五日内，向山东省高级人民法院在线提交上诉状。

五、律师团队 15 点评析

（一）申请再审案件的特点

二审终审制是我国民事诉讼的基本制度之一。2007 年《民事诉讼法》的修订，对我国民事审判监督制度进行了重大改革，将申请再审上升为了一种准诉讼程序，明确了申请再审的法定事由，明确了当事人申请再审的程序，明确了人民法院对当事人申请的审查程序，明确了人民法院对申请再审以裁定方式结案，明确了申请再审的期限及人民法院对申请再审的审查期限。

申请再审被确立为一种准诉讼程序后，我国的二审终审制得到了进一步完善，原来的二审终审制转变为了二审终审加申请再审纠错制。申请再审对维护当事人的合法权益、纠正错误裁判、维护法律适用的统一发挥着重要的作用。

但申请再审案件不同于二审案件，更不同于一审案件。具有法定再审事由是案件进入再审的必备条件。人民法院对当事人申请的审查，会围绕当事人提出的法定再审事由进行。只有存在民事诉讼法规定的法定再审事由，人民法院才能对案件裁定再审。因此，可以说法定再审事由是再审案件的切入点，是打开再审程序的钥匙。一切申请再审都应当以再审事由为中心。

另外，基于二审终审制，基于申请再审是纠错审的性质，基于维护生效法律文书稳定的需要，并不是所有生效法律文书的错误都会被人民法院纠正。就实体而言，只有具有法定再审事由，只有在原审存在严重错误确有纠正必要的情况下，人民法院才会裁定再审。就程序而言，裁定再审除经过合议庭合议外，一般还要经过法官会议集体讨论或者经过审判委员会集体讨论。因此，司法实践中，申请再审案件，难度非常大，被成功裁定再审的比例非常低。

申请再审案件要取得成功，不仅需要律师团队付出艰辛的努力，不仅需要律师团队具有很强的专业能力，具有很强的分析判断能力，具有很强的书面和口头表达能力，而且还需要律师团队熟悉申请再审案件的特点，结合每一个申请再审案件的实际情况，结合原审裁判的错误，寻找、归纳出准确的法定再审事由，然后对这一项或几项再审事由进行充分阐述和论证，凸显原审裁判的错误。由此，才能够打开再审胜诉的大门。

本起案件在最高人民法院申请再审成功，很大程度上归功于当事人和律师团队根据案件的实际情况，针对原一审判决和二审判决的错误，准确确定了两个方面共4项再审事由，并进而对这两个方面4项再审事由进行了充分阐述，凸显了原审判决的错误。

（二）为凸显原审判决的错误，对邹某某的实际股东身份进行了充分阐述

一审判决和二审判决都没有认定邹某某是涉案两家公司的实际股东。为凸显原审判决的错误，在申请再审时，律师团队对邹某某是实际股东的事实进行了充分阐述。一方面是事实认定方面的阐述和反驳，另一方面是法律适用方面的阐述和反驳。

在事实认定方面，为证明邹某某是实际股东再审申请书从六个方面进行了阐述：(1) 邹某志是邹某某的儿子，邹某军是邹某某的弟弟，邹某某让两位近亲属代持股份是民营企业通常的做法，符合社会常理；(2) 邹某志、刘某伟和邹某军书面确认他们是代邹某某持有涉案股份；(3) 邹某志、刘某伟和邹某军出庭证明他们是代邹某某持有涉案股份；(4) 签订股权转让协议时所有被告都认可邹某某是实际股东；(5) 股权转让前和股权转让后邹某某都一直在经营和管理老厂区的土地和房产；(6) 涉案二家公司的股权变更已经完成。再审申请书从上述六个方面，结合民营企业的特点和社会常理，结合书证的证明力和当庭证言，结合对方当事人的认可和邹某某对涉案土地房产的管理，结合工商变更登记已经完成的事实，进行的阐述有很强的说服力，凸显了原审不认定邹某某是实际股东的错误，进而说明，本案原审对事实的认定符合"认定的基本事实缺乏证据证明"这一再审情形。

在法律适用方面，原审不认定邹某某是实际股东的法律依据是《最高人民法院关于适用〈中华人民共和国公司法〉若干问题的规定（三）》第22条，即证明是实

际股东需要提供出资或认缴出资的证明,或者提供受让或以其他形式继受取得公司股权的证明。再审申请书也对这一点进行了较为充分的反驳,即本案是股权转让合同纠纷,而不是股权权属纠纷。隐名股东和显名股东之间并没有争议,本案不应当适用该条司法解释的规定。而且,邹某志、刘某伟、邹某军对代持股的事实没有异议,他们的书面确认书及当庭证言,实际上就相当于代持股协议。因此本案原审符合"适用法律确有错误"这一再审情形。

(三)为凸显原审判决的错误,对交易真实性进行了充分阐述

一审判决和二审判决认定签订协议书是虚假的民事法律行为,不是双方真实意思的表示。为凸显原审判决的错误,申请再审时,律师团队对交易真实性进行了较为充分的阐述。

在事实认定方面,再审申请书从交易的背景、交易的模式、交易的过程三个不同的角度阐述了本案股权转让的客观真实。申请再审代理词又结合再审听证情况,重点阐述了三份协议书是一个整体,本案的两家企业是整体打包转让,本案不存在所谓权利义务不对等的情形,不存在所谓不合常理的情形,不存在所谓虚假民事法律行为的情形。上述代理词在这一方面阐述的具体理由包括:(1)聊城A公司和山东B公司由邹某某合并经营,转让时邹某某将这两家企业整体转让,所签订的三份协议是一个整体;(2)本案的三份协议是同时签订的,这三份协议是一个整体;(3)从三份协议的关系来看,两份股权转让协议是协议书的附件,资产交接清单又同时作为两份股权转让协议的附件,这些文件是一个整体;(4)涉案两份股权转让协议、资产负债表以及资产交接清单中的数据完全吻合,也说明这些文件是一个整体。再审申请书和申请再审代理词中的上述阐述较为充分地说明,原审认定签订协议书是虚假的民事法律行为明显错误,本案符合"原审认定的基本事实缺乏证据证明"这一再审情形。

在法律适用方面,一审判决和二审判决认定本案中签订协议书是虚假民事法律行为的依据是《民法总则》第146条的规定,即行为人与相对人以虚假的意思表示实施的民事法律行为无效,以虚假的意思表示隐藏的民事法律行为的效力,依照有关法律规定处理。为反驳这一点,我们从两个角度阐述这一法律适用的错误。第一,本案只存在真实的股权转让行为,不存在任何隐藏的其他民事法律行为。第二,本案的股权转让行为已经履行完毕,股权已经变更,公司已经交接。实际履行完毕的真实行为不可能是虚假的民事法律行为。因此,本案原审在这一方面同样符合"适用法律确有错误"这一再审情形。

（四）再审申请书发挥了重要作用

再审申请书是专业性最强的法律文书之一，它能综合体现律师团队的专业能力，同时它也是最重要的再审法律文书之一。

人民法院对申请再审案件的审查通常是以书面审查为主的方式进行的。在书面审查过程中，人民法院认为有必要进行询问或听证时，才会组织询问或听证。在大多数情况下，人民法院组织的询问和听证也是在配合人民法院的书面审查。对于有些案件，尤其是向最高人民法院申请再审的案件，由于人民法院工作量及时间的限制，人民法院可能根本没有组织询问和听证就直接驳回了当事人的再审申请。

人民法院对申请再审案件的审查会围绕当事人提出的法定再审事由进行，且会以再审申请书为依据。大部分驳回再审申请的案件，人民法院审查时根本没有调取原审人民法院的案卷。因此，再审申请书对当事人、对人民法院都非常重要，在某种程度上，它甚至决定了一个申请再审案件能否成功进入再审。

客观地说，本案的再审申请书对本案被裁定再审发挥了重要作用。

如前所述，本案的再审申请书较为系统地阐述了邹某某是本案实际股东的事实，较为系统地阐述了股权转让交易客观真实的事实，凸显了原审判决在这两个方面的错误，而且将它们都归纳到了"原审认定的基本事实缺乏证据证明""原审适用法律确有错误"这两种法定再审事由当中。整体来说，再审申请书结构严谨，层次清晰，说理充分，有较强的说服力。

另外，再审申请书在前面对再审事由进行了概述，非常方便法官查阅。主文的第一部分依据时间先后顺序，对案件的基本事实进行分段陈述，也非常方便法官客观了解本案的基本事实。

（五）案件汇报发挥了积极作用

基于本案一审判决和二审判决的不当与偏颇，基于本案一审判决和二审判决严重损害了邹某某的利益，律师团队结合一审和二审存在的问题向最高人民法院提交了书面汇报。本案的书面汇报引起了最高人民法院对本案的关注，对本案被及时裁定再审也发挥了积极作用。

（六）案件事实整理对案件代理工作提供了帮助

案件事实整理是律师开展代理的基础性工作。

在《诉讼代理55步：案件流程管理》一书中，事实整理在第9步收集证据和第10步可视图表这两个步骤中。对一审案件，律师团队在收集证据的基础上，在当事人介绍的基础上，应当对案件事实进行整理。在二审案件和再审案件中，律师团队应当在原审证据、当事人介绍、收集的新证据、原审法律文书的基础上对案件事实进行整理。当然二审和再审案件的事实整理可以参考原审判决对事实已经进行的认定。律师团队在事实整理的基础上，可以以可视图表的方式将案件事实及证据直观地表达出来，方便律师团队和人民法院对案件事实的了解、查阅和认定。

申请再审案件一般比较复杂，因此更加有必要对案件事实进行整理。案件事实整理一般按时间先后或按时间节点进行整理。在此基础上，律师团队一般会根据整理的事实，绘制出案件事实一览表、时间轴、当事人关系图等可视化图表。

本案事实比较复杂，律师团队整理案件事实，对代理工作提供了很好的帮助。案件事实的整理，一方面方便了律师团队了解、查阅本案的事实；另一方面，我们将其作为再审申请书的一部分，作为代理词的一部分，方便了承办法官对本案事实的全面了解。另外，在此基础上，律师团队还向法院整理和提交了案件事实一览表。

（七）项目公司和双方人员一览表对案件代理工作提供了帮助

本案涉及多名代持股东，涉及两家项目公司，涉及多名被告，涉及双方多名工作人员。为方便法院了解本案各主体之间的关系，律师团队制作了项目公司和双方人员一览表。这一表格同样为律师团队和承办法官了解案情提供了帮助。

（八）协议书中关于土地房产置换剥离的约定合法有效

在再审审查听证中，最高人民法院承办法官着重询问了土地房产置换的合法性，即双方在合同中的这一约定是否有效。对这一问题，我们在申请再审时已经作了比较充分的考虑和准备，并检索了大量的案例，制作了法律检索报告。但基于申请再审的主要目的是启动再审，为控制再审申请书的篇幅，也为更好地凸显原审判决的错误，我们在再审申请书中并没有对这一方面进行阐述。

在再审听证时，我们当庭向法庭作了阐述和说明。听证后提交了代理词，在代理词中又对这一问题进行了较为详细的书面阐述：（1）以置换方式剥离公司资产交付给申请人，不是抽逃出资，不违反法律规定；（2）退一步讲，即使本案三份股权转让协议违反了公司法的管理性规定，也不会导致三份股权转让协议无效；（3）再退一步讲，即使本案三份股权转让协议无效，一审法院、二审法院也应当向邹某某释明，邹某某可以变更诉讼请求，一审法院、二审法院不应该直接驳回邹某某的诉讼请求。代理词除进行上述阐述外，还将检索的相关案例及法律检索报告作为附件一并提交给了最高人民法院。

律师团队的上述理由，被最高人民法院采纳，关于土地房产置换剥离是否合法的问题，并没有影响本案的再审。

（九）最高人民法院裁定提审了本案

经过努力，最高人民法院终于对本案裁定提审。

裁定再审是申请再审案件最关键的环节。裁定再审即表明人民法院已经认定本案具有法定再审事由，原审确实可能存在较为严重的错误。司法实践中，被裁定再审的案件，尤其是因实体原因而被裁定再审的案件，大部分会获得改判或纠正。本案被裁定再审的理由不仅包括"原审认定的基本事实缺乏证据证明"，而且还包括"原审适用法律确有错误"。这两个方面的理由都是实体方面的理由。

上级人民法院裁定再审主要有两种方式：一种是上级人民法院直接裁定提审，另一种是上级人民法院裁定指令原审人民法院再审。除原审判决已经原审人民法院审判委员会讨论等特殊情况外，或上级人民法院认为确有必要时，上级人民法院一般不会裁定提审，而会指令原审人民法院再审。本案由最高人民法院直接裁定提审，说明最高人民法院对本案的重视，也说明当事人的申请再审理由确实被最高人民法院采纳。

（十）最高人民法院提审后裁定发回聊城市中级人民法院重审

最高人民法院提审后在最高人民法院本部对本案进行了开庭审理，并最终裁定撤销原二审判决和一审判决，将本案发回聊城市中级人民法院重审。

可贵的是，最高人民法院在裁定中直接确定了邹某某的实际股东的身份，并明确涉案的三份协议是一个整体，要求重审时对三份协议进行整体审查判断。最高人民法院的生效裁定书进行上述认定后，无论是聊城市中级人民法院，还是山东省高级人民法院，都必须遵照上述认定进行审理，这样本案最终胜诉就有了切实保证。

（十一）在重审期间及时变更和完善了诉讼请求和诉讼理由

案件被发回重审，实际上为邹某某提供了纠正原一审代理工作偏差的机会。律师团队经讨论后，重新变更和完善了诉讼请求和诉讼理由。

原一审的诉讼请求是要求各被告支付 8 000 万元土地和房产折价款，并赔偿利息损失。律师团队对诉讼请求作了以下几方面重要的变更和完善：第一，增加主张原遗漏的 1 000 万元股权转让款，并要求赔偿相应的利息损失；第二，将 8 000 万元由土地和房产折价款的表述修改为 8 000 万元合同款，这样明确它的性质是合同款，即股权转让款，而避免被认定为土地房产款；第三，明确了利息损失的具体计算方式。在变更和完善诉讼请求的同时，重新对案件事实进行了陈述，还原了当初的交易过程，完善了诉讼理由。

（十二）山东省聊城市中级人民法院全面支持了邹某某的诉讼请求

发回重审后，聊城市中级人民法院另行组成合议庭对本案进行了全面审理，并支持了邹某某的全部诉讼请求：(1) 依据最高人民法院的裁定直接认定了邹某某是实际股东，而没有将邹某某是否是实际股东的问题作为案件争议焦点。(2) 将三份协议作为一个整体进行审查，并审理核实了相关资产数据的一致性和关联性。(3) 认为邹某某增加的 1 000 万元股权转让款的诉讼请求是基于同一法律关系、同一事实而提出的请求，与原诉不可分割，本着效率的原则，可以合并审理，并判决支持了该部分请求。(4) 支持了 8 000 万元合同款的诉讼请求。(5) 认定了李某刚和李某华的担保人身份，认定保证期间从邹某某要求主张 8 000 万元合同款的时间起算，即在被告方不能剥离土地和资产的情况下，邹某某提起诉讼要求直接支付 8 000 万元合同款之时起算。(6) 支持了相应的利息损失赔偿。

（十三）对原一审代理工作的反思

本案虽然反败为胜，人民法院最终支持了邹某某的全部诉讼请求，但原一审和二审的败诉却给邹某某带来了巨大的风险。一审和二审败诉有多方面的原因，但一审代理工作的欠缺也是不可忽视的重要原因。现在反思原一审的代理工作，至少有以下几方面值得商榷。

(1) 一审起诉时对整个法律关系和整个交易事实没有梳理清楚，诉讼思路并不明晰，这是诉讼的大忌。依据作者提出的诉讼代理 55 步案件流程管理，提起诉讼前应当进行全面的事实准备、法律准备和方案讨论。提起诉讼的前提是收集证据，了解和整理好案件事实，进行相应的法律研究，然后讨论和确定案件的诉讼思路。没有做好充分的准备，断不能随意提起诉讼。

(2) 一审起诉时提出的诉讼请求不恰当。其不仅遗漏了 1 000 万元股权转让款的诉讼请求，而且将 8 000 万元的合同款即股权转让款表述为土地和房产折价款，这样很容易给人民法院造成误解，很容易被理解为股东之间相互约定要抽逃公司资产，很容易成为被告方抗辩的借口。诉讼请求不当，自然会给全案的诉讼带来非常不利的影响。要不是最高人民法院发回重审，要不是重审变更和完善诉讼请求，邹某某的权利很难得到全面维护。

(3) 一审起诉时遗漏很多重要证据。如双方签字的资产交接清单、双方的会谈纪要、双方之间的微信聊天记录、土地证、房产证等。

(4) 已经提交的证据也不规范，没有进行整理和阐述，没有证据清单，部分证据形式欠缺。如一审中虽然提交了三份协议，但并没有作为三份证据提交，更没有对这些证据进行逐份说明，导致一审法院的判决中遗漏了对其中一份协议的表述，从而导致一审法院对本案的交易模式没有全面认定。再如，提交了邹某志和邹某军的书面证言，但却没有申请他们出庭作证。

从上述反思来看，诉讼代理工作的专业化、标准化、流程化是十分重要的，它值得每一位诉讼律师高度关注和高度重视。

（十四）预防是化解法律风险的最佳途径

本案中邹某某蒙受巨大法律风险的原因是，在交易时邹某某及其工作团队没有做好法律风险的事前预防。避免法律风险的最佳途径是事前预防。本案纠纷的隐患和风险其实在本案交易时就埋下了种子：(1) 本案涉及两家企业的股权转让，涉及2亿多元资产的移交，涉及9 000万元股权转让款，但本案的交易模式却存在严重缺陷。双方约定将价值8 000万元的土地和房产置换出来作为主要的股权转让款实际上很难实施。邹某某将净资产在9 000万元以上的两家企业移交给收购方，移交前收购方却没有支付任何款项，也没有提供任何抵押或其他财产担保。移交后在收到股权转让款前，也不再保留对两家公司任何实际监管。(2) 股权转让协议分为三份，分开签订。三份协议之间的关系也不进行明确的表述，交易内容表述不明。(3) 收购主体随意变更，收购主体的资信能力严重欠缺。正是对这些隐患的疏忽导致了本案纠纷的发生，导致了邹某某诉讼时面临的巨大风险。

（十五）对代理工作的综合评价

本案通过申请再审、再审和发回重审成功实现逆转，综合分析，以下几方面的代理工作起到了突破作用：(1) 文书突破。再审申请书在本案中发挥了重要的突破作用。再审申请书结合民营企业特点和本案证据，系统论述了邹某某是实际股东；结合本案证据，系统论述了本案交易客观真实。再审申请书对上述两方面的论述凸显了原二审判决和一审判决的错误，引起了最高人民法院对本案的重视，实现了本案的文书突破。(2) 团队突破。律师团队和当事人就本案向最高人民法院进行了书面汇报，进一步引起了最高人民法院及承办法官对本案的重视，推动了本案的再审纠错工作。(3) 其他方面的突破。除上述两方面的亮点外，本案对诉讼请求的调整，对法律检索的运用，对案件事实一览表等可视化工具的运用，对证据的整理和阐释等代理工作也发挥了积极作用。

案例 2：收集银行卡交接单等新证据，证明在银行卡上的取款不是投资款，凸显原审错误

——最高人民法院宋某某与王某某合作合同纠纷再审案的证据突破和文书突破

- 申请再审思路
- 再审申请书
- 再审新证据清单
- 律师团队 9 点评析

一、代理工作概述

这是一起在最高人民法院申请再审并反败为胜的合作合同纠纷案。

委托人宋某某夫妇是福建泉州一家民营企业的负责人，在 20 世纪 90 年代末就开始经营石膏制品业务，其企业在全国石膏制品这一细分业务领域中占有较大的份额。

2013 年宋某某夫妇因与王某某合作合同纠纷一案被起诉到厦门市中级人民法院，王某某一审请求解除"合作经营协议书"，要求宋某某夫妇退还 200 万元投资款并支付 303 万元的利润。厦门市中级人民法院一审以王某某不能证明支付了投资款且不能证明利润款为由驳回了王某某的诉讼请求。王某某提起上诉后，福建省高级人民法院二审认为，宋某某夫妇经营过程中从王某某的银行卡支取的金额超过了 300 万元，可以认定王某某已经缴纳了 200 万元出资。另外，宋某某夫妇的财务人员发送的电子邮件及宋某某夫妇与王某某的电话录音可以证明双方合作经营的利润，因此判决撤销厦门市中级人民法院一审判决，解除双方之间的"合作经营协议书"，并判决宋某某夫妇退还王某某投资款 200 万元，支付经营利润 303 万元。

宋某某夫妇在福建省高级人民法院二审败诉后，经福建企业界朋友引荐后联系到律师团队中的张群力律师，委托律师团队向最高人民法院申请再审。

律师团队接受委托后，全面分析了案情，收集了王某某银行卡交接单等一系列

新证据，以认定王某某支付了200万元投资款和分配303万元利润这些基本事实缺乏证据证明、适用法律错误为由向最高人民法院申请再审，并参加了最高人民法院组织的听证。

经努力，最高人民法院作出裁定，指令福建省高级人民法院再审本案。最高人民法院在再审裁定中直接认定，本案不能证明王某某已经出资了200万元投资款，宋某某夫妇无须返还200万元投资款，并认定利润应当根据证据规则由双方充分举证，并依据证据进行判决。

在福建省高级人民法院的再审过程中，经调解，宋某某夫妇以不到原二审判决金额的1/10标准与王某某一次性和解。至此，本案反败为胜，案结事了，取得了令当事人非常满意的结果。本案再审反败为胜，证据突破和文书突破发挥了重要作用。[①]

二、基本案情和一、二审情况

（一）基本案情

宋某某与黄某某系夫妻关系，在20世纪90年代末就开始从事石膏制品业务。2005年9月2日，宋某某夫妇成立泉州某石膏经营部。2008年4月11日，泉州某石膏经营部以王某某名义办理了农行卡、建行卡，用以收取泉州某石膏经营部的部分货款，王某某与泉州某石膏经营部签订了银行卡"交接单"。2008年至2010年3月期间，泉州某石膏经营部以王某某名义办理的银行卡收取客户的款项累计超过296万元。

2010年3月8日，宋某某、黄某某夫妇以黄某某和宋某某父亲的名义共同设立福建某石膏制品公司，黄某某担任法定代表人。2010年6月8日，宋某某与王某某签订"合作经营协议书"，约定共同设立"福建某石膏制品公司厦门经营部"，各出资200万元，分别占50%的股份。其间，福建某石膏制品公司与王某某签订了"重要岗位人员保密合同"，王某某还从宋某某夫妇处领取了工资及奖励。

2012年4月11日，王某某在没有告诉宋某某夫妇的情况下与其妹妹王某花共同出资新立了另一家石膏制品有限公司，王某某担任法定代表人。2012年7月，王某某从宋某某夫妇处离职，其后以宋某某夫妇没有退还投资款和分配利润为由向厦门市中级人民法院提起了本案诉讼。

[①] 本案由张群力律师和卢青律师担任代理人。非常感谢福建企业界朋友的引荐，感谢委托人对律师团队的信任和支持。

（二）一审情况

王某某一审的诉讼请求包括：（1）解除"合作经营协议书"；（2）宋某某夫妇返还其出资款200万元；（3）分配福建某石膏制品公司厦门经营部的利润303万元。王某某要求返还出资款的依据为：王某某已经实际支付出资款200万元，其中部分出资款为宋某某夫妇从其个人银行卡取走的款项151万元。王某某要求分配利润的依据为：福建某石膏制品公司厦门经营部的财务报表邮件、王某某与宋某某夫妇的电话录音均证明福建某石膏制品公司账上未分配利润为606万元，其作为合伙人有权按照约定分配50%的利润。

宋某某夫妇和福建某石膏制品公司一审答辩认为：（1）"合作经营协议书"没有履行，王某某没有履行出资义务；（2）王某某所谓的出资款实际是王某某代为接收的客户货款，并非王某某个人的款项或王某某的应得利润，王某某没有出资；（3）王某某只是公司的员工，不是公司的股东，无权分配公司的利润。

一审法院认为王某某没有举证证明其在"合作经营协议书"签订后支付了投资款200万元，"合作经营协议书"并未实际履行，驳回了王某某要求返还出资款200万元和分配利润303万元的诉讼请求。

（三）二审情况

王某某不服一审判决向福建省高级人民法院提起上诉。王某某上诉请求撤销一审判决，并改判支持其一审诉讼请求。王某某的主要上诉理由包括：（1）现有证据能够证明福建某石膏制品公司厦门经营部已经实际设立并运营；（2）王某某与宋某某夫妇是合作关系，宋某某夫妇在2008年至2010年期间从王某某农行卡、建行卡取走的款项是王某某个人应得利润款项，该款项可以视为王某某的出资。

福建省高级人民法院经审理后认为：（1）"合作经营协议书"已经实际履行；（2）以王某某名义办理的银行卡收取的款项属于王某某的个人款项，宋某某夫妇主张为代收款项不成立，王某某已经实际履行出资义务，有权按约定分配利润；（3）王某某提供的福建某石膏制品公司厦门经营部财务邮件、王某某与宋某某夫妇的电话录音能够证明未分配利润为606万元。综合前述理由，撤销一审判决第二项，并改判宋某某夫妇返还出资款200万元并分配利润303万元。

三、代理思路和律师文书

（一）申请再审思路

本案二审认定王某某已经支付200万元投资款并判决宋某某夫妇返还200万元

投资款的依据主要是在经营过程中宋某某夫妇在王某某的银行卡中支取了300多万元的款项，因此推定王某某支付了200万元投资款。但宋某某夫妇认为王某某的该银行卡由其经营部使用，该银行卡上的款项不能认定是王某某的款项。二审认定的该部分事实错误。

本案二审认定宋某某夫妇支付303万元利润的依据主要是宋某某夫妇财务人员发给王某某关于经营部财务利润表的电子邮件，但电子邮件中的利润却包括双方"合作经营协议书"签订前近300万元的利润，因此二审认定的该部分事实也明显错误。

本案要被最高人民法院裁定再审，必须凸显原二审判决的错误。经分析后，作者团队认为可以结合法定再审事由从以下两个方面凸显原二审判决的错误。

第一，努力收集新证据，证明宋某某夫妇取款的王某某的银行卡是经营部使用的银行卡，卡上的资金属于宋某某夫妇所有。这方面的证据可以从经营部的财务人员、财务资料、供应商处及最终用户处收集。收集新证据后，可以凸显二审判决的错误，也可以将"有新证据足以推翻原判决裁定"作为再审事由。

第二，强调二审所述的经营部利润包括双方合作之前的近300万元利润，由此可以直接认定原审认定的基本事实错误。这一错误明显超出二审法院承办法官的自由裁量权，应当在再审中被纠正。

紧紧抓住上述两个方面的错误申请再审，在再审申请书中详细阐述上述再审理由。同时，在有新证据的情况下，申请最高人民法院组织听证或询问，认真做好听证和询问的代理工作，当面向法院出示和阐释证据。

在上述思路的指导下，申请再审工作取得了良好的效果。

（二）再审申请书

再审申请书

再审申请人（一审被告、二审被上诉人）：宋某某

再审申请人（一审被告、二审被上诉人）：黄某某

再审申请人（一审被告、二审被上诉人）：福建某石膏制品公司

被申请人（一审原告、二审上诉人）：王某某

再审申请人宋某某、黄某某和福建某石膏制品公司与被申请人王某某（以下称被申请人或王某某）合同纠纷一案，已经由厦门市中级人民法院2014年7月15日（2013）厦民初字第816号民事判决书一审判决和福建省高级人民法院2014年12月17日（2014）闽民终字第1262号民事判决书二审判决。再审申请人宋某某、黄某某和福建某石膏制品公司均不服福建省高级人民法院（2014）闽民终字第1262号

民事判决（以下称原二审判决），认为有新的证据足以推翻原二审判决，原二审判决认定的基本事实缺乏证据证明、适用法律确有错误，依据《中华人民共和国民事诉讼法》第二百条第一项、第二项和第六项的规定，特向贵院申请再审。

申请再审请求：

请求依法再审，判决撤销福建省高级人民法院（2014）闽民终字第1262号民事判决，维持厦门市中级人民法院（2013）厦民初字第816号民事判决。

申请再审事由：

（1）银行卡交接单、应城某石膏公司至景德镇某陶瓷公司财务部的付款函、景德镇某陶瓷公司的记账凭证等一系列新证据均足以证明原二审判决认定王某某支付了200万元投资款的事实明显错误，本案符合《民事诉讼法》第二百条第一项规定的情形；

（2）原二审判决认定王某某是福建某石膏制品公司股东和王某某已经支付了200万元投资款的事实缺乏证据证明，本案符合《民事诉讼法》第二百条第二项规定的情形；

（3）原二审判决认定宋某某和黄某某应支付王某某303万元利润，认定的基本事实缺乏证据证明，适用法律确有错误，本案符合《民事诉讼法》第二百条第二项和第六项规定的情形。

申请再审的具体事实与理由如下：

一、银行卡交接单、应城某石膏公司致景德镇某陶瓷公司财务部的付款函、景德镇某陶瓷公司的记账凭证、应城某石膏公司等供货商的说明、佛山市顺德区某洁具公司等采购商的说明，这一系列再审新证据都足以证明原二审判决认定王某某支付了200万元投资款的事实明显错误，本案符合《民事诉讼法》第二百条第一项规定的再审情形，本案应当再审并改判

本案要判决宋某某和黄某某支付王某某200万元投资款的前提必须是王某某确实已经支付给宋某某和黄某某200万元投资款。而原二审判决认定宋某某和黄某某收到王某某200万元投资款的依据仅仅是宋某某和黄某某从以"王某某"名义开户的银行卡中支取了货款。现在大量的再审新证据清楚地证明，以"王某某"名义开户的银行卡接收和保管的款项是黄某某开办的个体经营部的货款，原二审认定王某某以200万元投资款出资的事实明显错误。

（一）银行卡交接单

宋某某和黄某某夫妇，1996年起就从事石膏经营业务。起初是挂靠应城某石膏

公司等公司对外经营，2005年9月2日，宋某某和黄某某夫妇以黄某某个人的名义成立了个体工商户即泉州某石膏经营部（以下称石膏经营部）继续在泉州、厦门等地区从事石膏经营业务。后石膏经营部聘请王某某为经营部的员工。本案一审证据证明2008年4月石膏经营部就开始支付王某某工资。因王某某在销售过程中，将石膏经营部的部分货款汇入王某某农行借记卡和建行借记卡中，因此2008年4月11日，王某某依据经营部的要求将上述二张卡上交给了石膏经营部，作为石膏经营部接收货款的业务卡。王某某和石膏经营部签订了银行卡"交接单"（以下称银行卡交接单），移交人王某某亲笔签了字，石膏经营部的接手人即黄某某的妹妹黄某英签了字。

这份银行卡交接单是石膏经营部的财务档案资料，是六年前形成的历史书证。这份证据清楚地证明，自2008年4月11日起，以"王某某"名义开户的农行卡（卡号6222×××0070×××9570××，以下称王某某经营部农行卡）、建行卡（卡号4367×××3540×××8522××，以下称王某某经营部建行卡）即由石膏经营部保管，其接收的全部款项即为石膏经营部所有。黄某某或宋某某从这两张银行卡支取的任何款项，均不能被认定为王某某个人支付的款项。

事实上，除了双方签署的银行卡交接单外，现在这两张银行卡的原件及王某某经营部建行卡所对应的活期存折本也一直一并保管在石膏经营部。

因此，单凭银行卡交接单这一份新证据，就足以否定黄某某和宋某某在这两张银行卡上的取款是王某某支付的投资款，这一份新证据足以推翻原二审认定王某某支付了200万元投资款的错误事实。

（二）应城某石膏公司致景德镇某陶瓷公司财务部的付款函

石膏经营部以应城某石膏公司名义对外供货时，2009年应城某石膏公司给景德镇某陶瓷公司财务部出具了书面的付款函。该付款函加盖了应城某石膏公司印章，是景德镇某陶瓷公司的原始财务档案资料，是5年前形成的历史书证。在该份函件中，石膏经营部以应城某石膏公司的名义通知景德镇某陶瓷公司，将石膏经营部的货款汇入石膏经营部开立的账户或者汇入王某某经营部建行卡内，函件中同时列明了石膏经营部的账户和王某某经营部建行卡的卡号。这一份证据也能单独证明，王某某经营部建行卡上的货款属于石膏经营部所有。因此，单凭这一份新证据，也足以否定黄某某和宋某某在王某某经营部建行卡上的取款是王某某支付的投资款，这一份新证据也足以推翻原二审认定王某某支付了200万元投资款的错误事实。

（三）景德镇某陶瓷公司记账凭证

日期为2010年1月31日、顺序为87号的景德镇某陶瓷公司记账凭证三次清楚标明,"(应付账款)应城某石膏公司(宋某某)"。日期为 2010 年 1 月 31 日、顺序为 87 号的景德镇某陶瓷公司记账凭证一次清楚标明,"(应付账款)应城某石膏公司(宋某某)"。这里的"(应付账款)应城某石膏公司(宋某某)"表明,景德镇某陶瓷公司应付应城某石膏公司的应付账款,债权人实际应为宋某某。因此,这一份新证据也足以证明王某某经营部建行卡或经营部农行卡收到的应城某石膏公司货款是宋某某夫妇或石膏经营部的货款。因此,单凭这一份新证据,也足以否定黄某某和宋某某在王某某经营部建行卡、经营部农行卡上的取款是王某某支付的投资款,这一份新证据也足以推翻原二审认定王某某支付了 200 万元投资款的错误事实。

(四)应城某石膏公司等供货商的说明

石膏经营部经营的石膏原料相当部分来源于应城某石膏公司和应城某石膏工业公司,王某某经营部农行卡和王某某经营部建行卡这两张卡收到的货款也大都来源于销售这两家供货商的原料而得到的货款。这两家供货商均出具说明,自 1996 年起即授权宋某某销售其石膏原料,他们并没有授权王某某个人销售过石膏原料。因此应城某石膏公司和应城某石膏工业公司这两家单位的说明,也能证明原二审认定王某某支付了 200 万元投资款的事实明显错误。

(五)佛山市顺德区某洁具公司等采购商的说明

王某某经营部农行卡和经营部建行卡所收的货款相当部分来源于佛山市顺德区某洁具公司和福建某科技公司支付的货款。佛山市顺德区某洁具公司是景德镇某陶瓷公司的母公司,佛山市顺德区某洁具公司出具说明,2010 年 1 月 30 日和 2010 年 3 月 10 日支付给王某某的 51.918 7 万元和 23.483 0 万元两张银行现金支票,是支付给应城某石膏公司的货款,佛山市顺德区某洁具公司与王某某个人没有任何经济往来。佛山市顺德区某洁具公司除出具说明外,还提供了应城某石膏公司致景德镇某陶瓷公司财务部的付款函、收款人为应城某石膏公司的两张汇款通知书。另外,福建某科技公司也出具了说明,即福建某科技公司向宋某某代表的应城某石膏公司采购石膏,王某某只是宋某某手下的业务员。福建某科技公司与王某某个人之间没有任何经济往来。以上采购商的说明也同样证明原二审认定王某某支付了 200 万元投资款的事实明显错误。

综上,再审申请人有一系列新证据足以推翻原二审认定王某某支付 200 万元投资款的错误事实,本案应当再审并改判。再审申请人想说明的是,王某某经营部农行卡和王某某经营部建行卡上的资金属石膏经营部所有的事实是显而易见的。民营企业或民营企业负责人以销售人员个人的名义或财务人员个人的名义开立账户,接收并管理民营企业或民营企业负责人的经营资金的现象非常普遍。在本案一审胜诉的情况下，二审中，申请人认为没有必要提交上述证据就足以否定王某某出资的事实，因此没有补充提交上述新证据。为查清本案的基本事实，申请人请求贵院依法查明上述再审新证据的真实性，纠正原二审判决的错误！

二、王某某是石膏经营部和福建某石膏制品公司聘请的员工，王某某不是福建某石膏制品公司的股东。原二审认定王某某是福建某石膏制品公司的股东，认定的基本事实缺乏证据证明，本案符合《民事诉讼法》第二百条第二项规定的再审情形，本案应当再审并改判

（一）王某某只是石膏经营部和福建某石膏制品公司聘请的员工

如前所述，宋某某夫妇自1996年起就从事石膏经营。2005年宋某某夫妇以黄某某的名义成立了个体工商户即石膏经营部，2010年3月就由黄某某和宋某某父亲宋某璜共同发起设立了福建某石膏制品公司。

王某某受聘为石膏经营部工作后，一审证据证明自2008年4月起到2012年6月止，王某某均从石膏经营部或福建某石膏制品公司领取工资。王某某每次均在"工资表"上签字，而"工资表"上有"工资""实发工资"等内容的清楚表述。王某某除取得上述基本工资外，还依据其销售业绩等其他工作表现，从石膏经营部或福建某石膏制品公司获得提成或奖励。一审证据证明，从2010年7月到2012年6月，王某某即从石膏经营部和福建某石膏制品公司获得高额提成（奖励）46万余元。这部分奖励均是直接支付到王某某个人的建行卡上（该建行卡不同于石膏经营部保管的王某某经营部建行卡，而是王某某个人保管和使用的银行卡）。

2010年6月8日，虽然宋某某和王某某签订了"合作经营协议书"，决定成立福建某石膏制品公司厦门经营部，但是"合作经营协议书"签订后，王某某马上表示他要在厦门购买房产，无法如约出资200万元。因此，三天后，即2011年6月11日福建某石膏制品公司与王某某又签订了"重要岗位人员保密合同"。在该保密合同中，双方重申："乙方（王某某）为甲方聘请之重要工作人员""乙方在任职甲方期间及离职后三年内，非经甲方总经理同意不得以自己名义或其控制的第三人名义经营与甲方相同或类似之企业，也不得受聘、任职于和甲方业务相同或类似之企业""乙方在任职甲方期间，所使用的手机号码不管是甲方配号或是自己原用号码，在离开甲方后，都必须交还给甲方"。

2012年4月，王某某违反保密合同的约定，在福建某石膏制品公司任职期间，其擅自成立另一经营石膏业务的公司，即厦门市某泰石膏公司，以福建某石膏制品公司的经营信息和资源为自己的厦门市某泰石膏公司经营。2012年7月，宋某某夫妇了解到上述情况后，才解聘了王某某。

因此，无论从王某某从石膏经营部或福建某石膏制品公司领取工资和提成的事实来看，还是从王某某和福建某石膏制品公司签订的保密合同的事实来看，王某某只是石膏经营部和福建某石膏制品公司聘请的员工，不是福建某石膏制品公司的股东。

（二）是否为福建某石膏制品公司的股东应以工商登记为准。而依据工商登记，王某某不是福建某石膏制品公司的股东

公司的股东应以工商登记为准，这是最基本的原则。福建某石膏制品公司成立于2010年3月，股东只有黄某某和宋某某的父亲宋某璜。无论王某某与宋某某签订厦门经营部"合作经营协议书"的2010年6月，还是其后4到5年的时间，福建某石膏制品公司的股东一直都没有发生过变化。因此，依据工商登记，王某某不是福建某石膏制品公司的股东。

（三）福建某石膏制品公司清收货款诉讼过程中出具的授权委托书中关于王某某股东身份的表述不能对抗福建某石膏制品公司的工商登记档案，不能因此而机械地认定王某某是福建某石膏制品公司的股东

福建某石膏制品公司清收厦门某陶瓷公司货款的诉讼中，福建某石膏制品公司指派王某某和外请的法律工作者傅某某一起为福建某石膏制品公司的诉讼代理人。为了办理委托手续的方便，授权委托书中将王某某表述为公司股东，将傅某某表述为公司职员，这一授权委托书的代理人身份表述最终被引用到该货款纠纷案的判决书中。但显然授权委托书中这两位代理人的身份都不属实。原一审的证据已证明傅某某是法律工作者，向福建某石膏制品公司收取了法律服务费，不是福建某石膏制品公司的员工，不能凭授权委托书对傅某某员工身份的表述就认定傅某某是福建某石膏制品公司的员工。同样，也不能凭授权委托书对王某某股东身份的表述就认定王某某是福建某石膏制品公司的股东。因此，当授权委托书与福建某石膏制品公司工商登记档案相冲突时，不能以授权委托书对抗福建某石膏制品公司的工商登记档案，不能就此认定王某某是福建某石膏制品公司的股东。

事实上，如果王某某是福建某石膏制品公司的股东，占有福建某石膏制品公司50%的股份，则宋某某和王某某根本就没有必要在福建某石膏制品公司成立三个月后，即在2010年6月8日再签订福建某石膏制品公司厦门经营部"合作经营协议书"，约定各占厦门经营部50%的股份。在王某某没有为厦门经营部出资200万元的情况下，福建某石膏制品公司更没有必要，在3日后，即在2010年6月11日再与王某某签订保密合同，重申王某某是福建某石膏制品公司的员工，重申王某某不能私自经营相同业务，重申王某某离职时王某某个人的手机号码应上交给福建某石

膏制品公司。因此，显然王某某只是石膏经营部和福建某石膏制品公司的员工，不是福建某石膏制品公司的股东。

综上，原二审认定王某某是福建某石膏制品公司的股东，认定的基本事实缺乏证据证明，本案符合《民事诉讼法》第二百条第二项规定的再审情形，应当再审并改判。

三、不考虑再审提交的新证据，原二审认定王某某支付了200万元投资款的基本事实缺乏证据证明，本案同样符合《民事诉讼法》第二百条第二项规定的再审情形，应当再审并改判

（一）没有证据证明经营部成立前，王某某享有利润的分配权

如前所述，长期以来，王某某就是石膏经营部和福建某石膏制品公司聘请的员工，每月从石膏经营部或福建某石膏制品公司领取工资和提成（奖励）。石膏经营部和福建某石膏制品公司并没有给王某某赠送任何股份或分红的承诺。

2010年6月8日，王某某和宋某某签订"合作经营协议书"书，双方约定拟成立福建某石膏制品公司厦门经营部，双方各自向经营部出资200万元。后王某某提出要在厦门买房，没有资金实际出资，因此，双方并没有再履行"合作经营协议书"。

现在王某某主张以经营部成立前即2010年6月"合作经营协议书"签订前的可分配利润出资，王某某就有责任证明在2010年6月前对石膏经营部或福建某石膏制品公司享有利润分配权。事实上，王某某既不是石膏经营部的股东，也不是福建某石膏制品公司的股东，在签订福建某石膏制品公司厦门经营部合作经营协议书前，王某某也没有和宋某某夫妇或宋某某夫妇所经营的石膏经营部、福建某石膏制品公司签订过任何股份分红的协议。因此，王某某并没有证据证明在经营部成立前，他享有利润的分配权。

事实上，正如一审判决所分析的，如果双方是以福建某石膏制品公司厦门经营部成立以前的利润出资，双方就应当在"合作经营协议书"书中对出资的利润进行结算和明确。现在"合作经营协议书"没有书面的约定，王某某又不能证明他对厦门经营部成立前有权参与石膏经营部或福建某石膏制品公司的利润分配，本案中，王某某自然就应承担举证不能的不利后果。因此，原二审认定王某某有权参与厦门经营部成立前的利润分配，认定的基本事实明显缺乏证据，认定事实错误。

（二）原二审认定王某某出资200万元的事实与陈某某的邮件相矛盾

原二审认定王某某出资的主要证据之一是王某某提供的公证书中陈某某给王某

某发的电子邮件。在该份电子邮件的附件中即 2011 年 12 月 31 日的资产负债表中，"实收资本"一栏的数据为 99.042 245 万元。实际上，这是宋某某对石膏经营部最初投入的启动资金。如果如二审判决所述，这是福建某石膏制品公司厦门经营部的财务账，双方均对福建某石膏制品公司厦门经营部各出资了 200 万元，则该资产负债表中的"实收资本"应该为 400 万元，而不是 99.042 245 万元。因此，原二审认定王某某出资 200 万元的事实和陈某某的邮件相矛盾。

（三）原二审认定王某某用王某某经营部建行卡和经营部农行卡出资的事实与黄某某、宋某璜向这些银行卡汇款的事实相矛盾

王某某主张其上交给石膏经营部的建行卡和农行卡是其个人的银行卡，黄某某和宋某某从这两张银行卡取款可视为王某某缴纳投资款。但一审中王某某提供的银行卡支取款明细中，可以清楚地看出黄某某及宋某某的父亲宋某璜向该银行卡汇款。原二审认定王某某用王某某经营部建行卡和经营部农行卡出资的事实与黄某某、宋某璜向这些银行卡汇款的事实相矛盾。

（四）黄某某和王某某的录音也不能证明王某某实际已出资了 200 万元

原二审认定王某某出资的主要证据之一是黄某某和王某某的录音。但该录音的任何部分都没有提及王某某出资 200 万元的事实，更没有黄某某确认王某某已经出资 200 万元的事实。

综上，本案中即使不考虑再审申请人提交的一系列新证据，原二审认定王某某出资 200 万元的基本事实明显缺乏证据证明。本案符合《民事诉讼法》第二百条第二项规定的再审情形，应当再审并改判。

四、原二审认定王某某是福建某石膏制品公司的股东要分配 303 万元利润，认定的基本事实缺乏证据证明，适用法律错误，本案同样符合《民事诉讼法》第二百条第二项和第六项规定的再审情形，应当再审并改判

（一）王某某无权以股东身份参与利润分配

如前所述，王某某既不是石膏经营部的股东，也不是福建某石膏制品公司的股东，自然无权参与石膏经营部和福建某石膏制品公司的利润分配。

2010 年 6 月 8 日，虽然王某某和宋某某签订了福建某石膏制品公司厦门经营部"合作经营协议书"，但王某某并没有实际出资，王某某也无法以出资人身份参与福建某石膏制品公司厦门经营部的利润分配。

（二）原二审对"合作经营协议书"中的"经营部成立前后所产生的年度利润，在不分配的情况下，应参与下一年度的利润分配"理解和适用明显错误

福建某石膏制品公司厦门经营部"合作经营协议书"第五条这样表述："经营

部成立前后所产生的年度利润,在不分配的情况下,应参与下一年度的利润分配"。第五条要表达的意思显然是:双方各自出资200万元,双方各自出资的200万元应参与经营部的利润分配(第一条)。在经营部资金不足,征得股东同意,吸收外部资金的情况下(第三条),经同意而吸收的外部资金也应参与经营部的利润分配。在经营部成立前,原石膏经营部该部分经营业务原留存的利润,在没有分配给原股东的情况下,留存的利润应作为经营部成立后的资本金,参与经营部的利润分配。在经营部成立后,各出资人未分配的年度利润,应作为下一年度经营部的资本金,参与下一年度的利润分配。

原二审根据上述约定,认定王某某对经营部有200万元的出资,进而以此来认定王某某对经营部成立前的利润有50%的分配权,对该条款理解明显错误。

(三)原二审认定的606万元未分配利润包含了福建某石膏制品公司厦门经营部"合作经营协议书"签订前的296万元未分配利润,原二审判定王某某对该部分利润有50%的分配权明显错误

退一步说,即使福建某石膏制品公司厦门经营部"合作经营协议书"已经履行,王某某应享受福建某石膏制品公司厦门经营部的分红,王某某也只能享有厦门经营部成立后的分红,王某某无权对厦门经营部成立前原石膏经营部的利润进行分红,即王某某无权对606万元利润中2010年6月前的利润即296万元的利润享受分红!

令人无法理解的是,二审法院一方面认定2010年6月王某某以前面的可分配利润进行了所谓200万元出资,即一方面认定石膏经营部2010年6月前296万元利润中200万元属王某某对厦门经营部的出资,双方解除"合作经营协议书"时,应当由宋某某和黄某某返还给王某某;另一方面又认定对包含这296万元前期利润的606万元总利润,王某某也全额享有50%的分红!这样的重复认定显然不当。

(四)没有审计,没有其他依据,只凭场景不明且内容模糊的电话录音进行判决,二审判决明显不当

涉及200万元高额出资的返还,涉及606万元高额利润的分配,没有任何其他双方签字的书面证据,没有任何的财务审计,不考虑任何应收账款的损失,不区分利润产生的时间段,却这样直接不当地作出了判决。

另外,黄某某和王某某的电话录音,通话场景不明,内容模糊。通话中黄某某一直没有确认过具体的利润额,没有确认过王某某是否有出资,没有确认过王某某是否有权分配利润。因此,单凭这样的通话录音怎么能判令宋某某和黄某某支付王某某303万元利润,怎么能判令宋某某和黄某某重复返还200万元无中生有的所谓

出资款呢？二审这样判决明显不当！

基于以上原因，依据《民事诉讼法》第二百条第一项、第二项和第六项的规定，向贵院申请再审，请求依法公正再审并改判。

此致
中华人民共和国最高人民法院

再审申请人：宋某某、黄某某
再审申请人：福建某石膏制品公司（章）
法定代表人（签字）：×××
2015 年 12 月 15 日

（三）再审新证据清单

宋某某、黄某某、福建某石膏制品公司与王某某合同纠纷再审案

新证据清单

再审新证据编号	证据名称	证明事实	页码
新证据一	银行卡交接单	（1）2008 年 4 月 1 日，王某某和石膏经营部办理农行卡和建行卡的交接； （2）王某某经营部农行卡和王某某经营部建行卡由石膏经营部持有和管理，其收到的货款是石膏经营部的货款，不属于王某某所有； （3）黄某某和宋某某从上述银行卡上取款，不能认定是王某某出资	1
新证据二	王某某经营部农行卡	王某某经营部农行卡由石膏经营部持有和管理，其收到的货款不属于王某某所有	2
新证据三	王某某经营部建行卡	王某某经营部建行卡由石膏经营部持有和管理，其收到的货款不属于王某某所有	3
新证据四	王某某经营部建行卡对应的银行存折本	王某某经营部建行卡及其对应的银行存折本由石膏经营部持有和管理，其收到的货款不属于王某某所有	4－6
新证据五	应城某石膏公司致景德镇某陶瓷公司财务部的付款函	（1）付款函上同时有石膏经营部和王某某经营部建行卡的账号； （2）王某某经营部建行卡属于石膏经营部； （3）销售应城某石膏公司石膏的货款属于石膏经营部，不属于王某某个人； （4）黄某某和宋某某从上述银行卡上取款，不能认定是王某某出资	7

续表

再审新证据编号	证据名称	证明事实	页码
新证据六	景德镇某陶瓷公司记账凭证	(1) "(应付账款)应城某石膏公司(宋某某)"表明景德镇某陶瓷公司支付给应城某石膏公司的货款,实际是支付给实际供货人宋某某(石膏经营部)的货款; (2) 王某某经营部建行卡收到的货款归石膏经营部所有; (3) 黄某某和宋某某从上述银行卡上取款,不能认定是王某某出资	8-10
新证据七	应城某石膏公司的情况说明	(1) 石膏供货商应城某石膏公司说明,宋某某1996年起开始从应城某石膏公司采购石膏原料; (2) 销售应城某石膏公司石膏的货款属于宋某某(石膏经营部)所有	11
新证据八	应城某石膏工业公司的情况说明	(1) 石膏供货商应城某石膏工业公司说明,宋某某2009年起开始从应城某石膏工业公司采购石膏原料; (2) 销售应城某石膏工业公司石膏的货款属于宋某某(石膏经营部)所有	12
新证据九	佛山市顺德区某洁具公司情况说明	(1) 石膏采购商佛山市顺德区某洁具公司支付到王某某经营部建行卡的51.9187万元和23.483万元二笔货款,是支付的应城某石膏公司石膏款; (2) 采购商佛山市顺德区某洁具公司与王某某个人不存任何业务关系	13
新证据十	佛山市顺德区某洁具公司11-52和8-40汇款通知单	佛山市顺德区某洁具公司支付到王某某经营部建行卡的51.9187万元和23.483万元二笔货款,是支付的应城某石膏公司石膏款	14
新证据十一	福建某科技公司情况说明	(1) 石膏采购商福建某科技公司2008年起即从宋某某处采购石膏; (2) 王某某是宋某某手下的业务员; (3) 福建某科技公司和王某某个人没有任何业务关系,福建某科技公司支付到王某某经营部农行卡的款项是支付的应城某石膏公司石膏货款	15
新证据十二	福建某科技公司汇给王某某经营部农行卡的货款统计表	福建某科技公司汇给王某某经营部农行卡的款项是石膏货款	16

续表

再审新证据编号	证据名称	证明事实	页码
新证据十三	某某华盛公司汇给王某某经营部农行卡的货款统计表	采购商某某华盛公司汇给王某某经营部农行卡的款项是应城某石膏公司石膏货款	17
新证据十四	宋某璜银行流水记录	（1）王某某经营部建行卡收到的款项部分资金来源于宋某璜； （2）王某某经营部建行卡由石膏经营部使用和管理； （3）王某某出资200万元投资款的事实不属实	18-152
新证据十五	陈某某提供的石膏经营部从2010年5月到2011年12月的连续会计账目	（1）陈某某发给王某某的财务账是石膏经营部的账目，是为了计提王某某的销售奖励； （2）账目中"实收资本99.0422万元"表明，厦门经营部没有成立，宋某和王某某均没有出资200万元资本金； （3）账目中606万元利润包括了2010年6月前的296万元利润	153-227
新证据十六	某某派出所证明	黄某某和黄某英是亲姐妹关系，黄某英接收王某某银行卡的行为是代表石膏经营部的职务行为	228

提交人：宋某某、黄某某、福建某石膏制品公司
委托代理人：北京市盈科律师事务所张群力律师
2016年1月25日

四、胜诉裁判摘要

中华人民共和国最高人民法院
民事裁定书

（2015）民申字第533号

（当事人情况略）

本院认为，本案再审审查的争议焦点问题是：一、原二审认定王某某支付了200万元出资款是否有事实依据；二、判决宋某某、黄某某返还王某某200元出资款及截至2011年12月31日王某某应分得的利润款项303万元，适用法律是否

正确。

一、关于有关200万元出资款的事实认定问题。本案再审审查期间，申请人为证明其主张，提交了2008年4月11日王某某签字确认的移交银行卡"交接单"，卡号为6222×××0070×××9570××农行借记卡、卡号4367×××3540×××8522××建行借记卡、建行存折一本通、2009年12月29日应城某石膏公司致函景德镇某陶瓷公司财务部函1份、会计记账凭证3份，以及应城某石膏公司、应城某石膏工业公司、佛山市顺德区某洁具公司提供的"情况说明"等证据。

上述证据与原审查明的相关事实表明，宋某某、黄某某挂在应城某石膏公司名义下销售的货款，大都打入了这两个银行卡账户中。2008年4月11日，王某某将以其本人名字申请开立的农行卡、建行卡交给了黄某某的妹妹黄某英。此后，宋某某、黄某某即占有这两个借记卡，并掌握取款密码，自行存取款项，王某某从未提出过异议。再结合原审查明的王某某从2008年4月起每月领取固定工资等事实，应认定这两张借记卡实际是宋某某、黄某某从事业务经营的结算卡，卡内资金应为往来货款等，认定该资金属于王某某个人所有的依据不足。除此之外，王某某在一、二审中均未能提交证明其向宋某某、黄某某支付了200万元出资款的证据。因此，本院审查认为，原二审判决依据"2010年1月至3月宋某某、黄某某从该银行卡中取款138万元"、"黄某某自2008年至2010年从该卡中取走151万元"、"两笔款项超过200万元"与"合作经营协议书"关于股东投资额的约定相对应以及2012年3月21日王某某电话录音的"黄某某认可其应得50%分配利润"事实情形，认定王某某已支付了200万元投资款，依据不足。

二、关于判决宋某某、黄某某返还王某某200元出资款及截至2011年12月31日王某某应分得的利润款项303万元，适用法律是否正确的问题。

如上所述，在没有充分证据证明王某某支付了200万元投资款的情况下，原二审判决宋某某、黄某某返还王某某200万元出资款，适用法律不当。此外，双方在"合作经营协议书"中约定共同出资设立福建某石膏制品公司厦门经营部，各占50%股份。但双方设立该公司的约定并未实际履行，而此前已成立的福建某石膏制品公司的工商登记中亦未显示王某某为该公司股东。故二审判决依据王某某作为福建某石膏制品公司的委托代理人参与另案诉讼活动时的"授权委托书""法人授权委托证明书"的记载，认定王某某系福建某石膏制品公司的股东，证据不足。

关于双方分配福建某石膏制品公司厦门经营部的利润争议问题。双方设立公司的约定虽未实际履行，但该经营部已实际经营，如经过清算，确有经营利润，应比照合伙法律关系中有关解散的规定进行处理，王某某有权按约定的比例主张相应的利润。然而，申请人宋某某、黄某某在再审申请中以"二审在没有任何双方签字的书面证据、没有任何的财务审计、不考虑任何应收账款的损失、不区分利润产生时间的情况下，认定的未分利润数额，没有依据"为由，对二审认定的利润总额并判令支付王某某利润款项303万元提出异议。对此，本院认为，本案再审时应按照证据规则的规定，在双方充分举证的情况下，对该部分事实一并核查清楚，并作出相应的判定。

综上，申请人宋某某、黄某某、福建某石膏制品公司的再审申请符合《中华人民共和国民事诉讼法》第二百条第一、二、六项规定的情形。依照《中华人民共和国民事诉讼法》第二百零四条、第二百零六条之规定，裁定如下：

一、指令福建省高级人民法院再审本案；

二、再审期间，中止原判决的执行。

五、律师团队9点评析

（一）本案申请再审的难度

本案除再审程序固有的难度外，在证据方面还有相当不利的地方。第一，双方确实签订了"合作经营协议书"，约定双方共同经营厦门经营部，在经营部中双方各占50%的比例。第二，厦门经营部确实开展了业务，如对外签订了合同，合同上的联系地址和联系电话均是厦门本地的电话。第三，在另一起案件诉讼中，王某某的代理人身份表述为股东。第四，宋某某夫妇确实在经营过程中从王某某个人卡上支取了300多万元的资金，宋某某主张这是石膏经营部的款项，但并没有提交有力的反驳证据。第五，王某某提供了与宋某某夫妇的电话录音，在该电话录音中王某某提到了合作经营及利润一事。第六，宋某某夫妇的财务人员确实给王某某发送了电子邮件，电子邮件有福建某石膏制品公司的利润统计。二审正是在上述证据的基础上认定王某某已支付了200万元投资款，并判决宋某某夫妇返还200万元投资款和支付303万元利润。

（二）本案的突破口之一：收集新证据证明以王某某开户的银行卡是石膏经营部的收款账户

基于本案的上述特点，要成功申请再审，需要在证据方面寻找突破，寻找新的证据，以此凸显二审判决的错误，从而说服最高人民法院裁定再审本案。

二审法院认定王某某支付投资款的依据是宋某某夫妇从王某某的两张银行卡中支取了款项，但宋某某夫妇主张王某某的这两张银行卡被用于收取石膏经营部的合同款或货款，宋某某夫妇的这一主张符合部分小型民营企业或个体工商户的实际情况。因此本案的关键是收集到相关证据证明这两张银行卡是石膏经营部的收款账户。

经与宋某某夫妇及其财务人员交流，他们提供了2008年宋某某夫妇财务人员与王某某的银行卡交接单。该份交接单有宋某某夫妇财务人员和王某某的签字，证明王某某将上述两张银行卡交给营业部，由财务人员统一管理。

依据这一思路，进一步收集到了营业部的原料供应单位和营业部的最终客户单位的相关证据。这些单位提供材料或出具书面说明，证明王某某是宋某某夫妇石膏经营部的员工，曾经以王某某个人的银行卡代石膏经营部营业部收取相关货款或合同款。

这一系列新证据清楚证明王某某的两张银行卡是营业部使用的银行卡，通过该银行卡支取资金不能认定为王某某支付了投资款。这一系列新证据就成了本案重要的突破口之一，它们凸显了二审判决的错误，有力地推动了最高人民法院对本案裁定再审。

（三）本案的突破口之二：阐述二审判决分配双方签订"合作经营协议书"前的利润严重错误

本案二审明显错误之二是分配双方签订"合作经营协议书"前的利润。二审认定双方的合作利润在606万元以上，但依据王某某提供的证据，该部分利润包括双方签订"合作经营协议书"前的利润，即包括2010年以前的利润。无论"合作经营协议书"在2010年后是否履行，王某某都无权主张2010年前宋某某夫妇独自经营期间的利润。因此，二审判决对这一部分的事实认定和法律适用严重错误。这一错误完全超出了法官的自由裁量权范围。因此，对这一事实认定和法律适用错误的阐述和凸显也是本案的另一个突破口，也能推动最高人民法院对本案裁定再审。

（四）再审申请书在本案中发挥了重要的作用

再审申请书结合再审事由，结合上述两个方面的案件突破口，对以下四个方面进行了论述。

（1）银行卡交接单、供应商和最终客户的材料及说明，这一系列再审新证据都足以证明原二审判决认定王某某支付了200万元投资款的事实明显错误，本案符合《民事诉讼法》第200条第1项规定的再审情形，本案应当再审并改判。

（2）王某某是石膏经营部和福建某石膏制品公司聘请的员工，王某某不是福建某石膏制品公司的股东。原二审认定王某某是福建某石膏制品公司的股东，认定的基本事实缺乏证据证明，本案符合《民事诉讼法》第200条第2项规定的再审情形，本案应当再审并改判。

（3）不考虑再审提交的新证据，原二审认定王某某支付了 200 万元投资款的基本事实缺乏证据证明，本案同样符合《民事诉讼法》第 200 条第 2 项规定的再审情形，本案应当再审并改判。

（4）原二审认定王某某是福建某石膏制品公司的股东要分配 303 万元利润，认定的基本事实缺乏证据证明，适用法律错误，本案同样符合《民事诉讼法》第 200 条第 2 项和第 6 项规定的再审情形，本案应当再审并改判。

上述四方面的论述依据新收集的证据和原审证据展开，强调书证和档案材料的证明力，强调举证责任的分配，层次清晰，结构严谨，有较强的说服力，为本案成功再审发挥了重要作用。

（五）再审听证也发挥了重要作用

对有新证据的再审案件，人民法院一般应当组织听证和询问。申请再审时，我们提交了大量的新证据，因此，最高人民法院很快地批准了我们的听证申请。

在听证时，我们逐一出示了每一份新证据，当庭介绍了这些新证据取得的过程，当庭阐释了这些新证据的证明效力。同时，我们对原审证据也进行了梳理，补充发表了质证意见。

当庭的质证和辩论，加深了承办法官对本案的印象，加深了承办法官对原二审错误的了解，也有力地推动了本案的再审。

（六）对原审证据质证的反思

如前所述，二审判决的依据包括双方之间的电话录音及电子邮件。从再审的角度反思，原一审和二审对这两份证据的质证确实有不当之处。这二份证据形式的真实性没有问题，但内容的真实性不应被认定。它们的通话内容大部分是对方当事人单方的陈述，并没有客观反映本案的事实。另外，关联性也存在问题，如电子邮件里的经营部利润包括了 2010 年双方签订"合作经营协议书"前的利润；再如，该经营部利润是指宋某某夫妇经营部的利润，并不是"合作经营协议书"所述厦门经营部的利润。遗憾的是，在一审和二审质证过程中，宋某某夫妇的代理人肯定了这二份证据的真实性，也没有对关联性提出异议。这方面的质证瑕疵最终成了二审法院错误判决的隐患因素。当然，在再审听证时，我们对这一瑕疵进行了纠正。

（七）最高人民法院再审裁定直接对相关事实和法律适用进行了认定

由于本案涉及大量新证据，同时也由于本案涉及"合作经营协议书"签订后双方合作利润可能的分配，因此最高人民法院裁定再审时没有采用提审的再审方式，而是采用指令再审的方式。

虽然如此，但非常值得称赞的是，最高人民法院在再审裁定中对本案的主要事实和法律适用问题都进行了认定，或明确了认定原则。最高人民法院在再审裁定中认定，宋某某夫妇从王某某银行卡上取款不能被认定为王某某支付了投资款，原审认定宋某某返还投资款不当。再审裁定同时还认定，宋某某夫妇和王某某确实进行了合作，但合作利润应当在双方充分举证后，依据证据规则进行客观认定。最高人民法院作出这样清晰的裁定，为本案的最终合理解决奠定了基础。

（八）再审调解结案，案结事了

如前所述，再审过程中经福建省高级人民法院组织调解，宋某某夫妇以不到原审判决金额十分之一的标准和对方达成和解协议，双方一次性解决全部纠纷。至此，本案纠纷彻底解决，案结事了。

（九）对代理工作的综合评价

本案通过申请再审和再审调解成功实现逆转，综合分析，以下几方面的代理工作起到了突破作用：（1）证据突破。本案收集了银行卡交接单等重要证据，直接证明原二审认定的基本事实错误。（2）文书突破。再审申请书在本案中发挥了重要的突破作用。（3）其他方面的突破。除上述两方面的亮点外，本案的庭审代理工作，本案对证据的整理和阐释等代理工作也发挥了积极作用。

案例 3：结合证明理论，完善诉讼思路，论述在股权结算协议中写明原凭条作废后举证责任发生了转移，凸显原审错误

——最高人民法院上海某机械集团公司与黄某某股权损害赔偿纠纷再审案的思路突破和文书突破

- 申请再审思路
- 再审申请书
- 申请再审代理词
- 律师团队 5 点评析

一、代理工作概述

这是在 2015 年最高人民法院关于适用《中华人民共和国民事诉讼法》的解释（已被修改）（以下简称 2015 年《民事诉讼法司法解释》）生效前的一起对再审判决不服的申请再审案件。

本案虽然标的不大，本金和利息合计仅为 300 万元，但一审法院和二审法院对基本事实的认定和法律适用截然相反。在当事人向最高人民法院申请再审前，本案已历经一审、二审、上海市人民检察院抗诉和上海市高级人民法院再审。

上海市奉贤区人民法院一审认定黄某某是某国际学院的隐名股东，并最终判决上海某机械集团公司赔偿黄某某损失 250 万元及相应利息；上海市第一中级人民法院二审认为黄某某没有实际出资，不是隐名股东，撤销了一审判决，驳回了黄某某的全部诉讼请求。黄某某向上海市高级人民法院申请再审被驳回后，向上海市人民检察院申请法律监督。其后上海市人民检察院向上海市高级人民法院提出了抗诉，上海市高级人民法院再审时采信了上海市人民检察院的抗诉意见，撤销了上海市第一中级人民法院的二审判决，维持了上海市奉贤区人民法院的一审判决。

上海某机械集团公司在再审败诉后到北京委托北京市盈科律师事务所代理其向最高人民法院申请再审。本起案件的关键是举证责任的分配及举证责任的转移，在

事实认定和法律适用上具有非常重要的典型意义。

经努力，最高人民法院采信了律师团队关于举证责任已经转移的代理意见，裁定提审本案。最高人民法院经提审开庭后直接撤销了上海市高级人民法院的再审判决，维持了上海市第一中级人民法院的二审判决。本案在最高人民法院的再审代理工作较好地体现了再审案件的思路突破和文书突破。

本案由张群力律师承办，张群力律师撰写再审申请书、再审代理词，并参加了本案的再审听证和再审庭审。

二、基本案情和原审情况

（一）基本案情

2002年年初，黄某某被上海某机械集团公司作为教育人才引进，担任上海某机械集团公司副总裁和上海某机械集团公司持股40％的上海某教育投资公司的副总裁。2003年4月25日，上海某教育投资公司与上海某职业教育社签订"合作协议"，约定：(1)共同成立上海A教育公司，注册资本2 000万元，上海某教育投资公司出资1 500万元，享有75％的股权；上海某职业教育社出资500万元，享有25％的股权。(2)上海A教育公司创建"某国际学院"。2004年8月，上海某机械集团公司将其持有的上海某教育投资公司40％的股份（对应注册资本2 000万元）转让给了上海某物流公司。

2008年黄某某向上海某机械集团公司辞职前，向上海某机械集团公司出示了一份承诺书。承诺书载明的时间是2003年8月26日，承诺书的内容为，"黄某某持有某国际学院全部原始股份中百分之五的股份，其股本金已由上海某机械集团公司投入，为实股，享有同股同酬的权利。以资对黄某某个人的激励和鼓励，希望其继续努力为教育事业多做贡献"。承诺书加盖了当时上海某机械集团公司董事长南某某的个人印章和上海某机械集团公司的单位印章。但黄某某出示该承诺书时，南某某已病故。上海某机械集团公司的新任董事长为李某某。李某某和公司其他股东及管理人员均怀疑该承诺书的真实性，认为这是黄某某利用职务之便，擅自加盖的印章。

2008年5月8日黄某某提交书面辞职报告，2008年6月30日正式离职。离职前即2008年6月24日，黄某某和上海某机械集团公司的新任董事长签订了结算协议。结算协议的内容是："黄某某常务副总裁因其本人创业需要，与上海某机械集团公司及某国际学院的有关奖励和经营分红达成如下共识：基于黄某某在上海某机械集团公司发展过程里，作出了卓越贡献，并创造了极大的经济效益和社会效益，因此上海某机械集团公司奖励黄某某人民币叁拾万元；原某国际学院经营股5%。结计分利人民币叁拾万元，以上两项合计人民币陆拾万元整，在十个工作日内打入黄某某指定卡号"。结算协议由黄某某和新任董事长李某某签字。黄某某在结算协议的左下角单独注明"原凭条作废"，并重新签字确认。

（二）一审情况

2010年8月10日，黄某某以上海某机械集团公司将承诺的5%的股份擅自转让给上海某物流公司，损害了其财产权利为由，向上海市奉贤区人民法院提起诉讼，请求判令上海某机械集团公司支付黄某某在上海某教育投资公司（某国际学院）的财产（侵权）损害赔偿款250万元及利息损失。

上海某机械集团公司主要答辩观点为：（1）黄某某不是上海某教育投资公司的股东；（2）原承诺书已经作废；（3）本案已经过了诉讼时效。

上海市奉贤区人民法院经审理后认为：（1）承诺书已经确认黄某某是某国际学院的实际股东，虽然没有体现在工商注册中，但应理解为黄某某是隐名股东；（2）原凭条作废是否指承诺书作废，应当由上海某机械集团公司承担举证责任；（3）上海某机械集团公司不能进一步证明时，不能认定原承诺书作废。因此判决黄某某全面胜诉。

（三）二审情况

一审判决后，上海某机械集团公司向上海市第一中级人民法院提起了上诉，要求撤销一审判决。上诉理由主要包括：（1）某国际学院是由上海A教育公司创办的，上海某教育投资公司仅持有上海A教育公司75%的股权。因此，一审判决推定承诺书中载明的某国际学院原始股份5%即为上海某教育投资公司5%的股份，认定事实错误。（2）黄某某并未实际出资，一审判决认定黄某某持有上海某教育投资公司5%的股份，事实认定错误。（3）本案案由为财产损害赔偿纠纷，黄某某未诉请人民法院确认其股东身份，一审判决径直认定黄某某的股东身份，超出了诉请，程序违法。（4）黄某某在其离职之前已经取得了上海某机械集团公司根据5%股份比例给予其的奖励，黄某某在离职后直至提起本案诉讼前，也从未主张所谓隐名股东的权益。

上海市第一中级人民法院经审理后认为：（1）黄某某没有举证证明出资事实，其主张为上海某教育投资公司隐名股东的主张不能成立；（2）5%的股份是一种奖励的计算方法，并非确认黄某某为上海某投资公司股东；（3）黄某某在离职前也取得了上海某机械集团公司根据5%股份比例给予的奖励，至起诉前从未主张隐名股东权益。据此，撤销一审判决，驳回了黄某某的全部诉讼请求。

（四）上海市人民检察院抗诉情况

二审判决后，黄某某向上海市高级人民法院申请再审，上海市高级人民法院裁定驳回了黄某某的再审申请。

黄某某向上海市人民检察院申请法律监督后，上海市人民检察院向上海市高级人民法院提起了抗诉。上海市人民检察院抗诉的理由包括：（1）上海某机械集团公司已经代黄某某履行出资义务，黄某某是隐名股东；（2）结算协议中的原凭条作废不能被认定为原承诺书作废；（3）黄某某离职后直至提起本案诉讼前，虽从未主张隐名股东的权益，但并不因此影响其隐名股东的地位。

（五）上海市高级人民法院原再审情况

上海市人民检察院抗诉后，上海市高级人民法院经审理后作出了再审判决，撤销了二审判决，维持一审判决。上海市高级人民法院再审判决的理由同一审判决的理由和上海市人民检察院的抗诉理由。再审判决书中"本院认为"部分和判决主文部分的表述为：

本院再审认为，第一，黄某某作为上海某机械集团公司引进人才，担任上海某机械集团公司副总裁兼上海某教育投资公司常务副总裁。基于黄某某在筹办建设某国际学院中作出的重要贡献，上海某机械集团公司出具承诺书，给予黄某某国际学院5%的股份，为实股，股本金由上海某机械集团公司投入。该承诺书盖有上海某机械集团公司的公章和当时的董事长南某某的私章。在该承诺之后，黄某某与上海某机械集团公司签订的书面协议中有分红条款，按某国际学院5%股份结算分红30万元，该书面协议有上海某机械集团公司董事长陈某某的签名。因此，书面协议的分红条款与承诺书中给予黄某某5%某国际学院股份相印证。故上海某机械集团公司有关给予黄某某国际学院5%股份作为奖励的承诺是其真实意思表示，黄某某亦接受。该承诺不违反法律规定，应被恪守。

第二，上海某教育投资公司是民办非企业单位（法人）某国际学院的投资人，上海某机械集团公司系上海某教育投资公司的股东，占40%股份，而某国际学院是上海某教育投资公司的实体机构，从上海某机械集团公司、上海某教育投资公司乃至某国际学院之间的关系来看，上海某机械集团公司与某国际学院有关联的股权即为其投入上海某教育投资公司的2 000万元所对应的40%股份，故系争承诺书及上海某机械集团公司与黄某某的书面协议中所表述"某国际学院全部原始股份"，实为黄某某享有上海某机械集团公司投入上海某教育投资公司的5%股价。此外，上海某机械集团公司在原一审中也自认承诺书中的所谓"某国际学院全部原始股份"应该是上海某教育投资公司股份。因此，可以认定黄某某享有上海某教育投资公司5％的股份。故对上海某机械集团公司认为黄某某没有实际出资，不可能持有上海某教育投资公司5％股份的主张不予采信。

第三，上海某机械集团公司称黄某某在2008年6月24日书面协议上亲笔签名并书写的"原凭条作废"，原凭条即为承诺书，表明双方已结清所有的债权债务。对此，上海某机械集团公司未提供相应的证据证明，原凭条即承诺书的特定指向不明确。且若如上海某机械集团公司所述双方已结清所有的债权债务，按常理推断，由于在该协议中涉及系争股份红利结算的内容，则该协议应对系争股份的处分予以明确表述，但现有证据表明并无此内容，因此，对于上海某机械集团公司的该陈述不予采信。

第四，上海某机械集团公司在未经黄某某同意的情况下，擅自转让了上海某教育投资公司40％的股份（包括黄某某享有的5％股份），损害了黄某某的利益。现上海某机械集团公司在无法返还上海某教育投资公司5％股份的情况下，应按2004年8月转让上海某教育投资公司股权的实际价值估算予以赔偿。因上海某教育投资公司于2002年11月设立，注册资金3 000万元，2003年7月增加注册资金至5 000万元，至2004年上海某教育投资公司运营状况正常。本案中黄某某按公司注册资金额要求上海某机械集团公司赔偿250万元的要求尚属合理，可予支持。至于上海某机械集团公司认为，即使要计算黄某某所享有的股份金额，亦应按2004年8月转让上海某教育投资公司40％股份转让款200万元为基础，确定相应的金额。该转让金额明显与上海某教育投资公司的实际情况不符，故上海某机械集团公司要求按200万元的转让价格计算黄某某的股份价格，本院不予采信。综上，申诉人的申诉理由成立。依据《中华人民共和国民事诉讼法》第一百八十六条第一款、第一百五十三条第一款第（二）项的规定，判决如下：

一、撤销上海市第一中级人民法院（2010）沪一中民四（商）终字第××号民事判决；

二、维持上海市奉贤区人民法院（2010）奉民二（商）初字第××号民事判决。

三、代理思路和律师文书

（一）申请再审思路

这是一起事实认定和法律适用非常典型的案件，三级人民法院已经从不同的角度对本案进行了判决和认定。经讨论后，律师团队将举证责任的分配和举证责任的转移作为本案申请再审的重点，从以下三个方面申请再审。

第一，阐述黄某某不是实际股东，即黄某某没有实际出资，没有受让股份。在双方的证据中，虽然有股份的表述，但也表述为经营股。黄某某在离职较长的时间内均没有主张过所谓股权。

第二，阐述原凭条作废就是原承诺书作废，阐述在黄某某确定原凭条作废后，举证责任已经发生转移，故黄某某就有责任证明原凭条不是原承诺书，否则就要承担举证不能的不利后果。

第三，从诉讼时效方面进行反驳。

（二）再审申请书

再审申请书

再审申请人（一审被告、二审上诉人、再审被申请人）：上海某机械集团公司

被申请人（一审原告、二审被上诉人、再审申请人）：黄某某

再审申请人上海某机械集团公司（以下称再审申请人或上海某机械集团公司）与被申请人黄某某（以下称被申请人或黄某某）财产损害赔偿纠纷一案，被申请人提起诉讼后，2010年9月19日上海市奉贤区人民法院作出了（2010）奉民二（商）初字第××号民事判决；再审申请人提起上诉后，2011年1月18日上海市第一中级人民法院作出（2010）沪一中民四（商）终字第××号民事判决，驳回了被申请人的全部诉讼请求；上海市检察院抗诉后，2012年9月17日上海市高级人民法院作出了（2012）沪高民二（商）再提字第××号民事判决。再审申请人不服上海市高级人民法院（2012）沪高民二（商）再提字第××号民事判决，特向贵院申请再审。

申请再审请求：

一、请求再审并依法撤销上海市高级人民法院（2012）沪高民二（商）再提字第××号民事判决；

二、请求维持上海市第一中级人民法院（2010）沪一中民四（商）终字第××号民事判决。

申请再审事由：

上海市高级人民法院（2012）沪高民二（商）再提字第××号民事判决认定的基本事实缺乏证据，适用法律错误。依据《民事诉讼法》第一百七十九条第一款第二项和第六项的规定，应当再审并改判。

具体申请再审的事实与理由如下：

一、黄某某不是上海某教育投资公司的隐名股东，二审判决对这一事实认定正确。一审判决和再审判决认定黄某某是上海某教育投资公司的隐名股东，认定的基本事实缺乏证据，认定事实错误，依据《民事诉讼法》第一百七十九条第一款第二项，本案应当再审并改判

（一）黄某某没有实际出资，也没有受让股份，不是隐名股东

依据《最高人民法院关于适用〈中华人民共和国公司法〉若干问题的规定（三）》，隐名股东是公司的实际出资人。其借用他人的名义设立公司或者以他人名义出资，在公司的章程、股东名册和工商登记中却记载他人为出资人。隐名股东的实质要件是：必须有实际的出资。本案中，从上海某教育投资公司（以下称上海某教育投资公司）的组建、增资及股权转让过程中，黄某某均没有任何出资。因此，显然黄某某不是上海某教育投资公司的隐名股东。

另外，黄某某主张上海某机械集团公司赠送给了他5％的股份，也没有依据。双方既没有赠股协议，也没有办理股份交接。2008年8月的承诺书（以下称承诺书）关于黄某某持有上海某教育投资公司5％股份的表述，只是基于黄某某是上海某机械集团公司的高管这一特殊身份及工作表现，而承诺按5％股份分红比例给予黄某某奖励的一种计算方法。

（二）2008年5月的结算协议将争议股份非常明确表述为"经营股"，非常肯定，黄某某不是隐名股东

2008年5月8日，黄某某提交了书面的辞职报告。2008年6月30日黄某某正式离职。在黄某某提交书面辞职报告后且正式离职前，双方于2008年6月24日签订了"结算协议"（以下称结算协议），对有关奖励及经营分红进行了结算。

如果说，承诺书中对本案5％系争股份的表述有一定争议的话，那么在双方的这份最终结算协议中，双方对本案5％系争股份的表述非常明确。

前序部分表述为："黄某某常务副总裁因其本人创业需要，与上海某机械集团公司及某国际学院的有关奖励和经营分红，达成如下共识"。

经营分红部分的表述为："原某国际学院经营股5％，结计分利人民币叁拾万。"

无论是经营分红的表述，还是经营股的表述，都非常清楚地说明，黄某某不是隐名股东，所谓5％系争股份的奖励，只是上海某机械集团公司对黄某某基于高管身份而给予的经营奖励分红。参与了经营管理可享有这种分红，离职后，自然不再享受任何经营分红。

（三）自2008年6月黄某某离职结算后，黄某某再没有主张所谓隐名股东的任何权利

除实际出资外，隐名股东的另一特征是：隐名股东通过名义股东参与公司的管理，并享有分红等公司股东的其他相关权利。本案中，从2008年6月黄某某离职结算后，直到起诉前，黄某某从未主张所谓隐名股东的任何权益。

综合以上三点，依据隐名股东的特征，依据双方在结算协议中对系争股份的最终表述，黄某某不是隐名股东。二审判决对这一事实认定正确。一审判决和再审判决认定黄某某是隐名股东，认定的基本事实缺乏证据，认定事实错误，本案应当再审并改判。

二、结算协议中"原凭条作废"就是指"原承诺书作废"，一审判决和再审判决认为不能肯定原凭条就是指原承诺书，并应由再审申请人承担举证不能的不利后果。一审判决和再审判决认定的基本事实缺乏证据，适用法律错误，依据《民事诉讼法》第一百七十九条第一款第二项和第六项，本案应当再审并改判

在结算协议的左下角，黄某某单独加注声明"原凭条作废"，并签字确认。很显然，这里的"原凭条作废"，就是指原承诺书作废：

（一）结算协议签署之前，双方之间除承诺书外，别无其他任何书面协议、承诺、收据或凭条。因此，黄某某在结算协议所声明的原凭条只可能是原承诺书。事实上，在黄某某辞职并向上海某机械集团公司出示承诺书前，上海某机械集团公司所有员工均不知道有所谓承诺书，上海某机械集团公司当初就怀疑该承诺书是黄某某利用职务之便伪造的，但基于找不到相应的证据，也本着息事宁人和不与员工争讼的原则，才和黄某某进行协商，并一次性结算清楚。因此，黄某某在结算协议中所声明的"原凭条作废"只可能是指原承诺书作废。

（二）"原凭条作废"的声明内容与结算协议中"经营股"和"管理分红"的表述互相印证。如果说双方对承诺书中系争股份的表述存在争议的话，那么结算协议中双方对"经营股"和"管理分红"的表述就非常明确。"原凭条作废"，就是双方再次明确原承诺书作废，系争股份不是隐名股份，只是一种管理分红。

（三）《民事诉讼法》第六十四条第一款规定，当事人对自己提出的主张有责任提供证据。《最高人民法院关于民事诉讼证据的若干规定》第二条第二款规定，没有证据或证据不足以证明当事人的事实主张的，由负有举证责任的当事人承担不利后果。结算协议中"原凭条作废"的声明是由黄某某亲笔书写的，如果黄某某认为"原凭条"不是承诺书，举证责任就应由黄某某来承担，而不是由再审申请人来承担。黄某某没有提供相应的证据，黄某某就应承担举证不能的不利

后果。

（四）在一审中，黄某某辩解原凭条是"欠款凭条"，"即当时有一张60万元的欠款凭条"。黄某某这一辩解明显不能成立：第一，既然双方还没有结算完毕，既然结算时黄某某还没有离职，怎么会有结算的欠条呢？第二，既然有结算协议，又约定了通过银行付款，还有必要另行写欠条吗？第三，如果有欠条，欠条的持有人也是黄某某，黄某某就有义务出示欠条的原件或复印件。很显然，这时黄某某的辩解完全不能成立，原凭条只可能是原承诺书。

综合以上四点，可以肯定，结算协议中的"原凭条作废"就是指原承诺书作废。再审判决认为该声明中的原凭条不能确定为原承诺书，并应由再审申请人承担举证不能的不利后果，认定的基本事实缺乏证据，适用法律错误，本案应当再审并改判。

三、从2004年8月上海某机械集团公司转让股份到2010年7月黄某某提起诉讼，已历时6年；从2008年6月双方结算到2010年7月黄某某提起诉讼，时间也已超过2年。两方面都已过了诉讼时效，一审判决和再审判决认定没有过诉讼时效，认定的基本事实缺乏证据，认定事实错误

上海某机械集团公司向第三人转让股权的时间是2004年8月，在2002年到2008年之间，黄某某一直在担任上海某机械集团公司主管教育的副总经理，并担任上海某教育投资公司的常务副总经理。上海某教育投资公司每年都要进行工商年检、召开股东会、董事会、办理验资。作为上海某机械集团公司主管教育的副总经理和上海某教育投资公司的常务副总经理，黄某某不可能不知道公司股东已经发生了变化。因此，从2004年8月股权转让到2010年黄某某起诉时，已近6年，远远超过了法律规定的两年的诉讼时效。另外，从2008年6月黄某某离职并且双方签订结算协议到2010年7月黄某某起诉，也已过了两年的诉讼时效。一审判决和再审判决认为没有过诉讼时效，认定的基本事实缺乏证据，认定事实错误，本案应当再审并改判。

综上，黄某某没有出资，不是隐名股东。双方在结算协议中明确本案的系争股份只是经营股，只参与经营分红。黄某某在结算协议中作出了"原凭条作废"即原承诺书作废的声明。从股权转让到黄某某起诉已近6年，从双方结算和黄某某离职到黄某某起诉也已超过了2年，本案已过了诉讼时效。在二审判决正确的情况下，上海市人民检察院抗诉和上海市高级人民法院再审判决所认定的基本事实缺乏证据，适用法律错误。

为依法维护再审申请人的合法权益，维护法律的尊严，依据《民事诉讼法》第一百

七十九条第一款第二项和第六项的规定，特向贵院申请再审，请求依法再审并改判。

此致

中华人民共和国最高人民法院

再审申请人：上海某机械集团公司
2012 年 10 月 23 日

（三）申请再审代理词

上海某机械集团公司与黄某某财产损害赔偿纠纷再审案
代理词

尊敬的审判长、审判员：

在贵院审理的再审申请人上海某机械集团公司与被申请人黄某某财产损害赔偿纠纷再审一案中，我受北京市盈科律师事务所的指派，接受本案上海某机械集团公司的委托，担任其本案的诉讼代理人。

接受委托后，我阅看了本案的证据材料，参加了贵院 2013 年 7 月 29 日组织的庭审。现结合庭审情况，依据事实和法律发表如下代理意见，敬请参考。

一、黄某某不是上海某教育投资公司的隐名股东，二审判决对这一事实认定正确。一审判决和再审判决认定黄某某是上海某教育投资公司的隐名股东，认定事实错误

（一）黄某某没有实际出资，也没有受让股份，不是隐名股东

依据《最高人民法院关于适用〈中华人民共和国公司法〉若干问题的规定（三）》，隐名股东是公司的实际出资人。其借用他人的名义设立公司或者以他人名义出资，在公司的章程、股东名册和工商登记中记载他人为出资人。隐名股东的实质要件是：必须有实际的出资。本案中，从上海某教育投资公司的组建、增资及股权转让过程中，黄某某均没有任何出资。因此，显然黄某某不是上海某教育投资公司的隐名股东。事实上，2002 年 12 月 20 日的"南某某、陈某某与谢某某有关某国际学院事宜会议纪要"书面明确，"股份比例以工商登记为准"，这实际上已经排除了隐名股东的可能性。

（二）2008 年 5 月的结算协议将争议股份非常明确表述为"经营股"，非常肯定，黄某某不是隐名股东

2008 年 5 月 8 日，黄某某提交了书面的辞职报告。2008 年 6 月 30 日黄某某正式离职。在黄某某提交书面辞职报告后且正式离职前，双方于 2008 年 6 月 24 日签

订了"结算协议"（以下称结算协议），对有关奖励及经营分红进行了结算。

如果说，承诺书中对本案5%系争股份的表述有一定争议的话，那么在双方的这份最终结算协议中，双方对本案5%系争股份的表述非常明确，具体为：

前序部分表述为："黄某某常务副总裁因其本人创业需要，与上海某机械集团公司及某国际学院的有关奖励和经营分红，达成如下共识"。

经营分红部分的表述为："原某国际学院经营股5%，结计分利人民币叁拾万。"

无论是经营分红的表述，还是经营股的表述，都非常清楚地说明，黄某某不是隐名股东，所谓5%系争股份的奖励，只是上海某机械集团公司对黄某某基于高管身份而给予的经营奖励分红。其没有实际出资，只是参与经营管理可享有这种分红，离职后，自然不能连本金也拿走。

（三）自2008年6月黄某某离职结算后，黄某某再没有主张所谓隐名股东的任何权利

除实际出资外，隐名股东的另一特征是：隐名股东通过名义股东参与公司的管理，并享有分红等公司股东的其他相关权利。本案中，从2008年6月黄某某离职结算后，直到2008年10月起诉前，黄某某从未主张所谓隐名股东的任何权益。

综合以上三点，依据隐名股东的特征，依据双方在结算协议中对系争股份的最终表述，黄某某不是隐名股东。二审判决对这一事实认定正确。一审判决和再审判决认定黄某某是隐名股东，认定的基本事实缺乏证据，认定事实错误。

二、结算协议明确了"原凭条作废"，因此即使结算协议之前存在对系争股份的争议，结算协议的签订及黄某某在结算协议的承诺，也彻底解决了双方的争议，黄某某再无任何理由向上海某机械集团公司索要股本

在结算协议的左下角，黄某某单独加注声明"原凭条作废"，并签字确认。很显然，这里的原凭条作废，就是指原承诺书作废：

（一）从结算协议签订的背景来分析，结算协议是双方最终的结算，目的就是要解决双方可能存在的所有争议

结算协议签订的背景是，上海某机械集团公司的原董事长南某某因病离世后，2008年5月8日黄某某提出辞职，黄某某突然向公司出具本案的所谓"承诺书"，主张对某国际学院的股东权益。事前，上海某机械集团公司的所有股东及其他员工均没有听说过这样的一份承诺书，均不认可有这样的一份所谓承诺书。事实上承诺书上没有前董事长南某某的签字（如果是签字，是可以鉴定的），只有南某某的印章和上海某机械集团公司的印章，不符合上海某机械集团公司的行文习惯。上海

某机械集团公司的股东和其他员工均怀疑该承诺书是黄某某利用职务之便伪造的，但南某某董事长已病故，无法对证。本着息事宁人和不与员工争讼的原则，才由新任董事长陈某某和黄某某进行协商，并一次性结算清楚，一次性了结。2008年6月24日，双方签订书面的结算协议。其后，2008年6月30日黄某某办理书面的离职手续，办理所有的人财物的交接，不再存在任何争议。因此，从结算协议签订的背景来分析，结算协议是双方最终的结算，目的就是要解决双方可能存在的所有争议。

（二）从结算协议的书面表述来分析，原凭条作废，双方之间的结算已全部清洁

结算协议将黄某某所提出的系争股份表述为经营股，而且明确表述为"原某国际学院的经营股"。既然是经营股，则只是一种管理分红，不参与某国际学院的管理，自然不再存在所谓经营股的分红。既然是"原某国际学院的经营股"，则表明，这是双方在处理可能存在的历史问题；双方结算前，某国际学院已被转让出去；双方结算时，已不再存在所谓某国际学院的经营股了。结算协议的签订，原凭条作废，双方之间的权利义务已全部清洁。

（三）从本案实际情况来看，原凭条作废就是指原承诺书作废，因为双方在此之前除了承诺书外没有其他任何的纸面凭条

结算协议中作废的"原凭条"肯定是与结算协议相关的原凭条。在结算协议签署之前，双方之间除承诺书外，别无其他任何书面协议、承诺、收据或凭条。上海某机械集团公司签订结算协议，就是要息事宁人，就是要在黄某某离职前解决其与公司可能存在的所有纠纷。因此，依据常理来判断，黄某某在结算协议声明的原凭条作废只可能是原承诺书作废。

（四）从举证责任来分析，应该认定原凭条作废就是原承诺书作废

《最高人民法院关于民事诉讼证据的若干规定》第二条第二款规定，没有证据或证据不足以证明当事人的事实主张的，由负有举证责任的当事人承担不利后果。

结算协议中"原凭条作废"的声明是由黄某某亲笔书写的，而且如果存在其他所谓"原凭条"，原凭条的持有人也只可能是黄某某本人。因此，黄某某主张原凭条不是原承诺书，举证责任就应由黄某某来承担。也就是说，黄某某在结算协议中承诺"原凭条作废"以后，举证责任又重新转移到了黄某某这一方。如果黄某某不能证明原凭条不是原承诺书，黄某某就应承担举证不能的不利后果，人民法院就应当认定原凭条作废就是原承诺书作废。

（五）黄某某辩称原凭条是新任董事长陈某某个人写的"一张60万元的欠款凭条"，黄某某的这一辩解不仅没有证据证明，而且不能自圆其说，不合常理，前后矛盾

第一，既然是我方写给黄某某的欠条，那欠条应该在黄某某手上，但是黄某某

在所有诉讼程序中均不能出示。

第二，既然双方还没有结算完毕，既然黄某某还没有离职，怎么会有结算的欠条呢？

第三，既然有结算协议，又约定了通过银行付款，还有必要另行写欠条吗？

第四，既然是单位的结算款，是单位的债务，既然是通过单位的银行向黄某某个人的银行账号付款，怎么可能是董事长个人书写的欠款凭条呢？

第五，一审庭审中黄某某陈述说原凭条是新任董事长陈某某个人的欠款凭条，但在向检察院申诉时，他又书面改述为原凭条是一份并不详细的结算欠款。前后的陈述明显矛盾。

综合以上五个方面的分析，可以肯定，结算协议中的原凭条作废就是指原承诺书作废。黄某某辩称原凭条是新任董事长陈某某个人的欠款凭条，没有证据证明，而且不能自圆其说，不合常理，前后矛盾，原一审判决和再审判决认定事实和适用法律均严重错误。

三、从2004年8月上海某机械集团公司转让股份到2010年8月黄某某提起诉讼，已历经6年；从2008年6月双方结算到2010年8月黄某某提起诉讼，也已超过2年。两方面均已过了诉讼时效，一审判决和再审判决认定没有过诉讼时效，认定的基本事实缺乏证据，认定事实错误

在2002年到2008年之间，黄某某一直在担任上海某机械集团公司这一家民营企业主管教育的副总经理。在其主管的业务中，下属公司的股权被转让出去，作为主管领导，他应当知道。也就是说，如果本案存在所谓隐名股份的侵权事实，黄某某早就应当知道这一所谓侵权事实。

在2008年6月24日结算协议中，双方都确认，双方争议的股份是"原某国际学院的经营股"，即双方都确认，这是历史遗留问题，某国际学院的股份在结算协议签订前已经被转让出去了。也就是说，如果本案存在所谓隐名股份的侵权事实，结算协议这一书面证据也已表明，黄某某在签订结算协议时实际知道了这一事实。

黄某某唯一主张没有过诉讼时效的理由是，2009年9月他查工商登记时才知道股权转让这一事实。显然这样的抗辩理由不能成立：第一，在一审、二审和原再审中，黄某某均没有提供所谓2009年查询工商登记的证据。第二，查询工商登记和黄某某"知道或者应当知道"侵权事实之间没有必然的联系。因为查询工商登记可以发生在黄某某已经知道侵权事实发生以后。也就是说，查询工商登记的事实并不能否定查询工商登记以前黄某某"已经知道或应当知道侵权"的事实。第三，黄某

某在本次再审中提供的上海市奉贤区某法律服务所工商登记查询费收据等三份材料，不属于再审的新证据范畴，而且无法证明与黄某某的关联性以及与本案的关联性，这三份材料在本案中没有证明效力。

从2004年8月股权转让到2010年黄某某起诉时，已近6年，远远超过了法律规定的2年的诉讼时效。从2008年6月双方签订结算协议和黄某某离职到2010年8月黄某某起诉，也已过了2年的诉讼时效。原一审判决和再审判决认为没有过诉讼时效，认定事实明显错误。

综上，某国际学院的股份不同于上海某教育投资公司的股份；黄某某没有出资，不是隐名股东；双方在结算协议中明确了本案的系争股份只是原某国际学院的经营股；黄某某在结算协议中作出了"原凭条作废"即原承诺书作废的声明；从股权转让到黄某某起诉已近6年，从双方结算和黄某某离职到黄某某起诉也已超过了2年，本案已过了诉讼时效。

特发表如上代理意见，敬请最高人民法院依法改判，维持二审判决，驳回被申请人的诉讼请求。

谢谢！

上海某机械集团公司代理人
北京市盈科律师事务所张群力律师
2013年7月31日

四、胜诉裁判摘要

（一）最高人民法院提审裁定摘要

中华人民共和国最高人民法院
民事裁定书

（2012）民再申字第××号

（当事人情况略）

再审申请人上海某机械集团公司因与被申请人黄某某财产损害赔偿纠纷一案，不服上海市高级人民法院（2012）沪高民二（商）再提字第××号民事判决，向本院申请再审。本院依法组成合议庭对本案进行了审查，现已审查终结。本院认为，上海某机械集团公司的再审申请符合《中华人民共和国民事诉讼法》第二百条第二项、第六项规定的情形。依照《中华人民共和国民事诉讼法》第二百零四条、第二百零六条之规定，裁定如下：

一、本案由本院提审；

二、再审期间，中止原判决的执行。

(二) 最高人民法院提审判决摘要

中华人民共和国最高人民法院

民事判决书

(2013) 民提字第××号

("本院认为"以前部分略)

本院认为，本案再审的争议焦点为：黄某某要求上海某机械集团公司支付侵害其在上海某教育投资公司的财产损害赔偿请求应否得到支持。

首先，2003年8月26日承诺书、2008年6月24日书面协议的形成时间虽然跨度近五年，但从其内容看，"某国际学院全部原始股份""原某国际学院经营股"的表述指向具体明确。从2003年8月26日承诺书的文字表述看，由于当时上海某机械集团公司持有上海某教育投资公司40%的股份，而上海某教育投资公司持有上海A教育公司（某国际学院即为其实体）75%的股份，因此，上海某机械集团公司虽然并不直接持有上海A教育公司或某国际学院的股份，但其基于对后两者的实际控制作出这样的承诺并不违反常理。从2008年6月24日书面协议的文字表述看，由于上海某机械集团公司此时已不持有上海某教育投资公司的股份，与某国际学院之间也不再有直接或间接的股权关系关联，因此，该协议使用了"原某国际学院"的用语。由此可见，两份书面文件中的"某国际学院"指称是明确的，当事人的真实意思即为将某国际学院5%的股份作为奖励无偿赠送给黄某某，上海市高级人民法院再审判决认为当事人约定的某国际学院股份就是上海某教育投资公司股份没有事实依据。

其次，上海某教育投资公司与上海某职业教育社共同投资设立了上海A教育公司，而根据2003年4月25日上海某教育投资公司与上海某职业教育社签订的"合作协议"，某国际学院是上海A教育公司的办学实体，因此，上海市高级人民法院再审判决认为"某国际学院是上海某教育投资公司的实体机构"与事实不符。该判决进而认为"系争承诺书及上海某机械集团公司与黄某某的书面协议中所表述'某国际学院全部原始股份'，实为黄某某享有上海某机械集团公司投入上海某教育投资公司的5%股份"，混淆了上海某教育投资公司和上海A教育公司两个独立的法人，其基于此错误的认识得出黄某某享有上海某教育投资公司5%股份的结论没有事实依据，不能成立。

再次，从2008年6月24日书面协议、当事人之间的关系等事实看，黄某某在2008年6月24日书面协议上注明的"原凭条作废"，应是指当事人之间此前的某项约定。而根据本案双方当事人提供的证据，当事人之间此前的约定事项只有一个，即上海某机械集团公司及其原董事长南某某在2003年8月26日承诺书中承诺上海某机械集团公司奖励给黄某某国际学院5%股份。因此，在黄某某未能证明有其他书面约定的情况下，其在该协议上注明的"原凭条作废"所针对的只能是这一承诺，故"原凭条作废"应当是指2003年8月26日承诺书作废。而且，从2008年6月24日书面协议的签订背景及约定看，该协议签订时黄某某即将从上海某机械集团公司离职，当事人之间意在通过该协议就黄某某在上海某机械集团公司及其下属公司任职期间的工作业绩事宜进行清算了结，这也是符合常理的。由于此时上海某机械集团公司已将上海某教育投资公司的股权转让，即不再间接持有上海A教育公司或者某国际学院的股份，故上海某机械集团公司在2008年6月24日书面协议中约定以30万元作为对2003年8月26日承诺书承诺事项的兑现，符合当时的客观实际，黄某某书写"原凭条作废"并签名的行为应认定为其对此予以认可。上海市高级人民法院再审判决以上海某机械集团公司没有证据证明"原凭条作废"系指原承诺书作废为由对其相应主张不予支持不当，应予纠正。综上，在黄某某即将从上海某机械集团公司离职的情况下，上海某机械集团公司基于曾经的承诺及黄某某对公司发展作出一定贡献的事实，除奖励给黄某某30万元外，还另将"原某国际学院"股份与之结算30万元，故就2003年8月26日承诺书承诺事项，黄某某与上海某机械集团公司之间已经结算完毕。

最后，黄某某作为上海某机械集团公司副总裁、上海某教育投资公司常务副总裁，其对上海某机械集团公司于2004年8月转让上海某教育投资公司股份的事实是应当知晓的。而且，在黄某某即将从上海某机械集团公司离职，双方对黄某某在上海某机械集团公司及其下属公司的工作进行清结的情况下，黄某某在2008年6月24日与上海某机械集团公司签订书面协议，并在该协议上书写了"原凭条作废"字样，亦说明其对于上海某机械集团公司已将持有的上海某教育投资公司的股份转让的事实是应当知道的。黄某某自称2009年查阅工商登记时才知道股权被上海某机械集团公司侵害，为证明该主张提供了加盖有2009年9月30日上海市工商行政管理局奉贤分局档案室材料证明章的"合法〈营业执照〉通知单"及上海某机械集团公司与浦某公司之间签订的"出资转让协议书"，但这些证据并不能证明其在此时才知道或者应当知道权利被侵害的事实。鉴于黄某某于2010年8月2日才提起本案诉讼，根据《中华人民共和国民法通则》第一百三十五条、第一百三十七条之规定，黄某某提起本案诉讼请求保护的权利已经超过诉讼时效期间。

综上所述，黄某某主张上海某机械集团公司赔偿其在上海某教育投资公司的股权款 250 万元及利息的请求没有事实及法律依据，本院不予支持。上海市高级人民法院再审判决认定事实和适用法律错误，二审判决认定事实清楚，适用法律正确。本院依据《中华人民共和国民事诉讼法》第一百七十条第一款第（二）项、第二百零七条之规定，判决如下：

一、撤销上海市高级人民法院（2012）沪高民二（商）再提字第××号民事判决；

二、维持上海市第一中级人民法院（2010）沪一中民四（商）终字第××号民事判决。

一审案件受理费 35 287 元，减半收取后由黄某某负担；二审案件受理费 26 800 元，由黄某某负担。

本判决为终审判决。

五、律师团队 5 点评析

（一）对再审判决的申请再审

2015 年《民事诉讼法司法解释》生效前，当事人对改变原审判决的再审判决不服的，仍可以向上一级人民法院申请再审。2015 年《民事诉讼法司法解释》生效后，对所有再审判决，当事人都不能申请再审。救济途径只能是向人民检察院申请法律监督。本案发生在 2015 年《民事诉讼法司法解释》生效前，所以委托人在上海市高级人民法院的再审判决撤销上海市第一中级人民法院原二审判决后，可以向最高人民法院申请再审。

（二）举证责任在本案中的转移

黄某某在本案中起诉主张上海某机械集团公司侵害了他的股权，黄某某就有责任证明他是某国际学院的股东。黄某某出示了承诺书后，承诺书中表示黄某某拥有 5% 的经营股权，黄某某就完成了举证责任，举证责任就转移到了上海某机械集团公司。如果上海某机械集团公司认为该约定已经被废止，或该股权已经兑现完毕，上海某机械集团公司就负有举证责任。

上海某机械集团公司出示了黄某某离职结算协议，在该结算协议中黄某某亲笔写明"原凭条作废"，这时举证责任又再一次转移到了黄某某。在这种情况下，黄某某就有责任证明结算协议所指的原凭条到底是什么样的原凭条，就有责任证明结算协议上所指的原凭条不是承诺书，否则就应当承担举证不能的不利后果。

正是在最高人民法院认定举证责任重新转移到黄某某后，黄某某没有证明原凭条不是原承诺书，没有重新完成举证责任，因此认定原承诺书已经废止，双方已经结算完毕，并判决撤销原再审判决，维持驳回黄某某全部诉讼请求的二审判决。

（三）再审申请书在本案中发挥了重要作用

再审申请书紧紧抓住黄某某不是实际股东和举证责任已经转移的事实进行论述，条理清晰，说理较为充分，为本案的再审发挥了重要的作用。

（四）本案是人民法院认定举证责任转移的典型案例

上海市三级人民法院对本案作出不同认定的主要原因是人民法院之间对双方当事人举证责任分配和举证责任转移的把握标准并不一致。最高人民法院对本案提审的主要原因也是最高人民法院认为本案在举证责任分配和举证责任转移方面具有典型的意义。①

（五）对代理工作的综合评价

本案通过在最高人民法院的再审成功实现逆转，综合分析，以下几方面的代理工作起到了突破作用：（1）思路突破。紧紧抓住举证责任分配和举证责任转移的核心问题，依托证据理论，在代理思路上形成突破。（2）文书突破。再审申请书在本案中发挥了重要的突破作用。（3）其他方面的突破。除上述两方面的亮点外，本案的庭审代理工作，本案对关键证据的阐释，本案对案件事实的梳理等代理工作也发挥了积极作用。

---

① 在最高人民法院提审并改判后，本案最终成了人民法院认定举证责任转移的典型案例。律师团队成员有幸作为承办律师参与本案代理，为本案最终改判起到相应的作用，倍感荣幸。

案例4：结合法学理论，完善诉讼思路，阐述自主经营发生的风险和成本不属于股权转让瑕疵且股东无权在股权转让纠纷中主张项目公司的损失，凸显原审错误

——云南省高级人民法院深圳某投资公司与广州某旅游集团公司股权转让合同纠纷二审案的思路突破和庭审突破

- 上诉思路
- 民事上诉状
- 代理词
- 律师团队10点评析

一、代理工作概述

这是一起在云南省高级人民法院二审并反败为胜的股权转让合同纠纷案。

委托人深圳某投资公司、王某某与广州某旅游集团公司分别于2018年3月和2019年1月签署股权转让协议及补充协议，双方约定深圳某投资公司将昆明某房地产开发公司70%股权转让给广州某旅游集团公司。2020年8月，广州某旅游集团公司向云南省昆明市中级人民法院提起了诉讼，要求深圳某投资公司、王某某赔偿土地补偿款约2 111万元、电缆迁改工程款85万元、垫付的物业服务费672万元及违约金860万元。

深圳某投资公司、王某某收到应诉通知后，基于与律师团队关联案件的良好合作，到北京委托律师团队代理本案的应诉。2021年10月，昆明市中级人民法院作出了（2020）云01民初3220号判决，以股权转让协议关于净地交付的约定为由支持了广州某旅游集团公司绝大部分诉讼请求。

由于一审判决存在明显错误，律师团队建议深圳某投资公司、王某某提起上诉。上诉后，2022年9月，云南省高级人民法院作出（2022）云民终635号判决，

支持了委托人的大部分上诉主张，撤销了一审判决的主要内容，只判决深圳某投资公司、王某某赔偿部分物业费。

本案涉及的主要法律问题有：自主经营发生的风险和成本是否属于股权转让瑕疵？股权转让交割日如何认定？损失赔偿主体如何确定？本案二审驳回了广州某旅游集团公司大部分诉讼请求。至此，本案反败为胜，获得了委托人的认可。二审中的思路突破和庭审突破在本案中发挥了重要作用。[①]

二、基本案情和一审情况

（一）基本案情

2018年3月20日，甲方深圳某投资公司、甲方王某某与乙方广州某旅游集团公司签署"昆明某房地产开发公司股权转让协议"，双方约定深圳某投资公司将昆明某房地产开发公司（以下或称为项目公司）70%股权转让给广州某旅游集团公司或广州某旅游集团公司指定主体，广州某旅游集团公司除支付3 000万元定金外，还应负责在项目公司总债务36亿元范围内，解除深圳某投资公司及其关联方为项目公司债务所提供的担保。

2018年5月8日，深圳某投资公司将所持项目公司10%的股权过户至广州某旅游集团公司指定的海南某投资公司名下。2019年1月底，甲方A深圳某投资公司、甲方B王某某与乙方广州某旅游集团公司签署"昆明某房地产开发公司股权转让协议之补充协议"（以下称补充协议），该补充协议与原协议基本相同，仅对部分条款作了修改。该补充协议主要内容如下。

(1) 甲方将项目公司剩余的60%股权过户至乙方名下，将项目公司法定代表人、董事、监事、变更为乙方指定人员；甲方将包括但不限于项目公司证照、印鉴、项目地块的出让合同、批复原件等移交乙方，并按约定标准向乙方交地。以上事项在同一日完成的，则当日为交割日；如无法在同一日完成的，以最后事项完成的当日为交割日。

(2) 双方约定的交地是指：甲方负责将项目地块范围内的建筑物、地下管网等拆迁安置补偿完毕、终止项目地块用地范围内的所有租赁关系、承包关系及其他土地使用关系，并完成项目地块用地范围内的一切补偿及土地平整等义务后，将项目地块交乙方开发建设而无任何第三方阻止；乙方及项目公司不需要再对任何单位和

---

① 本案由律师团队中的张群力律师担任主承办律师和负责人，刘旭旭律师、董理炼实习律师和团队的其他成员协助参与了部分代理工作。在此，向他们一并表示感谢！

个人进行任何补偿,无任何第三方因交地前的事由向乙方及项目公司主张权益或影响项目地块的开发建设。

(3) 项目公司委托昆明某物业公司对项目地块进行物业管理服务,交割日后10个工作日内,由甲方负责解除该委托关系,产生的费用由甲方承担,由乙方负责交接工作,甲方配合。

(4) 交割日后90日内,乙方应负责在乙方实际承担的项目公司总债务金额45亿元对应的债务范围内,解除甲方A及其关联方针对项目公司对外借款所产生的担保责任。若乙方未能按本补充协议第3条第10款约定解除甲方及其关联方的担保责任,则每逾期一日,按逾期解除担保责任数额的万分之二支付违约金。如乙方逾期达到180日以上,甲方有权解除本补充协议。

2019年1月31日,深圳某投资公司将所持项目公司60%的股权过户至广州某旅游集团公司指定的昆明某旅游开发公司名下;同日,项目公司法定代表人、高级管理人员、财务负责人亦发生变更。另,广州某旅游集团公司指定的海南某投资公司亦将其持有的10%股权过户至昆明某旅游开发公司名下。2019年2月1日,深圳某投资公司向广州某旅游集团公司移交了项目公司的证照、印章等。

2019年4月19日,项目公司与昆明某社区居委会、昆明某管委会等主体召开会议并作出"关于昆明某房地产开发公司与昆明某社区居委会争议地协调处置的会议备忘",由项目公司向昆明某社区居委会支付一定的用地争议补偿金(包括苗木搬迁、地上附着物等补偿费用),并明确争议土地的电力线迁改、道路还建由项目公司负责。

2019年6月3日,昆明某旅游开发公司以邮寄方式向深圳某投资公司和王某某发出"确认函",要求深圳某投资公司和王某某根据股权转让协议的约定,承担上述补偿费用。随后,项目公司分别与昆明某社区居委会和相关用地主体签订了一系列补偿协议、合同,并与昆明某旅游开发公司分别支付了相关款项。

2019年8月23日,项目公司与昆明某物业公司签订"昆明某物业公司垫付款协议",解除昆明某物业公司对涉案项目的前期物业管理服务。根据该协议,昆明某物业公司应当于2019年7月31日前向项目公司移交全部工作并退场,项目公司应当在2019年年底前向昆明某物业公司付清相关款项。随后,昆明某旅游开发公司于2020年3月18日前,分多次向昆明某物业公司支付相关款项共计672万元,其中包括2019年2月至7月间昆明某物业公司员工食堂生活费14.28万元。

(二) 一审情况

2020年8月,广州某旅游集团公司向云南省昆明市中级人民法院提起了诉讼,要求深圳某投资公司、王某某赔偿土地补偿款约 2 111 万元、电缆迁改工程款 85 万元、垫付的物业服务费 672 万元及违约金 860 万元。

委托人深圳某投资公司、王某某一审的主要答辩观点是：（1）项目公司名下的土地发证合法、权属清晰，不存在征地、拆迁、补偿等事宜；（2）广州某旅游集团公司支付的各项费用是其自主经营行为，相关费用不应由深圳某投资公司、王某某承担。

由于本案合同存在对委托人不公平的约定，一审法院据相关合同约定支持了广州某旅游集团公司的大部分诉讼请求。一审判决书"本院认为"部分和判决主文部分表述为：

本院认为，针对原告所提出的第一项诉求土地补偿款，21 114 722.47 元，该部分款项原告主张包含用地补偿款 19 653 838.47 元、苗木搬迁费用、水管清理费用、地上附着物补偿费用（后三项共计 1 460 884 元）。关于用地补偿费用，虽然所涉地块权属明确，但是该地块现实中存在土地纠纷数十年，原告想要顺利开发房地产项目，只能在尊重地块历史及现实的基础之上进行补偿，该部分费用的支出对于后续的开发建设而言属于必要费用，并且也是移交土地之前的历史及现实原因所导致，诉争协议中也明确约定由被告负责拆迁安置补偿完毕，无任何第三方阻止，因此该项费用被告应当依照约定向原告进行支付。但是考虑到地块移交时权属明确，该笔费用确实是发生在交地之后，被告无法进行事先披露，不能因后期支付了该笔费用而认定被告违约，因此针对该笔费用原告所主张的违约金本院不予支持。关于苗木搬迁费用、水管清理费用及地上附着物补偿费用，该部分义务属于股权转让协议第二条第二项第 3 款（1）中所约定的净地交付义务的内容和范围，并且按照第一条第 1 项交地条款的约定，被告须负责将项目地块范围内的建筑物、构筑物、附着物等拆迁安置补偿完毕，因此该部分费用被告应当向原告进行支付，并且被告违反对此的承诺和保证义务，应当依照股权转让协议的约定支付该部分金额 30% 的违约金（1 460 884×30%＝438 265.2）共 438 265.2 元。

针对原告所提第二项诉求中的电缆迁改工程款 85 万元，依据第一条第 1 项交地条款的约定，被告同时须负责电线杆（塔）、通信设施、地下管网等拆迁安置补偿完毕，因此该部分费用被告应当向原告进行支付并支付 30% 的违约金 25.5 万元。

针对原告第三项诉求中的物业服务费 6 720 000 元，按照股权转让协议及补充协议的约定在交割后 10 个工作日内解除与昆明某物业公司的委托关系为两被告的义务，并且同时约定产生的费用由两被告承担，现两被告未履行解除义务，原告自行与昆明某物业公司解除委托关系后垫付了随之产生的相应费用，虽然协议中并未明确约定产生的何种费用由两被告承担,但解除合同时对之前拖欠款项作出结算和清理不违背常理和法理,故由此产生的费用应当依约由两被告向原告进行支付,两被告违反该承诺义务应该支付该部分费用30%的违约金(6 720 000×30%=2 016 000)2 016 000元。

综上,本院支持原告诉求中的土地补偿款19 653 838.47元、苗木搬迁费用、水管清理费用、地上附着物补偿费用三项共计1 460 884元及违约金438 265元、电缆迁改工程款85万元及违约金25.5万元、解除物业委托关系产生的费用6 720 000元及违约金2 016 000元。原告的诉讼请求部分成立,本院对成立的部分依法予以支持。依照《中华人民共和国合同法》第一百零七条、第一百一十四条之规定,判决如下:

一、被告深圳某投资公司、王某某于本判决生效之日起十日内向原告广州某旅游集团公司支付土地补偿款19 653 838.47元;

二、被告深圳某投资公司、王某某于本判决生效之日起十日内向原告广州某旅游集团公司支付苗木搬迁费用、水管清理费用、地上附着物补偿费用三项共计1 460 884元及违反该项义务的违约金438 265元;

三、被告深圳某投资公司、王某某于本判决生效之日起十日内向原告广州某旅游集团公司支付电缆迁改工程款85万元及违反该项义务的违约金25.5万元;

四、被告深圳某投资公司、王某某于本判决生效之日起十日内向原告广州某旅游集团公司支付解除物业委托关系产生的费用6 720 000元及违反该项义务的违约金2 016 000元;

五、驳回原告广州某旅游集团公司的其他诉讼请求。

三、代理思路和律师文书

(一)上诉思路

这是一起股权转让纠纷案件,股权转让合同是由收购方提供的文本,其对委托人的义务作了非常严格和不公平的约定,即只要发生拆迁、物业等费用,均须由委托人承担。一审法院正是基于合同的这些约定,判决委托人承担相应的费用及违约金。因此,本案二审要纠正一审的判决难度比较大。

要纠正一审判决,必须成功说服二审法官,让二审法官确信一审判决确实存在重大错误,这一重大错误超出了一审法官自由裁量权范围,一审判决必须被纠正。

经讨论后,律师团队认为本案可以从三个方面寻找切入点,凸显一审判决的错误,阐述一审判决的裁决确实超出了一审法官自由裁量权范围,确实应当被纠正。

第一，主张赔偿的主体错误。一审中对方当事人提供的损失证据证明，是目标公司支付了大部分土地补偿费和拆迁费，而不是对方当事人本单位支付了大部分土地补偿费和拆迁费。因此，本案中，从法律关系的角度来分析，主张该部分费用损失的主体只能是目标公司，而不应该是对方当事人。这一错误是对法律关系的认定错误，是对案件基本事实的认定错误，明显超出了一审法官自由裁量权范围，一审判决应该被纠正。

第二，交割日后，目标公司继续接受了原物业公司的服务，从而新增了部分物业费，一审法院判决的赔偿金额中包括了该部分新增的物业费。虽然这部分金额比较小，在整个一审判决金额中的比例很低，但这也属于一审判决对基本事实认定的错误，也明显超出了一审法官自由裁量权范围，一审判决同样应该被纠正。

第三，继续强调一审中的观点，从交易背景、纠纷背景、索赔程序、自主经营、补偿费用性质等方面全面进行抗辩。

另外，由于本案的案件材料多，案情复杂，因而需要特别重视案件的庭审工作，在庭上结合证据充分阐述上诉理由，尽最大努力争取二审改判。

(二) 民事上诉状

民事上诉状

上诉人（一审被告）：深圳某投资公司

上诉人（一审被告）：王某某

被上诉人（一审原告）：广州某旅游集团公司

原审第三人：昆明某旅游开发公司

上诉人深圳某投资公司、王某某（以下将深圳某投资公司、王某某合称为上诉人）因与被上诉人广州某旅游集团公司、第三人昆明某旅游开发公司股权转让合同纠纷一案，不服昆明市中级人民法院于2021年10月21日作出并于2022年1月17日送达给上诉人的（2020）云01民初3220号民事判决，特向贵院依法提起上诉。

上诉请求：

1. 请求判决撤销昆明市中级人民法院（2020）云01民初3220号民事判决；

2. 请求依法驳回广州某旅游集团公司的全部诉讼请求；

3. 请求判令被上诉人承担本案一审和二审的全部诉讼费用。

上诉理由：

一、从本案基本背景来看，本案是股权转让纠纷、承债式的收购，界定是否违约应当从项目的整体来分析，被上诉人作为项目公司的受让方负担项目公司的债务是其应尽的义务，且本案涉案土地发证合法、权属清晰，不存在征地、拆迁、补偿等事宜，一审判决支持被上诉人土地补偿款、电缆迁改工程款、物业费及违约金等请求，认定事实和适用法律均严重错误

（一）本案是股权转让纠纷，涉及5 529.16亩土地的交易，界定是否违约与否应当从项目的整体来分析

本案涉案土地包括34宗地，共计5 529.16亩（约3.68平方公里），昆明某房地产开发公司（以下或称项目公司）均持有发证合法、权属清晰的土地使用权证。被上诉人为获得这5 529.16亩土地用于开发建设，和上诉人进行股权转让交易，受让项目公司的股权。因此，本案项目的规模很大，界定项目双方中的任何一方是否违约都应当从项目的整体来分析。

（二）本案是承债式的收购，被上诉人作为项目公司的受让方负担项目公司的债务是其应尽的义务

本案的收购模式是承债式收购，即被上诉人取得涉案项目5 529.16亩土地等资产的主要对价是承接项目公司的45亿元债务。被上诉人除象征性地支付3 000万元定金外，不需要向上诉人支付其他股权转让款。因此，被上诉人负担项目公司的债务是其应当履行的基本义务。被上诉人在本案中提出其负担了项目公司的债务只能说明其履行了应当履行的义务，而不能要求上诉人来承担相关债务。

（三）本案项目经过被上诉人与上诉人双方长时间地反复核对、反复确认，被上诉人对项目公司的现状充分知晓，不存在上诉人隐瞒项目公司债务的情形

2018年3月20日，被上诉人与上诉人签署了"昆明某房地产开发公司股权转让协议"（以下称"股权转让协议"）。2019年1月，被上诉人与上诉人又签署了"昆明某房地产开发公司股权转让协议之补充协议"（以下称"补充协议"）。"股权转让协议"与"补充协议"前后相隔10个月，被上诉人在此期间对项目公司进行过多轮、充分、详实的尽职调查。2018年10月，被上诉人与上诉人共管项目公司。共管项目公司三个月后，上诉人才按被上诉人的要求再次签订"补充协议"并办理项目公司移交。因此，被上诉人对项目公司的情况已充分知晓。

（四）涉案土地具有特殊性，其之前属于昆明市某军马场用地，属于军用土地，不存在征地、拆迁、补偿等事宜

本案涉案土地位于云南省昆明市某军马场，属于军用土地，项目公司于2008年6月15日通过原股东作价入股的方式取得涉案土地的使用权。对于涉案土地，项目公司均已合法取得国有建设用地土地使用权，权属清晰，不存在被上诉人所主张的征地、拆迁、补偿等事宜。

二、被上诉人主张的土地补偿款、电缆迁改工程款不应当由上诉人承担，一审判决支持被上诉人的土地补偿款、电缆迁改工程款请求，认定事实和适用法律均严重错误

（一）从费用的性质来看，被上诉人主张的土地补偿款、电缆迁改工程款均系其自主经营行为形成的费用

被上诉人一审提交的证据3.1"关于昆明某房地产开发公司与昆明某社区居委会争议地协调处置的会议备忘"（以下称"会议备忘"）载明：项目公司持有的嵩国用［2013］第××号土地证，发证合法、权属界线清晰。即项目公司拥有土地的所有权益，不需要对任何人进行补偿。被上诉人所主张的给当地村民的土地补偿款，既没有人民法院的判决，也没有人民政府的裁决，即使补偿属实，这种补偿也是被上诉人为了协调当地村民关系而支付的费用，属被上诉人的自主经营行为，与上诉人无关。

同时，被上诉人一审提交的证据3.1"会议备忘"也载明："争议地块内涉及的道路及电力线的迁改，按照该片区最新规划，由嵩明县、昆明某房地产开发公司负责迁改还建。"也即光缆迁改是由于被上诉人项目规划原因迁改的，是其自主经营行为，与上诉人无关。

（二）从程序上来看，被上诉人主张的土地补偿款、电缆迁改工程款在诉讼前从未告知上诉人，也从未向上诉人主张过

依据商事活动正常处理程序来说，在上诉人移交项目公司后，若被上诉人认为有关费用应当由上诉人承担，则应当及时告知上诉人并与上诉人协商处理。在上诉人拒绝处理或者不能处理的情况下，在被上诉人代上诉人处理并产生相关费用的情况下，被上诉人可以依据合同和客观事实向上诉人主张合理费用。然而，被上诉人在2020年3月前从未书面通知上诉人土地补偿款、电缆迁改工程款的相关事宜，也从未要求过上诉人处理土地补偿款、电缆迁改工程款的相关事宜。可见，被上诉人的行为不符合正常商事处理程序。

（三）从主张的时间来看，被上诉人未在合理期间提出异议，其主张的土地补偿款、电缆迁改工程款均未在合理期间告知上诉人

被上诉人于2019年2月1日正式接管项目公司，但在2020年3月前，被上诉人从未向上诉人提出过任何异议。被上诉人接管项目公司后，于2019年4月19日即与昆明某社区居委会等签署"会议备忘"约定对昆明某社区居委会相关组织和人员进行补偿时，从未与上诉人进行协商或要求上诉人承担相关责任；同时，被上诉人也从未与上诉人协商或要求上诉人承担电缆迁改工程款的相关责任；直到上诉人

起诉后［云南省昆明市中级人民法院（2019）云01民初3771号案］，被上诉人才以其支付了土地补偿款、电缆迁改工程款作为其不承担违约责任的抗辩理由，显然这一理由不能成立。

综上，被上诉人主张的土地补偿款、电缆迁改工程款均系其自主经营行为形成的费用；被上诉人主张的土地补偿款、电缆迁改工程款在诉讼前未按正常程序告知上诉人并向上诉人主张；且被上诉人接管项目公司后未在合理期间提出异议，其主张的土地补偿款、电缆迁改工程款均未在合理期间告知上诉人。因此，被上诉人主张的土地补偿款、电缆迁改工程款不应当由上诉人承担。

三、昆明某物业公司费用不应当由上诉人承担，一审判决支持被上诉人的物业费请求，认定事实和适用法律均严重错误

（一）解除昆明某物业公司委托并未产生新的费用，被上诉人支付的费用属于被上诉人应承担的不超过45亿元的债务范围内的债务

根据"补充协议"第二条第一款第5项第3点的约定，上诉人承担的是因解除委托关系而产生违约金之类的费用，但被上诉人并未因解除昆明某物业公司的委托而产生新的费用，其所支付的款项只是项目公司之前已经欠付的款项，属于原已存在的债务，属于被上诉人应承担的不超过45亿元债务范围内的债务。

（二）解除昆明某物业公司委托只能以项目公司的名义进行

解除昆明某物业公司委托只能以项目公司的名义进行，让上诉人负责解除昆明某物业公司委托的约定本身即不具有可履行性。依据"补充协议"的约定，上诉人负责解除昆明某物业公司委托的时间是在交割日后10个工作日内，而解除昆明某物业公司委托只能以项目公司的名义进行，上诉人向被上诉人移交项目公司后，已经无法再以项目公司名义实施任何行为，包括上诉人以项目公司名义与昆明某物业公司解除委托合同，即让上诉人负责解除昆明某物业公司委托的约定本身即不具有可履行性。

（三）被上诉人接管项目公司后，继续接受昆明某物业公司提供的服务

交割日后，被上诉人已全面控制了项目公司，但被上诉人并没有聘请新的物业公司，而是继续接受昆明某物业公司提供的服务。在被上诉人并没有聘请新的物业公司的情况下，在昆明某物业公司继续提供服务的情况下，自然没有必要解除项目公司与昆明某物业公司的服务合同（见被上诉人一审证据6.2第四条，昆明某物业公司于2019年7月31日前才移交工作并退场）。

四、被上诉人不是本案损失的主体，即使被上诉人主张的损失客观真实，本案受偿的主体也应当是项目公司，而不是被上诉人

（一）本案相关补偿协议的签约主体均是项目公司，相关款项的支付主体也是项目公司，损失的主体是项目公司，而不是被上诉人

本案中，根据被上诉人提交的证据，用地争议补偿协议、苗木搬迁协议、水管补偿协议、地上附着物补偿协议、光缆迁改工程合同、前期物业管理委托合同、昆明某物业公司垫付款协议等相关协议的签约主体均是项目公司，相关款项的支付主体也是项目公司。因此，即使被上诉人所述的损失属实，损失的主体也是项目公司，而不是被上诉人。

（二）项目公司的损失并不等同于被上诉人的损失

上诉人享有项目公司30%的股权，被上诉人的关联单位昆明某旅游开发公司仅持有项目公司70%的股权，因此，从项目公司的股权比例来看，项目公司的损失并不等同于被上诉人的损失。另外，更为重要的是，即使被上诉人直接持有项目公司100%的股权，项目公司也是独立的企业法人，项目公司的损失也并不必然等同于被上诉人的损失。

（三）股权转让协议及补充协议并没有约定被上诉人可以直接受偿项目公司的损失

"股权转让协议"及"补充协议"第六条第1项第（1）款约定："甲方（上诉人）在本协议作出的披露、承诺、保证不属实，或不披露，或披露不完全，由此给乙方（被上诉人）及项目公司造成损失的，乙方除可要求甲方在该承担责任范围内进行全额赔偿外，还有权要求甲方按该承担责任之金额的30%支付违约金。"从以上表述来看，上诉人和被上诉人并没有在合同中约定，损失赔偿的受偿主体一定是被上诉人，更没有约定，当项目公司有损失时，直接受偿的主体就是被上诉人而不是项目公司。

"股权转让协议"及"补充协议"第六条第1项第（2）款约定："交割日后项目公司如出现因交割日前事由产生的本补充协议未披露的债务（包括或有债务或税务等费用）或诉讼、仲裁等纠纷的，甲方（上诉人）应当承担所有经济、法律责任及由此给乙方（被上诉人）造成的损失（包括但不限于案件受理费、诉讼代理费、鉴定费等相关费用）。"从以上表述来看，如果上诉人违约，给被上诉人造成了损失，被上诉人也仅能主张其本身的损失，而不是项目公司的损失。

因此，无论是根据"股权转让协议"及"补充协议"第六条第1项第（1）款的约定，还是根据"股权转让协议"及"补充协议"第六条第1项第（2）款的约定，被上诉人都无权直接主张受偿项目公司的损失。

（四）如果被上诉人主张项目公司的损失，被上诉人也只能在一审中将项目公司列为第三人，请求法院判决上诉人赔偿项目公司损失

退一步说，即使被上诉人所述项目公司的损失属实，上诉人应当赔偿损失，被上诉人也只能在一审中将项目公司列为第三人，主张上诉人向项目公司赔偿或支付相关款项。在被上诉人没有这样提出诉讼请求的情况下，一审法院直接判令上诉人向被上诉人赔偿项目公司的所谓损失和费用，一审判决不仅没有合同依据，不仅判决的损失受偿主体不当，不仅判决的损失金额不当，而且直接否定了项目公司作为企业法人的独立人格，直接违背《中华人民共和国民法典》的基本规定。一审判决认定事实和适用法律均严重错误。

综上，本案是股权转让纠纷、承债式的收购，界定是否违约应当从项目的整体来分析，被上诉人作为项目公司的受让方负担项目公司的债务是其应尽的义务，且本案涉案土地发证合法、权属清晰，不存在征地、拆迁、补偿等事宜。被上诉人不是本案损失的主体，即使被上诉人主张的损失客观真实，本案受偿的主体也应当是项目公司，而不是被上诉人。被上诉人主张上诉人承担土地补偿款、电缆迁改工程款、物业费及违约金均不成立。一审法院判决上诉人支付土地补偿款、苗木搬迁费用、水管清理费用、地上附着物补偿费用、电缆迁改工程款、物业费用及违约金等，系认定事实和适用法律严重错误，判决严重不公。

基于以上理由，特向贵院提起上诉，敬请依法撤销云南省昆明市中级人民法院（2020）云01民初3220号民事判决，并依法驳回被上诉人的全部诉讼请求。

此致
云南省高级人民法院

上诉人：深圳某投资公司（章）

法定代表人：×××（签字）

上诉人：王某某（签字）

两位申请人共同委托的代理人：张群力律师

2022年1月27日

（三）代理词

上诉人深圳某投资公司、王某某与被上诉人广州某旅游集团公司、原审第三人昆明某旅游开发公司股权转让合同纠纷案代理词

尊敬的审判长、审判员、人民陪审员：

在贵院审理的（2022）云民终635号上诉人深圳某投资公司、王某某（以下将

深圳某投资公司、王某某合称为上诉人）与被上诉人广州某旅游集团公司（以下或称被上诉人）、原审第三人昆明某旅游开发公司股权转让合同纠纷一案中，我们受律师事务所的指派，接受深圳某投资公司、王某某的委托，担任其诉讼代理人。现依据事实和法律，特发表如下代理意见，敬请采信。

一、本案基本背景

（一）本案是股权转让纠纷，涉及5 529.16亩土地的交易，界定是否违约应当从项目的整体来分析

本案涉案土地包括34宗地，共计5 529.16亩（约3.68平方公里），昆明某房地产开发公司（以下或称项目公司）均持有发证合法、权属清晰的土地使用权证。被上诉人为获得这5 529.16亩土地用于开发建设，和上诉人进行股权转让交易，受让项目公司的股权。因此，本案项目的规模很大，界定项目双方中的任何一方是否违约都应当从项目的整体来分析。

（二）本案是承债式的收购，被上诉人作为项目公司的受让方负担项目公司的债务是其应尽的义务

本案的收购模式是承债式收购，即被上诉人取得涉案项目5 529.16亩土地等资产的主要对价是承接项目公司的45亿元债务。被上诉人除象征性地支付3 000万元定金外，不需要向上诉人支付其他股权转让款。因此，被上诉人负担项目公司的债务是其应当履行的基本义务。被上诉人在本案中提出其负担了项目公司的债务只能说明其履行了应当履行的义务，而不能要求上诉人来承担相关债务。

（三）本案项目经过被上诉人与上诉人双方长时间地反复核对、反复确认，被上诉人对项目公司的现状充分知晓，不存在上诉人隐瞒项目公司债务的情形

2018年3月20日，被上诉人与上诉人签署了"昆明某房地产开发公司股权转让协议"（以下简称"股权转让协议"）。2019年1月，被上诉人与上诉人又签署了"昆明某房地产开发公司股权转让协议之补充协议"（以下简称"补充协议"）。"股权转让协议"与"补充协议"前后相隔10个月，被上诉人在此期间对项目公司进行过多轮、充分、详实的尽职调查。2018年10月，被上诉人与上诉人共管项目公司。共管项目公司三个月后，上诉人才按被上诉人的要求再次签订"补充协议"并办理项目公司移交。因此，被上诉人对项目公司的情况已充分知晓。

（四）涉案土地具有特殊性，其之前属于昆明市某军马场用地，属于军用土地，不存在征地、拆迁、补偿等事宜

本案涉案土地位于昆明市某军马场，属于军用土地，项目公司于2008年6月15日通过原股东作价入股的方式取得涉案土地的使用权。对于涉案土地，项目公司

均已合法取得国有建设用地土地使用权，权属清晰，不存在被上诉人所主张的征地、拆迁、补偿等事宜。

二、被上诉人主张的土地补偿款、电缆迁改工程款不应当由上诉人承担

（一）从费用的性质来看，被上诉人主张的土地补偿款、电缆迁改工程款均系其自主经营行为形成的费用

被上诉人一审提交的证据3.1"关于昆明某房地产开发公司与昆明某社区居委会争议地协调处置的会议备忘"（以下称"会议备忘"）载明：项目公司持有的嵩国用［2013］第××号土地证，发证合法、权属界线清晰。即项目公司拥有土地的所有权益，不需要对任何人进行补偿。被上诉人所主张的给当地村民的土地补偿款，既没有人民法院的判决，也没有人民政府的裁决，即使补偿属实，这种补偿也是被上诉人为了协调当地村民关系而支付的费用，属被上诉人的自主经营行为，与上诉人无关。

同时，被上诉人一审提交的证据3.1"会议备忘"也载明："争议地块内涉及的道路及电力线的迁改，按照该片区最新规划，由嵩明县、昆明某房地产开发公司负责迁改还建"。即光缆迁改是由于被上诉人项目规划原因迁改的，是其自主经营行为，与上诉人无关。

（二）从程序上来看，被上诉人主张的土地补偿款、电缆迁改工程款在诉讼前从未告知上诉人，也从未向上诉人主张过

依据商事活动正常处理程序来说，在上诉人移交项目公司后，若被上诉人认为有关费用应当由上诉人承担，则应当及时告知上诉人并与上诉人协商处理。在上诉人拒绝处理或者不能处理的情况下，在被上诉人代上诉人处理并产生相关费用的情况下，被上诉人可以依据合同和客观事实向上诉人主张合理费用。然而，被上诉人在2020年3月前从未书面通知上诉人土地补偿款、电缆迁改工程款的相关事宜，也从未要求过上诉人处理土地补偿款、电缆迁改工程款的相关事宜。可见，被上诉人的行为不符合正常商事处理程序。

（三）从主张的时间来看，被上诉人未在合理期间提出异议，其主张土地补偿款、电缆迁改工程款均未在合理期间告知上诉人

被上诉人于2019年2月1日正式接管项目公司，但在2020年3月前，被上诉人从未向上诉人提出过任何异议。被上诉人接管项目公司后，于2019年4月19日即与昆明某社区居委会等签署"会议备忘"约定对昆明某社区居委会相关组织和人员进行补偿时，从未与上诉人进行协商或要求上诉人承担相关责任；同时，被上诉人也从未与上诉人协商或要求上诉人承担电缆迁改工程款的相关责任；直到上诉人

起诉后［云南省昆明市中级人民法院（2019）云01民初3771号案］，被上诉人才以其支付了土地补偿、电缆迁改工程款作为其不承担违约责任的抗辩理由，显然这一理由不能成立。

综上，被上诉人主张的土地补偿款、电缆迁改工程款均系其自主经营行为形成的费用；被上诉人主张的土地补偿款、电缆迁改工程款在诉讼前未按正常程序告知上诉人并向上诉人主张；且被上诉人接管项目公司后未在合理期间提出异议，其主张的土地补偿款、电缆迁改工程款均未在合理期间告知上诉人。因此，被上诉人主张的土地补偿款、电缆迁改工程款不应当由上诉人承担。

三、昆明某物业公司物业费用不应当由上诉人承担

（一）解除昆明某物业公司委托并未产生新的费用，被上诉人支付的费用属于被上诉人应承担的不超过45亿元的债务范围内的债务

根据"补充协议"第二条第一款第5项第（3）点的约定，上诉人承担的是因解除委托关系而产生违约金之类的费用，但被上诉人并未因解除昆明某物业公司的委托而产生新的费用，其所支付的款项只是项目公司之前已经欠付的款项，属于原已存在的债务，属于被上诉人应承担的不超过45亿元债务范围内的债务。

（二）解除昆明某物业公司委托只能以项目公司的名义进行

解除昆明某物业公司委托只能以项目公司的名义进行，让上诉人负责解除昆明某物业公司委托的约定本身即不具有可履行性。依据"补充协议"的约定，上诉人负责解除昆明某物业公司委托的时间是在交割日后10个工作日内，而解除昆明某物业公司委托只能以项目公司的名义进行，上诉人向被上诉人移交项目公司后，已经无法再以项目公司名义实施任何行为，包括上诉人以项目公司名义与昆明某物业公司解除委托合同，即让上诉人负责解除昆明某物业公司委托的约定本身即不具有可履行性。

（三）被上诉人接管项目公司后，继续接受昆明某物业公司提供的服务

交割日后，被上诉人已全面控制了项目公司，但被上诉人并没有聘请新的物业公司，而是继续接受昆明某物业公司提供的服务。在被上诉人并没有聘请新的物业公司的情况下，在昆明某物业公司继续提供服务的情况下，自然没有必要解除项目公司与昆明某物业公司的服务合同（见被上诉人一审证据6.2第四条，昆明某物业公司于2019年7月31日前才移交工作并退场）。

（四）一审判决上诉人承担交割日后项目公司继续接受昆明某物业公司服务产生的费用明显错误

被上诉人于2019年2月1日正式接管项目公司后继续接受昆明某物业公司提供

的物业服务。如前所述，交割日前的物业费用属于被上诉人应承担的不超过45亿元的债务范围内的债务，不应由上诉人承担。而交割日后因被上诉人继续接受昆明某物业公司服务产生的费用属于项目公司自身新产生的费用，更与上诉人无关。一审判决被上诉人承担物业费用已经属于认定事实和适用法律错误，其对本案交割日前后的物业费用不加区分一概让上诉人承担更是明显的错判，有违司法公正，应当改判。

综上，被上诉人为昆明某物业公司支付的费用不属于"补充协议"约定的因解除昆明某物业公司物业委托而产生的费用，而是属于被上诉人应承担的不超过45亿元的债务范围内的债务；解除昆明某物业公司委托只能以项目公司的名义进行，上诉人移交项目公司后，无法再以项目公司名义解除昆明某物业公司的委托；被上诉人接管项目公司后，继续接受昆明某物业公司提供的服务，自然没有必要解除项目公司与昆明某物业公司的服务合同；一审判决被上诉人承担物业费用已经属于认定事实和适用法律错误，其对本案交割日前后的物业费用不加区分一概让上诉人承担更是明显的错判，有违司法公正，应当改判。

四、被上诉人不是本案损失的主体，即使被上诉人主张的损失客观真实，本案受偿的主体也应当是项目公司，而不是被上诉人

（一）本案相关补偿协议的签约主体均是项目公司，相关款项的支付主体也是项目公司，损失的主体是项目公司，而不是被上诉人

本案中，根据被上诉人一审提交的证据，用地争议补偿协议、苗木搬迁协议、水管补偿协议、地上附着物补偿协议、光缆迁改工程合同、前期物业管理委托合同、昆明某物业公司垫付款协议等相关协议的签约主体均是项目公司，相关款项的支付主体也是项目公司。因此，即使被上诉人所述的损失属实，损失的主体也是项目公司，而不是被上诉人。

（二）项目公司的损失并不等同于被上诉人的损失

上诉人享有项目公司30%的股权，被上诉人的关联单位昆明某旅游开发公司仅持有项目公司70%的股权，因此，从项目公司的股权比例来看，项目公司的损失并不等同于被上诉人的损失。另外，更为重要的是，即使被上诉人直接持有项目公司100%的股权，项目公司也是独立的企业法人，项目公司的损失也并不必然等同于被上诉人的损失。

（三）"股权转让协议"及"补充协议"并没有约定被上诉人可以直接受偿项目公司的损失

"股权转让协议"及"补充协议"第六条第1项第（1）款约定："甲方（上诉

人）在本协议作出的披露、承诺、保证不属实，或不披露，或披露不完全，由此给乙方（被上诉人）及项目公司造成损失的，乙方除可要求甲方在该承担责任范围内进行全额赔偿外，还有权要求甲方按该承担责任之金额的30%支付违约金。"从以上表述来看，上诉人和被上诉人并没有在合同中约定，损失赔偿的受偿主体一定是被上诉人，更没有约定，当项目公司有损失时，直接受偿的主体就是被上诉人而不是项目公司。

股权转让协议及补充协议第六条第1项第（2）款约定："交割日后项目公司如出现因交割日前事由产生的本补充协议未披露的债务（包括或有债务或税务等费用）或诉讼、仲裁等纠纷的，甲方（上诉人）应当承担所有经济、法律责任及由此给乙方（被上诉人）造成的损失（包括但不限于案件受理费、诉讼代理费、鉴定费等相关费用）。"从以上表述来看，如果上诉人违约，给被上诉人造成了损失，被上诉人也仅能主张其本身的损失，而不是项目公司的损失。

因此，无论是根据"股权转让协议"及"补充协议"第六条第1项第（1）款的约定，还是根据"股权转让协议"及"补充协议"第六条第1项第（2）款的约定，被上诉人都无权直接主张受偿项目公司的损失。

（四）如果被上诉人主张项目公司的损失，被上诉人也只能在一审中将项目公司列为第三人，请求法院判决上诉人赔偿项目公司损失

退一步说，即使被上诉人所述项目公司的损失属实，上诉人应当赔偿损失，被上诉人也只能在一审中将项目公司列为第三人，主张上诉人向项目公司赔偿或支付相关款项。在被上诉人没有这样提出诉讼请求的情况下，一审法院直接判令上诉人向被上诉人赔偿项目公司的所谓损失和费用，一审判决不仅没有合同依据，不仅判决的损失受偿主体不当，不仅判决的损失金额不当，而且直接否定了项目公司作为企业法人的独立人格，直接违背《公司法》的基本规定。一审判决认定事实和适用法律均严重错误。

特发表以上代理意见，敬请合议庭采纳。谢谢！

上诉人深圳某投资公司、王某某的代理人
北京市盈科律师事务所张群力律师
2022年8月4日

四、胜诉裁判摘要

云南省高级人民法院
民事判决书

(2022)云民终635号

("本院认为"以前部分略)

本院认为，根据各方当事人的上诉理由和答辩意见，本案应当对以下问题进行审查：

一、股权转让协议及其补充协议约定的"交割日"是否成就？

根据广州某旅游集团公司和昆明某旅游开发公司的主张，股权转让协议及其补充协议约定的"交割日"没有成就的主要障碍，一是项目地块存在用地争议，二是深圳某投资公司和王某某至今没有向其提供总金额不少于13亿元的发票。

对于用地争议，本院经审查认为，首先，深圳某投资公司、王某某和广州某旅游集团公司在案涉合同第一条第1项约定的"甲方负责将项目地块范围内的建筑物、构筑物、附着物、电线杆（塔）、通信设施、地下管网等拆迁安置补偿完毕、终止项目地块用地范围内的所有租赁关系、承包关系及其他土地使用关系，并完成项目地块范围内的一切补偿及土地平整等义务后，将项目地块交乙方开发建设而无任何第三方阻止。乙方及项目公司不需要再对任何单位和个人进行任何补偿，无任何第三方因交地前的事由向乙方及项目公司主张权益或影响项目地块的开发建设"这一"交地"标准中，虽然使用了"一切""任何"等字眼，但应当理解为第三方提出的具有合法依据的"一切"或"任何"异议和补偿要求。而根据目前查明的事实，虽然争议土地在历史上确实存在土地纠纷，但在2008年项目公司获得争议土地国有土地使用权证以后，不管昆明某社区居委会单方面对此有何异议，从法律层面来看，该土地争议应当视为已经解决，昆明某社区居委会对争议土地提出的权属界限异议，及其对该争议土地进行耕管并出租给相关用地主体使用的行为缺乏法律依据。而在这些土地权证被依法撤销之前，项目公司对争议土地拥有合法的使用权，其本来可以依法要求占用该土地的相关主体交还土地并自行拆迁，或通过司法途径解决，而不必向昆明某社区居委会及相关用地主体支付相关补偿费用。至于项目公司在当地各有关部门参与下，同意向上述相关主体支付土地补偿及苗木、水管、地上附着物三项补偿费用，对该争议土地上的电缆进行迁改并支付相关费用的行为，只能视为其放弃自己的合法权利导致的后果，这个后果不应当由深圳某投资公司和王某某负责。因此该争议的发生，并不影响项目地块达到交地标准的认定。

其次，广州某旅游集团公司在与深圳某投资公司、王某某签订的补充协议中，再次确认"项目地块现为净地，无任何拆迁"，本院据此认定深圳某投资公司和王某某向广州某旅游集团公司移交的项目地块达到了交地标准。

对于13亿元发票的问题，本院认为，虽然深圳某投资公司和王某某确实没有提交书面移交手续或类似证据，证明其向广州某旅游集团公司提供过发票，但同样在深圳某投资公司和王某某没有提交任何证据的情况下，广州某旅游集团公司和昆明某旅游开发公司却没有否认深圳某投资公司和王某某已经向广州某旅游集团公司移交了股权转让协议及其补充协议第一条第2项约定的项目公司的其他财务资料，而且自认深圳某投资公司和王某某已经向其提供了2亿元发票，由此可见，双方移交项目公司财务资料时，并没有像移交项目公司相关证照、印章一样办理书面移交手续，因此深圳某投资公司和王某某关于广州某旅游集团公司控股项目公司后，留用了项目公司原有的财务人员，其向广州某旅游集团公司移交包括13亿元发票在内的全部财务资料时双方就没有办理书面移交手续的辩解也符合本案实际，而广州某旅游集团公司直至2020年11月12日，即深圳某投资公司和王某某于2019年11月15日以股权转让协议及其补充协议约定的"交割日"已经成就，并要求解除上述协议为由提起（2019）云01民初3771号案件将近一年之后，才以"公函"形式提出这一问题的行为，在一定程度上可以印证深圳某投资公司和王某某已经按约向广州某旅游集团公司提供了包括发票在内的财务资料。况且，双方在股权转让协议及其补充协议中就交割日及其成就条件进行约定的第一条第2项的全部内容，只要求深圳某投资公司和王某某提供项目公司的"财务资料（账册凭证、发票、税务申报等）"，并没有对发票金额提出要求，该要求是在股权转让协议及其补充协议第三条第8项第3点才出现的，据此本院认为提供"总金额不少于13亿元"的发票并不是交割日成就的条件之一，而是深圳某投资公司和王某某在股权转让协议及其补充协议中应当承担的其他义务，该义务是否足额履行，不影响交割日的成就。

此外，虽然广州某旅游集团公司在本案中声称深圳某投资公司和王某某履行"交地"义务没有达到股权转让协议及其补充协议约定的标准，也不认可交割日已经成就，但在本案中，广州某旅游集团公司又以深圳某投资公司和王某某违反股权转让协议及其补充协议第二条第5项关于在交割日后10个工作日内解除项目公司与昆明某物业公司之间的物业管理委托关系的约定为由，要求深圳某投资公司和王某某承担相应的违约责任。这一行为可以视为广州某旅游集团公司对交割日已经成就的确认。同时，股权转让协议及其补充协议第四条第4项约定，"本协议签订之日至交割日期间，项目公司暂停全部经营"，而从广州某旅游集团公司向一审法院提交的昆明某社区居委会会议备忘中的记载可以看出，项目公司于2019年2月就对项目地块进行开发建设，这一行为既是广州某旅游集团公司作为项目公司实际上的控股股东（昆明某旅游开发公司代广州某旅游集团公司持有项目公司70%的股权）对项目公司恢复经营的认可，也可以视为广州某旅游集团公司对股权转让协议及其补充协议约定的"交割日"已经成就的确认。

综上，本院认为股权转让协议及其补充协议约定的"交割日"在2019年2月1日已经成就。

二、上诉人深圳某投资公司和王某某是否应当向广州某旅游集团公司承担违约责任？

本案中，广州某旅游集团公司要求上诉人赔偿的土地补偿款、苗木搬迁三项费用、电缆迁改等费用、并支付违约金的依据，是其认为上诉人移交的项目地块没有达到股权转让协议及其补充协议约定的"交地"标准，构成违约。但如前所述，本院认为上诉人所移交的项目地块已经符合合同约定的"交地"标准，因此上诉人在交地问题上并没有违约，广州某旅游集团公司无权要求深圳某投资公司和王某某就上述费用对其进行赔偿，也无权据此要求上诉人承担相应的违约金。一审在此问题上认定错误，本院予以纠正。深圳某投资公司和王某某在此问题上的上诉请求成立，本院予以支持。

对于项目公司与昆明某物业公司的物业管理委托关系解除的问题，本院经审查认为，根据股权转让协议第二条第5项的约定，解除项目公司与昆明某物业公司的物业管理委托关系，是上诉人的责任，费用也是由上诉人承担，而且应当在交割日后十个工作日以内解除。此外，由于与昆明某物业公司建立物业管理委托关系的主体是项目公司，因此上述约定的实质并不是要求上诉人解除项目公司与昆明某物业公司签订的"前期物业管理委托合同"本身，而是要求上诉人承担解除该合同需要的对价，即广州某旅游集团公司控股项目公司前该公司拖欠的前期物业管理费用。但根据目前查明的事实，支付这笔费用的是昆明某旅游开发公司，而昆明某旅游开发公司在本院调查时，明确表示其是代广州某旅游集团公司支付上述款项，因此该支付行为可以视同广州某旅游集团公司的行为。由于上诉人至今没有向昆明某物业公司支付解除前期物业管理的费用，违反了《中华人民共和国合同法》第六十条第一款关于"当事人应当按照约定全面履行自己的义务"的规定，已经构成违约。根据合同法第一百零七条规定，广州某旅游集团公司有权要求上诉人向其返还其代为支付的这笔费用，并要求上诉人承担相应的违约金。

具体的返还数额，经查，昆明某旅游开发公司于 2020 年 3 月 18 日前，分多次向昆明某物业公司支付相关款项共计 6 720 000 元，但其中包括的 2019 年 2 月至 7 月间昆明某物业公司员工食堂生活费 142 800 元，属于广州某旅游集团公司控股项目公司以后发生的物业费用，不属于股权转让协议及其补充协议中约定的应当由上诉人负担的费用，应当予以扣减，因此，上诉人应当向广州某旅游集团公司返还的解除物业管理委托关系的费用应当为 6 577 200 元；至于上诉人应当承担的违约金，广州某旅游集团公司主张参照股权转让协议及其补充协议第六条第 1 项第 1 点的约定计算，即按照上诉人应当承担责任金额的 30% 计算，由此得出的违约金数额为 1 973 160 元。本院认为该违约金数额并没有超出合理范围，应当予以支持。一审对上诉人应当支付的解除物业管理委托关系费用及其应当承担的违约金数额认定有误，本院予以纠正。

综上所述，深圳某投资公司和王某某的上诉请求部分成立。本院依照《中华人民共和国合同法》第六十条第一款、第一百零七条、第一百一十四条第一款，《中华人民共和国民事诉讼法》第一百七十七条第一款第二项，《最高人民法院关于适用〈中华人民共和国民事诉讼法〉的解释》第九十二条第一款规定，判决如下：

一、撤销云南省昆明市中级人民法院（2020）云 01 民初 3220 号民事判决；

二、深圳某投资公司、王某某于本判决生效之日起 10 日内，向广州某旅游集团公司支付解除物业管理委托关系产生的费用人民币 6 577 200 元及相应的违约金人民币 1 973 160 元；

三、驳回广州某旅游集团公司的其他诉讼请求。

如果未按本判决指定的期间履行给付金钱义务，应当依照《中华人民共和国民事诉讼法》第二百六十条规定，加倍支付迟延履行期间的债务利息。

一、二审案件受理费各 228 251 元，共计 456 502 元，由深圳某投资公司、王某某各负担 71 650 元，共计 143 300 元，由广州某旅游集团公司各负担 156 601 元，共计 313 202 元。

本判决为终审判决。

五、律师团队 10 点评析

（一）关于股权转让合同不公平的约定

本案一审判决委托人承担本案大部分赔偿款的主要原因之一是，本案股权转让合同对委托人不公平的约定。

本案收购目标公司的对方当事人是全国知名的大型房地产企业集团下属的房地

产公司。在目标公司被收购时委托人资金非常困难，项目已经长期停工，因此，对方当事人对委托人提出了非常苛刻的收购条件。股权转让合同又是对方提供的范本合同，因此有相当一部分条款对委托人非常不公平。

如合同对交地标准和拆迁费用约定如下："交地指甲方（委托人）负责将项目地块范围内的建筑物、构筑物、附着物、电线杆、通信设施、地下管网等拆迁安置补偿完毕、终止项目地块用地范围内的所有租赁关系、承包关系及其他土地使用关系，并完成项目地块用地范围内的一切补偿及土地平整等义务后，将项目地块交乙方（对方当事人）开发建设而无任何第三方阻止。乙方及项目公司不需要再对任何单位及个人进行任何补偿，无任何第三方因交地前的事由向乙方及项目公司主张权益或影响项目地块的开发建设。"

再如合同对交割日约定如下："交割日指甲方（委托人）将项目公司股权过户给乙方（对方当事人），办理工商变更登记，移交证照及财务等资料，并按交地标准向乙方交地。""以上事项在同一日完成的，则当日为交割日；如无法在同一日完成的，则以最后事项完成的当日为交割日。"

再如合同对前期物业公司约定如下："项目公司委托昆明某物业公司对项目地块进行物业管理服务，交割日后10个工作日内，由甲方（委托人）负责解除该委托关系，产生的费用由甲方承担，由乙方（对方当事人）负责交接工作，甲方配合。"

正是基于上述约定，对方当事人主张因为需要支付村民补偿款，因为需要进行电缆拆迁，所以交割日一直没有成就。另外，在政府协调下已经支付给村民的补偿款及已经发生的电缆拆迁款应当由委托人承担，解除前期物业公司的费用也应当由委托人承担。也正是基于上述约定，一审法院在本案中才判决委托人承担已经发生的村民补偿款和电缆拆迁费，判决委托人承担解聘前期物业公司而发生的费用。

（二）关联案件中一审法院对委托人相对有利的认定和判决

一审判决委托人承担本案大部分赔偿款的另一原因是关联案件的影响。在本案诉讼发生前，委托人依据本案股权转让合同先行起诉了对方当事人。起诉的依据是对方当事人未在交割日后180日天内解除委托人对项目公司债务的担保，因此要求解除合同，收回项目公司，同时要求对方当事人赔偿违约金。到关联案件起诉之日委托人主张的违约金为3 320万元。在该起关联案件的诉讼过程中，对方当事人提起了反诉，主张了本案的赔偿款。一审法院没有在上起关联案件中受理对方的反诉，要求对方当事人另案主张。这样才引发了本案的诉讼。

在上一起关联案件中，一审法院在事实方面作出了对委托人较为有利的认定。

认定交割日在股权变更登记时就已经成就，要求对方当事人承担违约责任。基于对项目开发现状及社会稳定等因素的考量，一审法院才没有判决解除合同，但支持了委托人的全部违约金请求。

依据上一起关联案件的判决认定，委托人除可主张已经判决的3 320万元违约金外，还可以另行主张自关联案件起诉日到违约延续期间的违约金。暂计算到二审开庭之日，该方面的违约金已经超过了2亿元。

也可能是基于对双方利益的平衡，一审法院在本案中没有支持委托人的抗辩，判决委托人承担本案大部分赔偿金额。

（三）本案二审改判的难度及二审改判的突破口

基于上述两方面的分析，尤其是基于一审判决的合同依据分析，本案二审改判难度非常大。如前述上诉思路部分所述，要纠正一审判决，必须成功说服二审法官，让二审法官确信一审判决确实存在重大错误，这一重大错误超出了一审法官自由裁量权范围，这一错误必须在二审中被纠正。

因此，二审中必须寻找这样的突破口，寻找一审的明显错误，寻找一审在事实认定和判决结果方面超出法官自由裁量权范围的地方。

律师团队经集体讨论，确定了如下两点作为本案二审的突破口。第一，大部分款项的支付主体是项目公司，蒙受损失的主体也是项目公司，对方当事人无权就这些损失来主张赔偿。一审判决委托人直接向对方当事人赔偿，是对基本法律关系的认定错误，超出了法官的自由裁量权范围，本案应当改判。第二，交割日后，目标公司继续接受了原物业公司的服务，新发生了部分物业费，这部分物业费金额虽然比较少，只占一审判决赔偿金额的很小一部分，但一审法院判决委托人承担这部分费用，基本事实也明显错误，也超出了法官的自由裁量权范围，本案也应当被改判。

在二审诉讼过程中，律师团队始终抓住了这两个突破口，强调和凸显一审判决的错误，然后再阐述一审中的其他理由，这样就取得了比较好的效果，为本案二审改判起到了非常重要的作用。

（四）关于损失主体的认定错误

如前所述，本案一审的主要错误之一是对损失主体的认定错误。一审中，对方当事人提交的证据证明，大部分费用由项目公司和对方当事人另一关联公司支付。在律师团队提出付款主体不是对方当事人的反驳意见后，在律师团队提出对方当事人无权主张这些损失时，对方当事人在二审中补充了两方面的理由，并提交了相关证据。第一，对方当事人另一关联公司出具了书面声明。在该声明中，该关联公司证明该关联公司支付的款项都是依据对方当事人的指令支付的，而且该部分款项的相关权益归对方当事人所有。第二，股权转让后，对方当事人是项目公司控股股东，项目公司的资金都源于对方当事人，所以项目公司支付的费用就是对方当事人的损失。

对方当事人的第一点抗辩及相应证据已经弥补了关联公司付款部分损失主体的瑕疵，因为他们已经提供证据证明关联公司的费用就是对方当事人的损失。但对方当事人的第二点抗辩理由并没有消除项目公司付款部分损失主体的瑕疵。因为，项目公司的损失显然不能被认定为对方当事人的损失。在诉讼中，律师团队这一观点从不同角度反复进行了阐述。

第一，对方当事人并没有证明项目公司支付的费用源于对方当事人。项目公司有相应的融资收入及经营收入，现有证据不能证明项目公司的付款源于对方当事人。即使这部分费用源于对方当事人，也不能证明项目公司没有向对方当事人偿还这部分费用。

第二，"补偿协议"的主体是项目公司，损失主体也是项目公司，不能将项目公司的损失等同于对方当事人的损失。

第三，将项目公司的损失等同于对方当事人的损失，损害了项目公司的主体资格，否定了项目公司主体的独立性。

第四，如果对方当事人所述事实属实，对方当事人也只能将项目公司列为本案第三人，请求人民法院判决我方委托人向项目公司支付费用，而不能主张我方委托人直接向对方当事人支付费用。

这一观点最终基本上被二审法院所采信，对本案的改判起到了非常重要的作用。

（五）关于项目公司交割后前期物业公司新发生的费用

对方的证据同样显示，对方主张的解聘前期物业公司的费用中包括交割日成就后新发生的部分费用，即包括对方当事人接管项目公司后新发生的部分费用。虽然这部分费用所占比例很小，但这一事实同样说明一审认定的基本事实存在错误，一审应当被改判。在二审中，律师团队将对方当事人的这一部分证据作为了我方的二审新证据，凸显了这一方面的错误。这一点对促成二审法院改判也起到了较为重要的作用。

（六）其他需要改判的理由

其他主张需要改判的理由基本上与一审中的主张相同，但二审中律师团队再一次进行了系统阐述。

第一，律师团队强调了本案股权交易的模式及交易背景，即本案是3.68平方公里的项目一并转让，转让前对方当事人进行了长时间的尽调和共管，涉案土地原是军用土地，不存在一般项目的征地拆迁等情形。

第二，律师团队强调了对方当事人主张的土地补偿的性质是项目公司自主经营行为形成的费用，是自愿补偿村民的费用，而不是依据法律必须补偿村民的费用。强调项目公司支付该部分费用时并没有事先通知我方委托人，事后也没有及时向我方委托人主张。

第三，律师团队强调了解聘前期物业公司只能由项目公司行使，只能以项目公司的名义进行，在没有选聘新物业公司以前，前期物业公司只能继续提供服务，等等。

这些系统的阐述也对二审改判起到了较好的作用。

（七）庭审代理发挥了重要作用

由于疫情的影响，在开庭时双方代理人均无法到云南省高级人民法院参加线下庭审，双方都申请进行网络开庭。本案的两次庭审均采取网络视频方式进行。

尽管采用的是网络视频方式，但庭审依然非常重要。本案的庭审对案件改判同样发挥了非常重要的作用。庭审中，律师团队对村民补偿协议、付款凭证等证据的关联性进行了充分质证，发表了详细的质证意见，对我方一审证据补充发表了举证意见。同时结合庭审调查，结合上诉意见，结合对方当事人的答辩，结合一审判决，发表了系统的辩论意见。事实上，由于网络开庭的特殊性，合议庭只能看到代理律师发言的屏幕，因此，对代理律师来说辩论时更需要作到脱稿辩论。由于准备相对充分，律师团队较为系统的脱稿辩论取得了很好的效果。庭审代理不仅得到参加庭审的我方委托人的充分肯定，而且也有力地推动了本案的二审改判。

（八）二审判决对双方利益的平衡

在二审法院决定对一审判决进行改判时，如何进行改判，如何表述改判理由，自然成为二审法院重点考虑的问题。

本案中，如果从支付村民补偿款和拆迁款的主体方面来改判，则二审法院可能有两种选择。第一种选择是，考虑到一审法院没有将损失主体的问题向对方当事人释明，没有将项目公司追加为第三人，二审法院可能会撤销一审判决，发回重审，由一审法院在重审中追加项目公司为第三人。第二种选择是，以对方当事人不是直接的损失主体为由，对一审判决直接进行改判，驳回对方当事人关于该部分损失的诉讼请求。在这种情况下，本案二审结案后，对方当事人很可能会就该部分费用再次提起诉讼。因此，如果从损失主体方面改判，无论二审法院采用哪种方式改判，都会引发下阶段的诉讼，都不会做到案结事了。

本案中，如果从村民补偿款和拆迁款的性质来改判，即认定支付上述费用是对方当事人的自主经营行为，上述费用不属于律师团队方委托人应当承担的费用，则可以依据该理由直接驳回对方当事人的该部分诉讼请求。从这个角度对该部分费用改判，不仅属于人民法院行使自由裁量权的范围，不仅可以纠正一审判决的错误，而且也一次性解决了双方对该部分费用的争议，做到案结事了。

可能正是基于上述考虑和权衡，二审法院最终采纳了律师团队方关于村民补偿款和拆迁款性质的上诉意见，并以此为由直接撤销了一审判决的这部分内容，驳回了对方当事人的这部分诉讼请求。

对于解聘前期物业公司的相关费用，由于对方在二审中补正了付款主体的瑕疵，二审法院在扣除交割日后新发生的小部分费用外，维持了一审法院其余金额的判决。律师团队理解，二审法院这样改判，在某种程度上，也是对双方利益的适当平衡。

（九）对两起关联案件诉讼结果的综合评价

与本起案件关联的另一起案件同样在云南省高级人民法院二审，而且由同一合议庭审理。合议庭对这两起案件最后一次开庭时，对这两起案件合并进行了审理，对这两起案件最终同时下达了判决书。

在委托人起诉对方当事人的诉讼案件中，二审法院维持了一审法院的判决结果，即采信了律师团队关于交割日的代理意见，认定交割日在项目公司工商变更登记时已经成就，对方当事人应当赔偿到起诉日的违约金 3 320 万元。依据该判决确定的赔偿标准，委托人除可主张已经判决的 3 320 万元违约金外，还可以另行主张自关联案件起诉日到违约延续期间的违约金。

本起案件二审撤销了一审判决的主要内容，驳回了村民补偿款和拆迁款的赔偿，只判决支付部分物业费赔偿，最终赔偿金额不到 860 万元。本案二审避免损失约 2 300 万元。

这两起关联案件的二审判决结果相抵后，我方委托人不仅可以迅速申请执行 2 000 多万元赔偿款差额，而且还有权另行继续进行索赔，主张 2 亿多元的后续赔偿。综合起来，这两起案件取得了令当事人满意的代理结果。

（十）对代理工作的综合评价

本案在云南省人民法院二审成功实现逆转，综合分析，以下几方面的代理工作起到了突破作用：(1) 思路突破。紧紧抓住一审判决的错误，凸显一审判决的错误，强调它们超出了一审法官自由裁量权的范围，强调一审判决应当改判。这些错误包括：给村民赔偿是项目公司的自主经营行为，而不是股权转让的瑕疵；损失主体是项目公司，而一审判决却认定项目公司的股东或实际控制人直接承担这些损失；一审错误判决赔偿交割日后的物业服务费用。(2) 庭审突破。庭审中律师团队对一审证据的阐释、律师团队的庭审辩论意见也在本案中发挥了重要作用。(3) 其他方面的突破。除上述两个方面的亮点外，本案的民事上诉状、二审代理词以及律师团队对一审程序瑕疵的论述，也对二审改判发挥了积极的推动作用。

第三章

建设工程和房地产纠纷案件的突破与逆转

案例5、6：调整诉讼思路，收集中标无效新证据，证明房屋租赁合同无效

——北京市高级人民法院和北京市第二中级人民法院两起租赁合同纠纷二审案的思路突破和证据突破

- 两起案件上诉思路的调整
- 北京西城A饭店案的补充上诉意见
- 北京西城A饭店案的补充上诉意见（二）
- 北京西城A饭店二审证据清单
- 北京西城A饭店二审证据清单（二）
- 北京西城A饭店二审代理词
- 律师团队21点评析

一、两起案件代理工作概述

这是两起租赁合同纠纷案，相互关联，分别在北京市高级人民法院二审时和北京市第二中级人民法院二审时反败为胜。

北京西城A饭店和北京房山B会议中心是国务院某部委于2017年划拨给北京某集团公司的国有酒店资产，它们归北京某集团公司下属的全资子公司即这两起案件的委托人北京C置业公司直接管理，并分别以北京西城A饭店和北京房山B会议公司两个独立企业法人名义对外经营。

2020年北京C置业公司组织对这两处房产对外公开招标出租，河南某投资公司同时中标了这两个项目。中标后，河南某投资公司分别与北京西城A饭店和北京房山B会议公司签订了两份租赁合同。北京西城A饭店的租期为20年，每年租金为3 508万元；北京房山B会议中心的租期同样为20年，每年租金为666万元。但由于相关原因，北京西城A饭店和北京房山B会议公司没有如期交付房产，而且要终止这两份租赁合同。双方因此发生争议。

争议发生后，河南某投资公司分别向北京市第二中级人民法院和北京市房山区

人民法院提起了诉讼，要求解除北京西城 A 饭店租赁合同，并赔偿该份租赁合同下高额的违约金和损失；要求继续履行北京房山 B 会议中心租赁合同，并赔偿该份租赁合同下的违约金和损失。这两起案件的一审，北京西城 A 饭店和北京房山 B 会议公司均败诉。

在这两起案件的上诉过程中，为挽回被动局面，做好二审代理工作，北京 C 置业公司联系并委托盈科律师事务所代理这两起案件，由本书作者所属律师团队成员担任这两起案件的代理人。

这两起案件涉及合同解除的条件，涉及举证责任和证明标准，涉及串标、挂靠投标和提供虚假业绩骗取中标等法律问题，案件事实和法律关系较为复杂。本书作者所属律师团队接受委托后，全面阅看了材料，多次组织案件讨论，在与当事人充分交流后果断调整了诉讼思路，并收集到了证明合同无效的重要证据，最终彻底扭转了一审时的被动局面，化不可能为可能，反败为胜，以调解结案。[①]

二、两起案件的基本案情、一审情况和上诉情况

（一）两起案件的基本案情

2017 年 6 月，国务院某部委给北京某集团公司划拨了北京西城 A 饭店和北京房山 B 会议中心等资产。2020 年 7 月 29 日，河南某投资公司等 6 家单位与北京 C 置业公司签订合作意向书，明确北京 C 置业公司拟对外招标出租这两处房产，这 6 家单位表示愿意参与投标。

2020 年 8 月 5 日，涉案两处房产作为两个标段同时公开招标。2020 年 9 月 21 日，经专家评标，河南某投资公司同时中标北京西城 A 饭店和北京房山 B 会议中心。2020 年 10 月 10 日，河南某投资公司给北京西城 A 饭店支付 3 年租金 10 524 万元。2020 年 10 月 12 日，河南某投资公司分别与北京西城 A 饭店和北京房山 B 会议公司签订租赁合同，约定：北京西城 A 饭店的租期为 20 年，每年租金为 3 508 万元；北京房山 B 会议中心的租期同样为 20 年，每年租金为 666 万元。两份租赁合同的起租时间和交房时间均为 2021 年 3 月 1 日。两份租赁合同均约定除合同另有约定外，任何一方提前解除合同均视为违约，违约方应向守约方支付 3 个月租金作为违约金。

[①] 本案由律师团队负责人张群力律师担任主承办律师，苏艳律师和卢青律师共同担任承办律师，董理炼实习律师、唐雪威实习律师、孙健主管和团队其他成员协助参与了部分代理工作。本案得到了盈科律师事务所全球董事会主任梅向荣律师、盈科律师事务所中国区执行主任李正律师、盈科律师事务所文化品牌部主任丁萌女士的大力支持。在此，向他们一并表示感谢！

后河南某投资公司为合同的履行和饭店的经营进行了相应的准备：与北京某投资公司和北京某酒店公司签订了"北京西城A饭店筹开委托协议"，和北京某装饰公司签订了"北京西城A饭店项目机电顾问服务合同"，和北京某装饰公司签订装修改造"协议书"，和北京某酒店公司签订了"北京西城A饭店建设工程设计咨询合同"。

2021年3月2日，河南某投资公司向北京C置业公司、北京西城A饭店和北京房山B会议公司发送问询函，催促交付房屋。由于相关原因，2021年4月15日，北京西城A饭店和北京房山B会议公司向河南某投资公司发出解除函，要求解除租赁合同。2021年4月27日，河南某投资公司回函称：不同意解除租赁合同，要求继续履行并赔偿损失。由此引起了这两起案件的诉讼。

（二）北京西城A饭店案的一审情况

就涉北京西城A饭店的租赁合同，2021年9月河南某投资公司以北京西城A饭店和北京C置业公司为被告向北京市第二中级人民法院提起了诉讼。河南某投资公司的诉讼请求包括：（1）解除涉北京西城A饭店的租赁合同；（2）北京西城A饭店和北京C置业公司共同向其支付违约金877万元；（3）北京西城A饭店和北京C置业公司共同赔偿因解除涉北京西城A饭店的房屋合同给其造成的各项经济损失。共计9 730万元。

北京西城A饭店的主要抗辩理由包括：（1）截至一审时，北京西城A饭店仍未取得建设工程规划许可证，房屋租赁合同无效；（2）招投标方案未获得集团内部审批；（3）即便租赁合同有效，也可以依据租赁合同第10.4条支付三个月租金后单方解除，另外，约定的三个月租金的违约金标准过高，需要调整。

北京市第二中级人民法院经审理后认为：租赁合同合法有效，北京西城A饭店以未经集团审批同意为由主张解除租赁合同等抗辩理由不能成立。因为双方已经就退还北京西城A饭店的租金达成一致并签订了退还租金协议，租金也已实际退还。因此北京市第二中级人民法院判决确认涉北京西城A饭店的租赁合同已经解除，并判决北京西城A饭店向河南某投资公司支付违约金1 977万元，驳回了河南某投资公司的其他诉讼请求。

北京市第二中级人民法院所作一审判决中的"本院认为"部分和判决主文部分分别表述如下：

本院认为：本案主要争议焦点为房屋租赁合同的效力、合同解除时间、违约责任的认定及违约金数额的确定等方面。

本案中河南某投资公司起诉的被告方为北京C置业公司和北京西城A饭店。根据查明的事实，涉案房屋租赁合同的签约双方为河南某投资公司和北京西城A饭店，根据合同相对性原则，河南某投资公司请求北京C置业公司承担合同责任无合同依据。

关于房屋租赁合同的效力。北京西城A饭店方以涉案租赁标的未经规划许可为由，认为房屋租赁合同应为无效。根据查明的事实，北京西城A饭店系由国务院通过划转方式将所有权划归北京某集团公司，并由北京某集团公司交由下属公司经营管理。考虑到其建设年代和特殊历史沿革，不宜认定其为目前法律规定的未经规划许可的违章建筑，故北京西城A饭店认为房屋租赁合同无效本院不予支持。

关于房屋租赁合同解除时间。2021年4月15日，北京西城A饭店向河南某投资公司出具关于解除"北京西城A饭店房屋租赁合同"的函；2021年7月2日，河南某投资公司向北京西城A饭店、北京C置业公司发出"律师函"，要求就解除合同后的相关事宜进行协商并承担合同解除后的违约责任。可以看出，双方就合同解除问题在2021年7月2日已达成一致，只是就解除合同后的责任承担问题尚未达成一致。故本院确认房屋租赁合同于2021年7月2日解除。

关于违约责任的认定。本案中，北京西城A饭店以其上级主管单位北京某集团公司未审批同意为由提出解除房屋租赁合同，系其内部自身原因所致，故北京西城A饭店应承担相应的合同解除之违约责任。

关于违约金数额的确定。河南某投资公司分项提出了违约金的请求和计算方式，本院逐项予以审查确定。关于河南某投资公司主张因北京西城A饭店违约给其造成预期利益损失7 695万元的部分：由于河南某投资公司并未实际进场接收，开始装修等前期经营准备活动，故其以20年合同期作为预期利益损失之计算基础算出的预期经营利益损失过高，且其合同中对于提前解除后的违约金计算有明确约定，应认为其对于在不涉及第三方因素的合同双方间的提前解除损失存在预期，故本院参照合同约定的提前解除合同违约方应支付当年度三个月租金的约定，酌情确定该部分损失数额。

关于河南某投资公司主张因北京西城A饭店违约给河南某投资公司造成人力成本损失260万元部分。河南某投资公司不能证明该项人员聘用仅为北京西城A饭店项目专门支出，且其认可上述人力成本支出主张包含北京房山B会议中心项目的人力成本。现有证据难以对北京西城A饭店人力成本支出作准确分割，故本院根据案件情况酌定北京西城A饭店（项目）人力成本损失为100万元。

关于河南某投资公司主张因北京西城A饭店违约造成其对北京某投资公司违约

损失1758万元，造成其对北京某酒店公司违约损失193万元，造成其对北京某装饰公司违约损失71万元，造成其对北京某装饰公司违约损失100万元。上述损失均为河南某投资公司为履行房屋租赁合同与案外人签订的相关合同中的违约责任承担。本院认为，上述违约损失承担虽均有相关支付证明，但由于房屋租赁合同并未进入实质交接运行阶段，河南某投资公司与案外公司就北京西城A饭店项目相关事项签约后，在较短时间内即自行全额支付数额较高的违约金，该违约金全额由北京西城A饭店承担有失公平。本院根据违约的实际情况酌情确定该部分应支付的违约损失。

综上所述，依照《最高人民法院关于适用〈中华人民共和国民法典〉时间效力的若干规定》第一条第二款、第三款，《中华人民共和国合同法》第五十二条，《中华人民共和国民法典》第五百六十二条、第五百六十六条、第五百七十七条、第五百八十四条之规定，本院判决如下：

一、被告北京西城A饭店于判决生效后三十日内给付原告河南某投资公司违约金1977万元；

二、驳回原告河南某投资公司其他诉讼请求。

(三)北京西城A饭店案的上诉情况

北京西城A饭店案的一审判决作出后，北京西城A饭店和河南某投资公司都向北京市高级人民法院提起了上诉。

北京西城A饭店的上诉请求是：撤销一审判决，驳回河南某投资公司的全部诉讼请求，北京西城A饭店不支付河南某投资公司赔偿款。上诉理由与一审时的答辩理由一致，包括：北京西城A饭店没有取得规划许可证，故租赁合同无效；招投标方案未获得集团内部审批；北京西城A饭店有权在支付三个月租金的情况下单方解除合同等。

河南某投资公司的上诉请求是：在一审判决的基础上增加赔偿款1123万元，合计赔偿3100万元。上诉理由是一审酌减河南某投资公司的实际损失赔偿金额不当。

北京西城A饭店委托律师团队代理本案时，本案案卷已经移交到北京市高级人民法院，北京市高级人民法院已经确定合议庭并通知在半个月后开庭审理本案。

(四)北京房山B会议中心案的一审情况

就涉北京房山B会议中心的租赁合同，2021年8月河南某投资公司以北京房山B会议公司为被告向北京市房山区人民法院提起了诉讼。河南某投资公司的诉讼请求包括：（1）要求北京房山B会议公司继续履行合同，交付房屋；（2）要求退还2021年8月24日前逾期交付房屋期间的租金约321万元；（3）要求赔偿经济损失和违约金约500万元。

在该案的应诉过程中，北京房山B会议公司为及时解除租赁合同，避免损失进一步扩大，提起了反诉。北京房山B会议公司的反诉请求包括：（1）解除涉北京房山B会议中心的租赁合同；（2）河南某投资公司承担全部诉讼费用。

该案的一审诉讼中，北京房山B会议公司的主要抗辩理由及反诉理由包括：（1）招投标方案未获得集团内部审批，北京房山B会议公司无权交付房屋；（2）由于涉及89名人员的安置，涉案租赁合同不宜强制履行，否则会陷入僵局，应当解除合同；（3）依据租赁合同第10.4条和《民法典》第580条的规定，在北京房山B会议公司自愿承担三个月租金的情况下，北京房山B会议公司可以单方解除合同。

北京市房山区人民法院经审理后认为，集团内部的审批不能成为不履行合同的理由，北京房山B会议公司提出的以承担三个月租金为由单方解除合同等主张不能成立，遂判决北京房山B会议公司继续履行租赁合同，交付北京房山B会议中心，退还迟延交房期间的租金以及赔偿河南某投资公司经济损失和违约金共175万元，并驳回了北京房山B会议公司请求解除租赁合同的反诉请求。

北京市房山区人民法院所作一审判决的"本院认为"部分和判决主文部分分别表述如下：

本院认为，本案争议的焦点为案涉租赁合同是否应当继续履行还是应当解除合同。

关于北京房山B会议公司发出的合同解除行为是否有效的问题。合同解除权是形成权，合同一旦解除对双方当事人权利义务影响巨大，故无论是法定解除权还是约定解除权的行使，都必须具有一定的条件。《中华人民共和国民法典》第五百六十二条规定："当事人协商一致，可以解除合同。当事人可以约定一方解除合同的事由。解除合同的事由发生时，解除权人可以解除合同。"第五百六十三条规定："有下列情形之一的当事人可以解除合同：（一）因不可抗力致使不能实现合同目的；（二）在履行期限届满前，当事人一方明确表示或者以自己的行为表明不履行主要债务；（三）当事人一方迟延履行主要债务，经催告后在合理期限内仍未履行；（四）当事人一方迟延履行债务或者有其他违约行为致使不能实现合同目的；（五）法律规定的其他情形。"第五百六十五条规定："当事人一方依法主张解除合同的，应当通知对方。合同自通知到达对方时解除；通知载明债务人一定期限内不履行债务则合同自动解除，债务人在该期限内未履行债务，合同自通知载明的期限届满时解除。对方对解除合同有异议的,任何一方当事人均可以请求人民法院或者仲裁机构确认解除行为的效力。"因此当事人一方通知对方解除合同的,如果不具备《中华人民共和国民法典》第五百六十二条、第五百六十三条规定的解除合同条件的,该通知不发生解除合同的法律效力。本案中,北京房山B会议公司发出的解除通知,并不存在双方协商的情形,也不存在法律规定的情况,故北京房山B会议公司发出的解除合同的行为,既不符合法定解除的情形,也不属于行使合同约定解除权的情况,并不具有解除合同的法律效力。

根据相关法律规定,"当事人一方不履行非金钱债务或履行非金钱债务不符合约定的,对方可以要求履行,但有下列情形之一的除外:(一)法律上或者事实上不能履行;(二)债务的标的不适于强制履行或者履行费用过高;(三)债权人在合理期限内未要求履行"。首先,所谓法律上不能履行,是指双方在订立合同时可以履行的,但在合同实际履行时,法律和法规予以禁止的行为。本案案涉合同未违反效力性和强制性规定,合法有效,本案不存在法律上不能履行的情形。其次,事实上的履行不能,是指合同当事双方没有履行合同的能力,根据本案已查明的事实,案涉租赁房屋为北京房山B会议公司控制且处于闲置状态,故北京房山B会议公司有义务保证"租赁合同"的正常履行,即交付案涉租赁房屋,不存在事实上不能履行的情形。最后,对于案涉合同标的是否适用强制履行。本院认为,债务标的不适于强制履行,一般指根据债务的性质不宜直接强制履行。该类债务通常具有人身专属性,主要依靠债务人通过实施自身的技能或完成相关事务来实现合同目的。本案双方当事人之间为房屋租赁法律关系,作为出租方的北京房山B会议公司,其主要的合同义务为按照合同约定将租赁房屋交付承租人,并保证承租人正常使用。本案中北京房山B会议公司的交付房屋义务并不具有人身专属性或依附性。另,北京房山B会议公司主张关于89名人员安置问题,其并未提供证据证明,且人员安置与合同正常履行,不能成为强制履行不能的必要条件。综上,北京房山B会议公司主张其与河南某投资公司签订的租赁合同不能继续履行的情形均不存在,本院对此不予采纳。

河南某投资公司与北京房山B会议公司通过招投标形式签订的房屋租赁合同,系双方真实意思表示,且未违反相关法律法规规定,应合法有效。依法成立的合同,对合同双方均具有法律约束力。合同双方均应本着诚实守信原则全面履行各自的义务。本案中,河南某投资公司已履行了支付押金及首期租金的义务,而北京房山B会议公司迟迟未履行交付房屋的义务,违反了合同约定,理应承担相应的民事责任。河南某投资公司要求继续履行租赁合同的诉讼请求,理由正当,证据充分,本院予以支持。北京房山B会议公司以其上级主管单位北京某集团公司未审批同意为由提出解除房屋租赁合同，系其内部自身原因所致，其不具有约定和法定解除权，故北京房山B会议公司要求解除与河南某投资公司签订的租赁合同的反诉请求，因不具有法律和合同依据，本院不予支持。北京房山B会议公司主张双方招投标是将北京西城A饭店和北京房山B会议中心作为整体联动招标对外租赁，现河南某投资公司同意解除北京西城A饭店项目的租赁合同，相应地北京房山B会议中心项目的租赁合同亦应随之解除，本院认为北京西城A饭店与北京房山B会议中心招标虽然在同一个标书上对外招标，但系针对不同的租赁标的，且分别针对北京西城A饭店与北京房山B会议中心签订了正式的租赁合同，合同中均具有明确的租赁标的、租金支付等事宜，同时北京房山B会议公司亦未提交证明双方就咨询、招标、签订租赁合同等环节中明确系联动招标，故本院对北京房山B会议公司的该项主张不予采纳。

根据相关法律规定，"当事人一方不履行合同义务或者履行合同义务不符合约定的，应当承担继续履行、采取补救措施或者赔偿损失等违约责任"。本案中，北京房山B会议公司未按合同约定履行交付义务，系违约行为，理应承担因违约行为给河南某投资公司造成的各项经济损失。河南某投资公司要求北京房山B会议公司退还实际交付房屋之前的租金，因其未实际占有使用租赁房屋，故北京房山B会议公司理应将此期间已收取的房屋租金退还河南某投资公司。

关于违约金数额的确定，河南某投资公司分项提出了违约金的请求和计算方式，本院逐项进行了审查确定。关于河南某投资公司主张因北京房山B会议公司违约给其造成的预期利益损失的部分，由于河南某投资公司并未实际进场接收，开始装修等前期经营准备活动，故其合同中对于违约金计算有明确约定，应认为其对于在不涉及第三方因素的合同逾期交付房屋损失存在预期，故本院参照合同约定和结合北京房山B会议公司应退还未交房期间的租金及河南某投资公司的实际损失等因素，酌情确定该部分损失数额为20万元。关于河南某投资公司主张因北京房山B会议公司违约给其造成人力成本损失部分，河南某投资公司认可该项人员聘用是为北京西城A饭店还是北京房山B会议中心项目专项支出，现有证据难以对北京房山B会议中心（项目）人力成本支出准确分割，故本院根据案件情况酌定北京房山B会议中心（项目）人力成本损失为30万元。

关于河南某投资公司主张因北京房山B会议公司违约造成其对北京某装饰公司违约损失89万元，造成其对北京某投资公司违约损失159万元，造成其对北京某酒店公司违约损失66万元，造成其与第三人磋商沟通所支出的费用9万元。上述损失均为河南某投资公司为履行房屋租赁合同与案外人签订的相关合同中的违约责任承担。本院认为，上述违约损失承担虽均有相关支付证明，但由于房屋租赁合同未进入实质交接运行阶段，河南某投资公司与案外人就北京房山B会议中心项目相关事项签约后，在较短时间内即自行全额支付数额较高的违约金，该违约金全额由北京房山B会议公司承担有失公平。本院根据违约的实际情况酌定该部分应支付的违约损失为125万元。综上所述，河南某投资公司诉讼请求中的合理部分，本院予以支持；其过高部分本院不予支持。依照《中华人民共和国民法典》第五百六十二条、第五百六十三条、第五百七十七条、第五百八十条、第五百八十四条之规定，判决如下：

一、河南某投资公司与北京房山B会议公司继续履行双方于2020年10月12日签订的"北京房山B会议中心房屋租赁合同"，北京房山B会议公司于本判决生效后二十日内将位于北京市房山区××路××号，建筑面积为13 413平方米的房屋及院内庭院交付河南某投资公司。

二、北京房山B会议公司于本判决生效后十日内退还河南某投资公司自2021年3月1日至2021年8月24日期间的租金321万元；并以日租金18 246.58元标准退还自2021年8月25日至实际交付房屋之日止的租金。

三、北京房山B会议公司于本判决生效后十日内给付河南某投资公司各项经济损失及违约金合计175万元。

四、驳回河南某投资公司的其他诉讼请求。

五、驳回北京房山B会议公司的反诉请求。

（五）北京房山B会议中心案的上诉情况

北京房山B会议中心案的一审判决作出后，河南某投资公司没有提起上诉，北京房山B会议公司提起了上诉。北京房山B会议公司的上诉请求是：撤销一审判决，解除涉北京房山B会议中心租赁合同，驳回河南某投资公司的诉讼请求。北京房山B会议公司的上诉理由同一审的答辩理由上基本上一致，即：涉及职工安置，不宜判决强制履行；北京房山B会议公司有权在支付三个月租金后单方解除合同等。

北京房山B会议中心委托作者团队代理本案时，本案案卷已经移送到北京市第二中级人民法院，已经确定二审合议庭成员，但还没有通知具体的开庭时间。

三、上诉思路的调整和律师文书

（一）两起案件上诉思路的调整

当事人委托本书作者所属团队的目的有两个方面：一是保住北京房山B会议中

心的房产不予交付,二是尽可能减少损失。

这两起案件的二审面临的困难是,一审法院均已经认定租赁合同合法有效,均认定北京西城A饭店和北京房山B会议公司无权在支付三个月租金作为违约金的情况下单方解除合同。事实上,北京西城A饭店和北京房山B会议公司提出的这一理由并没有法律依据。因此,要保住北京房山B会议中心,在对方不愿意和解的情况下,只能想办法主张和证明涉北京房山B会议中心的租赁合同无效。

这两起案件相互关联。如果一起案件中的租赁合同被生效判决认定有效,那么必然会影响到另一起案件,尤其是北京西城A饭店案的二审由北京市高级人民法院审理,且北京市高级人民法院受理该案的时间早于北京市第二中级人民法院受理北京房山B会议中心案二审的时间。因此,即使北京西城A饭店案中一审法院已经认定双方解除了合同,也必须在二审中同样主张和证明北京西城A饭店案中的租赁合同无效。

这两起案件的租赁合同是招投标合同,要证明租赁合同无效,必须证明招投标合同无效,可从几种法定情形中寻找相应的理由,如投标人相互串通,如投标人挂靠投标,如投标人提供虚假业绩骗取中标。

在经过上述分析论证后,本书作者所属律师团队及时调整了思路,完全放弃了一审中和上诉时提出的关于有权在支付三个月租金作为违约金的情况下单方解除合同的主张,关于北京西城A饭店没有取得规划许可证导致租赁合同无效的主张,关于上级单位不同意租赁方案导致解除合同的主张,关于北京房山B会议中心有89名职工需要安置导致无法解除合同的主张;最终确定以下三方面的理由为主要的上诉理由:(1)河南某投资公司和其他投标人串通投标,中标无效,故租赁合同无效;(2)北京某投资公司挂靠河南某投资公司投标,中标无效,故租赁合同无效;(3)河南某投资公司提供虚假业绩投标,中标无效,故租赁合同无效。

在强调和坚持上述三方面上诉理由的同时,作者所属律师团队还主张河南某投资公司和北京某投资公司提供虚假损失证据进行索赔,损失金额不应得到支持,而且应当受到司法制裁。当然,在和当事人讨论二审代理方案的时候,本书作者所属律师团队和当事人都认为,为避免诉讼风险,始终应将和解结案作为重点,始终不放弃以和解的方式解决争议。

在调整上诉思路后,本书作者所属律师团队将收集河南某投资公司串通投标的证据、挂靠投标的证据、提供虚假业绩的证据、提供虚假损失的证据作为代理工作的重中之重。

在调整思路和取得证据突破之后，本案最终取得了理想的诉讼结果。

（二）北京西城 A 饭店案的补充上诉意见

北京西城 A 饭店上诉河南某投资公司租赁合同纠纷案
补充上诉意见

上诉人（一审被告）：北京西城 A 饭店

被上诉人（一审原告）：河南某投资公司

一审被告：北京 C 置业公司

在上诉人北京西城 A 饭店与被上诉人河南某投资公司、一审被告北京 C 置业公司房屋租赁合同纠纷一案中，上诉人现补充陈述如下上诉意见。如本补充上诉意见与民事上诉状的原上诉理由不一致的，以本补充上诉意见为准。

一、北京西城 A 饭店等单位在本案诉讼发生前不同意履行租赁合同的原因是北京西城 A 饭店等单位认为，北京房山 B 会议中心和北京西城 A 饭店的中标价低于市场价，河南某投资公司不仅存在串标的重大嫌疑，而且还存在出借名义给第三方挂靠投标及转租的重大嫌疑

北京房山 B 会议中心和北京西城 A 饭店是 2017 年国务院某部委划拨给北京某集团公司的国有资产。北京房山 B 会议中心由北京房山 B 会议公司经营，北京西城 A 饭店由北京西城 A 饭店经营。北京房山 B 会议中心和北京西城 A 饭店都接受北京某集团公司下属子公司北京 C 置业公司管理。北京房山 B 会议公司、北京西城 A 饭店、北京 C 置业公司和北京某集团公司对上述国有资产的保值增值承担经营和监管责任。

北京西城 A 饭店等单位在本案诉讼发生前不同意履行租赁合同的原因是，北京西城 A 饭店等单位发现，北京房山 B 会议中心和北京西城 A 饭店的中标价低于市场价，河南某投资公司不仅存在串标的重大嫌疑，而且还存在出借名义给第三方挂靠投标及转租的重大嫌疑。因为：

第一，不考虑北京房山 B 会议中心配套的优质庭院，北京房山 B 会议中心仅建筑面积就有 13 413 平方米。而中标方案中的每年租金仅 666 万元，即不考虑庭院配套，中标方案中北京房山 B 会议中心每平方米建筑面积的日租金仅为 1.4 元，该价格明显低于市场价。北京西城 A 饭店处于北京市市中心，建筑面积为 25 321 平方米，虽然年租金为 3 508 万元，即每平方米建筑面积的日租金为 3.79 元，但投标方案中约定 20 年租期内的租金都不调整，该约定明显不符合市场惯例。北京房山 B 会议中心的租金明显低于市场价，北京西城 A 饭店的租金 20 年内不调

整，这样的中标方案本身就说明，中标单位河南某投资公司存在串标的重大嫌疑。

第二，河南某投资公司是在中国证券投资基金业协会登记备案的基金管理公司，登记编号为××××××（见北京西城A饭店二审证据十一）。中国证券监督管理委员会《关于加强私募投资基金监管的若干规定》（[2020]71号）第四条明确规定，基金管理人不得从事任何与基金管理无关的业务。河南某投资公司参与本案的投标，明显是利用其注册资金高和资产规模大的优势，明显存在出借名义给第三方挂靠投标的重大嫌疑，明显存在中标后转租的重大嫌疑。

二、一审证据已经证明河南某投资公司存在串标行为，本案中标无效，租赁合同无效

如前所述，北京西城A饭店等单位在本案诉讼发生前不同意履行租赁合同的原因之一是，北京西城A饭店等单位发现，北京房山B会议中心的租金明显低于市场价，北京西城A饭店的租金20年内不调整，河南某投资公司可能存在串标行为。经过本案一审诉讼，综合审查双方提交的证据，已经可以清楚认定河南某投资公司存在串标行为。

第一，2020年7月29日，北京C置业公司与河南某投资公司签订"北京西城A饭店和北京房山B会议中心房屋租赁合作意向书"（以下称"合作意向书"）。"合作意向书"约定，北京C置业公司对北京房山B会议中心和北京西城A饭店的出租公开招标，河南某投资公司愿意参与投标，并愿意交纳1 000万元诚意金（见河南某投资公司一审证据1，北京西城A饭店二审证据二）。可就在2020年7月29日当天，河南某投资公司还同时与第三人北京某投资公司签订"北京西城A饭店和北京房山B会议中心合作协议"（以下称"合作协议"）。"合作协议"非常明确地约定河南某投资公司中标后，北京某投资公司参与北京西城A饭店的改造升级和运营管理；同时约定由北京某投资公司向河南某投资公司提供投标保证金和投标方案中的首笔租金（见河南某投资公司一审证据21）。可见河南某投资公司在正式招标前就已经存在串标行为。

第二，本案2020年9月18日各投标单位才递交标书和参与开标，2020年9月21日才组织专家进行评标，2020年9月25日才确定和发布评标结果，2020年9月27日才向河南某投资公司发送"中标通知书"（见北京西城A饭店二审证据五）。但在2020年9月18日开标当日，北京某投资公司就向河南某投资公司转款5 000万元作为支付北京西城A饭店首笔租金的款项。该付款时间早于发布评标结果的时间，更早于河南某投资公司收到"中标通知书"的时间（见河南某投资公司一审证

据5）。很显然，河南某投资公司在评标结果出来之前就已经知道自己一定能够中标，本案存在明显的串标行为。

河南某投资公司串标，本案的中标结果自然无效，本案的租赁合同自然无效。租赁合同无效，北京西城A饭店自然不应当向河南某投资公司承担任何赔偿责任。

三、一审证据已经证明河南某投资公司出借名义给北京某投资公司挂靠投标，河南某投资公司存在转租行为。退一步说，即使本案租赁合同有效，北京西城A饭店也有权单方解除租赁合同

如前所述，北京西城A饭店等单位在本案诉讼发生前不同意履行租赁合同的原因之二是，北京西城A饭店等单位发现，河南某投资公司是基金管理公司，河南某投资公司可能存在出借名义给第三人挂靠投标，河南某投资公司可能存在转租行为。经过本案一审诉讼，综合审查双方提交的证据，已经可以清楚认定河南某投资公司出借名义给北京某投资公司投标，河南某投资公司存在转租行为。

（一）河南某投资公司出借名义给北京某投资公司挂靠投标

第一，2020年7月29日，河南某投资公司在与北京C置业公司签订"合同意向书"的当天又与北京某投资公司签订"合作协议"，"合作意向书"和"合作协议"不仅在时间上完全对应，而且在内容上也相互对应。显然本案实质是河南某投资公司出借名义给北京某投资公司挂靠投标。

第二，河南某投资公司支付的资金全部来源于北京某投资公司，二者在付款时间和付款金额上都相互对应。2020年7月30日北京某投资公司支付河南某投资公司1 050万元，2020年7月31日河南某投资公司支付北京C置业公司1 000万元合作诚意金，二者的付款时间和付款金额相互对应（见河南某投资公司一审证据2、证据23）；2020年9月18日北京某投资公司支付河南某投资公司5 000万元，2020年10月9日北京某投资公司支付河南某投资公司5 524万元，2020年10月10日，河南某投资公司支付北京西城A饭店10 524万元首期租金，二者的付款时间和付款金额相互对应（见河南某投资公司一审证据23、证据6）。

因此，显然，本案是河南某投资公司出借名义给北京某投资公司挂靠投标。

（二）河南某投资公司存在转租行为

第一，如前所述，河南某投资公司是基金管理公司，不能从事基金以外的其他业务。河南某投资公司参与本案投标时就与北京某投资公司签订了"合作协议"。"合作协议"第十一条明确约定，"若甲方（河南某投资公司）中标后，甲方承诺将与乙方（北京某投资公司）成立合资公司或共同指定第三方，共同合作参与北京西

城A饭店、北京房山B会议中心的升级改造和后续运营管理工作，甲方应按照与北京西城A饭店、北京房山B会议公司签订的租赁合同约定的交房时间交房，否则视为甲方违约"（见河南某投资公司一审证据21）。依据上述约定，无论河南某投资公司将中标承租的房产交给合资公司，还是交给指定的第三方，河南某投资公司的上述行为都必然构成转租。

第二，河南某投资公司中标后，北京某投资公司指定对北京西城A饭店进行改造升级和运营的北京某酒店公司是北京某投资公司参股的子公司，它与北京某投资公司的实际控制人相同，它们与河南某投资公司没有任何投资或参股关系（见北京西城A饭店二审证据十二、证据十三、证据十四）。

因此，显然，本案中河南某投资公司存在转租行为。

（三）在河南某投资公司出借名义给北京某投资公司挂靠投标的情况下，在河南某投资公司转租的情况下，北京西城A饭店有权单方解除合同

本案租赁合同第10.1条第5项约定，乙方（河南某投资公司）未经甲方（北京西城A饭店）同意将房屋整体转租给第三人的，甲方有权单方解除合同，收回房屋，押金不予退回（见北京西城A饭店一审证据一）。

《中华人民共和国民法典》（以下称民法典）第七百一十六条第二款规定，"承租人未经出租人同意转租的，出租人可以解除合同"。

民法典第五百六十三条第（二）项规定，在履行期限届满前，当事人一方明确表示或以自己的行为表明不履行主要债务，另一方当事人可以解除合同。第（四）项规定，当事人一方迟延履行债务或者有其他违约行为致使不能实现合同目的，另一方当事人可以解除合同。

因此，无论依据租赁合同第10.1条第5项的约定，还是依据民法典第五百六十三条的规定或民法典第七百一十六条第二款的规定，在河南某投资公司出借名义给北京某投资公司挂靠投标及河南某投资公司转租的情况下，北京西城A饭店均有权单方解除合同。北京西城A饭店单方解除合同时，不仅不应当向河南某投资公司承担任何赔偿责任，而且还有权要求河南某投资公司赔偿损失。

四、北京某投资公司和河南某投资公司共同伪造证据，恶意进行索赔，其全部索赔请求均不应得到支持

如前所述，本案的实质是北京某投资公司借用河南某投资公司名义挂靠投标。北京某投资公司和河南某投资公司为达到恶意索赔的目的，共同伪造和提交了大量虚假证据。如：

（一）北京某投资公司和河南某投资公司为主张支付给北京某酒店公司的所谓

损失，向人民法院提交了落款时间为2020年10月15日，由北京某投资公司、河南某投资公司和北京某酒店公司三方签订的"北京西城A饭店筹开委托协议"（以下称三方委托协议）、2021年3月8日北京某酒店公司发给河南某投资公司的"商函"、2021年7月5日北京某酒店公司再次发给河南某投资公司的"商函"、2021年8月17日北京某投资公司、河南某投资公司和北京某酒店公司结算违约金的协议，这四次材料都书面确定2020年10月15日北京某投资公司、河南某投资公司和北京某酒店公司签订了三方委托协议（见河南某投资公司一审证据26）。但经我们查询北京某酒店公司的工商注册信息，北京某酒店公司注册成立的时间竟然是2020年11月16日，该时间远晚于三方委托协议的签订时间（见北京西城A饭店二审证据十二）。显然，上述四份材料是北京某投资公司和河南某投资公司为恶意索赔而伪造提交的虚假证据！

（二）北京某投资公司和河南某投资公司为主张所谓人力成本损失，向人民法院提交了六位员工的劳动合同、工资明细及个人账户对账单，据此主张这六位员工自2020年10月起所有工资费用的损失（见河南某投资公司一审证据14、证据16）。但上述材料与河南某投资公司投标时提交的材料明显不符。如王某、韩某的职务与劳动合同书的约定前后矛盾，明显弄虚作假！（见北京西城A饭店二审证据二十一、二十二）

（三）北京某投资公司和河南某投资公司为主张所谓设计费损失，向人民法院提交了落款时间为2020年12月的北京某酒店公司与北京某建筑设计公司的设计咨询合同，但提供的改造咨询方案的落款时间是2020年8月，二者在时间上相互矛盾（见河南某投资公司一审证据30）。不仅如此，该改造咨询方案明显是简单抄袭2020年9月河南某投资公司投标文件中的方案，而投标文件中该方案的提供方却是北京某项目管理公司，二者的制作主体又互相矛盾（见河南某投资公司一审证据13、证据页码236）。

（四）北京某投资公司和河南某投资公司是挂靠关系，北京某投资公司和北京某酒店公司等单位是母子公司关系或业务合作关系，它们之间签订违约金结算协议的时间均临近一审案件立案的时间，它们之间所谓违约金划转时间都发生在一审诉讼期间，尤其是2021年10月22日15时50分钟，一分钟之内，河南某投资公司向北京某投资公司、北京某酒店公司和北京某装饰公司连续支付了三笔巨额的所谓违约金赔偿款（见河南某投资公司一审证据44）。显然，这些都是北京某投资公司、河南某投资公司为恶意索赔而制造的证据。

以上事实清楚表明，北京某投资公司和河南某投资公司共同伪造证据，恶意进行索赔，其索赔请求均不应得到支持。不仅如此，它们还应当被追究提供虚假证据的法律责任。上诉人就这一点，已经向贵院提出书面申请，请求贵院对河南某投资公司上述妨碍民事诉讼的行为进行制裁和处罚，以维护基本的司法尊严！

另外，即使不考虑合同无效，即使不考虑北京西城A饭店的单方解除权，即使不考虑河南某投资公司伪造证据恶意索赔的事实，一审法院一方面支持三个月租金标准的可得利益损失877万元，另一方面又支持履约成本损失1 100万元。一审法院这样处理明显不当，因为可得利益损失和履约成本损失二者计算的角度不同，不能重复计算。当事人只有承担了履约成本支出，才可能取得可得利益。人民法院支持了可得利益损失，自然不应当再支持履约成本损失；人民法院支持了履约成本损失，自然不应当再支持可得利益损失。

综上，本案中河南某投资公司存在串标行为，中标无效，租赁合同无效。本案实质上是北京某投资公司借河南某投资公司的名义挂靠投标，河南某投资公司存在转租行为。退一步说，即使本案租赁合同有效，北京西城A饭店也有权单方解除租赁合同。可得利益损失和履约成本损失不能重复计算，河南某投资公司伪造证据恶意索赔，其全部索赔请求均不应得到支持。

特补充发表如上上诉意见，敬请依法撤销北京市第二中级人民法院（2021）京02民初384号民事判决，驳回河南某投资公司的全部诉讼请求，保护国有资产不被流失，维护法律的尊严！

此致
北京市高级人民法院

上诉人：北京西城A饭店（盖章）
法定代表人：×××
2022年4月12日

（三）北京西城A饭店案的补充上诉意见（二）

北京西城A饭店上诉河南某投资公司租赁合同纠纷案
补充上诉意见（二）

（当事人主体信息略）

在上诉人北京西城A饭店与被上诉人河南某投资公司、一审被告北京C置业公司房屋租赁合同纠纷一案中，上诉人已于2022年4月12日提交了补充上诉意见。2022年4月14日庭审后，经过上诉人进一步调查，上诉人发现河南某投资公司还存在严重弄虚作假骗取中标的行为。现结合新调查发现的证据和事实，再补充陈述如下上诉意见。

一、北京西城 A 饭店项目的资格预审文件和招标文件对投标人的经营业绩有明确要求，河南某投资公司在资格预审时和投标时提交了三个经营项目的业绩并承诺其提交的材料完整、准确和真实

2020 年 8 月 4 日，北京西城 A 饭店项目发布招标公告（北京西城 A 饭店二审证据三十一）。招标公告第三条"投标人资格"明确规定，"类似业绩要求：具备酒店管理、经营、物业服务业绩"；招标公告第四条"资格预审文件的获取"明确要求，投标人提供一份相关业绩合同是领取资格预审文件的必备条件。

2020 年 8 月 6 日，河南某投资公司为了领取资格预审文件提交了深圳某酒店项目的合同（北京西城 A 饭店二审证据三十二），该合同显示河南某投资公司委托深圳东部某公司经营管理深圳某酒店项目。

2020 年 8 月 17 日，河南某投资公司提交了资格预审申请文件（北京西城 A 饭店二审证据三十三）。河南某投资公司在资格预审申请函第 4 条中承诺，申请文件中所提交的声明和资料在各方面都是完整的、准确的和真实的；在资格预审申请函第 7 条中明确承诺，若其提交的资格预审申请文件存在提供虚假或不真实的信息或者伪造数据、资料或证书等情况，河南某投资公司将无条件自动放弃投标资格，并承担由此造成的任何后果和损失。河南某投资公司在资格预审申请文件"企业已完类似经营管理项目一览表"中填写了三个经营项目，明确了各经营项目的业主单位、项目名称、经营类型、营业额、经营年限等信息，并且提交了三份对应的经营合同。三个经营项目分别为深圳某酒店项目、北京某商业项目、北京某购物中心项目。

2020 年 8 月，北京西城 A 饭店项目招标文件第二章"投标人须知"第 10.2 条中明确要求，"投标人不得以他人名义投标或以其他方式弄虚作假骗取中标"；招标文件第三章"投标函"中明确要求，投标人保证"提交的所有文件中的所有陈述和声明均是真实有效和准确的"。需要特别注意的，招标文件第四章附表 3 "技术标评审记录表"第 4 项评分项目为"同类型业绩运营经验"。可见，招标文件明确规定投标人的同类型业绩是重要的评分项目，投标人需要提供相关业绩材料。

2020 年 9 月 17 日，河南某投资公司提交了项目投标文件（北京西城 A 饭店二审证据三十四）。在投标文件中，河南某投资公司同样提交了三个业绩合同，这三个业绩合同与资格预审文件中的业绩合同相同。第一份业绩合同显示深圳某酒店项目由河南某投资公司授权深圳东部某公司进行经营管理，第二份业绩合同

显示河南某投资公司被北京某置业集团授权经营管理北京某商业项目，第三份业绩合同显示河南某投资公司被北京某置业集团授权经营管理北京某购物中心项目。

二、深圳某酒店项目的业主单位和实际经营方均为深圳某投资公司，河南某投资公司不是业主单位，深圳东部某公司也不是实际经营方，河南某投资公司提供的该项业绩明显弄虚作假

如前所述，在资格预审申请中，河南某投资公司称深圳某酒店项目业主单位是河南某投资公司，同时河南某投资公司将该项目委托给深圳东部某公司实际经营管理。在投标文件中，河南某投资公司提交的经营合同显示深圳某酒店项目由河南某投资公司授权深圳东部某公司进行经营管理。但在本案二审过程中，上诉人调查到的材料显示河南某投资公司提供的该项业绩明显弄虚作假。

第一，上诉人查到了2018年3月16日深圳某酒店项目一标段中标信息及附件（北京西城A饭店二审证据三十五），该信息载明深圳某酒店项目一标段招标人为"深圳某投资公司"，附件"深圳市建设工程招标投标情况报告"载明"由深圳某投资公司筹建深圳某酒店项目工程"。显然，深圳某酒店项目的建设单位即业主单位是深圳某投资公司，而不是河南某投资公司。

第二，上诉人还查到了2018年4月28日深圳某酒店项目（监理）招标公示信息（北京西城A饭店二审证据三十六），该公示信息同样载明某酒店项目建设单位是深圳某投资公司。

第三，上诉人还查到了2018年4月28日深圳某酒店项目室内装饰项目招标公告信息（北京西城A饭店二审证据三十七），该公告信息同样载明某酒店项目的建设单位是深圳某投资公司。

第四，深圳某投资公司的工商注册信息和深圳东部某公司的工商注册信息显示，前者是后者的控股子公司，二者与河南某投资公司都没有任何关联关系。

上述四份材料均说明，河南某投资公司既不是深圳某酒店项目的业主，也不是该项目的实际经营方，河南某投资公司提交的该项目的业绩材料完全是虚假的。退一步讲，即使河南某投资公司实际参与了该项目，也仅是中间转包方或中间转租方，而不是实际经营方，更不是业主单位。

三、北京某商业项目的业主单位和实际经营方均为北京某投资管理公司，北京某置业集团不是业主单位，河南某投资公司也不是实际经营方，河南某投资公司提供的该项业绩同样弄虚作假

如前所述，在资格预审申请中，河南某投资公司称北京某购物中心项目的业主

单位是北京某置业集团，同时北京某置业集团将该项目委托给河南某投资公司实际经营管理。在投标文件中，河南某投资公司提交的经营合同显示，河南某投资公司被北京某置业集团授权经营管理北京某商业项目。但在本案二审过程中，上诉人调查到的材料同样显示河南某投资公司提供的该项业绩明显弄虚作假。

第一，上诉人查到了2017年2月23日北京朝阳新闻网的新闻（北京西城A饭店二审证据四十），该新闻报道"北京某商业项目是第一个由××乡自主投资的项目"，是乡属产业，由乡属企业北京某投资管理公司负责项目的开发和实际运营管理。

第二，上诉人还查到了2020年11月24日北京某商业项目招商办公室装修工程中标候选人公示信息（北京西城A饭店二审证据四十一），该公示信息载明招标人为"北京某投资管理公司"。

第三，上诉人的代理人于2022年4月22日到北京某商业项目现场进行了调查，并拍摄了大量的现场照片（北京西城A饭店二审证据四十二）。项目现场的大厦名称、楼宇铭牌、路标指示牌、大幅招商广告等都显示是北京某投资管理公司负该项目的开发和实际运营管理。

上述三方面材料均说明，河南某投资公司既不是北京某商业项目的业主，也不是该项目的实际经营方。河南某投资公司提交的该项目的业绩材料完全是虚假的。

退一步讲，即使北京某置业集团实际参与了该项目，北京某置业集团也仅是中间的转包方或转租方，而不是实际经营方或业主单位，该项目中更谈不上河南某投资公司是业主单位或实际经营单位。

四、北京某购物中心项目的建设单位为北京某建设公司，实际经营方为北京某商贸公司，北京某置业集团不是业主单位，河南某投资公司也不是实际经营方，河南某投资公司提供的该项业绩同样弄虚作假

如前所述，在资格预审申请中，河南某投资公司称北京某购物中心项目的业主单位是北京某置业集团，同时北京某置业集团将该项目委托给河南某投资公司实际经营管理。在投标文件中，河南某投资公司提交的经营合同显示，河南某投资公司被北京某置业集团授权经营管理北京某购物中心项目。但在本案二审过程中，上诉人调查到的材料同样显示河南某投资公司提供的该项业绩明显弄虚作假。

第一，上诉人查到了北京市房山区人民法院（2020）京0111民初9009号民事判决书，该判决书对北京某购物中心项目的建设单位和经营方有明确表述，在法院认定事实部分载明"……北京某商贸公司，系北京某置业集团专门为运营北京某购

物中心项目设立的全资子公司";判决书还明确北京某购物中心项目是北京某建设公司开发建设（北京西城A饭店二审证据四十四）。

第二，上诉人还查到了北京市房山区人民法院（2020）京0111民初9010号民事判决书。该判决书同样对北京某购物中心项目的建设单位和经营方也有明确表述，在人民法院认定事实部分载明"……北京某商贸公司，系北京某置业集团专门为运营北京某购物中心项目设立的全资子公司"（北京西城A饭店二审证据四十五）。

第三，上诉人代理人于2022年4月24日到北京某购物中心项目进行了现场调查，并拍摄了大量的现场照片（北京西城A饭店二审证据四十六）。项目现场的经营异常公告、违约撤店公告等都显示该项目由北京某商贸公司实际运营管理。而北京某商贸公司的工商（注册）信息（北京西城A饭店二审证据四十七、四十八）已经显示其与河南某投资公司没有任何关联关系。

上述三方面材料均说明，河南某投资公司既不是北京某购物中心项目的业主，也不是该项目的实际经营方，河南某投资公司提交的该项目的业绩材料完全是虚假的。

退一步讲，即使北京某置业集团实际参与了该项目，北京某置业集团也仅是中间转包方或中间转租方，而不是实际经营方或业主单位，该项目中更谈不上河南某投资公司是业主单位或实际经营单位。

五、在本案投标过程中，河南某投资公司弄虚作假，提供虚假投标材料，骗取中标，中标无效，本案租赁合同无效

《招标投标法》（2017年修正）第三十三条规定"投标人不得以低于成本的报价竞标，也不得以他人名义投标或者以其他方式弄虚作假，骗取中标"。《招标投标法实施条例》（2019年修订）第四十二条第二款规定，"投标人有下列情形之一的，属于招标投标法第三十三条规定的以其他方式弄虚作假的行为：……（二）提供虚假的财务状况或者业绩……"。

本案中，河南某投资公司在资格预审材料和投标文件材料中提供了深圳某酒店项目、北京某商业项目和北京某购物中心项目等三个项目的业绩。但事实上，河南某投资公司既不是这三个项目的业主单位也不是实际经营方，上述三个项目的材料均是河南某投资公司弄虚作假提供的虚假材料。河南某投资公司弄虚作假骗取中标，中标自然无效，租赁合同也自然无效。

六、退一步说，即使本案租赁合同有效，因河南某投资公司提供虚假投标材料，依据投标承诺函，上诉人也有权单方解除租赁合同

如前所述，河南某投资公司投标时承诺其提交的材料完整、准确、真实的，如

果提交的材料虚假或不真实，河南某投资公司将无条件自动放弃投标资格，并承担由此造成的任何后果和损失。

因此，退一步讲，即使租赁合同有效，但由于河南某投资公司提供虚假业绩材料，依据河南某投资公司投标时的承诺，上诉人也有权单方解除租赁合同，并不赔偿河南某投资公司任何损失。

综上所述，在本案投标中河南某投资公司严重弄虚作假，提供大量虚假业绩材料，骗取中标。本案中标无效，租赁合同无效。退一步说，即使租赁合同有效，因河南某投资公司提交虚假投标材料，上诉人也有权单方解除租赁合同，并不赔偿河南某投资公司任何损失。

本案涉及对国务院某部委划拨的国有资产的保护！涉及对国务院某部委划拨的下属企业北京房山B会议公司89名员工的安置！涉及企业的稳定！上诉人特补充发表如上上诉意见，敬请贵院客观全面审查本案合同的效力，依法撤销北京市第二中级人民法院（2021）京02民初384号民事判决，驳回河南某投资公司的全部诉讼请求，保护国有资产不被流失，维护法律的尊严！

此致
北京市高级人民法院

上诉人：北京西城A饭店（盖章）

法定代表人：×××

2022年5月5日

（四）北京西城A饭店二审证据清单

北京西城A饭店上诉河南某投资公司租赁合同纠纷案中
北京西城A饭店二审证据清单

编号	证据名称	证明内容	页码
第一组	河南某投资公司存在串标行为，本案中标无效，租赁合同无效		
证据一	2020年7月29日，北京C置业公司与河南某投资公司签订的"北京西城A饭店和北京房山B会议中心房屋租赁合作意向书"	北京C置业公司与河南某投资公司签订合作意向书的时间是2020年7月29日（来源于河南某投资公司一审证据）	1-5

续表

编号	证据名称	证明内容	页码
证据二	2020年7月29日，河南某投资公司与北京某投资公司签订的"北京西城A饭店和北京房山B会议中心合作协议"	(1) 河南某投资公司在与北京C置业公司签订"合作意向书"的当日就与北京某投资公司签订了"合作协议"； (2) "合作协议"非常明确地约定河南某投资公司中标后，北京某投资公司参与北京西城A饭店的改造升级和运营管理，同时约定由北京某投资公司向河南某投资公司提供全部投标保证金和投标方案中的首笔租金； (3) 河南某投资公司在正式招标前就已经存在串标行为 （来源于河南某投资公司一审证据）	6-15
证据三	2020年9月18日，开标记录表	各投标单位提交标书的时间和北京西城A饭店项目开标时间是2020年9月18日	16
证据四	2020年9月25日，招标情况书面报告	(1) 2020年9月21日评标小组才进行评标； (2) 北京西城A饭店项目确定和发布评标结果的时间是2020年9月25日	17
证据五	2020年9月27日，中标通知书	北京C置业公司向河南某投资公司发送"中标通知书"的时间是2020年9月27日 （来源于河南某投资公司一审证据）	18
证据六	2020年9月18日，北京某投资公司向河南某投资公司转款5 000万元的转账凭证	(1) 在2020年9月18日开标日当天，北京某投资公司就向河南某投资公司转款5 000万元作为支付北京西城A饭店首笔租金的款项； (2) 该付款时间早于评标报告发布时间，更早于河南某投资公司收到"中标通知书"的时间； (3) 在开标当日，在评标报告（发布）前，在收到中标通知书前，河南某投资公司就知道能够中标，北京某投资公司就向河南某投资公司支付用于首笔租金的5 000万元，河南某投资公司存在明显的串标行为 （来源于河南某投资公司一审证据）	19

续表

编号	证据名称	证明内容	页码
第二组	河南某投资公司出借名义给北京某投资公司挂靠投标，河南某投资公司存在转租行为，退一步说，即使本案租赁合同有效，北京西城 A 饭店也有权单方解除租赁合同		
证据七	2020 年 7 月 30 日，北京某投资公司向河南某投资公司支付 1 050 万元的转账凭证	(1) 河南某投资公司向北京 C 置业公司支付的 1 000 万元的意向保证金全部由北京某投资公司承担和支付，二者在付款时间和付款金额上对应； (2) 河南某投资公司参与北京西城 A 饭店项目的资金全部由北京某投资公司承担，本案实际上是河南某投资公司出借名义给北京某投资公司挂靠投标 （来源于河南某投资公司一审证据）	20-21
证据八	2020 年 7 月 31 日，河南某投资公司向北京 C 置业公司支付 1 000 万元的转账凭证		
证据六	2020 年 9 月 18 日，北京某投资公司向河南某投资公司转款 5 000 万元的转账凭证	(1) 北京某投资公司分别于 2020 年 9 月 18 日和 10 月 9 日向河南某投资公司转款 5 000 万元和 5 524 万元，合计 10 524 万元； (2) 2020 年 10 月 10 日河南某投资公司向北京西城 A 饭店支付 10 524 万元首期租金，该租金全部由北京某投资公司承担和支付； (3) 河南某投资公司参与北京西城 A 饭店项目的资金全部由北京某投资公司支付，本案实际上是河南某投资公司出借名义给北京某投资公司挂靠投标 （来源于河南某投资公司一审证据）	22-23
证据九	2020 年 10 月 9 日，北京某投资公司向河南某投资公司转款 5 524 万元的转账凭证		
证据十	2020 年 10 月 10 日，河南某投资公司向北京 C 置业公司支付 10 524 万元首笔租金的转账凭证		
证据十一	河南某投资公司在中国投资基金业协会官网的公示网页	(1) 河南某投资公司是在中国证券投资基金业协会登记备案的基金管理公司，登记编号为××××××； (2) 河南某投资公司不能承租或经营饭店业务； (3) 本案实际上是北京某投资公司借河南某投资公司的名义参与投标； (4) 河南某投资公司中标后必然转租，河南某投资公司有转租行为	24

续表

编号	证据名称	证明内容	页码
证据二	2020年7月29日,河南某投资公司与北京某投资公司签订的"北京西城A饭店和北京房山B会议中心合作协议"	(1)"合作协议"第十一条明确约定,"若甲方(河南某投资公司)中标后,甲方承诺将与乙方(北京某投资公司)成立合资公司或共同指定第三方,共同合作参与北京西城A饭店、北京房山B会议中心的升级改造和后续运营管理工作,甲方应按照与北京西城A饭店、北京房山B会议公司签订的租赁合同约定的交房时间交房,否则视为甲方违约"; (2)无论河南某投资公司将中标承租的房产交给合资公司,还是交给指定的第三方,河南某投资公司的上述行为都是转租行为	
证据十二	北京某酒店公司工商注册信息	(1)北京某酒店公司是北京某投资公司参股的子公司,它与北京某投资公司的实际控制人相同; (2)河南某投资公司有转租行为	25-31
证据十三	北京某教育公司、北京某房地产公司、北京某文旅公司工商注册信息		
证据十四	北京某投资公司工商注册信息		
第三组	河南某投资公司为索赔而伪造证据,索赔全部不应得到支持		
证据十五	落款时间为2020年10月15日的"北京西城A饭店筹开协议"	河南某投资公司与北京某投资公司、北京某酒店公司签订协议的时间为2020年10月15日 (来源于河南某投资公司一审证据)	32-39
证据十六	2021年3月8日,北京某酒店公司向河南某投资公司发送的商函	北京某酒店公司再次确认:河南某投资公司与北京某投资公司、北京某酒店公司签订"北京西城A饭店筹开委托协议"的时间是2020年10月15日 (来源于河南某投资公司一审证据)	40
证据十七	2021年7月5日,北京某酒店公司向河南某投资公司发送的商函	北京某酒店公司再次确认:河南某投资公司与北京某投资公司、北京某酒店公司签订"北京西城A饭店筹开委托协议"的时间是2020年10月15日 (来源于河南某投资公司一审证据)	41

续表

编号	证据名称	证明内容	页码
证据十八	2021年7月28日，北京某投资公司向河南某投资公司发送的"业务联系函"	河南某投资公司再次确认：河南某投资公司与北京某投资公司、北京某酒店公司签订"北京西城A饭店筹开委托协议"的时间是2020年10月15日（来源于河南某投资公司一审证据）	42
证据十九	2021年8月17日，河南某投资公司与北京某投资公司、北京某酒店公司签订的结算违约金的"协议书"	河南某投资公司、北京某投资公司、北京某酒店公司再次确认：河南某投资公司与北京某投资公司、北京某酒店公司签订"北京西城A饭店筹开委托协议"的时间是2020年10月15日（来源于河南某投资公司一审证据）	43-45
证据十二	北京某酒店公司工商注册信息	（1）北京某酒店公司成立时间为2020年11月16日；（2）北京某酒店公司成立的时间（2020年11月16日）晚于北京某酒店公司签订"北京西城A饭店筹开委托协议"的时间（2020年10月15日）；（3）"北京西城A饭店筹开委托协议"等证据是河南某投资公司和北京某投资公司为恶意索赔伪造的证据	
证据二十	2020年8月17日，拟投入本项目的主要人员简历表（王某）	（1）投标文件中王某的劳动合同期限自2018年9月3日起；韩某的劳动合同期限为2019年2月1日至2022年1月31日，职务为高级投资经理。（2）河南某投资公司一审证据中王某的劳动合同期限为2020年11月1日至2022年10月31日，职务为项目经理；韩某的劳动合同期限为2020年11月1日至2022年10月31日，职务为项目投资人员。（3）河南某投资公司一审提交材料与其投标时提交的材料明显不符。明显弄虚作假	46-47
证据二十一	2018年9月3日，河南某投资公司与王某的劳动合同书		48-58
证据二十二	2020年8月10日，北京外企人力资源服务有限公司证明信（王某）		59
证据二十三	2020年10月23日，北京外企人力资源服务有限公司与王某的劳动合同（一审河南某投资公司证据）		60-65
证据二十四	2020年8月17日，拟投入本项目的主要人员简历表（韩某）		66-67

续表

编号	证据名称	证明内容	页码
证据二十五	2019年2月1日,河南某投资公司与韩某的劳动合同书		68-79
证据二十六	2020年8月10日,北京外企人力资源服务有限公司证明信(韩某)		80
证据二十七	2020年10月23日,北京外企人力资源服务有限公司与韩某的劳动合同(一审井冈山证据)		81-86
证据二十八	2021年10月22日15:50,河南某投资公司向北京某酒店公司付款的转账凭证	2021年10月22日15:50,河南某投资公司向北京某酒店公司付款193.96万元	87
证据二十九	2021年10月22日15:50,河南某投资公司向北京某装饰公司付款的转账凭证	2021年10月22日15:50,河南某投资公司向北京某装饰公司付款71万元	88
证据三十	2021年10月22日15:50,河南某投资公司向北京某装饰公司付款的转账凭证	2021年10月22日15:50,河南某投资公司向北京某装饰公司付款100万元	89

提交人：北京西城A饭店（盖章）

代理人：×××

2022年4月12日

（五）北京西城A饭店二审证据清单（二）

北京西城A饭店上诉河南某投资公司租赁合同纠纷案中

北京西城A饭店二审证据清单（二）

编号	证据名称	证明内容	页码
第四组	资格预审和招标文件对投标人的经营业绩有明确要求,河南某投资公司在资格预审和投标时提交了三个经营项目的业绩			
二审证据三十一	2020年8月4日,招标公告及公示网页	(1)招标公告第三条,"投标人资格"部分明确规定,"类似业绩要求：具备酒店管理、经营、物业服务业绩"； (2)招标公告第四条,"资格预审文件的获取"部分明确,投标人提供一份相关业绩合同是领取资格预审文件的必备条件	90-93

续表

编号	证据名称	证明内容	页码
二审证据三十二	2020年8月6日，河南某投资公司的资格预审文件领取情况登记表及所附的业绩合同	（1）资格预审文件的领取需要提供相关业绩合同一份； （2）河南某投资公司为了领取资格预审文件提交了深圳某酒店项目的合同，该合同显示河南某投资公司委托深圳东部某公司经营管理该项目	94-113
二审证据三十三	2020年8月17日，河南某投资公司提交的资格预审申请文件（业绩部分）	（1）河南某投资公司在资格预审申请函第4条中明确承诺，申请文件中所提交的声明和资料在各方面都是完整的、准确的和真实的；在第7条中明确承诺，若其提交的资格预审申请文件存在提供虚假或不真实的信息或者伪造数据、资料或证书等情况，河南某投资公司将无条件自动放弃投标资格，并承担由此造成的任何后果和损失。 （2）河南某投资公司在资格预审时提交的"企业已完类似经营管理项目一览表"中填写了三个经营项目，明确了各经营项目的业主单位、项目名称、经营类型、营业额、经营年限等信息，并且提交了三份对应的经营合同。三个经营项目分别为深圳某酒店项目、北京某商业项目、北京某购物中心项目。 （3）河南某投资公司称深圳某酒店项目业主单位是河南某投资公司，同时河南某投资公司将该项目委托给深圳东部某公司实际经营管理。 （4）河南某投资公司称北京某商业项目的业主单位是北京某置业集团，同时北京某置业集团将该项目委托给河南某投资公司实际经营管理。 （5）河南某投资公司称北京某购物中心项目的业主单位是北京某置业集团，同时北京某置业集团将该项目委托给河南某投资公司实际经营管理	114-149

续表

编号	证据名称	证明内容	页码
一审北京西城A饭店第二次提交证据证据二	2020年8月，项目招标文件	(1) 招标文件第二章"投标人须知"第10.2条中明确要求，"投标人不得以他人名义投标或以其他方式弄虚作假骗取中标"； (2) 招标文件第三章"投标函"中明确要求，投标人保证"提交的所有文件中的所有陈述和声明均是真实有效和准确的"； (3) 招标文件第四章附表3"技术标评审记录表"第4项评分项目为"同类型业绩运营经验"，可见，招标文件明确规定投标人的同类型业绩是重要的评分项目，投标人需要提供相关业绩材料	150-181
二审证据三十四	2020年9月17日，河南某投资公司的项目投标文件（业绩部分）	(1) 河南某投资公司在投标时同样提交了三个相同的经营业绩合同； (2) 经营合同显示深圳某酒店项目由河南某投资公司授权深圳东部某公司进行经营管理； (3) 经营合同显示河南某投资公司被北京某置业集团授权经营管理北京某商业项目； (4) 经营合同显示河南某投资公司被北京某置业集团授权经营管理北京某购物中心项目	182-232
第五组　深圳某酒店项目的建设单位和实际经营均为深圳某投资公司，河南某投资公司不是业主单位，深圳东部某公司也不是实际经营方。本案中河南某投资公司弄虚作假，提供虚假投标材料，骗取中标			
二审证据三十五	2018年3月16日，深圳某酒店项目一标段中标信息及附件	深圳某酒店项目的建设单位和实际经营方均为深圳某投资公司，河南某投资公司不是深圳某酒店项目的业主单位，深圳东部某公司也不是实际经营方。本案中河南某投资公司弄虚作假，提供虚假投标材料，骗取中标	233-236
二审证据三十六	2018年4月28日，深圳某酒店项目（监理）招标公示信息	^	237
二审证据三十七	2018年4月28日，深圳某酒店项目室内装饰项目招标公告信息	^	238

续表

编号	证据名称	证明内容	页码
二审证据三十八	深圳某投资公司的工商注册信息	深圳某投资公司是深圳东部某公司的控股子公司	239-240
二审证据三十九	深圳东部某公司的工商注册信息		241-242
第六组 北京某商业项目的建设单位和实际经营方均为北京某投资管理公司，北京某置业集团不是业主单位，河南某投资公司也不是实际经营方。本案中河南某投资公司弄虚作假，提供虚假投标材料，骗取中标			
二审证据四十	2017年2月23日，北京朝阳新闻网报道北京某商业项目的网页	(1) 北京某商业项目属于乡属产业，由乡属企业北京某投资管理公司负责项目的开发和实际运营管理。 (2) 北京某置业集团不是业主单位，并且河南某投资公司也不是实际经营方。本案中河南某投资公司弄虚作假，提供虚假投标材料，骗取中标	243
二审证据四十一	2020年11月24日，北京某商业项目办公室装修工程中标候选人公示信息		244-245
二审证据四十二	北京某商业项目的现场照片		246-252
二审证据四十三	北京某投资管理公司的工商注册信息	北京某投资管理公司是××乡乡属企业	253-254
第七组 北京某购物中心项目的建设单位为北京某建设公司，实际经营方为北京某商贸公司，北京某置业集团不是业主单位，河南某投资公司也不是实际经营方。本案中河南某投资公司弄虚作假，提供虚假投标材料，骗取中标			
二审证据四十四	北京市房山区人民法院，(2020) 京 0111 民初 9009 号民事判决书	(1) 北京某购物中心项目的建设单位为北京某建设公司，实际经营方为北京某商贸公司 (2) 北京某置业集团不是业主单位，并且河南某投资公司也不是实际经营方，本案中河南某投资公司弄虚作假，提供虚假投标材料，骗取中标	255-262
二审证据四十五	北京市房山区人民法院，(2020) 京 0111 民初 9010 号民事判决书		263-267
二审证据四十六	北京某购物中心项目的现场照片		268-274

续表

编号	证据名称	证明内容	页码
二审证据四十七	北京某商贸公司的工商注册信息	北京某商贸公司是北京某置业集团的全资子公司	275-276
二审证据四十八	北京某置业集团的工商注册信息		277-278

提交人：北京西城 A 饭店（盖章）

代理人：×××

2022 年 4 月 28 日

（六）北京西城 A 饭店二审代理词

北京西城 A 饭店上诉河南某投资公司租赁合同纠纷案

代理词

尊敬的审判长、审判员：

在贵院审理的（2022）京民终 183 号上诉人北京西城 A 饭店与被上诉人河南某投资公司、一审被告北京 C 置业公司房屋租赁合同纠纷一案中，我们受北京西城 A 饭店的委托，担任其本案的代理人，依据事实和法律发表如下代理意见，敬请采信。

一、北京西城 A 饭店等单位在本案诉讼发生前不同意履行租赁合同的原因是北京西城 A 饭店等单位认为，北京房山 B 会议中心和北京西城 A 饭店的中标价低于市场价，河南某投资公司不仅存在串标的重大嫌疑，而且还存在出借名义给第三方挂靠投标及转租的重大嫌疑

北京房山 B 会议中心和北京西城 A 饭店是 2017 年国务院某部委划拨给北京某集团公司的国有资产。北京房山 B 会议中心由北京房山 B 会议公司经营，北京西城 A 饭店由北京西城 A 饭店经营。北京房山 B 会议公司和北京西城 A 饭店都接受北京某集团公司下属子公司北京 C 置业公司管理。北京房山 B 会议公司、北京西城 A 饭店、北京 C 置业公司和北京某集团公司对上述国有资产的保值增值承担经营和监管责任。

北京西城 A 饭店等单位在本案诉讼发生前不同意履行租赁合同的原因是，北京西城 A 饭店等单位发现，北京房山 B 会议中心和北京西城 A 饭店的中标价低于市场价，河南某投资公司不仅存在串标的重大嫌疑，而且还存在出借名义给第三方挂

靠投标及转租的重大嫌疑。因为：

第一，不考虑北京房山B会议中心配套的优质庭院，北京房山B会议中心仅建筑面积就有13 413平方米。而中标方案中的每年租金仅666万元，即不考虑庭院配套，中标方案中北京房山B会议中心每平方米建筑面积的日租金仅为1.4元，该价格明显低于市场价。北京西城A饭店处于北京市市中心，建筑面积为25 321平方米，虽然年租金为3 508万元，即每平方米建筑面积的日租金为3.79元，但投标方案中约定20年租期内的租金都不调整，该约定明显不符合市场惯例。北京房山B会议中心的租金明显低于市场价，北京西城A饭店的租金20年内不调整，这样的中标方案本身就说明，中标单位河南某投资公司存在串标的重大嫌疑。

第二，河南某投资公司是在中国证券投资基金业协会登记备案的基金管理公司，登记编号为××××××（见北京西城A饭店二审证据十一）。中国证券监督管理委员会《关于加强私募投资基金监管的若干规定》（[2020] 71号）第四条明确规定，基金管理人不得从事任何与基金管理无关的业务。河南某投资公司参与本案的投标，明显是利用其注册资金高和资产规模大的优势，明显存在出借名义给第三方挂靠投标的重大嫌疑，明显存在中标后转租的重大嫌疑。

二、一审证据已经证明河南某投资公司存在串标行为，本案中标无效，租赁合同无效

如前所述，北京西城A饭店等单位在本案诉讼发生前不同意履行租赁合同的原因之一是，北京西城A饭店等单位发现，北京房山B会议中心的租金明显低于市场价，北京西城A饭店的租金20年内不调整，河南某投资公司可能存在串标行为。经过本案一审诉讼，综合审查双方提交的证据，已经可以清楚认定河南某投资公司存在串标行为。

第一，2020年7月29日，北京C置业公司与河南某投资公司签订"北京西城A饭店和北京房山B会议中心房屋租赁合作意向书"（以下称"合作意向书"）。"合作意向书"约定：北京C置业公司对北京房山B会议中心和北京西城A饭店的出租公开招标，河南某投资公司愿意参与投标，并愿意交纳1 000万元诚意金（见河南某投资公司一审证据1，北京西城A饭店二审证据二）。可就在2020年7月29日当天，河南某投资公司还同时与第三人北京某投资公司签订"北京西城A饭店和北京房山B会议中心合作协议"（以下称"合作协议"）。"合作协议"非常明确地约定河南某投资公司中标后，北京某投资公司参与北京西城A饭店的改造升级和运营管理；同时约定由北京某投资公司向河南某投资公司提供投标保证金和投标方案中的首笔租金（见河南某投资公司一审证据21）。可见河南某投资公司在正式招标前就

已经存在串标行为。

第二，本案2020年9月18日各投标单位才递交标书和参与开标，2020年9月21日才组织专家进行评标，2020年9月25日才确定和发布评标结果，2020年9月27日才向河南某投资公司发送"中标通知书"（见北京西城A饭店二审证据五）。但在2020年9月18日开标当日，北京某投资公司就向河南某投资公司转款5 000万元作为支付北京西城A饭店首笔租金的款项。该付款时间早于发布评标结果的时间，更早于河南某投资公司收到"中标通知书"的时间（见河南某投资公司一审证据5）。很显然，河南某投资公司在评标结果出来之前就已经知道自己一定能够中标，本案存在明显的串标行为。

河南某投资公司串标，本案的中标结果自然无效，本案的租赁合同自然无效。租赁合同无效，北京西城A饭店自然不应当向河南某投资公司承担任何赔偿责任。

三、河南某投资公司出借名义给北京某投资公司挂靠投标，本案中标无效，租赁合同无效

（一）河南某投资公司出借名义给北京某投资公司挂靠投标

2021年7月29日，河南某投资公司与北京C置业公司签订"合同意向书"当天又与北京某投资公司签订"合作协议"，"合作意向书"和"合作协议"不仅在时间上完全对应，而且在内容上也相互对应。显然本案实质是河南某投资公司出借名义给北京某投资公司挂靠投标。

（二）河南某投资公司支付的资金全部来源于北京某投资公司

河南某投资公司向北京西城A饭店支付资金与北京某投资公司向河南某投资公司支付资金，在付款时间和付款金额上都相互对应。2020年7月30日北京某投资公司支付河南某投资公司1 050万元，2020年7月31日河南某投资公司支付北京C置业公司1 000万元合作诚意金，二者的付款时间和付款金额相互对应（见河南某投资公司一审证据2、证据23）；2020年9月18日北京某投资公司支付河南某投资公司5 000万元，2020年10月9日北京某投资公司支付河南某投资公司5 524万元，2020年10月10日河南某投资公司支付北京西城A饭店10 524万元首期租金，二者的付款时间和付款金额相互对应（见河南某投资公司一审证据23、证据6）。

《中华人民共和国招标投标法》第五十四条第一款中规定，"投标人以他人名义投标或者以其他方式弄虚作假，骗取中标的，中标无效"。本案招标文件第二章"投标人须知"第10.2条明确规定，"投标人不得以他人名义投标或以其他方式弄虚作假骗取中标"。因此，河南某投资公司出借名义给北京某投资公司挂靠投标，本案中标无效，租赁合同自然无效。

四、在本案投标中河南某投资公司存在严重的弄虚作假行为，提供虚假投标材料骗取中标，河南某投资公司中标无效，租赁合同无效

2020 年 8 月 4 日北京西城 A 饭店项目招标公告的"投标人资格"部分明确规定，"类似业绩要求：具备酒店管理、经营、物业服务业绩"。只有提供类似业绩的单位才有资格领取资格预审文件。其后的招标文件又将类似项目的业绩作为重要的评分内容。

河南某投资公司参与资格预审时和投标时提交三个类似的项目业绩，即深圳某酒店项目、北京某商业项目和北京某购物中心项目。但在二审期间，上诉人经调查核实，河南某投资公司提供的上述三个业绩都是虚假的。河南某投资公司明显提供虚假材料骗取中标。

（一）深圳某酒店项目的业主单位和实际经营方均为深圳某投资公司，河南某投资公司不是业主单位，深圳东部某公司也不是实际经营方，河南某投资公司提供的该项业绩明显弄虚作假

在资格预审申请中，河南某投资公司称深圳某酒店项目业主单位是河南某投资公司，同时河南某投资公司将该项目委托给深圳东部某公司实际经营管理。在投标文件中，河南某投资公司提交的经营合同显示深圳某酒店项目由河南某投资公司授权深圳东部某公司进行经营管理。但在本案二审过程中，上诉人调查到的材料显示河南某投资公司提供的该项业绩明显弄虚作假。

第一，上诉人查到了 2018 年 3 月 16 日深圳某酒店项目一标段中标信息及附件（北京西城 A 饭店二审证据三十五），该信息载明深圳某酒店项目一标段招标人为"深圳某投资公司"，其附件"深圳市建设工程招标投标情况报告"载明"由深圳某投资公司筹建深圳某酒店项目工程"。显然，深圳某酒店项目的建设单位即业主单位是深圳某投资公司，而不是河南某投资公司。

第二，上诉人还查到了 2018 年 4 月 28 日深圳某酒店项目（监理）招标公示信息（北京西城 A 饭店二审证据三十六），该公示信息同样载明某酒店项目建设单位是深圳某投资公司。

第三，上诉人还查到了 2018 年 4 月 28 日深圳某酒店项目室内装饰项目招标公告信息（北京西城 A 饭店二审证据三十七），该公告信息同样载明某酒店项目的建设单位是深圳某投资公司。

第四，深圳某投资公司的工商注册信息和深圳东部某公司的工商注册信息显示，前者是后者的控股子公司，二者与河南某投资公司都没有任何关联关系。

上述四份材料均说明，河南某投资公司既不是深圳某酒店项目的业主，也不是

该项目的实际经营方，河南某投资公司提交的该项目的业绩材料完全是虚假的。退一步讲，即使河南某投资公司实际参与了该项目，也仅是中间转包方或中间转租方，而不是实际经营方，更不是业主单位。

（二）北京某商业项目的业主单位和实际经营方均为北京某投资管理公司，北京某置业集团不是业主单位，河南某投资公司也不是实际经营方。河南某投资公司提供该项业绩时同样弄虚作假

在资格预审申请中，河南某投资公司称北京某购物中心项目的业主单位是北京某置业集团，同时北京某置业集团将该项目委托给河南某投资公司实际经营管理。在投标文件中，河南某投资公司提交的经营合同显示，河南某投资公司被北京某置业集团授权经营管理北京某商业项目。但在本案二审过程中，上诉人调查到的材料同样显示河南某投资公司提供该项业绩时明显弄虚作假。

第一，上诉人查到了2017年2月23日北京朝阳新闻网的新闻（北京西城A饭店二审证据四十），该新闻报道"北京某商业项目是第一个由××乡自主投资的项目"，是乡属产业，由乡属企业北京某投资管理公司负责项目的开发和实际运营管理。

第二，上诉人还查到了2020年11月24日北京某商业项目招商办公室装修工程中标候选人公示信息（北京西城A饭店二审证据四十一），该公示信息载明招标人为"北京某投资管理公司"。

第三，上诉人代理人于2022年4月22日到北京某商业项目现场进行了调查，并拍摄了大量的现场照片（北京西城A饭店二审证据四十二）。项目现场的大厦名称、楼宇铭牌、路标指示牌、大幅招商广告等都显示是北京某投资管理公司负责该项的开发和实际运营管理。

上述三方面材料均说明，河南某投资公司既不是北京某商业项目的业主，也不是该项目的实际经营方。河南某投资公司提交的该项目的业绩材料完全是虚假的。

退一步讲，即使北京某置业集团实际参与了该项目，北京某置业集团也仅是中间的转包方或转租方，而不是实际经营方或业主单位，该项目中更谈不上河南某投资公司是业主单位或实际经营单位。

（三）北京某购物中心项目的建设单位为北京某建设公司，实际经营方为北京某商贸公司，北京某置业集团不是业主单位，河南某投资公司也不是实际经营方，河南某投资公司提供该项业绩时同样弄虚作假

在资格预审申请中，河南某投资公司称北京某购物中心项目的业主单位是北京某置业集团，同时北京某置业集团将该项目委托给河南某投资公司实际经营管理。

在投标文件中，河南某投资公司提交的经营合同显示，河南某投资公司被北京某置业集团授权经营管理北京某购物中心项目。但在本案二审过程中，上诉人调查到的材料同样显示河南某投资公司提供该项业绩时明显弄虚作假。

第一，上诉人查到了北京市房山区人民法院（2020）京0111民初9009号民事判决书，该判决书对北京某购物中心项目的建设单位和经营方有明确表述，在人民法院认定事实部分载明，"……北京某商贸公司，系北京某置业集团专门为运营北京某购物中心项目设立的全资子公司"；判决书还明确北京某购物中心项目是北京某建设公司开发建设（北京西城A饭店二审证据四十四）。

第二，上诉人还查到了北京市房山区人民法院（2020）京0111民初9010号民事判决书，该判决书同样对北京某购物中心项目的建设单位和经营方有明确表述，在人民法院认定事实部分载明，"……北京某商贸公司，系北京某置业集团专门为运营北京某购物中心项目设立的全资子公司"（北京西城A饭店二审证据四十五）。

第三，上诉人代理人于2022年4月24日到北京某购物中心项目进行了现场调查，并拍摄了大量的现场照片（北京西城A饭店二审证据四十六）。项目现场的经营异常公告、违约撤店公告等都显示该项目由北京某商贸公司实际运营管理。而北京某商贸公司的工商注册信息（北京西城A饭店二审证据四十七、四十八）已经显示其与河南某投资公司没有任何关联关系。

上述三方面材料均说明，河南某投资公司既不是北京某购物中心项目的业主，也不是该项目的实际经营方，河南某投资公司提交的该项目的业绩材料完全是虚假的。

退一步讲，即使北京某置业集团实际参与了该项目，北京某置业集团也仅是中间转包方或中间转租方，而不是实际经营方或业主单位，该项目中更谈不上河南某投资公司是业主单位或实际经营单位。

《招标投标法》（2017年修正）第三十三条规定，"投标人不得以低于成本的报价竞标，也不得以他人名义投标或者以其他方式弄虚作假，骗取中标"。《招标投标法实施条例》（2019年修订）第四十二条第二款规定，"投标人有下列情形之一的，属于招标投标法第三十三条规定的以其他方式弄虚作假的行为：……（二）提供虚假的财务状况或者业绩……"。

本案中，河南某投资公司在资格预审材料和投标文件材料中提供了深圳某酒店项目、北京某商业项目和北京某购物中心项目等三个项目的业绩。但事实上，河南某投资公司既不是这三个项目的业主单位也不是实际经营方，上述三个项目的材料均是河南某投资公司弄虚作假提供的虚假材料。河南某投资公司弄虚作假骗取中标，中标自然无效，租赁合同也自然无效。

五、退一步说，即使本案租赁合同有效，因河南某投资公司提供虚假投标材料，依据投标承诺函，北京西城A饭店也有权单方解除租赁合同

2020年8月17日，河南某投资公司提交了资格预审申请文件（北京西城A饭店二审证据三十三）。河南某投资公司在资格预审申请函第4条中承诺，申请文件中所提交的声明和资料在各方面都是完整的、准确的和真实的；在资格预审申请函第7条中明确承诺，若其提交的资格预审申请文件存在提供虚假或不真实的信息或者伪造数据、资料或证书等情况，河南某投资公司将无条件自动放弃投标资格，并承担由此造成的任何后果和损失。

如前所述，本案二审证据已经充分证明河南某投资公司在投标时提供了大量虚假业绩材料。因此，退一步讲，即使租赁合同有效，但由于河南某投资公司提供虚假业绩材料，依据河南某投资公司投标时的承诺，上诉人也有权单方解除租赁合同，并不赔偿河南某投资公司任何损失。

六、再退一步说，即使本案租赁合同有效，因为河南某投资公司存在转租行为，北京西城A饭店同样有权单方解除租赁合同

（一）河南某投资公司存在转租行为

如前所述，北京西城A饭店等单位在本案诉讼发生前不同意履行租赁合同的原因之二是，北京西城A饭店等单位发现，河南某投资公司是基金管理公司，河南某投资公司可能存在出借名义给第三人挂靠投标，河南某投资公司可能存在转租行为。经过本案一审诉讼，综合审查双方提交的证据，已经可以清楚认定河南某投资公司出借名义给北京某投资公司投标，河南某投资公司存在转租行为。

第一，如前所述，河南某投资公司是基金管理公司，不能从事基金以外的其他业务。河南某投资公司参与本案投标时就与北京某投资公司签订了"合作协议"。"合作协议"第十一条明确约定，"若甲方（河南某投资公司）中标后，甲方承诺将与乙方（北京某投资公司）成立合资公司或共同指定第三方，共同合作参与北京西城A饭店、北京房山B会议中心的升级改造和后续运营管理工作，甲方应按照与北京西城A饭店、北京房山B会议中心签订的租赁合同约定的交房时间交房，否则视为甲方违约"（见河南某投资公司一审证据21）。依据上述约定，无论河南某投资公司将中标承租的房产交给合资公司，还是交给指定的第三方，河南某投资公司的上述行为都必然构成转租。

第二，河南某投资公司中标后，北京某投资公司指定对北京西城A饭店进行改造升级和运营的北京某酒店公司是北京某投资公司参股的子公司，它与北京某投资公司的实际控制人相同，它们与河南某投资公司没有任何投资或参股关系（北京西城A饭店二审证据十二、十三、十四）。

因此，显然，本案中河南某投资公司存在转租行为。

（二）在河南某投资公司转租的情况下，北京西城A饭店有权单方解除合同

本案租赁合同第10.1条第（5）项约定，乙方（河南某投资公司）未经甲方（北京西城A饭店）同意将房屋整体转租给第三人的，甲方有权单方解除合同，收回房屋，押金不予退回（见北京西城A饭店一审证据一）。

《中华人民共和国民法典》（以下称民法典）第七百一十六条第二款规定，"承租人未经出租人同意转租的，出租人可以解除合同"。

民法典第五百六十三条第（二）项规定，在履行期限届满前，当事人一方明确表示或以自己的行为表明不履行主要债务，另一方当事人可以解除合同。第（四）项规定，当事人一方迟延履行债务或者有其他违约行为致使不能实现合同目的，另一方当事人可以解除合同。

因此，无论依据租赁合同第10.1条第（5）项的约定，还是依据民法典第五百六十三条的规定或民法典第七百一十六条第二款的规定，在河南某投资公司出借名义给北京某投资公司挂靠投标及河南某投资公司转租的情况下，北京西城A饭店均有权单方解除合同。北京西城A饭店单方解除合同时，不仅不应当向河南某投资公司承担任何赔偿责任，而且还有权要求河南某投资公司赔偿损失。

七、北京某投资公司和河南某投资公司共同伪造证据，恶意进行索赔，其全部索赔请求均不应得到支持

如前所述，本案的实质是北京某投资公司借用河南某投资公司名义挂靠投标。北京某投资公司和河南某投资公司为达到恶意索赔的目的，共同伪造和提交了大量虚假证据。如：

（一）北京某投资公司和河南某投资公司为主张支付给北京某酒店公司的所谓损失，向人民法院提交了落款时间为2020年10月15日，由北京某投资公司、河南某投资公司和北京某酒店公司三方签订的"北京西城A饭店筹开委托协议"（以下称三方委托协议）、2021年3月8日北京某酒店公司发给河南某投资公司的"商函"、2021年7月5日北京某酒店公司再次发给河南某投资公司的"商函"，2021年8月17日北京某投资公司、河南某投资公司和北京某酒店公司结算违约金的协议，这四次材料都书面确定2020年10月15日北京某投资公司、河南某投资公司和北京某酒店公司签订了三方委托协议（见河南某投资公司一审证据26）。但经我们查询北京某酒店公司的工商注册信息，北京某酒店公司注册成立的时间竟然是2020年11月16日，该时间远晚于三方委托协议的签订时间（北京西城A饭店二审证据十二）。显然，上述四份材料是北京某投资公司和河南某投资公司为恶意索赔而伪造提交的虚假证据！

（二）北京某投资公司和河南某投资公司是挂靠关系，北京某投资公司和北京

某酒店公司等单位是母子公司关系或业务合作关系，它们之间签订违约金结算协议的时间均临近一审案件立案的时间，它们之间所谓违约金划转时间都发生在一审诉讼期间，尤其是2021年10月22日15时50分，一分钟之内，河南某投资公司向北京某投资公司、北京某酒店公司和北京某装饰公司连续支付了三笔巨额的所谓违约金赔偿款（见河南某投资公司一审证据44）。显然，这些都是北京某投资公司、河南某投资公司为恶意索赔而制造的证据。

以上事实清楚表明，北京某投资公司和河南某投资公司共同伪造证据，恶意进行索赔，其索赔请求均不应得到支持。不仅如此，它们还应当被追究提供虚假证据的法律责任。上诉人就这一点，已经向贵院提出书面申请，请求贵院对河南某投资公司上述妨碍民事诉讼的行为进行制裁和处罚，以维护基本的司法尊严！

综上所述，本案诉讼前，北京西城A饭店等单位不同意履行租赁合同的真正原因是，北京西城A饭店等单位发现本案中标价低于市场价，河南某投资公司是基金公司，河南某投资公司存在串标的重大嫌疑，也存在出借名义给第三人挂靠投标和转租的重大嫌疑。经本案的诉讼，已经可以清楚认定河南某投资公司存在串标行为，存在出借名义给北京某投资公司挂靠投标的行为，存在提交虚假业绩、弄虚作假骗取中标的行为。本案中标无效，租赁合同无效，河南某投资公司无权要求北京西城A饭店履行这一份无效的租赁合同。退一步说，即使租赁合同有效，也由于河南某投资公司存在提供虚假业绩材料的行为，存在转租行为，依据招投标文件的规定和承诺，依据租赁合同的约定，依据法律的规定，北京西城A饭店也有权单方解除租赁合同，无需向河南某投资公司承担任何赔偿责任。相反，河南某投资公司和北京某投资公司弄虚作假骗取中标，伪造材料恶意索赔，其索赔请求不仅不应当得到支持，而且还应当被追究相关法律责任。

本案涉及对国务院某部委划拨的国有资产的保护！涉及对国务院某部委划拨的下属企业北京房山B会议公司89名员工的安置！涉及企业的稳定！上诉人特补充发表如上上诉意见，敬请贵院客观全面审查本案租赁合同的效力，依法撤销北京市第二中级人民法院（2021）京02民初384号民事判决，驳回河南某投资公司的全部诉讼请求，保护国有资产不被流失，维护法律的尊严！

特发表如上代理意见，敬请采信！

谢谢！

北京西城A饭店代理人

北京市盈科律师事务所张群力律师、苏艳律师

2022年5月5日

四、两起案件的调解书摘要

（一）北京西城 A 饭店案北京市高级人民法院调解书摘要

北京市高级人民法院
民事调解书

（当事人主体信息和当事人情况略）

本院审理过程中，经本院主持调解，当事人自愿达成如下协议，请求人民法院确认：

一、确认北京西城 A 饭店与河南某投资公司签订的"北京西城 A 饭店房屋租赁合同"于 2021 年 7 月 2 日解除。

二、北京西城 A 饭店于 2022 年 9 月 30 日前一次性支付河南某投资公司租赁合同补偿款 1 093 万元。

三、如北京西城 A 饭店未按照本调解书第二项约定按时、足额支付补偿款，则北京西城 A 饭店应按日向河南某投资公司支付迟延履行违约金（以未付金额为基数，按照日万分之四的标准计算）。

四、河南某投资公司收到上述租赁合同补偿款后五日内向北京西城 A 饭店出具收据。

五、北京西城 A 饭店、河南某投资公司履行上述义务后，案涉纠纷已彻底了结，各方别无争议。

上述协议，不违反法律规定，本院予以确认。

一审案件受理费 572 159 元，由河南某投资公司负担（已交纳）；保全费 5 000 元，由河南某投资公司负担（已交纳）。

二审案件受理费 114 828.5 元，由河南某投资公司负担 44 618.5 元（已交纳），由北京西城 A 饭店负担 70 210 元（已交纳）。

本调解书经各方当事人签收后，即具有法律效力。

（二）北京房山 B 会议中心案北京市第二中级人民法院调解书摘要

北京市第二中级人民法院
民事调解书

（当事人主体信息和当事人情况略）

本案审理过程中，经本院主持调解，当事人自愿达成如下协议：

一、北京房山 B 会议公司、河南某投资公司确认"北京房山 B 会议中心房屋租赁合同"于二〇二二年九月七日解除；北京房山 B 会议公司于二〇二二年九月三十日前向河南某投资公司退还预交的租金 1 998 万元和押金 100 万元。

二、北京房山 B 会议公司于二〇二二年九月三十日前一次性向河南某投资公司支付租赁合同补偿款 97 万元。河南某投资公司在收到上述款项后五日内向北京房山 B 会议公司出具财务专用收据。

三、如果北京房山 B 会议公司未按本协议第二条约定按时足额支付补偿款，每迟延一日，按照应付未付金额的日万分之四支付迟延履行期间违约金。

四、保全费 5 000 元，由河南某投资公司负担（已交纳）。一审案件受理费 73 938 元，由河南某投资公司负担（已交纳）。反诉案件受理费 70 元，由北京房山 B 会议公司负担（已交纳）。二审案件受理费 37 004 元，由北京房山 B 会议公司负担（已交纳）。

五、双方就本案所涉租赁纠纷再无其他争议。

上述协议，不违反法律规定，本院予以确认。

本调解书经双方当事人签收后，即具有法律效力。

五、律师团队 21 点评析

（一）迎难而上，化不可能为可能

这两起案件是当事人主动和盈科律师事务所联系的案件，也是盈科全球总部入驻中信大厦 55 层后当事人首次委托盈科律师事务所承办的案件。在阅览这两起案件的一审判决后，在听取当事人的介绍后，律师团队感受到了很大的压力。

客观地说，这两起案件的难度非常大。但迎难而上，永不放弃，是对每一个诉讼团队的要求。这两起案件律师团队正是敢于面对困难，积极调整思路，努力调查取证，才最终迎来了转机，将当初的不可能变为可能。

（二）一审中关于支付三个月租金作为违约金以解除合同的抗辩主张

如前所述，两份租赁合同中均约定，"除本合同另有约定外，任何一方提前解除本合同均视为违约，违约方应当向守约方支付相当于当年度 3 个月租金的违约金"。一审中，我方当事人主张，依据上述约定当事人只要愿意将 3 个月租金作为违约金，就有权选择解除合同；并将其作为这两起案件主要的抗辩理由。

这一抗辩理由显然不能成立，显然是对上述约定的错误理解。该约定只是说，如果违约解除合同，至少应承担 3 个月租金的违约金。如果违约造成的损失大于 3 个月的租金，违约方仍应当赔偿。同时，该约定并没有赋予违约方对合同的单方解除权。有效的合同对双方当事人有约束力，双方均应当履行。除非双方协商解除，或者一方依约解除或依法解除，否则任何一方均不能违约单方解除。律师团队在最高人民法院代理过类似的案例，也凭这一理由申请再审成功。这两起案件的一审判决也都已经认定该抗辩理由不成立。

在这一抗辩理由明显不能成立的情况下，在一审判决驳回这一抗辩理由的情况下，上诉时仍以这一点作为主要的上诉理由，显然不会得到二审法院的支持。

（三）一审的其他抗辩主张

一审中除提出上述支付3个月租金作为违约金以单方解除合同的抗辩理由外，我方当事人还曾主张如下抗辩理由：(1)北京西城A饭店没有取得规划许可证，因而租赁合同无效。这一理由也显然不能成立，因为，北京西城A饭店是原国家某部委建设的饭店，存续时间较久。现在主张饭店房产没有规划许可证，饭店房产是违章建筑，显然不符合实际情况。(2)两份租赁合同没有经上级主管单位批准，所以不能交付，不能履行合同。显然这理由也不能成立。即使是上级主管单位的原因造成违约，也属于第三方的原因，不影响本合同当事人承担继续履行的违约责任。(3)北京房山B会议中心涉及89位职工的安置，在职工没有被安置的情况下，北京房山B会议中心租赁合同不宜强制履行。然而北京房山B会议中心出租后，相应的租金同样可以用于89位职工的安置。显然，这一抗辩理由也不能成立。(4)北京西城A饭店案中河南某投资公司索赔的证据不实，损失不应得到支持。对于这一理由已有部分证据来支持。但北京西城A饭店案一审中河南某投资公司主张违约金877万元，主张经济损失9 730万元，一审判决已考虑了损失的客观性，只支持赔偿河南某投资公司1 977万元违约金。因此，二审中仍可以坚持这一抗辩理由，但仅凭这一抗辩理由不足以推翻一审判决的赔偿金额，更不足以推翻一审判决对涉北京西城A饭店租赁合同有效的认定。

（四）团队讨论在这两起案件中的作用

团队讨论在复杂疑难案件中发挥着重要的作用。在律师团队的55步流程管理中，在事实准备和法律准备之后，对复杂疑难案件，律师团队应当发挥团队的优势，对案件的代理方案进行集体讨论。

律师团队对案件的讨论主要有五种方法，即要件分析法、证据分析法、风险分析法、方案比较法和头脑风暴法。上述五种方法中前三种方法是最常用的方法，其中要件分析法又是最为基本的方法，是每一个案件讨论中都必须使用的方法。

实际上依据要件分析法，一审中，我方当事人的主要抗辩理由都不能成立，因为除损失不实的抗辩理由外，其他抗辩理由都缺少法律要件，缺少法律依据，明显不成立。

因当事人对本案的重视及要求，律师团队先后三次和当事人的相关人员组织了案件讨论。律师团队中参加讨论的人员包括三位主承办律师及辅助开展代理工作的律师助理，当事人单位的人员包括上级单位的董事长、主管领导、法务负责人，当事人所属集团法务部负责人等。

通过集体讨论，律师团队决定调整上诉思路，坚持主张合同无效，从中标无效的角度寻找合同无效的理由，寻找和收集证明中标无效的相关证据，重点是河南某投资公司串通投标的证据、北京某投资公司挂靠投标的证据。在后来的证据收集和讨论过程中又将提供虚假业绩材料骗取中标作为重点。可见，团队讨论在本案代理中发挥了重要的作用。

（五）决断是对律师团队的要求

在讨论时要广泛听取参会人员的各种意见和建议，分析各种有利和不利因素，预估各种风险，有时还可以采取头脑风暴法，有意引导大家用发散式思维，畅所欲言，打破固有思维习惯的局限。但及时作出决断是对团队负责人或主承办律师的要求。诉讼团队的负责人或主承办律师应当有虚怀若谷的胸怀，应当有耐心听取不同意见的习惯，应当尊重每个参与讨论的人，但诉讼团队负责人或主承办律师更应当有敏锐的分析判断能力，能结合案件的实际情况，在事实和法律的基础上作出决断，及时确定案件的代理思路。决断是以专业为基础，决断是以全面了解案情为基础，决断是以全面了解涉案的事实和法律为基础。决断不仅是信心的体现，更是专业、力量和担当的体现。

在对本案的讨论中，虽然当事人的部分工作人员坚持主张一审时的抗辩思路，要求在主张中标无效的同时，继续主张支付3个月租金后就可以单方解除合同。律师团队在讨论后，作出了决定，果断放弃了一审时显然不能成立的抗辩理由，全力主张中标无效。这一坚持对本案的二审起到了明显的推动作用。

（六）串通投标在本案中是否成立

串标，是中标无效的常见情形。串标包括招标人和投标人之间串标，也包括投标人之间相互串标。本案中如果能证明河南某投资公司和其他投标人串通投标，则中标无效。

在讨论中，当事人认为本案存在重大的串标嫌疑：第一，河南某投资公司在与招标人签订房屋租赁合作意向书的当日就与北京某投资公司签订了对应的合作协议，第二，北京西城A饭店和北京房山B会议中心的中标价低于正常的市场价。但上述两方面的证据都只是间接辅助性证据，无法据此认定投标人之间确实存在串标行为。虽然,当事人承诺会积极查找这方面的证据,但始终没有查找到这方面有力的证据。因此,本案中,依据现有证据认定河南某投资公司存在串标行为不被支持的风险非常大。

（七）挂靠投标在本案中是否成立

本案中,河南某投资公司参与涉案项目的所有资金都来源于北京某投资公司,河南某投资公司和北京某投资公司签订的"合作协议"约定,"若甲方（河南某投资公司）中标后,甲方承诺将与乙方（北京某投资公司）成立合资公司或共同指定第三方,共同合作参与北京西城 A 饭店、北京房山 B 会议中心的升级改造和后续营运管理工作,甲方应按照与北京西城 A 饭店、北京房山 B 会议公司签订的租赁合同约定的交房时间交房"。依据上述证据和事实主张北京某投资公司挂靠河南某投资公司投标,即河南某投资公司出借资质和名义给北京某投资公司投标,得到支持的可能性,显然比串标主张得到支持的可能性要大。但律师团队经过大量的案例检索和综合分析后认为,仅仅依据资金的来源,仅仅依据河南某投资公司和北京某投资公司之"合作协议"的约定,就认定它们之间存在挂靠投标得不到支持的风险仍然非常大。

（八）虚假业绩投标证据在这两起案件中的突破作用

随着调查取证工作的开展,最终律师团队将提供虚假业绩骗取中标作为这两起案件主张中标无效的重点和突破口。

《招标投标法》第 33 条规定,"投标人不得以低于成本的报价竞标,也不得以他人名义投标或者以其他方式弄虚作假,骗取中标"。《招标投标法实施条例》第 42 条第 2 款规定,提供虚假的财务状况或者业绩,属于《招标投标法》第 33 条规定的以其他方式弄虚作假的行为。河南某投资公司在投标的过程中提供了三个类似项目的业绩,如果能证明河南某投资公司提供的业绩不实,则可以认定河南某投资公司提供虚假业绩骗取中标。河南某投资公司这三个业绩项目中有两个在北京,有一个在深圳。可以对河南某投资公司的上述业绩进行调查。获取这方面的证据,比获取串标的证据,自然要容易一些。

通过努力,最终在这方面的取证取得了实质性突破,从而使本案的代理工作发生逆转。

（九）可能性规则在这两起案件的证据突破中发挥了指引作用

这两起案件二审代理取得成功,一方面要归功于上诉思路的调整,即将中标无效、租赁合同无效作为上诉的主要理由;另一方面要归功于调查取证的突破,即中标无效方面取证的突破。比较这两方面，取证的突破最为重要。

在律师团队的调查取证中，有一个重要规则提供了帮助和指引。律师团队在案件代理中，觉得这一规则屡试不爽。这一规则就是美国同行路易斯·尼察所倡导的可能性规则，即：如果某件事听起来不太可能发生，那么该件事可能就不是这样发生的。如果你觉得某个事更可能以某种方式发生并且投入足够的时间深入研究，你终将发现你自己是对的，你也因此获得证据。

在这两起案件中，承租人和投标人河南某投资公司是备案的私募基金管理公司。依据中国投资基金业协会的相关规定，河南某投资公司不应当从事任何与基金管理无关的业务。因此，河南某投资公司提供的三起房地产项目经营的业绩可能不是河南某投资公司本身的真实业绩，可能是河南某投资公司借助基金投资的便利关系，将其参与投资的项目编造为其本身直接经营的项目。因此，如果律师团队和当事人积极调查，很可能发现这些业绩虚假的证据。

正是在这一规则的指引下，律师团队再次如愿以偿，实现了本案取证工作的突破。

（十）阅看材料在这两起案件取证中的重要作用

律师团队将商事诉讼仲裁案件中收集证据的方法归类为八种，即阅看材料、开会交流、察看现场、发送函件、向第三方取证、固定证言、网络检索和公证保全。前四种方法是商事诉讼仲裁案件中最重要最常见的方法。阅看材料即引导当事人尽可能全面地向律师团队提供材料，律师团队阅看当事人提供的全面材料。阅看材料时应当与诉讼思路结合起来，与诉讼思路的调整和完善结合起来，同时应当从律师的角度审查全部材料。除判断已经有的材料是否可以作为证据提交给人民法院或仲裁庭外，还应当思考，根据这些材料，是否可以发现新证据的线索。

在这两起案件的代理过程中，律师团队反复研看了当事人提供的全部材料，尤其是主动要求当事人提交与招标、投标相关的所有材料。通过对招投标材料的研读，了解到：在招标时，招标文件对投标单位的业绩有明确的要求。在投标时，河南某投资公司对以往的业绩也作了书面的陈述和保证。投标材料中，有河南某投资公司提供的三起业绩的具体合同。

通过全面阅看招投标资料，律师团队不仅确定将招投标的部分材料直接作为证据提交给人民法院，而且发现了河南某投资公司在业绩上可能弄虚作假的线索。可见，阅看材料对证据突破起到了非常重要的作用。

（十一）网络检索在这两起案件取证中的重要作用

网络检索现在在商事诉讼仲裁案件的取证工作中发挥着越来越重要的作用。网络检索是律师团队取证的优势，也是年轻律师的优势。

在这两起案件的取证中，网络检索同样起到了非常重要的作用。如前所述，河南某投资公司提供三项房地产项目业绩。基于房地产项目建设和经营的特殊性，一般在网络上能够检索到与房地产项目相关的裁判文书、招投标信息、经营报道等信息。在此思路指引下，律师团队专门安排了两位实习律师和律师助理对这三个房地产项目的相关信息进行了网络检索。经仔细检索，他们收集到了非常有说服力的证据材料，包括与这三个项目相关的人民法院判决书、工程建设招标公告、经营报道等。这些证据能够证明，河南某投资公司提供的三个项目的实际经营单位均不是河南某投资公司本身，而是其他单位。依据这些证据，基本上可以认定河南某投资公司的经营业绩虚假。

（十二）察看现场在这两起案件取证中的作用

察看现场也是商事诉讼仲裁案件中主要的取证方式之一。河南某投资公司提供的三项业绩中，有两项在北京市。在网络检索的基础上，律师团队对在北京市的两家房地产项目进行了实地察看，核实了这两个项目的经营主体、经营信息，并进行了拍照。察看现场在这两起案件的取证工作中也发挥了积极作用。

（十三）公证保全在本案取证中的作用

在进行网络检索和察看现场的基础上，律师团队申请了公证保全：对网络检索的相关文件、网页进行了公证保全，对现场取证的照片也进行了公证固定。公证保全这一措施，在这两起案件的取证工作中也发挥了积极作用。

（十四）时间轴在这两起案件取证中的帮助

时间轴一般用于对案件事实的陈述和对案件事实的对比。但时间轴在这两起案件的调查取证中也发挥了一定的作用。通过时间轴的对比，可以直观地看出，河南某投资公司、北京某投资公司和北京某酒店公司签订三方委托协议的时间明显早于北京某酒店公司工商注册的时间，显然该份三方委托协议和北京某酒店公司的工商注册材料能成为证明河南某投资公司恶意索赔的证据。

（十五）将对方证据作为本方的证据

在商事诉讼仲裁案件中，如果对方的证据有利于本方的某个观点，可以将对方的证据作为本方的证据。这样，不仅对对方该份证据有质证的机会，还可以就该份证据发表举证意见，用以证明本方的观点。如果有这样的机会，自然会有效推动案件的代理工作。

在这两起案件中，为证明对方存在串标嫌疑，为了证明对方借用名义给第三方挂靠投标，为了证明对方提供虚假证据进行索赔，在二审中，律师团队将对方在一审中提交的大量证据作为我方的二审证据，并对这些证据进行了充分的阐述。这些证据在二审中也起到了非常好的作用。

（十六）证据清单在这两起案件中的作用

无论是在诉讼还是在仲裁中，提交证据都必须对证据进行整理，并附上证据清单。随着诉讼仲裁专业化的提升，随着人民法院和仲裁庭对证据清单的重视，证据清单已经成为最重要的基本法律文书之一。

一份好的证据清单能使证据自己向法官或仲裁员说话，节约法官和仲裁员的时间，传递案件的思路，充分发挥证据的作用。一份好的证据清单至少应当满足以下几点要求：便于检索，对证据的证明内容或证明作用进行恰当的阐述，简洁美观。

在复杂的案件中，证据的分组很重要。一般一组证据主要证明一方面的案件事实，或者证明一个案件焦点问题。在北京西城 A 饭店案的二审中，由于时间紧迫，律师团队结合取证的进度，先后三次提交了证据，向人民法院提交了三份证据清单。律师团队将二审中提交的证据分为了七组。第一次提交了三组证据：第一组证据是关于串标的证据，第二组是关于挂靠投标的证据，第三组是关于提供虚假证据索赔的证据。随着取证的深入及案件代理工作重点的转移，第二次补充提交了四组证据：第四组是招投标中业绩的要求及河南某投资公司提交的业绩材料，第五组是河南某投资公司深圳项目业绩虚假的证据，第六组和第七组是河南某投资公司两个北京项目业绩虚假的证据。第三次补充提交的证据分别是第五组证据、第六组证据、第七组证据。这样前后 55 份证据，分属于七组。由可此见，证据清单的条理非常清晰。

（十七）申请人民法院调查收集证据

律师团队在千方百计收集证据的同时，还向二审法院提交了调查取证申请：因现有证据初步证明北京某投资公司挂靠河南某投资公司投标，北京某投资公司和河南某投资公司提供虚假证据进行索赔，因此申请人民法院调取河南某投资公司与本案相关的银行账号在 2020 年 7 月 1 日至 2021 年 12 月 1 日之间的全部银行流水记录。这一调查取证申请被北京市高级人民法院所采纳，北京市高级人民法院其后责令河南某投资公司主动向人民法院提供该段时间的银行流水记录。人民法院的这一指令给河南某投资公司造成了较大的压力，对促成本案调解结案起到了一定的作用。

（十八）申请人民法院责令对方提交书证

除申请人民法院调查取证外，律师团队基于同样的理由，还申请人民法院责令河南某投资公司提供从 2020 年 7 月 1 日至 2021 年 12 月 1 日的财务账册。律师团队的这一申请是基于书证提出命令制度，法律依据是《最高人民法院关于适用〈中华人民共和国民事诉讼法〉的解释》第 112 条和《最高人民法院关于民事诉讼证据的若干规定》第 45 条至第 48 条。依据上述规定，与案件相关的财务账册是书证披露的范围。

（十九）申请人民法院给对方提供虚假证据的行为予以处罚

为了依法给河南某投资公司施加压力，也为了使人民法院更加重视河南某投资公司提供虚假证据的行为，律师团队提交了司法处罚申请书，请求人民法院对河南某投资公司提供虚假证据的诉讼行为进行处罚。这一申请给河南某投资公司及其代理人都造成了比较大的压力，对促成案件调解也起到了一定的作用。

（二十）不放弃和解

在民商事诉讼仲裁案件中，不要轻易放弃以和解结案的方式，不要轻易放弃案结事了的和解方式。

虽然这两起案件中已经初步收集到了河南某投资公司提供虚假业绩投标的证据，虽然这两起案件中已经初步收集了河南某投资公司提供虚假损失索赔的证据，但本案的诉讼仍存在一定的风险。另外，河南某投资公司在这两起案件的招投标过程中，在签订合同后，先后支付了超过 1.2 亿元的资金，至诉讼时仍有 2 000 多万元的预付款在我方的账户上。另外，即使我方胜诉，相关法律文书仍然会在网上公开。基于上述考量，在不移交北京房山 B 会议中心的前提下，在只支付少量补偿款的前提下，双方就这两起案件在人民法院签订了和解协议，并最终签收了人民法院制作的调解书。这两起案件最终顺利结案，超预期地完成了当事人委托时提出的目标。

（二十一）对代理工作的综合评价

这两起案件相互关联，最终分别在北京市高级人民法院和北京市第二中级人民法院成功实现逆转。综合分析，以下几方面的代理工作起到了突破作用：(1) 思路突破。没有思路突破，就不会有这两起案件的逆转。律师团队经讨论后，果断放弃了一审中的抗辩思路，坚定地主张合同无效，坚定地寻找证明中标无效的证据。(2) 证据突破。在思路调整的指导下，发挥团队优势，积极收集新证据。寻找到证明虚假业绩的相应证据，也是这两起案件完成逆转的关键。这两起案件的证据突破不仅表现为对新证据的收集，还表现为将对方的证据作为对本方有利的二审证据。还包括申请人民法院调查收集证据，申请人民法院责令对方当事人提交书证，申请人民法院对对方当事人提供虚假证据的行为予以处罚。(3) 其他方面的突破。上述这两起案件中的上诉补充意见、代理词等法律文书，时间轴、案件事实一览表等可视化工具，团队讨论，法律检索等方面的工作也发挥了积极作用。

案例 7：调整诉讼思路，论述介绍工程转包，居间合同无效，凸显原审错误

——最高人民法院南京某建筑公司与葛某某建设工程居间合同纠纷再审案的思路突破和文书突破

- 申请再审思路
- 再审申请书
- 再审代理词
- 律师团队 7 点评析

一、代理工作概述

这是一起在最高人民法院申请再审并最终反败为胜的建设工程居间合同纠纷案。

委托人南京某建筑公司是南京高淳一家大型民营建筑公司。2001 年南通某建筑公司中标了南京某某大厦工程。后葛某某介绍施工队负责人孙某某承包涉案工程。葛某某和孙某某共同找到了南京某建筑公司驻南京办事处的负责人魏某某，三人商定孙某某挂靠南京某建筑公司承建涉案工程。南京某建筑公司驻南京办事处应孙某某和葛某某要求，给葛某某出具承诺书，承诺承建该工程在不让利的前提下，返还 250 万元。后南京某建筑公司和南通某建筑公司签订联营协议，孙某某挂靠南京某建筑公司承建了涉案工程。但孙某某在承包过程中发生亏损，故孙某某没有全部兑现给葛某某的费用。其后，葛某某依据承诺书要求南京某建筑公司支付介绍工程的居间费，从而引发了本案的诉讼。

2007 年 1 月 21 日，江苏省南京市中级人民法院认定葛某某向南京某建筑公司报告了承建涉案工程的机会，南京某建筑公司亦实际与南通某建筑公司达成了联营协议，葛某某与南京某建筑公司之间存在居间关系，因此判决南京某建筑公司向葛某某支付居间费。南京某建筑公司提起上诉后，2008 年 5 月 22 日，江苏省高级人民法院以（2008）苏民二终字第 0163 号民事判决驳回了南京某建筑公司的上诉，

维持了一审判决。

南京某建筑公司一审和二审均败诉后,被江苏省南京市中级人民法院强制执行。在被强制执行期间,经北京企业界朋友介绍,其法定代表人到北京委托张群力律师代理其向最高人民法院申请再审。

经努力,最高人民法院下达了再审裁定,指令江苏省高级人民法院再审本案。

江苏省高级人民法院经开庭审理后作出(2009)苏民二再终字第0003号再审判决,撤销了原二审判决和一审判决,驳回了葛某某的全部诉讼请求。

本涉案及的主要法律问题有:本案的联营协议是工程转包还是工程合作?居间合同是否有效?居间合同约定的支付居间费的条件是否成就?

本案从一审、二审到申请再审,从指令再审到再审判决,最终彻底反败为胜,实属不易!本案不仅全面维护了当事人的合法权益,而且成为人民法院认定工程合作和工程转包的典型案例,成为人民法院认定居间合同是否有效的典型案例。

本案由张群力律师担任代理人,本案也是张群力律师在最高人民法院代理的第一起再审案件。在此,要特别感谢北京企业界朋友对律师团队的推荐和介绍!感谢当事人对律师团队的信任和支持!

二、基本案情和一、二审情况

(一)基本案情

涉案建设项目为南京某大厦工程,建设单位为江苏某置业公司。2001年2月10日江苏某置业公司公开招标,3月7日南通某建筑公司中标。后葛某某介绍施工队负责人孙某某承建涉案工程,葛某某和孙某某共同找到了南京某建筑公司驻南京办事处的负责人魏某某,三人商定孙某某挂靠到南京某建筑公司承建涉案项目。2002年8月8日南京某建筑公司驻南京办事处应孙某某和葛某某要求,给葛某某出具承诺书,"兹有本公司有幸承建南京某大厦工程,根据该工程特点……特作如下承诺:承建该工程在不让利的前提下,返还贰佰伍拾万元(含购车用款)"。

2002年10月9日,中标单位南通某建筑公司和江苏某置业公司签订建设工程施工合同。当日南通某建筑公司又和南京某建筑公司签订联营协议。联营协议约定:江苏某置业公司开发的南京某大厦工程,由南通某建筑公司和南京某建筑公司联合经营承包,南通某建筑公司作为联合体代表人负责整个合同的全面履行,南京某建筑公司作为联合体成员,负责上述工程的实施,并为履行南通某建筑公司跟业主签订的施工合同承担责任……同日,江苏某置业公司、南通某建筑公司及南京某建筑公司就工程事宜又签订"经济保证担保合同"。其后,孙某某实际承建了涉案项目，但由于承包工程发生亏损，孙某某没有完全兑现给葛某某的居间费。

葛某某以南京某建筑公司成功与南通某建筑公司联营并参与承建涉案工程为由，要求南京某建筑公司支付居间费。双方发生争议后，葛某某就以南京某建筑公司驻南京办事处曾经出具的承诺书为依据向江苏省南京市中级人民法院提起了诉讼。

（二）一审情况

2007年2月，葛某某向江苏省南京市中级人民法院提起诉讼，要求南京某建筑公司向葛某某承担居间费250万元及利息。一审中，葛某某提交了与南京某建筑公司的工作人员的通话录音、涉案工程管理人员名单、开工报告、工程竣工报告、会议纪要，并申请部分证人出庭作证。

南京某建筑公司的主要答辩内容包括：（1）葛某某的证据不足以证明葛某某与南京某建筑公司存在居间合同关系；（2）南京某建筑公司与南通某建筑公司的"联营协议"实质上是一份工程转包协议，该协议违反了国家的强制性规定；（3）葛某某提供的承诺书无法确定是出具给葛某某的，将其理解为施工单位出具给建设单位的更符合本意；（4）南京某建筑公司不是适格被告。

江苏省南京市中级人民法院认为葛某某所主张的居间合同关系成立，并支持了葛某某的诉讼请求。一审判决书"本院认为"部分和判决主文部分分别表述如下：

《中华人民共和国合同法》第四百二十四条规定，居间合同是居间人向委托人报告订立合同的机会或者提供订立合同的媒介服务，委托人支付报酬的合同。首先，葛某某举证的"联营协议"本身即证明了南京某建筑公司获得订立该合同的机会，并实际签订了该合同；其次，魏某某作为南京某建筑公司驻南京办事处的负责人及签订"联营协议"的代表，在录音资料中亦确认某某大厦工程系葛某某介绍；再次，某某大厦的建设方南京某置业公司在605号案件中诉称，葛某某为其和总包单位（南通某建筑公司）介绍了一家土建单位，葛某某系中间人角色。下关区法院对该事实予以确认，并确认葛某某应南京某建筑公司的请求，促成了南京某建筑公司与南通某建筑公司之间达成"联营协议"，该判决现已生效。证人沈某某的证言也印证了上述事实。综合上述证据，足以证明葛某某向南京某建筑公司报告了承建某某大厦工程的机会，南京某建筑公司亦实际与南通某建筑公司达成了"联营协议"。故南京某建筑公司认为葛某某的证据不足以证明其与南京某建筑公司之间存在居间合同关系的抗辩意见，不予采纳。南通某建筑公司系某某大厦工程总承包单位，"联营协议"的内容反映，其在该工程的建设过程中负责技术、管理并控制工程款的使用进度、专款专用，即南通某建筑公司并未将其承包的工程全部转包给南京某建筑公司，葛某某介绍南京某建筑公司与南通某建筑公司之间达成的是一份"联营协议"。南京某置业公司作为业主对"联营协议"的内容亦予鉴证，故南京某建筑公司关于南京某建筑公司与南通某建筑公司的"联营协议"系工程转包协议，违反了国家强制性规定，即便葛某某介绍了南京某建筑公司与南通某建筑公司的合作，也系非法行为的抗辩意见，证据不足，不予采纳。

承诺书中载明：承建该工程在不让利的前提下，返还贰佰伍拾万元。虽然该承诺书未写明承诺的对象及返利费的性质，但根据前述认定，葛某某与南京某建筑公司之间存在居间合同关系，结合魏某某在录音资料中的陈述："承诺书在你手里，你就把承诺书拿来找就行了……在你手里就像欠条……"以及葛某某实际持有该承诺书原件的事实，应当认定该承诺书的相对人是葛某某，其中的返利费即指居间费。对南京某建筑公司所称从承诺书的内容无法确定是针对葛某某所作，相反，将其理解为施工单位出具给建设单位的更符合本意的抗辩意见，结合南京某建筑公司的改制情况以及承诺书上的南京某建筑公司驻南京办事处印章的保管情况，南京某建筑公司有义务提供证据证明其抗辩理由成立，但在规定的举证期限内，其未提交相关证据，应承担举证不能的法律后果。故对其抗辩意见，不予采纳。诉讼中，葛某某陈述，原先南京某置业公司与南通某建筑公司之间约定由南通某建筑公司向南京某置业公司让利6.86%，当时南京某置业公司缺少资金，其帮助南京某置业公司筹措了部分资金，条件是该工程由其找专业队伍来做，承诺书中的"不让利"是指南通某建筑公司、南京某建筑公司不让利给南京某置业公司。调查的证据显示，2002年10月9日，南京某置业公司与南通某建筑公司签订的建设工程施工合同约定，南通某建筑公司向南京某置业公司让利6.86%。2003年12月7日，双方又协议取消了上述约定，并确定工程施工合同承包范围内的工程项目按实结算。证人沈某某的证言与自南京某工程咨询公司调取的资料及该公司基建二部主任刘某的陈述相互印证了管理费不下浮的事实。故葛某某关于南通某建筑公司与南京某置业公司之间未让利的主张有事实依据，予以采纳。关于南京某建筑公司是否已向南京某置业公司让利的问题，承诺书中载明的"不让利"意即没有发生让利、不存在让利，是一个消极事实，葛某某对该消极事实无法举证。根据查明的事实，南京某建筑公司的改制情况，承诺书上南京某建筑公司驻南京办事处的印章系南京某建筑公司保管期间所盖，故相对于葛某某而言，南京某建筑公司距离是否让利的事实更近，更易举证证明南京某建筑公司与南京某置业公司之间存在"让利"的积极事实，以推翻"不让利"的消极事实，故将该举证责任分配给了南京某建筑公司，但在规定的举证期限内，南京某建筑公司未就此提供证据，应承担举证不能的法律后果。

综上，依照《中华人民共和国合同法》第四百二十四条、第四百二十六条，《中华人民共和国公司法》第三条第二款，《最高人民法院〈关于民事诉讼证据的若干规定〉》第七条、第五十五条、第六十九条，《最高人民法院关于适用〈中华人民共和国民事诉讼法〉若干问题的意见》第75条第4项，《中华人民共和国民事诉讼法》第六十四条第一款、第一百三十条之规定，判决如下：

一、南京某建筑公司于判决生效之日起10日内给付葛某某居间费250万元及利息（自2007年1月23日起至实际清偿之日止，以250万元为基数，按银行同期贷款利率计算）。

二、驳回葛某某其他诉讼请求。

如果未按判决指定的期间履行给付金钱义务，应当依照《中华人民共和国民事诉讼法》第二百三十二条之规定，加倍支付迟延履行期间的债务利息。

案件受理费37 810元，由南京某建筑公司负担。

(二) 二审情况

二审判决作出后，南京某建筑公司向江苏省高级人民法院提起了上诉。

南京某建筑公司的上诉理由主要包括：（1）居间合同并不存在。葛某某既未提供合同关系成立的书面凭据，也未提供能确定口头居间合同存在的有效证据，承诺书及录音资料均无法达到其证明目的。一审认定南京某建筑公司与南通某建筑公司签订的"联营协议"合法有效，违反了《中华人民共和国建筑法》第二十八条和《江苏省建筑市场管理条例》第十四条的规定。原审法院以下关区法院判决确认的事实为依据确认南通某建筑公司系南京某某大厦工程的总承包单位与事实不符，根据该公司与南京某大厦建设方江苏某置业公司签订的合同可轻易地认定二者签订的是建设工程施工合同，不是总承包合同，南通某建筑公司与南京某建筑公司签订的"联营协议"事实上是转包协议，违反了法律法规的禁止性规定，是无效的。即使葛某某撮合了南通某建筑公司与南京某建筑公司签订的"联营协议"，该行为也是非法的，既不能获得法律的支持，更不能证实居间合同关系的成立。葛某某系建设方的工作人员，工程签证单、会议纪要等资料可以反映，葛某某根本无权索要所谓的居间费，作为工程建设方工作人员，如果假托借口收取钱款就涉嫌犯罪。（2）退一步讲，即便居间合同关系能够成立，即使葛某某应获得居间费，其已在涉案工程的建设过程中获取了远超其应得费用的款项，其曾自认已获得部分诉请的居间费用于购车，后又将该自认记录篡改，事实上，在工程建设过程中，作为实际施工人的孙某某已于2004年分8次支付给葛某某178万元，远远超过涉案大厦土建工程造价未让利（6.86％）部分的数额，葛某某的利益已经实现，无权再要求给付所谓的居间费。综上，原审判决认定事实不清，判决不公，请求撤销原判，改判驳回葛某某对上诉人的诉讼请求。

二审中，上诉人南京某建筑公司新提交了葛某某出具的八张收条及孙某某等证人的证人证言，用以证明葛某某已于2004年收取了孙某某支付的南京某某大厦工程6.86％的所谓中介费178万元。

被上诉人葛某某的主要答辩内容包括：（1）葛某某与南京某建筑公司的居间关系成立，合法有效；（2）葛某某直到目前为止没有收到居间费。

江苏省高级人民法院将二审的争议焦点归纳为：（1）葛某某主张的居间合同是否成立？如果成立，该合同是否合法有效？（2）葛某某是否已经收取了部分居间费？

江苏省高级人民法院认为，二审提交的证据不足以推翻一审认定的事实，并进而驳回了委托人的上诉，维持了一审判决。江苏省高级人民法院二审判决的"本院认为"部分和判决主文部分分别表述如下：

本院认为：关于第一个争议焦点，南京某大厦工程的建设方江苏某置业公司在下关区法院605号案件中诉称，葛某某为其和总包单位南通某建筑公司介绍了一家土建单位，葛某某系中间人角色，下关区法院对该事实予以确认，并确认葛某某应南京某建筑公司的请求，促成了南京某建筑公司与南通某建筑公司之间达成"联营协议"，该判决现已生效。上诉人南京某建筑公司没有相反的证据推翻该生效判决所确认的事实，故应当认定葛某某与南京某建筑公司之间存在着居间合同关系，该居间合同不违反法律法规的规定，合法有效。由于根据最终的审计结果，南京某某大厦工程没有让利，故根据南京某建筑公司出具给葛某某的承诺书，葛某某获取居间费的条件已经成就，南京某建筑公司应当向葛某某支付其承诺给付的居间费250万元。

南通某建筑公司系南京某某大厦工程总承包单位，根据南京某建筑公司与南通某建筑公司之间达成的"联营协议"的约定，南通某建筑公司在该工程的建设过程中负责技术、管理并控制工程款的使用进度、专款专用，南通某建筑公司并未将其承包的工程全部转包给南京某建筑公司，江苏某置业公司作为业主对"联营协议"的内容亦予鉴证，故南京某建筑公司与南通某建筑公司之间达成的"联营协议"不属于工程转包协议，没有违反国家强制性规定，南京某建筑公司以"联营协议"违法为由要求确认葛某某的居间行为无效的上诉理由也不能成立，本院不予支持。

关于第二个争议焦点，南京某建筑公司认为葛某某已收到部分居间费，但未能提供有效证据加以证明，葛某某出具给孙某某的八张收条仅注明收到孙某某支付的款项，并未载明收款事由，且南京某建筑公司一审并不承认孙某某是南京某建筑公司的工作人员，故孙某某支付给葛某某的178万元与本案无关联性。再者，八张收条只能表明葛某某收到过孙某某的178万元款项，无法证明这就是孙某某代南京某建筑公司支付给葛某某的居间费。南京某建筑公司在诉讼中的言行自相矛盾，原审判决认定南京某建筑公司没有支付过居间费是正确的。孙某某和葛某某之间为何会发生178万元的往来款项问题，与本案没有关系，如果孙某某认为葛某某收取该178万元属于不当得利，孙某某可以向葛某某另案主张权利。

综上，上诉人南京某建筑公司的上诉请求无事实和法律依据，不能成立。原审判决认定事实清楚，适用法律正确，应予维持。依照《中华人民共和国民事诉讼法》第一百五十三条第一款第（一）项之规定，判决如下：

驳回上诉，维持原判决。

三、代理思路和律师文书

（一）申请再审思路

这是一起典型的法律适用错误的建设工程居间合同纠纷申请再审案。

南京某建筑公司和对方当事人之间确实存在居间合同，如果居间合同合法有效，而且促成了被居间的合同成立，无论南京某建筑公司在涉案工程中是否盈利，依据居间合同的约定和承诺，南京某建筑公司都应当支付居间人居间费，并应当赔偿逾期支付居间费的损失。一审法院和二审法院正是基于这种逻辑判决南京某建筑公司承担责任。因此，要纠正一审判决和二审判决，正确的思路是证明居间合同无效或居间行为没有促成被居间的合同有效成立。

要证明居间合同无效，就需要证明南京某建筑公司与原中标单位南通某建筑公司签订的"联营协议"无效，即它名为合作、名为联营，实为工程转包。要判断联营合同是合作还是转包，可以依据建筑行业的特点，也可以依据建筑法的禁止性规定。合作和转包之间区分的一个重要标志是主体结构工程是否由原中标单位直接承建。如果原中标单位没有承建主体结构工程，而是让所谓联营单位承建，则是转包。另外，合作和转包之间区分的另一个标志是它们之间是否风险共担、利益共享，如果一方只收取固定的收益，则双方之间不是合作，而是转包。因此，本案申请再审时最重要的是充分阐述本案是转包而不是联营，从而证明介绍工程转包，居间合同无效。原审认定居间合同有效，适用《合同法》第52条确有错误，本案应当再审并改判。

联营合同无效，即居间人并没有促成南京某建筑公司签订有效的合同，依据《合同法》第424条，委托人也不应支付报酬。原审适用《合同法》第424条确有错误，本案也应当再审并改判。

另外，要强调本案原审判决的负面影响，强调本案在法律适用方面的典型意义，以引起最高人民法院对本案的法律适用的关注，从而促使最高人民法院裁定再审本案。

在上述思路的指引下，本案最终取得良好的代理效果，本案最终成为人民法院认定工程转包和居间合同效力的典型案例。

（二）再审申请书

民事再审申请书

再审申请人：南京某建筑公司

被申请人：葛某某

再审申请人南京某建筑公司（以下称申请人）因与被申请人葛某某（以下称葛某某）、二审被上诉人南京市某建工程有限公司（以下称南京某建公司）和二审被上诉人南京市某建工程有限公司第一分公司（以下称一分公司）居间合同纠纷一案，不服江苏省高级人民法院（2008）苏民二终字第163号民事判决和江苏省南京市中级人民法院（2007）宁民二初字第43号民事判决，认为原审判决认定的基本事实缺乏证据证明、原审适用法律确有错误，依据《民事诉讼法》第一百七十九条一款第二项和第六项的规定，向贵院申请再审。

再审请求：

请求依法再审，撤销江苏省南京市中级人民法院（2007）宁民二初字第43号民事判决（以下称一审判决）和江苏省高级人民法院（2008）苏民二终字第163号民事判决（以下称二审判决），驳回葛某某的全部诉讼请求。

申请再审的具体事实和理由：

一、本案主合同即一分公司和案外人南通某建筑安装公司的合同，名义上是联营协议，实质上是工程转包合同，一审、二审认为不是工程转包，认定的基本事实缺乏证据证明，适用法律确有错误，本案应当再审并改判

本案的建设项目为南京某某大厦工程，建设单位为江苏某某置业有限公司（以下称江苏某置业公司）。2001年2月10日，江苏某置业公司正式公开招标；3月6日，案外人南通某建筑安装公司（以下称南通某建筑公司）正式投标；3月7日南

通某建筑公司中标并取得中标通知书。2002年10月9日江苏某置业公司和南通某建筑公司签订建设工程施工合同,江苏某置业公司将某某大厦工程发包给南通某建筑公司施工。同日,即2002年10月9日南通某建筑公司即与一分公司(一、二审判决书认定,申请人由一分公司改制而来,一分公司在本案中的相关权利义务由申请人承受)签订联营协议,同时,江苏某置业公司签订三方担保合同,为一分公司提供担保。

本案是居间合同纠纷,本案所说的居间,即是指葛某某促成了一分公司和南通某建筑公司签订了联营协议,一分公司从南通某建筑公司(处)承包了某某大厦工程。要判定本案的居间行为是不是合法,是否为有效的居间,关键是要看居间行为所促成的主合同是否合法,即一分公司和南通某建筑公司之间的合同是合法有效的联营合同,还是违法的工程转包合同。

很显然,本案中一分公司和南通某建筑公司之间的合同,是无效的工程转包合同,而不是有效的联营合同:

(一)从建设工程主体工程的施工情况来看,甚至从全部工程的施工情况来看,本案是彻头彻尾的工程转包

《合同法》第二百七十二条第三款中规定,"……建设工程主体结构的施工必须由承包人自行完成"。《建筑法》第二十九条第一款同样规定,"……建筑工程主体结构的施工必须由总承包单位自行完成"。

要区分是有效的工程分包或联营,还是无效的工程转包,一个重要的标志是要看承包方是否直接承建了建设工程的主体工程。如果承包方将建设工程主体工程交由第三人来施工,则是转包工程;反之,如果承包方自己承建了主体工程,只是依据承包合同的约定或在建设方同意的情况下,将部分配套工程转给第三人来施工或合作,则是有效的分包或联营。

本案中,南通某建筑公司不仅没有直接承建主体工程,而且将承包的全部工程整体转给了一分公司。南通某建筑公司和一分公司在所谓"联营协议"中清楚约定,南通某建筑公司(甲方)只是"代表人",而一分公司却"负责上述工程的实施,并为履行甲方跟业主签订的施工合同承担责任";南通某建筑公司的义务仅是与建设方联系,如签订合同、接收工程款、参与交付工程等联系性工作,而一分公司却"对所承建的工程负责",承担了从"编制工程预(决)算、施工组织设计、现场施工和管理到工程交付的全部工作"。从这一约定和实际实施情况来看,南通某建筑公司和一分公司是在彻头彻尾地进行工程转包,根本不是所谓联营。

（二）从"风险共担、利益共享"的联营原则来看，本案是工程转包而不是所谓联营

不论是法人型联营，还是非法人主体资格的联营体联营，联营的基本原则是"风险共担、利益共享"。而本案中，从南通某建筑公司和一分公司的约定和实施情况来看，一分公司对工程"实行独立核算，自负盈亏"。不管盈亏（实际上工程已亏损），南通某建筑公司均"按完成工程造价6％比例"收取所谓联营费。即便是南通某建筑公司（甲方）对一分公司（乙方）"在施工中发现问题后认为必须派相关技术人员常驻现场进行监督指导的"，相关监督人员的费用也必须由一分公司（乙方）"负责支付"（见"联营协议"第1条第6项）。显然这不是真正的联营，而是彻彻底底的转包。

事实上，如果是以联营体的方式来承建工程，则投标时应以联营体的名义一起投标；中标后，也应以联营体的名义一起和建设方签订建设工程施工合同。因此，无论从建设方和承包方签订的建设工程施工合同这一形式要件来看，还是从实质法律关系来看，本案均是工程转包关系，而不是联营关系。

（三）本案起诉前，葛某某、江苏某置业公司和南通某建筑公司均认可一分公司承建了工程，本案是工程转包关系

在签订"建设工程施工合同"和"联营协议"的当日，即2002年10月9日，南通某建筑公司、一分公司和江苏某置业公司还签订了一份"经济保证担保合同"，这份担保合同中，南通某建筑公司、一分公司和江苏某置业公司都明确，"工程由南京某建公司一分公司负责施工"，一分公司（乙方）"作为独立的经济核算单位，负责实施南京某某大厦工程的施工任务，并完全履行南通某建筑公司（甲方）与业主的施工合同中经济条款及内部管理协议中的各项权利与义务，自负盈亏"。2006年3月，在江苏某置业公司起诉葛某某返还擅自侵占的工程款一案中，葛某某承认，"三方签订合同后，南京某建公司一分公司以南通某建筑公司的名义施工"［见南京市下关区（2006）下民一初字第605号民事判决书第3页第12行］。从以上情况来看，本案起诉前，葛某某、江苏某置业公司和南通某建筑公司都认可一分公司承建了某某大厦工程，本案是工程转包关系。

综上，无论是从工程的实际施工情况来看，还是（从）联营的原则来看，无论是从建设方和承包方签订的建设工程施工合同的主体来看，还是从江苏某置业公司、一分公司和南通某建筑公司的担保合同及葛某某的诉前陈述来看，南通某建筑公司和一分公司的关系均不是真正的联营关系，而是完完全全的工程转包关系。

一审和二审法院，不顾这些基本的事实，不顾工程施工中的最基本常识，不顾

最基本的法律关系，竟然认为南通某建筑公司和一分公司之间不是工程转包关系，甚至还要求申请人"举证"，真让申请人百思不得其解！

二、工程转包居间，违反了法律禁止性规定，居间行为无效，无效的居间行为理应不受法律保护。一审和二审保护非法转包居间费适用法律确有错误，本案应当再审并改判

《建筑法》第二十八条规定，"禁止承包单位将其承包的全部建筑工程转包给他人……"；《合同法》第二百七十二条第二款规定，"……承包人不得将其承包的全部建设工程转包给第三人……"；《招标投标法》第四十八条同样规定，"……中标人不得向他人转让中标项目……"。

本案中，南通某建筑公司将中标和承包的工程转包给一分公司，葛某某居间促使南通某建筑公司和一分公司进行工程转包，南通某建筑公司和一分公司的转包行为以及葛某某的转包居间行为，均因违背了国家《建筑法》、《合同法》和《招标投标法》等法律的禁止性规定而无效。

《民法通则》第五十八条第二款规定，"无效的民事行为，从行为开始起就没有法律约束力"；《合同法》第五十六条规定，"无效的合同或者被撤销的合同自始没有法律约束力"。本案中居间行为和居间合同无效，因此，无论一分公司在工程转包前还是在转包后给葛某某出具了什么"承诺"，也无论承诺了多大的返利比例，以上行为或约定，均没有法律效力，均不应该得到法律的保护。事实上，最高人民法院于1990年11月19日在给山西省高级人民法院的《关于给承包单位介绍工程索要信息费如何处理问题的复函》中（表达得）非常明确：介绍转包工程，不能收取信息费（居间费）。

《合同法》第四百二十六条中规定，"居间人促成合同成立的，委托人应当按照约定支付报酬"。第四百二十七条中规定，"居间人未促成合同成立的，不得要求支付报酬"。本案中，葛某某如要得到合法的居间报酬，他应该协助一分公司进行投标，并协助一分公司与建设方签订合法有效的建设工程施工合同。一分公司签订有效的建设工程施工合同是葛某某得到居间费的必要条件。但是在本案中，我们既没有看到葛某某的有效居间行为，也没有看到一分公司与建设方签订有效的建设工程施工合同，甚至一分公司在本工程中自始至终均没有签订过任何一份有效的合同。对这样的居间行为，对这样的居间结果，难道葛某某能依据法律得到居间报酬吗？

三、本案的居间行为不仅无效，而且还涉嫌刑事犯罪，一、二审法院用判决形式来确定违法行为甚至犯罪行为的效力，适用法律确有错误，本案应当再审并改判

（一）葛某某是建设方的代表

葛某某虽然促成了一分公司和南通某建筑公司签订转包合同，在一分公司和南

通某建筑公司之间承担了中间人的角色，但在整个工程建设中，毋庸置疑，葛某某同时也是建设方的代表。

第一，葛某某提供的证人沈某某的书面证言和当庭证词证实，沈某某作为某岛公司的副经理，"经葛某某介绍认识了江苏某置业公司的柏某某，双方就涉案大厦工程进行了洽谈，因当时江苏某置业公司缺少资金，某岛公司和江苏某置业公司共同投资建设涉案大厦，葛某某提出施工方由其指定，并要求管理费不予下浮"（见一审判决第8页）。2006年3月，在江苏某置业公司起诉葛某某返还擅自侵占的工程款一案中，葛某某也承认，"因帮助原告（江苏某置业公司）筹措部分开发资金与原告法人柏某某相识"[见南京市下关区（2006）下民一初字第605号民事判决书第3页第7行]。

第二，在申请人提供的2003年3月27日的某某大厦工程签证单上，施工方代表人张某某签了字，加盖了一分公司印章，葛某某直接以建设方的代表身份签了字，同时监理单位代表也签了字并加盖了监理单位印章。这一份工程签证单就足以证明，无论是施工方还是监理方，无论是建设方单位还是葛某某个人，在工程施工过程中，大家都一致确认葛某某是建设方代表。

第三，除工程签证单外，申请人还提交了监理公司在工程建设过程中记录的工程建设会议纪要，每份会议纪要都加盖了监理单位的印章，列出了具体的会议时间、地点，建设、施工和监理三方参会人员名单及各方讨论的事项及发言内容。这些是工程建设过程中形成的监理档案资料，除申请人提供了原件或复印件外，在监理单位都应该能够找到原件或者能够对这些材料进行真伪鉴定，这些会议纪要具有无可争议的证据效力。

在2003年2月9日的会议纪要中，和建设方法定代表人柏某某一样，葛某某同样是江苏某置业公司的代表，还被称呼为"葛总"。葛某某还以建设方的身份在会上作了发言："1.钢筋焊接须在现场制作。2.现场挖土要特别注意安全问题，安全员必须到位。"

在2003年3月9日的会议纪要中，柏某某、葛某某等5人同样是以建设方的身份出席。

在2003年3月31日的会议纪要中，葛某某、吴某某等4人同样是以建设方的身份出席，而且在会上，葛某某还以建设方的身份作了详细的发言，对施工方提出了4点要求，如"施工单位尽快把钢筋笼扎完，钢筋要尽快报监理验收，北面三个沉井加紧"，再比如"施工单位要加紧，把工期抢出来，施工单位要尽快把它抢出来，到现在钢筋未下，时间拖得太长了"，还有，"开工报告先打，资料以后再报监理审批"、"工程桩的钢筋是严禁锯断的"等等。

在2003年6月10日的会议纪要中,会议地点在江苏某置业公司办公室,会议主持人是葛某某本人,建设方的代表共有葛某某、李某某等6人。

从以上会议纪要中可以清楚地看出,在某某大厦工程的建设过程中,葛某某就是建设方的代表。

令申请人永远无法理解的是,一、二审中,在双方对2003年3月31日的会议纪要的真实性没有异议的情况下,一、二审法院竟然不顾工程的基本的常识,认为这一客观证据不足以证明葛某某是建设方代表的身份,而是个人身份?!在工程施工的现场监理会上,除了监理外,参会人员要么是施工方的代表,要么是建设方的代表,怎么可能是个人代表呢?在会上发言,对建设方的工作做出计划,对施工方的工作做出详尽的要求,怎么可能是个人代表呢?在各方认可的监理会纪要这一监理档案资料中明明被列为建设方代表的参会人员,怎么可能又是个人代表呢?人民法院的判决做出这样的推理和认定,怎么能使当事人理解?!

(二)葛某某利用建设方代表的身份直接安排工程转包、直接干扰招投标工程的工程款结算、直接收取工程款返利(回扣)或所谓"居间费",已涉嫌犯罪

第一,葛某某提供的证人沈某某的书面证言和当庭证词证实,"葛某某提出施工方由其指定,并要求管理费不予下浮"(一审判决第8页第7行)。

第二,经过招投标,2001年3月7日南通某建筑公司就已取得了中标通知书,但直到2002年10月9日,江苏某置业公司才与南通某建筑公司签订建设工程施工合同,而且在与南通某建筑公司签订施工合同的当日,江苏某置业公司就安排和要求南通某建筑公司和一分公司签订转包合同。

第三,南通某建筑公司对葛某某指定的一分公司不放心时,江苏某置业公司竟然签订三方担保合同,以担保人的身份为转包方即一分公司提供担保。江苏某置业公司作为建设方,一方面将工程发包给施工方,另一方面却为转包的实际施工方向原承包单位提供担保。这真是工程建设中的"奇迹"!

第四,招投标合同,不仅涉及合同双方的利益,而且还涉及市场的公平竞争,一经签订就不得随意修改。但葛某某为获得"返利"即所谓"居间费",竟然促使建施双方修改招投标合同确定的工程结算条款。

第五,葛某某为从一分公司取得所谓"居间费",又许诺给一分公司经办人魏某某回扣:"如果老孙这个东西记得给我的话,我还是给你。"(见葛某某提交的证据——魏某某电话录音,令申请人吃惊的是,葛某某竟然将这样的证据提交给了法院,而一、二审法院竟然认定这是合法有效的证据!)

综上，在本案的工程建设中，葛某某是建设方的代表，葛某某利用这一身份直接安排工程转包、直接干扰招投标工程的工程款结算、直接收取工程款返利，这一所谓"居间行为"不仅违法，而且已涉嫌经济犯罪。

四、二审判决，负面影响非常严重，应当被纠正

现在建筑市场竞争十分激烈，一般建筑企业的利润均在5%以内。本案中，江苏某置业公司和南通某建筑公司结算的总工程款仅2 361万元，也就是说一分公司承建的工程的总工程款仅2 361万元（含材料款）。但由于是工程转包，南通某建筑公司已固定扣除了6%的转包费（"联营费"）142万元，如葛某某再从一分公司取得250万元所谓"居间费"，则经这一次转包，一分公司实际支付转包中间费达到392万元，转包中间费占将近20%（含材料款）。

正是因为工程的层层转包、层层居间、层层回扣和返利，建筑企业干了工程却赔了钱。也正是因为这种转包和转包"居间"，建筑企业最终连员工的工资都支付不起，形成长期拖欠民工工资的社会顽疾。正是因为这种转包和转包"居间"，工程的偷工减料诱发了，出现了一批又一批豆腐渣工程的社会顽疾。

工程转包和转包居间，社会危害性十分严重。要净化建筑市场，必须依（法）制止这种非法的转包和转包居间！

本案中，申请人在某某大厦工程中，不仅没有得到一分钱的利润，而且因葛某某的所谓转包居间诉讼，银行账号被冻结，资产被查封，几百（名）职工领不到工资。职工对一、二审法院保护这种转包居间费的判决非常愤慨！如果这样的判决不及时得到纠正，不仅使申请人无法正常经营，直接影响到企业和社会的稳定，而且造成人民法院判决书保护非法转包和转包居间的事实，严重损害司法的尊严。

基于以上理由，依据《中华人民共和国民事诉讼法》第一百七十九条第二项和第六项的有关规定，特向贵院申请再审。敬请贵院依法再审，撤销江苏省高级人民法院（2008）苏民二终字第163号民事判决和江苏省南京市中级人民法院（2007）宁民二初字第43号民事判决，驳回葛某某的全部诉讼请求。

此致
中华人民共和国最高人民法院

申请人：南京某建筑公司

法定代表人：×××

时间：2008年10月16日

（三）再审代理词

南京某建筑公司与葛某某居间合同纠纷再审案
代理词

尊敬的审判长、审判员：

在贵院受理再审申请人南京某建筑公司（以下简称为申请人）和再审被申请人葛某某（以下称葛某某或被申请人）居间合同纠纷再审一案中，我们接受申请人的委托，担任其诉讼代理人。现依据事实和法律，发表如下代理意见，敬请采信。

一、本案的基本事实

（略）

二、本案主合同即一分公司和案外人南通某建筑公司的合同，名义上是联营协议，实质上是工程转包合同，一审、二审对这一基本事实认定错误

本案是居间合同纠纷，本案所说的居间，即是指葛某某促成了一分公司和南通某建筑公司签订了联营协议，一分公司从南通某建筑公司承包了某某大厦工程。要判定本案的居间行为是不是合法，是否为有效的居间，关键是要看居间行为所促成的主合同是否合法，即一分公司和南通某建筑公司之间的合同是合法有效的联营合同，还是违法的工程转包合同。

很显然，本案中一分公司和南通某建筑公司之间的合同，是无效的工程转包合同，而不是有效的联营合同。一审认定不是工程转包合同，证据明显不足，认定事实错误。

（一）从建设工程主体工程的施工情况来看，甚至从全部工程的施工情况来看，本案是彻头彻尾的工程转包

《合同法》第二百七十二条第三款中规定，"建设工程主体结构的施工必须由承包人自行完成"。《建筑法》第二十九条第一款中同样规定，"建筑工程主体结构的施工必须由总承包单位自行完成"。

要区分是有效的工程分包或联营，还是无效的工程转包，一个重要的标志是要看承包方是否直接承建了建设工程的主体工程。如果承包方将建设工程主体工程交由第三人来施工，则是转包工程；反之，如果承包方自己承建了主体工程，只是依据承包合同的约定或在建设方同意的情况下，将部分配套工程转给第三人来施工或合作，则是有效的分包或联营。

本案中，南通某建筑公司不仅没有直接承建主体工程，而且将承包的全部工程整体转给了一分公司。南通某建筑公司和一分公司在所谓"联营协议"中清楚

约定：

(1) 南通某建筑公司（甲方）只是"代表人"，而一分公司却"负责上述工程的实施，并为履行甲方跟业主签订的施工合同承担责任"（见"联营协议"的前言部分）；

(2) 南通某建筑公司的义务仅是与建设方联系，如签订合同、审批施工组织设计，提供与施工相关的管理人员及特殊工种资格证书和业主的公函、文件及与工程有关的资料，接收工程款、参与交付工程等联系性工作（见"联营协议"的甲方权利和义务部分）；

(3) 但是，一分公司却"对所承建的工程负责"，承担了从编制工程预（决）算、施工组织设计、现场施工和管理到工程交付的全部工作（见"联营协议"的乙方权利和义务部分）。

从以上约定和实际实施情况来看，南通某建筑公司和一分公司是在彻头彻尾地进行工程转包，根本不是所谓联营。

在此，申请人想强调的是，原审判决为了否定工程转包关系，对联营协议的关键部分进行重大遗漏和进行错误表述。遗漏乙方负责全部合同内容的转包性表述，将联营协议中原中标单位甲方即南通某建筑公司"负责对工程进行技术指导和管理"，错误表述为"负责技术、管理"。负责技术指导和管理，只是象征性的，并不从事技术的具体工作和管理的具体工作，这一表述与"负责技术、管理"是两个完全不同的概念。

（二）从"风险共担、利益共享"的联营原则来看，本案是工程转包而不是所谓联营

不论是法人型联营，还是非法人主体资格的联合体联营，联营的基本原则是"风险共担、利益共享"。而本案中，从南通某建筑公司和一分公司的约定和实施情况来看，一分公司对工程"实行独立核算，自负盈亏。"不管盈亏（实际上工程已亏损）南通某建筑公司均"按完成工程造价6％比例"收取所谓联营费。即便是南通某建筑公司（甲方）对一分公司（乙方）"在施工中发现问题后认为必须派相关技术人员常驻现场进行监督指导的"，相关监督人员的费用也必须由一分公司（乙方）"负责支付"（见"联营协议"第1条第6项）。显然这不是真正的联营，而是彻彻底底的转包。

（三）从招投标的情况及建设工程施工合同的主体来看，本案是工程转包，而不是联营

如果本案南通某建筑公司和一分公司是真正的联营，而不是工程转包，那么在

投标过程中，南通某建筑公司就应该和一分公司共同组成联合体，共同参与投标。联合体中标后，南通某建筑公司和一分公司就应共同与建设方签订建设工程施工合同。

但在本案中，一分公司根本就没有参与投标，签订建设工程施工合同时，南通某建筑公司仍是合同中唯一的施工主体。

因此，从招投标的情况及建设工程施工合同的主体来看，本案均是工程转包，而不是联营。

（四）本案起诉前，葛某某、江苏某置业公司和南通某建筑公司均认可一分公司承建了工程，本案是工程转包

（1）在签订"建设工程施工合同"和"联营协议"的当日，即2002年10月9日，南通某建筑公司、一分公司和江苏某置业公司还签订了一份"经济保证担保合同"，这份担保合同中，南通某建筑公司、一分公司和江苏某置业公司都明确，"工程由南京某建公司一分公司负责施工"，一分公司（乙方）"作为独立的经济核算单位，负责实施南京某某大厦工程的施工任务，并完全履行南通某建筑公司（甲方）与业主的施工合同中经济条款及内部管理协议中的各项权利与义务，自负盈亏"。

（2）2006年3月，在江苏某置业公司起诉葛某某返还擅自侵占的工程款一案中，葛某某承认，"三方签订合同后，南京某建公司一分公司以南通某建筑公司的名义施工"［见南京市下关区人民法院（2006）下民一初字第605号民事判决书第3页第12行］。

（3）"承诺书"是本案中葛某某起诉的主要依据，但"承诺书"这样表述："兹有本公司有幸承建某某大厦工程"。这样的表述清楚说明，实际承建某某大厦的是一分公司（挂靠到一分公司的孙某某），而不是南通某建筑公司，而不是一分公司和南通某建筑公司的联合体。

因此，无论从起诉前，葛某某、江苏某置业公司和南通某建筑公司三方的书面确认来看，还是从本案中葛某某起诉的主要依据"承诺书"来看，本案均是工程转包，而不是联营。

综上，无论是从工程的实际施工情况来看，还是（从）联营的原则来看，无论是从建设方和承包方签订的建设工程施工合同的主体来看，还是从江苏某置业公司、一分公司和南通某建筑公司的担保合同及葛某某的起诉依据来看，南通某建筑公司和一分公司的关系均不是真正的联营关系，而是完完全全的工程转包关系。

一审和二审法院，不顾这些基本的事实，不顾工程的基本常识，不顾基本的法律关系，认定南通某建筑公司和一分公司之间不是工程转包，证据明显不足，认定

事实错误！

三、本案的证据足以证明，在本案工程中，葛某某是建设方的工作人员。原审认定葛某某不是建设方的工作人员明显缺乏证据，认定事实错误

葛某某虽然促成了一分公司和南通某建筑公司签订转包合同（"联营协议"），在一分公司和南通某建筑公司之间承担了中间人的角色，但在整个工程建设中，毋庸置疑，葛某某同时也是建设方的工作人员。

（一）葛某某提供的证人沈某某的书面证言和当庭证词证实，沈某某作为某岛公司的副经理，"经葛某某介绍认识了江苏某置业公司的柏某某，双方就涉案大厦（某某大厦）工程进行了洽谈，因当时江苏某置业公司缺少资金，某岛公司和江苏某置业公司共同投资建设涉案大厦，葛某某提出施工方由其指定，并要求管理费不予下浮"（见一审判决第8页）。2006年3月，在江苏某置业公司起诉葛某某返还擅自侵占的工程款一案中，葛某某也承认，"因帮助原告（江苏某置业公司）筹措部分开发资金与原告法人柏某某相识"［见南京市下关区人民法院（2006）下民一初字第605号民事判决书第3页第7行］。从以上陈述来看，葛某某虽然不是建设方的在册员工，但葛某某给建设方介绍融资后，建设方聘请葛某某作为本工程的工作人员，也在常理之中。

（二）在申请人提供的2003年3月27日和5月4日2份某某大厦工程签证单上，施工方代表人签了字，加盖了南通某建筑公司的印章，葛某某直接以建设方现场代表的身份签了字，同时监理单位代表也签了字并加盖了监理单位印章。这2份工程签证单就足以证明，无论是施工方还是监理方，无论是建设方还是葛某某个人，在工程施工过程中，大家都一致确认葛某某是建设方代表。

（三）除了工程签证单外，申请人还提交了监理公司在工程建设过程中记录的工程建设会议纪要，每份会议纪要都加盖了监理单位的印章，列出了具体的会议时间，地点，建设方、施工方和监理单位三方参会人员名单及各方讨论的事项及各方代表人的发言内容，这些是工程建设过程中形成的监理档案资料，除申请人提供了原件或复印件外，在监理单位都应该能够找到原件或者能够对这些材料进行真伪鉴定。这些会议纪要具有无可争议的证据效力。

（1）在2003年2月9日的会议纪要中，和建设方法定代表人柏某某一样，葛某某同样是江苏某置业公司的代表，还被称呼为"葛总"，葛某某也以建设方工作人员的身份在会上作了发言："1. 钢筋焊接须在现场制作。2. 现场挖土要特别注意安全问题，安全员必须到位。"

（2）在2003年3月9日的会议纪要中，柏某某、葛某某等5人同样是以建设方

工作人员的身份出席。

(3) 在2003年3月31日的会议纪要中,葛某某、吴某某等4人同样是以建设方工作人员的身份出席,而且在会上,葛某某还以建设方的身份作了详细的发言,对施工方提出了4点要求,如"施工单位尽快把钢筋笼扎完,钢筋要尽快报监理验收,北面三个沉井加紧",再比如"施工单位要加紧,把工期抢出来,施工单位要尽快把它抢出来,到现在钢筋未下,时间拖得太长了",还有,"开工报告先打,资料以后再报监理审批","工程桩的钢筋是严禁锯断的"等等。

(4) 在2003年6月10日的会议纪要中,会议地点在江苏某置业公司办公室,会议主持人是葛某某本人,建设方的代表共有葛某某、李某某等6人。

从以上会议纪要中可以清楚地看出,在某某大厦的工程建设过程中,葛某某就是建设方的工作人员。

在此,申请人想说明的是,"是建设方本工程的工作人员"和"是建设方签订劳动合同的在册员工"是两个不同的概念。即使葛某某没有和建设方签订劳动合同,即使葛某某不是建设方的在册员工,但只要葛某某在本工程的建设过程中,受聘以建设方工作人员的身份开展工作,葛某某就是建设方的工作人员。

申请人还想说明的是:在本案中,葛某某实际拥有三重身份:第一,在建设方江苏某置业公司和荒岛投资公司之间,葛某某是他们进行投融资合作的中间人。第二,在原中标单位南通某建筑公司和一分公司的非法转包中,葛某某是非法的转包居间人,即一方面他指令南通某建筑公司转包工程,另一方面又介绍孙某某和一分公司去承建转包的工程。第三,在建设方江苏某置业公司和实际施工人孙某某之间,他又是建设方的代表。他不仅在工程签证单上代表建设方签字,而且多次以建设方负责人的身份列席和主持监理会议,对建设单位的工作作出布置,对施工单位的工作提出要求。

这三重身份,是从不同的法律关系来说的,都客观存在。葛某某在南通某建筑公司和一分公司(孙某某)之间是非法转包的中间人,并不能否定他在建设方和施工方之间担任建设方工作人员的身份。相反,正因为,一方面他是建设方的工作人员,另一方面他又指令转包并收取返利,葛某某才不仅违法,而且还涉嫌犯罪。(见《刑法》第一百六十三条第一款、第二款)。

遗憾的是,原审中,在双方对2003年3月31日的会议纪要的真实性没有异议的情况下,原审中法院却仍认为这一证据不足以证明葛某某是建设方的工作人员,葛某某的参会可能是(以)个人身份。事实上,这一认定,明显违背工程的基本常理。在工程施工的现场监理会上,除了监理外,参会人员要么是施工方的代表,要么是建设方的代表，怎么可能是个人代表呢？在会上发言，对建设方的工作作出计划，对施工方的工作作出详尽的要求，怎么可能是个人代表呢？在各方认可的监理会纪要这一监理档案资料中明明被列为建设方代表的参会人员，怎么可能又是个人代表呢？原审作出这样的推理和认定，确实不应该！

原审不顾工程的基本的常识，不顾已有的大量证据，否定葛某某是建设方的工作人员，证据明显不足，认定事实错误。

四、原审认定孙某某在工程施工和结算期间支付给葛某某的 178 万元与本案无关，明显缺乏证据，认定事实错误

原审中申请人向法院提供了葛某某向孙某某出具的八张收条。双方对这八张收条的真实性都没有争议，只是对这些收条是否是孙某某支付的"转包居间费"有争议，只是对这些收条在本案中的关联性有异议。但显然，这些收条与本案有关，它们就是孙某某支付给葛某某的"转包居间费"：

（1）这些收条发生在两个特定人之间，即这些收条的收款人均为葛某某本人，付款人都是孙某某。而葛某某非法转包居间时，最初联系的人员是孙某某，孙某某是挂靠到一分公司的实际施工人。在本案中，发生在葛某某和孙某某这两个特定的人员之间的款项支付，怎么能被认定为与本案无关呢？

（2）这些收条发生的时间从 2004 年 1 月到 2004 年 10 月。而这一段时间刚刚处在本案工程的施工和结算期间。基本上是孙某某以一分公司的名义从转包方南通某建筑公司每收到一笔工程款，就相应地支付给葛某某一笔费用。发生在本案工程施工和结算过程中这一特定时间段的款项支付，怎么能说与本案无关呢？

（3）如果葛某某要否定在特定人员之间、在特定时间之内支付的这 178 万元与本案无关，葛某某就有责任提供证据证明，这 178 万元是还借款而不是"转包居间费"。但葛某某至今没有提供任何有效的证据进行证明和反驳。

（4）事实上，葛某某在这一点上，一直不能自圆其说。葛某某一会儿说，孙某某借了他个人 240 多万元，一会儿又说孙某某借了他个人 400 多万元。有什么证据呢？借给个人 240 万元现金，竟然没有借条，这可能吗？借出 240 多万元，只收回 178 万元，还有 70 多万元没有收回，怎么可能不保留借条呢？

显然，原审认定这 178 万元与本案无关，证据明显不足，认定事实错误。

五、工程转包居间，违反了法律禁止性规定，原审认定转包居间合同为有效的居间合同，适用法律错误

《建筑法》第二十八条规定，"禁止承包单位将其承包的全部建筑工程转包给他人……"。

《合同法》第二百七十二条第二款中规定,"承包人不得将其承包的全部建设工程转包给第三人……"。

《招标投标法》第四十七条第一款中同样规定,"中标人不得向他人转让中标项目"。

本案中,南通某建筑公司将中标和承包的工程转包给一分公司,葛某某居间促使南通某建筑公司和一分公司进行工程转包,南通某建筑公司和一分公司的转包行为以及葛某某的转包居间行为,均因违背了《建筑法》、《合同法》和《招标投标法》等法律的禁止性规定而无效[见《合同法》第五十二条第(四)项]。

《民法通则》第五十八条第二款规定,"无效的民事行为,从行为开始起就没有法律约束力";《合同法》第五十六条中规定,"无效的合同或者被撤销的合同自始没有法律约束力"。本案中居间行为和居间合同无效,因此,无论一分公司在工程转包前还是在转包后给葛某某出具了什么"承诺",也无论承诺了多大的返利比例,以上行为或约定,均没有法律效力,均不应该得到法律的保护。

事实上,最高人民法院于1990年11月19日在给山西省高级人民法院的《关于给承包单位介绍工程索要信息费如何处理问题的复函》中表达得非常明确:介绍转包工程,不能收取信息费(居间费)。

原审认定"转包居间合同"为有效的居间合同,适用法律明显错误。

六、委托人订立有效合同,是居间人获得居间费的前提。在一分公司未订立有效的工程承包合同的基础上,原审法院要求一分公司支付居间费,适用法律错误

(一)《合同法》第四百二十六条中规定,"居间人促成合同成立的,委托人应当按照约定支付报酬"。《合同法》第四百二十七条中规定,"居间人未促成合同成立的,不得要求支付报酬"。依据关于居间合同的这两条基本规定,委托人订立有效的合同,是居间人获得居间费的必要前提。

(二)本案中,葛某某如要得到合法的居间报酬,他就应该协助一分公司进行投标或者协助一分公司和南通某建筑公司以联合体的形式一起投标,并协助一分公司与建设方签订合法有效的建设工程施工合同。也就是说,一分公司签订有效的建设工程施工合同是葛某某得到居间费的必要条件。

但是,在本案中,我们既没有看到葛某某有效的居间行为,也没有看到一分公司与建设方签订有效的建设工程施工合同,甚至看到一分公司在本工程中自始至终均没有签订过任何一份有效的合同。对这样的居间行为,对这样的居间结果,难道葛某某能依据法律得到居间报酬吗?

原审支持葛某某的居间费,违背了《合同法》第四百二十六条和第四百二十七条的规定,适用法律明显错误。

213

七、被申请人的反驳理由全部不能成立

（一）被申请人不承认工程转包的第一个理由是："联营有三种形式，有法人型、合伙型和合同型，本案是合同型联营，所以不是转包"。这种观点是完全错误的。

判断双方之间是有效的"合同型联营"还是非法转包，关键是要看双方之间的"联营合同"是否合法。如果违背《合同法》、《招标投标法》和《建筑法》等法律的强制性规定，即使名义上表述为联营，这种合同也是无效的，也是非法的工程转包，即所谓名义上的联营，实质上的非法转包。

"名义上的联营、实质上的工程转包"，与"名义上的联营、实质上的企业之间非法拆借资金"非常相似。二者均是以合法的形式掩盖非法的内容，违反法律的禁止性规定，不具有法律效力，应依法制止和取缔。

建筑工程，尤其是建筑工程中的主体工程，涉及社会长久的人身、财产安全，涉及长久的公共利益，所以国家禁止任何形式的工程转包，所以任何工程的招投标、任何工程的竣工验收均必须到建设行政主管机关备案。因此，现在社会中实际存在的任何非法工程转包，均是假借"联营"、"内部承包"、"合作"和"分包"等所谓"合法名义"，在竣工验收或施工过程中假借原中标单位的名义，由原中标单位提供资格证书或出具盖章手续。

显然，这种所谓的"合法"联营，就是非法的工程转包。

（二）被申请人不承认工程转包的第二个理由是：《建筑法》第二十七条第一款规定，"大型建筑工程或者结构复杂的建筑工程，可以由两个以上的承包单位联合共同承包。共同承包的各方对承包合同的履行承担连带责任"。被申请人认为，这种联合承包，可以共同与建设方签订施工合同，也可以一方签订施工合同后，再与另一方签订私下的合作合同。

这一观点违背了工程的基本常识，显然是错误的。《建筑法》第二十七条所述的联合共同承包，是指两家或两家以上单位组成联合体，共同参与投标，共同与建设方签订施工合同，以合同的形式对建设方就承包的工程承担连带责任。

一个建筑企业要合法参与一项招投标工程的施工，只可能有以下两种方式：要么是其自身直接参与投标（包括和他人共同组成联合体，以联合体的名义投标），要么是从中标方合法分包部分工程。为保证工程质量，《建筑法》和《合同法》对分包有严格的界定，即主体工程不允许分包，不允许将全部工程肢解分包。

本案中，一分公司没有参与投标，但挂靠到一分公司的孙某某承建了主体工程甚至全部工程，这显然违背了《建筑法》和《合同法》的禁止性规定。显然不是合法的工程承包或合法的工程分包，而是非法的工程转包。

（三）被申请人不承认工程转包的第三个理由是：南通某建筑公司将工程转交给一分公司施工，经过了建设方的许可。所以不是转包。这一观点同样违反了工程的基本常识，也是完全错误的。

如上所述，建设工程涉及社会的财产和人身安全，《建筑法》等法律对此有严格的规定，国家禁止转包工程。因此，即使建设方同意转包工程，建设方的同意，也不能对抗法律的禁止性规定，也不能否定转包违法的事实。

（四）被申请人不承认工程转包的第四个理由是：某某大厦的工程备案材料中，均是以南通某建筑公司的名义，因此不是工程转包。如前所述，任何工程的招投标、任何工程的竣工验收均必须到建设行政主管机关备案。因此，现在社会中实际存在的任何非法工程转包，均是假借"联营"、"内部承包"、"合作"和"分包"等所谓"合法名义"，在竣工验收或施工过程中均是假借原中标单位的名义，由原中标单位提供资格证书或出具盖章手续。本案中，南通某建筑公司和一分公司的转包合同（"联营协议"）明确约定：由南通某建筑公司向一分公司"提供与施工相关的管理人员及特殊工种资格证书和业主的公函、文件及与工程有关的资料"。因此，从备案材料和上述约定来看，本案是真正的转包，而不是联营。

（五）被申请人提出葛某某只是以中间人身份参加监理单位的会议，不是建设方的代表。这一观点违反基本的工程常识。申请人已经提供两份工程签证单和四份监理单位会议纪要。这六份工程档案资料，已经非常清楚地证明葛某某就是建设方在本工程中的工作人员。

（六）被申请人提出葛某某收到的178万元，是孙某某还的借款，而且葛某某的收条中没有具体说明这些款项的性质，所以与本案无关。这一观点，同样违背基本的常理，违背基本的举证责任分担原则，是完全错误的。

在特定的人员之间，在特定的时间段内支付的这178万元，怎么能说与本案无关呢？葛某某一会儿说，孙某某借了他个人240多万元，一会儿又说孙某某借了他个人400多万元，有什么证据呢？葛某某说178万元收条没有写清楚，难道要写明收到"返利款""回扣款""受贿款"，才算写清楚了吗？

综上所述，被申请人反驳的全部观点均不能成立。

最高人民法院在2009年1月20日作出的（2008）民申字第1077号民事裁定明确认定，申请人的上述理由符合《民事诉讼法》第一百七十九条第一款第二项、第六项的规定，即认定原审判决认定主要事实证据不足，原审判决适用法律错误。

申请人南京某建筑公司是由县国有特困建筑企业改制成的建筑公司，涉及几百人的就业及一百多位退休职工的安置。本案的诉讼发生后，公司的银行账号被冻结，公司长期无法开展正常的经营活动，大部分职工的工资无法发放。相反，（经历）一审、二审和再审，公司无端浪费了大量时间和资金。

基于此，特发表如上代理意见，请贵院迅速撤销江苏省南京市中级人民法院（2007）宁民二初字第43号民事判决和贵院（2008）苏民二终字第163号民事判决，驳回葛某某的全部诉讼请求，以保护申请人的基本权益，以维护法律的基本尊严！

谢谢！

南京某建筑公司代理人
张群力律师
2009年6月25日

四、胜诉裁判摘要

（一）最高人民法院提审裁定摘要

中华人民共和国最高人民法院
民事裁定书

（2008）民申字第1077号

（当事人情况略）

再审申请人南京某建筑公司因与再审被申请人葛某某居间合同纠纷一案，不服江苏省高级人民法院（2008）苏民二终字第0163号民事判决，向本院申请再审。

本院经审查认为，再审申请人的申请符合《中华人民共和国民事诉讼法》第一百七十九条第一款第二项、第六项规定的情形。依照《中华人民共和国民事诉讼法》第一百八十一条第二款、第一百八十五条之规定，裁定如下：

一、指令江苏省高级人民法院再审本案；

二、再审期间，中止原判决的执行。

（二）江苏省高级人民法院再审判决摘要

江苏省高级人民法院
民事判决书

（2009）苏民二再终字第0003号

（"本院再审认为"以前部分略）

本院再审认为，南通某建筑公司在中标涉案大厦工程项目并与江苏某置业公司签订了建设工程施工合同后，与南京市某建工程有限公司、一分公司于2002年10月9日签订了"联营协议"。从"联营协议"约定的内容以及履行过程看，这种联营的本质是：工程由一分公司实际施工，南通某建筑公司收取一定比例管理费。这种约定违反了《合同法》第二百七十二条关于"建设工程主体结构的施工必须由承包人自行完成"以及《建筑法》第二十九条关于"建筑工程主体结构必须由总承包单位自行完成"的规定，属名为联营实为违法转包的合同，属无效合同。

因江苏某置业公司在605号案件中，明确承认葛某某为总包单位（南通某建筑公司）介绍了一家土建单位，葛某某系中间人角色。该判决还认定葛某某应一分公司请求，促成了一分公司与南通某建筑公司之间达成"联营协议"。一分公司驻南京办事处负责人魏某某在录音资料中也未否认葛某某的居间行为，并向葛某某出具了承诺书，故应当认定葛某某与一分公司之间存在着居间合同关系。合法的居间合同受法律保护。但是，葛某某居间促成南京市某建工程有限公司、一分公司与南通某建筑公司于2002年10月9日签订的"联营协议"，系名为联营实为违法转包的合同，因此，葛某某的上述居间行为亦存在违法性，不受法律保护。其与一分公司之间的居间合同关系，应确认无效。根据国家有关法律法规规定，不准任何单位或个人在介绍工程承包活动中收取"介绍费""回扣"，葛某某通过介绍工程获取费用的行为，是非法行为。葛某某依据其与一分公司之间的无效居间关系及一分公司出具的承诺书，向南京市某建工程有限公司、一分公司、南京某建筑公司主张其违法所得，无法律依据，其诉讼请求应予驳回。原判决认定事实清楚，但认定南通某建筑公司与南京市某建工程有限公司、一分公司于2002年10月9日签订的"联营协议"以及葛某某与一分公司之间的居间合同关系有效，并判决南京某建筑公司给付葛某某居间费250万元及利息，属适用法律错误，依法应予纠正。申请再审人南京某建筑公司关于本案"联营协议"无效、其不应支付葛某某居间费的申请再审理由成立，本院予以采纳。本案经本院审判委员会讨论决定，依照《中华人民共和国民事诉讼法》第一百八十六条第一款、第一百五十三条第一款第（二）项之规定，判决如下：

一、撤销本院（2008）苏民二终字第0163号民事判决及江苏省南京市中级人民法院（2007）宁民二初字第43号民事判决；

二、驳回葛某某的诉讼请求。

一审案件受理费37 810元，二审案件受理费26 800元，均由葛某某负担。

本判决为终审判决。

五、律师团队7点评析

（一）本案是团队负责人张群力律师在最高人民法院承办的第一起申请再审案件

分析本起案件的原因之一是这起案件在法律适用方面有典型意义，但更为重要的原因是，这起案件是本书作者张群力律师在最高人民法院代理的第一起申请再审并反败为胜的案件。

2007年《民事诉讼法》修订以后，对高级人民法院二审判决不服的，可以向最高人民法院申请再审。南京某建筑公司在南京市中级人民法院和江苏省高级人民法院败诉后，被人民法院强制执行。在强制执行期间，经北京企业界朋友介绍，南京某建筑公司到北京联系张群力律师，委托张群力律师向最高人民法院申请再审。十多年过去了，我国的民事再审制度有过多次修订，作者所属律师团队其后也办理了大量的再审案件，对再审代理的专业技能也已经大幅度提升，还出版过再审方面的专业著作，但本起案件的委托情形、代理情形及反败为胜的喜悦仍然历历在目！令承办律师久久难以忘怀！对本起案件的回顾也一直在不断激励作者所属律师团队永不止息地追求诉讼专业化的提升，激励作者所属律师团队更好地服务于每一个当事人，激励作者所属律师团队更好地用专业和勤勉回馈每一个客户。

（二）本案申请再审的重点是主张居间合同无效

阅看原审案件材料并和委托人交流后，我们就确定这是一起典型的法律适用错误案件。原审之错误不在于如南京某建筑公司所说的南京某建筑公司没有受益，不在于南京某建筑公司在承包的工程里亏损。原审的错误是涉案工程通过招投标确定中标人后，对方当事人违法介绍南京某建筑公司转包涉案工程，对方当事人通过介绍转包工程违法收取居间费，而这一违法行为却得到人民法院判决的支持！因此，本案的关键是要主张和证明本案是工程转包，本案的居间合同无效。

（三）本案是工程转包而不是工程联营或合作

要证明居间合同无效，关键是证明本案是介绍违法转包工程，而不是介绍南京某建筑公司和原中标单位合作承建涉案工程。也就是说，本案的关键是证明南京某建筑公司参与转包而不是参与真正的工程联营。再审申请书对这方面作了比较全面的阐述。再审申请书阐述了转包和工程合作的区分标志，即涉案的主体工程是否由原中标人或承包人施工。如果原承包人将涉案工程的主体结构工程交由所谓的合作人施工，则双方之间是转包关系而不是合作关系。另外，再审申请书还从风险共担、利益共享角度进行了阐述。本案原中标人只享有固定比例的工程款分成，不实际参与工程施工，不承担工程施工风险，故本案自然是工程转包，而不是所谓工程联营或工程合作。

（四）居间方没有促成南京某建筑公司签订有效的工程承包合同

合同法对居间合同中支付居间费的条件有明确的规定。居间人促成合同成立的，居间合同的委托人应当按照约定支付报酬。居间人没有促成合同成立的，居间合同的委托人不得要求支付报酬。本案中，南京某建筑公司与原中标单位签订的合作合同因违反法律禁止性规定而无效，不能认定对方当事人促成本案被居间的合同成立。因此，从这方面申请再审，也能说明原审适用法律确有错误，故这方面的论述也非常有说服力。

（五）强调工程转包的社会危害性，更好地引起了最高人民法院承办法官对本案的重视

为引起最高人民法院对本案的重视，为促使最高人民法院尽快裁定再审，我们特别提到本案原审判决的社会危害性，以及本案在法律适用方面的典型意义。

工程转包在建筑市场非常普遍，但又危害极大。正因为层层转包和层层非法居间，最终承担施工任务的施工人员无法及时拿到报酬。正因为层层转包和层层非法居间，大量的工程质量问题和施工安全问题被诱发了。2008年汶川大地震校舍质量问题，2008年上海地铁施工安全管理问题，以及由此暴露出的工程转包问题，让全体国人非常震惊。故国家一直在大力净化建筑市场秩序，一直在大力查处工程的非法转包。

在这种背景下，人民法院在本案中支持了非法转包的居间费，原审判决负面影响非常严重，因此对本案应当尽快再审并改判。作者所属律师团队结合当时国内热点突出问题及政策背景对案件作了汇报，这一汇报工作为本案的申请再审发挥了推动作用。

（六）案件的典型意义

经努力，最高人民法院对本案先后组织了询问和听证，并最终下达了再审裁定，指令江苏省高级人民法院再审本案。在最高人民法院的再审裁定中，最高人民法院认为本案具有原审认定基本事实缺乏证据证明、原审适用法律确有错误的再审情形。

在江苏省高级人民法院再审时，为加强企业法律教育，吸取教训，南京某建筑公司组织了全公司的二十多名项目经理旁听了本案的庭审。经再审，江苏省高级人民法院撤销了原二审判决和一审判决，驳回了对方当事人的全部诉讼请求。

本案最终成为人民法院认定工程转包和工程合作或联营的典型案例，也成为人民法院认定居间合同效力的典型案例。

（七）对代理工作的综合评价

本案经最高人民法院申请再审和江苏省高级人民法院再审后成功实现逆转，综

合分析，以下几方面的代理工作起到了突破作用：(1) 思路突破。申请再审时强调本案的主体结构工程被转包，故本案是工程转包而不是工程联营。工程转包因违法而无效，故居间合同也无效。另外，被居间人没有签订有效的工程承包合同，因此，即使居间合同有效，本案也不具有支付居间费的条件。(2) 文书突破。本案的再审申请书为促使最高人民法院裁定再审发挥了非常重要的作用。(3) 其他方面的突破。除上述两方面的亮点外，本案中的案件汇报工作、本案在最高人民法院的听证代理工作、在江苏省高级人民法院的再审庭审中的代理工作也发挥了重要作用。

案例 8：调整诉讼思路，论述赔偿协议的效力独立于先前的框架协议，凸显原审错误
——最高人民法院湖北某建筑公司与河南某实业公司工程合同纠纷再审案的思路突破和文书突破

- 申请再审思路
- 再审申请书
- 律师团队 6 点评析

一、代理工作概述

这是一起在最高人民法院申请再审的建设工程施工合同赔偿协议纠纷案件，最终被最高人民法院裁定再审。

河南某房地产实业公司（以下简称河南 B 公司）拟建设的某广场项目规划面积为 60 万平方米。河南 B 公司为推动该房地产项目的融资和启动，于 2007 年 6 月与湖北某大型建筑公司（以下简称湖北 A 公司）签订框架协议。框架协议约定：河南 B 公司将该项目发包给湖北 A 公司总承包施工，湖北 A 公司向河南 B 公司支付定金 4 500 万元，双方在 2007 年 12 月 30 日前签订正式的建设工程施工总承包合同。

从 2007 年至 2008 年，湖北 A 公司通过其项目经理个人和项目经理的关联公司用银行转账的方式向河南 B 公司先后汇款 2 500 万元，协助河南 B 公司启动了项目。2007 年 12 月 26 日，河南 B 公司给湖北 A 公司出具一份 4 500 万元的收据。由于后来湖北 A 公司没有总承包涉案项目，双方经协商后签订了赔偿协议，确定：河南 B 公司按定金的双倍即 9 000 万元赔偿湖北 A 公司损失。逾期支付赔偿款的，按日万分之七承担违约金。

后河南 B 公司只支付了赔偿款 2 300 万元。双方发生纠纷，湖北 A 公司起诉到湖北省随州市中级人民法院，要求支付余下的赔偿款 6 700 万元，并承担每日万分之七的违约金。湖北省随州市中级人民法院判决河南 B 公司支付赔偿款 6 700 万元，

驳回了湖北A公司的其他请求。双方提起上诉后，湖北省高级人民法院以湖北A公司只支付了2 500万元定金为由，改判河南B公司支付5 000万元赔偿款的剩余部分即2 700万元，驳回了双方的其他上诉请求。

湖北A公司不服湖北省高级人民法院判决，请北京委托盈科律师事务所代理其向最高人民法院申请再审。张群力律师是本案再审的承办律师。

本案涉及框架协议是否有效，涉及4 500万元定金的证明标准，涉及赔偿协议的独立性，涉及是否存在定金和违约金重复计算等问题。为最大限度维护当事人的合法权益，张群力律师认为本案可以申请再审。

经努力，最高人民法院最终采信了作者所属律师团队的意见，以原审认定的基本事实缺乏证据证明、适用法律确有错误为由，对本案裁定再审。在本案的再审代理中，思路突破和文书突破发挥了重要的作用。

二、基本案情和一、二审情况

（一）基本案情

2007年6月29日，湖北A公司与河南B公司签订"工程承包框架协议"。双方约定，河南B公司将建筑面积为60万平方米的某广场项目发包给湖北A公司总承包施工。湖北A公司协助河南B公司办理工程招标和施工许可证等有关手续，并向河南B公司交付定金4 500万元。同时双方还约定于2007年12月30日前正式签订建设工程施工总承包合同。

在框架协议签订前后，从2007年1月24日到2008年7月1日，湖北A公司通过其项目经理个人或项目经理的关联公司用银行转账的方式向河南B公司先后汇付了2 500万元。2007年12月26日，河南B公司给湖北A公司出具一份4 500万元的收据，收据内容为：河南B公司今收到湖北A公司李某某和王某某交来的定金4 500万元，原有凭条全部作废。据湖北A公司项目经理介绍，定金收据实际出具的时间是2008年7月初，除银行转账的2 500万元外，4 500万元定金还包括前期项目经理及其关联公司给河南B公司及河南B公司法定代表人的借款860万元，以及因项目经理和湖北A公司前期参与广场项目的立项、土地出让及合作，河南B公司给湖北A公司的补偿款1 140万元。

2008年7月3日，湖北A公司致函河南B公司，要求签订正式工程承包合同。2008年7月8日，河南B公司回函，表示无法签订工程承包合同，提出解除框架协议。2008年7月14日，湖北A公司再次致函，要求河南B公司赔偿损失。2008年7月17日，河南B公司再次回函，愿意在法律允许的范围内协商赔偿。

2008年7月21日，湖北A公司和河南B公司签订赔偿协议。双方确定：河南B公司按定金的双倍即9 000万元赔偿湖北A公司损失。赔偿款在15日内支付，逾期付款，每日按总额的万分之七支付违约金。

从2010年1月到5月，河南B公司共支付湖北A公司2 300万元，余款均未支付，遂引起了本案纠纷。

（二）一审情况

2010年，湖北A公司向人民法院提起诉讼，要求河南B公司支付赔偿款本金6 700万元（9 000万元减2 300万元），并按约定承担逾期付款违约金。河南B公司抗辩称：(1) 4 500万元定金收据是预开的，实际只收到定金2 500万元；(2) 框架协议违反招投标法，是无效合同；(3) 赔偿协议是框架协议的从合同，框架协议无效，赔偿协议也无效；(4) 定金和违约金不能重复计算。因此请求驳回湖北A公司的诉讼请求。

一审法院认定框架协议只是双方的意向协议，框架协议并不排斥招投标，因此框架协议和赔偿协议均有效，但定金和违约金不能重复计算，因此判令河南B公司偿付湖北A公司6 700万元，同时驳回了湖北A公司关于支付逾期付款违约金的请求。

（三）二审情况

一审判决作出后双方均提起了上诉。湖北A公司上诉认为一审不支持支付逾期付款违约金是错误的。河南B公司上诉认为一审认定已支付了4 500万元定金的事实是错误的，同时认为框架协议和赔偿协议无效。

二审法院经审理认为，框架协议和赔偿协议并不排斥招投标，是双方真实意思的表示，应该合法有效；但同时认为：对争议的2 000万元定金，湖北A公司不能提供合法支付凭证，应承担举证不能的责任。只能认定其支付了2 500万元定金，依据赔偿协议中双倍赔偿的约定，河南B公司支付的赔偿款总计应是5 000万元。同时定金和违约金不能同时计算。因此，二审法院判决河南B公司偿付湖北A公司余款2 700万元，同时驳回了双方的其他上诉请求。

三、代理思路和律师文书

（一）申请再审思路

二审判决不仅没有支持湖北A公司的违约金主张，而且将赔偿款从6 700万元调减到 2 700 万元，严重偏离了湖北 A 公司的期望。作者所属律师团队经研究后认为，二审判决认定事实和适用法律确实存在错误，因此支持湖北 A 公司向最高人民法院申请再审。

作者所属律师团队和湖北 A 公司共同制定了申请再审目标：确认本案赔偿金数额应为 9 000 万元，即至少达到一审判决支持的数额。除此之外，还应当主张让对方承担逾期支付的利息损失 7 777.63 万元。由于对方主动履行了二审判决，到申请再审时合计已经支付赔偿款 5 000 万元，因此本案的申请再审金额合计为 11 777.63 万元。

作者所属律师团队认定本案的申请再审应当从以下几方面展开，以凸显原审判决的错误：

第一，从举证责任的角度出发，定金收据、付款凭证、当事人说明和赔偿协议相互印证，应当认定双方确认委托人已经支付了 4 500 万元定金。原审不认定双方已经确认的 4 500 万元定金，认定的基本事实缺乏证据证明，本案应当再审。

第二，赔偿协议的效力独立于框架协议，赔偿协议的金额独立于湖北 A 公司支付的具体定金金额，原审不支持赔偿协议确定的赔偿金额，认定的基本事实缺乏证据证明，适用法律确有错误，本案应当再审。

第三，本案中的定金和违约金指向不同的违约行为，不重复，原审适用法律确有错误，本案应当再审。

在上述思路的指导下，作者所属律师团队起草了再审申请书等法律文书，并参加了最高人民法院组织的听证，取得了预期的效果：最高人民法院最终裁定再审本案。

（二）再审申请书

民事再审申请书

再审申请人（一审原告、二审上诉人）：湖北某建筑公司

被申请人（一审被告、二审上诉人）：河南某房地产实业公司

二审被上诉人（一审被告）：张某某

再审申请人湖北某建筑公司（以下称再审申请人或湖北 A 公司）与被申请人河南某房地产实业公司（以下称被申请人或河南 B 公司）、二审被上诉人张某某合同纠纷一案，经随州市中级人民法院 2011 年 4 月 18 日做出的（2010）随中民初字第××号民事判决书一审判决和湖北省高级人民法院 2012 年 5 月 4 日做出的（2011）鄂民一终字第××号民事判决书二审判决。再审申请人不服湖北省高级人

民法院（2011）鄂民一终字第××号民事判决，特向贵院申请再审。

申请再审请求：

1. 请求再审并依法撤销湖北省高级人民法院（2011）鄂民一终字第××号民事判决和随州市中级人民法院（2010）随中民初字第××号民事判决第二项判决；

2. 请求判决被申请人河南B公司支付再审申请人湖北A公司赔偿款6 700万元（扣除二审判决生效后已履行的2 700万元，余下应支付的赔偿款为4 000万元）；

3. 请求判决被申请人河南B公司从2008年8月6日起，按每日万分之七的标准，支付再审申请人湖北A公司赔偿款的逾期付款违约金（1 300万元，从2008年8月6日起计算到2010年2月12日止，共555天，计5 050 500元；1 000万元，从2008年8月6日起计算到2010年5月14日止，共656天，计4 592 000元；2 700万元，从2008年8月6日起计算到2012年6月28日止，共1 422天，计26 875 800元；4 000万元，从2008年8月6日起计算到实际付清之日止，截至2012年8月20日，共1 476天，计41 328 000元。逾期付款的违约金总计为77 846 300元；余下应支付的赔偿款和逾期付款的违约金合计为117 846 300元）；

4. 请求判令被申请人河南B公司承担本案一审、二审的全部诉讼费。

申请再审事由：

湖北省高级人民法院（2011）鄂民一终字第××号民事判决，认定的基本事实缺乏证据证明，适用法律确有错误。依据《民事诉讼法》第一百七十九条第一款第二项和第六项的规定，本案应当再审并改判。

具体申请再审的事实与理由如下：

一、湖北A公司提供的4 500万元定金收据及赔偿协议，这两份主要证据分别证明了湖北A公司和河南B公司已经两次结算和确认湖北A公司履行了支付4 500万元定金的义务。这两份证据不仅前后对应，而且还与其他证据相印证。一审对这部分事实认定正确。二审否定这一事实，认定的基本事实缺乏证据证明，认定事实错误，依据《民事诉讼法》第一百七十九条第一款第二项，本案应当再审并改判

（一）4 500万元定金收据是双方结算及收支的凭证，它足以证明河南B公司结算和确认湖北A公司履行了支付4 500万元定金的义务，而且它还与其他证据互相印证

为证明湖北A公司和河南B公司结算和确认4 500万元定金的事实，湖北A公司向法庭出示了4 500万元定金收据。双方对这张收据的客观存在并没有异议。这张收据不仅有河南B公司财务部负责人（法定代表人张某某的妹妹）的签字

("张"），而且还加盖了河南B公司的财务专用章。这张收据的内容也非常明确："今收到湖北A建筑公司第二工程处李某某、王某某交付工程合同定金（原有收据全部作废）肆仟伍佰万元整（￥45 000 000）。"

收据是对双方往来款项及债权债务进行结算的凭据，是确认双方收支的最终结果。因此，单凭这一张收据，就可以认定河南B公司和湖北A公司结算确认：湖北A公司履行了支付4 500万元定金的义务。

事实上，虽然湖北A公司和河南B公司在2007年6月29日才签订"工程承包框架协议"（以下称框架协议），双方在2007年6月29日才约定，"乙方（湖北A公司）向甲方（河南B公司）交付定金4 500万元"，但在框架协议签订前，湖北A公司及其项目经理就已长期为河南B公司筹集资金并垫付相关费用。框架协议签订一段时间后，河南B公司最终汇总向湖北A公司出具4 500万元的收据，实际就是对双方在框架协议前后所有的收支及债权债务进行的结算确认，即最终双方结算并确认这4 500万元汇总债权作为框架协议中的4 500万元定金。正因为它是结算确认的结果，所以在收据中还特别注明："原有收据全部作废。"

这一结算汇总的收据与武汉C物资有限公司、湖北D电力安装工程有限公司、王某某等单位和个人向河南B公司汇付的2 500万元汇款凭证相印证。这些汇款单位或个人，要么是湖北A公司项目经理开办的企业，要么是湖北A公司该项目的相关工作人员。这一结算汇总收据确认，他/它们向河南B公司汇款，均是代湖北A公司汇款。

这一结算汇总的收据与湖北A公司项目经理李某某和王某某的"举证材料"和"情况说明"也互相印证。河南B公司是河南省一家民营企业，投资人就是张某某个人。涉案项目建筑面积为60万平方米，总投资在12亿元以上，前期涉及项目立项、房屋拆迁、土地出让。这么大一个房地产项目，张某某个人和河南B公司根本无法单独启动。因此从项目立项开始，张某某就四处寻找合作伙伴和项目资金。早在2005年、2006年，湖北A公司项目经理李某某、王某某就大量为张某某和河南B公司筹措资金，并借款给张某某和河南B公司。双方从最初的代为筹资、项目合作，到最终转变为湖北A公司和河南B公司签订工程承包框架协议。在房地产项目已经启动的情况下，在双方最终进行汇总结算时，河南B公司将先前所有借据收回，将借款和补偿款汇总到一起，确定河南B公司应付湖北A公司2 000万元，并一起作为框架协议中的定金。李某某和王某某的"举证材料"和"情况说明"不仅合情合理，而且和4 500万元的定金收据相互印证。

4 500万元定金收据的落款时间虽然是2007年12月26日，但实际上，河南B

公司开票的时间是 2008 年 7 月初。因为，河南 B 公司开票时，收回了以前所有的借条和收据。而以前的最晚一张收据的时间是 2007 年 12 月 26 日，同时框架协议约定双方签正式合同的时间是 2007 年 12 月 30 日，交定金的时间也应在 2007 年 12 月 30 日前，因此，湖北 A 公司经办人和河南 B 公司双方商定收据的落款时间为 2007 年 12 月 26 日。收据是一式几联同时形成的，河南 B 公司收据存根的时间自然也是 2007 年 12 月 26 日。事实上，河南 B 公司该本收据的存根中，前一份收据存根的时间是 2007 年 11 月 15 日，后一份收据存根的时间是 2011 年 1 月 6 日，本案中在 2008 年 7 月初所开具的 4 500 万元定金收据刚好处在前后这两份收据的时间段内。

（二）双方于 2008 年 7 月 21 日签订的赔偿协议，不仅与 4 500 万元定金收据相对应，而且还与之前双方四份往来函件相对应，它同样非常清楚地确认湖北 A 公司履行了支付 4 500 万元定金的义务

于 2008 年 7 月 21 日双方签订的赔偿协议（以下称"协议"），不仅加盖了湖北 A 公司的单位印章和湖北 A 公司法定代表人朱某某个人的印章，而且加盖了河南 B 公司的印章，同时河南 B 公司的法定代表人张某某还以法定代表人的身份和连带保证人的身份签了字。该份赔偿协议完全是双方真实意思的表示。该份赔偿协议在第一条"赔偿金额"部分清楚确认："甲方（河南 B 公司）向乙方（湖北 A 公司）双倍返还交付定金，即人民币 9 000 万元（大写玖仟万元整）（其中本金为 4 500 万元）"。如果双方没有确认湖北 A 公司履行了支付 4 500 万元定金的义务，双方怎么会作出"返还 9 000 万元""本金 4 500 万元"的确认和约定呢？

事实上，双方签订的赔偿协议是双方反复协商的结果。这一份赔偿协议与之前双方往来协商的函件也相互印证。

2008 年 7 月 3 日，湖北 A 公司给河南 B 公司出具"关于双方签订正式合同并执行协议的函"。湖北 A 公司在函件中提道，2007 年 6 月 29 日，双方签订框架协议，"协议签订后，湖北 A 公司（我公司）非常重视，按协议约定已支付了相应定金"，但双方至今没有按框架协议签订正式合同，因此要求河南 B 公司及时签订正式合同并执行协议。

2008 年 7 月 8 日，河南 B 公司回函称："因各种原因无法与贵公司签订正式建设工程施工总承包合同，我公司现拟与贵公司解除该协议，由此给贵公司造成的不必要麻烦，我们深表歉意。"

2008 年 7 月 14 日，湖北 A 公司委托湖北某律师事务所向河南 B 公司出具律师函，湖北某律师事务所在律师函中再次明确，"贵公司应双倍返还湖北 A 公司交付的定金，共计 9 000 万元人民币"。

这四份往来函件，不仅证明双方签订的赔偿协议是双方反复协商的结果，是双方真实意思的表示，而且还相互印证：它们共同证明在签订赔偿协议之前和签订赔偿协议时，双方对 4 500 万元定金的收据，对双方确认湖北 A 公司已履行了交付 4 500 万元定金义务的事实没有异议。事实上，如果河南 B 公司不认可湖北 A 公司交付了 4 500 万元定金，在湖北 A 公司明确它已按约支付了 4 500 万元定金的情况下，河南 B 公司在两份回函中怎么没有反驳呢？在赔偿协议中怎么又确认 4 500 万元定金的事实呢？

（三）湖北 A 公司已经证明双方确认湖北 A 公司已履行支付 4 500 万元定金的义务，河南 B 公司虽反驳这一事实，但没有提供足够的证据来证明

4 500 万元定金收据、赔偿协议这两份证据都是具有完全证明效力的直接证据。这两份证据中的任何一份证据都足以直接证明湖北 A 公司已支付了 4 500 万元定金的基本事实。不仅如此，这两份证据，还前后互相对应，还与双方往来的四份函件相印证。同时湖北 A 公司的项目经理李某某和王某某对 4 500 万元定金收据和赔偿协议还作了详细合理的说明。

《最高人民法院关于民事诉讼证据的若干规定》第五条第二款规定，"对合同是否履行发生争议的，由负有履行义务的当事人承担举证责任"。本案中，湖北 A 公司对双方是否结算确认支付了 4 500 万元定金的事实已完成了举证责任，河南 B 公司要反驳这一事实，必须提供足以反驳的合法有效证据，即要么证明这 4 500 万元的定金收据和赔偿协议均是在受胁迫的情况下签订的，要么证明 4 500 万元的定金收据和赔偿协议均是其在重大失误的情况下即错看了数字的情况下签订的。

显然，河南 B 公司并没有提供这样的证据。《最高人民法院关于民事诉讼证据的若干规定》第二条规定，"当事人对自己提出的诉讼请求所依据的事实或反驳对方诉讼请求所依据的事实有责任提供证据加以证明。没有证据或者证据不足以证明当事人的事实主张的，由负有举证责任的当事人承担不利后果"。因此，河南 B 公司反驳 4 500 万元定金的主张理应不能得到认定。

河南 B 公司主张 4 500 万元定金收据是预开的，4 500 万元定金收据并不能表明河南 B 公司确认收到了 4 500 万元定金。这一观点显然不能成立。如果河南 B 公司预开了 4 500 万元收据，为什么要在收据中声明"原有收据全部作废"？如果最后没有收到这些款项，为什么河南 B 公司没有找湖北 A 公司索回这张收据呢？为什么在两次回函中没有反驳 4 500 万元定金这一事实呢？为什么在赔偿协议中对 4 500 万元定金没有提出异议而是予以确认呢？

4 500 万元定金中只有 2 500 万元有对应的转款凭证，另外 2 000 万元作为事前

的借款及补偿款没有对应的转款凭证，但由此并不能否定双方确定4 500万元定金的事实。因为4 500万元是双方的结算款，它不仅包括框架协议前后的2 500万元汇款，还包括自2005年起李某某和王某某给张某某和河南B公司的借款以及双方由合作转为工程承包过程中由河南B公司给湖北A公司的补偿款。

综上，湖北A公司提供的4 500万元收据及赔偿协议这两份主要证据分别证明了湖北A公司和河南B公司已经二次结算和确认湖北A公司履行了支付4 500万元定金的义务。这两份证据前后互相印证，还与其他证据相印证。一审对这部分事实认定正确。二审认定湖北A公司与河南B公司没有结算和确定湖北A公司履行了支付4 500万元定金的义务，认定的基本事实缺乏证据，依据《民事诉讼法》第一百七十九条第一款第二项，本案应当再审并改判。

二、双方在赔偿协议中对9 000万元赔偿款的约定完全是真实意思的表示，合法有效。退一步说，即使河南B公司没有确认4 500万元定金，本案中9 000万元赔偿款也应得到认定和支持。二审不认定和支持9 000万元赔偿款，认定的基本事实缺乏证据证明，适用法律确有错误，依据《民事诉讼法》第一百七十九条第一款第二项和第六项，本案应当再审并改判

如一审和二审判决所认定，本案的框架协议签订时本案工程的最终建筑规模、开发进度等诸多方面尚未最终确定，双方只是签订一个意向性协议，双方还约定由河南B公司办理招标手续，框架协议并不违反《招标投标法》的强制性规定，合法有效。

赔偿协议是在框架协议无法落实的情况下签订的。它是双方函件及面对面反复协商的结果，双方及双方的法定代表人都盖了章或签了字，完全是双方真实意思的表示。

不仅如此，赔偿协议的效力还独立于框架协议，它不是对框架协议的某个条款进行细化或补充，不是框架协议的补充协议，而是在河南B公司明确不履行框架协议的情况下，双方对以前的业务及债权债务进行的清理。框架协议有效，河南B公司没有履行框架协议，河南B公司自然应赔偿湖北A公司的损失。退一步说，即使框架协议无效，河南B公司存在重大的过错，依据无效合同过错赔偿的原则，河南B公司同样应该赔偿湖北A公司的损失。因此，退一步说，即使框架协议无效，双方真实自愿签订的赔偿协议也是有效的。

双方在赔偿协议中明确约定了9 000万元"赔偿金额"。虽然双方在赔偿金额条款中有"双倍返还定金，即9 000万元"的表述，但这只是双方计算赔偿金额的表述方式，一份赔偿协议中的赔偿金额同样独立于框架协议中的定金。因为赔偿协议中除了提到定金外，还有"乙方（湖北A公司）承诺放弃其他经济赔偿""乙方放

弃对甲方的其他经济赔偿要求"的表述。双方确定9 000万元赔偿金额时，不仅仅是基于湖北A公司支付4 500万元定金的事实，基于河南B公司占有这4 500万元定金、启动和开发了整个房地产项目的事实，还基于湖北A公司没有最终承建本案工程所遭受的损失。湖北A公司的损失至少包括：湖北A公司经办人员为此项目长期联系而发生的人力物力损失、机会成本的损失；湖北A公司组建第二工程处、进行筹备而发生的人力物力损失及管理损失、成本损失；湖北A公司支付4 500万元定金后无法承揽其他工程而发生的机会成本的损失；湖北A公司承建工程的可预期收益损失。依据赔偿协议前的"律师函"，湖北A公司主张的预期收益损失为2.4亿元。因此，赔偿协议中的9 000万元赔偿款独立于双方之前（约定）的定金。退一步说，即使前期河南B公司没有确认4 500万元定金，9 000万元赔偿款也是双方真实赔偿意思的表示，也应得到认定和支持。

二审在没有任何证据的情况下，否定双方客观自愿确认的9 000万元赔偿款，认定的基本事实缺乏证据证明，适用法律确有错误，依据《民事诉讼法》第一百七十九条第一款第二项和第六项，本案应当再审并改判。

三、定金条款被约定在框架协议中，赔偿款的逾期付款违约金被约定在赔偿协议中，它们针对的是不同的违约行为，一审和二审以《合同法》第一百一十六条规定不能同时适用定金和违约金为由，不支持湖北A公司主张的逾期付款违约金，适用法律错误，依据《民事诉讼法》第一百七十九条第一款第六项，本案应当再审并改判

4 500万元定金被约定在2007年6月29日的框架协议中，该框架协议的定金条款针对一方擅自解约、不签订正式合同的违约行为。

赔偿款的逾期付款违约金被约定在2008年7月21日的赔偿协议中，赔偿款的逾期付款违约金针对赔偿协议中的逾期付款违约行为，而不是框架协议中擅自解约的行为或不签订施工合同的行为。

《合同法》第一百一十六条规定，"当事人既约定违约金，又约定定金的，一方违约时，对方可以选择适用违约金或定金条款"。这里的定金和违约金显然是在同一份合同中的约定，显然针对同一违约行为，显然不适用于本案的情形。

如果如一审判决和二审判决所述，只要在赔偿协议中确定赔偿款时提到了定金，就认为不能再约定赔偿款的逾期付款违约金，那么赔偿款确定后，及时支付赔偿款和逾期支付赔偿款有什么不同的法律后果呢？如何体现及时支付赔偿款和拖延支付赔偿款的利益平衡呢？

显然，本案一审和二审将不同协议、不同时间、针对不同违约行为的定金和违

约金相混淆，适用《合同法》第一百一十六条明显错误。本案中，2008年7月21日双方就已确定了河南B公司应支付的赔偿金额，它拖延至今都没有付清赔偿款，理应按约定承担逾期付款的违约金。二审判决适用法律明显错误，依据《民事诉讼法》第一百七十九条第一款第六项的规定，本案应当再审并改判。

综上，二审判决认定的基本事实缺乏证据，严重混淆了基本的举证责任标准，在再审申请人提供了定金收据和赔偿协议这两份直接证据的前提下，仍不认定4 500万元定金的事实，认定的基本事实缺乏证据。在双方自愿、合法、明确约定9 000万元赔偿款的情况下，在没有任何反驳证据的情况下，否定9 000万元赔偿款的事实，认定的基本事实缺乏证据。同时，二审判决错误适用了《合同法》第一百一十六条，将不同合同下针对不同违约行为的定金和违约金条款相混淆，适用法律明显错误。

本案事实清楚，证据充分，当事人之间的意思表示完全真实明确，一审法院和二审法院却做出了这样错误的判决，严重损害再审申请人的合法权益！

为依法维护再审申请人的合法权益，维护法律的尊严，依据《民事诉讼法》第一百七十九条第一款第二项和第六项的规定，特向贵院申请再审，请求依法再审并改判。

此致

中华人民共和国最高人民法院

再审申请人：湖北某建筑公司
2012年8月20日

四、胜诉裁判摘要

中华人民共和国最高人民法院
民事裁定书

（2012）民申字第××号

（主体部分略）

再审申请人湖北A公司为与被申请人河南B公司及一审被告、二审被上诉人张某某建设工程合同纠纷一案，不服湖北省高级人民法院（2011）鄂民一终字第××号民事判决，向本院申请再审。本院依法组成合议庭对本案进行了审查，现已审查终结。

本院认为，湖北A公司的再审申请符合《中华人民共和国民事诉讼法》第一百七十九条第一款第二项、第六项规定的情形。依照《中华人民共和国民事诉讼法》

第一百八十一条、第一百八十五条之规定，裁定如下：

一、本案由本院提审；

二、再审期间，中止原判决的执行。

五、律师团队 6 点评析

（一）本案确有申请再审的必要

本起案件的二审判决存在明显错误，为最大限度地维护当事人的合法权益，确有必要向最高人民法院申请再审。湖北 A 公司申请再审主要想达到以下三个目的：第一，认定双方 4 500 万元定金已经支付的事实；第二，认定双方确定的 9 000 万元赔偿款应当得到支持；第三，认定对方应当承担逾期付款的违约金。

（二）本案 4 500 万元定金的事实应当得到确认

对大额借款或大额债权，如果只有收据，没有银行付款凭证或其他凭证，该债权一般不会得到人民法院支持。本案的 4 500 万元定金，只有 2 500 万元付款凭证，另外 2 000 万元没有付款凭证。虽然如此，但本案中这 4 500 万元定金仍然应当得到认定和支持，因为：本案除有 4 500 万元定金收据外，还有其后的赔偿协议，赔偿协议也已经对这 4 500 万元定金的事实进行了确认。更为重要的是，当事人已经解释了这 4 500 万元定金中包括了前期的个人借款，包括了前期由合作开发转为工程承包的补偿款。因此，从证明标准的角度，应当认定湖北 A 公司和对方当事人已经确认了这 4 500 万元定金。在此种情况下，如果对方当事人否定双方结算确定 4 500 万元定金的事实，对方当事人负有举证责任。关于这方面的理由，在再审申请书中阐述比较充分。

（三）赔偿协议独立于之前的框架协议

赔偿协议是对双方之前的框架协议的结算。赔偿协议独立于框架协议，即使前期的框架协议无效，也不必然导致其后双方签订的赔偿协议无效。赔偿协议确定了湖北 A 公司退出合作的补偿，确定了湖北 A 公司退出本案工程承包的补偿，确定的 9 000 万元赔偿款是双方真实意思的表示，应当得到支持。关于这一点再审申请书中也进行了详细的阐述。

（四）框架协议中的定金和赔偿协议中的违约金并不矛盾

框架协议中的定金和赔偿协议中的违约金被约定在不同的协议里，针对的是不同的违约行为，二者并不矛盾。当然，如果赔偿协议约定的违约金标准过高，人民法院可以根据公平原则进行一定的调整。

（五）再审申请书在本案再审中的作用

本案的再审申请书层次清晰、结构严谨，依托证据、事实和法律，结合再审事由，在三个方面进行了详细系统的阐述，有较强的说服力。该再审申请书得到了湖北A公司的肯定和赞扬，也推动了最高人民法院对本案裁定再审。

（六）对代理工作的综合评价

本案由最高人民法院裁定再审，综合分析，以下两方面的代理工作起到了突破作用：（1）思路突破。强调赔偿协议独立于框架协议：不仅赔偿协议独立于框架协议，而且赔偿协议确认的赔偿金额同样独立于框架协议约定的定金。另外强调框架协议中的定金和赔偿协议中的违约金指向不同的违约行为，二者并不矛盾。（2）文书突破。本案的再审申请书有较强的说服力。

案例9：结合建筑租赁行业的特点及租赁合同的签订与履行，阐述应当认定再审申请人是租赁合同的主体，凸显原审错误

——山东省高级人民法院刘某某与阳谷某劳务公司租赁合同纠纷再审案的文书突破和庭审突破

- 申请再审代理思路
- 二审继续审理代理思路
- 再审申请书
- 律师团队10点评析

一、代理工作概述

刘某某长期在山东和河北等地从事建筑器材租赁业务。刘某某因与阳谷某劳务公司和张某某租赁合同纠纷一案，起诉到青岛市即墨区人民法院。青岛市即墨区人民法院经委托鉴定和六次开庭后，一审判决阳谷某劳务公司和张某某支付刘某某建筑器材租金、建筑器材折价款和违约金约700万元。后阳谷某劳务公司和张某某上诉到青岛市中级人民法院。青岛市中级人民法院二审以结算文件是刘某某关联公司的文件，刘某某不是真正的债权人，没有起诉资格为由，裁定撤销一审判决，驳回了刘某某的起诉。

刘某某二审在青岛市中级人民法院败诉后，经山东企业界朋友推荐，到盈科律师事务所北京总部联系作者所属律师团队的张群力律师。作者所属律师团队在审查刘某某提交的原审材料后认为，本案是典型的错案，二审判决违反了双方合同的约定，违背了租赁行业的基本惯例。于是接受刘某某的委托及时向山东省高级人民法院申请再审。

经努力，山东省高级人民法院裁定提审了本案。经提审后，山东省高级人民法院裁定撤销青岛市中级人民法院二审裁定，指令青岛市中级人民法院继续审理本案。

在青岛市中级人民法院继续审理的程序中，作者所属律师团队成功申请了原二

审合议庭成员全体回避，申请刘某某关联单位的股东出庭作证。最终青岛市中级人民法院认定了刘某某的债权人主体资格，认定了阳谷某劳务公司和张某某的债务人身份，确认了一审中对债权金额鉴定意见的效力，驳回了阳谷某劳务公司和张某某的上诉，维持了一审判决。①

本案从青岛市即墨区人民法院一审，到青岛市中级人民法院二审；从向山东省高级人民法院申请再审，到山东省高级人民法院提审，再到青岛市中级人民法院二审继续审理，前后历经了五个审理程序，最终反败为胜，实属不易！现二审判决已经执行完毕，刘某某在本案中的权益得到了全面维护。

二、基本案情和一、二审情况

（一）基本案情

从2012年12月至2019年3月，张某某和阳谷某劳务公司（以下或合称为两位被告）租用了刘某某的横杆、立杆、碗扣、顶丝等建筑器材，刘某某与两位被告签订了租赁合同，主要约定：甲方（刘某某）根据乙方（张某某和阳谷某劳务公司）需要出租给乙方建筑施工用租赁物，名称、规格、型号、数量以在甲方办理的发货单、收货单为准……本合同经甲乙双方签字、盖章后生效，材料退完、结清租赁费后废止。该合同由刘某某签字，张某某签字，阳谷某劳务公司盖章。

之后刘某某向两位被告提供了建筑器材。建筑器材租赁提货单由阳谷某劳务公司、张某某的工作人员张乙、武甲、姜某某等人签字，提货单载明："此单据同合同有同等法律效力，单位提货人、发货人签字生效。发生纠纷由供货方经办人户籍所在地法院协商解决，并按合同约定的日期结算租金，逾期未交，每拖欠一天按全部租金合计金额加收百分之一违约金，违约天数累计计算。"

其间，张某某、张乙、刘甲等人对扣件、踏梯、叉车等建筑机具及其他业务分别与刘某某有过结算。自2014年1月至2019年1月，阳谷某劳务公司、张某某陆续向刘某某退还部分建筑机具，退货单由张乙、武某等签字。双方之间不仅存在租赁关系，还存在货物买卖、代办机动车手续等业务关系。

在2015年2月17日至2018年12月29日期间，张乙通过银行交易及微信转账方式向刘某某付款263万元，张某某于2016年11月6日向刘某某付款1.6万元，共计付款264.6万元。

---

① 本案由作者团队的张群力律师和苏艳律师共同承办。在此，要特别感谢山东企业界朋友对律师团队的推荐，感谢委托人对律师团队自始至终的信任和支持！

两位被告一直拖欠刘某某剩余租金且未返还部分租赁物，刘某某多次催要无果后在 2019 年 5 月向青岛市即墨区人民法院提起了诉讼。

（二）一审情况

刘某某向青岛市即墨区人民法院提起了诉讼，其诉讼请求包括：（1）判令解除双方之间的租赁合同；（2）判令阳谷某劳务公司、张某某支付刘某某租赁费；（3）判令阳谷某劳务公司、张某某返还未返还的租赁物，如不能退还，则折价赔偿；（4）判令阳谷某劳务公司、张某某支付违约金 100 万元等。主要起诉理由包括：刘某某和张某某、阳谷某劳务公司之间签订了租赁合同，刘某某已经履行了合同义务，张某某和阳谷某劳务公司只支付了 175 万元，没有支付剩余款项。

张某某的主要答辩内容是：张某某与原告刘某某不存在租赁关系，不是适格的被告，应驳回其起诉。

阳谷某劳务公司的主要答辩内容是：（1）双方没有签订书面租赁合同，原告提交的合同是伪造的。（2）双方除了租赁关系外，还存在其他买卖关系，被告已经支付了全部款项。

历经六次庭审、两次询问和三次司法鉴定后，一审法院最终判决：（1）解除双方签订的租赁合同。（2）两位被告偿付租赁费。（3）两位被告返还原告租赁物，如不能返还，则支付折价赔偿款。（4）两位被告向原告支付违约金 100 万元。上述金额合计约 700 万元。

（三）二审情况

阳谷某劳务公司和张某某不服一审判决，共同上诉至山东省青岛市中级人民法院。其上诉请求包括：撤销原判并将本案发回重审或依法改判阳谷某劳务公司、张某某不向刘某某支付各项费用以及日租金。

阳谷某劳务公司和张某某的主要上诉理由包括：（1）刘某某与阳谷某劳务公司、张某某之间的租赁是分开存续的，阳谷某劳务公司、张某某之间无承担连带责任的依据，且刘某某要求阳谷某劳务公司、张某某各自承担责任，对租金没有要求连带责任，因此，阳谷某劳务公司、张某某之间不应承担连带责任。（2）根据刘某某在"证据明细表"中的表述，其与张某某的结算截止到 2015 年 1 月 31 日，刘某某第一次起诉之日是 2019 年，刘某某对张某某的诉讼请求已超过诉讼时效。（3）一审法院并未对买卖物与租赁物加以区分，未查清基本事实。（4）一审法院对涉案租赁物的数量未查清。（5）涉案"审计报告"不能作为判决依据。

刘某某的二审答辩理由包括：（1）一审判决并未超出刘某某的诉讼请求。

(2) 从本案双方签订租赁合同时，就可确认本案双方均认可张某某和阳谷某劳务公司是共同承租方。(3) 从本案双方发生业务的实际过程看，阳谷某劳务公司和张某某对刘某某的诉讼请求应共同承担连带责任。(4) 结合本案双方实际发生业务情况看，刘某某与阳谷某劳务公司、张某某双方的业务是连续性、混合型发展的，还有租赁、买卖、垫付审车手续费等业务，阳谷某劳务公司和张某某未向刘某某进行明确区分，不能简单地以阳谷某劳务公司的成立时间来划分。(5) 两上诉人对刘某某的诉讼请求共同承担连带责任，并不妨碍其对内进行自我责任划分。(6) 上诉人关于刘某某的起诉已过诉讼时效的上诉理由不成立。(7) 审计报告依据的证据符合证据"三性"要求，不存在瑕疵，不存在重新审计的必要。

二审法院认为：(1) 刘某某是租赁合同签订主体，但不能说明其就是实际履行主体。(2) 案涉送货单、退货单上签字的虽然是刘某某但不能证明刘某某就是履行主体。多数企业都是指派业务人员签字。(3) 刘某某以个人账户收款也不能说明刘某某是实际履行人。(4) 刘某某提供的流水账标题是第三人公司的标题，可以推定出刘某某代表第三人公司签订租赁合同。因此，二审法院以主体不适格为由，裁定撤销一审判决，驳回了刘某某的起诉。

三、代理思路和律师文书

（一）申请再审代理思路

本案二审法院以租赁业务中的相关文件是刘某某关联公司的文件为由认定刘某某不是本案真正的债权人，没有起诉资格，进而撤销了一审判决，驳回了刘某某的起诉。二审法院的上述认定不仅与双方合同的约定不符，而且与实际情况不符。因此可重点从以下两个方面申请再审。

第一，从事实认定方面申请再审。结合建筑器材租赁行业的特点，从租赁合同的签订和履行，包括租赁合同主体的表述、租赁合同的签章、租赁器材的交付、租赁器材的收回、租赁款的收取等方面，阐述刘某某是本案的出租主体和债权人。另外从双方的结算认定，从一审中的鉴定意见角度阐述刘某某是本案的出租主体和债权人。二审法院认定刘某某不是债权人，二审法院认定刘某某没有资格提起本案诉讼，二审法院认定的基本事实缺乏证据证明，本案应当再审。

第二，从法律适用方面申请再审。二审法院适用职务代理和竞业禁止等相关法律规定明显错误，本案应当再审。

通过申请再审达到山东省高级人民法院提审或指令再审的目标，最终撤销青岛市中级人民法院的裁定。

（二）二审继续审理代理思路

山东省高级人民法院提审后，成功撤销了青岛市中级人民法院的裁定，指令青岛市中级人民法院继续审理本案。

在青岛市中级人民法院二审继续审理时，作者所属的律师团队制订的代理方案是：第一，申请原合议庭成员全体回避，尽量减少原审各种因素的干扰。第二，在山东省高级人民法院指令继续审理的基础上，进一步阐述刘某某是债权人，阳谷某劳务公司和张某某是债务人；同时补充提交新证据，由刘某某关联公司出具证明，并由刘某某关联公司的股东出庭作证。第三，阐述一审中鉴定意见的证明效力，阐述本案的债务金额已经查清，避免青岛市中级人民法院再将本案发回一审法院重审，以免本案久拖不决。

（三）再审申请书

再审申请书

再审申请人（一审原告、二审被上诉人）：刘某某

被申请人（一审被告、二审上诉人）：阳谷某劳务公司

被申请人（一审被告、二审上诉人）：张某某

再审申请人刘某某（以下称再审申请人）与被申请人阳谷某劳务公司（以下称阳谷某劳务公司）、被申请人张某某（阳谷某劳务公司与张某某以下合称为被申请人）建筑机具租赁合同纠纷一案，由山东省青岛市即墨区人民法院于2020年1月19日作出（2019）鲁0282民初4157号一审判决，由山东省青岛市中级人民法院于2020年7月27日作出（2020）鲁02民终5533号二审裁定。再审申请人不服山东省青岛市中级人民法院于2020年7月27日作出的（2020）鲁02民终5533号二审裁定，认为二审裁定认定的基本事实缺乏证据证明、适用法律确有错误，本案有新证据足以推翻二审裁定，依据《中华人民共和国民事诉讼法》（以下称民事诉讼法）第二百条第一项、第二项和第六项的规定，特向贵院申请再审。

申请再审请求：

1. 请求依法再审，撤销山东省青岛市中级人民法院（2020）鲁02民终5533号二审裁定，并判决维持山东省青岛市即墨区人民法院（2019）鲁0282民初4157号一审判决；

2. 本案一审、二审诉讼费用由被申请人承担。

申请再审事由：

1. 二审裁定认定本案租赁合同实际履行主体为沧州某建筑器材有限公司（以下

称沧州某公司），进而认定再审申请人作为本案起诉主体不适格，二审裁定认定的事实与本案租赁合同关系中合同签订主体、租赁物交付主体、租赁物返还时的收货主体、租金收款主体均为再审申请人个人的事实相悖，认定沧州某公司为合同主体缺乏证据证明，认定的基本事实严重错误，依据民事诉讼法第二百条第二项，本案应当再审并改判。

2. 再审申请人提交的山东省胶州市人民法院（2019）鲁0281民初5775号民事裁定书等新证据足以证明被申请人知道并认可本案租赁合同签订及履行主体是再审申请人个人，足以证明二审裁定认定合同实际履行主体为沧州某公司严重错误，该新证据足以推翻本案二审裁定，依据民事诉讼法第二百条第一项，本案应当再审并改判。

3. 二审裁定适用职务代表、隐名代理、竞业禁止的法律规定确有错误，即适用《中华人民共和国民法总则》（以下称民法总则）第六十一条第二款、《中华人民共和国合同法》（以下称合同法）第四百零二条、《中华人民共和国公司法》（以下称公司法）第一百四十八条确有错误，依据民事诉讼法第二百条第六项，本案应当再审并改判。

申请再审的具体事实与理由如下：

一、二审裁定认定本案租赁合同实际履行主体为沧州某公司，进而认定再审申请人作为本案起诉主体不适格，二审裁定认定的事实与本案租赁合同关系中合同签订主体、租赁物交付主体、租赁物返还时的收货主体、租金收款主体均为再审申请人个人的事实相悖，认定沧州某公司为合同主体缺乏证据证明，认定的基本事实严重错误，依据民事诉讼法第二百条第二项，本案应当再审并改判

（一）从合同签订的情况来看，再审申请人是租赁合同的主体，有权依据租赁合同提起诉讼，是本案适格原告。

本案中，再审申请人与被申请人共同签署的租赁合同系合同各方真实意思表示，依法成立且合法有效，对合同各方具有法律约束力，再审申请人作为合同签订主体有权依据租赁合同提起诉讼，是本案的适格原告。

从合同签订的情况来看，租赁合同抬头部分注明出租方（甲方）的主体为"刘某某"，而且"刘某某"三个字为打印字体；承租方（乙方）主体为"张某某"与"阳谷某劳务公司"，其中"张某某"三个字为打印字体，"阳谷某劳务公司"为手写字体，且加盖有公司印章；"张某某"和"阳谷某劳务公司"同时作为承租主体，二者并列表述。合同的落款部分，甲方由再审申请人刘某某个人签名，乙方由张某某个人签字、阳谷某劳务公司盖章。对比出租方和承租方的合同签署情况，刘某某

个人明显是合同主体。如果出租方不是刘某某个人，而是刘某某担任法定代表人的沧州某公司，在合同的抬头部分和落款部分至少应有"沧州某建筑器材有限公司"的文字表述，正如承租方中有"阳谷某劳务公司"的表述一样（见一审证据1）。

事实上，在二审过程中，被申请人并未对再审申请人的诉讼资格提出异议，亦未提交任何证明合同权利义务主体是沧州某公司的证据，二审裁定认定再审申请人作为本案起诉主体不适格没有事实依据。

合同法第八条规定：依法成立的合同，对当事人具有法律约束力。当事人应当按照约定履行自己的义务，不得擅自变更或者解除合同。依法成立的合同，受法律保护。本案是合同纠纷，案件审理基础是当事人间的合同约定，合同约定是纠纷解决的首要依据。租赁合同明确约定了再审申请人为合同主体，再审申请人享有合同权利并具有依据租赁合同提起诉讼的权利。退一步讲，即使合同签订主体与履行主体不一致，也不能否定合同签订主体依据合同约定提起诉讼的权利。

二审裁定认定租赁合同合法有效，却又裁定再审申请人不能依据合同约定享有权利，裁定再审申请人不能作为合同主体提起诉讼，导致再审申请人的合同权利无法得到法律保护。二审裁定认定的基本事实明显缺乏证据证明，认定事实明显错误。

（二）从合同履行的情况来看，再审申请人是租赁合同的实际履行主体，再审申请人按照租赁合同约定向被申请人直接交付租赁物、直接收取退还的租赁物并直接收取租金，实际履行了租赁合同，是本案的适格原告。

租赁合同的主要权利义务是再审申请人向被申请人交付租赁物、收取租金，被申请人使用租赁物并支付租金。

就交付租赁物方面而言，租赁合同履行过程中，再审申请人直接向被申请人交付租赁物，被申请人签字确认的"建筑设备器材租赁提货单"中均为再审申请人个人签字，未有任何能体现沧州某公司参与租赁物交付的证据，由此可见，再审申请人是租赁合同的实际履行主体（见一审证据2-4）。

就返还租赁物方面而言，租赁合同履行过程中，涉及租赁物返还时，被申请人直接将租赁物返还给再审申请人个人，并共同在"建筑设备器材租赁退货单"上签字确认，与沧州某公司没有任何关系，由此可见，再审申请人是租赁合同的实际履行主体（见一审证据2-5）。

就接受租金主体而言，被申请人支付租赁合同下的租金时，直接向再审申请人个人账户打款，足以证明被申请人是租赁合同实际履行主体（见一审证据6）。

本案租赁合同关系的物流主体、资金流主体均为再审申请人，均有证据能正向证明租赁合同实际履行主体为再审申请人。

（三）从鉴定意见的情况来看，再审申请人是租赁合同主体，是本案的适格原告。

一审过程中，山东省青岛市即墨区人民法院依申请出具司法鉴定委托书，委托山东某会计师事务所对租赁合同各方发生的财务账目、凭证等进行审计。山东某会计师事务所经审计后依法出具了鲁德所〔2019〕8—186号审计报告。该审计报告属于鉴定意见，该鉴定意见的程序和内容符合民事诉讼法的规定。该审计报告明确被申请人尚欠再审申请人建筑机具租赁费、代垫费用金额4 124 042.04元，欠付刘某某建筑机具租赁费违约金31 074 446.2元，应计利息2 018 690.27元等。

鉴定机构认可租赁合同主体为再审申请人，未对合同主体提出任何异议。该鉴定意见明确被申请人欠租赁费、代垫费的欠款对象为再审申请人刘某某个人。但二审裁定却做出与鉴定意见结果相悖的认定，认定的基本事实缺乏证据证明，认定事实明显错误。

综上，从合同签订的情况来看，再审申请人是租赁合同的签订主体，有权依据租赁合同提起诉讼；从合同履行的情况来看，再审申请人是租赁合同的实际履行主体，再审申请人按照租赁合同约定向被申请人直接交付租赁物、直接收取退还的租赁物并直接收取租金，实际履行了租赁合同；从鉴定意见的情况来看，再审申请人是租赁合同主体，是本案的适格原告。

合同签订主体、实际履行主体都证明再审申请人系本案合同主体，在一审判决认定事实正确的情况下，二审法院竟然认定沧州某公司为合同实际履行主体，认定的基本事实严重错误，依据民事诉讼法第二百条第二项，本案应当再审并改判。

二、再审申请人提交的山东省胶州市人民法院（2019）鲁0281民初5775号民事裁定书等新证据足以证明被申请人知道并认可本案租赁合同签订及履行主体是再审申请人个人，足以证明二审裁定认定合同实际履行主体为沧州某公司严重错误，足以推翻本案二审裁定，依据民事诉讼法第二百条第一项，本案应当再审并改判

再审申请人提交了新证据：张某某起诉刘某某侵权纠纷案起诉状以及山东省胶州市人民法院（2019）鲁0281民初5775号民事裁定书。新证据显示，2019年5月20日，张某某向山东省胶州市人民法院提起诉讼，主张再审申请人从胶州工地拉走建筑设备器材。山东省胶州市人民法院于2019年6月17日作出（2019）鲁0281民初5775号裁定书，允许张某某撤回起诉。

被申请人一直都是以再审申请人个人为独立主体进行商业往来，从未以再审申请人作为沧州某公司的法定代表人进行交易。再审申请人与张某某自2012年12月以来即存在建筑机具租赁为主的业务关系，当时沧州某公司尚未成立，即使沧州某公司成立后，租赁合同仍为再审申请人与被申请人签订。在双方就租赁物发生争议

时，被申请人仍以再审申请人个人为对象提起诉讼，足以证明被申请人认可租赁合同签订主体及实际履行主体是再审申请人。

这些新证据足以证明二审法院裁定再审申请人作为本案起诉主体不适格存在严重错误；再审申请人提交的新证据足以推翻二审裁定，本案应当再审并改判。

三、二审裁定适用职务代表、隐名代理、竞业禁止的法律规定确有错误，即适用民法总则第六十一条第二款、合同法第四百零二条、公司法第一百四十八条确有错误，依据民事诉讼法第二百条第六项，本案应当再审并改判

（一）二审裁定适用职务代表行为的法律规定，确有错误。

民法总则第六十一条第二款规定"法定代表人以法人名义从事民事活动，其法律后果由法人承受"。只有法定代表人以法人名义从事民事活动时才可能构成职务代表行为。

但在本案中，再审申请人一直以自己的名义与被申请人签订合同、交付租赁物、收取租金、接收返还的租赁物，从未以沧州某公司名义从事交易；再审申请人与被申请人的租赁交易在沧州某公司成立之前就早已开始。二审法院在没有直接证据情况下，仅因为再审申请人是沧州某公司的法定代表人和再审申请人使用了沧州某公司的流水账单格式即认定沧州某公司为合同主体缺乏事实依据。

二审裁定适用职务代表的法律规定确有错误，即适用民法总则第六十一条第二款的规定确有错误，根据民事诉讼法第二百条第六项，本案应当再审并改判。

（二）二审裁定适用隐名代理的法律规定，确有错误。

合同法第四百零二条规定"受托人以自己的名义，在委托人的授权范围内与第三人订立的合同，第三人在订立合同时知道受托人与委托人之间的代理关系的，该合同直接约束委托人和第三人，但有确切证据证明该合同只约束受托人和第三人的除外"。《全国法院民商事审判工作会议纪要》第2条阐明，"民法总则仅规定了显名代理，没有规定《合同法》第402条的隐名代理和第403条的间接代理。在民法典施行前，这两条规定应当继续适用"。

根据上述规定，隐名代理的前提是委托人有明确委托的意思表示，本案中沧州某公司没有任何委托再审申请人签订或履行租赁合同的意思表示，也未出具任何授权，本案不存在代理行为，更不存在隐名代理的情形。签订和履行租赁合同系刘某某的个人行为。租赁合同由再审申请人以自己的名义签订并交付租赁物、收取租金，实际履行合同，承担义务享有权利。

二审裁定在认定合同实际履行主体为沧州某公司时，没有任何直接证据支持，仅用"但不能说明""不能认定"的反向推论否定再审申请人提供的确切证据，用

"推敲""推理出""可以视为"等进行没有证据支持的主观推断，严重地损害了当事人的合法权益以及交易秩序的稳定。

二审裁定没有任何直接证据，仅凭推断方式即认定本案适用职务代表或隐名代理的情形，则相当于判定法定代表人自己签订的任何合同都可能被认定为法定代表人所在公司签订的合同，严重破坏了交易安全和市场秩序的稳定。

二审裁定适用隐名代理的法律规定确有错误，即适用合同法第四百零二条的规定确有错误，根据民事诉讼法第二百条第六项，本案应当再审并改判。

（三）二审裁定适用的竞业禁止的法律规定，确有错误。

竞业禁止是指公司法第一百四十八条规定的"董事、高级管理人员不得有下列行为：……（五）未经股东会或者股东大会同意，利用职务便利为自己或者他人谋取属于公司的商业机会，自营或者为他人经营与所任职公司同类的业务"。

首先，在沧州某公司成立前再审申请人已经与被申请人进行租赁业务往来，并不存在再审申请人利用职务便利谋取属于公司的商业机会的情形，不存在关于竞业禁止的情形；再审申请人签订并履行租赁合同的行为并未损害沧州某公司的利益。

其次，退一步讲，即便是存在违反竞业禁止的情形，也不能因此导致合同无效或者影响合同主体的认定。竞业禁止是公司、股东、董事、监事或高管之间的关系，相关权利义务的主张应由公司或公司股东、董事、监事、高管提起，与再审申请人和被申请人进行的交易无关，与本案无关。

二审裁定适用竞业禁止的法律规定确有错误，即适用公司法第一百四十八条的规定确有错误，根据民事诉讼法第二百条第六项，本案应当再审并改判。

综上，二审裁定认定本案租赁合同实际履行主体为沧州某公司，进而认定再审申请人作为本案起诉主体不适格，二审裁定认定的事实与本案租赁合同关系中合同签订主体、租赁物交付主体、租赁物返还时的收货主体、租金收款主体均为再审申请人个人的事实相悖，认定沧州某公司为合同主体缺乏证据证明，认定的基本事实严重错误，依据民事诉讼法第二百条第二项，本案应当再审并改判；再审申请人提交的山东省胶州市人民法院（2019）鲁0281民初5775号民事裁定书等新证据，足以证明被申请人知道并认可本案租赁合同签订及履行主体是再审申请人个人，足以证明二审裁定认定合同实际履行主体为沧州某公司严重错误，足以推翻本案二审裁定，依据民事诉讼法第二百条第一项，本案应当再审并改判；二审裁定适用职务代表、隐名代理、竞业禁止的法律规定确有错误，即适用民法总则第六十一条第二款、合同法第四百零二条、公司法第一百四十八条确有错误，依据民事诉讼法第二百条第六项，本案应当再审并改判。

本案中租赁关系的合同签订主体、实际履行主体均已经充分地证明了租赁合同的主体为再审申请人。但二审裁定认定再审申请人没有提起诉讼的权利，导致被申请人租赁且实际使用了租赁物却不用支付租金，再审申请人履行了合同约定却不能获得租金，不能主张权利。可见，二审裁定不仅认定的基本事实缺乏证据证明、适用法律确有错误，而且判决结果严重不公！

基于上述理由，依据民事诉讼法第二百条第一项、第二项和第六项的规定，特向贵院申请再审，请求依法公正再审并改判。

此致
山东省高级人民法院

再审申请人：刘某某（签字）
二〇二〇年四月二十日

四、胜诉裁判摘要

（一）山东省高级人民法院提审裁定摘要

山东省高级人民法院
民事裁定书

（2020）鲁民申 10179 号

（当事人情况略）

再审申请人刘某某因与被申请人阳谷某劳务公司、张某某建筑设备租赁合同纠纷一案，不服山东省青岛市中级人民法院（2020）鲁 02 民终 5533 号民事裁定，向本院申请再审。

本院依法组成合议庭对本案进行了审查，现已审查终结。

本院经审查认为，刘某某的再审申请符合《中华人民共和国民事诉讼法》第二百条第二、六项的规定的情形。依照《中华人民共和国民事诉讼法》第二百零四条，《最高人民法院关于适用〈中华人民共和国民事诉讼法〉的解释》第三百九十五条第一款规定，裁定如下：本案由本院提审。

（二）山东省高级人民法院发回继续审理裁定摘要

山东省高级人民法院
民事裁定书

（2021）鲁民再 4 号

（"本院认为"以前部分略）

本院再审认为，本案再审争议的焦点问题是二审裁定驳回刘某某的起诉是否具有事实和法律依据。第一，在案的现有证据和已查明的事实，能够证实涉案建筑设备租赁合同的签约主体是刘某某，刘某某虽是沧州某公司的法定代表人，但刘某某与阳谷某劳务公司签订涉案租赁合同，是代表沧州某公司履职所为，还是个人行为，需要根据沧州某公司的性质和经营范围等作出认定，二审裁定对此未作出认定，直接以刘某某系沧州某公司法定代表人，不是适格权利主体为由裁定驳回刘某某起诉不当。第二，从涉案租赁合同的实际履行来看，原审在案的提货单、送货单等凭据证明，案涉租赁物的交付、租金的收取等所涉主要合同权利义务都是以刘某某为履行主体的，由此证明刘某某至少是涉案民事诉讼法律关系的主体之一，若查明沧州某公司在涉案租赁合同中系共同出租方，可以通知其参加本案诉讼，二审仅凭刘某某在一审中提交沧州某公司客户流水账明细表所载租赁物是案涉全部建筑器具，就认定案涉租赁合同关系的相对方系沧州某公司，证据不够充分。第三，阳谷某劳务公司、张某某在本案二审上诉中也未明确对刘某某的诉讼主体地位提出异议，仅请求扣除刘某某以沧州某公司名义出具的相关单据凭证所涉款项，二审直接认定刘某某主体不适格，也不符合阳谷某劳务公司、张某某的上诉请求范围。第四，依据民事诉讼法和《最高人民法院关于适用〈中华人民共和国民事诉讼法〉的解释》第三百三十条的规定，一审法院作出实体判决后，二审法院认为依法不应由人民法院受理的诉讼，可以直接裁定驳回起诉，并未明确规定原告诉讼主体不适格的，二审可以直接裁定驳回起诉，因而二审裁定驳回刘某某的起诉也不合民事诉讼法及司法解释的规定。

综上，刘某某的再审请求依法成立，本院予以支持。依照《中华人民共和国民事诉讼法》第一百七十条第一款第二项、第一百七十一条、第二百零七条第一款，《最高人民法院关于适用〈中华人民共和国民事诉讼法〉的解释》第四百零七条第二款，裁定如下：

一、撤销山东省青岛市中级人民法院（2020）鲁02民终5533号民事裁定；

二、本案由山东省青岛市中级人民法院继续审理。

（三）青岛市中级人民法院继续审理二审判决书摘要

山东省青岛市中级人民法院
民事判决书

（2021）鲁02民终2529号

("继续二审审理"以前部分略)

二审审理期间，在2021年4月6日的法庭调查中，被上诉人刘某某提交证据

一、沧州某公司及其全体股东出具的"关于刘某某与张某某、阳谷某劳务公司租赁合同纠纷案的情况说明",证明沧州某公司认可该公司与张某某、阳谷某劳务公司不存在业务关系,案涉刘某某与张某某、阳谷某劳务公司开展的相关业务的合同权益归刘某某所有,与沧州某公司无关。证据二、沧州某公司全体股东确认书,证明沧州某公司全体股东均认可刘某某与张某某、阳谷某劳务公司开展的相关业务,系刘某某个人行为,合同权益均归刘某某所有,与沧州某公司无关。证据三、沧州某公司工商及股东信息,证明:1. 沧州某公司成立于2013年3月;2. 沧州某公司全部股东为付某、刘某某。

上诉人阳谷某劳务公司、张某某质证称:对证据一、二的真实性、关联性、合法性均不认可。该两份证据是本次开庭前临时出具的,是事后补充的,根据法律规定如果刘某某本人经营与企业相同的业务,需要至少在经营业务发生前或同时由全体股东或股东会决议同意才有法律效力。且刘某某与付某是夫妻关系,公司掌握在两人手中,沧州某公司出具该份材料完全按照刘某某的意愿,不具备真实性、合法性。在2017年沧州某公司资产由100万元降低为60万元,而在2017年上诉人向刘某某支付货款高达100余万元,在这种情况下公司能够同意该笔业务由刘某某个人经营,显然不合理。由此推断该两份证据是被上诉人为了规避相应的法律事实而恶意出具。上诉人也请求追究被上诉人的相关责任。对证据三的真实性没有异议,对证明事项没有异议。

被上诉人刘某某申请证人付某出庭,对证据一、二中付某签字的真实性,付某当庭确认。

本院认证认为,对被上诉人提交的上述证据的真实性予以确认。

在2021年5月18日的法庭调查中,上诉人阳谷某劳务公司、张某某提交证据一、阳谷某劳务公司与沧州某公司的账目明细,证据二、沧州某公司的企业年报(2013—2019)、企业登记档案。证明事项:沧州某公司在2013到2019年收入为311.288万元,被上诉人称其本人的业务额达600余万元,这不符合上一次庭审时作为股东的证人付某所表述的"成立沧州某公司的目的是方便赚钱"的说法。并且在这种情况下,被上诉人称其对外个人业务是经过了公司全体股东同意,显然不能成立。

被上诉人刘某某质证称:关于证据一,其真实性不予认可,形式真实性和内容真实性均不予认可。该材料为上诉人一方制作,不能反映本案真实情况。被上诉人还要强调的是庭上上诉人提交的纸质证据一与其在庭前(4月12日)提交的电子版不一致,随意性极大。本案金额应以符合法律程序的审计报告为准。关于证据二,因当庭提交的为复印件,真实性庭后核实;对关联性不认可,与本案无关;对证明目的不认可,本案审查刘某某开展涉案业务是否有损于沧州某公司利益,在本案诉讼中没有价值。本案是合同纠纷,应当以合同约定为审判基础。退一步讲,如果刘某某作为沧州某公司法定代表人,开展业务损害了公司利益,也是属于刘某某与沧州某公司之间的法律关系,与本案无关,不影响本案债权债务法律关系的认定。

本院认证认为,对证据一,基于本案一审中已对双方账目进行审计,故本院认为上诉人提供的其单方制作的账目不能直接证明其证明目的,关于租赁费等应以一审审计结论为准,不能简单直接以上诉人的账目确定上诉人欠付的租赁费。对证据二的真实性予以确认。

被上诉人刘某某提交证据:一份情况说明,证明事项:上次庭审时提交的情况说明由沧州某公司加盖公章认可。

上诉人阳谷某劳务公司、张某某质证称:根据上次庭审已经确定公司的公章控制在被上诉人处,被上诉人的加盖行为具有倾向性和主观性,因此该证据不具有合法性,不应作为有效证据使用。

本院认证认为,对该份证据的真实性予以确认。

二审经审理查明:一审法院查明的事实属实,本院予以确认。

本院认为,本案争议焦点为:一、本案的出租方是否为刘某某,刘某某作为原告的主体是否适格;二、本案租赁合同的承租方是否为阳谷某劳务公司、张某某;三、一审法院关于租赁费金额、不能返还的租赁物的赔偿金额,以及违约金是否认定正确。

关于焦点一,从案涉租赁合同的实际履行来看,提货单、送货单等凭据可以证明案涉租赁物的交付、租金的收取等所涉主要合同权利义务都是以刘某某为履行主体;且二审中刘某某提交了沧州某公司及其全体股东出具的"关于刘某某与张某某、阳谷某劳务公司租赁合同纠纷案的情况说明",以及沧州某公司全体股东确认书,证明沧州某公司确认沧州某公司与张某某、阳谷某劳务公司不存在业务关系,案涉刘某某与张某某、阳谷某劳务公司开展的相关业务的合同权益归刘某某所有,与沧州某公司无关。综上,本院认为,案涉合同的出租方系刘某某个人,刘某某提起本案诉讼并无不当。

关于焦点二,关于合同的承租方,从双方签订的书面"租赁合同"来看,抬头部分载明,出租方(甲方)"刘某某"为打印字,承租方(乙方)"张某某"为打印字,"阳谷某劳务公司"为手写体;合同落款处,甲方由刘某某个人签名,乙方由张某某个人签名、阳谷某劳务公司盖章,由此可见虽张某某是阳谷某劳务公司法定代表人，但合同显示承租方是张某某以及阳谷某劳务公司。一审法院确认张某某与阳谷某劳务公司是共同承租方，并无不当，刘某某有权要求张某某与阳谷某劳务公司共同承担责任。

关于焦点三，本案审理期间，上诉人阳谷某劳务公司自认依据其单方记账其应当偿付 315 186.676 元。本院认为本案中关于租金、不能返还租赁物的赔偿金额均已经过审计双方账目及鉴定市场单价，上诉人亦无充分证据否认该审计结论及鉴定结论，据此一审法院判令张某某、阳谷某劳务公司偿付截至 2019 年 3 月 31 日的租赁费 3 792 167.7 元及后续租金，并判令张某某、阳谷某劳务公司返还租赁物，如不能退还则予以赔偿，并无不当，本院予以维持。

另，关于违约金，阳谷某劳务公司、张某某没有依约及时支付刘某某租赁费并返还相关的建筑机具设备，构成违约，一审法院支持刘某某 100 万元违约金的主张，理由充分，并无不当，本院予以维持。

综上所述，上诉人阳谷某劳务公司、上诉人张某某的上诉理由不成立，本院不予支持。一审判决认定事实清楚，适用法律正确，应予维持。依照《中华人民共和国民事诉讼法》第一百七十条第一款第一项规定，判决如下：

驳回上诉，维持原判。

二审案件受理费 69 085 元，由上诉人阳谷某劳务公司、上诉人张某某负担。

本判决为终审判决。

五、律师团队 10 点评析

（一）本案再审成功的关键是凸显二审裁定的错误

这是一起二审基本事实认定和法律适用均存在严重错误的案件。刘某某在山东企业界朋友的介绍下找到了我们，我们阅看材料后当即同意担任刘某某的代理人，代理其向山东省高级人民法院申请再审。

本案再审的关键是要凸显二审裁定的错误，即结合本案合同的特点，结合建筑租赁行业的特点，凸显二审裁定在事实认定方面和法律适用方面的错误。如结合本案合同的签订情况，结合本案合同的主体表述，论述二审裁定对债权主体认定错误。如结合建筑租赁行业的特点，从租赁物的发放、租赁物的收回、租赁款的支付、租赁款的收取和租赁款的结算论述二审裁定对债权主体认定错误。再如，结合一审鉴定意见论述二审对债权主体认定错误。

在本案申请再审时，在二审继续审理时，我们始终抓住了这一关键点，起到了良好的效果。

（二）从合同特点及合同签订来凸显二审裁定对基本事实认定错误

合同永远是处理合同纠纷的出发点，是确定双方权利义务的基础，是认定案件基本事实的基础。为凸显二审裁定的错误，我们对合同的主体表述进行了详细分析，也对合同各主体的签字盖章情况进行了详细分析。上述分析和论述清楚说明，刘某某本人是租赁合同的主体。二审认定刘某某不是租赁合同的主体，认定的基本事实违背双方在合同中的约定，认定的基本事实明显错误。

（三）从建筑租赁行业特点及合同履行来凸显二审裁定对基本事实认定错误

为凸显二审裁定的错误，我们还从建筑租赁行业的特点出发，结合租赁物的发放、收回，租赁款的支付和收取，双方的结算，详细分析了合同的实际履行情况。结合行业特点的论述，不仅言之有物，条理清晰，而且有很强的说服力。这一论述也进一步凸显了二审裁定对基本事实认定错误。

（四）从一审中的鉴定意见来凸显二审裁定对基本事实认定错误

在本案一审过程中，人民法院已经委托不同的鉴定单位就不同的事项进行相应的审计和鉴定，形成了三份鉴定意见。鉴定意见是人民法院依法取得的证据，依据证据规则，除了几种特殊情形外，鉴定意见一经形成，它的证明效力就应当被尊重。

本案二审裁定对债权主体的认定与一审中形成的三份鉴定意见相矛盾。因此，论述一审中的鉴定意见在本案中的证明效力，同样可以较好地彰显二审裁定对基本事实认定错误。

（五）论述二审裁定在法律适用方面的错误

二审裁定除基本事实认定错误外，在法律适用方面也存在明显的错误。在再审申请书和庭审中，我们对二审裁定的法律适用错误也进行了详细阐述。这一方面的再审意见也发挥了较好的作用，也凸显了二审裁定的错误。

（六）再审申请书发挥了重要作用

和我们成功代理的其他再审案件一样，本案的再审申请书同样发挥了重要作用。本案再审申请书，从事实认定和法律适用两个方面凸显了二审裁定的错误。也可能是受当时特殊情况的影响，山东省高级人民法院在阅看本案再审申请书等材料后，在没有调取二审案卷的情况下，在没有进行听证的情况下，就直接裁定提审本案。可见，再审申请书为本案的反败为胜发挥了重要作用。

（七）山东省高级人民法院对本案指令继续审理的合理性

山东省高级人民法院提审本案后，没有直接改判，没有指定青岛市中级人民法院重审,而是撤销二审裁定,指令青岛市中级人民法院继续审理本案。山东省高级人民法院提审后撤销二审错误裁定,对本案来说确实是一个大的进展,但山东省高级人民法院提审后对本案在程序上有无一个更好的处理安排呢?我们认为,山东省高级人民法院直接改判当然是一个最好的安排。但如果山东省高级人民法院不能直接改判,则山东省高级人民法院提审后,就不能再指定山东青岛市中级人民法院重审,而只能指定青岛市中级人民法院继续审理。因为就程序而言,山东省高级人民法院的提审已经是二审程序。对二审程序,除继续审理外,要么是直接改判,要么是发回一审重审,而不能由原二审法院重审。因此,在山东省高级人民法院没有选择对案件事实重新直接审理的情况下,山东省高级人民法院将本案指令青岛市中级人民法院继续审理就是一个较合理的安排。

(八) 成功申请原合议庭成员集体回避

案件由青岛市中级人民法院继续审理后,青岛市中级人民法院仍安排原合议庭成员继续审理。考虑到本案原二审裁定的错误,为避免原二审合议庭对本案可能造成的不利影响,我们申请了原合议庭成员集体回避。

申请回避的主要法律依据是民诉法司法解释《最高人民法院关于适用〈中华人民共和国民事诉讼〉的解释》第四十五条的规定,即"在一个审判程序中参与过本案审判工作的审判人员,不得再参与该案其他程序的审判"。继续审理不同于原二审,是两个不同程序,因此,我们在申请回避时援引了该条法律规定。

在我们提出回避申请后,原合议庭成员也主动申请了回避,最终本案由青岛市中级人民法院另行组成合议庭对本案继续审理。客观地说,原合议庭回避不仅加强了当事人刘某某的信心,化解了当事人刘某某的担心,而且也排除了原合议庭对本案可能的先入为主,为案件的最终胜诉发挥了积极作用。

(九) 继续审理的庭审代理发挥了重要作用

收到开庭通知后,我们和当事人刘某某进行了认真准备。庭审代理在本案中也发挥了重要作用。第一,鉴于原二审裁定认为本案债权可能是刘某某关联公司的债权,我们提交了刘某某关联公司的书面说明,同时还申请关联公司的股东和负责人出庭作证。这方面举证的强化,进一步证明了原二审认定基本事实错误。第二,从合同的特点、建筑行业的特点、合同的签订、合同的履行、法律适用等方面系统阐述了代理意见,说明本案的债权主体明确、债务主体明确。第三,除阐述债权债务主体方面的情况外,着重介绍了本案一审的鉴定情况,着重说明了本案债务金额明确,避免青岛市中级人民法院以债务金额不清为由将本案发回原一审法院重审,避免了本案久拖不决。

由于准备充分，庭审代理取得了较好的效果，得到了当事人刘某某的认同，也得到了合议庭的肯定。

(十) 对代理工作的综合评价

本案通过申请再审和继续审理成功实现逆转，综合分析，以下几方面的代理工作起到了突破作用：(1) 文书突破。再审申请书在本案中发挥了重要的突破作用。(2) 庭审突破。继续审理中庭审代理工作发挥了重要作用。(3) 程序突破。申请原合议庭回避也有力地推动了本案诉讼代理工作。当然，除上述几方面的亮点外，结合合同特点和行业特点的思路突破、在证据整理和阐释等方面的工作也发挥了积极作用。

案例 10：结合法学理论，论述建设工程设计合同纠纷不适用建设工程施工合同纠纷的专属管辖，凸显原审错误

——山东省烟台市中级人民法院山东某设计院与龙口某医院建设工程设计合同纠纷管辖权异议二审案的文书突破和团队突破

- 管辖权异议上诉思路
- 管辖权异议民事上诉状
- 一审代理词
- 律师团队 11 点评析

一、代理工作概述

这是一起向山东省烟台市中级人民法院提出建设工程设计合同纠纷管辖权异议二审反败为胜的案件。

山东某设计院是一家从事建筑工程咨询和设计的大型设计院，在行业内拥有广泛的影响力。2018 年经招投标山东某设计院与龙口某医院签订建设工程设计合同，山东某设计院为龙口某医院新院提供勘察设计服务。在山东某设计院设计工作完成后，龙口某医院项目的规划地址发生变更，龙口某医院依据合同中免费修改设计方案的条款，要求山东某设计院免费为新址设计。但山东某设计院认为为新址设计是新项目，要求重新签订合同，另行约定设计费，否则不进行新址设计。

后双方发生争议。2020 年 12 月龙口某医院向山东省龙口市人法院提起诉讼，要求解除与山东某设计院签订的合同，不支付山东某设计院工程勘察、设计费，并要求山东某设计院向龙口某医院支付违约金 62 万元。

山东某设计院曾因类似项目在山东省龙口市人民法院败诉，于是在接到应诉通知后，在作者所属律师团队原客户的推荐下，到盈科所属律师北京总部委托本书作者张群力律师代理本案。本书作者所属律师团队代理本案后，发现本案存在管辖问题，立即建议山东某设计院向山东省龙口市人民法院提出管辖权异议。但山东省龙

口市人民法院于2021年1月作出（2020）鲁0681民初6915号裁定，以本案纠纷属于不动产纠纷专属管辖为由驳回了山东某设计院的管辖权异议。

为了预防非法律因素对本案可能的干扰，本书作者所属律师团队代理山东某设计院就管辖权异议向山东省烟台市中级人民提起了上诉。经多方面努力，2021年2月山东省烟台市中级人民法院作出（2021）鲁06民辖终38号裁定，撤销山东省龙口市人民法院错误的一审管辖裁定，将本案移送山东省济南市市中区人民法院审理。

本案在管辖权异议方面反败为胜，有力地推动了本案的应诉代理工作。确定本案的管辖法院后，山东某设计院及时提起了反诉，要求解除合同，要求龙口某医院支付工程勘察和设计费248万元，并承担逾期付款的违约金。2021年5月，山东省济南市市中区人民法院作出（2021）鲁0103民初3681号民事判决，判决解除本案合同，龙口某医院支付山东某设计院工程勘察、设计费248万元以及逾期付款的违约金；并驳回了龙口某医院的诉讼请求。龙口某医院提起上诉后，2021年8月山东省济南市中级人民法院维持了一审判决。

本案涉及的主要法律问题包括：建设工程设计合同纠纷是否适用专属管辖？合同履行地如何确定？设计合同中设计地址变更是否可以被认定为全新的设计项目？

本案历经山东省龙口市人民法院管辖权异议一审、山东省烟台市中级人民法院管辖权异议二审、山东省济南市市中区人民法院一审和山东省济南市中级人民法院二审共四个程序，其中，管辖权异议在本案中发挥了重要作用。管辖权异议在山东省烟台市中级人民法院反败为胜为本案的最终胜诉奠定了重要的基础。本案的管辖权异议上诉状、案件汇报和法律检索在代理工作中发挥了重要作用，体现了上诉案件中的文书突破和团队突破。[①]

二、基本案情及管辖权异议一审情况

（一）基本案情

2018年，龙口某医院新院项目经龙口市发展和改革局立项批准建设。招投标后山东某设计院中标项目的设计工作，双方在2018年10月签订建设工程设计合同。合同约定：（1）龙口某医院委托山东某设计院对龙口某医院新院项目进行勘察、设计，建设规模为29 244平方米。（2）合同总价为310万元，其中勘察费20万元、设计费290万元。中标单位将文件完成后并经相关部门审查合格后一个月内，发包

---

① 应委托人的请求，本案由律师团队负责人张群力律师担任主承办律师和负责人，朱雅琦律师和团队的其他成员协助参与了部分代理工作。在此，向他们一并表示感谢！

人支付勘察设计费总额的80%。工程完成初步验收合格后，发包人支付勘察设计费总额的20%。（3）发包人变更委托设计项目、规模、条件或提交的资料错误，或所提交资料作较大修改，以致造成工程勘察、设计人设计需返工时，设计人应无条件配合，不另行收取费用。（4）发包人应按约定金额和时间向工程勘察、设计人支付设计费，每逾期支付一天，应承担支付金额千分之二的逾期违约金。

2019年5月山东某设计院向龙口某医院交付了初步设计文件。2019年7月山东某设计院完成了全部项目的施工图设计，并将设计成果报送审批，烟台市勘察设计审查服务中心下发了受理回执。在2019年7月至2020年4月期间，山东某设计院向龙口某医院交付了施工图文件，并依据龙口某医院的意见对施工图进行多次调整。

2020年11月10日，龙口某医院向山东设计研究院发送任务书，告知山东某设计院原龙口某医院新院设计项目地址由东城区移至西城区，设计功能需要变为具有包括妇幼保健在内的全部功能的综合性医院；要求其进行重新设计。后双方就是否应当另行签订合同、是否应当另行支付设计费发生争议，引起了本案诉讼。

（二）管辖权异议一审情况

2020年12月，龙口某医院向山东省龙口市人民法院提起诉讼，要求解除设计合同，不支付山东某设计院工程勘察费、设计费，山东某设计院向龙口某医院支付违约金62万元。

山东某设计院向山东省龙口市人民法院提出管辖权异议，主要理由包括：（1）本案是建设工程设计合同纠纷，而不是建设工程施工合同纠纷，本案不适用专属管辖；（2）本案的争议标的是龙口某医院是否支付工程勘察、设计费，依据《最高人民法院关于适用〈中华人民共和国民事诉讼法〉的解释》第18条的规定，本案的合同履行地为济南市市中区。山东某设计院在提交管辖权异议申请书的同时，还提交了相关检索案例。

山东省龙口市人民法院以本案纠纷属于不动产纠纷专属管辖为由驳回了山东某设计院的管辖权异议。管辖权异议一审裁定的"本院认为"部分和裁定主文部分分别表述为：

本院经审查认为，本案案由为建设工程设计合同纠纷，根据《民事案件案由规定》，其隶属于建设工程合同纠纷项下的小项，该规定明确规定，根据《最高人民法院关于适用〈中华人民共和国民事诉讼法〉的解释》第二十八条规定，建设工程合同纠纷案件，按照不动产纠纷确定管辖，即由不动产所在地人民法院管辖。案涉建设工程所在地为山东省龙口市，本案应由工程所在地法院管辖。被告山东某设计院异议不成立。综上，本院依照《中华人民共和国民事诉讼法》第三十三条第（一）项第一百二十七条、《最高人民法院关于适用〈中华人民共和国民事诉讼法〉的解释》第二十八条之规定，裁定如下：

驳回被告山东某设计院对本案管辖权提出的异议。

三、代理思路和律师文书

（一）管辖权异议上诉思路

本案中管辖权非常重要，理由在于：一是，先前山东某设计院在山东省龙口市人民法院曾经遭遇过类似的案件，即与当地另一家医院的案件在山东省龙口市人民法院败诉。人民法院已经对类似案件形成了对山东某设计院不利的裁判思路。二是，在本案诉讼前，当地司法行政部门和卫生行政部门参与了本案的处理。山东某设计院非常担心地方因素对本案可能的不当干扰。在山东省龙口市人民法院一审驳回山东某设计院的管辖权异议申请后，山东某设计院的担心加重了。

收到管辖权异议一审裁定后，律师团队就管辖权异议的上诉及全案的诉讼代理工作进行了讨论，最终确定了如下管辖权异议上诉思路：

第一，重点主张本案是建设工程设计合同纠纷，而不是建设工程施工合同纠纷，本案不能依建设工程施工合同纠纷确定管辖，即不能以建设工程施工合同专属管辖来确定管辖。

第二，重点阐述本案的合同履行地是济南市市中区，而不是龙口市。

第三，凸显一审引用法律的错误，适用法律错误。

第四，主动积极与二审法院交流汇报，介绍本案纠纷的背景，向二审法院说明正确处理本案管辖权异议的重要性。

第五，在确定管辖后，再依法提起反诉，主张涉案的设计工作已经完成，龙口某医院提出的后续设计是新项目设计，不应影响本案剩余设计费的支付；应要求对方支付余下的设计费，并赔偿逾期付款的违约金。

在确定上诉代理思路后，律师团队全面开展了代理工作，尤其是管辖权异议的上诉工作。

（二）管辖权异议民事上诉状

民事上诉状

（当事人情况略）

上诉人山东某设计院因与被上诉人龙口某医院建设工程设计合同纠纷一案，不服山东省龙口市人民法院于2021年1月4日作出并于2021年1月11日送达的

(2020) 鲁0681民初6915号民事裁定，特依法向贵院提起上诉。

上诉请求：

1. 请求裁定撤销山东省龙口市人民法院（2020）鲁0681民初6915号民事裁定；

2. 请求裁定将山东某设计院与龙口某医院建设工程设计合同纠纷案移送有管辖权的济南市市中区人民法院审理。

上诉理由：

一、建设工程设计合同纠纷与建设工程施工合同纠纷是不同的案由，本案是建设工程设计合同纠纷，而不是建设工程施工合同纠纷，本案不适用专属管辖

从《中华人民共和国民法典》第七百八十八条关于建设工程合同之定义和种类的规定——"建设工程合同包括工程勘察、设计、施工合同"来看，建设工程设计合同与建设工程施工合同是存在明显区别的两类独立合同。

从最高人民法院颁布实施的《民事案件案由规定》（以下简称民事案由规定）的条文来看，无论是2008年颁布的最初版本，还是2011年、2019年和2020年先后三次修订的版本，民事案由规定始终将建设工程合同纠纷确定为三级案由，将建设工程设计合同纠纷与建设工程施工合同纠纷确定为两个并列的四级案由。自2011年以来，民事案由规定虽然经历2011年、2019年和2020年三次修订，但关于建设工程合同纠纷部分却始终相同，没有作任何修改。它们自始至终都将建设工程设计合同纠纷与建设工程施工合同纠纷确定为两个不同的独立案由。

更为重要的是，最高人民法院在2020年12月29日发布的《关于印发修改后的〈民事案件案由规定〉的通知》第五条，即"适用修改后的《案由规定》应当注意的问题"部分，明确规定："在案由横向体系上应当按照由低到高的顺序选择适用个案案由。确定个案案由时，应当优先适用第四级案由，没有对应的第四级案由的，适用相应的第三级案由"。

依据上述规定，本案为建设工程设计合同纠纷，在民事案由规定明确将建设工程设计合同纠纷规定为四级案由的情况下，本案应当依据建设工程设计合同纠纷确定管辖，而不能依据三级案由即建设工程合同纠纷确定管辖。本案更不应该将两个不同的四级案由相混淆，即更不应该将建设工程设计合同纠纷与建设工程施工合同纠纷相混淆，进而错误依据建设工程施工合同纠纷专属管辖的规定来确定本案的管辖。

二、本案是建设工程设计合同纠纷，而不是建设工程施工合同纠纷，一审法院依据《最高人民法院关于适用〈中华人民共和国民事诉讼法〉的解释》第二十八条

第二款关于建设工程施工合同纠纷专属管辖的规定确定本案管辖，适用法律严重错误

《中华人民共和国民事诉讼法》（以下简称民诉法）第三十三条第一项规定了不动产纠纷案件的专属管辖，即："下列案件，由本条规定的人民法院专属管辖：（一）因不动产纠纷提起的诉讼，由不动产所在地人民法院管辖"。

为明确界定不动产纠纷的范围，《最高人民法院关于适用〈中华人民共和国民事诉讼法〉的解释》（以下称民诉法司法解释）第二十八条对此作了具体规定。第二十八条第一款规定："民事诉讼法第三十三条第一项规定的不动产纠纷是指因不动产的权利确认、分割、相邻关系等引起的物权纠纷"；第二款规定："农村土地承包经营合同纠纷、房屋租赁合同纠纷、建设工程施工合同纠纷、政策性房屋买卖合同纠纷，按照不动产纠纷确定管辖"。

以上规定清楚表明，在三级案由建设工程合同纠纷案件中，只有其中的一类四级案由纠纷，即建设工程施工合同纠纷，比照不动产纠纷确定管辖。建设工程合同纠纷案由中的其他四级案由，如建设工程设计合同纠纷案他，不适用不动产纠纷的专属管辖。

事实上，建设工程设计合同纠纷的合同履行地一般在设计单位的办公场所，而不在被设计的建筑物现场。设计工作一般由设计单位在设计单位的办公场所内完成，而不是由设计单位在不动产的现场完成；设计单位完成大部分设计工作时，不动产建筑物本身可能并不存在或并没有开工。设计工作与不动产建筑物的权属状态或不动产建筑物的存在状态并没有直接关联。因此，从法理来分析，建设工程设计合同纠纷也不宜依据不动产专属管辖的规定来确定管辖。

在民诉法司法解释第二十八条明确规定只有建设工程施工合同纠纷按照不动产纠纷确定管辖的情况下，一审法院将建设工程设计合同纠纷错误地混淆为建设工程施工合同纠纷，进而错误地适用不动产纠纷专属管辖，一审法院适用法律严重错误。

三、在被上诉人恶意抢管辖的情况下，一审法院错误表述法律条文，严重偏离了基本的法治原则

本案纠纷发生的背景是：被上诉人龙口某医院项目发生了重大规划变更，原规划项目终止，新规划项目由龙口市市中心迁移到了龙口市市郊区，同时医院的功能也发生了重大变化。在规划变化前，上诉人已经完成了原项目的设计工作。在这种情况下，龙口市司法局和龙口市卫生局的相关负责人前往上诉人处，无理要求上诉人免费为新项目重新进行勘察和设计。上诉人拒绝了这一无理要求。被上诉人在上

述无理要求没有得到满足后，恶意在当地提起诉讼，恶意抢管辖。被上诉人恶意抢管辖的目的就是利用当地行政权力对司法的干扰，影响案件的公正审理。

上诉人在管辖异议申请书中明确指出了建设工程设计合同纠纷和建设工程施工合同是不同的案由，上诉人在管辖异议申请书也明确指出了民诉法司法解释第二十八条第二款所述的专属管辖只涉及建设工程施工合同纠纷，而不涉及建设工程设计合同纠纷。除此之外，上诉人还提交了相应的案例，例如甘肃省高级人民法院（2015）甘民一终字第72号民事裁定书、北京市第二中级人民法院（2018）京02民辖终314号民事裁定书。在这种情况下，一审裁定却仍将民诉法司法解释第二十八条第二款中的"建设工程施工合同纠纷"错误地表述为"建设工程合同纠纷"！

一审裁定的错误表述原文为："本案案由为建设工程设计合同纠纷，根据《民事案件案由规定》，其隶属于建设工程合同纠纷项下的小项，该规定明确规定，根据《最高人民法院关于适用〈中华人民共和国民事诉讼法〉的解释》第二十八条规定，建设工程合同纠纷案件，按照不动产纠纷确定管辖，即由不动产所在地人民法院管辖。"

民诉法司法解释第二十八条第二款明明表述的是"建设工程施工合同纠纷"，一审裁定却错误地表述为"建设工程合同纠纷"！在被上诉人恶意抢管辖的情况下，一审法院却这样错误表述法律条文！一审法院的裁定严重偏离了基本的法治原则！

基于上述理由，特向贵院提起上诉，敬请依法撤销山东省龙口市人民法院（2020）鲁0681民初6915号民事裁定，将本案移送济南市市中区人民法院审理，维护法律的尊严和统一！

此致
山东省烟台市中级人民法院

上诉人：山东某设计院
2021年1月14日

（三）一审代理词

山东某设计院应诉龙口某医院建设工程设计合同纠纷案
代理词

尊敬的审判员：

在贵院审理的山东某设计院与龙口某医院建设工程设计合同纠纷一案中，我们受北京市盈科律师事务所的指派，接受山东某设计院的委托，担任其本案的诉讼代理人。现依据事实和法律，发表如下代理意见，敬请采信。

一、山东某设计院已经按照设计合同约定，完成了龙口某医院涉案工程项目的勘察、设计任务

（一）无论是从招标文件来看还是从设计合同来看，涉案工程项目的地址、设计任务都是唯一、明确的

任何一个建设工程项目的合法设计都必须以取得项目选址意见书、环保部门批准的环境影响评价报告书或环境评价书、可行性研究报告、规划局和国土局提供的建设用地规划许可证和建设用地红线图等立项和用地审批文件为前提。项目选址意见书是工程项目发包方最先取得的政府审批文件，是项目启动的标志。项目选址意见书明确载明了项目的地址、四至边界、占地面积等内容。

本案中，龙口某医院在2018年8月17日取得的选址意见书（反诉人证据一，第1页）明确了涉案项目的地址为"府后街以北，之莱山路东侧"，用地面积为2.665 7公顷，建设规模为29 244平方米。且在后续取得的环评批复（反诉人证据三，第3页）、可研究报告的批复（反诉人证据四，第5页）等文件中均对选址意见书中的项目地址进行了确认。

建设工程项目必须在取得上述文件后，才是具体和确定的，同时地址也是唯一确定的。只有在取得上述文件后，招标人才能够进行公开招标，招标人与中标人才能够依据招投文件签订合同。因此，本案无论是在招投标阶段，还是在设计合同签订阶段，涉案项目的地址以及勘察、设计任务都是非常明确的。

（二）山东某设计院完成了涉案工程的勘察任务

依据招标文件、中标通知书以及设计合同的约定，山东某设计院的合同义务有两项，即涉案工程项目的勘察任务和设计任务。

勘察任务是对涉案项目地址进行岩土工程勘查工作研究，主要对象是地基和基础以及地下工程的关系，为后续项目的设计、施工提供详细可靠的岩土工程勘察资料及有关参数。

2018年12月27日，山东某设计院与龙口某医院签订岩土工程勘察委托任务书（反诉人证据九，第78页），龙口某医院委托山东某设计院对项目所在地的地质情况进行勘察。委托任务书明确写明勘察场地位置为"烟台龙口市东莱街道办事处府后街以北、之莱山路以东"，工程名称为"龙口某医院新院建设项目"。

2019年1月，山东某设计院就涉案项目编制了岩土工程报告（反诉人证据十，第85页），该报告于2019年5月15日取得审查意见回复单（反诉人证据十一，第100页）并审查通过，山东某设计院完成了涉案工程的勘察义务。

（三）山东某设计院完成了涉案工程的设计任务

设计任务是对涉案项目阶段性且具有连续性的全过程的设计，包括了方案规划设计、初步设计和施工图设计三个阶段。这三个阶段的设计任务是连续的，只有完成了上一步的设计，才能进行下一步的设计工作并最终报送审批。山东某设计院向龙口某医院交付了方案规划阶段的新院修建性详细规划及图纸（反诉人证据十二，第101页；证据十四至十五，第104页至第106页）、初步设计阶段初步设计文件（反诉人证据十六，第107页；证据十八至二十，第200页至第202页），以及施工图阶段的所有施工图图纸及概算（反诉人证据二十一，第203页；证据二十二，第213页），完成了全部设计工作。

值得注意的是，龙口某医院在收到山东某设计院交付的施工图图纸后，与山东某设计院共同将施工图上传至烟台市勘察设计审查服务中心报审。实际上，施工图报审的送报主体是龙口某医院，而且图审中心也是以龙口某医院为授文主体向其发送了受理回执（反诉人证据二十三，第214页）。

最终，山东某设计院交付的施工图图纸及概算取得了烟台市勘察设计审查服务中心的审查合格的报告（反诉人证据二十四，第215页），并取得了审查合格证书（反诉人证据二十五至二十六，第243至246页）。依据合同第六条的约定，当施工图图纸审批合格时，即视同山东某设计院完成了合同项下的设计任务。

二、依据《中华人民共和国招投标法》第46条的禁止性规定，本案设计合同第7.1.2条是无效条款

依据《中华人民共和国招投标法》（以下称招投标法）第46条的禁止性规定，招标人和中标人应当依照招标投标法的规定签订书面合同，条款应当与招标文件和中标人的投标文件的内容一致，禁止做实质性变更，本案设计合同第7.1.2条是无效条款。龙口某医院无权依据该条款变化项目地址，要求山东某设计院免费进行新的设计。

（一）涉案工程是一个必须经过招投标的项目

招投标法第3条规定："在中华人民共和国境内进行下列工程建设项目包括项目的勘察、设计、施工、监理以及与工程建设有关的重要设备、材料等的采购，必须进行招标：……（二）全部或者部分使用国有资金投资或者国家融资的项目……"涉案项目的发包人龙口某医院是事业单位，涉案工程是全额使用政府资金的项目，因此，必须经过招投标后才能确定勘察、设计人。

（二）招标文件中第7.1.2条的约定

事实上，本案双方是经过正规的招投标后，才签订设计合同的。龙口某医院招

标文件第四章中合同（反诉人证据六，第47页）的第7.1.2条非常清楚地写明："发包人变更委托设计项目、规模、条件或因提交的资料错误，或所提交资料作较大修改，以致造成工程勘察、设计人设计需返工时，双方除需另行协商签订补充协议（或另订合同）、重新明确有关条款外，发包人应按工程勘察、设计人所耗工作量向工程勘察、设计人增付设计费"。该约定也与国家的示范文本相一致。

（三）龙口某医院擅自在设计合同中对第7.1.2条进行了实质性修改

在招标文件发出后至签订涉案设计合同的一个多月期间，龙口某医院擅自在涉案设计合同中对原来的第7.1.2条进行了实质性修改，将招标文件约定的"双方除需另行协商签订补充协议（或另订合同）、重新明确有关条款外，发包人应按工程勘察、设计人所耗工作量向工程勘察、设计人增付设计费"修改为"无条件配合，不另行收取费用"，且在合同签订时，没有向山东某设计院释明。

（四）设计合同第7.1.2条违背了招投标法的禁止性规定，属于无效条款

依据招投标法第46条的规定，招标人和中标人应当依照招标投标法的规定签订书面合同，条款应当与招标文件和中标人的投标文件的内容一致，禁止做实质性变更。这是建设工程类合同的基本要求。如果合同对招标文件进行了实质性变更，变更的条款无效。

因此，依据合同法第52条第5款的规定，龙口某医院对合同的第7.1.2条进行了实质性修改，不仅严重不公平，而且违反了招投标法的禁止性规定，故该条款无效。龙口某医院无权依据该条款在变化项目地址后，要求山东某设计院免费进行新的设计。

三、退一步讲，即使设计合同第7.1.2条有效，龙口某医院提出的新设计要求也是一个新的设计项目，而不是对原项目的修改，本案也不适用第7.1.2条的约定

（一）从立项审批文件的角度来看，本案是一个新的设计项目，而不是对原项目的修改

如前文所述，任何一个建设工程项目的合法设计都必须以取得项目选址意见书、环保部门批准的环境影响评价报告书或环境评价书、可行性研究报告、规划局和国土局提供的建设用地规划许可证和建设用地红线图等立项和用地审批文件为前提。

本案中，涉案项目的选址意见书非常明确地写明项目地址位于"府后街以北，之莱山路东侧"。如果地址不同，相应的政府批文自然也是不同的。因此，从立项审批文件的角度来看，本案项目地址发生变化，设计的基础就发生根本性的变化，该变化实际上是一个新的设计项目。

（二）从新地址的设计内容来看，本案是一个新的设计项目，而不是对原项目的修改

实际上，医院工程的设计在很多项目类别上都具有相似之处，但正是基于每个医院的地址、规模和功能上的差异，才需要不同的设计方案。不能因为设计项目类别的相似，就认定是同一个项目。本案中项目的地址、功能和规模都发生了实质性变化，是区别于原项目的新的设计项目。

1. 项目地址的实质性变化

2018年8月21日的招标文件，在第一章"招标公告"、第二章"投标人须知"、第五章"设计技术要求"等多处，都明确写明涉案项目的地址位于"龙口市新区东北部，南起府后街、北至明德学校南围墙、西起之莱山路、东至征地边界"。而现在变为"南起用地边界，北至渔港路；东起用地边界，西至规划创业路"。这是两个完全不同的地址。

2. 项目规模的实质性变化

2018年8月21日的招标文件，同样在上述章节写明涉案项目的规模为：全院规划建筑总面积29 244m^2，新院床位设置160张。而2020年11月10日任务书中的规模要求是："建筑面积一期不超过3万m^2，同时规划2万m^{2}的二期预留。一期床位数250～300张，二期床位数达到500张"。二者在设计规模上也存在极大的差距。

3. 项目功能的实质性变化

2018年8月21日的招标文件，在第五章"设计技术要求"的第二项"招标内容"中明确写明：本项目的招标内容是"二级甲等专科医院建设范畴内所有专业的设计总承包服务内容"（反诉人证据六，第53页）。而2020年11月10日任务书中的功能要求是："功能需求具有妇幼保健全部功能的综合性医院，既能满足全市妇幼保健方面的就医需求，又能满足西城区居住人口就医的综合医院需求，一期建设按照二级甲等医院的模式，二期建设完毕后，能够达到三级医院的标准"。任务书要求的设计功能由二级甲等专科医院变为三级综合性医院，也属于重大的实质性变化。

事实上，如果要完成新地址上的项目设计，不是仅仅对原来的勘察报告、设计图纸进行单纯的修改和调整就可以的，而是需要设计人对新地址重新进行勘察、重新进行三个阶段的设计、重新走一遍审批流程后。因此，从实际履行来看，从行业惯例来看，从社会常识来看，龙口某医院的新设计要求都是一个新的设计项目，而不是对原项目的修改。

（三）即使项目名称相同，龙口某医院所主张的新项目是对原项目的修改的观点也不能成立

所谓"修改"、"变更"，是指对原设计图纸的修改和完善，而不是龙口某医院

所主张的全部颠覆式的重做。而且设计合同第7.2.5条也约定:"工程勘察、设计人交付设计资料及文件后,按规定参加有关的设计审查,并根据审查结论负责对不超出原定范围的内容做必要调整补充"。

龙口某医院提出的新设计要求在项目名称上没有发生变化,但项目名称并不是判定涉案项目设计是否为一个新项目的因素,不应因名称相同就认定是同一个项目,而应当依据项目立项的基本前提即政府审批文件以及项目的地址、功能和规模来认定,只要这些基础性因素发生变化,就是一个新的设计项目。

四、再退一步讲,即使设计合同第7.1.2条有效,本案适用该条款,龙口某医院也无权以此为由主张山东某设计院构成违约

根据设计合同第6条的约定,龙口某医院在山东某设计院交付设计文件并经相关部门审查合格后,从2019年9月24日起(反诉人证据二十六,第246页),就应当支付80%的勘察、设计费。根据设计合同第8.2条的约定,如果龙口某医院未按第6条支付,不仅要另行支付违约金,且逾期30天以上的,山东某设计院有权暂停履行工作。因此,基于上述约定,山东某设计院任何不履行或拒绝履行设计合同的行为,都不是也不视同违约,而是山东某设计院在正当使用先履行抗辩权。

退一步讲,即使山东某设计院愿意为龙口某医院免费设计新项目,龙口某医院也必须先提供立项文件等政府批文,才能开展设计工作,否则作为一家在国内具有高度声誉的设计单位,在发包人未提供任何立项文件的情况下就为其设计,是严重的非法设计行为。

五、龙口某医院构成违约,应当向山东某设计院支付80%的勘察、设计费用,并承担逾期付款的违约责任

龙口某医院的付款条件无论在招标文件中还是在合同中都非常明确,即施工图取得合格证书,也就是自2019年9月24日起,就应当支付80%的勘察、设计费。实际上,双方自合同签订之日起至今,龙口某医院从未向山东某设计院支付过任何款项,而山东某设计院却因该项目的设计工作已经投入大量的资金和人力成本,龙口某医院的违约事实是非常清楚且明确的,龙口某医院应当向山东某设计院支付80%的勘察、设计费用,并承担逾期付款的违约责任。

特发表如上代理意见,敬请审判员采信。

谢谢!

山东某设计院的代理人

北京市盈科律师事务所张群力律师、朱雅琦实习律师

日期:2021年5月11日

四、胜诉裁判摘要

（一）山东省烟台市中级人民法院管辖权异议二审裁定摘要

山东省烟台市中级人民法院
民事裁定书

(2021) 鲁06民辖终38号

("本院审查认为"以前部分略)

本院经审查认为，被上诉人龙口某医院以其与上诉人山东某设计院签订"建设工程设计合同"后，根据实际情况，其变更委托设计项目地址，要求上诉人对工程勘察和设计进行修改，上诉人拒不修改勘察和设计，严重影响其工程进度，致合同目的无法实现，给其造成重大损失为由，诉请依法判令解除上述合同；判令其不支付上诉人工程勘察、设计费；判令上诉人支付违约金62万元。本案为建设工程设计合同纠纷，不属于建设工程施工合同纠纷的范围，故本案不能适用《最高人民法院关于适用〈中华人民共和国民事诉讼法〉的解释》第二十八条规定的建设工程合同纠纷案件按照不动产纠纷确定管辖来确定本案的管辖。上诉人与被上诉人签订的"建设工程设计合同"未约定具体的诉讼管辖法院，本案应依据《中华人民共和国民事诉讼法》第二十三条的规定，由被告住所地或合同履行地人民法院管辖。双方在合同中未约定合同履行地，依据《最高人民法院关于适用〈中华人民共和国民事诉讼法〉的解释》第十八条第二款"合同对履行地点没有约定或约定不明确……其他标的，履行义务一方所在地为合同履行地"的规定，被上诉人基于上诉人违约提起本案诉讼，故上诉人为履行义务一方，上诉人的所在地为本案的合同履行地。本案的被告住所地和合同履行地均在上诉人（被告）住所地的济南市市中区，故本案依法应当由济南市市中区人民法院管辖。原审法院按建设工程施工合同纠纷确定本案的管辖不当，依法应予纠正。上诉人请求将本案移送济南市市中区人民法院审理，本院予以支持。

依照《中华人民共和国民事诉讼法》第一百七十条第一款第二项、第一百七十一条之规定，裁定如下：

一、撤销龙口市人民法院（2020）鲁0681民初6915号民事裁定；

二、本案移送济南市市中区人民法院处理。

本裁定为终审裁定。

(二) 济南市市中区人民法院一审判决摘要

山东省济南市市中区人民法院
民事判决书

(2021) 鲁 0103 民初 3681 号

("本院认为"以前部分略)

本院认为,龙口某医院与山东某设计院所签订的"建设工程设计合同(一)",系双方当事人的真实意思表示,且不违反法律法规的禁止性规定,合法有效,双方均应依约履行。在山东某设计院完成了涉案工程的勘察、设计文件并经有关部门审查合格后,龙口某医院又向山东某设计院提出任务书,该任务书中的项目名称虽然仍是龙口某医院新院建设项目,但项目地址和功能要求均不同,建设规模也有较大增加,因此从性质上看不是对原项目设计的变更,而是一个新的建设工程设计项目。双方应当就此重新协商并签订相应的合同。在双方未能协商一致的情况下,龙口某医院主张山东某设计院未能免费修改原勘察设计文件构成违约,理由不当,本院不予采信。龙口某医院要求山东某设计院支付违约金62万元,于法无据,本院不予支持。山东某设计院已经按照合同约定履行了勘察、设计义务,相关的勘察、设计文件已经有关部门审查合格,达到了合同中约定的付款80%的条件,龙口某医院未能及时付款构成违约,应当承担相应的违约责任。反诉原告山东某设计院要求反诉被告龙口某医院支付勘察设计费248万元及相应违约金,理由正当,本院予以支持,但违约金应当从2019年10月24日起算并按照同期全国银行间同业拆借中心公布的贷款市场报价利率的1.95倍计算。鉴于龙口某医院新院建设项目的实际地址已变更,原、被告之间所签订的"建设工程设计合同(一)"已不具备继续履行的条件,应当予以解除。依照《中华人民共和国民法典》第五百七十七条、第五百七十九条、第五百八十五条,《最高人民法院关于适用〈中华人民共和国民法典〉时间效力的若干规定》第一条第三款之规定,判决如下:

一、原告龙口某医院与被告山东某设计院所签订的"建设工程设计合同(一)"于本判决生效之日起解除;

二、反诉被告龙口某医院于本判决生效之日起十日内支付反诉原告山东某设计院工程勘察、设计费248万元;

三、反诉被告龙口某医院于本判决生效之日起十日内支付反诉原告山东某设计院逾期付款违约金,以248万元为基数,自2019年10月24日起至实际给付之日止,按照同期全国银行间同业拆借中心公布的贷款市场报价利率的1.95倍计算;

四、驳回原告龙口某医院的其他诉讼请求；

五、驳回反诉原告山东某设计院的其他反诉请求。

如果未按本判决指定的期间履行给付金钱义务，应当依照《中华人民共和国民事诉讼法》第二百五十三条之规定，加倍支付迟延履行期间的债务利息。

案件受理费 36 560 元，减半收取计 18 280 元，原告龙口某医院负担 15 230 元，被告山东某设计院负担 3 050 元；反诉费 15 505 元，由反诉被告龙口某医院负担。

如不服本判决，可在判决书送达之日起十五日内，向本院递交上诉状，并按对方当事人或者代表人的人数提出副本，上诉于山东省济南市中级人民法院。

五、律师团队 11 点评析

（一）代理被告应诉案件的前期代理工作

在案件前期代理阶段，被告应诉案件和原告起诉案件的代理工作要求基本相同，都必须先行做好事实准备、法律准备和团队讨论，确定好案件代理思路，然后在代理思路的指导下开展相应的应诉或起诉工作。

但被告应诉案件终究不同于原告起诉案件。对被告应诉案件，要另行特别注意以下三个方面的工作：第一，管辖权的审查工作，如对管辖权有异议，应根据情况决定是否及时提出管辖权异议。第二，及时进行答辩，即及时对原告的起诉进行事实、证据和法律适用方面的反驳，明确对对方诉讼请求的意见。第三，审查是否需要提起反诉，如有必要，及时提起反诉。

（二）本案的管辖权异议非常重要

在案件的应诉中，管辖权异议至少发挥两个方面的作用：第一，将案件移送依法有管辖权的人民法院审理，预防地方保护主义等非法律因素的干扰，更好地保证案件的公正审理和判决。第二，调控诉讼的节奏，打乱对方的诉讼计划或工作安排。管辖权异议会增加人民法院的工作量，应当避免提出毫无理由的管辖权异议，或提出根本不成立的管辖权异议。

基于本案纠纷发生的特殊背景，及时提出管辖权异议，避免在当地诉讼，将案件移送至济南市审理，这不仅是本案委托人的要求，而且在本案中确实非常重要，因为：第一，如前所述，委托人先前在龙口市人民法院曾经遭遇过类似的案件，当地另一家医院曾在龙口市人民法院起诉过委托人，委托人在当地一审和二审都已经败诉。前一起案件中对方当事人的上级单位与本起案件中对方当事人的上级单位相同。尤其不利的是，前一案件的合同文本和本起案件的合同文本都是对方当事人进行招标时提供的格式文本，合同的大部分条款相同。如本起案件继续由当地法院审理，当地人民法院在事实认定和法律适用时很有可能受到前案的影响，这对委托人非常不利。第二，本案诉讼前，当地司法行政部门和卫生行政部门参与了本案的处理，他们曾和对方当事人的经办人一起到济南市和委托人进行过协商。此外本案所涉工程项目属于当地政府主导投资的项目，项目地址的变更又是当地政府做出的决定和安排，故当事人非常担心地方保护主义的干扰，非常担心其他非法律因素的干扰。

因此，本案应诉的首要任务是处理好管辖权异议，一定要尽最大努力将本案移送到有管辖权的法院即济南市市中区人民法院审理。

（三）答辩和反诉的时间安排

管辖权异议，应当在答辩期间及时提出。如果不提出管辖权异议，而直接进行答辩或反诉，视为当事人认同受诉人民法院对案件有管辖权。当然，在答辩期间同时提交答辩状和提出管辖异议的，人民法院应当首先对管辖权异议进行审理。

本案的诉讼代理方案应当包括答辩部分内容和反诉部分内容，但首先应当处理好管辖权异议问题，而且在处理管辖权异议争议时，不宜提及任何反诉安排。这样可以在管辖权异议争议期间尽可能减少双方的对抗，减少案件可能受到的阻力。一旦管辖权异议确定，即可在规定期限内及时进行答辩，并提起反诉。

（四）不动产案件的专属管辖范围

《民事诉讼法》第33条第1项规定，因不动产纠纷提起的诉讼，由不动产所在地人民法院专属管辖。《最高人民法院关于适用〈中华人民共和国民事诉讼法〉的解释》（以下简称民诉法司法解释）第28条具体细化了不动产案件专属管辖的范围。该条第1款明确，《民事诉讼法》第33条第1项规定的不动产纠纷是指因不动产的权利确认、分割、相邻关系等引起的物权纠纷，而不包括合同纠纷和侵权纠纷。该条第2款明确只有四类合同按不动产纠纷确定管辖，即只有农村土地承包经营合同纠纷、房屋租赁合同纠纷、建设工程施工合同纠纷、政策性房屋买卖合同纠纷这四类合同纠纷按不动产纠纷确定管辖。即使是一般的商品房买卖合同纠纷，也不属于专属管辖的范围。

本案是建设工程设计合同纠纷，而不是建设工程施工合同纠纷，对方当事人按不动产纠纷来起诉，龙口市人民法院按不动产纠纷来受理，按不动产纠纷来驳回山东某设计院的管辖权异议，显然是对民诉法司法解释第28条的错误适用。

（五）最高人民法院规定的四级案由

依据最高人民法院于2020年修订的《民事案件案由规定》，民事案件案由在纵向方面，依据法律关系的内容分为十一部分，即纵向层面一级案由包括十一部分。在横向层面，案由又按四级结构设计。二级案由包括54类，三级案由包括473类，三级案由之下又列出比较常见的391个四级案由。

本案对应的一级案由是第四部分"合同、准合同纠纷"；本案对应的二级案由是"十、合同纠纷"；本案对应的三级案由是"115.建设工程合同纠纷"。在该三级案由之下，建设工程合同纠纷又细分为（1）建设工程勘察合同纠纷、（2）建设工程设计合同纠纷、（3）建设工程施工合同纠纷等四级案由。本案对应的四级案由是"（2）建设工程设计合同纠纷"。

在上述横向案由级别中，应当优先适用四级案由或低级别的细分案由。只有没有相应的四级案由时，才适用相应的三级案由。只有没有相应的三级案由时，才适用其上面的二级案由。

本案中龙口市人民法院对管辖权异议一审裁定错误的一个重要原因是，龙口市人民法院在有四级案由的情况下，即有建设工程设计合同纠纷这一四级案由的情况下，适用三级案由，即建设工程合同纠纷案由。不仅如此，龙口市人民法院而且将建设工程合同纠纷这一案由错误套用到民诉法司法解释第28条当中，错误地依据不动产纠纷专属管辖来确定本案的管辖。

（六）**本案合同履行地的确定**

本案是建设工程设计合同纠纷，而不是建设工程施工合同纠纷，本案自然不属于民诉法司法解释第28条第2项规定的不动产纠纷专属管辖的范围，自然按合同纠纷管辖的一般原则来确定管辖，即依据被告住所地和合同履行地来确定管辖。因此，本案中确定合同履行地或阐述合同履行地不在龙口市非常重要。

民诉法司法解释第18条规定了如何认定合同履行地，即"合同约定履行地点的，以约定的履行地点为合同履行地。合同对履行地点没有约定或者约定不明确，争议标的为给付货币的，接收货币一方所在地为合同履行地；交付不动产的，不动产所在地为合同履行地；其他标的，履行义务一方所在地为合同履行地。即时结清的合同，交易行为地为合同履行地。合同没有实际履行，当事人双方住所地都不在合同约定的履行地的，由被告住所地人民法院管辖"。

本案中合同双方没有约定履行地，合同已经实际履行，因此依据上述规定，要确定本案的合同履行地，关键是确定本案的争议标的。如果本案的争议标的是设计费，接收设计费一方为山东某设计院，则山东某设计院所在地济南市市中区即为合同履行地。如果本案争议标的为设计成果，提交设计成果一方为山东某设计院，则山东某设计院所在地同样为合同履行地。如果本案争议标的为违约金，即山东某设计院是否要支付对方当事人违约金，则本案的履行地可能被认定为对方当事人所在地即龙口市。

本案中对方当事人的诉讼请求是解除合同和支付违约金。支付违约金是附带的诉讼请求，主要的诉讼请求是解除合同，即争议标的主要是解除交付设计成果的合同，本案的履行地应当被认定为山东某设计院所在地，而不是对方当事人所在地龙口市。

（七）针对管辖权异议上诉时凸显了一审裁定的错误

要纠正一审错误的管辖权异议裁定，提起上诉时一定要凸显一审裁定的错误。对管辖权异议的审理，无论是一审法院还是二审法院，一般会采取书面审理的方式。因此，无论对上诉方，还是对人民法院，管辖权异议上诉状非常重要。本案中，本书作者所属律师团队反复讨论了管辖权异议上诉状的内容，在上诉状中对一审裁定的不当进行了多方面的阐述，凸显了一审裁定的错误，起到了较好的效果。

第一，上诉状从最高人民法院《民事案件案由规定》这一司法解释出发，说明人民法院应当优先适用本案对应的四级案由，即建设工程设计合同纠纷这一四级案由，而不是建设工程合同纠纷这一三级案由，更不能将建设工程设计合同纠纷和建设工程施工合同纠纷这两个四级案由相混淆，从而凸显了一审裁定的错误。

第二，上诉状以附件的方式向二审法院再次提交了大量检索案例，而且强调这些案例在一审中已经提交。通过这些案例和一审裁定的对比，进一步凸显一审裁定的错误。

第三，上诉状对比了民诉法司法解释第28条对不动产纠纷专属管辖的表述和一审裁定的表述，凸显了一审裁定的明显错误，凸显一审裁定损害了司法的严肃性，损害了司法的权威。

第四，上诉状从法理的角度进行了分析，说明建设工程设计合同纠纷中，设计工作与不动产建筑的存在或开工并没有必然的关联，在法理上也不宜将建设工程设计合同纠纷纳入专属管辖范围。

第五，上诉状介绍了本案项目的政府背景，提及诉讼前当地政府有关部门参与了涉案项目的处理，凸显了本案二审法院依法确定案件管辖的重要性。

以上五个方面的阐述，凸显了一审裁定的错误，对管辖权异议在二审的反败为胜起了非常重要的作用。

（八）申请二审法院对管辖权异议开庭审理

基于人民法院对管辖权异议的审理一般以书面审理为主，律师团队就管辖权异议主动和一审法院、二审法院进行了交流和汇报，并申请二审法院对管辖异议的上诉开庭审理。

收到管辖权异议一审裁定后，律师团队主动和一审承办法官平和地进行了交流，客观阐述律师团队对本案管辖的观点，听取一审法官对一审裁定的解释。交流中，一审承办法官指出，一审裁定参考了人民法院出版社于 2019 年 3 月 1 日出版的《最高人民法院民事案件案由适用要点与请求权规范指引》一书。该书第 277 页清楚表述"建设工程合同纠纷案件，按照不动产纠纷确定管辖"。事实上，该书的上述表述明显与民诉法司法解释第 28 条的表述不符。为避免这一错误继续对二审人民法院造成不利影响，律师团队立即购买了该书，将书中的相关内容进行了复印，指出了其错误之处，并将其主动寄给了二审法院。

为了提请二审法院重视对本案管辖权异议的审理，也为了提请二审法院关注一审裁定的不当和错误，在得知二审法院确定了承办法官后，律师团队立即与承办法官进行了电话联系，口头阐述了主要的代理意见，并书面请求二审法院对管辖权异议开庭审理。

虽然，二审法院最终没有对管辖权异议开庭审理，但律师团队的主动交流和汇报还是收到了较好的效果：二审法院很快作出了裁定，撤销了一审裁定，将本案移送到济南市市中区人民法院审理。至此，本案的管辖权异议在二审中反败为胜。

（九）主张对方要求的修改不是对原设计内容的修改，而是新的设计项目

在案件被移送到济南市市中区人民法院后，律师团队代理山东某设计院提起了反诉：不仅要求驳回对方当事人关于违约金的诉讼请求，而且要求对方当事人支付余下的设计费，并赔偿逾期支付设计费的违约金。

本案的设计合同是对方当事人在招标时准备的合同文本，对山东某设计院作出了非常不利的约定，即无论对方当事人对设计要求作出何种调整，都不能增加设计费。所以在本案进入实体审理后，关键是认定在医院地址变更后，是一个新项目的设计，还是对原项目的修改和完善。山东某设计院主张，医院地址变更应该是一新项目的设计，而不是对原设计内容的修改。原设计任务已经完成，对方当事人应当支付原设计任务余下的设计费。律师团队在一审答辩状、一审庭审、二审上诉答辩状和二审庭审中都反复阐述了这一观点。这一观点最终被济南市市中区人民法院和济南市中级人民法院采信。济南市市中区人民法院和济南市中级人民法院最终判决驳回了对方当事人的诉讼请求，判决对方当事人支付余下的设计费，并承担逾期付款的违约责任。

(十)二审判决后对方主动履行，案结事了

在取得济南市中级人民法院二审胜诉判决后，律师团队给对方当事人发送了律师函，催促对方当事人主动履行生效法律文书确定的义务。经联系，对方主动支付了设计费，并赔偿了逾期付款的违约金。

(十一)对代理工作的综合评价

本案的代理结果远远超出了山东某设计院的预期：不仅解除了设计合同，避免了向对方支付赔偿款，而且收回了设计费，收回了逾期支付设计费的违约赔偿金。律师团队的工作得到了山东某设计院的高度评价。回顾本案的代理工作，从山东省龙口市人民法院，到烟台市中级人民法院；从济南市市中区人民法院，到济南市中级人民法院，每一阶段的代理工作都很重要，但本案中管辖权异议在二审反败为胜无疑至为关键。

本案中管辖权异议在二审实现逆转，综合分析，以下两方面的代理工作起到了突破作用：(1)文书突破。管辖异议上诉状在本案中发挥了重要的突破作用，凸显了一审裁定的错误。(2)团队突破。律师团队与一审法院和二审法院的主动交流和汇报，在本案中发挥了重要作用。另外，律师团队的案例检索和法律检索也发挥了重要作用。

第四章

金融借款和担保纠纷案件的突破和逆转

案例 11：结合法学理论，论述免除利息和债务人在收回特定资金后再偿还债务不构成显失公平，凸显原审错误
——最高人民法院张某某与肖某某等民间借贷担保合同纠纷二审案的程序突破和文书突破

- 上诉思路
- 民事上诉状
- 二审代理词
- 律师团队 6 点评析

一、代理工作概述

这是一起民间借贷担保合同纠纷案。在向最高人民法院提起上诉前，本案前期已经经历了贵州省高级人民法院一审，向最高人民法院申请再审，最高人民法院指令贵州省高级人民法院再审等程序。在贵州省高级人民法院再审维持原一审判决后，当事人委托笔者团队向最高人民法院提起上诉。

委托人张某某在 2011 年参与设立了贵州 A 煤矿（普通合伙企业），合伙人为张某某和左某某。2012 年左某某以贵州 A 煤矿的名义和肖某某签订"借款合同"，贵州 A 煤矿向肖某某借款 1 600 万元，左某某提供连带责任保证担保，如逾期还款，则支付每日 0.3%的违约金。后左某某偿还了肖某某 400 万元。2015 年肖某某、贵州 A 煤矿、左某某签订借款合同补充协议，补充协议第 5 条约定，待左某某收回在某矿业公司债权后还清肖某某本金，另借给肖某某 1 200 万元免利息，此前签订的"借款合同"和承诺书作废。

2016 年肖某某向贵州省高级人民法院提起诉讼，请求贵州 A 煤矿支付本金、利息及逾期违约金（按月 2%计算利息和违约金），由左某某、张某某承担连带责任，并以存在胁迫和利息不符合规定、付款时间不明确而构成显失公平为由，请求撤销补充协议第 5 条。贵州省高级人民法院在三位被告都缺席的情况下作出

275

(2016)黔民初130号民事判决,支持了肖某某的诉讼请求。

案件被强制执行后,张某某才知道案件的存在,其后张某某向最高人民法院申请再审。最高人民法院经审查后认为,存在案涉借款主体事实未查清、补充协议不存在显失公平的情形,因此作出再审裁定,指令贵州省高级人民法院再审本案。2020年贵州省高级人民法院经再审后仍维持了原一审判决。

再审败诉后,张某某委托笔者团队向最高人民法院提起上诉。最高人民法院经开庭后作出二审判决,撤销了贵州省高级人民法院再审判决和原一审判决,认定补充协议第5条不具备被撤销的条件,认定借款合同有效,贵州A煤矿偿还肖某某1 200万元本金,从肖某某起诉之日起按每年6%的标准支付利息,左某某承担连带偿还责任,张某某对贵州A煤矿不能清偿的债务承担补充还款责任。

本案涉及的法律问题主要包括:对合同欺诈、胁迫或显失公平的可撤销条件的认定,对表见代理的认定。

本案经申请再审、最高人民法院裁定再审、贵州省高级人民法院再审、最高人民法院再审后二审,最终撤销了原一审判决,为当事人减少损失2 000多万元,取得了较好的代理效果。本起案件中的反败为胜体现了代理工作中的程序突破和文书突破。①

二、基本案情和一审情况

(一) 基本案情

贵州A煤矿位于贵州省黔西南州,最初由上诉人张某某和左某某管理,但当初并未取得营业执照。2011年5月张某某、左某某以贵州A煤矿合伙人的身份与某矿业公司贵州分公司签订了转让协议,将贵州A煤矿转让给了矿业公司。与矿业公司签订转让协议后,为办理转让手续,张某某、左某某在2011年11月签订贵州A煤矿合伙企业的合伙协议,成立了合伙企业。合伙协议约定张某某出资10%,左某某出资90%,同时约定按照转让协议办理有关矿权过户手续。2011年11月28日,贵州A煤矿取得合伙企业营业执照。营业执照上张某某为执行事务合伙人,合伙企业的经营范围为煤炭的开采及销售,但营业执照上写明了其仅供筹建使用,不得从事生产经营活动。

---

① 本起案件是作者所属律师团队和北京盈科(贵阳)律师事务所汪晓迅律师、何丹律师团队合作承办的案件。申请再审由汪晓迅律师、何丹律师团队承办,作者所属律师团队配合参与。再审后向最高人民法院的上诉以及在最高人民法院的二审由作者所属律师团队承办。张群力律师担任主承办律师,卢青律师、朱雅琦律师参与了部分代理工作。在此,一并向他们表示感谢!

2012年1月，左某某以贵州A煤矿的名义与肖某某签订借款合同，贵州A煤矿向肖某某借款1 600万元，借款期为一个月，如果逾期，则每日承担0.3%的违约金，左某某对借款提供连带责任保证担保。同时左某某以贵州A煤矿的名义出具收款账户确认书，要求将借款直接汇入左某某控制的公司即贵州某煤业公司，贵州A煤矿预开了1 600万元收据。2012年1月30日，肖某某通过其所控制的公司向贵州某煤业公司汇款1 500万元，向左某某个人汇款100万元。

2013年3月左某某偿还300万元，9月左某某偿还100万元。2015年7月肖某某要求左某某签订还款补充协议，在预先打印的补充协议中将肖某某列为出借人，将贵州A煤矿列为借款人，将左某某列为担保人。左某某签字时将补充协议第1条和第2条中"及其利息"划去，手写增加第5条，即"待丙方（左某某）从矿业公司贵州公司收回债权或者其他地方收回压覆补偿款后还清甲方（肖某某）本金，另借给甲方1 200万元免利息，以前签订的所有协议及承诺书作废"。后左某某没有偿还借款，引起了本案纠纷。

（二）一审情况

2016年4月肖某某向贵州省高级人民法院提起诉讼，请求：（1）贵州A煤矿偿还肖某某借款本金1 200万元及按月2%计算的违约金，截至起诉时违约金共1 224.4万元；（2）贵州A煤矿支付肖某某律师费共143 232元；（3）左某某和张某某对上述债务承担连带责任；（4）撤销补充协议中第5条的约定。贵州A煤矿、张某某和左某某都没有参加本案庭审。

贵州省高级人民法院经缺席审理后支持了肖某某的诉讼请求。一审判决书中"本院认为"和判决主文部分表述如下：

本案的争议焦点是：一、双方所签订的补充协议第五条是否应予撤销；二、原告肖某某诉请本金、违约金及律师费应否支持；三、被告左某某及张某某应否承担连带责任。

关于焦点一，原告肖某某与被告贵州A煤矿、左某某签订的补充协议第五条约定是否属于乘人之危所签订的，是否显失公平问题。原告肖某某称其在签订补充协议时，与被告贵州A煤矿签订的"借款合同"已超过2年的诉讼时效，原告肖某某与被告贵州A煤矿、左某某签订补充协议的目的是想通过补充协议对债权进行确认并展期，被告贵州A煤矿、左某某并不同意原告肖某某草拟的补充协议，明确要求增加一条作为补充协议第五条即"待丙方（左某某）从矿业公司贵州公司收回债权或者其他地方收回压覆补偿款后还清甲方（肖某某）本金，另借给甲方1 200万元免利息，以前签订的所有协议及承诺书作废"。该条所附条件的内容并不明确，矿业公司贵州公司与被告左某某之间存在何种债权，债权的金额是多少，债权的期限的截止时间是何时，均不明确。约定的"其他地方收回压覆补偿款"的债务主体不明确，债务金额不明确，退还时间不明确，不具有可履行性，且该条还免除了原告肖某某对被告贵州Ａ煤矿、左某某借款享有的请求违约金的权利，金额为1 224.4万元，补充协议第五条是被告贵州Ａ煤矿、左某某违背原告肖某某真实意思签订的合同条款，该条款显失公平。原告肖某某与被告贵州Ａ煤矿、左某某签订的"借款合同"于2012年2月28日到期，原告肖某某没有提交证据证明其向被告贵州Ａ煤矿或担保人左某某主张过权利，使时效得以延长。至2015年7月9日，原告肖某某的诉讼时效已经届满，故双方签订补充协议的目的在于对债权进行确认并展期，以恢复诉讼时效，原告肖某某如若不答应被告贵州Ａ煤矿、左某某的要求，被告贵州Ａ煤矿、左某某不签字，原告肖某某的胜诉权将无法保证。在这种情况下，原告肖某某不得不同意被告左某某手工填写的、对其明显不利的补充协议第五条，这违背了其真实意思，且对原告肖某某而言显失公平。原告于2016年3月起诉要求撤销补充协议第五条，其请求时间是在补充协议签订之日起一年以内，原告肖某某依法享有撤销权，根据《中华人民共和国合同法》第五十四条第二款"一方以欺诈、胁迫的手段或者乘人之危，使对方在违背真实意思的情况下订立的，当事人有权要求撤销或者变更"和最高人民法院《关于贯彻执行〈中华人民共和国民法通则〉若干问题的意见（试行）》第70条"一方当事人乘对方处于危难之机，为牟取不正当利益，迫使对方作出不真实的意思表示，严重损害对方利益的，可以认定为乘人之危"之规定，原告肖某某诉请撤销补充协议第五条符合法律规定，本院予以支持。

关于焦点二，原告肖某某与被告贵州Ａ煤矿、左某某签订的借款合同合法有效，原告肖某某根据被告贵州Ａ煤矿签字盖章的"收款确认书"的要求，将出借的1 500万元转入贵州某煤业公司的账户，另外的100万元虽然未按照"收款确认书"的指定汇至贵州某煤业公司的账户，而转入被告左某某的账户，被告贵州Ａ煤矿对此予以认可并出具了收据对该100万元进行确认，故原告肖某某已经按照约定将1 600万元的款项支付给被告贵州Ａ煤矿，款项出借事实在其后双方签订的补充协议也予以确认。被告贵州Ａ煤矿收到1 600万元借款后，向原告肖某某还款400万元，尚欠1 200万元本金未还。被告贵州Ａ煤矿的行为已经违反合同约定，应当承担违约责任，根据"借款合同"约定，违约金以未还本金按每天0.3%标准计算，据此违约金每月应为未还本金按9%标准计算，双方约定的违约金过高。现原告肖某某主张按每月2％的标准计算违约金及利息，根据《最高人民法院关于审理民间借贷案件适用法律若干问题的规定》第二十六条"借贷双方约定的利率未超过年利率24％，出借人请求借款人按照约定的利率支付利息的，人民法院应予支持"之规定，原告肖某某主张的违约金及利息计算标准符合法律规定，本院予以支持。原告肖某某主张"借款合同"中约定了律师费的承担，因此被告贵州A煤矿应当承担原告肖某某向贵州某律师事务所支付的143 232元代理费，但根据《最高人民法院关于审理民间借贷案件适用法律若干问题的规定》第三十条"出借人与借款人既约定了逾期利率，又约定了违约金或者其他费用，出借人可以选择主张逾期利息、违约金或者其他费用，也可以一并主张，但总计超过年利率24％的部分，人民法院不予支持"之规定，因原告肖某某主张的利息已经达到24％，故对原告肖某某诉请的律师费，本院不予支持。

关于焦点三，被告左某某在签订"借款合同"及补充协议时明确约定其作为担保人，对被告贵州A煤矿向原告肖某某的借款承担连带责任保证担保。被告张某某是被告贵州A煤矿的合伙人，该煤矿为普通合伙企业，根据《合伙企业法》第二条第二款的规定，"普通合伙企业由普通合伙人组成，合伙人对合伙企业债务承担无限连带责任。本法对普通合伙人承担责任的形式有特别规定的，从其规定"。被告贵州A煤矿所欠原告肖某某的借款，被告张某某作为贵州A煤矿的合伙人，应当承担连带责任。原告肖某某诉请被告左某某、张某某对被告贵州A煤矿向其借款承担连带保证责任的诉请，本院予以支持。

综上，依照《中华人民共和国合同法》第五十四条、二百零六条、第二百一十条，《最高人民法院关于贯彻执行〈中华人民共和国民法通则〉若干问题的意见（试行）》第七十条，《最高人民法院关于审理民间借贷案件适用法律若干问题的规定》第三十条，《中华人民共和国担保法》第十八条，《中华人民共和国合伙企业法》第二条第二款，《中华人民共和国民事诉讼法》第一百四十四、第一百五十二条之规定，判决如下：

一、撤销原告肖某某与被告贵州A煤矿、左某某签订的补充协议第五条；

二、被告贵州A煤矿于本判决生效之日起十日内一次性返还原告肖某某借款本金1 200万元及违约金（违约金按每月2％计算，从2012年4月29日起暂计算至本判决确定的履行期限届满之日止）；

三、被告左某某、张某某对本判决第二项所确定的债务承担连带责任；

四、驳回原告的其余诉讼请求。

（三）申请再审情况

张某某在被强制执行时才知道了本案，并迅速向最高人民法院申请再审。张某某申请再审的理由包括：(1) 贵州省普安县公安局出具的关于同意贵州 A 煤矿刻制印章的通知可以作为新证据证明案涉借款是左某某的个人借款，贵州 A 煤矿和张某某无须对该债务承担连带责任。该份新证据上贵州 A 煤矿的印章与"借款合同"、"收款账户确认书"、收据上的印章明显不一致，且案涉借款全部支付给了左某某个人。(2) 原审法院依据《中华人民共和国合同法》第 54 条撤销补充协议第 5 条，适用法律错误。2015 年 7 月 9 日，肖某某和左某某签订补充协议时，肖某某的债权已过法律规定的诉讼时效，该协议的签订对肖某某有利，肖某某不存在所谓危难处境或紧迫需要，左某某也没有牟取不正当利益，不构成乘人之危。且补充协议的签订并未违背肖某某的真实意思表示。(3) 原审判决违背当事人的约定，适用法律错误。补充协议第 1 条、第 2 条和第 5 条均约定不支付利息，原审仅撤销补充协议第五条，却判决贵州 A 煤矿、左某某和张某某承担违约金。补充协议第 5 条约定在左某某收回矿业公司贵州公司债权或从其他地方收回压覆补偿款的情况下再偿还债务，现还款条件尚未成就，原审法院却判决左某某、贵州 A 煤矿和张某某在判决生效后 10 日内偿还债务。补充协议第 5 条约定由左某某个人偿还债务，一审法院却判决由贵州 A 煤矿和张某某共同承担债务。(4) 一审程序违法。一审没有采取委托送达或司法专邮的方式，而是仅公告送达，致使张某某没有收到一审判决书，变相剥夺张某某的上诉权。

在再审申请过程中，张某某提交了公安局出具给印章制作中心刻制印章通知的复印件，以证明案涉"借款合同"上加盖的印章虚假，贵州 A 煤矿不是案涉借款主体。最高人民法院审查后作出（2018）最高法民申 6144 号民事裁定，指令贵州省高级人民法院再审本案。

最高人民法院"本院认为"和裁定主文部分表述如下：

本院经审查认为，关于案涉借款主体问题，张某某向本院提交了 2012 年 3 月 8 日普安县公安局出具给黔西南州印章制作中心刻制印章通知的复印件，其上有公安部门同意刻制的"贵州 A 煤矿"的印章留印，张某某以此作为新的证据证明案涉"借款合同"上加盖的贵州 A 煤矿的印章为虚假，贵州 A 煤矿不是案涉借款主体。因该证据系认定案涉借款主体的重要证据，故对于该份证据的真实性及证明目的，应进一步查清并予以认定。

关于案涉补充协议第五条应否被撤销的问题。本院认为，原审法院依据《最高人民法院印发关于贯彻执行〈中华人民共和国民法通则〉若干问题的意见（试行）》第七十条"一方当事人乘对方处于危难之机，为牟取不正当利益，迫使对方作出不真实的意思表示，严重损害对方利益的，可以认定为乘人之危"之规定，判决撤销补充协议第五条，适用法律失当。根据本案查明的事实，2015年7月9日，肖某某在认为其债权诉讼时效已过的情形下，主动找到左某某要求签订补充协议，肖某某主张该种情形是其处于危难之机，显然不能成立。且从补充协议第五条"待丙方（左某某）从矿业公司贵州公司收回债权或者其他地方收回压覆补偿款后还清甲方（肖某某）本金，另借给甲方1 200万元免利息，以前签订的所有协议及承诺作废"的内容看，并不符合一方当事人"为牟取不正当利益，迫使对方作出不真实的意思表示，严重损害对方利益的"的条件，也不存在显失公平的情形。故原审法院判决撤销补充协议第五条，依据不足。

综上，张某某的再审申请符合《中华人民共和国民事诉讼法》第二百条第一项、第二项、第六项规定。依照《中华人民共和国民事诉讼法》第二百零四条、第二百零六条、《最高人民法院关于适用〈中华人民共和国民事诉讼法〉的解释》第三百九十五条第一款之规定，裁定如下：

一、指令贵州省高级人民法院再审本案；

二、再审期间，中止原判决书的执行。

（四）再审情况

再审中，张某某请求撤销贵州省高级人民法院（2016）黔民初130号民事判决，改判驳回被申请人肖某某的全部诉讼请求，除申请再审的理由外，张某某还主张：肖某某向人民法院提起诉讼，是肖某某和左某某之间恶意串通的行为，肖某某和左某某之间的借款关系与贵州A煤矿和张某某无关。

肖某某的主要答辩理由如下：（1）印章是签订合同后向公安机关予以备案的，有关他们公司内部管理经营的调整情况，不能否认借款合同和借款事实的成立。(2) 本案诉讼时效未过：贵州A煤矿还款400万元（分两笔），最后一笔100万元归还时间是2013年9月13日，应该按照最后一次还款时间计算诉讼时效。在未过诉讼时效的前提下，贵州A煤矿作为债务人以其拥有的对第三人的债权实现为前提偿还欠肖某某的债务，明显显失公平。（3）关于支付利息的问题：补充协议肖某某是以打印版出示给对方，对方在打印版上手动划改的，结合诉讼时效未过的理由，这明显是显失公平的，而且借款合同中约定的是如果不按期偿还相应的本金则应当承担违约金和利息。

经过再审审理，贵州省高级人民法院认为张某某的再审请求不能成立，(2016) 黔民初 130 号民事判决并无不当，应予维持，因此作出 (2019) 黔民再 41 号民事再审判决，维持了原一审判决。

三、代理思路和律师文书

（一）上诉思路

当事人张某某在贵州省高级人民法院再审后败诉，律师团队经讨论后认为，贵州省高级人民法院的再审判决存在错误，应当向最高人民法院依法提起上诉。

律师团队和当事人张某某共同制定了上诉代理目标。第一个目标，也是上诉的基本目标，即说服二审法院，认定补充协议第 5 条不能被撤销，纠正再审判决中撤销补充协议第 5 条的内容，纠正再审判决中要求委托人张某某从 2012 年 4 月起按年息 24% 标准承担违约金的内容，这样可以减少违约金损失 2 000 多万元。第二个目标，也是最理想的目标，即认定左某某的行为不构成表见代理，最终认定本案的借款不是贵州 A 煤矿合伙企业的借款，而是左某某个人的借款，从而使贵州 A 煤矿和张某某都不承担责任。要实现第二个目标非常难，但唯有如此，才能最大限度维护张某某的合法权益。

为说明补充协议第 5 条不应被撤销，可以从以下两方面进行上诉：一是从最高人民法院指令再审裁定出发。因为最高人民法院指令再审裁定已经认定补充协议第五条不具备可撤销的条件，原一审判决适用法律确有错误，但再审判决却违反上级人民法院的生效裁定，不予纠正。这一点最具有说服力。二是从可撤销法律行为的法律适用方面进行上诉，包括通过对《合同法》第 54 条、《最高人民法院印发关于贯彻执行〈中华人民共和国民法通则〉若干问题的意见（试行）》、《民法总则》及《民法典》相关规定的对比，对法律适用进行阐述，说明一审判决法律适用错误。

为说明本案债务是左某某个人债务而不是贵州 A 煤矿合伙企业的债务，可以从借款的实际用途及是否构成表见代理进行上诉，包括本案是否具有表见代理的客观构成要件，本案中肖某某在主观上是否有重大过错，本案中肖某某是否是职业放贷人等。

关于本案重点从上述两个方面进行上诉，以最大程度减少违约金和利息金额，尽量使张某某少承担或不承担还款责任。

（二）民事上诉状

民事上诉状

上诉人（一审被告、再审申请人）：张某某

被上诉人（一审原告、再审被申请人）：肖某某

一审被告：左某某

一审被告：贵州 A 煤矿

上诉人张某某就其与被上诉人肖某某、一审被告左某某、一审被告贵州 A 煤矿民间借贷及担保合同纠纷一案，不服贵州省高级人民法院 2020 年 8 月 28 日作出并于 2020 年 9 月 17 日送达的（2019）黔民再 41 号民事判决（以下简称再审判决），特依法向贵院提起上诉。

上诉请求：

1. 请求依法撤销贵州省高级人民法院（2019）黔民再 41 号民事判决和贵州省高级人民法院（2016）黔民初 130 号民事判决，驳回被上诉人的全部诉讼请求；

2. 请求依法判令被上诉人承担本案一审和二审的全部诉讼费用。

上诉理由：

一、涉案借款是左某某个人借款，而不是贵州 A 煤矿合伙企业的借款，肖某某存在重大过错，不是善意的相对人，左某某的行为不构成表见代理，原审认定左某某的行为构成表见代理，认定事实和适用法律均存在严重错误

（一）本案借款是左某某个人的借款，而不是贵州 A 煤矿合伙企业的借款

1. 在借款合同签订前，贵州 A 煤矿已经被收购，贵州 A 煤矿没有借款的必要

2011 年 5 月 16 日，张某某和左某某就与某矿业公司下属企业签订了"贵州 A 煤矿矿权转让及合作开发协议"；2011 年 9 月 29 日，张某某和左某某再次与矿业公司下属企业签订了"贵州 A 煤矿矿权转让及合作开发协议之二"。张某某和左某某将涉案煤矿转让给了矿业公司下属企业。

为了完成上述资产转让，张某某和左某某才在 2011 年 11 月 28 日合伙设立贵州 A 煤矿合伙企业，即"贵州 A 煤矿"。张某某和左某某同为贵州 A 煤矿的合伙人，张某某为执行事务合伙人。

贵州 A 煤矿设立的目的不是要开展经营，而是要完成煤矿资产的转让，贵州 A 煤矿自然没有必要向外借款。事实上，贵州 A 煤矿营业执照上也注明了其不得从事生产经营活动，即贵州 A 煤矿营业执照注明其经营范围为"煤炭的开采及销售（仅供筹建使用，不得从事生产经营活动）"。

2. 涉案借款直接支付给了左某某和左某某控制的企业，而且部分已由左某某个人偿还，涉案借款是左某某个人的借款

涉案的 1 600 万元借款都直接支付给了左某某，其中 100 万元直接支付到了左

某某个人的银行卡，1 500万元支付到了左某某实际控制的贵州某煤业公司。贵州A煤矿没有收到任何一分钱借款。

庭审中，肖某某和左某某确认左某某已偿还400万元。这400万元也是左某某个人偿还的，与贵州A煤矿没有任何关系。

因此，本案的借款显然是左某某个人的借款，而不是贵州A煤矿的借款。

3. 左某某一直承认涉案借款是其个人的借款

左某某一直承认涉案借款是其个人的借款。在诉讼中左某某称，"因左某某、肖某某、贵州某煤业公司，贵州某担保公司在2012年借款当时，在商业上存在合作和资金拆借关系，故形成了借款关系，实际与张某某无关，实为左某某个人的借款"（见再审判决书第5页）。

正因为涉案借款是左某某个人的借款，实际上与贵州A煤矿无关，所以当肖某某安排贵州某B产业发展公司（以下简称贵州B公司）四五名打手将左某某控制在某酒店，强迫要求左某某签订肖某某预先打印好的补充协议时，左某某才坚持要求增加补充协议第五条，坚持要求由左某某个人偿还本案借款，而不是由贵州A煤矿偿还本案借款（见再审判决书第18页）。

（二）左某某无权代理贵州A煤矿签订"借款合同"

《中华人民共和国合伙企业法》第二十七条规定，委托一个或数个合伙人执行合伙事务的，其他合伙人不再执行合伙事务。

本案中，张某某和左某某虽然同是贵州A煤矿的合伙人，但张某某是贵州A煤矿的负责人和执行事务合伙人，左某某不是执行事务合伙人，不负责合伙企业的具体事务。因此，如果左某某代表贵州A煤矿或张某某对外开展业务，左某某就应当取得张某某的授权。

但本案中，左某某自始至终没有取得张某某的授权。张某某前期一直不知道有本案的所谓借款，直到张某某因本案被人民法院强制执行时，才知道有本案的所谓借款，才知道有本案的所谓诉讼。

因此，在本案中左某某无权代表贵州A煤矿对外签订借款合同。另外，借款合同上虽然加盖了贵州A煤矿的所谓印章，但这枚印章也不是合法刻制和备案的印章，而是左某某私自刻制的印章。因此，虽然"借款合同"上加盖了这枚所谓的印章，也不代表贵州A煤矿或张某某同意本案的借款。本案中左某某代理贵州A煤矿借款的行为显然是无权代理行为。

（三）肖某某在本案的借款过程中有重大过错，左某某的无权代理行为不构成表见代理本案中，虽然左某某是贵州 A 煤矿合伙企业的合伙人，"借款合同"上加盖了左某某擅自刻制的印章，本案具有表见代理的部分外观表征，但肖某某在本案的借款过程中有重大过错，肖某某不是善意的相对人，因此本案中左某某的无权代理行为不构成表见代理。

肖某某是贵州 B 公司的法定代表人，长期以贵州 B 公司的名义或贵州 B 公司员工的名义对外放高利贷牟利。肖某某要求左某某以贵州 A 煤矿的名义进行借款，至少有以下三方面的重大过错或恶意串通嫌疑：

1. 肖某某没有尽到基本的审查义务

贵州 A 煤矿的营业执照上的营业范围写明了"只用于筹建，不得进行生产经营活动"，但肖某某却给贵州 A 煤矿借款。

贵州 A 煤矿的营业执照上写明了张某某为负责人，为执行事务合伙人，左某某不是负责人，但肖某某却没有审查左某某是否取得了张某某的授权。

《中华人民共和国合伙企业法》第三十一条规定，转让或处分合伙企业的知识产权和其他财产权利，以合伙企业名义为他人提供担保等事务应当经全体合伙人一致同意。贵州 A 煤矿的注册资金仅 5 万元，但本案的借款却高达 1 600 万元。如果确实有上述真实的借款，贵州 A 煤矿应当有同意借款的合伙人会议决议。但本案中肖某某却根本没有审查贵州 A 煤矿是否有同意借款的合伙人会议决议。

2. 肖某某明知本案的借款是左某某个人的借款，明知左某某将贵州 A 煤矿的借款转入左某某个人账户或左某某控制的公司的账户会损害贵州 A 煤矿和贵州 A 煤矿其他合伙人的利益，过错非常严重

本案中的 1 600 万元的"借款合同""收款账户确认书""收款收据"是同时签订的，即在 2012 年 1 月 29 日同一天签订的。其中，1 600 万元"收款账户确认书"明确要求，肖某某将借款汇入左某某个人控制的贵州某煤业公司。1 600 万元"收款收据"也是预开的，即左某某在没有收到 1 600 万元的情况下按肖某某的要求预先出具的。这三份材料同时签订就表明，肖某某知道本案的借款是左某某个人的借款，而不是贵州 A 煤矿的借款。

第二天，即 2012 年 1 月 30 日，肖某某将 1 500 万元借款直接汇入贵州某煤业公司账户，将 100 万元借款直接汇入左某某个人的银行卡（而不是 1 600 万元"收款账户确认书"上的贵州某煤业公司账户）。肖某某的上述转款行为进一步说明，肖某某知道本案的借款是左某某个人的借款，而不是贵州 A 煤矿的借款。

将被代理人贵州 A 煤矿的借款直接汇入代理人左某某个人的账户，将被代理人贵州 A 煤矿的借款直接汇入代理人左某某个人控制的公司的账户，显然损害了贵州

A煤矿的利益，显然损害了贵州A煤矿其他合伙人的利益，显然是违法行为甚至是犯罪行为。

肖某某明知左某某的上述行为侵权，明知左某某的上述行为违法，却主动配合左某某，甚至安排和要求左某某进行上述侵权行为和违法行为。因此，肖某某在本案借款过程中的过错非常严重。

3. 肖某某和左某某有恶意串通、非法转移债务的重大嫌疑

事实上，肖某某在本案不仅有重大的过错，而且还有和左某某恶意串通、非法转移债务的重大嫌疑。

如前所述，肖某某长期以贵州B公司的名义或贵州B公司员工的名义放高利贷非法牟利，肖某某、贵州某煤业公司、贵州某担保公司和左某某在本案借款发生前已有资金拆借关系。涉案"借款合同"的借款期仅一个月，从2012年的1月29日到2月28日，显然是资金短期拆借。本案中肖某某和左某某明显存在恶意串通、以新借款还旧借款、恶意转移债务的重大嫌疑。

肖某某在本案的借款过程中有重大过错，肖某某存在恶意串通、非法转移债务的重大嫌疑，肖某某在本案中自然不是善意的相对人，故本案中左某某对贵州A煤矿的无权代理行为自然不构成表见代理。

综上，本案的借款是左某某个人的借款，不是贵州A煤矿的借款。左某某的代理行为是无权代理行为，肖某某在本案的借款过程中有重大过错和恶意串通的重大嫌疑，不是本案的善意相对人，故本案不构成表见代理。再审判决认定本案构成表见代理，认定本案借款是贵州A煤矿的借款，认定事实和适用法律均严重错误，本案二审应当改判。

二、在最高人民法院指令再审裁定明确认定补充协议第五条不具备可撤销条件的情况下，原审法院的再审判决却直接违反上级人民法院裁定的认定，仍然判决撤销补充协议第五条，适用法律严重错误

（一）最高人民法院指令再审裁定明确认定补充协议第五条不具备可撤销条件，原审法院的再审判决却直接违反上级人民法院指令再审裁定的认定，错误判决撤销该条款

最高人民法院指令再审裁定认定：补充协议签订的背景是，2015年7月9日，肖某某在认为其债权诉讼时效已过的情形下，主动找到左某某，并要求左某某与其签订补充协议。因此，肖某某主张该种情形是其处于危难之机明显不能成立。

最高人民法院指令再审裁定还认定：补充协议第五条"待丙方（左某某）从矿业公司贵州公司收回债权或其他地方收回压覆补偿款后还清甲方（肖某某）本金，

另借给甲方1 200万元免利息,以前所签订的所有协议及承诺作废"的约定,不符合一方当事人为"为牟取不正当利益,迫使对方作出不真实的意思表示,严重损害对方利益"的条件,也不存在显失公平的情形,原审法院判决撤销补充协议第五条的依据不足。

但原审法院的再审判决却直接违反最高人民法院指令再审裁定的认定,仍然错误判决撤销补充协议第五条,再审判决不仅适用法律严重错误,而且在程序上也非常不严肃和不应该!

(二)补充协议第五条不存在显失公平的情形,原审法院依据《中华人民共和国合同法》第五十四条撤销补充协议第五条,适用法律严重错误

补充协议第五条的内容是:"待丙方(左某某)从矿业公司贵州公司收回债权或其他地方收回压覆补偿款后还清甲方(肖某某)本金,另借给甲方1 200万元免利息,以前所签订的所有协议及承诺作废。"

该条显然不属于显失公平可撤销的情形,再审判决认为该条约定的还款条件不明,进而认定该条显失公平,并判决单独撤销该条,适用法律严重错误。

1. 补充协议是肖某某自愿签订的,是肖某某真实意思的表示,不存在胁迫、乘人之危等违背肖某某真实意愿的情形

如前所述,左某某陈述补充协议签订的过程是,肖某某为催促左某某还款,安排贵州B公司四五个打手将左某某控制在某饭店,将已经打印好的补充协议拿来要求左某某签字。

从补充协议的打印字体、手写字体和签字落款情况来分析,补充协议是肖某某事先打印好的,左某某划去了补充协议第一条的"以及利息"和第二条的"以及利息",然后手写增加了第五条,即"待丙方(左某某)从矿业公司贵州公司收回债权或其他地方收回压覆补偿款后还清甲方(肖某某)本金,另借给甲方1 200万元免利息,以前所签订的所有协议及承诺作废"。由于左某某手写增加的第五条占据了原打印件中甲方肖某某的签字位置,所以肖某某在左某某增加的第五条下方重新手写"甲方"二字,并签上了"肖某某"的名字。

从补充协议的以上签署情况来看,是肖某某主动要求左某某签署补充协议,不存在左某某胁迫肖某某的情形,也不存在左某某乘人之危的情形。肖某某签署补充协议完全是肖某某真实意思的表示,完全出于自愿。

2. 补充协议第五条约定由左某某个人偿还肖某某欠款,这一约定不属于显失公平,不应该被撤销

如前所述,本案的借款本来就是左某某个人的借款,因此左某某在签署补充协

议时明确要求由左某某个人来偿还借款,而不是由贵州 A 煤矿来偿还借款。左某某和肖某某在补充协议第五条中的这一约定,符合借款的实际情况,这一约定不属于显失公平,不应该被撤销。

3. 补充协议第五条约定左某某只偿还借款本金,不偿还利息,这一约定也不属于显失公平,也不应该被撤销

民间借贷可以不约定利息,当民间借贷当事人对利息没有约定或约定不明时,出借人无权主张利息。本案中左某某和肖某某通过补充协议第一条、第二条和第五条约定,肖某某放弃利息,这一约定符合民间借贷的特点,显然不属于显失公平,也同样不应该被撤销。

4. 补充协议第五条约定,左某某从矿业公司贵州公司收回债权或其他地方收回压覆补偿款后偿还欠款,约定的还款条件明确,即使约定不明确,也不属于显失公平,也不应该被撤销

如前所述,肖某某长期以贵州 B 公司或贵州 B 公司员工的名义放高利贷牟利,在本案借款发生前,肖某某、左某某、贵州某担保公司和贵州某煤业公司就有商业往来和借贷关系。对本案的借款,左某某提出其从矿业公司贵州公司收回债权或其他地方收回压覆补偿款时才还款,符合左某某资金周转的实际情况,左某某提出的还款条件和期限是明确的。

《中华人民共和国合同法》(以下称《合同法》)第二百零六条规定,"借款人应当按照约定的期限返还借款。对借款期限没有约定或约定不明确,依照本法第六十一条的规定仍不能确定的,借款人可以随时返还;贷款人可以催告借款人在合理期限内返还"。

依照上述规定,即使补充协议第五条约定的还款条件和还款期限不明确,作为借款人的肖某某完全可以催告左某某在合理的期限内还款,无须主张撤销该条款。事实上,约定的还款条件不明或约定的还款期限不明,不属于显失公平,不应该被撤销。

5. 补充协议是一个整体,即使撤销也不应该单独撤销补充协议第五条

补充协议的五个条款是一个整体,是一起签订的,如果要撤销,也应当作为一个整体来撤销,即一并撤销补充协议,而不是仅仅撤销补充协议第五条。

退一步说,即使可以主张撤销补充协议的某一部分,即使可以主张撤销约定不明的还款条件和还款期限,本案中也只可能撤销补充协议第五条中"从矿业公司贵州公司收回债权或其他地方收回压覆补偿款后"约定的还款条件和还款期限,而不能撤销补充协议第五条中左某某个人还款的约定,也不能撤销补充协议第五条中放弃利息的约定。

6.《民法总则》第一百五十一条和《民法典》第一百五十一条更进一步说明，补充协议第五条不属于显失公平，不应该被撤销

如前所述，补充协议是肖某某的真实意思表示，补充协议第五条无论从约定的还款主体来看，从约定的还款本金来看，还是从约定的还款条件和还款期限来看，均不属于显失公平，均不能依据《合同法》第五十四条撤销该条款。

事实上，《民法总则》第一百五十一条和《民法典》第一百五十一条更进一步界定了显失公平可撤销的情形，更进一步说明本案不属于显失公平可撤销的情形。《民法总则》和《民法典》都规定，"一方利用对方处于危困状态、缺乏判断能力等情形，致使民事法律行为成立时显失公平的，受损害方有权请求人民法院或仲裁机构予以撤销"。很显然，无论是《民法总则》还是《民法典》，其都将显失公平与一方处于危困状态和缺乏判断能力相关联。不存在危困状态或缺乏判断能力的，自然不存在显失公平可撤销的情形。

三、补充协议第一条、第二条和第五条均约定不支付利息，再审判决左某某、贵州Ａ煤矿、张某某承担高额利息，判决违背当事人的约定，适用法律严重错误

补充协议第一条、第二条和第五条都约定本案债权不再收取利息，它们互相对应，互相吻合。但再审判决却判令左某某、贵州Ａ煤矿、张某某从签订补充协议的前三年起，即2012年4月29日起按每月2％的标准承担高额违约金，再审判决明显违背当事人的约定，适用法律严重错误！

如前所述，补充协议第五条不应该被撤销。退一步说，即使补充协议第五条被撤销，补充协议第一条和第二条也没有被撤销。仅仅依据补充协议第一条和第二条，本案中左某某、贵州Ａ煤矿和张某某也不应该承担高达１200多万元的利息！再审判决左某某、贵州Ａ煤矿、张某某承担高额利息，适用法律严重错误！

综上，在本案借款过程中肖某某存在重大过错，左某某的行为不构成表见代理。本案借款是左某某个人借款，而不是贵州Ａ煤矿合伙企业的借款。再审判决认定本案构成表见代理，认定本案借款是贵州Ａ煤矿合伙企业的借款，认定事实和适用法律均严重错误。在最高人民法院指令再审裁定明确认定补充协议第五条不具备可撤销条件的情况下，原审法院却判决撤销补充协议第五条，适用法律严重错误。在补充协议第一条、第二条和第五条均约定不支付利息的情况下，再审判决左某某、贵州Ａ煤矿、张某某承担高额利息明显错误。

基于以上理由，特向贵院提起上诉，敬请依法撤销贵州省高级人民法院（2019）黔民再41号民事判决和贵州省高级人民法院（2016）黔民初130号民事判决，并驳

回被上诉人的全部诉讼请求。

此致

中华人民共和国最高人民法院

上诉人：张某某

时间：二〇二〇年九月二十六日

（三）二审代理词

张某某上诉肖某某民间借贷及担保合同纠纷案
代理词

尊敬的审判长、审判员：

在贵院审理的（2021）最高法民终374号上诉人张某某和被上诉人肖某某、一审被告左某某与贵州A煤矿民间借贷及担保合同纠纷一案中，我们受北京市盈科律师事务所的指派，接受上诉人张某某的委托，担任其本案的诉讼代理人。现依据事实和法律，发表如下代理意见，敬请采信。

一、本案的基本事实

（略）

二、涉案借款是左某某个人的借款，而不是贵州A煤矿合伙企业的借款，肖某某存在重大过错，不是善意相对人，本案不构成表见代理

（一）涉案借款是左某某个人的借款，而不是贵州A煤矿合伙企业的借款

1. 在"借款合同"签订前，贵州A煤矿已经被收购，贵州A煤矿没有借款的基础和必要，涉案借款是左某某个人的借款

2011年5月16日，张某某、左某某与矿业公司签订了合作协议，张某某和左某某将贵州A煤矿转让给了矿业公司。为完成贵州A煤矿的转让手续，2011年11月18日张某某与左某某签订合伙协议，2011年11月18日起贵州A煤矿取得合伙企业营业执照。上述材料均能证明贵州A煤矿合伙企业设立的目的不是要开展经营，而是完成资产转让。本案中贵州A煤矿没有对外借款的基础和必要。

2. 肖某某将借款直接汇入了左某某和左某某指定的账户，而不是贵州A煤矿的账户，涉案借款是左某某个人的借款

涉案的1 600万元借款都直接支付给了左某某，其中100万元直接支付到了左某某个人的银行卡，1 500万元支付到了左某某指定的贵州某煤业公司，贵州A煤矿没有收到一分钱借款。事实上，该笔借款是按肖某某的要求，用于偿还左某某对贵州某担保公司（肖某某）的旧担保债务。

3. 左某某一直承认涉案借款是其个人的借款

左某某一直承认涉案借款是其个人的借款。在2019年6月23日左某某给张某某的信件中，左某某称，"肖某某实为邓某林的代言人，邓某林才是真正的老板，实际上邓某林、肖某某等都是贵州某担保公司的股东（实际参与人），我欠肖某某的钱也就是贵州某担保公司的一部分款包括在内"。左某某在庭审中陈述："因左某某、肖某某、贵州某煤业公司、贵州某担保公司在2012年借款当时，在商业上存在合作和资金拆借关系，故形成了借款关系，实际与张某某无关，实为左某某个人的借款"。可见左某某始终认为涉案借款是其个人的借款，而不是贵州A煤矿的借款。

（二）左某某无权代表贵州A煤矿签订借款合同

左某某仅是贵州A煤矿的合伙人，而不是执行事务合伙人，根据《合伙企业法》第27条的规定，"委托一个或数个合伙人执行合伙事务的，其他合伙人不再执行合伙事务"，左某某在没有张某某授权情况下，无权代表贵州A煤矿签订借款合同。

实际上，合伙企业如何对外开展对外业务，不能仅依据合伙企业的内部约定，更应当依据法律法规的规定进行。根据《合伙企业法》第31条的规定，左某某对外签订借款合同应当经过全体合伙人集体决议。《民法通则》第34条第1款也规定："个人合伙的经营活动，由合伙人共同决定，合伙人有执行或监督的权利。"同时，本案也可以参照《民法典》第970条第1款的规定："合伙人就合伙事务作出决定的，除合伙合同另有约定外，应当经全体合伙人一致同意。"因此，本案中左某某对外签订借款合同必须经全体合伙人一致同意。

在没有取得张某某的授权和合伙人集体决议前，左某某无权代表贵州A煤矿签订借款合同、补充协议及其他任何与借款相关的文件。

（三）肖某某在借款过程中存在重大过错，不是善意相对人，左某某的行为不构成表见代理

1. 关于表见代理的法律规定

1987年《民法通则》第66条第1款规定："没有代理权、超越代理权或者代理权终止后的行为，只有经过被代理人的追认，被代理人才承担民事责任。未经追认的行为，由行为人承担民事责任。本人知道他人以本人名义实施民事行为而不作否认表示的，视为同意。"

1999年《合同法》第49条规定："行为人没有代理权、超越代理权或者代理权终止后以被代理人名义订立合同，相对人有理由相信行为人有代理权的，该代

理行为有效。"

2009年《最高人民法院关于当前形势下审理民商事合同纠纷案件若干问题的指导意见》第13条规定："合同法第四十九条规定的表见代理制度不仅要求代理人的无权代理行为在客观上形成具有代理权的表象，而且要求相对人在主观上善意且无过失地相信行为人有代理权。合同相对人主张构成表见代理的，应当承担举证责任，不仅应当举证证明代理行为存在诸如合同书、公章、印鉴等有权代理的客观表象形式要素，而且应当证明其善意且无过失地相信行为人具有代理权。"

第14条规定："人民法院在判断合同相对人主观上是否属于善意且无过失时，应当结合合同缔结与履行过程中的各种因素综合判断合同相对人是否尽到合理注意义务，此外还要考虑合同的缔结时间、以谁的名义签字、是否盖有相关印章及印章真伪、标的物的交付方式与地点、购买的材料、租赁的器材、所借款项的用途、建筑单位是否知道项目经理的行为、是否参与合同履行等各种因素，作出综合分析判断。"

因此，判断本案左某某的行为是否构成表见代理，不仅要看左某某的无权代理行为在客观上是否具有代理权的表象，而且还要看肖某某是否在主观上善意且无过失地相信左某某有代理权。

2. 肖某某在国家企业信用信息公示系统网站查询了贵州A煤矿的工商信息后，仍然与左某某签订了借款合同，肖某某主观上存在重大过错，不是善意的相对人

肖某某及其代理人在庭审中表示，肖某某在签订案涉借款合同时，通过国家企业信用信息公示系统网站查询了贵州A煤矿的工商信息，了解到煤矿的全称以及合伙企业的合伙人信息，才签订的借款合同，肖某某已经尽到了审查义务。

但实际上，国家企业信用信息公示系统网站查询的结果，无论是在顶部加黑加粗的标题处，还是在中部的营业执照信息处，均非常清楚且明确地列明贵州A煤矿的执行事务合伙人为张某某。且其在中部的营业执照信息处的经营范围一项，也明确写明了："煤炭的开采及销售（仅供筹建使用，不得从事生产经营活动）。"

肖某某在签订借款前，通过国家企业信用信息公示系统网站查询了贵州A煤矿的工商信息，应当知道张某某是贵州A煤矿的执行事务合伙人，左某某仅为合伙人之一，贵州A煤矿并不能开展实际经营。但肖某某却在左某某没有任何授权手续的情况下，与其签订了案涉"借款合同"，肖某某主观上存在重大过错，不是善意相对人。

3. 即使左某某在贵州A煤矿占有90%的份额，这也并不能成为推定左某某的行为构成表见代理的理由

第一，肖某某的代理人在庭审中称，在签订案涉"借款合同"时，肖某某通过

国家企业信用信息公示系统网站查询了贵州A煤矿的工商信息,看到左某某占贵州A煤矿合伙企业份额为90%,因此相信其可以代表煤矿借款。但实际上,该网站查询出的结果并不能看到各合伙人的出资额以及合伙份额,只能看到执行合伙事务人的名字,只能看到合伙企业的经营范围。肖某某的代理人在庭审中的陈述明显不实。

第二,退一步讲,即使肖某某知道左某某占有90%的份额。但如前所述,依据《民法通则》以及《合伙企业法》的规定,合伙企业事务应当由合伙人集体决定,本案的借款是左某某以贵州A煤矿的名义为个人借款,应当取得全体合伙人同意,尤其是左某某以外的其他合伙人同意。合伙人的合伙份额并不影响合伙人集体决议的程序。没有经执行事务合伙人的授权,没有经合伙人集体决议,左某某签订借款合同及补充协议的行为,明显违背了《民法通则》和《合伙企业法》的规定,明显不能认定肖某某尽到了合理的注意义务。

第三,《公司法》第16条第2款和第3款规定,公司为公司股东或实际控制人提供担保的,必须经股东会或股东大会决议。前款规定的股东会或者受前款规定的实际控制人支配的股东,不得参加前款规定事项的表决。该项表决由出席会议的其他股东所持表决权的过半数通过。公司提供担保尚且需要经股东会或股东大会决议,需要经其他股东表决同意。合伙企业借款给其中一个合伙人使用,自然更需要经其经合伙人同意。没有其他合伙人同意,该合伙人的行为自然不能对合伙企业和其他合伙人发生法律效力,相对人自然不能被认定为善意相对人。

4. 肖某某作为职业放贷人,不但不具备善意且无过失的主观条件,更为严重的是其主观上具有明显的故意

事实上,肖某某在本案中不仅有重大的过错,而且还有和左某某恶意串通、非法转移债务的重大嫌疑。如前所述,肖某某长期以贵州B公司或贵州B公司员工的名义放高利贷非法牟利,肖某某、贵州某煤业公司、贵州某担保公司和左某某之间在本案借款发生前已有资金拆借关系。涉案借款合同的借款期仅一个月,从2012年的1月29日到2月28日,显然是资金短期拆借。本案中肖某某和左某某明显有恶意串通、以新借款还旧借款、恶意转移债务的重大嫌疑。

上诉人还要说明的是,据上诉人的代理人统计,本案中肖某某和张某某共计提交了10份自2011年以来,因肖某某对外发放巨额贷款,并约定高额利息而产生纠纷的判决(上诉人再审证据九、二审新证据一)。根据《全国法院民商事审判工作会议纪要》第53条的规定:"……同一出借人在一定期间内多次反复从事有偿民间借贷行为的,一般可以认定为是职业放贷人……"仅通过现有统计的判决和调解

书，肖某某就已经有10起大额且高利的民间借贷行为，其应当被认定为职业放贷人。作为职业放贷人，更不能认定肖某某在无权代理及以新借款还旧借款中是善意的相对人。

（四）本案补充协议的签订，也不构成表见代理

补充协议中左某某的代理行为同样是无权代理，肖某某不具备善意且无过失的主观条件，同样不构成表见代理。

另外，左某某在补充协议第五条中要求，债务由左某某个人偿还，债务不计算利息。这实际上是左某某对"借款合同"的否定，而不是追认。

因此，补充协议的签订也不构成贵州A煤矿或张某某对"借款合同"的追认。

综上，本案的借款是左某某个人的借款，不是贵州A煤矿的借款。左某某的代理行为是无权代理，肖某某在本案的借款过程中有重大过错，肖某某不是本案的善意相对人，本案不构成表见代理。

三、补充协议第五条不存在显失公平的情形，不应当被撤销

（一）关于显失公平的法律规定

《合同法》第54条规定："下列合同，当事人一方有权请求人民法院或者仲裁机构变更或者撤销：（一）因重大误解订立的；（二）在订立合同时显失公平的。一方以欺诈、胁迫的手段或者乘人之危，使对方在违背真实意思的情况下订立的合同，受损害方有权请求人民法院或者仲裁机构变更或者撤销。"

《民法总则》第151条规定："一方利用对方处于危困状态、缺乏判断能力等情形，致使民事法律行为成立时显失公平的，受损害方有权请求人民法院或者仲裁机构予以撤销。"

《最高人民法院关于贯彻执行〈中华人民共和国民法通则〉若干问题的意见（试行）》（以下称"民法通则司法解释"）第72条："一方当事人利用优势或者利用对方没有经验，致使双方的权利与义务明显违反公平、等价有偿原则的，可以认定为显失公平。"

《民法典》第151条规定："一方利用对方处于危困状态、缺乏判断能力等情形，致使民事法律行为成立时显失公平的，受损害方有权请求人民法院或者仲裁机构予以撤销。"

以上条文均对显失公平的认定规定了严格的主观要件和客观要件，尤其是在民法通则司法解释和《民法典》中，其对显失公平的主观要件有更加严格和明确的认定标准。因此判断本案补充协议是否构成显失公平应当从主观要件和客观要件的两个方面进行认定。

(二)补充协议第五条不具备显失公平的主观要件

显失公平的主观要件是一方利用对方处于危困状态、缺乏判断能力或者一方当事人利用优势或者利用对方没有经验,方能构成显失公平。

1. 从双方主体的身份来看,补充协议第五条不具备显失公平的主观要件

如前文所述,肖某某是职业放贷人,是肖某某主动把左某某从湖南叫到贵州,肖某某预先打印好补充协议,并要求左某某签订补充协议。在这种情况下,如何说肖某某是处于弱势地位,左某某处于优势地位呢?这明显不符合常理。

2. 从补充协议签订的过程来看,补充协议第五条不具备显失公平的主观要件

案涉补充协议是肖某某事先打印好,并带去给左某某签的。因为案涉借款是左某某的个人借款,因此左某某在签协议前,要求该借款由左某某个人来偿还,因此在补充协议上手写了第五条的约定内容,且肖某某同意了第五条的内容。由于左某某手写增加的第五条占据了原打印件中甲方肖某某的签字位置,所以肖某某在左某某增加的第五条下方重新手写"甲方"二字,并签上了"肖某某"的名字。因此,从补充协议签订的过程来看,补充协议第五条是肖某某真实意思的表示,不存在显失公平的主观要件。

(三)补充协议第五条不具备显失公平的客观要件

显失公平的客观要件是指,当事人在给付与对待给付之间严重失衡或造成利益严重不平衡。补充协议第五条主要包含还款主体、还款金额以及还款时间这三个核心内容。

1. 从还款主体来看,补充协议第五条不具备显失公平的客观要件

补充协议第五条约定,案涉借款的还款人是左某某个人。如前所述,本案的借款本来就是左某某个人的借款,因此由左某某个人偿还,是非常正常的,况且之前左某某已经偿还的400万元,肖某某都认可是左某某个人偿还的。因此,案涉借款由左某某个人借出,也由左某某自己实际使用,最终也由左某某个人偿还,对还款主体的这一约定,符合借款的实际情况,不属于显失公平。

2. 从还款金额来看,补充协议第五条不具备显失公平的客观要件

补充协议第五条约定左某某只偿还本金,不偿还利息。但这一约定的背景是债务的以新换旧,左某某与肖某某存在已有的旧债务,况且该旧债务也是高利贷中的担保债务,左某某认为其也是被陷害的。因此,左某某要求由其个人偿还,且只偿还本金。根据《最高人民法院关于审理民间借贷案件适用法律若干问题的规定》第25条的规定:"借贷双方没有约定利息,出借人主张支付利息的,人民法院不予支持。自然人之间借贷对利息约定不明,出借人主张支付利息的,人民法院不予支

持……"本案中，左某某和肖某某通过补充协议第一条、第二条和第五条约定，肖某某自愿放弃利息，这一约定符合民间借贷的特点，显然不属于显失公平。

3. 从还款时间来看，补充协议第五条不具备显失公平的客观要件

补充协议第五条约定的还款时间是，左某某从矿业公司贵州公司收回债权或其他地方收回压覆补偿款后偿还欠款，对该条款肖某某是认可的。从2013年9月13日左某某偿还100万元后，肖某某出具给左某某的收条内容来看，即"同意在矿业公司优先付款函中扣减"，肖某某也是认可该还款时间的。

退一步说，即使补充协议第五条约定的还款条件和还款期限不明确，根据《合同法》第206条的规定，"借款人应当按照约定的期限返还借款。对借款期限没有约定或者约定不明确，依照本法第六十一条的规定仍不能确定的，借款人可以随时返还；贷款人可以催告借款人在合理期限内返还"，本案也不构成显失公平。

再退一步说，即使左某某主观上阻止该还款时间成就，也可以视同该债权到期，作为借款人的肖某某完全可以催告左某某在合理的期限内还款，而无须主张撤销该条款。因此，即使该约定的还款条件不明或约定的还款期限不明，甚至左某某主观上阻止，也不构成显失公平，补充协议第五条不应该被撤销。

因此，无论是从还款主体还款金额，还是从还款时间来看，补充协议第五条的所有内容都不构成显失公平。退一步说，即使该条款这三部分内容中有一部分构成显失公平，其他两部分也不构成显失公平，该条款其他两部分的内容也不能被撤销。

四、最高人民法院指令再审裁定明确认定补充协议第五条不具备可撤销条件，原审法院的再审判决却直接违反上级法院指令再审裁定的认定，错误判决撤销该条款

最高人民法院指令再审裁定认定，补充协议第五条的约定，不符合一方当事人"为牟取不正当利益，迫使对方作出不真实的意思表示，严重损害对方利益"的条件，也不存在显失公平的情形，认定原审法院判决撤销补充协议第五条的依据不足。一审法院再审判决撤销补充协议第五条，适用法律严重错误。

上诉人还想说明的是，本案是否构成表见代理，直接影响到了市场主体的交易安全。贵州A煤矿是一个合伙企业，合伙企业的合伙人对企业债务需要承担无限连带责任。本案在认定左某某的行为是否构成表见代理时，更应当考量合伙企业中合伙人的无限连带责任与公司中股东的有限出资责任的区别。法律对公司股东承担有限责任进行保护时都要求公司股东会或董事会作出决议，那么合伙企业对外借款归个人使用时，更应当有合伙人全体成员的同意或授权。

《民法通则》第66条第1款规定，没有代理权、超越代理权或者代理权终止后的行为，只有经过被代理人的追认，被代理人才承担民事责任。未经追认的行为，

由行为人承担民事责任。

本案中，左某某签订"借款合同"的行为，左某某签订补充协议的行为，均是无权代理。这些无权代理行为没有得到张某某的追认。因此，无论是贵州A煤矿，还是张某某个人，均不应当对"借款合同"或补充协议的债务产生承担任何责任。如果本案的借款属实，最多也只是行为人个人的借款，即最多只能由左某某个人对涉案可能发生的债务承担责任。事实上，依据补充协议第五条，涉案债务也只能由左某某个人承担。

综上，涉案借款是左某某的个人借款，而不是贵州A煤矿合伙企业的借款，肖某某存在重大过错，不是善意相对人，本案不构成表见代理。补充协议第五条不存在显失公平的情形，不应当被撤销。在最高人民法院指令再审裁定明确认定补充协议第五条不具备可撤销条件的情况下，原审法院却判决撤销补充协议第五条，适用法律严重错误。

特发表如上代理意见，敬请依法撤销再审判决和原一审判决，驳回肖某某对贵州A煤矿和张某某的全部诉讼请求。

谢谢！

上诉人张某某的委托代理人

北京市盈科律师事务所张群力律师、朱雅琦实习律师

2021年3月24日

四、胜诉裁判摘要

中华人民共和国最高人民法院
民事判决书

（2021）最高法民终374号

（"本院认为"以前部分略）

本院认为，本案的争议焦点为：一、案涉借款主体是贵州A煤矿还是左某某；二、补充协议第五条内容是否符合法律规定的可撤销情形；三、肖某某关于案涉借款的本金、利息请求是否成立；四、左某某、张某某是否应对案涉借款承担责任及责任性质。

一、关于案涉借款主体是贵州A煤矿还是左某某的问题

本院认为，"借款合同"补充协议系肖某某和贵州A煤矿签订，贵州A煤矿作

为借款人均予以盖章确认，肖某某也按照"借款合同"的约定履行了支付借款的义务，贵州A煤矿对此出具了相关收据予以了确认，一审法院认定案涉借款主体是贵州A煤矿，并无不当。左某某二审中主张"借款合同"系肖某某逼迫其所签订，但未举示充分证据证明，本院不予支持。张某某另主张，合伙协议可以证明贵州A煤矿已经被收购，结合营业执照载明的生产经营范围，贵州A煤矿没有借款必要。然而，即便贵州A煤矿被收购，但截至目前其仍处于存续状态，仍属于独立承担责任的非法人组织。虽然贵州A煤矿营业执照载明"只用于筹建，不得进行生产经营活动"，但营业执照只是行政机关对贵州A煤矿日常营业范围的要求，不影响贵州A煤矿这一合伙企业作为非法人组织独立承担民事责任。张某某该主张缺乏事实和法律依据，本院不予支持。

张某某还主张，左某某不是贵州A煤矿执行事务合伙人，无权代表贵州A煤矿对外签订"借款合同"，且"借款合同"上加盖的印章是左某某私自刻制的印章，不代表贵州A煤矿或者张某某同意本案的借款。本院认为，"借款合同"上所加盖的"贵州A煤矿"虽然不是其备案公章，但这一印章和贵州A煤矿于2012年10月26日提交给贵阳市白云区人民法院执行工作局的"关于延期提交土地复垦方案等材料的申请"上所加盖的公章内容一致，贵州A煤矿对该申请真实性予以认可，应视为其对该公章效力的确认，该公章也可以对外产生法律效力。在没有举示证据证明"借款合同"加盖公章和"关于延期提交土地复垦方案等材料的申请"加盖公章区别的情况下，其以"借款合同"上加盖的公章不是其备案章就否认该公章的效力，缺乏事实依据。另，张某某在二审中亦陈述，补充协议的公章是真的，但当时将公章交给左某某是让其处理在湖南的相关诉讼案件。即便基于张某某的陈述，亦应认定张某某将公章交予左某某的行为系对左某某使用公章的概括委托授权，且没有证据证明肖某某知晓张某某对左某某使用公章范围的该种限制。因此，根据《合同法》第三百九十六条"委托合同是委托人和受托人约定，由受托人处理委托人事务的合同"，第三百九十七条"委托人可以特别委托受托人处理一项或者数项事务，也可以概括委托受托人处理一切事务"之规定，左某某在补充协议上的盖章行为属于有权代理，对贵州A煤矿发生效力，贵州A煤矿作为补充协议的一方当事人应按照相关条款约定履行合同义务。根据补充协议第一条关于"甲（肖某某）、乙（贵州A煤矿）双方于2012年1月29日签订'借款合同'，甲方于2012年1月29日已向乙方出借人民币壹仟陆佰万元整"之约定，应视为贵州A煤矿已经对2012年1月29日的"借款合同"予以了确认。综上，左某某使用贵州A煤矿印章和肖某某签订的"借款合同"补充协议得到了贵州A煤矿的授权，贵州A煤矿应该按照

"借款合同"补充协议的约定内容履行相关还款义务。

张某某另主张肖某某未尽到合理、审慎的审查义务，不属于善意第三人。本院认为，根据《合伙企业法》第三十七条"合伙企业对合伙人执行合伙事务以及对外代表合伙企业权利的限制，不得对抗善意第三人"之规定，本案中，左某某使用非备案公章和肖某某签订"借款合同"，张某某将备案公章交给左某某使用，左某某基于张某某概括授权和肖某某签订了补充协议。肖某某通过查询国家企业信用信息公示系统，了解到左某某系两个自然人合伙人之一，左某某又持有合伙企业认可的公章，其已经尽到合理、审慎的审查义务，主观上善意且无过失。张某某主张案涉借款直接转入左某某个人账户以及左某某控制的公司账户，损害了贵州A煤矿和其他合伙人利益，但案涉借款的流向系肖某某根据得到张某某概括授权的左某某指示转入，是其履行合同行为，张某某该主张缺乏事实和法律依据，本院不予支持。张某某另主张"借款合同"、"账户确认书"和"收款收据"是同一天开的，且"账户确认书""收款收据"是预先开的，证明肖某某知道案涉借款是左某某个人借款。

然而，"账户确认书""收款收据"在双方建立有关法律关系前可能会根据协商情况存在预开情况以便提高交易效率，该情形不违反法律规定，不足以证明肖某某对案涉借款确认为左某某个人借款。张某某还主张肖某某系职业放贷人，肖某某和左某某恶意串通，肖某某、收款方及贵州某担保公司和左某某存在资金拆借关系，非法转移债务，但并未举示证据证明，本院对其该主张不予支持。

二、对于补充协议第五条内容是否符合法律规定可撤销情形的问题

肖某某主张补充协议第五条存在《合同法》第五十四条相关情形，并请求人民法院撤销。二审期间，肖某某在庭审现场表示"之所以主张显失公平，是因为第五条所表述的内容如果成立，在15年的时候，我方如何实现债权、什么时候实现是无法确定的事情"，其应是依据《合同法》第五十四条第一款第二项"在订立合同时显失公平的"，以及第二款"一方以欺诈、胁迫的手段或者乘人之危，使对方在违背真实意思的情况下订立的合同，受损害方有权请求人民法院或者仲裁机构变更或者撤销"的情形主张撤销。对此，本院结合相关事实、原审法院裁判理由以及当事人主张、答辩情况予以评判。

首先，补充协议第五条不存在欺诈、胁迫的相关情况。补充协议系肖某某打印好之后，带人找左某某签订，并非是左某某采取强迫、诱骗等手段让肖某某签订的。且补充协议的内容均是对"借款合同"中借款的确认，对"借款合同"的债权进行了展期，并未对肖某某产生不利影响。肖某某在补充协议上签字的行为，应视为对补充协议内容的确认，属于其真实意思表示。现肖某某主张补充协议第五条存

在欺诈、胁迫，与协议内容及协议签订时的情形不符。

其次，补充协议第五条不存在"乘人之危"并导致显失公平的情形。对于该问题，需要考察补充协议第五条签订时肖某某是否处于危难之机，左某某是否谋取不正当利益及是否严重损害肖某某利益。肖某某在第一次庭审时主张，请求撤销补充协议第五条原因是"本案诉讼时效本身已过"，但结合查明的事实，肖某某收到最后一笔还款的时间为"2013.9.13"，补充协议签订时间为2015年7月9日，其关于案涉借款相关权利的诉讼时效并未届满，肖某某并非处于危难之机。相反，基于对诉讼时效的错误认知，肖某某当时认为自己对案涉债权已经丧失胜诉权，补充协议的签订，使其又获得了胜诉权。这一情形已经额外保护了肖某某的利益，根本不存在对其显失公平问题。结合肖某某的贵州B公司法定代表人身份及双方签订协议的具体场景，左某某手动添加的第五条内容针对的是案涉借款的相关本金、利息的处理，并非谋取不正当利益，而是双方磋商的结果。肖某某另主张补充协议第五条约定"以前所签订的所有协议及承诺作废"，免除了肖某某享有的违约金权利，但补充协议亦约定了左某某"另借给甲方（肖某某）1 200万元免利息"的对等条件，并未损害肖某某的利益。因此，肖某某关于补充协议第五条存在"乘人之危"的主张缺乏事实和法律依据，本院不予支持。

再次，补充协议第五条不会导致肖某某债权不能够实现。肖某某主张，补充协议第五条所约定的"从矿业公司贵州公司收回债权或其他地方收回压覆补偿款后还清"的还款条件并不明确，导致其实现债权时间、条件无法确定，一审法院亦认为第五条上述内容会导致其债权最终可否实现处于无法明确的模糊状态。本院认为，当事人对已经存在的确须履行的债务，约定当未来的某一不确定事实发生时履行，该类约定形式上看是有关履行条件的约定，但就其本质而言则是有关履行期限的约定，只不过约定的是不确定的履行期限。本案补充协议第五条所约定的"从矿业公司贵州公司收回债权或其他地方收回压覆补偿款后还清"，属于双方约定的不确定的履行期限。基于诚实信用原则，债权人起诉债务人履行债务的，人民法院应该将该不确定的履行期限通过诉讼予以明确，这也是司法纠纷解决功能的必然要求。从本案补充协议第五条约定内容看，不确定履行期限的确定有赖于债务人贵州A煤矿的积极作为，但贵州A煤矿及左某某至今未举示证据证明其已向矿业公司贵州公司或其他人主张了相关款项，故应将约定的不确定的履行期限在诉讼中予以确定，认定案涉债务履行期限已经届满。同时，《合同法》第六十二条第四项规定："履行期限约定不明确的，债务人可以随时履行，债权人也可以随时请求履行，但是应当给对方必要的准备时间。"不确定的履行期限与履行期限约定不明类似，可参照适用上述规定，故肖某某有权向贵州A煤矿等债务人主张债权。

综上，本院认为，补充协议第五条得到肖某某和左某某以及贵州A煤矿三方的签字确认，是当事人真实意思表示，不存在欺诈、胁迫或重大误解乃至显失公平等可撤销的情形，亦不违反法律行政法规强制性规定，不应予以撤销。一审法院认定补充协议第五条会导致其债权最终可否实现处于无法明确的模糊状态，且客观上显失公平，而予以撤销，系适用法律错误，本院予以纠正。

三、肖某某关于案涉借款的本金、利息请求是否成立的问题

根据上文所述，肖某某于2016年4月7日向人民法院起诉要求贵州A煤矿偿还借款，并要求左某某、张某某承担相应责任，人民法院于2016年4月8日收到其起诉状。自补充协议签订至人民法院收到其起诉状这一期间内，肖某某已经为贵州A煤矿等债务人预留了合理的履行期限，其有权依照"借款合同"补充协议相关约定向贵州A煤矿主张相关还款责任，并要求左某某、张某某承担相关责任。肖某某主张贵州A煤矿偿还借款本金1 200万元，并支付按照每月2%计算的违约金、逾期利息。根据本案查明的事实，各方对于肖某某出借款项金额1 600万元、贵州A煤矿及左某某已经归还借款本金400万元均无异议。因此，贵州A煤矿尚欠肖某某本金金额为1 200万元。对于案涉借款的利息而言，在补充协议第五条合法有效、不应予以撤销的情况下，"借款合同"第六条中关于"每天承担未还款额0.3%的违约金外，另承担借款本金双倍的违约金"的约定已经被补充协议第五条关于"以前所签订的所有协议及承诺作废"的约定所取代。此外，补充协议第一条和第二条中的"及其利息"也已经被当事人手动划掉，肖某某亦未举证其和贵州A煤矿之间存在其他关于利息的约定，应视为当事人之间并未约定借款期内利息和逾期利息及利率，肖某某关于每月按照2%计算违约金、逾期利息的主张缺乏事实和法律依据，本院不予支持。因此，根据《最高人民法院关于审理民间借贷案件适用法律若干问题的规定》第二十九条第二款第二项关于"既未约定借期内的利率，也未约定逾期利率，出借人主张借款人自逾期还款之日起按照年利率6%支付资金占用期间利息的，人民法院应予支持"之规定，贵州A煤矿应以尚欠肖某某1 200万元本金为基数，自逾期还款之日起按照年利率6%向肖某某支付资金占用期间利息。对于贵州A煤矿逾期还款的日期而言，因各方当事人对于还款的期限约定不明确，肖某某亦未举示证据证明其在补充协议签订后至向一审法院收到其起诉状之前向贵州A煤矿、左某某等人主张过还款。根据《合同法》第六十二条第四项"履行期限不明确的，债务人可以随时履行，债权人也可以随时要求履行，但应当给对方必要的准备时间"、第二百零六条"借款人应当按照约定的期限返还借款。对借款期限没有约

定或者约定不明确，依照本法第六十一条的规定仍不能确定的，借款人可以随时返还；贷款人可以催告借款人在合理期限内返还"之规定，本院确定以人民法院收到肖某某起诉之日即2016年4月8日起计算贵州A煤矿逾期还款责任。

综上，贵州A煤矿应偿还肖某某借款本金1 200万元以及逾期利息，逾期利息按照年利率6％计算，从2016年4月8日起计算至贵州A煤矿还清本金时止。

四、关于左某某、张某某是否应对案涉借款承担责任及责任性质的问题

肖某某主张左某某为贵州A煤矿的此笔借款清偿承担连带担保责任。本院认为，根据"借款合同"的约定左某某，"以其全部财产为乙方（贵州A煤矿）的借款向甲方（肖某某）提供连带责任担保"，补充协议亦明确"担保人丙方（左某某）继续承担担保责任（无限连带担保）"，故左某某提供的系连带责任保证。现肖某某在要求贵州A煤矿履行1 200万元本金及利息的债务基础上，请求左某某承担连带责任，实际上要求左某某就案涉借款本息承担保证责任。因此，根据《中华人民共和国担保法》第十八条"当事人在保证合同中约定保证人与债务人对债务承担连带责任的，为连带责任保证。连带责任保证的债务人在主合同规定的债务履行期届满没有履行债务的，债权人可以要求债务人履行债务，也可以要求保证人在其保证范围内承担保证责任"之规定，左某某应对贵州A煤矿案涉借款本息承担保证责任，对案涉债务应承担连带清偿责任。

根据《合伙企业法》第二条第二款"普通合伙企业由普通合伙人组成，合伙人对合伙企业债务承担无限连带责任。本法对普通合伙人承担责任的形式有特别规定的，从其规定"、第三十八条"合伙企业对其债务，应先以其全部财产进行清偿"、第三十九条"合伙企业不能清偿到期债务的，合伙人承担无限连带责任"之规定，普通合伙人对合伙企业债务承担补充无限连带责任，即合伙企业债务的承担分为两个层次：第一顺序的债务承担人是合伙企业，第二顺序的债务承担人是全体普通合伙人，此亦为普通合伙人无限责任之体现。普通合伙人在第二顺序的责任承担中相互之间负连带责任，而非普通合伙人与合伙企业之间负连带责任。本案中，在贵州A煤矿不能以其自身全部财产对借款本息进行清偿时，张某某、左某某作为普通合伙人才能承担无限责任。原一审判决即（2016）黔民初130号判决第三项认定"左某某、张某某对本判决第二项所确定的债务承担连带责任"，不符合《合伙企业法》中关于普通合伙人对合伙企业债务承担补充无限连带责任的规定，系适用法律错误，本院予以纠正。因肖某某起诉时，并未依据左某某作为贵州A煤矿普通合伙人的身份要求其承担连带责任，属于对自身权利的合法处置。因此，张某某作为普通合伙人需要对贵州A煤矿不能清偿的债务部分承担责任，超过其分担比例的，承担

之后可以依法向其他合伙人追偿。

此外，肖某某主张，左某某、贵州 A 煤矿对于（2016）黔民初 130 号判决并未上诉，张某某只在判决第三项承担责任，张某某的再审请求和上诉请求均是驳回肖某某的全部诉讼请求，已处分贵州 A 煤矿及左某某的诉讼权利，超过其自身诉讼权利。本院认为，因本案处理的系普通合伙人对于合伙企业债务承担的问题，限于普通合伙人对于合伙企业债务的补充无限连带责任以及合伙人之间可能存在的相互追偿问题，张某某对于合伙企业债务及相关利息的多少、普通合伙人承担债务的方式等问题有独立上诉权，对肖某某的这一主张，本院不予采纳。此外，关于肖某某所主张的律师费用的问题。各方只是在"借款合同"第四条约定，"丙方以其全部财产为乙方的借款向甲方提供连带责任担保，其担保范围为：借款本金、违约金及甲方实现债权的全部费用（包括但不限于诉讼费、律师费、公证费、鉴定费、交通费等等）"，并未有关于贵州 A 煤矿向肖某某承担律师费的相关约定。鉴于补充协议也没有约定律师费用的承担，在肖某某未举示实际支付律师费票据的情况下，本院对其该主张不予支持。

综上所述，张某某上诉请求部分成立。本院依照《中华人民共和国合同法》第六十一条、第六十二条第四项、第二百零六条、第三百九十六条、三百九十七条，《中华人民共和国担保法》第十八条，《中华人民共和国合伙企业法》第二条、第二十九条、第三十七条、第三十八条、第三十九条，《最高人民法院关于审理民间借贷案件适用法律若干问题的规定》第二十九条第二款第二项，《中华人民共和国民事诉讼法》第一百七十条第一款第二项之规定，判决如下：

一、撤销贵州省高级人民法院（2019）黔民再 41 号民事判决、（2016）黔民初 130 号民事判决；

二、贵州 A 煤矿自本判决生效之日十五日内向肖某某支付尚欠的 1 200 万元本金及逾期利息（逾期利息按照年利率 6% 计算，自 2016 年 4 月 8 日起计算至贵州 A 煤矿还清本金时止）；

三、张某某对本判决第二项确定的贵州 A 煤矿不能清偿的债务承担还款责任；

四、左某某对本判决第二项确定的贵州 A 煤矿债务承担连带责任；

五、驳回肖某某的其他诉讼请求。

如果未按本判决指定的期间履行给付金钱义务，应当按照《中华人民共和国民事诉讼法》第二百五十三条之规定，加倍支付迟延履行期间的债务利息。案件诉讼费用 163 736.16 元，财产保全费 5 000 元，由贵州 A 煤矿、左某某、张某某共同承担 111 428.5 元（其中，贵州 A 煤矿承担 40 000 元，左某某承担 40 000 元，张某某承担 31 428.5 元），肖某某承担 57 307.66 元。

本判决为终审判决。

五、律师团队 6 点评析

（一）寻找突破，申请再审

对贵州省高级人民法院的原一审诉讼及判决，委托人张某某在被强制执行前并不知悉。贵州省高级人民法院在原一审中确实采取了司法专邮的方式给张某某送达过起诉状副本，但张某某并没有收到。后来贵州省高级人民法院采取公告送达的方式送达了相关法律文书。本案缺席审理，所有被告都没有参加庭审。张某某在被强制执行时经与执行法院联系，才知道有本案诉讼的存在，但此时已经过了六个月的申请再审期限。

张某某收集了新证据，在收集新证据后向最高人民法院申请再审，这就克服了六个月申请再审期限的障碍。申请再审时，张某某的申请再审的理由还包括：本案补充协议第五条不存在欺诈、胁迫和显失公平等情形，不应当被撤销，原审判决认定的基本事实缺乏证据证明，适用法律确有错误。补充协议已经约定债务人不再承担利息，但原审判决要求其承担高额违约金，判决结果违背当事人约定，适用法律确有错误。补充协议约定债务由左某某个人偿还，但原审判决却判决由合伙企业来偿还，原审判决适用法律确有错误。

（二）最高人民法院指令贵州省高级人民法院再审

本案申请再审进行得比较顺利，最高人民法院经审查作出再审裁定，认为张某某提交的新证据证明"借款合同"上合伙企业的印章和合伙企业在公安机关备案的印章不一致，为确定借款主体，需要继续审查该证据的真实性及证明目的是否成立，同时最高人民法院认为补充协议第五条不具备撤销的条件，原审撤销补充协议第五条适用法律错误。据此，最高人民法院依据《民事诉讼法》第 200 条第 1 项、第 2 项和第 6 项的规定，指令贵州省高级人民法院再审本案。

最高人民法院裁定再审本案并在裁定中明确了再审应当重点审查的证据和事实，在裁定中明确了撤销补充协议第 5 条适用法律不当，申请再审取得了良好的效果。

（三）再审维持一审判决后上诉的两个目标

最高人民法院裁定指令贵州省高级人民法院再审后，贵州省高级人民法院在再审时认为，借款合同上的印章虽然与在公安机关备案的印章不符，但与贵州 A 煤矿在另一起案件中使用的印章相符，据此，认定左某某的行为构成表见代理，借款合同有效，借款主体是贵州A煤矿这一合伙企业。另外，贵州省高级人民法院认为补充协议第五条免除了2 000多万元的违约金，且约定的付款时间不明，对肖某某显失公平，因此，一审撤销补充协议第五条并无不当，因此维持了一审判决。

一审判决后，律师团队代理张某某向最高人民法院提起了上诉。如前所述，在上诉时，律师团队和张某某设定了两个目标：第一，纠正撤销补充协议第五条的判决内容，减少张某某承担违约金和利息的金额；第二，认定不构成表见代理，认定借款主体不是合伙企业而是左某某个人，贵州A煤矿和张某某对涉案债务不承担责任。客观地说，设定这两个上诉目标，有利于为客户争取最大利益，也有利于对诉讼证据和理由的组织。

（四）最高人民法院认定构成表见代理的理由

左某某虽然不是合伙企业的执行事务合伙人，左某某签订"借款合同"和补充协议虽然没有执行事务合伙人的授权，但最高人民法院认定左某某的代理行为是有权代理行为。第一，借款合同上加盖了合伙企业的印章，虽然该枚印章与在公安机关备案的印章不一致，但该枚印章被合伙企业在其他诉讼中使用过，这说明该枚印章同样是合伙企业使用的印章。第二，补充协议上的印章是合伙企业真实的印章，补充协议的签订视为合伙企业对借款合同的追认。第三，肖某某已经依据借款合同支付了借款，合伙企业已经盖章确认收到了借款。第四，证明肖某某是职业放贷人的证据并不充分。另外，即使肖某某是职业放贷人，借款合同无效，但借款的事实已经发生，不影响债务人对借款的返还义务。因此，客观地说，最高人民法院认定本案构成表见代理，认定本案债务是合伙企业的债务，这一方面的认定还是比较客观。

（五）二审判决认定再审撤销补充协议第五条不当

在民事上诉状和代理词中，律师团队对本案不应当撤销补充协议第五条的论述比较充分，有较强的说服力。在庭审辩论中，律师团队对这方面又当庭发表了辩论意见，也取得了比较好的辩论效果。

在该方面的上诉理由中，关于再审判决违背最高人民法院裁定的上诉理由最具有说服力，最能引起最高人民法院的注意和重视。另外，律师团队从补充协议的条款表述，从补充协议打印字体和手写字体的情况，从补充协议的签字落款情况，说明补充论述协议是肖某某真实意愿的表示，这方面的论述和上诉理由也非常有说服力。还有，关于约定不明不构成显失公平的论述，关于《合同法》、《民法总则》和《民法典》对显失公平立法变化的论述，这些方面的论述和说理也比较充分。

最高人民法院在二审判决中，采信了律师团队的上述观点，最终认定补充协议第五条不应当被撤销。因此，最高人民法院在二审判决中撤销了一审关于违约金的判决，在肖某某提起诉讼前，合伙企业不需要承担任何利息。在肖某某提起诉讼后，其也只按年利率6%的标准承担利息损失。相比原一审判决，委托人减少损失2 000万元以上，基本上达到了预定的第一个代理目标。

（六）对代理工作的综合评价

本案从一审到申请再审，从再审到再审后的二审，历经四个程序，最终纠正了原一审判决的错误，综合分析，以下几方面的代理工作起到了重要的突破作用：(1)程序突破。首先，在一审判决生效后，寻找新证据申请再审，克服了六个月的申请再审期限障碍；其次，将没有有效送达应诉通知和一审判决作为申请再审理由；再次，将再审判决违背上级人民法院指令再审裁定作为主要的上诉理由之一。这些程序上的突破都有力地推动了本案的代理工作。(2)文书突破。再审申请书、民事上诉状、二审代理词结合显失公平理论、合同可撤销理论、表见代理理论，并结合证据，作了较为充分的论述，有较强的说服力，在本案中也起了非常重要的作用。(3)其他方面的突破。除上述两方面的亮点外，本案庭审中对证据的阐释、庭审辩论以及律师团队的法律检索也发挥了积极作用。

案例12：依托法学理论，完善诉讼思路，论述担保债权已过保证期间，凸显原审错误

——最高人民法院荆州某机电公司与武汉某资产管理公司金融借款担保合同纠纷再审案的思路突破和文书突破

- 申请再审思路
- 再审申请书
- 申请再审代理词
- 律师团队6点评析

一、代理工作概述

这是一起金融借款担保合同纠纷案件，也是一起不良资产清收案件，涉及金融债权的转让和重组，涉及保证时效和诉讼时效，还涉及债务人破产后债权人与保证人之间债权的主张。

一审法院和二审法院在判处委托人对部分债务的本息承担连带责任保证后，虽然委托人的法律顾问和原审代理律师给委托人提出了申请再审的初步方案，但委托人还是到北京委托北京市盈科律师事务所担任其申请再审的代理人，代理其向最高人民法院申请再审。本起案件由律师团队中张群力律师担任代理人。

律师团队经认真研究后，优化了申请再审方案，向最高人民法院提交了再审申请书，并参加了再审听证。律师团队的主要申请再审理由包括：被担保的债务已经过了保证时效和诉讼时效，在债务人破产清算终结后6个月内，债权人没有向保证人主张债权的，保证人不应再承担保证责任。

最高人民法院采纳了律师团队的意见，下达了再审裁定，认定原审认定的基本事实缺乏证据证明，原审适用法律确有错误，指令湖北省高级人民法院再审。

在湖北省高级人民法院再审过程中，为避免可能的诉讼风险，最终，委托人与对方当事人签署了调解书，顺利结案。本案较好地体现了再审案件的思路突破和文书突破。

二、基本案情及一、二审情况

（一）基本案情

2002年12月，荆州某机电集团公司、荆州某机电股份公司、荆州某机电公司与荆州某国有银行签订银企协议，约定将原荆州某机电股份公司欠荆州某国有银行的3 346万元债务进行分割重组。其中，荆州某机电股份公司继续承担2 000万元，荆州某机电公司承担1 346万元。另，荆州某机电公司对荆州某机电股份公司其中的330万元债务承担连带责任保证。

2002年3月，荆州某机电集团公司和荆州某机电股份公司签订合并合同，由荆州某机电集团公司兼并荆州某机电股份公司，荆州某机电股份公司被解散，荆州某机电股份公司的债务由荆州某机电集团公司承担。其后，荆州某机电集团公司和荆州某机电股份公司对外发布公告并通知债权人，并向工商局申请注销荆州某机电股份公司。但荆州某机电股份公司未被及时注销，直到2004年1月其主体资格才被工商局吊销。

2003年3月，依据2002年12月的银企协议，荆州某机电公司和荆州某国有银行签订保证合同，约定荆州某机电公司对荆州某机电股份公司的借款中的330万元提供连带责任保证担保。保证期间为主合同借款到期后一年，保证责任限于330万元借款本金及利息。该担保债务借款期限截止到2003年12月31日，保证期间截止到2004年12月31日。

2003年12月，荆州某国有银行对荆州某机电集团公司、荆州某机电股份公司和荆州某机电公司提起诉讼，要求确认荆州某机电集团公司、荆州某机电股份公司和荆州某机电公司的债务分割协议无效，荆州某机电集团公司、荆州某机电股份公司和荆州某机电公司共同偿付所欠的3 346万元债务。后因双方达成和解协议，荆州某国有银行主动撤诉。但其后荆州某机电股份公司、荆州某机电公司未依和解协议付款，和解协议自动失效。荆州某国有银行在此次诉讼中，未向荆州某机电公司主张330万元债务的担保责任。

其后，荆州某机电股份公司向荆州某国有银行清偿了280万元，荆州某国有银行余下的1 720万元债权在2005年7月转让给了武汉某资产管理公司。2005年12月，武汉某资产管理公司在湖北某报纸向荆州某机电股份公司发布了债权转让及债务催收公告。2007年8月、2009年8月，其又发布了债务催收公告。这三份公告均未提及本案保证人荆州某机电公司。

2008年，荆州市中级人民法院裁定荆州某机电集团公司破产。武汉某资产管理公司接到通知后，就原对荆州某机电股份公司的债权（包括本案的 330 万元债权），向荆州某机电集团公司清算组申报了债权。2009 年 12 月荆州市中级人民法院宣告荆州某机电集团公司破产终结，债权清偿率为零。

（二）一审情况

2010 年 8 月，武汉某资产管理公司以荆州某机电集团公司、荆州某机电股份公司、荆州某机电公司为被告向荆州市中级人民法院提起诉讼，要求确认：(1) 债务分割协议无效；(2) 荆州某机电股份公司和荆州某机电集团公司共同偿还借款本金 1 690 万元及利息；(3) 荆州某机电公司对其中的 330 万元本息承担连带责任保证。

荆州某机电公司的主要答辩理由包括：(1) 本案所涉债务系荆州某机电股份公司欠荆州某国有银行的债务，本案诉讼的主体及数额均存在重大瑕疵；(2) 原银企协议有效，协议的当事人应严格信守；(3) 荆州某机电公司依法不应对荆州某机电股份公司（荆州某机电集团公司）的债务承担连带责任；(4) 武汉某资产管理公司要求荆州某机电公司承担连带责任的诉请和理由已超过诉讼时效；(5) 武汉某资产管理公司未在保证期间届满前向荆州某机电公司主张保证责任，保证责任已消灭。

一审法院经审理，认定原债务分割协议有效、荆州某机电集团公司已破产，判决荆州某机电公司承担 330 万元债务本息，驳回了武汉某资产管理公司的其他诉讼请求。

（三）二审情况

一审判决后，荆州某机电公司和武汉某资产管理公司均提起了上诉。

荆州某机电公司上诉理由主要包括：(1) 保证期间，债权人未要求保证人承担保证责任，保证人免除保证责任；(2) 保证合同已过了诉讼时效，保证人不应承担保证责任；(3) 荆州某机电集团公司破产终结后 6 个月内，债权人武汉某资产管理公司未及时要求保证人荆州某机电公司清偿债务，已失去要求保证人偿还债务的权利。

武汉某资产管理公司上诉的理由主要包括：(1) 一审判决认定荆州某国有银行明知并同意荆州某机电股份公司转让已为借款设定质押权利的股权，并因此否认上诉人的质押权利，没有事实根据和法律依据；(2) 荆州某汽车设备公司应承担责任，一审判决对上诉人的请求不予支持违反了相关法律规定。

二审法院经审理，认定本案保证合同并未过保证时效和诉讼时效，仍维持了一审判决。

三、代理思路及法律文书

（一）申请再审思路

接受委托后，律师团队认真研究了本案的一、二审判决、证据以及委托人法律顾问已经初步准备的再审申请书。委托人在再审申请书中提及了五点申请再审的理由，包括：（1）新的银企协议已经使借款担保协议失去效力，但法院没有认定；（2）债权人在保证期间没有向保证人主张担保债权；（3）保证合同已过了诉讼时效；（4）债务人破产后6个月内债权人没有主张担保债权；（5）要求承担债务利息违反最高人民法院关于金融不良资产的司法解释。

结合《担保法》及最高人民法院关于担保和金融不良资产两方面的司法解释，律师团队认为，关于委托人法律顾问提出的五点申请再审理由，有的没有必要提出，有的需要进一步强化，寻找突破口，并上升到法定再审事由的高度。律师团队经讨论，最终确定了以下四点申请再审理由：（1）原债权人没有在保证期间要求保证人承担保证责任，依据《担保法》第26条的规定，原债权人在债权转让前就已经丧失了保证债权，武汉某资产管理公司在受让该债权后当然也不享有保证债权，原审认定武汉某资产管理公司仍然拥有保证债权，认定的基本事实缺乏证据证明，适用法律确有错误；（2）从时间上来考量，本案的债权转让行为发生在保证期间届满之后，依据《最高人民法院关于适用〈中华人民共和国担保法〉若干问题的解释》（以下简称《担保法司法解释》）第28条的规定，原债权人和被申请人之间债权转移时，保证债权不随同转移，原审认定武汉某资产管理公司仍然拥有保证债权，认定的基本事实缺乏证据证明，适用法律确有错误；（3）原债权人向被申请人转让债权时和对外公告时，均明确放弃了担保债权，原审认定武汉某资产管理公司仍然拥有保证债权，认定的基本事实缺乏证据证明，适用法律确有错误；（4）在债务人破产后6个月内，债权人没有向保证人主张担保债权，已经无权再向保证人主张。

在依据上述思路申请再审后，最高人民法院最终采信了律师团队的意见，下达了再审裁定，指令湖北省高级人民法院再审本案。

（二）再审申请书

民事再审申请书

申请再审人（一审被告、二审上诉人）：荆州某机电公司

被申请人（一审原告、二审上诉人）：武汉某资产管理公司

二审被上诉人（一审被告）：荆州某机电股份公司（荆州某机电集团公司破产清算组）

二审被上诉人（一审被告）：荆州某汽车设备公司

申请再审人荆州某机电公司与被申请人武汉某资产管理公司、二审被上诉人荆州某机电股份公司（荆州某机电集团公司破产清算组，以下简称荆州某机电股份公司）、二审被上诉人荆州某汽车设备公司合同纠纷一案，经湖北省荆州市中级人民法院（2010）鄂荆中民四初字第022号民事判决书一审判决和湖北省高级人民法院（2011）鄂民二终字第46号民事判决书二审判决。申请再审人不服湖北省高级人民法院（2011）鄂民二终字第46号民事判决，特向贵院申请再审。

申请再审请求：

1. 请求撤销湖北省高级人民法院（2011）鄂民二终字第46号民事判决和湖北省荆州市中级人民法院（2010）鄂荆中民四初字第022号民事判决第一项；

2. 请求驳回武汉某资产管理公司对荆州某机电公司的全部诉讼请求；

3. 请求判令武汉某资产管理公司承担本案一、二审的全部诉讼费。

申请再审事由：

湖北省高级人民法院（2011）鄂民二终字第46号民事判决认定的基本事实缺乏证据证明，适用法律确有错误。依据《民事诉讼法》第一百七十九号第一款第二项和第六项的规定，本案应当再审并改判。

具体申请再审的事实与理由如下：

一、本案的基本事实

本案涉及荆州某机电公司、荆州某机电股份公司、荆州某机电集团公司、武汉某资产管理公司等多家单位，同时本案申请再审的330万元借款担保债务最初形成于2001年荆州某机电股份公司向荆州某国有银行的借款。后来，荆州某国有银行将该笔债权转给了武汉某资产管理公司，荆州某机电股份公司和荆州某机电公司对荆州某国有银行的债务在荆州某机电集团公司内部进行了债务重组。再后来，荆州某机电集团公司兼并了荆州某机电股份公司，荆州某机电集团公司最终被破产清算。

因此，本案的事实和法律关系比较复杂。为厘清本案申请再审的法律关系及基本事实，也为了便于阐述本案申请再审的理由，现将与330万元保证债务有关的基本事实陈述如下：（基本事实略）

二、本案已过保证时效和诉讼时效，一、二审认为的没有过保证时效和诉讼时效，认定的基本事实缺乏证据证明，认定事实错误，本案应当再审并改判

（一）债权人未在一年的保证期间向保证人主张担保债权，已过了保证时效，一审和二审认定没有过保证时效，认定的基本事实缺乏证据证明，认定事实错误

1. 2003年12月，本案担保的主债权履行期届满。本案的保证期间为一年，2004年12月，本案保证期间届满［见证据一：2003年3月25日，荆州某机电公司与荆州某国有银行签订的"2003年解（证）字"第1号"保证合同"］。

2. 保证期间及保证期届满后，直至2010年8月一审诉讼前，债权人均未向荆州某机电公司主张过担保权利。

3. 虽然在2003年12月，荆州某国有银行（原债权人）曾提起过诉讼，但该诉讼是请求确认荆州某机电集团公司、荆州某机电股份公司、荆州某机电公司的债务分割重组协议的效力，并没有提及保证人的保证责任，更没有要求荆州某机电公司承担保证责任。因此该诉讼并未构成对330万元担保责任的保证时效中断（见证据二：2003年12月荆州某国有银行民事诉状）。

4. 虽然受让债权后，即在2005年12月，武汉某资产管理公司在湖北某报纸向荆州某机电股份公司发布了"债权转让及债务催收公告"（见证据三），在2007年8月、2009年8月又分别发布了债务催收公告（见证据四、证据五），但以上主张权利的时间均在保证期间届满以后，且其在以上主张债权的过程中均没有提及保证人，更没有提及要求保证人承担保证责任。

《担保法》第二十六条第二款规定，"在合同约定的保证期间和前款规定的保证期间，债权人未要求保证人承担保证责任的，保证人免除保证责任"。因此，本案中，依据保证时效的规定，荆州某机电公司不应当再承担保证责任。一审和二审认定保证期间债权人向保证人主张了担保权利，认定的基本事实缺乏证据，认定事实错误。依据《民事诉讼法》第一百七十九条第一款第二项的规定，本案应当再审并改判。

（二）退一步说，即使荆州某国有银行提起确认荆州某机电集团公司、荆州某机电股份公司、荆州某机电公司的债务分割重组协议效力的诉讼是向保证人主张担保债权的行为，在其后的6年时间内，债权人均未向保证人主张权利，保证合同的诉讼时效已过。一、二审判决认定本案330万元债权没有过保证合同的诉讼时效，认定的基本事实缺乏证据，认定事实错误

1. 《最高人民法院关于适用〈中华人民共和国担保法〉若干问题的解释》（以下称《担保法司法解释》）第三十四条第二款规定，"连带责任保证的债权人在保证期间届满前要求保证人承担保证责任的，从债权人要求保证人承担保证责任之日起，开始计算保证合同的诉讼时效"。本案中，退一步说，即使认定荆州某国有银

行提起确认荆州某机电集团公司、荆州某机电股份公司、荆州某机电公司的债务分割重组协议效力的诉讼是向保证人主张担保债权的行为，本案保证合同的诉讼时效也应该自2003年12月起开始计算。

2.《担保法司法解释》第三十六条第一款规定，"一般保证中，主债务诉讼时效中断，保证债务诉讼时效中断；连带责任保证中，主债务诉讼时效中断，保证债务诉讼时效不中断"。本案是连带责任保证的债务纠纷，因此主债务的诉讼时效和保证债务的诉讼时效要分开计算，且主债务的诉讼时效中断，并不必然引起保证债务的诉讼时效中断。

3. 从2003年12月到2010年8月本案一审提起诉讼，债权人一直未向保证人即荆州某机电公司主张过担保债权。因此，对保证合同来说，本案早已过诉讼时效。

4. 虽然在2005年12月，武汉某资产管理公司在湖北某报纸向荆州某机电股份公司发布了"债权转让及债务催收公告"（见证据三），在2007年8月、2009年8月又分别发布了债务催收公告（见证据四、证据五），但债权人在发布上述公告时，只列出了债务人单位，即荆州某机电股份公司，只向债务人主张债权，并没有列出保证人单位，并没有向保证人主张担保债权。申请再审人注意到，这三份公告是集中的债权转让公告。这三份公告中，不仅涉及本案的贷款，还涉及对其他诸多债务人单位的贷款，其他有担保债权的贷款中，不仅列出了债务人单位，而且也同时列出保证人单位，而本案的330万元债权，只列出了债务人单位，并没有列出保证人单位。因此，在本案中，债权人的三次债权转让公告及催收公告，均不构成对保证合同诉讼时效的中断。

5. 虽然《最高人民法院关于审理涉及金融不良债权转让案件工作座谈会纪要》第十一条第二款，对国有银行不良资产的转让公告的诉讼时效有具体的规定，但这一规定，只是明确债权转让通知和公告是债权人主张债权的方式，能引起诉讼时效的中断，这一规定并不能否定本案中依据《担保法司法解释》第三十六条第二款，认定保证合同已过诉讼时效。

《最高人民法院关于审理涉及金融不良债权转让案件工作座谈会纪要》第十一条第二款规定的内容为：国有银行或金融资产管理公司根据《关于贯彻执行最高人民法院"十二条"司法解释有关问题的函的答复》的规定，在全国或省级有影响的报纸上发布有催收内容的债权转让通知或公告的，该公告或通知之日应为诉讼时效的实际中断日，新的诉讼时效应自此起算。上述公告或者通知对保证合同诉讼时效发生同等效力。这一规定只是肯定债权转让通知或公告能中断诉讼时效，即对主债务人的债权转让通知或公告,可以中断主债权债务的诉讼时效;对保证人的转让通知或公告,同样可以中断保证合同的诉讼时效。但这一会议纪要并没有规定,在只对主债务人主张债权,不对连带责任保证人主张债权的情况下,保证合同的诉讼时效同样中断。

综上,退一步说,即使荆州某国有银行提起确认荆州某机电集团公司、荆州某机电股份公司、荆州某机电公司的债务分割重组协议效力的诉讼是向保证人主张担保债权的行为,即使本案未过保证时效,本案也过了保证合同的诉讼时效。本案一审和二审认定本案保证合同没有过诉讼时效,认定的基本事实缺乏证据,认定事实错误。依据《民事诉讼法》第一百七十九条第一款第二项的规定,本案应当再审并改判。

三、债权人参与了债务人的破产清算,但在破产程序终结后的6个月内,没有就未受偿的债务要求保证人偿还,已过时效。一审和二审适用《担保法司法解释》第四十四条,适用法律明显错误

1.2002年3月,荆州某机电集团公司兼并了荆州某机电股份公司,最后荆州某机电股份公司被工商局吊销了营业执照,原荆州某机电股份公司的债务由荆州某机电集团公司来偿还(见证据六:2002年3月28日荆州某机电集团公司和荆州某机电股份公司的合并合同;证据七:荆州某机电集团公司合并荆州某机电股份公司的公告;证据八:荆州某机电集团公司合并荆州某机电股份公司的清理债权债务完结证明书)。2008年4月,荆州某机电集团公司被宣告破产,武汉某资产管理公司就对原荆州某机电股份公司的债权进行了申报,在申报债权时,武汉某资产管理公司对330万元借款的债权、债务法律关系没有异议。而且武汉某资产管理公司和荆州某机电集团公司之间的这一债权、债务法律关系得到了法院清算组及其他各债权人的认可,也得到了破产法律程序的确认(见证据九:破产清算裁定;证据十:债权人会议记录;证据十一:债权人会议会议代表登记册)。

2.2009年12月荆州某机电集团公司破产程序终结,2010年1月荆州某机电集团公司被注销工商登记(见证据十二:荆州某机电集团公司破产裁定书)。但直到2010年8月,武汉某资产管理公司才向荆州某机电公司提起诉讼(见证据十三,本案一审起诉状)。也就是说,在破产程序终结后,就未受偿的债权,6个月内武汉某资产管理公司没有向保证人主张权利。

3.《担保法司法解释》第四十四条规定,"保证期间,人民法院受理债务人破产案件的,债权人既可以向人民法院申报债权,也可以向保证人主张权利。债权人申报债权后,在破产程序中未受偿的部分,保证人仍应当承担保证责任。债权人要

求保证人承担保证责任的，应当在破产程序终结后六个月内提出"。

4. 在债权人申报债权参与破产清算的情况下，债权人就未受偿的部分继续向保证人主张权利，应当在破产程序终结后6个月内提出，这是一个强制性的规定，而不是一个选择性的规定。违反了这一强制性规定，过了时效，担保权利自然不再受法律保护。

5.《担保法司法解释》第四十四条作出6个月的强制性规定，一方面是为防止债权人和保证人同时向债务人申报债权，加大和影响破产清算程序的难度，另一方面是同等保护债权人和保证人的权利，防止民事法律关系长期处理不确定状况。因为债权人参与债务人破产清算程序后，保证人就不能直接参与到破产清算程序中。如果债权人在参与清算后，仍要求保证人对不能清偿部分承担责任，在破产程序终结后，又长时间不向保证人主张，就会使保证人的该项或有债务长期处于不确定状况，不利于对保证人权利的保护。

类似的案例在由贵院主编、人民法院出版社出版的《担保法司法解释实例释解》中被收集和示范讲解，即该书"十五、主债务人破产与保证责任——青海省羊毛经营集团公司与中国农业发展银行青海省分行营业部借款合同担保案"部分（见证据十四）。

一审判决和二审判决，在武汉某资产管理公司申报破产债权，却未在荆州某机电集团公司破产程序终结后6个月内要求荆州某机电公司偿还债务的情况下，继续支持武汉某资产管理公司的请求，适用《担保法司法解释》第四十四条明显错误。依据《民事诉讼法》第一百七十九条第一款第六项的规定，本案应当再审并改判。

综上，对原国有银行剥离的330万元的不良贷款债权，债权人在保证期间没有对连带责任保证人主张保证债权，本案已过了保证时效。与其他保证债权的转让公告不同，本案的债权转让公告中没有提及本案保证人单位，本案的保证合同已过了诉讼时效。在债权人参与债务人破产程序并申报债权的情况下，债权人在债务人破产程序终结后6个月内没有就未受偿的部分向保证人主张权利，依据《担保法司法解释》第四十四条的规定，担保债权也过了时效。因此，本案中申请再审人不应再承担任何担保责任。本案一审和二审在对以上三方面进行认定事实或适用法律时均严重错误。本案对不良资产的债权人提供"超法律"的保护，不利于债权债务的及时结清和民事法律关系的稳定，对申请再审人严重不公。为依法维护申请再审人的合法权益，维护法律的尊严，依据《民事诉讼法》第一百七十九条第一款第二项和第六项的规定，特向贵院申请再审，请求依法再审并改判。

此致

中华人民共和国最高人民法院

申请再审人：荆州某机电公司
2012 年 7 月 23 日

（三）申请再审代理词

荆州某机电公司与武汉某资产管理公司申请再审案
代理词

尊敬的最高人民法院合议庭法官：

在贵院受理的（2012）民申字第00236－1号申请再审人荆州某机电公司与被申请人武汉某资产管理公司等合同纠纷申请再审一案中，北京市盈科律师事务所张群力律师受申请再审人的委托，担任其本案的诉讼代理人，现依据事实和法律发表如下代理意见，请采信。

一、原债权人没有在保证期间要求保证人承担保证责任，在债权转让前就已经丧失了保证债权，被申请人在受让该债权后当然也不享有保证债权

《担保法》第二十六条第二款规定，"在合同约定的保证期间和前款规定的保证期间，债权人未要求保证人承担保证责任的，保证人免除保证责任。"

本案争议债务的借款合同是"流动资金借款合同"（2002年解办字第17号）。借款期为2002年12月31日至2003年12月30日。对应的保证合同是"保证合同"（2003年解证字第1号），保证期间从2003年12月31日起到2004年12月30日止。

虽然在2003年到2004年间，原债权人荆州某国有银行（以下称原债权人）以荆州某机电集团公司、荆州某机电股份公司、荆州某机电公司等公司为被告提起了诉讼（以下称原诉讼），但该次诉讼并没有向保证人主张保证权利。具体如下：

（一）从原诉讼的具状时间来看：原诉讼的具状时间是2003年12月21日，而争议债务到2003年12月30日才到期，因此原诉讼不可能针对争议债务及相应的保证责任。

（二）从原诉讼的债务表述来看：原诉状主张的债务表述为"荆州某机电股份公司截止到2002年9月在我行（原债权人）贷款金额合计为3 346.4万元"。这一债务的截止时间即2002年9月，明显早于争议债务的形成时间即2002年12月31日，因此原诉讼同样也不可能针对争议债务及相应的保证责任。

（三）从原诉讼的请求来看：原诉讼与荆州某机电公司有关的请求是"荆州某机电集团公司、荆州某机电股份公司、荆州某机电公司系改制分立的企业，理应共同对我行（原债权人）的贷款3 346.4万元承担连带清偿责任"。显然，这是对企业分立和债务重组提出的异议，而不是向保证人主张保证责任。

（四）虽然最高人民法院［2003］民二他字第25号文，即《最高人民法院关于在保证期间内保证人在债权转让协议上签字并承诺履行原保证义务能否视为债权人向担保人主张过债权及认定保证合同的诉讼时效如何起算等问题请示的答复》，对《担保法》第二十六条第一款作了解释："债权人要求保证人承担保证责任应包括债权人在保证期间内向保证人主动催收或提示债权，以及保证人在保证期间内向债权人作出承担保证责任的承诺两种情形"，但显然，这里的"向保证人主动催收或提示债权"是指向保证人催收保证债权或提示保证债权，而不是提示或催收"企业分立和债务重组"等其他债权。

（五）代理人想补充说明的是，在听证中，被申请人的代理律师也认可，该诉讼行为是基于企业分立和债务重组而提出的，不是针对保证债权及保证责任。但被申请人认为，原诉讼中被申请人只能提出一种类型的诉讼请求，即要么以债务重组无效为由提起诉讼，要求荆州某机电公司对分立债务承担连带责任；要么以担保债权为由，要求荆州某机电公司对担保债权承担连带保证责任。这当然是事实。但这种对诉讼请求的选择及相应的诉讼风险当然也应由被申请人来承担。被申请人宁愿放弃受法律保护的担保之债的诉讼，而选择没有事实和法律依据的债务重组无效的诉讼，导致被申请人的担保债权最终过了保证时效，这种诉讼风险自然应由被申请人自身来承担。

二、从时间上来考量：本案的债权转让行为发生在保证期间届满之后，原债权人和被申请人之间债权转移时，保证债权不随同转移

1995年10月1日起生效的关于担保方面的特别法即《担保法》第二十二条规定："保证期间，债权人依法将主债权转让给第三人的，保证人在原保证担保的范围内继续承担保证责任……"

2000年12月13日施行的《担保法司法解释》第二十八条同样规定："保证期间，债权人依法将主债权转让给第三人的，保证债权同时转让，保证人在原保证担保的范围内对受让人承担保证责任……"

由此可见，无论是依据《担保法》第二十二条，还是依据《担保法司法解释》第二十八条，主债权转让时保证债权同时转移的前提是，该债权转让行为发生在保证期间。如果该债权转让行为发生在保证期间届满以后，保证债权自然不会同时转移。

在保证期间届满以后担保债权不随主债权同时转移的原因是，在保证期间债权人向保证人主张担保债权后，担保债权变成为普通性质的债权。这时，债权人可以直接向保证人主张债权，而且债权人和保证人的债权债务法律关系开始计算诉讼时效，而不是重复再计算保证时效。因此，在保证期间届满以后，原债权转让时，担保债权不会随之转移。

本案中，转让债权的时间是2005年7月，明显在保证期间届满之后。因此，本案原债权人和被申请人之间债权转移时，保证债权不随之转移。

三、原债权人向被申请人转让债权时和对外公告时，均明确放弃了担保债权

不管转让债权是否在保证期间，也不管保证债权是否随主债权转移，本案中，原债权人在向被申请人转让债权时，在对外公告时，均明确放弃了保证债权。因此，非常肯定：被申请人不享有保证债权。具体事实如下：

（一）2005年7月，原债权人和被申请人在债权转让协议中约定，"甲方（原债权人）转让给乙方（被申请人）的债权为债务人（荆州某机电股份公司）所欠甲方在本协议附件中列明的贷款本金及相应利息。"这一表述中并没有提及对荆州某机电公司的担保债权。更为明确的是，附件清单中有"担保人名称"一栏，但"担保人名称"一栏留的是"空白"，因此，原债权人明确放弃了担保债权。

（二）2005年12月，原债权人和被申请人共同在债权转让公告中明确，本案债权的债务人为荆州某机电股份公司，没有担保人（担保人一栏为空白）。而同一债权转让公告中，其他有担保人的债权，均列明了相应的担保人。

对外发布的债权转让公告，不仅是对债务人和原担保人的公示，也是对社会公众的公示。其不仅对债务人发生催收债务的效力，而且对原债权人和受让人也发生效力。原债权人和被申请人在共同对外发布的公告中明确放弃担保债权，被申请人自然不应再享有担保债权。

（三）虽然原债权人和被申请人在转让债权时和对外公告时放弃担保债权，其可能是原债权人在利益平衡后主动作出的选择（因为申请再审人单独对原债权人的1 000多万元的债务已主动清偿完毕），也有可能是债权管理过程中的疏忽，但不管出于何种原因，它们均不会影响原债权人和被申请人放弃了担保债权的客观事实。

（四）虽然2007年和2009年被申请人单独的二次对外公告中，重新将申请人列为担保人，但这时担保债权并没有转移。被申请人没有受让担保债权，这样的公告对申请再审人又有什么法律效力？

综上，保证期间原债权人没有向保证人主张保证责任，已丧失了保证债权；转让债权发生在保证期间届满之后，原债权人和被申请人之间债权转让时保证债权不

发生转移；原债权人和被申请人在转让债权和对外公告时，均明确放弃了保证债权。一审判决和二审判决认定的基本事实缺乏证据，适用法律错误。依据《民事诉讼法》第一百七十九条第一款第二项和第六项的规定，本案应当再审并改判。

特发表如上代理意见，恳请采信。谢谢！

再审申请人荆州某机电公司的代理人
北京市盈科律师事务所张群力律师
2012年10月20日

四、胜诉裁判摘要

中华人民共和国最高人民法院
民事裁定书

（2012）民申字第236-1号

（当事人情况略）

申请再审人荆州某机电公司因与被申请人武汉某资产管理公司及一审被告、二审被上诉人荆州某机电股份公司借款担保合同纠纷一案，不服湖北省高级人民法院（2011）鄂民二终字第46号民事判决，向本院申请再审。本院依法组成合议庭对本案进行了审查，现已审查终结。

本院认为，荆州某机电公司的再审申请符合《中华人民共和国民事诉讼法》第一百七十九条第一款第二项、第六项规定的情形。依照《中华人民共和国民事诉讼法》第一百八十一条、第一百八十五条之规定，裁定如下：

一、指令湖北省高级人民法院再审本案；

二、再审期间，中止原判决的执行。

五、律师团队6点评析

（一）这是一起有代表意义的不良资产诉讼案件

这起案件涉及国有大型商业银行在21世纪初发生的银企合作贷款，涉及银行不良资产的剥离，涉及企业债权债务的重组，涉及不良资产的相关司法解释，更为重要的是，本案涉及保证时效和诉讼时效的认定，是一起有代表意义的不良资产诉讼案件。

本案涉及的主要法律问题包括：保证期间是否已经中断？保证债务是否一并转

移？保证债权是否已经过了诉讼时效？债务人破产后债权人对保证人主张权利是否受六个月的限制？

（二）本案 330 万元保证债权是否已经过了保证时效

连带保证责任的保证期间有约定的按约定，没有约定的，保证期间为 6 个月，从主债务履行期限届满之日起计算。如果债权人在保证期间没有向保证人主张保证债权，则丧失保证债权。

本案中，债权人在保证期间虽然提起了诉讼，要求确认债务重组协议无效，但其并没有向保证人主张保证债权。因此，应当认定已过保证时效。关于这一点再审申请书和代理词中均有详细的阐述。客观地讲，这一点在司法实践中还是存在一定的争议的。

（三）本案 330 万元保证债权是否已经过了诉讼时效

连带保证责任中，债权人向保证人主张担保债权后，保证时效中断，开始计算保证债权的诉讼时效。退一步说，即使前期的债务重组诉讼可以认定本案的保证时效中断，也应当开始计算诉讼时效。虽然其后，债权人向债务人主张过权利，债权人对债务人的诉讼时效中断，但律师团队认为，本案对保证人的诉讼时效并没有中断。这一点在最高人民法院 2020 年对诉讼时效司法解释修改以前是成立的，但在其后就不会再得到支持。因为依据该新的司法解释，对其中一个债务人主张权利，对所有债务人的诉讼时效均同时中断。

（四）债务人破产程序终结后，债权人应在 6 个月内向保证人主张保证债权

《担保法司法解释》第 44 条规定，"保证期间，人民法院受理债务人破产案件的，债权人既可以向人民法院申报债权，也可以向保证人主张权利。债权人申报债权后在破产程序中未受偿的部分，保证人仍应当承担保证责任。债权人要求保证人承担保证责任的，应当在破产程序终结后六个月内提出"。这一条也是律师团队主张原审法院适用法律错误的一个重要理由，在再审申请书中对这方面也进行了详细阐述。当然司法实践中，对这一条的理解也存在争议。部分人认为，只要在保证期间主张了保证债权，就不应再受这 6 个月的限制。

（五）本案再审和解结案

最高人民法院采纳律师团队的意见，对本案下达再审裁定，并指令湖北省高级人民法院再审。基于司法实践中对上述法律问题的争议，为避免诉讼风险，委托人最终选择以一个较低的金额与债权人进行了和解，双方签订了调解书。至此，本案案结事了。

(六)对代理工作的综合评价

本案通过申请再审成功实现逆转,综合分析,以下两方面的代理工作起到了突破作用:(1)思路突破。本案确定和优化的再审思路非常重要,正是最高人民法院采信了律师团队优化后的申请再审理由,才对本案裁定再审。(2)文书突破。再审申请书在本案中发挥了重要的作用。

案例 13：寻找原审程序瑕疵，论述原审证据瑕疵，凸显原审错误

——北京市第一中级人民法院赵某某借款担保合同纠纷再审案的程序突破和文书突破

- 申请再审思路
- 再审申请书
- 律师团队 4 点评析

一、代理工作概述

这是一起典型的原审程序错误、事实认定错误、法律适用错误的申请再审案。委托人赵某某是美籍华人，其曾在北京一家高科技企业担任副总经理而后离职，在被强制执行且被限制出境时委托人赵某某才知道本案的诉讼。

本案不仅一审没有给委托人有效送达起诉状副本和开庭通知，而且根据委托人的介绍：债权人和债务人之间有控股关系，借款协议并不真实。因此律师团队接受了委托，由张群力律师和卢青律师担任代理人，代理其及时向北京市第一中级人民法院申请再审。

申请再审的理由主要有三点：一是本案没有有效送达应诉通知和开庭传票，原审程序严重错误；二是本案借款协议不真实，原审认定事实错误；三是在主合同无效的情况下认定担保合同有效，原审适用法律确有错误。

经努力，北京市第一中级人民法院以未有效送达开庭传票为由裁定提审本案。提审后，北京市第一中级人民法院将本案发回原一审法院再审。最终对方当事人被迫撤回了一审起诉。对方当事人在再审中撤回起诉后，不能以同一理由再次提起诉讼。至此，本案反败为胜，委托人的本起债务纠纷彻底解决。

本起案件较好地体现了程序突破和文书突破在再审代理中的作用。

二、基本案情和一审情况

（一）基本案情

北京某科技公司是北京某图书公司的控股子公司，北京某图书公司的董事长姚某同时担任北京某科技公司的董事长。自北京某科技公司公司成立以来，其印鉴、证照、账号、财务资料均由北京某图书公司管理，人员也由北京某图书公司安排和任免。

委托人赵某某是美籍华人，曾长期在加州硅谷从事IT业务，余某某长期在国内从事IT业务，北京某科技公司为发展业务，聘请赵某某和余某某到公司任职。其中，赵某某担任北京某科技公司副总经理并主管技术，余某某担任北京某科技公司总经理兼任法定代表人。后由于管理层在公司管理意见上存在分歧，赵某某和余某某均离开了北京某科技公司。

2010年12月，北京某图书公司以北京某科技公司、余某某、赵某某为被告向北京市某区人民法院提起了诉讼。北京某图书公司诉称：2008年11月，北京某图书公司与北京某科技公司、余某某、赵某某签订借款协议，约定由北京某图书公司提供借款100万元给北京某科技公司，月息1%，期限6个月。余某某、赵某某为上述借款提供连带责任保证担保。北京某图书公司要求北京某科技公司、余某某和赵某某连带偿还借款本金100万元、利息26万元并承担违约金37万元，合计163万元。

2010年12月31日，一审法院依据北京某图书公司提供的地址向赵某某送达应诉通知书、起诉状副本、传票。2011年1月24日，在赵某某和余某某未有效签收开庭传票的情况下，一审法院缺席审理并作出判决，支持了北京某图书公司的诉讼请求，要求北京某科技公司、赵某某和余某某对上述债务承担连带偿还责任。

（二）一审情况

2010年，北京某图书公司以北京某科技公司、余某某、赵某某为被告向北京市某区人民法院提起诉讼，要求北京某科技公司偿还借款本息及违约金163万元，要求余某某、赵某某承担连带偿还责任。一审法院缺席判决并支持了北京某图书公司的诉讼请求。一审判决的"本院认为"部分和判决主文部分表述为：

本院认为：原告北京某图书公司虽然与被告北京某科技公司、余某某、赵某某有借款合同关系，但原告北京某图书公司并非金融经营机构，亦无合法的金融借贷业务，双方签订的借款合同违反国家法律规定，应属无效，自始没有法律约束力。根据无效合同的处理原则，合同无效后，因该合同取得的财产，应当予以返还。双方都有过错的，应当各自承担相应的责任。庭审中原、被告双方对借款关系及借款数并无争议，故本院对原告北京某图书公司符合法律规定的诉讼请求部分予以支持，超出应当予以返还的违约金部分本院不予支持。余某某、赵某某在北京某科技公司未按约履行还款义务的情况下，亦未按保证合同的约定履行保证担保义务，亦构成违约，故对北京某图书公司要求余某某、赵某某承担连带担保责任的请求，本院亦予以支持。被告余某某、赵某某经本院合法传唤，未到庭参加诉讼，亦未提交答辩意见，视为其放弃抗辩权，不影响本院在查明事实的基础上依法裁判。依据《中华人民共和国合同法》第五十二条第一款第（五）项、第五十八条、第一百零七条、第二百零六条、第二百零七条，《中华人民共和国担保法》第十八条、第二十八条第一款、第三十一条、第四十一条，《中华人民共和国民事诉讼法》第一百三十条之规定，判决如下：

一、原告北京某图书公司与被告北京某科技公司、余某某、赵某某签订的"借款合同"无效。

二、被告北京某科技公司于判决生效后十日内偿还原告北京某图书公司借款本金人民币100万元及利息损失（以欠款数额为基数，按照中国人民银行公布的同期一年期贷款基准利率计息自二〇〇九年五月十九日起至实际付清之日止）。

三、被告余某某、赵某某对北京某科技公司的上述付款义务承担连带清偿责任。

四、驳回原告北京某图书公司的其他诉讼请求。

三、代理思路和律师文书

（一）申请再审思路

这是一起在程序上存在典型错误的案件。委托人没有收到应诉材料，没有参加庭审，却被缺席判决承担借款担保债务。直到被强制执行、被限制出境时其才知道本案的存在。在查阅一审案卷后，委托人认为，"借款合同"不真实，债权人和债务人之间有控股关系，它们之间的诉讼是虚假诉讼。另外，原一审判决认定主合同无效，却认定担保合同有效。

针对上述情况，律师团队认为可以从三个方面申请再审。第一，委托人是涉外主体，但没有按法定的程序被送达应诉通知和开庭传票，本案应当再审。第二，"借款合同"不真实，本案据以认定事实的证据是伪造的，本案应当再审。第三，在主合同无效的情况下，认定担保合同有效，适用法律错误。

在上述思路指导下，律师团队代理委托人申请再审，最终本案成功被提审。

(二) 再审申请书

民事再审申请书

(当事人信息略)

再审申请人赵某某就与被申请人北京某图书公司、一审被告北京某科技公司、一审被告余某某借款合同担保纠纷一案，不服北京市某区人民法院2011年1月25日作出的（2011）京××民初字第××号民事判决，特向贵院申请再审。

申请再审请求：

1. 请求依法再审，撤销北京市某区人民法院（2011）京××民初字第××号民事判决书；
2. 请求驳回北京某图书公司的全部诉讼请求；
3. 请求判令北京某图书公司承担本案的全部诉讼费。

申请再审事由：

北京市某区人民法院（2011）京××民初字第××号民事判决，认定的基本事实缺乏证据证明，认定事实依据的主要证据是伪造的，适用法律确有错误，未经传票传唤缺席判决。依据《民事诉讼法》第一百七十九条第一款第二项、第三项、第六项和第十一项的规定，应当再审并改判。

具体申请再审的事实与理由如下：

一、再审申请人是美利坚合众国公民，住所地不在中国境内，被申请人在诉状中所述的再审申请人地址是被申请人的地址，不是再审申请人的联系地址，一审法院未经合法传票传唤即缺席判决，被申请人和北京某科技公司的虚假诉讼，严重违反诉讼程序，依据《民事诉讼法》第一百七十九条第一款第十一项的规定，本案应当再审

再审申请人是美利坚合众国公民，住美利坚合众国×××××××，在美利坚合众国某科技公司任职，大部分时间在美利坚合众国工作和生活（见证据一：再审申请人护照）。

被申请人在诉状中所述的再审申请人的地址及一审法院用司法专邮寄送的地址，即北京市××区××路××号××大厦××层××室，实际上是北京某科技公司的注册地址，该办公场所由被申请人提供和管理。由于被申请人的刻意刁难，再审申请人于2009年9月19日被北京某科技公司免除公司内的所有职务，就不再在北京某科技公司担任任何职务（见证据二：北京某科技公司网络关于公司相关人事任免决定的通知）。因此，依据被申请人在诉状中提供的这一地址，根本无法联系

到再审申请人。

2010年12月31日，一审法院违法向再审申请人送达"应诉通知书、起诉状副本、传票（开庭时间2011年1月24日9点30分）"，在邮件的退回原因中选定第6项，即"原址无此人"（见证据三：2010年12月31日赵某某特快专递邮件详情单，原审案卷第54页；证据四：2010年12月31日余某某特快专递邮件详情单，原审案卷第52页）。

2011年2月16日，一审法院再次违法向再审申请人送达"传票（开庭时间2011年2月28日9点30分）"，邮件的退回信息中清楚写明："收件人在外国""无人收""收件人不在本市"（见证据五：2011年2月16日赵某某特快专递邮件详情单，原审案卷第51页；证据六：2011年2月16日余某某特快专递邮件详情单，原审案卷第53页）。

《民事诉讼法》第二百四十五条规定，"人民法院对在中华人民共和国领域内没有住所的当事人送达诉讼文书，可以采用下列方式：（一）依照受送达人所在国与中华人民共和国缔结或者共同参加的国际条约中规定的方式送达；（二）通过外交途径送达……（四）向受送达人委托的有权代其接受送达的诉讼代理人送达……（七）不能用上述方式送达的，公告送达，自公告之日起满六个月，即视为送达"。

《最高人民法院关于以法院专递方式邮寄送达民事诉讼文书的若干规定》第十一条规定，"因受送达人自己提供或者确认的送达地址不准确、拒不提供送达地址、送达地址变更未及时告知法院、受送达人本人或受送达人指定的代收人拒绝签收，导致诉讼文书未能被受送达人实际接收的，文书退回之日视为送达之日"。

依据以上规定，本案人民法院依据被申请人提供的地址（实际是被申请人的地址，而不是再审申请人的地址），对再审申请人以特快专递两次寄送的法律文书被退回，不能视为人民法院已经向申请人送达了开庭传票等法律文书。本案中，人民法院向再审申请人送达法律文书，至少应采取公告送达的方式，而且公告的期限至少不应少于60日。事实上，本案判决一年多以后强制执行，再审申请人再次到中国被限制出境时，才知道存在本案的诉讼。

因此，本案没有经合法有效的传票传唤，直接开庭并判决，明显违反法律规定，依据《民事诉讼法》第一百七十九条第一款第十一项的规定，本案应当再审。

本案中，被申请人是北京某科技公司的控股股东，占北京某科技公司出资额的50%，被申请人的董事长姚某某同时担任北京某科技公司的董事长（见证据七：北京某科技公司章程；证据八：北京某科技公司董事会成员、经理、监事任职证明）。自公司2008年6月成立以来，北京某科技公司的印鉴、证照、账号、财务资料均由被申请人控制和掌管，人员也由其安排、任免和管理。名义上是北京某科技公司法定代表人的总经理余某某，在本案诉讼前也早已被迫离开了北京某科技公司，北京某科技公司的所有员工更加完全是被申请人安排的。因此被申请人起诉北京某科技公司借款案是典型的虚假诉讼，目的是要被"罗列"的担保人即申请人承担责任。诉讼中，无论是被申请人的代理律师黄某，还是北京某科技公司的代理人李某某，均是被申请人安排和委托的。北京某科技公司的代理人在庭审中对被申请人出具的证据和陈述的事实，百分之百地认同，并赤裸裸地说，"我方对与原告方签订的借款协议没有异议，对借款协议中的约定也没有异议，我方同意还款，但是我方资金困难，我方要求被告二、三承担连带保证责任"（见证据九：开庭笔录，原审案卷第32到35页）。除不经合法传票传唤缺席审理和判决外，在这起虚假诉讼中，原审法院明显违反诉讼程序的地方还表现在：

（1）作为涉外诉讼，答辩期至少不应少于30日，但本案于2010年12月31日快递寄送起诉状副本时，却通知在1月24日开庭（见证据三、证据四）。

（2）在未向再审申请人送达传票的情况下，在1月24日开庭，并在第二天，即1月25日作出判决。

（3）明明在1月25日作出了判决，却在2月16日再次向余某某和再审申请人第二次寄送开庭传票，通知在2月28日第二次开庭（见证据五、证据六）

（4）明明通知2月28日开庭，却在2月19日将案件复查结案了（见证据十：案件复查表，原审案卷第49页）。

综上，本案未经传票合法传唤即缺席判决，在本次虚假诉讼中，严重违反诉讼程序，依据《民事诉讼法》第一百七十九条第一款第十一项的规定，本案应当再审。

二、本案原审认定借款关系和担保关系的主要证据是"借款合同"，而"借款合同"明显是伪造的，认定借款关系和担保关系成立的基本事实缺乏有效证据，依据《民事诉讼法》第一百七十九条第一款第二项和第三项的规定，本案应当再审并改判

第一，再审申请人直到被限制出境时才知道有借款担保诉讼，有所谓借款担保一事。如果真如"借款合同"所述，该笔借款及担保债务发生在2008年11月12日，再审申请人作为当时北京某科技公司的董事兼副总经理（见证据八：北京某科技公司董事会、经理、监事任职证明），一定事前知道这一借款。北京某科技公司总注册资金才160万元，一次性向股东借款100万元，如此大额的关联交易事前肯定应有股东会决议及董事会决议。但事实上，根本没有股东会或董事会决议，就是

作为实际股东、董事、副总经理的再审申请人都不知道，怎么可能呢？

第二，"借款合同"的签字页上"赵某某"的签字，确实是再审申请人的签字，但这是为北京某科技公司的管理需要而事先预留的签字（见证据十二："借款协议"，原审案卷第27至29页）。签字页甲方是北京某科技公司，乙方、丙方和丁方均是北京某科技公司的股东。再审申请人作为股东预留签字，只是为了北京某科技公司的管理需要，如发工资，办理工商、税务等事务的需要，根本不是为借款或担保。

第三，"借款合同"共三页，前两页是借款和担保的内容，第三页是签字页。前两页和第三页明显是分离的，"借款合同"明显是拼凑伪造的。因为第一页上有被申请人北京某图书公司的法定代表人姚某的签字，但第三页即签字页上北京某图书公司的签字处却不是姚某的签字，而是王某某的签字。第三页上有余某某和赵某某的签字，但作为借款担保协议主体部分的第一页和第二页却没有余某某和赵某某的签字。而且，北京某图书公司的王某某的签字以及余某某的签字均没有标注时间，北京某科技公司和赵某某虽然有签字落款时间，"2008—11—12"，但这两处的时间明显是一个人所书，而且明显是后来补上去的。"借款合同"的签字页虽然同时有申请人和北京某科技公司的印章，但这两枚印章均由被申请人管理和控制的。因此，从"借款合同"的形式来看，它明显是拼凑伪造的。

第四，关于100万元借款的往来，双方均是企业法人，只可能通过银行收支，但本案却没有相应的银行转账凭证。

第五，北京某科技公司收到100万元的款项，财务上肯定应出具最基本的财务票据，如"收据"等，而且财务凭证上应有具体经办人签字。但本案却只有一个"收款证明"，被申请人管理着北京某科技公司的印章，提供一个这样的"收款证明"在本案中有什么证明效力呢？更为矛盾的是，"借款合同"上的贷款期自2008年11月17日起算，而"收款证明"上却说2008年11月13日就收到了借款（见证据十三，"收款证明"，原审案卷第30页；证据十四，索款通知，原审案卷第31页）。

综上，本案原审认定借款和担保关系的主要证据"借款合同"是拼凑伪造的，认定借款和担保的证据不足，依据《民事诉讼法》第一百七十九条第一款第二项和第三项的规定，本案应当再审并改判（类似案例见附件）。

三、退一步说，即使本案借款担保关系属实，本案原审在认定主合同无效的情况下，却认定保证合同有效，进而要求再审申请人承担全部保证责任，适用法律明显错误，依据《民事诉讼法》第一百七十九条第一款第六项的规定，本案应当再审并改判

退一步说，即使本案的借款担保关系属实，本案的借贷关系也是企业之间的借

贷关系。企业之间拆借资金，违反国家金融法律的强制性规定，因此，"借款合同"即主合同是无效合同。关于这一点，原审法院也进行了认定。

《担保法》第五条第一款规定，"担保合同是主合同的从合同，主合同无效，担保合同无效。担保合同另有约定的，按照约定"。本案中，主合同无效，担保人和债权人在协议中又没有对担保合同的效力进行其他特别约定，因此，本案中担保合同肯定无效。原审法院在认定主合同无效的情况下，却认定担保合同即再审申请人与被申请人的保证合同有效，适用《担保法》第五条明显错误。

《最高人民法院关于适用〈中华人民共和国担保法〉若干问题的解释》（以下称《担保法司法解释》）第八条规定，"主合同无效而导致担保合同无效，担保人无过错的，担保人不承担民事责任；担保人有过错的，担保人承担责任的部分，不应超过债务人不能清偿部分的三分之一"。

本案中，退一步说借款关系属实，导致保证合同无效的过错责任也完全在被申请人，而不在申请人。因为被申请人明知企业之间不能拆借资金，却有偿进行资金拆借，担保人赵某某对主合同的无效没有过错。因此，退一步说，即使借款及担保关系属实，依据《担保法司法解释》第八条的规定，本案再审申请人也不应承担任何保证责任。再退一步说，即使保证人也存在过错，作为保证人的再审申请人最多也只能承担北京某科技公司不能清偿债务部分三分之一的损失，而不应对北京某科技公司的全部本息、甚至诉讼费，承担全部连带赔偿责任。

令人不可理解的是，原审法院在判决书法律适用部分虽然罗列了《担保法》第二十八条第一款、第四十一条等条款，但是这些条款竟然是关于抵押担保的条款，与本案根本没有关系。

综上，原审法院在认定主合同无效的情况下认定保证合同有效，进而要求再审申请人对被申请人的全部债务承担全部连带清偿责任，适用《担保法》第五条及《担保法司法解释》第八条错误，依据《民事诉讼法》第一百七十九条第一款第六项的规定，本案应当再审并改判（类似案例见附件：江北中行与樊东农行等信用证垫款纠纷案判决书）。

综上，本案原审诉讼时，北京某科技公司是被申请人控制和管理的公司，被申请人起诉北京某科技公司的目的是要被"罗列"的担保人即再审申请人承担责任。被申请人和北京某科技公司之间的诉讼是典型的虚假诉讼。原审法院在未合法有效传唤再审申请人的情况下即缺席判决，严重违背诉讼程序。本案认定借款及担保法律关系的主要证据即"借款合同"明显是拼凑伪造的，认定事实明显错误。原审在认定主合同无效的情况下，却认定担保合同有效，进而要求申请人对全部债务承担连带赔偿责任,适用法律明显错误。

  基于此,为依法维护再审申请人的合法权益,维护法律的尊严,依据《民事诉讼法》第一百七十九条第一款第二项、第三项、第六项和第十一项的规定,特向贵院申请再审,请求依法再审并改判。

  此致
北京市第一中级人民法院

再审申请人:赵某某

二〇一二年五月十五日

四、胜诉裁判摘要

北京市第一中级人民法院

民事裁定书

(2012)一中民申字第10106号

(当事人情况略)

  申请再审人赵某某因与被申请人北京某图书公司、原审被告北京某科技公司、原审被告余某某借款合同纠纷一案,不服北京市某区人民法院(2011)××民初字第××号民事判决,向本院申请再审。本院依法组成合议庭对本案进行了审查,现已审查终结。

  赵某某申请再审称:1.原审法院在未使用合法有效传票传唤申请再审人的情况下即缺席判决,违反诉讼程序;2.原审认定借款关系和担保关系的主要证据是"借款合同",而"借款合同"是伪造的,认定借款关系和担保关系成立的基本事实缺乏证据证明,原审认定事实错误;3.原审在认定主合同无效的情况下,却认定保证合同有效,进而要求申请再审人承担全部保证责任,适用法律错误。请求撤销原审判决,驳回被申请人的全部诉讼请求,判令被申请人承担本案全部诉讼费用。

  被申请人北京某图书公司、原审被告北京某科技公司、余某某未提交书面意见。

  本院经审查认为:原审法院未向赵某某有效送达开庭传票等诉讼文书即对其缺席判决违反法律规定,申请再审人赵某某的再审申请符合民诉法规定的提起再审的法定情形及条件。依照《中华人民共和国民事诉讼法》第一百七十九条第一款第十一项、第一百八十一条、第一百八十五条之规定,裁定如下:

一、本案由本院提审；

二、再审期间，中止原判决的执行。

五、律师团队4点评析

（一）没有有效送达开庭传票，本案应当再审

本案一审按对方当事人提供的地址给委托人送达起诉状副本及开庭传票，委托人并没有收到。在委托人在国内并没有有效送达地址的情况下，人民法院应当采取公告送达等方式进行送达。一审没有依法送达开庭传票即缺席判决，本案应当再审。对于这一点，律师团队在再审申请书中进行了详细阐述。除此之外，为凸显一审在程序上的错误，再审申请书还详细论述了一审在程序方面的其他错误，这样更方便上一级人民法院对本案裁定再审。

（二）实体方面的反驳非常重要

如果案件只存在程序上的问题，即使进入再审，仍然很难得到改判。所以本案在启动再审的同时，更重要的是要进行实体方面的审查，查找原一审实体方面的错误，依法全面维护委托人的合法权益。

本案的再审申请书对实体方面也进行了论述。第一方面的实体问题是，债权人和债务人之间是控股关系，"借款合同"的真实性存在问题。第二方面的实体问题是，主合同无效，但一审法院却认定保证合同有效。当然随着民间借贷法律规定的变化，现在本案的"借款合同"并不会仅仅因为双方当事人都是非金融企业而被认定无效。但是原审在认定主合同无效的情况下却认定保证合同有效，明显违背了担保法律规定，明显否定了担保合同的从属性。

实体方面的理由，虽然没有被写到北京市第一中级人民法院的再审裁定书中，但无疑也进一步促使北京市第一中级人民法院对本案启动再审程序。

（三）本案取得良好的代理效果

北京市第一中级人民法院提审本案后，直接进行了书面审理，并没有开庭，就直接作出了再审裁定，将本案发回原审法院重审。由于债权人和债务人之间的控股关系及借款协议形式和效力的瑕疵，在重审中原告撤回了全部诉讼请求。原告在重审中撤诉后就不能以同一理由再另行提起诉讼，至此，委托人的本起债务纠纷得到彻底解决。在此，要特别感谢北京市第一中级人民法院承办法官在审判监督程序中公正高效的工作，感谢他们为本案纠错所付出的努力。

（四）对代理工作的综合评价

本案通过申请再审和重审成功实现逆转，综合分析，以下两方面的代理工作起

到了突破作用：(1) 程序突破。本案抓住一审没有有效送达应诉通知和开庭传票这一程序瑕疵申请再审，并结合法律规定和双方当事人的情况进行了充分阐述，上述意见最终被北京市第一中级人民法院采信。除此以外，再审申请书中还列举了一审其他程序方面的瑕疵。(2) 文书突破。本案的再审申请书结合证据，结合法理，进行了系统阐述，凸显了一审判决的错误，尤其是一审在实体方面的错误，为本案彻底反败为胜发挥了重要作用。

案例 14：充分利用庭审质证，否定对方担保合同的真实性，凸显原审错误

——安徽省芜湖市中级人民法院芜湖某农业公司与某国有商业银行八起金融借款担保合同纠纷再审案的程序突破和庭审突破

- 申请再审思路
- 再审申请书补充意见
- 律师团队 20 点评析

一、代理工作概述

这是八起在芜湖市中级人民法院申请再审并反败为胜的金融借款担保合同纠纷案。

2011 年 12 月，某国有商业银行芜湖支行向八家钢材贸易公司分别发放贷款，某国有商业银行认为，这些贷款都由三家企业提供连带责任保证担保和土地房产抵押担保，并由这三家企业的股东及股东的配偶等六位自然人提供连带责任保证担保。

贷款逾期后，2012 年 11 月，某国有商业银行芜湖支行分别向芜湖市中级人民法院提起了八起诉讼，要求各借款单位承担偿还本金、利息和罚息的还款责任，并要求三家单位和六位自然人承担担保责任。2013 年 6 月，芜湖市中级人民法院分别作出八份一审判决，支持了某国有商业银行芜湖支行的诉讼请求，除判决各借款单位承担偿还本金、利息和罚息的责任外，还判决三家单位和六位自然人（律师团队没有统计借款人股东，下同）承担担保责任。随后，这八起案件在芜湖市中级人民法院被强制执行。三家担保单位和六位担保自然人的银行账户被冻结，土地房产被查封拍卖。

事实上，这些担保单位和个人当初并没有收到人民法院的应诉通知书，并没有参加庭审，也没有收到人民法院有效送达的判决书，直到人民法院强制执行时才知道这八起案件的存在。这些担保单位和个人认为担保并不是他们真实意思的表示，

人民法院的判决和执行不仅程序违法，而且严重损害了他们的合法权益，影响到他们企业的基本经营和个人的基本生活，给他们的企业、个人和家庭造成了难以弥补的损失。

这些担保单位和个人七年来不断申诉维权。2021年6月，他们的负责人和代表到盈科北京总部委托作者团队的张群力律师和范林刚律师代理这八起案件申请再审。

2021年8月，经当事人和律师团队共同努力，芜湖市中级人民法院先后作出八份裁定，裁定中止原判决的执行，对这八起案件进行再审。

在再审过程中，律师团队对案件进行了全面分析，重新梳理了案件事实，全面提交了新证据，进行了相应的法律检索和专题研究，运用了诉讼可视化工具。2022年7月30日到8月2日，律师团队成员集体到芜湖三次参加庭审，不放过每一个证据和事实的疑点，对担保合同的真实性、担保合同是否是当事人真实意思表示等问题充分发表了质证意见和辩论意见。

经当事人和律师团队共同努力，2022年8月24日，芜湖市中级人民法院经审判委员会集体讨论后作出八份再审判决，判决认定三家担保单位和六位自然人的担保均无效，这三家担保单位和六位自然人在这八起案件中均不需要承担担保责任。至此，历经八年之后，这八起案件彻底反败为胜。这八起案件较好地体现了再审案件代理工作中的程序突破、庭审突破、证据突破、文书突破和团队突破。[①]

二、基本案情和一审情况

（一）基本案情

在申请再审时，根据已有证据及当事人介绍，律师团队整理后的基本事实如下（以其中一起案件为例）：

2011年4月，借款单位芜湖JC公司注册成立，其后到某国有商业银行芜湖支行开户，并与某国有商业银行芜湖支行签订"小企业流动资金借款合同"。借款合同约定某国有商业银行芜湖支行给芜湖JC公司贷款290万元。某国有商业银行芜湖支行在诉讼中称：芜湖某农业公司以其土地使用权、厂房及办公楼向某国有商业银行芜湖支行提供了抵押担保，刘某某参与经营的安徽某担保公司、芜湖某钢材市场公司及刘某某等六位自然人提供了保证担保。2011年6月20日，某国有商业银

[①] 这八起案件由张群力律师担任负责人，张群力律师和范林刚律师共同担任主承办律师，朱雅琦律师和孙健主管协助参与了部分代理工作，在此，向他们一并表示感谢。

行芜湖支行向该芜湖JC公司发放了290万元贷款。

2011年12月31日,芜湖JC公司第二次与某国有商业银行芜湖支行签订"小企业流动资金借款合同",同样约定借款金额为290万元,借款期限不超过8个月,自首次放款日起计算,到期日为2012年7月1日。在芜湖JC公司与某国有商业银行芜湖支行第二次签订借款合同后的第四天即2012年1月4日,芜湖JC公司归还了第一次贷款。2012年1月6日,某国有商业银行芜湖支行向芜湖JC公司发放了第二次290万元贷款。

第二次贷款到期后,芜湖JC公司仅偿还了部分贷款本金及利息,某国有商业银行芜湖支行就向芜湖市中级人民法院提起了诉讼。

(二) 一审情况

因八家借款单位没有按期偿还贷款,2012年6月某国有商业银行芜湖支行就向芜湖市中级人民法院提起了诉讼,要求芜湖JC公司等八家借款单位偿还贷款本金、利息和罚息,并要求提供担保的三家单位和六位自然人承担担保责任。芜湖市中级人民法院审理时所有被告都没有参与应诉,芜湖市中级人民法院经审理后作出了八份一审判决,支持了某国有商业银行芜湖支行的诉讼请求。

一审判决"本院认为"部分和判决主文部分表述为:

本院认为:一、"小企业流动资金借款合同"是合同当事人的真实意思表示,内容并不违反法律规定,故对合同当事人均具有法律约束力。原告依约发放贷款,贷款于2012年7月1日到期后,芜湖JC公司仅偿还部分借款,现原告起诉要求芜湖JC公司偿还尚欠借款本金2 311 750元于法有据,本院予以支持。依据"小企业流动资金借款合同"的约定,本案贷款的到期日为2012年7月1日,逾期还款的,逾期还款利率应按照逾期贷款罚息利率计收,因此芜湖JC公司应承担借款本金2 311 750元自2012年7月2日起至本判决确定给付之日止,按"小企业流动资金借款合同"约定的逾期贷款罚息的利率标准计算的罚息,原告有关要求被告芜湖JC公司承担自2012年6月20日起至实际给付之日止的罚息的诉讼请求,本院予以部分支持。

依据"小企业流动资金借款合同"第十条第10.2项之约定,芜湖JC公司应承担原告为实现债权所支付的费用,律师代理费即是实现债权的费用,且该费用收费标准未超过法律规定,因此原告要求芜湖JC公司承担律师代理费20 000元,本院予以支持。

二、芜湖某农业公司与原告签订的两份"最高额抵押担保合同"均系双方当事人真实意思表示，不违反法律规定，合法有效，对双方当事人均具有约束力；且芜湖某农业公司以其所有的集体土地使用权及房产设定抵押，并已办理了抵押登记手续，因此原告要求对芜湖JC公司应承担的上述债务就抵押物（位于芜湖市××镇××村芜湖某农业公司所有的集体土地使用权及其地上房产）行使优先受偿权，于法有据，本院予以支持。

三、安徽某担保公司、芜湖某钢材市场公司、陈某源、苏某良、郑某英、郑某彭、张某新、刘某某、李某华分别与原告签订的"最高额保证合同"，及刘某某、张某新、郑某彭、郑某英、苏某良、李某华分别向原告出具了担保确认函，均系当事人的真实意思表示，不违反法律规定，合法有效，对当事人均具有约束力。因此原告依据"最高额保证合同"之约定，要求担保公司、钢材市场公司、陈某源、苏某良、郑某英、郑某彭、张某新，刘某某、李某华对芜湖LC公司应承担的上述债务承担连带保证责任，于法有据，本院予以支持。

鉴于原告未提供证据证明陈某源与张某珠系夫妻关系，因此原告有关要求张某珠对芜湖JC公司应承担的上述债务承担连带保证责任的诉讼请求，于法无据，本院不予支持。肖某贵出具的股东担保承诺函并未明确其为本案债务提供连带责任担保，因此原告有关要求肖某贵对芜湖JC公司应承担的上述债务承担连带保证责任的诉讼请求，于法无据，本院不予支持。原告无证据证明周某秀应对芜湖JC公司应承担的上述债务承担连带保证责任，因此原告的相应诉讼请求，本院不予支持。

综上，依据《中华人民共和国合同法》第四十四条第一款、第六十条第一款，《中华人民共和国担保法》第六条，第十三条、第十八条，《中华人民共和国物权法》第一百七十条、第一百七十一条、第一百七十六条、第一百七十九条、第一百八十条第一款第（一）项、第二百零三条、第二百零七条，《中华人民共和国民事诉讼法》第六十四条第一款、第一百四十四条之规定，判决如下：

一、被告芜湖JC公司于本判决生效之日起十日内一次性支付原告某国有商业银行芜湖支行借款本金2 311 750元，及20 000元律师代理费，合计2 331 750元；

二、被告芜湖JC公司于本判决生效之日起十日内一次性支付原告某国有商业银行芜湖支行欠款2 311 750元自2012年7月2日起至本判决确定给付之日止的罚息（利率按"小企业流动资金借款合同"约定的逾期贷款罚息利率标准计算）；

三、原告某国有商业银行芜湖支行就被告芜湖某农业公司的抵押房地产（房地产他项权证编号分别为：房地产他证芜××区字第××号、房地产他证芜××区字第××号和房地产他证芜××区字第××号）及该房产所占用的土地使用权［土地他项权证编号为：芜他项（2012）第××号］行使抵押权，并就上述抵押物在抵押担保范围内享有优先受偿权；

四、被告安徽某担保公司、芜湖某钢材市场公司、陈某源、苏某良、郑某英、郑某彭、张某新、刘某某、李某华对上述第一、第二项债务承担连带保证责任；

五、驳回原告某国有商业银行芜湖支行的其他诉讼请求。

三、代理思路和律师文书

（一）申请再审思路

这是八起对一审判决申请再审的案件。八起案件案情相同，除债务人不同外，债权人、担保人相同，原审合议庭也相同，审理程序也相同。一起案件改判，其他七起案件也会改判。

对申请再审案件来说，最为重要的是由人民法院裁定再审。这八起案件的原审存在严重的程序问题，当事人有确定的联系地址，但人民法院却以公告的方式送达起诉状副本及开庭传票，这导致作为担保人的当事人没有参加应诉和庭审。另外，当事人在不动产登记中心复印了当初的抵押合同，发现该抵押合同严重弄虚作假。因此，可以依据"有新的证据足以推翻原判决、裁定""违反法律规定，剥夺当事人辩论权利""未经传票传唤，缺席判决"这三项再审事由申请再审。申请再审时重点强调程序错误，强调抵押合同弄虚作假。

在人民法院裁定再审后，律师团队努力推翻抵押合同和保证合同的效力，争取使当事人不承担担保责任。具体可以从以下三方面证明担保合同无效：(1) 银行工作人员和债务人串通，骗取银行贷款，借款合同无效，担保合同自然无效。(2) 抵押合同和保证合同不是当事人的真实意思表示，抵押合同和保证合同无效。(3) 担保的债务是借新还旧，没有事先告知担保人，担保合同无效。

为了证明主合同无效，为了证明担保合同不是担保人的真实意思表示，为了证明本案借款是借新还旧，律师团队再审时可以申请人民法院调取借款人的银行流水，可以申请人民法院调取不动产登记中心的抵押登记材料，可以申请人民法院对相关签字及印章进行鉴定；另外，须做好庭审工作，对每一份证据认真质证。

在上述思路指导下，再审代理工作取得了良好的效果。

（二）再审申请书补充意见

某国有商业银行芜湖支行与芜湖某农业公司等借款担保合同纠纷再审案
再审申请书补充意见

再审申请人：芜湖某酒业有限责任公司

再审申请人：安徽某投资担保有限公司

再审申请人：安徽某物流园经营管理有限公司

再审申请人：刘某某

再审申请人：李某华

被申请人：某国有商业银行芜湖支行

在再审申请人芜湖某农业公司、安徽某投资担保有限公司、安徽某物流园经营管理有限公司、刘某某、李某华（以下合称为再审申请人）与被申请人某国有商业银行芜湖支行（以下称被申请人或银行）、原审被告陈某源、张某珠、苏某良、郑某英、郑某彭、张某新、肖某贵、周某秀等金融借款担保合同纠纷再审一案中，再审申请人补充陈述如下申请再审意见，本补充意见与原再审申请书不一致的，以本补充意见为准。

一、原审送达程序严重违法，本案应当再审并改判

（一）在再审申请人有明确、具体、有效的送达地址的情况下，原审应当直接送达

不论是在原审期间还是现在，再审申请人始终都有具体有效的送达地址，且该地址还被被申请人银行表述在其伪造的两份抵押担保合同和多份最高额保证合同中。本案五位再审申请人中，三位公司再审申请人经营正常，两位自然人再审申请人在芜湖进行业务经营。

依据《民事诉讼法》第八十五条的规定："送达诉讼文书，应当直接送交受送达人。受送达人是公民的，本人不在交他的同住成年家属签收；受送达人是法人或者其他组织的，应当由法人的法定代表人、其他组织的主要负责人或者该法人、组织负责收件的人签收；受送达人有诉讼代理人的，可以送交其代理人签收；受送达人已向人民法院指定代收人的，送交代收人签收。受送达人的同住成年家属，法人或者其他组织的负责收件的人，诉讼代理人或者代收人在送达回证上签收的日期为送达日期。"本案原审中，在再审申请人有明确、具体、有效的送达地址的情况下，送达文书应当直接送达给各再审申请人。

（二）原审未直接送达，违规采取公告送达方式

《民事诉讼法》第九十二条对公告送达作出了规定，即"受送达人下落不明，或者用本节规定的其他方式无法送达的，公告送达。自发出公告之日起，经过六十日，即视为送达。公告送达，应当在案卷中记明原因和经过"。

依据该条规定，公告送达仅限于受送达人下落不明，或者无法正常送达的情形。而本案不存在任何再审申请人下落不明或其他不能送达的情形，本案原审未向各被告直接送达，违背送达程序，于2013年3月2日直接使用公告送达起诉状副本与开庭通知，严重违反法定程序。

（三）原审送达程序其他情形严重违法

第一，本案原审于2012年11月26日正式立案，次日，即2012年11月27日，法院就将公告送达文稿起草完成。可见，原审在立案受理当天，便准备将案件进行公告送达，而不是依法依程序先直接送达给各原审被告，送达程序严重违法。

第二，原审没有按照第二次公告送达规定的期限开庭，而是在期限届满前就组织开庭。公告内容显示开庭时间应当在公告送达之日后且举证期满后的第3日上午，即6月5日上午，但实际上，本案在6月3日就提前开庭了，原审未按公告内容确定的时间开庭，程序严重违法。

第三，判决书上的送达签字是伪造的，收件人安徽某投资担保有限公司及钢材市场公司在未接到起诉材料的前提下，被他人代为签收相关诉讼材料，收件人签字及日期均系伪造。签名人并非上述两名被告的授权委托代理人，也与原审法院已经通过公告送达缺席审理的行为相矛盾。

综上，本案送达程序严重违法。最高人民法院关于适用《中华人民共和国民事诉讼法》的解释第三百九十一条规定："原审开庭过程中有下列情形之一的，应当认定为民事诉讼法第二百条第九项规定的剥夺当事人辩论权利：（一）不允许当事人发表辩论意见的；（二）应当开庭审理而未开庭审理的；（三）违反法律规定送达起诉状副本或者上诉状副本，致使当事人无法行使辩论权利的；（四）违法剥夺当事人辩论权利的其他情形。"

原审在未向各被告直接送达的情况下，违背送达程序直接公告送达的行为导致各被告均无法得知本案诉讼，剥夺了各被告参与诉讼、答辩的权利，导致申请人直至土地被拍卖时才知道本案诉讼的存在，严重损害再审申请人权益，本案应当再审并改判。

二、原贷款实际上是空壳公司骗取的银行的贷款

（一）原借款单位是为骗取贷款而设立的空壳公司

1. 类案借款单位的注册时间、注册地点均相同

类案8家借款单位的注册时间相同，均是在2011年4月，注册地点也相同，均位于安徽省芜湖市××区××路，且均已被吊销，这些借款单位明显是为了套取银行贷款而设立的空壳公司。

2. 类案借款单位都在注入资本金后又将其即时转出

类案借款单位都是借用资金注册，在公司注册后，又将注册资金即时抽逃。他们的股东均是在2011年4月注入注册资金，随即在当月又将该资金转出。这种即时抽逃注册资金的行为也印证了这些借款单位是为套取银行贷款而设立的空壳

公司。

3. 类案借款单位均没有开展实际经营

类案借款单位大多都为贸易公司，但是在成立后，都没有任何的经营行为。这些借款单位没有开展实际经营，现都已被吊销，不符合常理，其明显在设立之初就没有经营的意愿，而是为了套取银行贷款而设立的空壳公司。

(二) 原贷款是空壳公司与银行工作人员串通，共同骗取银行的贷款

如上所述，类案借款单位均为空壳公司，在注资后即转出该注册资金，并没有实质经营。众所周知，银行在发放贷款前都会对贷款申请人进行背景调查，对其资产情况、还款能力进行综合评估，在没有实际经营且没有抵押或者其他保障措施的情况下，不能发放贷款。

而被申请人在这些公司没有任何实质经营的情况下，却仍然向其发放贷款，更为严重的是原贷款发放后，即时被全款转走，显然这是空壳公司与银行工作人员串通，共同骗取银行的贷款。

三、抵押合同和保证合同不是再审申请人真实意思的表示，抵押合同和保证合同无效

(一) 抵押合同不是再审申请人真实的意思表示，抵押合同无效

涉案两份抵押合同均不是再审申请人芜湖某农业公司真实的意思表示，而是由被申请人伪造的。第一，被申请人工作人员骗取再审申请人芜湖某农业公司的公章后，在抵押合同和抵押申请表上擅自盖章；第二，被申请人伪造刘某某人名章、伪造经办人苏某建签字；第三，被申请人伪造担保债务范围；第四，被申请人伪造担保期间；第五，二份抵押合同没有骑缝章也没有骑缝签字。

更为重要的是，被申请人在原审诉讼中提交的抵押合同和在不动产抵押登记中心备案的抵押合同不一致。被申请人在原审诉讼中提交的抵押合同第2页第1段空白处是由被申请人私自填写，该合同之2.1中的期间是2011年1月22日至2014年1月22日。而在不动产抵押登记中心备案的抵押合同第2页担保责任之2.1中的期间为2012年1月22日至2015年1月22日，与银行向法院提交的合同内容不一致。

因此，抵押合同系由被申请人伪造和篡改，不是再审申请人真实意思的表示，抵押合同无效。

(二) 保证合同不是再审申请人的真实的意思表示，保证合同无效

涉案7份保证合同均被被申请人篡改了担保期限、担保金额，而且该些合同只在最后一页有签字，并无骑缝签字。该些合同不是再审申请人的真实的意思表示，

保证合同无效。

实际上,上述合同就是类案借款单位为填补骗贷贷款,与被申请人串通,由其工作人员伪造、变造的抵押合同和保证合同,该些抵押合同和保证合同无效。

四、本案贷款是以新借款偿还原来骗取的贷款,退一步说,即使担保合同是真实的意思表示,担保合同也无效

(一)新的借款是为偿还原借款

如上所述,类案借款单位均为空壳公司,在注资后即将注册资金转出,并没有实质经营,没有必要贷款也不符合贷款条件,按照常理银行也不能贷款给他们。这些公司新的借款手续就是为了偿还原借款而办理的。

况且,借款单位的借款金额与第一次借款的金额吻合、放款时间与第一次借款的到期时间吻合,这明显就是借款单位在以新的借款手续偿还原借款。

(二)没有告知以新还旧,损害担保人利益,担保合同无效

《担保法》第三十九条规定:"主合同当事人双方协议以新贷偿还旧贷,除保证人知道或者应当知道的外,保证人不承担民事责任。新贷与旧贷系同一保证人的,不适用前款的规定。"

因此,本案中,借款单位在没有告知再审申请人借款合同是以新贷偿还旧贷的情况下,其严重损害了担保人的利益,担保合同无效。

五、本案给再审申请人造成了难以弥补的重大损失

(一)被申请人存在严重过错

被申请人作为国内知名的大型银行,在涉案借款单位没有任何实质经营的情况下,仍然向其发放贷款,而且借款单位在原贷款发放后,又即时将贷款全额转走。显然,这是银行工作人员与这些空壳公司在相互串通,共同骗取银行贷款。

放贷后,被申请人又骗取再审申请人芜湖某农业公司的公章,伪造和篡改两份最高额抵押合同和七份最高额保证合同,伪造和篡改其中的保证金额、保证范围、保证期间等,企图转嫁债务与损失,使再审申请人承受巨额债务。

(二)原审程序严重违法

原审在再审申请人有明确、具体、有效的送达地址的情况下,并未直接送达;在未向各被告直接送达的情况下违背送达程序,直接公告送达的行为导致各被告均无法得知本案诉讼,剥夺了各被告参与诉讼、答辩的权利,导致申请人直至土地被拍卖时才知道本案诉讼的存在。原审程序严重违法。

(三)本案给被申请人造成了不可弥补的伤害和损失

再审申请人从他乡来到芜湖经商,一直本本分分,兢兢业业。历经数年才累积

出涉案抵押合同中的土地和房产等资产,该些资产是再审申请人一辈子的心血。而由于原审的错判和错误执行,再审申请人完全不知情的情况下,背负了巨额债务,再审申请人的企业也无法继续经营。更为严重的是,再审申请人刘某某的哥哥刘某仙,也因此案的错判投江自杀,结束了年轻而宝贵的生命。原审的错判使再审申请人、再审申请人企业以及再审申请人的家庭受到了严重伤害,造成了不可弥补的重大损失。

综上,原审送达程序严重违法;原贷款实际上是空壳公司骗取银行的贷款;抵押合同和保证合同不是再审申请人真实意思的表示,抵押合同和保证合同无效;本案贷款是以新借款偿还原来骗取的贷款,退一步说,即使担保合同是真实意思的表示,担保合同也无效;被申请人的过错和原审的过错给再审申请人造成了难以弥补的损失。

基于以上理由,特向贵院申请再审,敬请再审并撤销原审判决,驳回被申请人的全部诉讼请求。

此致
安徽省芜湖市中级人民法院

再审申请人:芜湖某酒业有限责任公司
再审申请人:安徽某投资担保有限公司
再审申请人:安徽某物流园经营管理有限公司
再审申请人:刘某某
再审申请人:李某华
2021 年 8 月 20 日

四、胜诉裁判摘要

(一)芜湖市中级人民法院再审裁定摘要

安徽省芜湖市中级人民法院
民事裁定书

(2021)皖 02 民申 67 号

("本院认为"以前部分略)

本院认为,芜湖某酒业有限责任公司、安徽某物流园经营管理有限公司、刘某某、李某华的再审申请符合《中华人民共和国民事诉讼法》第二百条第九项、第十项规定的情形。经本院审判委员会讨论决定,依照《中华人民共和国民事诉讼法》

第二百零四条、第二百零六条、《最高人民法院关于适用〈中华人民共和国民事诉讼法〉的解释》第三百九十五条第一款的规定，裁定如下：

一、本案由本院另行组成合议庭再审；

二、再审期间，中止原判决的执行。

（二）芜湖市中级人民法院再审判决摘要

安徽省芜湖市中级人民法院
民事判决书

（2022）皖 02 民再 33 号

（"本院认为"以前部分略）

本院再审认为，本案因原一审存在送达程序违法而提起再审，现根据本案当事人所提供的证据，结合再审查明的事实，针对再审申请人的申请理由及请求，逐一分析认定如下：

一、关于本案是否存在"借新还旧"、骗贷问题。

芜湖 JC 公司于 2011 年 4 月 12 日注册成立，同年 6 月 1 日在某国有商业银行芜湖支行开户。同年 6 月 17 日，该公司与某国有商业银行芜湖支行签订"小企业流动资金借款合同"，约定贷款 290 万元用于周转等。某国有商业银行芜湖支行于 2011 年 6 月 20 日发放贷款，芜湖 JC 公司于 2012 年 1 月 4 日归还贷款。2011 年 12 月 31 日，芜湖 JC 公司再次与某国有商业银行芜湖支行签订"小企业流动资金借款合同"，约定贷款 290 万元用于周转，期限不超过 8 个月。某国有商业银行芜湖支行于 2012 年 1 月 6 日发放第二次贷款，还款账户与资金回笼账户均约定为芜湖 JC 公司同一账户。在案证据反映案涉贷款资料完整，属于"还旧贷新"，并非"借新还旧"，故刘某某等再审申请人的相应主张不能成立，再审不予采信。另，刘某某等再审申请人所举证据不足以证明某国有商业银行芜湖支行工作人员和贷款人存在相互串通骗取银行贷款行为，故刘某某等再审申请人的相应主张不能成立，再审不予采信。因此，原审认定某国有商业银行芜湖支行与芜湖 JC 公司于 2011 年 12 月 31 日签订的"小企业流动资金借款合同"系双方当事人真实意思表示，为有效合同，某国有商业银行芜湖支行依约发放贷款，贷款到期后芜湖 JC 公司仅偿还部分贷款构成违约，并据此判决芜湖 JC 公司支付某国有商业银行芜湖支行贷款本息，应当得到支持。

二、关于案涉"最高额抵押合同"的效力及责任承担问题。

2011 年 12 月 31 日，芜湖某农业公司召开股东会议并作出"股东会决议"，主要内容为：一致同意将芜湖某农业公司拥有的土地使用权及厂房作抵押，为贷款人芜湖JC公司等18家公司向某国有商业银行芜湖支行的贷款提供担保，具体抵押金额与期限以银行合同为准，决议有效期一年。该决议尾部加盖芜湖某农业公司公章，股东郑某彭、刘某某、李某华、苏某良予以签名。刘某某等再审申请人现主张芜湖某农业公司的"股东会决议"系某国有商业银行芜湖支行伪造形成的，但并未提供相应证据予以证明，故本院再审认定该"股东会决议"可以证明芜湖某农业公司存在为贷款人的贷款而向某国有商业银行芜湖支行提供抵押担保（土地使用权、房产）的意思表示。

（一）某国有商业银行芜湖支行与芜湖某农业公司签订的案涉土地使用权"最高额抵押合同"，因某国有商业银行芜湖支行在再审时未能提交其在原审诉讼时作为证据提交的该份合同的原件，故本院再审以芜湖市不动产登记中心存档的"最高额抵押合同"（土地使用权）作为定案依据，某国有商业银行芜湖支行对此亦予以认可。但案涉贷款合同签订时间为2011年12月31日，其不在该存档合同中所约定的2012年1月22日至2015年1月22日贷款合同签订期间内，故该土地使用权抵押合同以及抵押登记对芜湖某农业公司均不产生法律效力。

（二）某国有商业银行芜湖支行与芜湖某农业公司签订的案涉房产"最高额抵押合同"，该抵押合同约定的贷款发生期间与案涉贷款合同的发生时间相对应，并加盖了芜湖某农业公司公章及法定代表人刘某某个人印章。但刘某某现主张其未与某国有商业银行芜湖支行面签该份合同，亦未授权其他人员签订该份合同，该合同并非芜湖某农业公司的真实意思表示。某国有商业银行芜湖支行则主张该行签订合同时认章不认人，无须审查签订人的权限。对此本院再审认为，印章真实一般即可推定合意形成行为真实，但在有证据否定或怀疑合意形成行为真实性的情况下，即不能根据印章的真实性直接推定协议的真实性。本案中，某国有商业银行芜湖支行作为专业的金融机构，应当遵守合同签订的行业规范，负有谨慎注意义务。第一，某国有商业银行芜湖支行并未提供相应证据证明案涉抵押合同系与芜湖某农业公司时任法定代表人刘某某面签，或与芜湖某农业公司的授权代理人面签。第二，某国有商业银行芜湖支行并未提供证据证明该行在签订案涉抵押合同时，已向抵押人芜湖某农业公司告知案涉贷款系贷款人第二次贷款，且第二次贷款已经发放的事实。第三，2012年1月10日，抵押权人（甲方）某国有商业银行芜湖支行、抵押人（乙方）芜湖某农业公司、贷款人（丙方）芜湖JC公司等18家公司签订"三方协议"，该协议的登记版系将"一"改为"叁"，诉讼版为一年，二者并不一致。第四，在办理案涉房产抵押登记时，芜湖某农业公司出具的授权委托书上委托人"刘某某"的签名,并非其本人所签;某国有商业银行芜湖支行在原审诉讼期间提交的芜湖某农业公司房产抵押物清单上抵押人经办人处"苏某建"签名与样本上"苏某建"签名,并非同一人书写。再审期间从芜湖市不动产登记中心档案中调取的房产抵押物清单上经办人处则系空白。第五,2012年2月8日,抵押权人某国有商业银行芜湖支行代理人刘某、抵押人芜湖某农业公司及芜湖JC公司等18家贷款单位的共同代理人苏某建至芜湖市不动产登记中心申请办理芜湖某农业公司房地产抵押登记并接受询问、签字,苏某建与芜湖某农业公司及18家贷款单位均被登记为"同事"关系,此与苏某建的身份明显不符。综上,案涉房产抵押合同的签订及抵押登记的办理存在上述诸多不合常理之处,某国有商业银行芜湖支行对此未作出相应合理的解释与说明,故案涉房产抵押合同及相关登记材料上所加盖的芜湖某农业公司的公章虽真实,但不能据此直接推定合同的真实性。且某国有商业银行芜湖支行作为专业的贷款机构,其并未举证证明其在案涉房产抵押合同签订时已注意审查签约人于盖章之时有无代表权或者代理权。故不能仅凭芜湖某农业公司加盖公章的行为进而认定其真实意思表示。因此,案涉房产抵押合同及抵押登记均应属无效。某国有商业银行芜湖支行亦未举证证明芜湖某农业公司对于案涉房产抵押合同及抵押登记的无效存在过错,故芜湖某农业公司依法不应承担房产抵押担保责任及抵押无效的民事责任。

综上,某国有商业银行芜湖支行诉请对芜湖某农业公司所有的土地使用权及房产享有优先受偿权没有事实与法律依据,依法不应支持。原审相应判决存在不当,再审予以纠正。

三、关于案涉"最高额保证合同"的效力及责任承担问题。

(一)芜湖JC公司的法定代表人陈某源与某国有商业银行芜湖支行签订的"最高额保证合同",系当事人的真实意思表示,不违反法律规定,合法有效。因芜湖JC公司的两次贷款时间均在陈某源所签保证合同中所约定的贷款合同签订期间内,故即使本案是以新贷还旧贷,但新贷和旧贷系同一保证人,根据《最高人民法院关于适用〈中华人民共和国担保法〉若干问题的解释》第三十九条的规定,保证人仍应承担民事责任。故原审判决陈某源对芜湖JC公司的上述债务承担连带保证责任,符合法律规定,再审予以维持。

(二)担保公司、钢材市场公司分别与某国有商业银行芜湖支行签订的"最高额保证合同"所加盖的公司公章真实,印章真实一般即可推定合意形成行为真实,但在有证据否定或怀疑合意形成行为真实性的情况下,即不能根据印章的真实性直接推定协议的真实性。首先,某国有商业银行芜湖支行未能提供相应证据证明该两份合同系与两公司的法定代表人或公司授权代理人所面签。其次，担保公司为八家贷款公司与某国有商业银行芜湖支行分别签订了八份"最高额保证合同"，刘某某等再审申请人在再审庭审中核对"最高额保证合同"原件时，发现某国有商业银行芜湖支行存有两份案外当事人芜湖CH贸易有限公司与该行签订的"最高额保证合同"原件，而该合同注明是一式三份，由债权人、债务人、担保人各持有一份。某国有商业银行芜湖支行现持有两份合同原件的事实与合同前述所载明内容，明显存在矛盾。现上述两公司否认收到保证合同原件，但某国有商业银行芜湖支行不能确定合同原件是否交付给上述两公司。再次，案涉保证合同并未加盖骑缝印，再审申请人有理由怀疑某国有商业银行芜湖支行可以对合同原件进行修改、更换。综上，案涉保证合同存在上述诸多不合常理之处，某国有商业银行芜湖支行对此未作出相应合理的解释与说明，故案涉保证合同上所加盖的两公司的公章虽真实，但不能据此推定合同的真实性。某国有商业银行芜湖支行作为专业的贷款机构，其并未举证证明其在案涉保证合同签订时已注意审查签约人于盖章之时有无代表权或者代理权。故不能仅凭两公司加盖公章的行为进而认定其真实意思表示。因此，案涉保证合同应属无效。某国有商业银行芜湖支行亦未举证证明上述两公司对于案涉保证合同的无效存在过错，故两公司依法不应承担保证合同无效的民事责任。原审判决认为担保公司、钢材市场公司与某国有商业银行芜湖支行所签订的"最高额保证合同"是双方当事人真实意思表示且合法有效，并对某国有商业银行芜湖支行的相应诉请予以支持，缺乏事实与法律依据，再审予以纠正。

（三）刘某某、李某华、苏某良、郑某英、郑某彭、张某新分别与某国有商业银行芜湖支行签订的"最高额保证合同"，因某国有商业银行芜湖支行在再审期间未能提供编号为A××××××××"某银行信贷担保业务合作协议""担保确认函"的原件，故不能确认刘某某等六名当事人所签合同系为本案贷款提供连带保证责任，因此，刘某某等六名当事人不应承担连带保证责任。原审判决刘某某等六名当事人对芜湖JC公司的上述债务承担连带保证责任，事实依据不足，再审予以纠正。

此外，因某国有商业银行芜湖支行未提供相应证据证明陈某源与张某珠系夫妻关系，也未提供相应证据证明周某秀应对芜湖JC公司上述债务承担连带保证责任，肖某贵出具的"股东担保承诺函"未明确其为本案债务提供连带责任保证担保，故原审对某国有商业银行芜湖支行要求张某珠、周某秀、肖某贵对芜湖JC公司上述债务承担连带保证责任的诉讼请求未予支持，并无不当，再审予以维持。

综上，刘某某等再审申请人的部分再审请求成立，本院再审予以支持。因引起本案民事纠纷的法律事实发生于《中华人民共和国民法典》实施以前,根据《最高人民法院关于适用〈中华人民共和国民法典〉时间效力的若干规定》第一条第二款的规定,应当适用当时的法律、司法解释的规定。经本院审判委员会讨论决定,依照《中华人民共和国合同法》第二百零五条、第二百零六条、第二百零七条,《中华人民共和国担保法》第十八条、第二十一条、第三十条、第三十一条,《最高人民法院关于适用〈中华人民共和国担保法〉若干问题的解释》第三十九条,《中华人民共和国民事诉讼法》第一百四十七条、第二百一十四条,《最高人民法院关于适用〈中华人民共和国民事诉讼法〉的解释》第四百零七条第二款的规定,判决如下:

一、撤销本院(2013)芜中民二初字第17号民事判决;

二、芜湖JC公司于本判决生效之日起十日内一次性支付某国有商业银行芜湖支行贷款本金2 311 272.47元、利息3 961 617.29元,并以2 311 272.47元为基数,支付自2022年7月19日起至实际付清之日止的罚息(利率按"小企业流动资金借款合同"约定的逾期贷款罚息利率标准计算);

三、芜湖JC公司于本判决生效之日起十日内一次性支付某国有商业银行芜湖支行律师费20 000元;

四、陈某源对芜湖JC公司的上述第二项、第三项债务在550万元范围内承担连带清偿责任,其在承担责任后,有权向芜湖JC公司追偿;

五、驳回某国有商业银行芜湖支行的其他诉讼请求。

如果未按本判决指定的期间履行给付金钱义务,应当依照《中华人民共和国民事诉讼法》第二百六十条之规定,加倍支付迟延履行期间的债务利息。

案件受理费25 454元、财产保全费5 000元、公告费300元,合计30 754元,由芜湖JC公司、陈某源共同负担。

如不服本判决,可于本判决送达之日起十五日内,向本院递交上诉状,并按对方当事人的人数提交副本,上诉于安徽省高级人民法院。

五、律师团队20点评析

(一)八起再审案件合并审理更好地推动了案件的再审和改判

如前所述,这八起案件案情相同,除债务人不同外,债权人、担保人相同,原审合议庭相同,审理程序也相同。一起案件再审,一起案件被改判,其他七起案件也同样会进行再审,也同样会被改判。经律师团队与人民法院沟通,人民法院最终确定对这八起案件合并审理,并选择其中一起案件作为重点进行审查。这样,人民法院的审理工作和律师团队的代理工作都以该起案件为重点，大幅提升了代理工作的效率。重点审查案件的证据可以作为其他案件的证据，其他案件的证据也可以作为这起重点审查案件的辅助证据，从而更好地推动了案件的再审和改判。

（二）以新证据申请再审，克服了6个月申请再审期限的障碍

本案申请再审第一个障碍是6个月申请再审期限的限制。《民事诉讼法》第205条规定，当事人申请再审的，应当在判决、裁定发生法律效力后6个月内提出。除非属于第200条第1项"有新的证据，足以推翻原判决、裁定的"、第3项"原判决、裁定认定事实的主要证据是伪造的"、第12项"据以作出原判决、裁定的法律文书被撤销或者变更的"和第13项"审判人员审理该案件时有贪污受贿、徇私舞弊、枉法裁判行为的"，这四种例外情形。属于这四种例外情形的，申请再审期限自当事人知道或者应当知道之日起6个月内提出。

本案原审最为明显的错误是"违反法律规定，剥夺当事人辩论权利""未经传票传唤，缺席判决"，也就是说，作为担保人的当事人，根本不知道本案诉讼的存在，根本没有收到应诉和开庭通知。当事人在被强制执行时才了解到本案的存在，但此时，已经过了6个月的申请再审期限。这是立法上的一个缺陷。因为，这种情况下，不是当事人本人的过失，但当事人的申请再审的权利却没有得到保证。

在上述情形下，最好的办法是寻找上述4种例外情形的相关证据，在申请再审时提出的再审事由包括这4种例外情形，从而确保再审申请成功被人民法院受理并进入审查阶段。

本案中，原审判决的时间是2013年，委托人申请再审的时间是2021年，已经远远超过了6个月。但申请再审前，委托人到不动产登记中心查询复印了相关的抵押担保合同，取得了本案的新证据。该份证据取得的时间到申请再审不到六个月，因此，依据《民事诉讼法》第200条第1项"有新的证据，足以推翻原判决、裁定的"的相关规定，委托人的再审申请仍然符合人民法院的受理条件，人民法院应当受理。当然，人民法院受理后，并不一定以该项再审事由裁定再审。人民法院对再审申请立案受理后，在再审审查时，只要发现了有部分法定再审事由成立，就会裁定再审。

（三）再审申请书补充意见发挥了重要作用

当事人到北京委托律师团队以前，已经委托当地律师提交了再审申请书。律师团队接受委托后，为促使人民法院裁定再审这八起案件，又提交了再审申请书补充意见，在原再审申请书的基础上详细阐述了再审事由和再审理由。再审申请书补充意见发挥了重要作用。

再审申请书补充意见详细论述了原审程序的违法之处。原审在可以当面送达、邮寄送达的情况下，却采取公告送达的方式。在采取公告送达的情况下，开庭的实际时间却与公告送达通知的时间不同。违规采用公告送达，最终变相剥夺了当事人辩论的权利，变相剥夺了当事人参加庭审的权利，符合《民事诉讼法》第200条第9项和第10项规定的再审情形。

除此以外，再审申请书补充意见还阐明：涉案贷款是银行工作人员和债务人串通发放的贷款，本案的担保合同不是当事人真实的意思表示，本案的贷款是借新还旧。原审认定的基本事实缺乏证据证明，原审适用法律确有错误。另外，再审申请人还陈述了原审给当事人、当事人单位、当事人亲属造成的伤害和损失。

再审申请书补充意见有较强的说服力，为促进案件被裁定再审发挥了重要作用。

（四）人民法院以程序违法为由裁定再审

申请再审的审查工作是由原审人民法院立案庭法官组成合议庭开展的。人民法院组织了听证，听证时组织双方进行了举证和质证。人民法院最终裁定再审仅仅是以《民事诉讼法》第200条第9项和第10项规定的再审事由，即原审程序违法，原审变相剥夺了当事人辩论权利，变相剥夺当事人参加庭审权利裁定再审。裁定并没有对担保合同是否有效进行认定，也没有将"有新的证据，足以推翻原判决、裁定""原判决裁定认定的基本事实缺乏证据证明""原判决裁定适用法律确有错误"作为裁定再审事由。

但不管以何种事由裁定再审，只要案件进入再审程序，人民法院在再审程序中就需要对当事人的所有再审请求和再审理由进行审理，就达到了申请再审第一阶段的目标。

（五）再审代理的三个目标

案件被裁定再审后，经律师团队和当事人集体讨论，确定了再审阶段的三个目标。第一个目标，也是最低期望的目标：芜湖某农业公司以土地和房产提供抵押担保的合同无效，芜湖某农业公司不承担担保责任，当事人保住芜湖某农业公司的土地和房产这些核心资产。第二个目标：个人保证合同无效，除芜湖某农业公司外，所有提供担保的个人不承担责任，即芜湖某农业公司、委托人个人及委托人的亲属在案件中均不承担担保责任。第三个目标，也是律师团队和当事人努力争取达到的最理想目标：除芜湖某农业公司、委托人个人及亲属不承担担保责任外，担保公司也不承担责任。明确了代理目标，就更方便确定下阶段代理思路，确定下阶段的工作重点。

（六）再审理由的选择与强化

案件被裁定再审后，关于程序方面的理由可以不再阐述，关键是结合再审阶段的三个代理目标，再次选择和强化申请再审改判的理由。

要达到不承担担保责任的目标，就是要努力证明担保合同无效。如前所述，律师团队从以下三个方面组织证据和理由，以证明担保合同无效。

第一，证明主合同无效，证明主合同是银行工作人员和债务人串通，为骗取银行贷款而签订的。如果能证明上述事实，主合同无效，担保合同自然无效，担保人不存在过错，担保人自然不承担责任。在这种情况下，所有的担保单位和个人都不承担责任，则实现了再审代理所设定的全部三个目标。

第二，证明担保合同不是当事人真实意思的表示，担保合同无效。担保合同又包括土地、房产抵押合同，个人保证合同，担保公司保证合同，分别对应本案再审代理的三个目标。

第三，借新还旧没有告诉担保人，导致担保合同无效。这也分别涉及每份合同，分别涉及三个再审目标的实现。

再审时，律师团队就上述三个方面寻找证据，阐述和强化理由。

（七）人民法院的调查取证在本案中发挥了非常重要的作用

广义的申请人民法院调查取证包括：申请人民法院调查收集证据，申请人民法院责令对方当事人提交书证，申请人民法院委托鉴定，申请人民法院勘验等。

在本案中，我们向人民法院申请了三个方面的调查取证。第一，申请人民法院调取债务人的银行流水明细，时间从债务人单位成立时起到原审诉讼发生时止。人民法院调取的该流水明细非常重要，它说明债务人单位是空壳公司，注册资金刚注入即被全部转走；它还说明，第一次借款刚转入债务人账户同样被全面转走；它还说明了第二次借款时借助过桥资金实现借新还旧的过程；它还能说明与债务人发生资金划转关系的相关单位名称。这些事实在本案中都非常重要。第二，申请人民法院到不动产登记中心调取有关土地和房产相关的所有抵押登记材料。这部分材料也非常重要，它证明了对方当事人在原审中提交给人民法院的抵押合同的版本与不动产登记中心的抵押合同的版本并不一致；它还证明，办理抵押登记时的授权委托书等材料中有伪造的签字。第三，申请人民法院对部分签名和盖章的真实性进行鉴定。经鉴定，原审中抵押合同中的部分签名和盖章是伪造的。

人民法院上述三方面的调查取证在本案中发挥了非常重要的作用。

（八）网络检索在本案的取证中也发挥了积极的作用

人民法院在调取了债务人的银行流水明细后，就可以知道与债务人进行资金划转的相关单位和个人。在了解这些单位和个人的名称和姓名后，律师团队进行了网络查询与检索，查询了这些资金往来单位的工商信息，即它们的股东情况和管理人情况，检索了与这些单位及个人相关的裁判文书，从而得出了这些资金往来单位实际上由同一控制人或同一对夫妇控制和经营的结论。这些网络检索取得的证据对证明本案的第二次借款是借新还旧有重要的作用。

（九）证据清单及举证意见方便了人民法院对案件事实的认定

在调查收集证据的基础上，结合本案再审理由，律师团队整理了证据清单，并对每一份证据在本案的证明作用进行了详细的说明。证据清单和举证意见方便了人民法院对本案事实的认定。

（十）质证意见发挥了积极作用

本案中，就对方当事人的证据，律师团队庭前以可视化表格方式准备了书面质证意见，重点对证据的真实性和证明目的发表了反驳意见。真实性方面的质证意见包括：签名和盖章是否属实？如何取得签名和盖章？有没有骑缝章？有没有装订在一起？什么时候装订的？除最后一页外，其他页面上有没有签字？原件有没有送达给债务人和担保人？该版本和不动产登记中心的版本是否一致，有无矛盾之处，内容是否符合常理，能否证明对方当事人的证明目的？书面质证意见不仅方便律师团队在庭审中进行质证，也有利于人民法院对本案证据客观进行认定。

（十一）主合同无效的具体理由

为证明主合同是债务人和银行工作人员串通的结果，律师团队在庭审和代理意见中陈述了如下观点：八起类案的借款单位都是空壳公司，八起类案的借款单位都没有实际经营业务，八家借款单位的印章使用都被银行工作人员管控，银行控制了借款单位借贷资金的支付，银行工作人员参与伪造"钢材购销合同"等贷前审查材料。银行工作人员和借款单位相互串通、违规发放贷款，依据原《合同法》第52条的规定，属于相互串通损害国家、集体或者第三人利益，它们之间的借款合同应当被认定为无效。

退一步说，即使借款合同有效，银行工作人员在明知或应知借款单位是空壳公司的情况下，在明知或应知借款单位没有实际经营的情况下，为转移借款风险，为使骗贷的事实不至于败露，有意不将上述情况告知担保人，有意骗取担保人提供担保。在这种情况下，本案担保合同也无效，所有的担保人也都不应当承担担保责任。

关于上述观点，代理词中有详细的论述。虽然人民法院最终没有采信上述观点，但上述观点的论述，有利于人民法院对担保合同无效的认定，整体上形成有利于本案委托人的判决结果。

（十二）土地、房产抵押合同无效的理由被采信

律师团队主张土地、房产抵押合同无效的理由包括：（1）"土地最高额抵押合同"不能提供原件，不具有真实性；（2）"房产最高额抵押合同"系银行单方伪造，并非由当事人面签，不是芜湖某农业公司真实的意思表示；（3）本案中仅凭加盖的单位印章不能认定抵押合同是双方真实的意思表示，应当综合全案证据综合认定抵押合同不具有真实性；（4）对抵押登记材料的弄虚作假也进一步说明土地和房产抵押合同不是担保人真实的意思表示。

为进一步说明上述观点，律师团队在代理词中还引述了最高人民法院审理相类似案例的观点。最高人民法院在该案例的分析中认为：在证据意义上，印章真实一般即可推定合意形成行为真实，但在有证据否定或怀疑合意形成行为真实性的情况下，即不能根据印章的真实性直接推定协议的真实性。也就是说，印章在证明合同真实性上尚属初步证据，人民法院认定合同的真实性需综合考虑其他证据及事实。

本案中，人民法院采纳了上述观点，认定土地、房产抵押合同无效。

（十三）个人保证合同无效的理由被采信

律师团队主张个人保证合同无效的理由包括：（1）对方当事人质证时拒不提交"最高额保证合同"的附件，即"担保确认函"的原件；（2）对方当事人拒绝提供"最高额保证合同"所引述的"某商业银行信贷担保业务合作协议"；（3）6份"最高额保证合同"内容不合常理，没有加盖骑缝章，不是6位保证人当面签订的，不是其真实的意思表示。

上述观点被人民法院采信，人民法院据此认定6份个人保证合同无效，委托人个人及亲属不承担保证责任。

（十四）担保公司保证合同无效的理由被采信

律师团队主张担保公司保证合同无效的理由包括：（1）担保公司的保证合同存在多个版本，明显是银行伪造的结果；（2）保证合同没有骑缝章，也没有骑缝签字；（3）银行未与保证人面签合同，且未向保证人提供合同原件。

上述观点同样被人民法院采信，人民法院认定担保公司的保证合同无效，最终与委托人相关的所有单位和个人都不承担担保责任。

（十五）第二次借款构成借新还旧的观点没有被采信

律师团队主张第二次借款构成借新还旧的理由包括：（1）第二次借款和第一次借款的还款在时间上、金额上相互吻合，过桥资金的提供单位和第二次借款的最终接收单位是由同一控制人控制的，资金划转已经形成闭环，因此，在客观上第二次借款构成借新还旧。（2）银行和借款人之间主观上有以贷还贷的共同意思表示和意思联络；（3）司法实践中认定借新还旧采取的是高度盖然性标准，而不是排除合理怀疑标准。为此，律师团队还提供了大量的类似案例。

客观地说，律师团队认为本案构成借新还旧的事实比较明确，已经达到高度盖然性的标准，人民法院应当认定。遗憾的是，人民法院并没有采信该方面观点，没有认定本案构成借新还旧。

（十六）庭审质证在本案中发挥了重要的作用

人民法院就再审分别在2021年8月1日上午、下午和8月2日上午组织了三次庭审。律师团队按照事前的准备，就举证、原件核对、质证进行了分工配合，庭审代理工作取得了良好效果。

在原件核对方面，律师团队不放过每一个疑点，对原件的核对和质证在本案中起到了非常重要的作用。

（1）通过认真比对，律师团队发现对方当庭出示的原件与其事前提交给人民法院的复印件在手写部分的细微区别，这说明它们不是同一个版本，即对方提交给人民法院的复印件不是对方当庭提交的原件的复印件。对方被迫当庭撤回原来的复印件，提交新版本的复印件。这一核对就说明，对方至少有两个版本的原件。这与合同中关于债权人、债务人、担保人各留存一份原件的约定不符，进而促使人民法院不认定这些担保合同的真实性。

（2）核对时，律师团队要求对方出示个人保证合同的附件，即"担保确认函"的原件，但对方没有提交，最终促成人民法院不认可个人保证合同的效力。

（3）核对时，律师团队要求对方提交配套的信贷担保业务合作协议，但对方没有提交，对人民法院认定本案事实也起到了很好的帮助。

（4）核对时，律师团队要求对方出示土地抵押合同的原件，但对方没有提交，从而直接促成人民法院不认可土地抵押合同的效力。

（十七）质证和庭审询问相结合发挥了积极作用

在本案的质证过程中，律师团队就证据本身的问题向对方当事人发问，质证和庭审询问相结合，也起到了非常好的效果。

如律师团队于8月2日上午第三次庭审时对个人保证合同两个版本复印件的提问：

再申请人代理人：请问被申请人代理人，你们提交了两个版本的复印件，是复印错误吗？

被申请人代理人：是的。我们以当庭提交的为准。

再申请人代理人：请解释一下，为什么会复印错误？

被申请人代理人：复印的资料比较多，涉及八个单位，复印工作比较繁重，在复印中可能会出现串页的情况。

再申请人代理人：是对一个原件复印的吗？

被请人代理人：我拒绝回答……

（十八）最后陈述中强调举证责任分配起到了较好的效果

本案中，一方是国有商业银行，另一方是小型民营企业。一方是债权人，另一方却是只承担担保义务，不享有任何权利的担保人，因此，在最后陈述阶段，律师团队结合这一案件特点，强调了举证责任的分配，强调了对作为债权人的国有商业银行更严格的要求。现对最后陈述部分的内容摘要如下：

我们还需要补充的是，本案纠纷是国有大型股份制商业银行与中小型民营企业之间的纠纷，银行在开展贷款及相应的担保业务过程中，负有更大的专业审查责任。在本案中，已经可以认定抵押合同、保证合同弄虚作假；已经可以认定编造虚假业务材料，违规发放贷款；已经可以认定债权人和债务人互相串通，损害担保人的利益。因此，本案中担保合同无效，担保人不应当承担责任。

我们还想补充的是，担保合同是单务合同，担保人只承担义务，不享受任何权利，因此对担保合同的审查时，应当更加倾向对担保人的保护。对债权人无论是从举证责任分配的角度，还是从证明标准的角度，都应当以更加严格的标准来审查和要求。基于基本的公平原则，也不应当认定担保人在本案中承担担保责任。

（十九）再审判决结果评析

经过再审开庭，并经审判委员会讨论决定，人民法院最终对这八起案件分别作出了再审判决。再审判决虽然没有认定借款合同无效，虽然没有认定本案的第二次借款构成借新还旧，但认定土地、房产抵押合同无效，认定个人保证合同无效，认定担保公司保证合同无效，撤销了原审判决，判决委托人的相关单位和个人都不承担担保责任。本案达到了律师团队和当事人在再审阶段设定的三个代理目标，取得了满意的效果。①

（二十）对代理工作的综合评价

这八起案件通过申请再审和再审审理成功实现逆转，综合分析，以下几方面的代理工作起到了突破作用：（1）程序突破。律师团队和当事人收集提交新证据，克服了6个月的申请再审期的障碍。另外，紧紧抓住一审没有有效送达起诉状副本和开庭传票的程序瑕疵，直接促成了这八起案件被裁定再审。（2）庭审突破。庭审质证发挥了非常重要的作用，尤其是对担保合同原件的核对和质证，直接否定了担保合同的真实性和效力，为这八起案件彻底反败为胜发挥了至为重要的作用。另外，庭审辩论也得到了当事人的肯定，也发挥了积极作用。（3）证据突破。在法院裁定再审后，申请人民法院调取借款单位的银行流水，申请人民法院调取土地、房产的抵押登记材料。人民法院调取的这些证据在这八起案件中也发挥了重要作用。（4）其他方面的突破。这八起案件中的再审申请书补充意见、代理词也发挥了较好的作用，对法律检索工具、可视图表的使用也起到了积极的作用。

---

① 从2013年一审判决到2021年再审判决，历时八年，案件最终被彻底改判实属不易！这不仅是委托人和律师团队共同坚持和努力的结果，更是人民法院的承办法官实事求是、勇于纠错、敢于担当和守护法律、守护公平正义的结果！在此，我们要特别地向所有参与纠正这八起案件的法官表示崇高的敬意！

第五章

合作合同和买卖合同纠纷案件的突破和逆转

第五章　合作合同和买卖合同纠纷案件的突破和逆转

案例 15：调整诉讼思路，将对方证据作为本方二审新证据，凸显原审错误

——北京市第三中级人民法院北京 A 公司与上海 B 公司两起影视剧合作合同纠纷二审案的思路突破和证据突破

- 上诉思路
- 民事上诉状
- 重审代理词
- 重审证据清单
- 律师团队 13 点评析

一、代理工作概述

这是两起在北京市第三中级人民法院二审反败为胜的影视剧合作合同纠纷案件。

委托人北京 A 公司是江苏一民营企业家在北京设立的文化公司，应上海 B 公司的邀请和上海 B 公司合作投资某电视剧的拍摄。双方签订电视剧摄制合同，约定：电视剧的拍摄、发行和运营工作由上海 B 公司负责；北京 A 公司投资 1 800 万元，享有 40％的股权；上海 B 公司投资 2 700 万元（含剧本著作权折价 450 万元），享有 60％的股权。

后上海 B 公司以北京 A 公司没有按合同约定支付第二笔投资款为由，在北京市朝阳区人民法院提起诉讼，请求解除合同，并要求北京 A 公司赔偿损失 360 万元。上海 B 公司在北京提起诉讼的同时，北京 A 公司也在上海提起了诉讼，要求确认摄制合同已解除，要求上海 B 公司返还已支付投资款 540 万元。后北京 A 公司在上海提起诉讼的案件被移送到北京市朝阳区人民法院。两起案件均由北京市朝阳区人民法院同一合议庭审理。

2018 年 6 月，北京市朝阳区人民法院作出（2017）京 0105 民初 29421 号民事判决，认定北京 A 公司没有按时支付投资款构成违约，认定摄制合同已经解除，判

决北京A公司赔偿上海B公司损失141万元；同日，北京市朝阳区人民法院对另一案件作出（2017）京0105民初52632号民事判决，判决驳回北京A公司返还540万元投资款的请求。

北京A公司在两起案件均败诉后，经江苏律师同行推荐，联系到律师团队负责人张群力律师，委托张群力律师、卢青律师代理其向北京市第三中级人民法院提起上诉。律师团队调整代理思路，主张委托人在这两起案件中拥有先履行抗辩权和同时履行抗辩权，将对方一审的相当部分证据作为委托人二审的证据。经律师团队努力，北京市第三中级人民法院经二审开庭后作出了（2018）京03民终11720号民事裁定和（2018）京03民终12181号民事裁定，以原判决认定基本事实不清为由，裁定撤销一审两份判决，将这两起案件发回北京市朝阳区人民法院重审。

北京市朝阳区人民法院重审后，在这两起案件中驳回了上海B公司的全部诉讼请求，支持了北京A公司的大部分诉讼请求，判决上海B公司返还北京A公司投资款540万元并赔偿利息损失。在上海B公司提起上诉后，北京市第三中级人民法院维持了北京市朝阳区人民法院这两份重审判决。至此，这两起案件彻底反败为胜。在这两起案件的代理过程中，思路突破、证据突破和文书突破发挥了重要作用。①

二、基本案情和一审情况

（一）基本案情

在提起上诉时，根据这两起案件已有证据及北京A公司的介绍，律师团队重新整理了案件事实。具体如下：

2015年10月13日，上海B公司与武汉某传媒公司签订"某电视剧联合摄制合同"，武汉某传媒公司以某电视剧文学作品的著作权作为出资，享有某电视剧40%的收益。

2015年11月25日，上海B公司与北京A公司签订"三十集某电视剧联合摄制合同"，双方约定：（1）上海B公司投资2 700万元（含剧本折价450万元），占股60%；北京A公司投资1 800万元，占股40%；任何一方不得出卖、抵押剧本财产和权益。（2）电视剧于2016年5月开机。（3）摄制合同签订后的5个工作日内，双方向项目专用账户支付各自出资额的30%；确定开机时间20个工作日内双方支付其各

---

① 这两起案件由本书作者张群力律师担任主承办律师，卢青律师、于娟律师参与了这两起案件的部分代理工作。感谢江苏律师同行的推荐和介绍，感谢当事人的信任，感谢卢青律师和于娟律师的参与和付出！

自出资额的40%；开机后的40个工作日内，双方支付剩余30%出资。（4）项目专用账户的投资款实行专款专用，上海B公司每月编制财务报表发送给北京A公司。

2015年12月2日，上海B公司支付投资款260万元，通过案外人海宁某影视公司支付投资款100万元。2015年12月3日，北京A公司向项目专用账户支付投资款540万元。2015年12月30日，上海B公司与案外人北京某影视公司签署"三十集某电视剧联合摄制合同"，约定案外人北京某影视公司投资1 350万元，享有该剧30%的股权。2016年1月15日、2月4日，案外人北京某影视公司向项目专用账户打入投资款共计270万元。

2016年10月8日，上海B公司向北京A公司发出"汇款通知"，告知该剧开机时间为2016年10月20日，要求北京A公司在开机前的3个工作日内支付第二笔投资款人民币720万元。2017年4月5日，上海B公司以北京A公司没有按约定支付二期投资款，导致电视剧没有资金启动拍摄为由，发出"解除合同告知函"，从而引起了这两起诉讼纠纷。

（二）一审情况

上海B公司以北京A公司没有按时支付投资款构成严重违约为由，向北京市朝阳区人民法院提起诉讼，要求解除摄制合同，要求北京A公司赔偿其损失360万元。北京A公司在上海市浦东新区人民法院也同样提起了诉讼，要求上海B公司返还已支付投资款540万元。起诉理由、主要主张包括：（1）上海B公司没有按照摄制合同约定按时开机；（2）没有提供剧本版权；（3）没有每月提供财务收支表；（4）上海B公司丧失履约能力。合同已经解除，上海B公司应当退还北京A公司支付的投资款。后该案件被移送到北京市朝阳区人民法院审理。

北京市朝阳区人民法院因北京A公司没有按照上海B公司的汇款通知支付第二期投资款，认定北京A公司构成违约。在上海B公司诉北京A公司案中，判决解除合同，支持上海B公司的部分损失。在北京A公司诉上海B公司案中，判决北京A公司继续履行合同，驳回北京A公司返还投资款的诉讼请求。

上海B公司诉北京A公司的一审判决书中"本院认为"部分和判决主文部分的表述为：

本院认为，依法成立的合同，对当事人具有法律约束力。当事人应当按照约定履行自己的义务。有下列情形之一的，当事人可以解除合同：（1）因不可抗力致使不能实现合同目的；（2）在履行期限届满之前，当事人一方明确表示或者以自己的行为表明不履行主要债务；（3）当事人一方迟延履行主要债务，经催告后在合理期限内仍未履行；(4) 当事人一方迟延履行债务或者有其他违约行为致使不能实现合同目的；(5) 法律规定的其他情形。

本案中，上海B公司与北京A公司签署的"三十集某电视剧联合摄制合同"，系双方当事人真实意思表示，其内容不违反国家法律、行政法规的强制性规定，合法有效，本院予以确认。根据上海B公司提交的证据可知，上海B公司在合同签订后设立剧组专用账户，成立摄制组，对外签署与电视剧摄制有关的合同并支出相关费用，并与案外人北京某影视公司确定由案外人投资1350万元，积极履行了合同约定的上海B公司义务；北京A公司在上海B公司向其发出"汇款通知"后，无正当理由未按期履行付款义务，构成违约。鉴于按照双方合同的约定，支付投资款系北京A公司的主要合同义务，现北京A公司拒不支付投资款，上海B公司有权按照《中华人民共和国合同法》的相关规定主张解除合同，对上海B公司的该项诉讼请求，本院予以支持，确认双方于2015年11月25日签订的"三十集某电视剧联合摄制合同"于2017年4月8日解除。北京A公司主张上海B公司未按期支付第二期投资款，据此履行同时抗辩权和不安抗辩权，与事实不符，本院不予采信；双方约定剧本由上海B公司提供，作价450万元，现并无证据显示剧本版权存在争议，北京A公司以上海B公司未实际取得剧本及支出剧本费用为由抗辩，本院不予采信；北京A公司主张上海B公司未通报财务收支情况，但根据庭审调查，北京A公司派员参与剧组会议，有条件对剧组收支情况进行了解，且即使上海B公司确存在未通报财务收支报表的违约情形，该等违约亦不足以构成根本性违约，北京A公司无权据此主张合同解除。

合同解除后，尚未履行的，终止履行；已经履行的，根据履行情况和合同性质，当事人可以要求恢复原状、采取其他补救措施，并有权要求赔偿损失。现剧组实际发生的费用支出金额为681.1万元，扣除账户余额1 000元、北京A公司已支付的投资款540万元，上海B公司的实际损失金额为141万元，北京A公司应向上海B公司赔偿。上海B公司主张利息，缺乏事实和法律依据，本院不予支持。

综上，依照《中华人民共和国合同法》第九十四条、第九十七条之规定，判决如下：

一、确认原告上海B公司与被告北京A公司于2015年11月5日签订的"三十集某电视剧联合摄制合同"于2017年4月8日解除；

二、被告北京A公司于本判决生效之日起七日内赔偿原告上海B公司损失141万元；

三、驳回原告上海B公司的其他诉讼请求。

三、上诉思路和律师文书

（一）上诉思路

这两起案件是合作合同纠纷案件，双方都先后发函解除合同，合作合同事实上也已经被解除。这两起案件的关键是哪一方构成违约，合同解除和合同损失的责任应当由哪一方承担。一审中，委托人主张对方提供的版权有瑕疵，对方负责的拍摄工作迟延，对方没有按月提交财务收支表，对方构成违约，应当承担全部责任。但一审法院认为委托人的上述主张均不能成立，相反委托人没有及时支付第二笔投资款构成违约，因此，判决委托人在这两起案件中全面败诉。委托人不仅无权主张对方退还投资款，而且还要赔偿对方损失。

在这两起案件中，要纠正一审判决，一定要调整思路，证明对方当事人构成违约，而且要凸显一审判决在这方面的错误。这两起案件是合作合同纠纷案件，调整思路要紧密结合双方合同的书面约定。律师团队经讨论后认为，可以从以下三方面提出上诉理由，凸显一审判决的错误。

第一，合作合同中约定双方都不能擅自转让合作项目中的权益，但一审中对方当事人的证据已经显示，对方为筹措资金，与第三方签订合作协议，将其在合作项目中的权益擅自转让给了第三方，由此可以认定对方当事人构成根本违约。这一点是新观点，可以作为二审上诉的主要理由之一。

第二，结合影视行业的特点，强调版权权属在电视剧合作拍摄中的重要性，进一步强化对方版权存在瑕疵。同样也将该观点作为二审上诉的主要理由之一。

第三，强调合同约定双方对第二笔投资款同步投入，在双方都没有投入第二笔投资款时，委托人拥有同时履行抗辩权。在这种情况下，一审法院认定委托人单方构成违约并承担全部责任明显错误。这一点也是新观点，同样也可以作为二审上诉的主要理由之一。

在上诉以后，随着律师团队对案件进一步了解，律师团队增加了一项重要的上诉理由，即合同约定项目设有专用账户，专用账户上的资金专款专用，但对方当事人一审的证据显示，对方挪用了专用账户上的资金，对方的行为也同样构成根本违约。

仔细研究对方提交的证据，结合合同的约定，对方当事人一审的证据能够证明对方当事人的违约，因此，在二审中可以将对方的证据作为我方当事人的二审新证据，从而实现本案的证据突破。

另外，对涉案的两起案件没有合并审理，没有在一起判决，两份判决对合同是否解除的状况作出了矛盾的认定，这一点也可以凸显一审判决的错误。

在上诉思路指引下，律师团队积极开展了二审代理工作。最终二审法院采纳了律师团队的上诉意见，将这两起案件发回重审。经重审后，这两起案件均反败为胜。

(二) 民事上诉状

民事上诉状

上诉人（一审原告）：北京 A 公司

被上诉人（一审被告）：上海 B 公司

上诉人北京 A 公司因与被上诉人上海 B 公司合同纠纷一案，不服北京市朝阳区人民法院 2018 年 6 月 29 日作出并于 2018 年 7 月 19 日送达的（2017）京 0105 民初 52632 号民事判决，特依法向贵院提起上诉。

上诉请求：

一、请求判决撤销北京市朝阳区人民法院（2017）京 0105 民初 52632 号民事判决；

二、请求判决确认上诉人与被上诉人签订的"三十集某电视剧联合摄制合同"已经解除；

三、请求判令被上诉人返还上诉人投资款 540 万元；

四、请求判令被上诉人以 540 万元为基数，从 2015 年 12 月 3 日起至实际付清之日止，按中国人民银行公布的同期银行贷款利率赔偿上诉人利息损失；

五、请求判令被上诉人承担本案一审和二审的全部诉讼费用。

上诉理由：

一、被上诉人前期已经严重违约，一审法院认定被上诉人不构成违约，认定事实严重错误，判决结果严重不公

（一）被上诉人未按照合同约定取得涉案电视剧的文学作品版权和编剧版权，已构成根本性违约

本案中，双方合作的项目是版权项目，双方 2015 年 11 月 25 日签订的合同即"三十集某电视剧联合摄制合同"（以下简称合同）是一份电视剧版权投资合同。对电视剧版权投资合同来说，前期的版权素材来源与后期的电视剧版权保护同样重要。因为，前期的版权素材来源是项目投资的基础。没有取得前期文学作品的版权，没有取得前期编剧版权，就无法进行后续的拍摄，更谈不上对拍摄的电视剧进行商业性发行和经营。

因此，在本案中，取得涉案电视剧文学作品的版权和编剧版权，是双方在本项

目中合作的前提和基础。基于此，双方在合同第二条第1款中特别约定，"本剧的文学剧本由甲方（被上诉人）提供，编剧创作费用及版权折价人民币肆佰伍拾万元整（450万元）投资入股"。在合同第三条第7款第1项中约定，"本合同签订后的5个工作日内，甲、乙双方按照投资比例向本项目专用账户支付其各自出资额的30％；甲方应电汇捌佰壹拾万元（810万元），扣除剧本版权费肆佰伍拾万元（450万元）后，实际电汇人民币叁佰陆拾万元（360万元）……"。根据上述约定，为保证双方合作项目的开展，被上诉人应负责取得涉案文学作品的版权和编剧版权，并在第一阶段出资中，办妥上述版权手续。

但迟至今天，被上诉人既没有取得本案的文学作品版权，也没有取得本案的编剧版权，更没有将上述版权凭证提供或备份给上诉人。被上诉人的上述行为已使双方的合作失去了基础，构成了根本性违约。

（二）被上诉人未经上诉人同意，擅自两次转让项目股权，也构成了根本性违约

本案的合作是合伙型合作，双方进行合作的基础是相互之间的信任。因此在合同第十二条的违约条款中特别约定："未经甲乙双方书面同意，任何一方不得抵押或出卖本剧的任何财产、资产等相关权益，不得将其在该剧中的权益转让或抵押。"

依据上述约定，任何一方未取得对方的书面认可，均不得将项目中的权益转让给任何第三人。然而，被上诉人在前期合作中却擅自先后二次转让项目股权。

被上诉人第一次转让项目股权的时间是2015年11月，即第一阶段投资款应付期间。被上诉人未经上诉人许可，通过项目股权转让案外人海宁某影视公司参与本案项目的投资，向本项目投资100万元。

被上诉人第二次转让项目股权的时间是2015年12月。这一次，被上诉人同样未经上诉人许可，在2015年12月30日，擅自与案外人北京某影视公司签订合同，擅自约定北京某影视公司投资1 350万元，受让本项目30％的股权。

被上诉人在未开展任何项目合作事务的情况下，在未取得涉案文学作品版权和编剧版权的情况下，在未取得上诉人同意的情况下，擅自凭空转让项目股权。被上诉人的上述行为，不仅严重违背了双方的合同约定，而且动摇了双方的合作基础，同样构成了根本性违约。

事实上，被上诉人在与上诉人签订项目合作合同后，短短两个月内，先后两次凭空转让项目股权，两次向案外人骗取投资款。被上诉人的上述行为，不仅表明被上诉人缺乏基本的电视剧拍摄履约能力，而且表明，被上诉人根本无意真实地拍摄电视剧。被上诉人完全是借拍摄电视剧的空头名义，骗取上诉人和案外人的投资款。被上诉人的上述欺诈行为，正是当今文化界和电影电视界基本诚信缺乏的典型表现！

（三）被上诉人没有按合同约定开机拍摄、没有按合同约定确定导演、没有按合同约定编制和通报财务收支表、没有按合同约定进行商务开发，被上诉人没有履行基本的合同义务，同样构成了根本性违约

1. 被上诉人没按合同约定开机拍摄

时机对电视剧投资非常重要。双方在合同第四条第1款中约定，"甲方（被上诉人）作为本剧的承制公司，负责该剧的前期筹备、拍摄制作、发行等工作"。合同第一条第4款约定，"开机时间定在2016年5月"，第5款约定"拍摄周期为90天"，依据上述约定，涉案电视剧应在2016年7月底拍摄完毕。但被上诉人根本没有在2016年5月组织拍摄，更没有在2016年7月完成拍摄。事实上，被上诉人至今也没有取得任何拍摄成果。

2. 被上诉人没有按合同约定确定导演

选择合适的导演是电视剧投资成功的关键。因此，双方在合同第一条第6款中约定，由"孔某、李某、延某、李某"等担任导演。但被上诉人并没有按上述约定确定导演。

3. 被上诉人没有按合同约定编制和通报财务收支表

考虑到被上诉人是电视剧的拍摄人、管理人和控制人，相关的财务收支等事务全由被上诉人负责。为保障上诉人的基本知情权和监督权，双方在合同第三条第6款第4项中明确约定"在本剧的筹备、拍摄、后期制作、发行期间，甲方每月应编制一份财务收支表，并通报给乙方"。

但自合同签订后，被上诉人从未向上诉人提供过财务收支表。被上诉人的上述行为，不仅严重违约，而且影响到上诉人的后续投资。因为没有收到财务收支表，上诉人作为项目的主要合伙人，就无法知道项目的真实收支情况，无法对项目的财务进行监督和风险控制，无法放心筹集并投入第二阶段的投资款。一审法院无视上述基本事实，以上诉人派员参与剧组会议为由，而免除被上诉人承担编制和通报财务收支表的义务是完全错误的。

4. 被上诉人没有按合同约定进行商务开发

商务开发也是电视剧投资成功的重要保障。合同第七条第1款约定，"本剧的商务开发指本合同中约定的本剧发行以外的、对本剧有关的一切权利的使用、许可使用或转让，包括但不限于企业赞助、产品植入、制作相关商品、创作游戏、商标、角色形象等"。但被上诉人至今也没有开展以上任何商务开发行为。

综上，被上诉人没有按合同约定开机拍摄、没有按合同约定确定导演、没有按合同约定编制和通报财务收支表、没有按合同约定进行商务开发，等等。从上述情况看，被

上诉人根本没有履行合同的基本义务,上述一系列行为,同样构成了根本性违约。

综合起来分析,被上诉人没有按合同约定取得涉案电视剧的文学作品版权和编剧版权,被上诉人擅自转让项目股权,被上诉人不按合同约定开机拍摄、不按合同确定导演、不编制和通报财务收支表、不进行商务开发。以上任何一种行为均构成根本性违约。对以上任何一种违约行为,在第二阶段付款前,上诉人不仅有权选择中止合同的履行,而且也有权选择单方解除合同,要求被上诉人承担全部赔偿责任。但一审法院却罔顾上述基本事实,认定被上诉人不构成违约,一审认定事实严重错误,判决结果严重不公!

二、被上诉人未支付第二阶段投资款前,无权要求上诉人支付第二阶段投资款。在双方都没有投入第二阶段投资款的情况下,一审法院仅认定上诉人单方构成违约,并要求上诉人承担全部责任,一审法院认定事实严重错误,判决严重不公

如前所述,被上诉人前期严重违约。

《合同法》第六十七条规定了先履行抗辩权,即"当事人互负债务,有先后履行顺序,先履行一方未履行的,后履行一方有权拒绝其履行要求。先履行一方履行债务不符合约定的,后履行一方有权拒绝其相应的履行要求"。

因此,在被上诉人前期严重违约的情况下,上诉人不仅有权选择单方解除合同,要求被上诉人承担全部违约责任,而且也有权选择行使《合同法》第六十七条规定的先履行抗辩权,不支付第二阶段投资款。

在本案中,更为重要的是,《合同法》第六十六条还规定了同时履行抗辩权,即"当事人互负债务,没有先后履行顺序的,应当同时履行。一方在对方履行之前有权拒绝其履行要求。一方在对方履行债务不符合约定时,有权拒绝其相应的履行要求"。

而双方在合同第三条第7款第2项对第二阶段投资款作了如下明确的约定:"本剧确定开机时间20个工作日内(开机时间以摄制组通知为准),甲乙双方按照投资比例向本项目专用账户支付其各自出资额的40%,甲方应电汇人民币壹仟零捌拾万元(1 080万元),乙方电汇人民币柒佰贰拾万元(720万元)至本剧剧组账户。"即双方约定第二阶段投资款双方应同时支付,其中被上诉人应支付1 080万元。

因此,退一步说,即使被上诉人前期不构成违约,即使上诉人无权行使先履行抗辩权,依据合同关于第二阶段投资款的约定,在被上诉人未支付第二阶段投资款前,上诉人也可以依据《合同法》第六十六条的规定,行使同时履行抗辩权。在被上诉人未付清第二阶段投资款前,上诉人有权不支付第二阶段投资款。

令上诉人震惊的是,在被上诉人未支付第二阶段投资款前,一审法院却认定被上诉人有权要求上诉人支付第二阶段投资款。在双方都没有投入第二阶段投资款的

情况下,一审法院却认定上诉人单方构成违约,并要求上诉人承担全部责任,人民法院能作出这样的判决吗?!

三、一审法院在本案中判决上诉人不能解除本案合同,却在同一天作出的另一份判决中判决认定合同已经解除,同一法院同一天对同一份合同的二份判决相互矛盾

一审法院在本案中,认定上诉人无权解除本案合同,认定合同仍应当继续履行,双方无权主张投资款返回或清算,但却在同一天就同一份合同作出了另外一份完全相反的判决,即(2017)京0105民初29421号民事判决。在该份判决中,一审法院却认定本案合同已经解除。

同一法院,同一天,对同一份合同,却作出如此截然相反的认定。一审法院认定事实严重错误,判决严重不公!

四、一审法院认定合作损失没有任何依据,判决上诉人承担全部赔偿责任严重错误

(一)一审法院认定的合作损失没有任何依据

合同解除后,双方进行清算有两个基本前提。第一个前提是确定双方的合作损失或共同损失。第二个前提是确定各方的责任比例及各自应分担的损失金额。这两个前提所涉及的事实都是案件的基本事实,都需要人民法院根据证据来查证清楚,否则就会造成案件事实认定不清或裁判错误。

但本案中,一审法院认定合同解除后的损失金额却没有任何依据!认定所谓681.1万元损失或费用,既没有双方提供的基本证据予以证明,也没有经过双方书面的确定,更没有经过专业的鉴定。对这么大的金额,对这么专业的财务问题,原审判决仅仅用"经统计,该账户中支出用于剧组拍摄和解散的费用共计681.1万元"一句话就确定了!有这样的事实认定吗?!

(二)一审法院认定上诉人承担全部责任严重错误

如前所述,因被上诉人的严重违约,上诉人依法解除合同后,所有损失均应由被上诉人承担。

退一步说,即使上诉人也存在过错,最多由双方按过错比例来分担投资损失。而一审法院却判决由上诉人承担全部责任。一审判决严重错误。

综上,一审判决无视被上诉人前期的严重违约、无视被上诉人和上诉人对第二阶段投资款同时投资的义务、认定上诉人无权解除合同、认定681.1万元的巨额损失、认定上诉人承担全部赔偿责任,一审法院认定事实严重错误,判决严重不公!

在国家大力发展文化产业的背景下,我们同时也注意到文化行业存在诸多乱

象，甚至部分问题已经成为社会关注的焦点。部分单位和个人假冒影视剧的拍摄，到处骗取投资款。部分单位或个人的上述欺诈行为严重影响了文化行业的市场秩序，严重影响了社会的基本诚信。人民法院理应坚守法律的底线，依法维护相对人的合法权益，制裁上述严重失信的行为！

基于以上理由，特向贵院提起上诉，敬请依法撤销北京市朝阳区人民法院（2017）京0105民初52632号民事判决，并判决如上所述请求。

此致
北京市第三中级人民法院

上诉人：北京A公司（章）
法定代表人：×××
2018年7月29日

（三）重审代理词

北京A公司与上海B公司联合摄制合同纠纷案

代理词

尊敬的审判长、审判员：

在贵院审理的北京A公司与上海B公司合同纠纷重审一案中，我们受北京市盈科律师事务所的指派，接受北京A公司的委托，担任其本案的诉讼代理人。现在依据事实和法律，发表如下代理意见，敬请采信。

一、上海B公司前期已严重违约，北京A公司拥有先履行抗辩权

（一）上海B公司没有取得涉案作品版权和编剧版权，至今没有提供版权权属证明材料，已构成根本性违约

1. 上海B公司和北京A公司的合同明确约定，上海B公司应取得电视剧原始版权和编剧版权，并将该版权作为第一期出资

本案的合作是电视剧版权投资合作，取得涉案电视剧文学作品的版权和编剧版权是双方合作的前提和基础。因此，双方在合同第二条第1款中特别约定，本剧的文学剧本由上海B公司提供，编剧创作费用及版权折价人民币450万元投资入股。在合同第二条第3款中还约定，双方获得该剧版权，版权费计入该剧制作成本，双方按比例分享该剧版权。在合同第三条第7款第1项中还约定，合同签订后的5个工作日内，上海B公司应支付810万元，扣除剧本版权费450万元后，实际支付360万元。

从以上约定可以知道，文学作品的版权和编剧版权由上海B公司负责，作价

450万元，作为上海B公司前期出资的组成部分。因此，上海B公司应在第一期出资时，即在双方签订合同后5个工作日内为双方的合作项目提供涉案作品的版权和编剧版权，并取得相关版权材料。

2. 依据《著作权法》第二十五条（的）规定，上海B公司取得作品版权应当有书面的版权证明材料

《著作权法》第二十五条规定：转让著作权法第十条第一款第五项至第十七项规定的权利的，即转让著作权财产权利的，双方应当订立书面合同。权利转让合同一般应包括下列主要内容：（1）作品的名称；（2）转让的权利种类、地域范围；（3）转让价金；（4）交付转让价金的日期和方式；（5）违约责任；（6）双方认为需要约定的其他内容。

根据上述规定，著作权转让合同属于要式合同，应当有书面的表现形式。事实上，著作权有时间性、地域性和无形性等特有属性，不仅包括署名权、修改权等人身权利，还包括复制权、发行权、信息网络传播权、许可他人使用权和获得报酬权等财产权利。因此，著作权权属的转让和继受取得应当有书面合同。

上海B公司作为一个企业，获取涉案作品的版权有两种方式：第一种是从第三人（处）购买涉案作品的版权；第二种是委托第三人创作涉案作品。无论是从第三人（处）购买，还是委托第三人创作，上海B公司均必须与第三人签订书面合同，并支付相应的版权费或创作费。

上海B公司将涉案作品的版权作为第一期出资，上海B公司就应当在第一期出资时取得涉案作品的版权，并将拥有版权的相关证明材料交双方合作的项目部存档。这些相关证明材料包括版权转让合同或委托创作合同、支付版权费的凭证、作者的声明等。

我们注意到，在原一审法院组织的第二次庭审中，法庭明确询问上海B公司是否取得了版权，是否办理了版权登记；原一审法院曾明确责令上海B公司提供取得版权的证据和支付版权费用的证据（见原一审第二次谈话笔录第12页）。但直到现在，上海B公司也没有说明涉案作品的创作者是谁，更没有提供从作者（处）获取版权的证明材料。

上海B公司提供其与武汉某传媒公司的合作合同，不能证明上海B公司或武汉某传媒公司从创作者处获得了版权。事实上，如果武汉某传媒公司获得了涉案作品版权，恰恰说明涉案作品的版权不属于上海B公司，上海B公司无法以涉案作品版权作为上海B公司与北京A公司之间合作的出资，无法保证最终由上海B公司和北京A公司二家单位来共享涉案作品的版权。

3. 即使版权目前不存在争议，也不能免除上海B公司法定的版权举证义务

第一，版权目前不存在争议并不代表以后没有争议，毕竟涉案电视剧还没有对外发行播映；第二，版权清晰是涉案4 500万元电视剧版权投资项目进一步推进的基础；第三，提供版权书面证明材料是上海B公司的基本合作义务，是上海B公司履行完第一期出资的基本义务；第四，从举证证明责任的角度分析，上海B公司作为版权的出资方，有义务取得并提供书面的版权证明材料。因此，现在没有版权争议并不能免除上海B公司的版权举证义务。

综上，上海B公司没有取得涉案作品版权和编剧版权，至今没有提供版权权属证明材料，已构成根本性违约。

（二）上海B公司擅自多次转让项目股权，也构成根本性违约

1. 双方签订的合同明确约定，任何一方不得擅自将其在本剧的项目权益转让给第三人

本案的合作是合伙型合作，属于典型的人合性合作。北京A公司之所以选择和上海B公司合作，是基于上海B公司是某电视台的下属企业，是基于北京A公司对某电视台的信赖。因此，双方在合同第二条中特别约定，"双方按投资比例分别享有该剧版权和在全球范围内的永久使用权"，双方在该条约定中明确排斥第三人参与项目的合作。双方还在合同第十二条的违约条款中特别强调："未经甲乙双方书面同意，任何一方不得抵押或出卖本剧的任何财产、资产等相关权益，不得将其在该剧中的权益转让或抵押。"依据上述约定，任何一方未取得对方的书面认可，均不得将项目中的权益转让给任何第三人。

代理人在此想说明的是，合同第三条第4款中"甲方（上海B公司）投融资贰仟柒佰万元（2 700万元），享有该剧60％的股权"，并不表明上海B公司可以转让在项目中的股权或权益。因为，上海B公司投融资出资，既包括上海B公司以自有资金出资，也包括上海B公司从第三人处借款并以借款出资，还包括上海B公司邀请第三人投资上海B公司，增加上海B公司的股本金，以股本金出资。上海B公司以借款出资、以股本金出资，均属于上海B公司的融资出资。当然上海B公司还有发行企业债券等其他融资方式。因此，约定上海B公司投融资出资并不是允许上海B公司转让或抵押双方合作项目中的股份或权益，该条的约定与合同第十二条关于禁止抵押或转让项目股份或权益的约定并不矛盾。

事实上，北京A公司的法定代表人陈某某先生主要从事实业投资，北京A公司参与涉案项目投资的资金直接来源于北京A公司的自有资金，北京A公司及陈某某先生无须因本项目的投资而向外融资。而上海B公司投资本项目的自有资金可

能不足，可能需要向外借款或增加上海B公司的股本金，可能需要通过融资的方式向外筹措本项目的资金。但不管上海B公司如何向外融资，在和北京A公司在本项目的合作中，上海B公司均无权将本项目的权益或股份向外转让或抵押。

代理人还想说明的是，从本案的合同、上海B公司与武汉某传媒公司之间的合同、上海B公司与北京某影视公司之间的合同，这三份合同的对比来看，这些合同显然是上海B公司提供的格式合同。退一步说，即使对本案合同第三条和第十二条的解释存在争议，存在二种不同的解释，本案也应当按照对上海B公司不利的方式来解释。

2. 上海B公司在与北京A公司签订合同时，故意隐瞒了与武汉某传媒公司的合作

2015年10月13日，在上海B公司与北京A公司签订合同前，上海B公司就已经与武汉某传媒公司签订了"某电视剧联合摄制合同"，合作投资拍摄涉案电视剧，约定武汉某传媒公司对涉案电视剧拥有股份。2015年11月25日，上海B公司与北京A公司签订合同时，却故意隐瞒其与武汉某传媒公司已经开展的合作。上海B公司的隐瞒行为，已经构成了根本性违约。

3. 上海B公司擅自将项目中的部分权益转让给了海宁某影视公司

上海B公司提交了海宁某影视公司的付款凭证（见上海B公司重审证据二），该凭证显示，上海B公司2015年12月2日第一期出资中有海宁某影视公司100万元的出资。显然，在合作之初，未经北京A公司同意，上海B公司又将涉案合作项目的部分权益转让给了案外人海宁某影视公司。

4. 上海B公司擅自将项目中的权益再次转让给了北京某影视公司

上海B公司第三次转让项目股权的时间是2015年12月。该转让同样未经北京A公司许可。2015年12月30日，上海B公司擅自与案外人北京某影视公司签订合同，擅自约定北京某影视公司投资1 350万元，受让涉案项目30%的股权，按照投资比例享有涉案电视剧版权及全球永久使用权。

综上，上海B公司不仅隐瞒了与武汉某传媒公司的合作，而且先后二次擅自转让项目中的权益，严重违反了合同中的禁止性约定，也已构成了根本性违约。

（三）上海B公司擅自侵占项目专用账户资金，也构成根本性违约

1. 合同约定，项目账户资金必须专款专用，不得挪作他用

双方在合同第三条第5款中约定：项目设立剧组专用银行账户，户名"×××××项目"；该剧运作期间，账户和资金必须专款专用。合同第十二条还约定：不得将项目投资款用于预算外支出或挪作他用，不得产生与本剧无关的任何费用、责

任和义务。

2. 上海B公司违背项目资金专款专用的基本原则，擅自侵占和转移了项目的大量资金

诉讼中，上海B公司提交了附属账户对账单，即涉案项目专用账户的银行流水对账单（见北京A公司重审证据九）。该对账单显示，上海B公司违背项目资金专款专用的基本原则，擅自侵占和转移了项目的大量资金。

2015年12月3日，双方第一期投资款900万元到位，账户余额为900万元。但其后上海B公司却擅自侵占和转走项目部大量资金。其中：

（1）2015年12月31日，擅自转走30万元；

（2）2016年1月21日，擅自转走65万元和165万元，共计230万元；

（3）2016年1月29日，擅自转走100万元；

（4）2016年9月28日，擅自支付武汉某传媒公司其他项目投资款100万元；

（5）2016年10月21日，擅自支付武汉某传媒公司其他项目投资款23万元；

（6）2016年11月14日，擅自支付武汉某传媒公司其他项目投资款80万元；

（7）2016年11月23日，擅自转走15万元；

（8）2016年11月25日，擅自转走65万元。

根据该对账单，2016年10月剧组确定拍摄日期双方应进行第二期出资时，账户余额仅130多万元；到2016年12月30日，双方合同还没有解除前，账户余额仅1 090.52元！

双方第一期货币出资900万元。退一步说，即使上海B公司主张的681万元项目支出全部属实，在2016年10月剧组通知拍摄双方应进行第二期出资时，项目专用账户上也至少应有400多万元，根本不应该仅余130多万元；在双方解除合同前专用账户上也至少应有200多万元，根本不应该仅余1 000多元！

显然，无论从哪个角度考虑，上海B公司擅自大量侵占和转移项目专用账户资金的事实非常清楚！上海B公司已严重违约。

（四）上海B公司没有按合同约定提供财务收支表，也构成根本性违约

1. 合同约定，上海B公司应每月编制财务收支表，并通报给北京A公司

合同约定，上海B公司是电视剧的拍摄人、管理人和控制人，相关的财务收支等事务全由上海B公司负责，北京A公司只负责投资。为保障北京A公司的基本知情权和监督权，合同第三条第6款第4项明确约定，"在本剧的筹备、拍摄、后期制作、发行期间，甲方每月应编制一份财务收支表，并通报给乙方"。

2. 上海B公司从未编制和提供财务收支表，在原一审和二审的庭审中已承认了这一基本事实

合同签订后，上海B公司从未向北京A公司提供过财务收支表。上海B公司在原一审中二次当庭承认这一事实（详见原一审第二次庭审笔录第6页，原一审第三次庭审笔录第2页）。在原二审法院2018年9月26日组织的谈话中也再次确认了这一基本事实。

上海B公司的上述行为，不仅严重违约，而且影响到北京A公司的后续投资。因为，没有收到财务收支表，北京A公司作为项目的主要合伙人，无法知道项目的真实收支情况，无法对项目的财务进行监督和风险控制，无法放心安排并投入第二期的投资款。

3. 北京A公司并没有指派财务人员对剧组财务进行监督。退一步说，即使北京A公司在现场派有人员，也不能免除上海B公司提供财务收支表的基本义务

北京A公司并没有指派财务人员对剧组财务进行监督。退一步说，即使北京A公司在现场派有人员，也不能免除上海B公司提供财务收支表的基本义务。因为：第一，北京A公司并没有委派财务人员参与项目组的财务管理。第二，财务工作是非常专业的工作，即使北京A公司在项目组有工作人员，没有财务收支表，北京A公司也同样无法全面了解合作项目的财务收支情况，无法对合作项目进行财务监管。第三，上海B公司报送财务收支表是合同约定的基本内容，是上海B公司的基本义务，北京A公司一直要求上海B公司提供财务收支表。

综上，上海B公司没有提供财务收支表，严重违反合同的约定，同样构成根本性违约。

（五）是否及时完成拍摄直接关系到合作项目的成败，上海B公司推进项目的进度严重滞后，也构成根本性违约

是否及时完成拍摄对电视剧投资非常重要，它不仅影响到投资周期和投资成本，也影响到是否能及时赶上元旦、春节等黄金发行时段。对于涉案项目，双方在合同第四条第1款中明确约定，"甲方（被）作为本剧的承制公司，负责该剧的前期筹备、拍摄制作、发行等工作"。双方在合同第一条中还约定，"开机时间定在2016年5月""拍摄周期为90天"。依据上述约定，上海B公司应当在2016年7月底将涉案电视剧组织拍摄完毕。

但实际上，在约定的开机时间4个月之后，即2016年9月28日，武汉某传媒公司（不是上海B公司！）才取得涉案电视剧的制作许可证，相关作品的版权一直没有落实，编剧工作也一直没有完成。

综上，上海 B 公司推进项目的进度严重滞后，也已构成根本性违约。

（六）上海 B 公司前期严重违约，北京 A 公司有权选择中止合同的履行，也有权选择解除合同

1. 北京 A 公司有权行使先履行抗辩权，不支付第二期出资

《合同法》第六十七条规定了先履行抗辩权，即：当事人互负债务，有先后履行顺序，先履行一方未履行的，后履行一方有权拒绝其履行要求。先履行一方履行不符合约定的，后履行一方有权拒绝其相应的履行要求。

如前所述，上海 B 公司上述五方面的行为均严重违反了合同的约定，均构成根本性违约。在上海 B 公司存在上述违约的情况下，北京 A 公司有权行使先履行抗辩权，依据《合同法》第六十七条的规定，中止合同的履行，不支付第二期出资。

代理人在此想说明的是，上海 B 公司的前期违约行为是否构成根本性违约，并不影响北京 A 公司在上海 B 公司违约的情况下行使先履行抗辩权。因此，只要上海 B 公司前期的违约行为影响到北京 A 公司后续的合同履行，在上海 B 公司纠正其违约行为以前，北京 A 公司就可以行使先履行抗辩权，中止合同后续的相应履行。本案中，上海 B 公司没有落实涉案作品的版权和剧本的版权，没有提供相应的版权证明材料，电视剧版权可能存在争议，可能影响到电视剧投资的安全，北京 A 公司就可以中止后续投资款的支付；同样，上海 B 公司擅自向外转让合作项目的权益，使涉案项目出现上海 B 公司和北京 A 公司以外的第三方，（在）上海 B 公司不纠正上述违约行为，不能保证只有上海 B 公司和北京 A 公司享有本案电视剧版权和在全球范围内的发行权的情况下，北京 A 公司同样可以中止后续投资款的支付；另外，在上海 B 公司不及时报送合作项目财务收支表，影响到北京 A 公司对合作项目的财务监督及投资风险控制的情况下，北京 A 公司同样可以中止后续投资款的支付。因此，北京 A 公司行使先履行抗辩权、中止支付第二期投资款只以上海 B 公司前期违约行为影响到北京 A 公司后续的履行为前提，而不以上海 B 公司的前期违约行为是否构成根本性违约为前提。

2. 北京 A 公司也有权选择单方解除合同

《合同法》第九十四条规定，有下列情形之一的，当事人可以解除合同：……（3）当事人一方迟延履行主要债务，经催告后在合理期限内仍未履行；（4）当事人一方迟延履行债务或者有其他违约行为致使不能实现合同目的。

如前所述，上海 B 公司前述五方面根本性违约，均已影响到北京 A 公司签订本合同的目的是否能实现，因此依据《合同法》第九十四条规定的法定解除权，北京 A 公司有权选择单方解除合同。北京 A 公司选择单方解除合同后，所有的损失均应

由上海 B 公司承担。

二、上海 B 公司和北京 A 公司有同时支付第二期款项的义务，在上海 B 公司未支付第二期款项的情况下，北京 A 公司有权行使同时履行抗辩权

（一）合同约定双方应同时向专用账户支付第二期款项

合同第三条第 7 款第 2 项约定，双方应同时支付第二期款项，即，本剧确定开机时间 20 个工作日内，甲乙双方按照投资比例向本项专用账户支付其各自出资额的 40%；甲方应电汇人民币 1 080 万元，乙方应电汇人民币 720 万元至本剧剧组账户。

（二）上海 B 公司没有支付第二期任何款项，北京某影视公司前期支付的 270 万元也已被全部退回或转走

在第一期出资后，上海 B 公司再没有向专用账户支付第二期任何款项。

虽然北京某影视公司在 2016 年 1 月 15 日和 2016 年 2 月 4 日两次共计向合作项目专用账户支付了 270 万元。但 2016 年 7 月 1 日，北京某影视公司与上海 B 公司签订了解除协议，合作项目专用账户当日即向北京某影视公司退还了 150 万元。北京某影视公司余下的 120 万元也被上海 B 公司擅自转走。2016 年 9 月 28 日，上海 B 公司擅自从专用账户中支付武汉某传媒公司其他项目投资款 100 万元；2016 年 10 月 21 日，上海 B 公司擅自从专用账户中支付武汉某传媒公司其他项目投资款 23 万元。

事实上，上海 B 公司从合作项目专用账户上擅自转走的款项远不止上述 123 万元。到 2016 年 10 月，第一期的 900 万元出资在专用账户上只剩 130 多万元；到 2016 年 12 月 30 日，第一期的 900 万元出资在专用账户上只剩 1 000 余元。由此可见，上海 B 公司不仅没有支付第二期任何款项，而且还擅自侵占和转走了北京 A 公司支付的第一期出资。

（三）上海 B 公司与北京某影视公司约定由北京某影视公司支付 1 350 万元，并不等同于上海 B 公司履行了对合作项目的第二期出资义务

约定支付和已经支付是两个不同的概念。上海 B 公司与北京某影视公司约定北京某影视公司支付 1 350 万元，并不等于北京某影视公司已经支付了 1 350 万元，并不等于上海 B 公司已经履行了第二期出资义务。

另外，上海 B 公司与北京 A 公司约定上海 B 公司对合作项目的第二期出资款是 1 080 万元，而上海 B 公司与北京某影视公司约定北京某影视公司的第二期出资款却是 675 万元。因此，即使北京某影视公司如期支付了第二期出资款，上海 B 公司也不可能完成（支付）第二期出资款的义务。

事实上，2016 年 7 月 1 日上海 B 公司和北京某影视公司重新签订的合同约定，

北京某影视公司应当在2016年7月重新支付第一期出资270万元，在确定开机时间20个工作日内支付675万元，在确定开机时间40个工作日内支付405万元。但根据附属账户对账单显示，北京某影视公司并没有支付以上任何一笔款项。

因此，上海B公司与北京某影视公司约定由北京某影视公司支付1 350万元，并不等同于上海B公司履行了对合作项目的第二期出资义务。

（四）根据合同法规定，北京A公司拥有同时履行抗辩权

《合同法》第六十六条规定：当事人互负债务，没有先后履行顺序的，应当同时履行。一方在对方履行之前有权拒绝其履行要求。一方在对方履行债务不符合约定时，有权拒绝其相应的履行要求。

本案中，在双方均有义务付款的情况下，在上海B公司未支付第二期投资款前，上海B公司无权要求北京A公司支付第二期投资款。

三、被告主张的项目支出费用681万元缺乏基本的证据

（一）合同对项目支出的发生有严格的约定

如前所述，双方约定涉案项目设立了专用账户，账户和资金必须专款专用。双方还约定，不得将项目投资款用于预算外支出或挪作他用，不得产生与本剧无关的任何费用、责任和义务。剧组日常开支凭证由制片人、执行制片人联合签字。本剧所有账目在拍摄完成后，经甲乙双方共同审核后，交由甲方存档。

（二）上海B公司主张剧组支出681万元，但没有提供合法的财务凭证和纳税凭证

虽然上海B公司提供了一些费用支出的记账凭证、客户回单等证据，但没有提供合法的发票及其他合法凭证。这些证据的真实性、合法性和关联性均不能得到认定。如相当部分凭证是武汉某传媒公司的票据，明显违背双方关于专用账户专款专用的约定，武汉某传媒公司的票据显然与本案无关。再如，向制片主任支付的款项，记账凭证和客户回单均显示是借款，无法确定是否已经用于合作项目。因此，无法认定剧组支付费用为681万元。

综上，上海B公司前期已严重违约，北京A公司有权行使先履行抗辩权，北京A公司不支付第二期投资款不构成违约。合同约定双方同时支付第二期投资款，在上海B公司没有支付第二期投资款的情况下，北京A公司有权行使同时履行抗辩权，北京A公司不支付第二期投资款同样不构成违约。同时，在上海B公司未提供相关财务凭证，没有双方核实确认或司法确定的前提下，681万元的项目支出缺乏基本的证据证明，上海B公司严重违约，北京A公司有权依法解除合同，并要求上海B公司返还540万元投资款。

特发表如上代理意见，敬请依法支持北京 A 公司的全部诉讼请求，并驳回上海 B 公司的全部诉讼请求。

谢谢！

北京 A 公司代理人

北京市盈科律师事务所张群力律师

2019 年 6 月 13 日

（四）重审证据清单

北京 A 公司与上海 B 公司合同纠纷重审案
北京 A 公司重审证据清单

序号	证据名称	证明内容	页码
	第一组证据：北京 A 公司已按照合同约定履行投资义务		
证据一	2005 年 11 月 25 日，北京 A 公司与上海 B 公司签订的"三十集某电视剧联合摄制合同"（原一审证据 1）	（1）双方合作拍摄电视剧，约定开机时间为 2016 年 5 月，拍摄周期计划为 90 天； （2）合同第二条第 1 款约定，本剧的文学剧本由上海 B 公司提供，编剧创作总费用及版权折价 450 万元投资入股； （3）合同第三条第 5 款和第 6 款约定，投资款设立剧组专用银行账户，账户和资金必须专款专用。在本剧筹备、拍摄、后期制作和发行期间，上海 B 公司每月应编制一份财务收支表通报给北京 A 公司； （4）合同第三条第 7 款约定，总投资 4 500 万元，合同签订后 5 个工作日内，双方按照投资比例向专用账户支付出资额的 30%，上海 B 公司出资 810 万元，北京 A 公司出资 540 万元；本剧确定开机时间 20 个工作日内，双方各自按比例出资 40%，上海 B 公司出资 1 080 万元，北京 A 公司出资 720 万元；本剧开机后 40 个工作日内，双方各自按比例出资 30%，上海 B 公司出资 810 万元，北京 A 公司出资 540 万元； （5）合同第十二条约定，未经双方书面同意，任何一方不得抵押或出卖本剧任何财产、资产等相关权益，不得将其在本剧组中的权益转让或抵押，不得将剧组投资款用于预算外支付或挪作他用	1-8

续表

序号	证据名称	证明内容	页码
证据二	2015年12月3日,某银行单位客户专用回单（原一审证据2-1）	北京A公司按双方约定向剧组专用账户转入第一笔投资款540万元	9
证据三	2015年12月6日,上海B公司提供的收据（原一审证据2-2）	上海B公司已经收到北京A公司投资款540万元	10
第二组证据：证明上海B公司擅自多次转让项目股权,构成严重违约			
证据四	2015年10月13日,上海B公司和武汉某传媒公司签订的联合摄制合同（原一审上海B公司第三次补充证据一）	(1) 上海B公司对北京A公司长期隐瞒其与武汉某传媒公司的合作； (2) 如果版权属于武汉某传媒公司,恰恰说明,上海B公司没有涉案作品的版权	11-16
证据五	2015年12月2日,海宁某影视公司100万元汇款的对账单（原一审上海B公司证据二）	海宁某影视公司支付了100万元投资款,说明上海B公司未经北京A公司同意,擅自将项目权益转让给海宁某影视公司,上海B公司构成根本性违约	17
证据六	2015年12月30日,上海B公司和北京某影视公司签订的联合摄制合同（原一审上海B公司第三次补充证据二）	(1) 上海B公司违反合同第三条约定擅自转让项目30%的权益给北京某影视公司,构成根本违约； (2) 约定北京某影视公司支付的第二期款项仅为675万元,低于上海B公司应支付的第二期投资款1080万元；即使北京某影视公司支付了第二期款项675万元,上海B公司也没有完成第二期出资1080万元（的）义务。	18-25
证据七	2016年7月1日,上海B公司和北京某影视公司签订的解除协议（原一审上海B公司第三次补充证据二）	(1) 上海B公司和北京某影视公司解除了双方签订的联合摄制合同； (2) 北京某影视公司前期支付270万元已经被退还150万元,余下的120万元也已被上海B公司转走	26-27
证据八	2016年7月1日,上海B公司和北京某影视公司重新签订的联合摄制合同（原一审上海B公司第三次补充证据二）	重新签订合同后,北京某影视公司实际没有支付任何款项	28-35

续表

序号	证据名称	证明内容	页码
第三组证据：证明上海B公司擅自侵占项目专用账户资金，构成根本性违约			
证据九	附属对账单（原一审上海B公司第一次补充证据组二）	(1) 上海B公司违背项目资金专款专用的原则，擅自侵占和转移项目资金高达668万元，已构成根本违约； (2) 上海B公司擅自多次向武汉某传媒公司支付其他项目投资款，与北京A公司的涉案项目合作没有关联； (3) 截至2016年12月30日，北京A公司和上海B公司之间的合同还未解除前，专用账户余额仅1 000余元，上海B公司明显恶意侵占挪用项目专用账户资金	36-37
证据十	海宁某影视公司企业信用报告（原二审证据二）	(1) 谷某某为海宁某影视公司和霍尔果斯某影视公司的控股股东和法定代表人； (2) 霍尔果斯某影视公司和蚌埠某网络科技公司为关联单位，它们共同设立了上海某网络科技公司； (3) 霍尔果斯某影视公司和海宁某影视公司为高度关联单位，而海宁某影视公司与上海B公司存在合作关系。因此，霍尔果斯某影视公司、海宁某影视公司、蚌埠某网络科技公司、上海B公司都是关联关系； (4) 蚌埠某网络科技公司收到款项后从未提供任何设计方案和宣传报道，显然上海B公司与蚌埠某网络科技公司属于恶意串通，转移专用账户资金	38-45
证据十一	霍尔果斯某影视公司企业信用报告（原二审证据三）	::::	::::
证据十二	上海某网络科技公司企业信用报告（原二审证据三）	::::	::::
证据十三	2015年12月23日，上海B公司与蚌埠某网络科技公司签订的某电视剧的宣传方面创意设计合作协议书（原一审上海B公司补充证据一）	::::	::::
第四组证据：证明上海B公司推进项目的进度严重滞后，构成根本性违约			
证据十四	电视剧制作许可证（原一审上海B公司第一次补充证据组三）	(1) 2016年9月28日才办理取得制作许可证，比合同约定的开机时间迟延了4个月，项目推进严重滞后，上海B公司已构成了根本性违约； (2) 制作许可证显示的摄制单位是武汉某传媒公司，而不是上海B公司	46

续表

序号	证据名称	证明内容	页码
第五组证据：证明上海B公司未提供财务报表、擅自转移项目权益构成严重违约			
证据十五	2015年12月30日，北京市第一中级人民法院作出的（2012）一中民初字第7644号北京某影业投资公司与中国某电影公司分公司合同纠纷一审判决书（原二审证据十二）	（1）"投资合同"中明确约定双方应分别将投资款投入到双方认可的账户，故双方均负有投资义务（判决书第34页第1段）； （2）未经另一方同意，擅自寻找新的投资方，法院认定存在违约行为（判决书第34页第2段）； （3）根据"投资合同"约定，一方应当按期向另一方提供财务报表，一方未予提供，法院认定一方存在违约行为（判决书第34页第3段）； （4）鉴于双方对于投资款的支付均存在违约行为，故双方应当各自承担相应的责任，本院对一方要求赔偿损失或违约金的主张均不支持；对于一方擅自增加投资方、未提供财务报表方面的违约行为，另一方有权追究对方的违约责任（判决书第35页第2段）	47-82
证据十六	2016年12月8日，深圳市中级人民法院作出的（2016）粤03民终18773号深圳市某文化传播公司、申某某与某公司合同纠纷判决书（原二审证据十三）	根据合同约定，两方公司分别再行出资人民币256万元、251万元，但未约定出资的先后顺序，双方均享有同时履行抗辩权，双方未完成上述出资均不构成违约（判决书第8页倒数第6行、第7行、第8行）	83-91
第六组证据：证明因上海B公司严重违约，北京A公司已于2017年4月17日解除合同			
证据十七	2017年4月5日，上海B公司向北京A公司发出的解除合同告知函（原一审证据3-1）	上海B公司以北京A公司未支付第二笔投资款为由，要求解除合同	92
证据十八	2017年4月17日，北京A公司向上海B公司发出的律师函及快递详单（原一审证据3-2）	因上海B公司未支付第二笔投资款且未向北京A公司通报该剧的财务收支表等根本违约行为，北京A公司行使同时履行抗辩权，要求解除合同，并要求上海B公司返还投资款540万元	93-96

续表

序号	证据名称	证明内容	页码
证据十九	涉案项目的中间人思某某与北京 A 公司法定代表人陈某某的关于上海 B 公司负责人于某某同意返还投资款 540 万元的微信聊天截图（原二审证据一）	（1）上海 B 公司负责人于某某表示愿意将北京 A 公司已付的投资款 540 万元分批次返还；（2）证明上海 B 公司存在违约行为	97-98

提交人：北京 A 公司

代理人：北京市盈科律师事务所张群力律师

2019 年 2 月 13 日

四、胜诉裁判摘要

（一）北京市第三中级人民法院发回重审裁定摘要

北京市第三中级人民法院

民事裁定书

（2018）京 03 民终 12181 号

（当事人情况略）

上诉人北京 A 公司因与被上诉人上海 B 公司合同纠纷一案，不服北京市朝阳区人民法院（2017）京 0105 民初 52632 号民事判决，向本院提起上诉。

本院依法组成合议庭对本案进行了审理。

本院认为，一审法院判决认定基本事实不清。依照《中华人民共和国民事诉讼法》第一百七十条第一款第（三）项规定，裁定如下：

一、撤销北京市朝阳区人民法院（2017）京 0105 民初 52632 号民事判决。

二、本案发回北京市朝阳区人民法院重审。

上诉人北京 A 公司预交的二审案件受理费 52120 元予以退回。

（二）北京市朝阳区人民法院重审判决摘要

北京市朝阳区人民法院

民事判决书

（2018）京 0105 民初 100090 号

（"本院认为"以前部分略）

本院认为：北京 A 公司与上海 B 公司之间签订的"三十集某电视剧联合摄制合

第五章　合作合同和买卖合同纠纷案件的突破和逆转

同"系各方真实意思表示，不违反法律、行政法规强制性规定，应合法有效。当事人应当按照合同约定全面履行自己的义务。

本案争议焦点在于北京A公司、上海B公司是否存在违约行为，北京A公司、上海B公司向对方发出的"解除合同通知"是否发生合同解除的效力。

关于争议焦点一。北京A公司主张上海B公司的违约行为在于以下几点：1.未取得涉案作品版权和编剧版权，未提供版权证明材料；2.擅自转让项目股权；3.转移、挪用项目专用账户资金；4.未向北京A公司提供财务收支表；5.推进项目进度严重滞后。上海B公司主张北京A公司的违约行为在于：未按期支付第二笔投资款。对此，本院分述如下：1.关于版权，"三十集某电视剧联合摄制合同"约定，某电视剧文学剧本由上海B公司提供，编剧创作费用及版权折价投资入股，上海B公司保证剧本版权的合法性并符合国家法律法规，故上海B公司应负责文学剧本的版权和编剧版权。根据上海B公司与武汉某传媒公司签订的"某电视剧联合摄制合同"，武汉某传媒公司提供文学剧本并保证剧本的合法性，可见，上海B公司已通过对外签订合同的方式取得剧本版权，合同并未约定上海B公司提供书面版权证明材料，北京A公司主张上海B公司未提供版权证明材料违反合同约定，不能成立。2.关于项目股权及专用资金账户，"三十集某电视剧联合摄制合同"约定，未经双方同意，任何一方不得抵押或出卖本剧的任何财产、资产等相关权益，不得将其在该剧中的权益转让或抵押，不得将项目投资款用于预算外支出或挪作他用（严禁借给投资方之外的任何一方），不得产生与本剧无关的任何费用、责任、义务。根据上海B公司与北京A公司签订的"三十集某电视剧联合摄制合同"，上海B公司将其持有的某电视剧剧中权益部分转让给北京某影视公司，违反了合同有关不得转让剧中权益的约定。"三十集某电视剧联合摄制合同"约定，由上海B公司设立剧组专用银行账户，该剧运作期间，账户和资金必须专款专用。根据某电视剧项目附属账户对账单，该专用账户与上海B公司主账户之间有多次往来，部分往来未显示与项目的关联性，有多次向冯某某转账备注为借款，另有向武汉某传媒公司转账备注为投资款，上海B公司虽辩称上述款项均系剧组支出，但未提交证据证明上述款项的支出与某电视剧项目相关，且上海B公司与武汉某传媒公司之间也存在合同关系，难以认定该专用账户与冯某某、武汉某传媒公司之间的资金往来系为剧组支出的费用，上海B公司的上述行为违反了专款专用的合同约定。3.关于财务收支表，"三十集某电视剧联合摄制合同"约定，在筹备、拍摄、后期制作、发行期间，上海B公司应每月编制一份财务收支表，并通报给北京A公司，上海B公司未向北京A公司提供财务收支表，违反上述合同约定。4.关于开机时间，"三十集某电视剧联合摄制合同"虽约定 2016 年 5 月开机，但同时约定开始时间以摄制组通知为准，且该约定符合行业习惯，故上海 B 公司虽未在 2016 年 5 月开机，但根据摄制组的通知定于 2016 年 10 月 20 日开机并通知了北京 A 公司，不违反合同约定。5. 关于投资款的支付，合同约定未经双方书面同意，不得延期支付投资款，同时约定确定开机时间 20 个工作日内双方按照投资比例向项目专用账户支付各自出资额的 40%。根据法庭调查可见，北京 A 公司、上海 B 公司均未履行支付第二笔投资款的义务。北京 A 公司虽主张其未支付第二笔投资款系履行同时履行抗辩权，但其于 2016 年 10 月收到上海 B 公司的汇款通知，直至 2017 年 4 月 8 日收到上海 B 公司的解除合同通知，在此长达半年的期间内，并无证据显示其曾向上海 B 公司提出过同时履行的要求，故其关于未履行第二笔出资义务系行使同时履行抗辩权的意见，本院难以采信。故北京 A 公司和上海 B 公司在第二笔投资款的支付上违反了合同约定。

关于争议焦点二。上海 B 公司于 2016 年 10 月 8 日向北京 A 公司发出汇款通知，通知北京 A 公司某电视剧开机时间，并要求支付第二笔投资款。北京 A 公司未付款情况下，上海 B 公司于 2017 年 4 月 5 日向北京 A 公司发出解除合同通知，符合法律规定，北京 A 公司于 2017 年 4 月 8 日签收该通知，故双方合同关系于 2017 年 4 月 8 日解除。因双方合同关系已于 2017 年 4 月 8 日解除，北京 A 公司于 2017 年 4 月 17 日向上海 B 公司发出解除通知不再发生合同解除的效力。合同解除后，尚未履行的，终止履行；已经履行的，根据履行情况和合同性质，当事人可以要求恢复原状、采取其他补救措施，并有权要求赔偿损失。

根据查明的事实，北京 A 公司、上海 B 公司在合同履行过程中均存在违约行为，根据法律规定，应当各自承担相应的责任。

关于北京 A 公司要求退还的投资款。根据"三十集某电视剧联合摄制合同"，上海 B 公司、北京 A 公司分别享有该剧 60%、40%权益，现"三十集某电视剧联合摄制合同"已解除，剧组已解散，双方投入款项应在扣除费用后予以返还。根据庭审陈述及上海 B 公司提交的证据，专用账户支出的 204 万元可认定为项目支出费用，现双方合同已解除，上海 B 公司应在扣除北京 A 公司应负担的项目费用后将剩余款项退还北京 A 公司。综合考虑北京 A 公司、上海 B 公司在合同履行过程中的违约情况及双方本应负担的成本比例，本院确定北京 A 公司承担上述支出费用的 40%，上海 B 公司应在扣除该费用后将剩余投资款退还北京 A 公司。关于利息，北京 A 公司主张自 2015 年 12 月 3 日计算利息，缺乏依据，本院依法调整为合同解除之次日，即 2017 年 4 月 9 日。自 2019 年 8 月 20 日起，中国人民银行已经授权全国银行间同业拆借中心每月公布贷款市场报价利率,中国人民银行贷款基准利率这一标准已经取消,本院据此对北京A公司主张的利息标准予以调整。

综上,依照《中华人民共和国合同法》第六十条、第九十四条、第九十七条,《中华人民共和国民事诉讼法》第六十四条第一款、《最高人民法院关于适用〈中华人民共和国民事诉讼法〉的解释》第九十条之规定,判决如下:

一、确认原告北京A公司与被告上海B公司于2015年11月25日签订的"三十集某电视剧联合摄制合同"于2017年4月8日解除;

二、被告上海B公司于本判决生效之日起七日内向原告北京A公司退还投资款458万元;

三、被告上海B公司于本判决生效之日起七日内向原告北京A公司支付利息(以458万元为基数,自2017年4月9日至2019年8月19日,按照中国人民银行同期同类贷款利率计算,自2019年8月2日至实际付清之日,按照全国银行间同业拆借中心公布的贷款市场报价利率计算);

四、驳回原告北京A公司的其他诉讼请求。

如果未按本判决指定的期间履行给付金钱义务,应当依照《中华人民共和国民事诉讼法》第二百五十三条之规定,加倍支付迟延履行期间的债务利息。

案件受理费52 120元,由原告北京A公司负担7 872元(已交纳),由被告上海B公司负担44 248元(于本判决生效后七日内交纳)。

如不服本判决,可在判决书送达之日起十五日内,向本院递交诉状,并按对方当事人的人数提出副本,上诉于北京市第三中级人民法院。

五、律师团队13点评析

(一)思路突破是这两起案件反败为胜的关键

如前所述,本案件是合作合同纠纷案件,双方都先后发函解除合同,关键是哪一方构成违约,哪一方应对合同解除和损失承担责任。一审中,我方当事人关于对方版权有瑕疵的违约主张,关于对方拍摄工作迟延的违约主张,关于对方没有按月提交财务收支表的违约主张并没有得到一审法院支持。

二审中为凸显一审判决的错误,为证明和说服二审承办法官认定对方构成违约,律师团队及时调整了思路。在上诉时,律师团队就将对方擅自转让项目权益作为主张对方违约的主要理由之一,这一新观点非常重要,最终也成为二审发回重审和重审改判的理由之一,在这两起案件的改判中发挥了重要的作用。上诉后,我们又补充主张对方当事人擅自挪用专设账户中的项目资金,这一新观点也非常重要,最终也成为二审发回重审和重审改判的理由之一，同样也在这两起案件的改判中发挥了重要作用。当然，和一审代理思路相比，律师团队对二审代理思路的调整还包括，结合影视行业的特点阐述对方版权瑕疵在本案中的影响，结合双方同时支付投资款的约定，主张本案中我方当事人享有同时履行抗辩权。

整体来说，及时调整思路，实现思路突破，在这两起案件的反败为胜中起到了非常关键的作用。

（二）认真研读合同是实现思路突破的重要条件

就合同纠纷来说，合同约定是确定双方权利义务的基础，也是人民法院裁决的基础。因此，就任何一起合同纠纷来说，无论是作为起诉方还是作为应诉方，无论是在一审中还是在二审中，代理人都必须仔细、认真、反复研读合同的内容，对合同的主要内容和主要条款必须做到了然于胸。

在二审中律师团队之所以能够成功进行思路调整，之所以能够成功实现思路突破，一个很重要的原因是律师团队反复研读了合同的每一个条款。正是了解合同条款中对双方在项目权益转让上的限制，正是结合对方当事人一审提交的证据，律师团队才提出对方擅自转让合同中的权益构成根本违约这一主张。正是了解合同条款中对专设账户的约定，正是结合对方当事人一审提交的证据，律师团队才提出对方挪用专设账户资金构成根本违约这一主张。

在这两起案件中，认真研究合同，对每一个条款了然于胸，是律师团队实现思路突破的重要条件。

（三）思路突破之一：对方当事人擅自转让项目权益构成根本性违约

当事人在这两起案件一审败诉后，通过江苏律师同行的介绍才联系到本书作者张群力律师。作者所属律师团队接受委托后上诉时间已非常紧迫，加班加点研读案件材料，确定了这一重要的上诉理由。双方当事人在合同第12条的违约条款中特别强调："未经甲乙双方书面同意，任何一方不得抵押或出卖本剧的任何财产、资产等相关权益，不得将其在该剧中的权益转让或抵押。"依据上述约定，任何一方未取得对方书面认可，均不得将项目中的权益转让给任何第三方。而从对方当事人一审提交的证据来看，对方为融资已经多次将本项目的相关权利对外进行转让。因此，单凭这一点就可以认定对方构成根本性违约，而且该违约行为发生在我方当事人需要支付第二笔投资款以前，故我方当事人依据先履行抗辩权，可以不支付第二笔投资款。这一观点，最终在二审和重审中被采信，成为使这两起案件反败为胜的重要理由之一。

第五章 合作合同和买卖合同纠纷案件的突破和逆转

（四）思路突破之二：对方擅动挪用专设账户上的资金构成根本性违约

虽然由于时间紧迫，在上诉状中律师团队没有将这一点作为上诉理由，但在其后的代理工作中，随着律师团队对本案证据的研究，尤其是对对方当事人一审提交的账户信息、财务凭证等财务方面的证据进行研究，律师团队发现对方并没有严格遵守专设账户专款专用的约定，将专设账户上的部分资金用在了其他方面。因此，在二审过程中，律师团队将该理由增加为上诉的主要理由之一。这一新观点也最终在二审和重审中被采信，也最终成为使这两起案件反败为胜的重要理由之一。

（五）思路突破之三：根据影视行业的特点，强化对项目版权瑕疵的阐述，强调对方在该方面构成违约

虽然原一审中我方当事人已经提出了该观点，主张对方当事人作价入股的版权存在瑕疵，但就这一点，我方当事人一审中并没有进行深入的阐述，导致这一观点没有被一审法院采信。上诉时，律师团队认为这一点仍然应当作为上诉的重要理由之一，而且需要结合影视行业的特点，结合著作权的特点，结合著作权转让的书面形式要求进行阐述。因此，在上诉时和二审庭审中律师团队对这一点进行了系统阐述，并将其作为案件的突破点之一。遗憾的是，重审时法院并没有确定这一方面的违约事实。当然，这两起案件基于前述二项理由已经获得突破，这一项理由没有被采信，也没有影响这两起案件的诉讼结果。

（六）思路突破之四：根据案件中双方投资款同时支付的特点，强调我方当事人的同时履行抗辩权

这两起案件的合作合同的特点是，项目由对方当事人负责，我方只是跟投方，只是在对方按期支付投资款时，同步支付相应的投资款。因此，在对方没有支付第二笔投资款时，对方无权要求我方支付第二笔投资款。在对方没有支付第二笔投资时，我方可以主张同时履行抗辩权，对方不能因此主张我方构成违约。这是一个新观点，如果这一观点被采信，一审判决同样应当被改判。

在重审过程中，法院认为我方当事人在第二笔款需要支付时并没有主张同时履行抗辩权，因此我方当事人没有支付第二笔款仍然构成违约。律师团队认为，我们的这一上诉理由虽然没有被人民法院采信，但这一观点强调了对方当事人的同步付款义务，强调了对方当事人的违约，在这两起案件中也起到了积极作用。

（七）将对方的证据作为我方二审的新证据，实现证据突破

如前所述，这两起案件反败为胜的关键是调整思路，主张对方擅自转让项目权

益构成根本违约，主张对方擅自挪用专设账户资金构成根本违约。但上述主张得到认定的前提是有相应的证据予以证明。因此，取得证据突破对本案也非常重要。

幸运的是，在认真阅读对方当事人一审的证据，在新的代理思路指导下研究和整理对方一审提交的证据后，可以用对方一审提交的证据来证明律师团队所主张的观点。为更好地发挥这些证据的作用，律师团队将对方当事人一审中提交的这些证据作为了我方二审的新证据。这样，律师团队不仅有对对方一审证据发表补充质证意见的机会，而且可以从举证的角度获得阐述这些证据的机会。在将这些证据作为我方的证据后，这些证据在二审中和重审中发挥了重要的作用。

（八）证据整理对证据突破的辅助作用

证据整理在举证方面非常重要。在律师团队出版的《诉讼代理55步：案件流程管理》一书中，律师团队将证据整理又细分了10个小的步骤，即证据取舍、证据组织、辅助说明、形式规范、证据编号、证据页码、证据清单、与当事人确认、证据标注、证据装订等。上述每一步骤的工作都非常重要。证据经整理后，就成为一个整体，自然能更好地发挥证明作用。

在二审中和再审中，律师团队不仅需要对我方的证据重新进行阐述和说明，而且需要将对方的证据作为我方的证据，重新进行阐述和说明。因此，律师团队对本案所有的证据，围绕争议焦点，围绕我们的上诉主张，重新进行了整理，制作了新的证据清单。在二审中和重审中我们对证据的整理方便了我们的说理，方便了法庭对我方的证据审查——证据整理发挥了重要的作用。为方便读者朋友了解我们在这两起案件中证据整理的情况，我们将这两起案件中的证据清单放置在这两起案件的律师文书部分。

律师团队想补充说明的是，由于在原一审中，无论是我方当事人，还是对方当事人，对证据的编号都不规范，因此，律师团队在二审和再审的证据清单中对所有的证据重新进行了编号。如果该份证据属于原一审的证据，则律师团队在该份证据的名称后面作了附注说明，说明它在原一审中的证据编号。但正如律师团队在《诉讼代理55步》中所述，无论是在二审中还是在重审、再审中，一般不要轻易改动原证据的编号。

（九）新证据的证明作用

在这两起案件证据方面的工作中，除将对方的证据作为我方的证据，对双方证据进行整理外，律师团队还通过网络检索的方式收集了新证据。在重审过程中，针对对方版权方面的瑕疵，我们通过对微信公众号的检索，通过网络检索，发现在双方终止合作后,对方当事人的原版权合作方,又就同一作品与其他单位合作。这一新证据也证明,对方当事人对这两起案件中的作品并不拥有版权。这一新证据在证明版权瑕疵方面也有很好的说服力。当然,由于法院重审时已经认定对方当事人在其他方面构成违约,因此,重审法院没有对这方面的事实再进行认定。

(十) 民事上诉状发挥了积极作用

律师团队起草这两起案件的民事上诉状时虽然时间仓促,但这两份民事上诉状还是得到了当事人的充分肯定。这两份民事上诉状较好地凸显了一审判决的错误,说理较为充分,较好地引起了二审法院对这两起案件的重视。尤其是在民事上诉状的最后部分,律师团队结合影视行业的现状,综合发表的如下上诉意见,也有较强的说服力:

"在国家大力发展文化产业的背景下,我们同时也注意到文化行业存在诸多乱象,甚至部分问题已经成为社会关注的焦点。部分单位和个人假冒影视剧的拍摄,到处骗取投资款。部分单位或个人的上述欺诈行为严重影响了文化行业的市场秩序,严重影响了社会的基本诚信。人民法院理应坚守法律的底线,依法维护相对人的合法权益,制裁上述严重失信的行为!"

(十一) 重审代理词也发挥了积极作用

在重审开庭后,律师团队及时提交了代理词,系统阐述了我们在这两起案件中的观点。代理词依托证据、事实和法律等素材,言之有物,没有空洞的表述:对版权瑕疵的阐述,结合了著作权的特点,结合了影视行业的特点。对转让项目权益的阐述,结合了双方合同的约定,结合了对方的证据。对挪用专设账户资金的阐述,依据了合同的约定,依据了对方的证据,同时对账户资金变化一一进行了对比和说明。对财务收支表提交的阐述,结合了合同的约定,结合了双方的合作模式,结合了双方从事影视行业的业务经历。代理词上述论述结合了合同的特点,双方主体的特点,行业的特点,有较强的说服力,在这两起案件的代理过程中发挥了积极作用。

(十二) 原一审的程序瑕疵

这两起案件在一审中的程序方面也有值得商榷的地方。鉴于这两起案件是基于同一事实,同一争议提出的,双方的诉讼请求能相互抵消和吞并,应当将其作为一起案件来审理,但原一审法院并没有将这两起案件合并为一起案件。另外,这两起案件对合同的存续状态作了相互矛盾的表述:在对方当事人起诉我方当事人的案件中,一审法院认为合同已经解除。但在另一起案件中,一审法院认为合同没有被解除。这一明显错误也更引起了二审法院的重视，也更促使二审法院将这两起案件发回重审。

(十三) 对这两起案件的整体评价

在这两起案件经过一审、二审发回重审、重审、重审后的二审后，最终法院判决驳回了对方当事人的全部诉讼请求，支持了我方当事人的大部分诉讼请求，要求对方当事人退还我方当事人投资款450多万元，并赔偿利息损失。就诉讼而言，这两起案件取得了令委托人满意的结果。

整体来说，这两起案件能够胜诉，一方面要归功于诉讼思路的调整，归功于诉讼思路的突破；另一方面要归功于证据的突破，即将对方证据作为我方当事人的二审新证据，对双方证据进行系统的整理和阐释，对新证据的收集和提交。当然，除上述两方面外，民事上诉状、代理词以及庭审也在这两起案件的代理过程中发挥了积极作用。

案例 16：结合案件特点，结合新证据，论述三方转账协议客观真实，凸显原审错误

——北京市第一中级人民法院北京 A 贸易公司与北京 B 汽车厂国际贸易合同纠纷二审案的文书突破和证据突破

- 上诉思路
- 民事上诉状
- 律师团队 8 点评析

一、代理工作概述

这是一起在北京市第一中级人民法院二审反败为胜的汽车国际贸易合同纠纷案。

委托人北京 A 贸易公司是一家主要从事汽车贸易的北京民营企业。北京某汽车集团是国内大型的汽车企业集团，其下属的北京 B 汽车厂主要从事卡车生产，其下属的北京 C 国际公司主要从事该集团的汽车国际销售业务。北京 A 贸易公司、北京 B 汽车厂和北京 C 国际公司长期合作，共同开展汽车国际销售业务。

2019 年，北京 B 汽车厂财务审计认为北京 A 贸易公司和北京 C 国际公司欠付车辆款 4 300 多万元。北京 B 汽车厂遂依据财务审计报告和 2011 年的 6 份三方协议向北京市昌平区人民法院提起诉讼，要求北京 A 贸易公司支付 2012 年 6 月 30 日前北京 C 国际公司出口销售车辆的车辆款 4 300 多万元及利息损失，同时将北京 C 国际公司列为第三人。

北京市昌平区人民法院经多次开庭审理后认为：三方协议中，北京 B 汽车厂向北京 C 国际公司销售汽车，北京 A 贸易公司负责提供销售计划，负责代海外客户验收车辆，负责代垫车辆款项。现北京 C 国际公司已经证明向北京 A 贸易公司退还了这 6 份三方协议的车辆款，但北京 A 贸易公司提供的三方转账协议不是原件，不能证明北京 A 贸易公司垫付了这六份三方协议的车辆款，因此判令北京 A 贸易公司向北京 B 汽车厂支付车辆款 4 200 万元并赔偿利息损失。

委托人一审败诉后委托律师团队负责人张群力律师和卢青律师向北京市第一中级人民法院提起上诉。在二审中，律师团队充分论述了本案中三方转账协议客观真实，凸显了一审基本事实认定错误；同时律师团队收集提交的二审新证据也进一步证明了一审事实认定错误。此外，律师团队还论述了一审在程序上的瑕疵。

经作者团队不懈努力，北京市第一中级人民法院在二次开庭后最终判决撤销北京市昌平区人民法院一审判决，驳回了北京B汽车厂的全部诉讼请求。至此，本案二审反败为胜。

本案的民事上诉状、二审新证据和二审庭审对本案的反败为胜起到了较为重要的作用，本案是二审实现文书突破、证据突破和程序突破较为典型的案例。

二、基本案情和一审情况

（一）基本案情

在接受委托后，结合一审被告北京A贸易公司、一审原告北京B汽车厂、一审第三人北京C国际公司的证据，律师团队整理的案件事实如下：

北京A贸易公司自2007年开始与北京某汽车集团合作，是北京某汽车集团的销售商。北京B汽车厂和北京C国际公司是北京某汽车集团下属企业。北京A贸易公司、北京B汽车厂和北京C国际公司长期合作，共同从事汽车国际贸易。

北京A贸易公司、北京B汽车厂、北京C国际公司签订一系列三方协议。三方协议的主要内容包括：（1）北京B汽车厂按照北京C国际公司要求的地点交付车辆。（2）北京C国际公司按照三方协议金额向北京B汽车厂支付货款，北京B汽车厂给北京C国际公司开具增值税发票。（3）北京A贸易公司代北京C国际公司向北京B汽车厂报送海外客户的需求，代北京C国际公司接收车辆。（4）北京A贸易公司向北京C国际公司支付价款的同时支付一定金额的服务费。车辆采购价款和服务费按支付当日国家公布的汇率折算美元支付，具体计算方式如下：车辆价款（含服务费）＝采购价款（不含税）＋2%费用。（5）北京A贸易公司享受北京B汽车厂的商务政策。（6）北京C国际公司为了保证海外客户及时回款，要求北京A贸易公司代其向北京B汽车厂垫付三方协议项下的款项。北京C国际公司在收到海外客户的美元款项后，会退还北京A贸易公司代其向北京B汽车厂垫付的人民币款项。

（二）一审情况

2019年，北京B汽车厂财务审计认为在三方协议项下存在欠款4 300多万元。北京B汽车厂遂依据六份三方协议，以北京A贸易公司是三方协议项下实际购买人为由向北京市昌平区人民法院提起诉讼。具体诉讼请求包括：（1）被告北京A贸易公司支付车辆款 4 300 多万元及利息损失；（2）被告北京某销售公司与被告北京 A 贸易公司构成人格混同，应对北京 A 贸易公司的债务承担连带责任。同时，北京 B 汽车厂将北京 C 国际公司列为第三人。

北京 C 国际公司答辩称：（1）北京 A 贸易公司借北京 C 国际公司的名义进行出口，北京 A 贸易公司是实际购买人，北京 C 国际公司在收到海外客户的货款后扣除 2% 的服务费，然后将剩余款项支付给北京 A 贸易公司；（2）涉案六份协议项下，北京 C 国际公司收到海外客户的货款，扣除 2% 服务费后，就将剩余款项全部支付给了北京 A 贸易公司；（3）在履行涉案六份协议过程中，北京 A 贸易公司没有代为垫付款项，因此北京 C 国际公司对北京 A 贸易公司享有六份协议的债权。

北京 A 贸易公司一审答辩主张：（1）北京 A 贸易公司不是三方协议项下的付款义务人；（2）北京 C 国际公司退还的所有款项，北京 A 贸易公司都已代北京 C 国际公司向北京 B 汽车厂进行了垫付；（3）海外客户均已经向北京 C 国际公司支付了货款，北京 C 国际公司对海外客户、北京 A 贸易公司均不享有债权。

一审法院经多次开庭审理后认为：（1）北京 A 贸易公司提供的三方转账协议不真实，不能证明垫付事实；（2）北京 C 国际公司在北京 A 贸易公司没有垫付的情况下，退还了 4 200 万元的款项，北京 C 国际公司对北京 A 贸易公司享有债权；（3）北京 C 国际公司当庭将其对北京 A 贸易公司的债权转让给北京 B 汽车厂。据此，一审法院判决北京 A 贸易公司向北京 B 汽车厂支付 4 200 万元并承担利息损失。一审判决书"本院认为"部分和判决主文部分的表述为：

本院认为：本案中，北京 B 汽车厂与北京 A 贸易公司、北京 C 国际公司签订的三方协议系三方当事人真实意思表示，未违反法律法规的强制性规定，应予认定合法有效，当事人应依约定履行权利义务。关于北京 B 汽车厂主张的货款金额。如前所述，北京 B 汽车厂主张的货款涉及 6 份三方协议，北京 B 汽车厂、北京 A 贸易公司、北京 C 国际公司对第二份协议的货款金额 1 067.4 万元、第 4 份协议的货款金额 41.6 万元、第 5 份协议的货款金额 509.7 万元、第 6 份协议的货款金额 2 585 万元没有异议，对此，本院予以确认。关于双方存在争议的第 1 份协议，北京 B 汽车厂提交商品车发运通知单、车辆调车单证明实际交付汽车 24 辆，货款金额为 589.9 万元，北京 C 国际公司对此予以认可，根据上述证据，本院确认第 1 份协议的货款金额为 589.9 万元。关于双方存在争议的第 3 份协议，虽然北京 B 汽车厂未能提交三方协议的盖章页，但提交了对应 10 台车辆的发车、接车凭证，北京 C 国际公司认可发车事实，北京 A 贸易公司收到北京 C 国际公司支付的对应货款 269 万元但未能提交相反证据证明该笔款项的其他来源，因此，本院对北京 B 汽车厂主张的该协议对应的货款金额269万元予以确认。扣除北京B汽车厂认可的第二份协议项下已支付的货款728.5万元，未付货款的总金额为4 300多万元。

关于北京A贸易公司是否应承担付款责任。首先，根据三方协议及北京C国际公司与海外客户签订的买卖合同的内容，本院确认北京C国际公司为三方协议的买方。其次，根据三方协议的约定，北京A贸易公司负有向北京C国际公司支付车辆价款的义务，北京C国际公司将收取海外客户的货款支付给北京A贸易公司的前提是北京A贸易公司向北京C国际公司支付相应款项，本案中，北京A贸易公司确认收到北京C国际公司支付的本案所涉6份三方协议项下的货款（第1份协议项下504.8万元、第二份协议项下1 067.4万元、第3份协议项下269万元、第4份协议项下41.6万元、第5份协议项下509.7万元、第6份协议项下2 585万元），那么本案争议的焦点在于北京A贸易公司是否存在向北京C国际公司支付上述款项的事实。

关于北京A贸易公司是否向北京C国际公司支付上述款项问题。首先，北京A贸易公司提交"业务交易余额转移确认函"证明本案所涉三方协议中北京B汽车厂的主体地位由德国D公司承继，但该确认函确认截止到2012年6月30日北京A贸易公司欠款金额为189.4万元，该金额与前述本院确认的6份三方协议项下的款项金额存在巨大差异，因此，本院对北京B汽车厂提出的该金额仅为北京A贸易公司国内业务的欠款、并不包含海外业务欠款的主张予以采信，根据现有证据不能证明北京B汽车厂将其依据三方协议享有的权利转移给德国D公司。其次，北京A贸易公司提交其与北京C国际公司、德国D公司的"三方转账协议"复印件证明其通过德国D公司将其在本案中主张垫付的款项支付给北京C国际公司，对此，本院认为，北京A贸易公司提交的"三方转账协议"为复印件，无法与原件进行核实，无法确认真实性；即使"三方转账协议"内容真实，鉴于北京A贸易公司、北京C国际公司、德国D公司之间存在业务往来，现有证据亦不能证明"三方转账协议"中的款项为本案所涉6份协议中北京A贸易公司应支付的款项，因此，对北京A贸易公司提出的已支付上述款项的主张，本院不予采信。综上，北京A贸易公司并未支付北京C国际公司上述款项，故应将收取北京C国际公司支付的4 200万元（扣除第二份协议项下北京B汽车厂确认支付的728.5万元）返还给北京C国际公司。北京C国际公司同意由北京B汽车厂主张权利，应视为债权转让，北京A贸易公司应返还北京B汽车厂4 200万元……

综上，依据《中华人民共和国合同法》第六十条、第七十九条、第八十条及《中华人民共和国民事诉讼法》第六十四条之规定，判决如下：

一、被告北京A贸易公司于本判决生效后7日内支付原告北京B汽车厂

4 200万元；

二、被告北京A贸易公司于本判决生效后7日内支付原告北京B汽车厂2019年2月27日至2019年8月19日的利息（以4 200万元为基数，按中国人民银行同期贷款利率计算）及自2019年8月20日起至实际付清之日止的利息（以4 200万元为基数，按同期全国银行间同业拆借中心公布的贷款市场报价利率计算）；

三、驳回原告北京B汽车厂的其他诉讼请求。

三、代理思路和律师文书

（一）上诉思路

本案有多方主体，有多份协议，付款事实也比较复杂，而且委托人北京A贸易公司无法提供三方转账协议的原件。本案一审判决北京A贸易公司败诉的原因是不认可三方转账协议的真实性，不认可三方转账协议能证明北京A贸易公司已经垫付了涉案六份三方协议中的车辆款。因此，本案的关键是凸显一审法院在这方面认定事实错误。律师团队和当事人经共同讨论后确定了如下上诉思路。

第一，结合三方合作模式，结合双方结算惯例，充分阐述三方转账协议客观真实，凸显一审认定基本事实错误。如从双方结算的过程方面说明即使没有原件也应当认定三方转账协议真实。再如，从三方协议书和三方转账协议相互对应方面说明三方转账协议客观真实，从退款金额和三方转账协议金额的相互吻合方面说明三方转账协议客观真实。

第二，从北京C国际公司在三方协议中没有债权的事实方面说明一审认定事实错误。

第三，提交收集到的二审新证据，即提交北京A贸易公司和北京C国际公司的对账协议，说明和凸显一审认定事实错误。

第四，论述一审审理程序的瑕疵，进一步引起二审法院对本案的重视。

第五，积极准备民事上诉状，充分利用好二审庭审的机会，发挥好法律文书和庭审在本案的作用。

在上述思路指引下，本案二审代理取得了良好的效果。

（二）民事上诉状

民事上诉状

上诉人（一审被告）：北京A贸易公司

被上诉人（一审原告）：北京B汽车厂

一审被告：北京某销售公司

一审第三人：北京C国际公司

上诉人北京A贸易公司（以下简称上诉人或北京A贸易公司）因与被上诉人北京B汽车厂（以下简称被上诉人或北京B汽车厂）、一审被告北京某销售公司、一审第三人北京C国际公司（以下称北京C国际公司）合同纠纷一案，不服北京市昌平区人民法院2020年12月31日作出并于2021年1月4日送达的（2019）京0114民初14428号民事判决，向贵院提起上诉。

上诉请求：

一、请求依法撤销北京市昌平区人民法院（2019）京0114民初14428号民事判决；

二、请求依法驳回北京B汽车厂的全部诉讼请求；

三、请求判令北京B汽车厂承担本案一审和二审的全部诉讼费用。

上诉理由：

一、三方转账协议客观真实，一审判决不认定三方转账协议的真实性，认定事实严重错误

（一）北京C国际公司向上诉人退还垫付款时，收回了上诉人持有的三方转账协议原件

一审法院不认可三方转账协议真实性的原因是三方转账协议只是复印件，不是原件。事实上，三方转账协议的原件在德国D公司和北京C国际公司处，虽然上诉人只能提供复印件，但三方转账协议客观真实。

三方转账协议是上诉人按照北京C国际公司的指示进行垫款的凭证，三方转账协议签订时，上诉人持有一份原件。但其后，上诉人申请北京C国际公司向上诉人退还垫付款时，北京C国际公司收回了上诉人持有的原件。上诉人现在只有三方转账协议的复印件，不再持有三方转账协议的原件。

三方转账协议的原件一份在德国D公司处，另一份在北京C国际公司处。德国D公司是北京某汽车集团的子公司，北京C国际公司也是北京某汽车集团的子公司，它们都是北京某汽车集团下属的关联公司，它们持有三方转账协议的全部原件。因此，不能以被上诉人只能出示三方转账协议复印件为由而否定三方转账协议的真实性。

（二）德国D公司出具的情况说明已经认可了三方转账协议的真实性

三方转账协议是德国D公司的财务记账凭证，德国D公司持有三方转账协议的原件。

2020年9月16日，德国D公司向一审法院提交了情况说明。德国D公司在情况说明中陈述"北京A贸易公司提供的证据三十三、三十四、三十六、三十九、四十中的三方转账协议，北京A贸易公司将其在德国D公司账户中的款项，划转到北京C国际公司在德国D公司的账户中，冲减北京A贸易公司提交的出口车订单所对应的购车款"。前述陈述明确认可三方转账协议是真实的。

（三）三方转账协议的金额与三方"协议"金额完全吻合，三方转账协议客观真实

上诉人、被上诉人、北京C国际公司签订三方"协议"。三方"协议"的合作方式为：被上诉人是卖方，北京C国际公司是买方，上诉人将其海外客户介绍给北京C国际公司，由此享受奖励政策。在北京C国际公司需要的情况下，上诉人会按照北京C国际公司的指示代为垫付相应的三方"协议"合同款。垫付方式有现款（被上诉人出具收据）或签订三方转账协议等。

三方"协议"签订后，北京C国际公司与海外客户签订对应的外贸合同，海外客户向北京C国际公司支付外贸合同款。

在上诉人垫付了三方"协议"合同款，且北京C国际公司收到海外客户对应外贸合同的美元后，北京C国际公司再向上诉人退还上诉人垫付的款项。

本案中，上诉人通过三方转账协议的方式和部分现款方式垫付了涉案三方"协议"的款项，垫付金额与三方"协议"金额完全吻合，它们相互印证。具体如下：

1.2012年1月12日三方签订了49辆汽车三方"协议"，三方"协议"金额为1 067.4万元。

2012年6月30日，上诉人通过现款方式垫付728.5万元，被上诉人出具了对应金额的收据；2012年9月22日，上诉人通过三方转账协议垫付338.9万元，合计垫付金额为1 067.4万元（详见上诉人一审证据三十五和证据三十六）。

上述三方转账协议金额和三方"协议"金额相互吻合。

2.2012年2月17日三方签订了9辆汽车三方"协议"，三方"协议"金额为222.7万元。

2012年5月7日，上诉人通过现款方式垫付222.7万元，被上诉人出具了对应金额的收据（上诉人一审证据三十七）。

3.2012年4月6日三方签订了25辆汽车三方"协议"，三方"协议"金额为509.7万元。

上诉人通过金额为509.7万元的三方转账协议进行了垫付（详见上诉人一审证据三十九）。

上述三方转账协议金额和三方"协议"金额完全吻合，分文不差！

4.2012年4月9日三方签订了110辆汽车三方"协议"，三方"协议"金额为2 585万元。

上诉人通过金额分别为600万元、1 500万元、550万元、350万元的三方转账协议进行了垫付，合计垫付金额2 585万元（详见上诉人一审证据四十）。

上述三方转账协议金额和三方"协议"金额也同样完全吻合，同样分文不差！

各方当事人对三方"协议"的真实性都没有异议，而三方转账协议的金额和三方"协议"的金额完全吻合，相互印证，因此，三方转账协议的真实性也同样应当得到确认。

（四）三方转账协议的金额还与北京C国际公司退还的金额完全吻合，三方转账协议客观真实

上诉人垫付了涉案三方"协议"款项后，北京C国际公司才会向上诉人退还垫付款。上诉人通过三方转账协议垫付的金额与北京C国际公司退还的金额完全吻合，它们相互印证，同样证明三方转账协议客观真实。具体如下：

1. 北京C国际公司分别于2012年8月29日、2012年9月29日和2012年10月12日分别向上诉人退还了49辆汽车的三方"协议"垫付款728.5万元、200万元、138.9万元，合计退还垫付款1 067.4万元。北京C国际公司退款金额与上诉人垫付的金额一致。

2. 北京C国际公司于2012年6月13日向上诉人退还9辆汽车的三方"协议"垫付款222.7万元。北京C国际公司退款金额与上诉人垫付的金额一致。

3. 北京C国际公司于2012年12月20日向上诉人退还22辆汽车的三方"协议"垫付款509.7万元。北京C国际公司退款金额与上诉人三方转账协议垫付的金额一致。

4. 北京C国际公司向上诉人退还110辆汽车的三方"协议"垫付款2 585万元。其中2012年11月30日退还垫付款350万元，2013年1月14日退还垫付款200万元，2013年1月15日退还垫付款350万元，2013年2月7日退还垫付款185万元，2013年2月27日退还垫付款400万元，2013年3月15日退还垫付款500万元，2013年3月20日退还垫付款440万元，2013年3月21日退还垫付款160万元，合计退还垫付款2 585万元。北京C国际公司退款金额与上诉人三方转账协议垫付的金额一致。

北京C国际公司的前述退还款项与三方转账协议中上诉人的垫付款金额相互吻合。北京C国际公司退还款项的事实真实，则三方转账协议同样客观真实。

综上，三方转账协议的原件在被上诉人的关联公司，持有三方转账协议原件的

德国 D 公司认可三方转账协议的真实性，三方转账协议的金额与三方"协议"的金额相互印证，与北京 C 国际公司退还垫付款金额也相互印证。因此，虽然本案中上诉人只出示了三方转账协议的复印件，但三方转账协议的真实性应当得到确认。一审法院不认可三方转账协议的真实性，认定事实严重错误。

二、北京 C 国际公司对涉案合同不享有债权，一审判决认为北京 C 国际公司享有债权，认定事实严重错误

（一）海外客户已经向北京 C 国际公司支付了全部美元，北京 C 国际公司不享有债权

在三方"协议"中，北京 C 国际公司是买方，负有向被上诉人支付汽车采购款的义务。在北京 C 国际公司与海外客户的外贸合同中，北京 C 国际公司是卖方，海外客户向其支付合同款。

上诉人一审证据十、证据十三、证据十七、证据二十、证据二十三、证据二十七均证明海外客户已经向北京 C 国际公司支付了涉案三方"协议"对应的外贸合同款。一审庭审中，北京 C 国际公司也承认收到了涉案合同项下海外客户支付的外贸合同款。

因此，北京 C 国际公司无论是在三方"协议"中，还是在外贸合同中，均不再存在债权，更不存在向被上诉人转让所谓债权。

（二）只有在上诉人垫付了三方"协议"款项的情况下，北京 C 国际公司才会向上诉人退还垫付款

在上诉人代北京 C 国际公司垫付款项、北京 C 国际公司又收到海外客户款项后，北京 C 国际公司才会向上诉人退还垫付款，否则北京 C 国际公司不可能向上诉人退还垫付款。北京 C 国际公司向上诉人退还垫付款的行为本身就已经表明，北京 C 国际公司已经收到上诉人的垫付款和海外客户的货款，北京 C 国际公司向上诉人退还垫付款的行为本身就说明北京 C 国际公司在本案的七份车辆买卖合同中不再享有任何债权。

事实上，从涉案三方"协议"垫付款的时间先后来看，也可以清楚地知道上述基本事实。如 728.5 万元和 222.7 万元的收据垫付时间，与北京 C 国际公司退还垫付款的时间，均可以证明只有在上诉人垫付的情况下，北京 C 国际公司才会向上诉人退还垫付款。

综上，北京 C 国际公司已经收到了海外客户的付款，在本案的车辆买卖中不再存在债权。北京 C 国际公司退还上诉人垫付款本身就说明北京 C 国际公司收到了海外客户的付款，收到了上诉人的垫付款，北京 C 国际公司在本案中也不再享有债权。一审判决认定北京 C 国际公司享有债权，进而认定北京 C 国际公司将债权转让

给了被上诉人，一审判决认定事实严重错误。

三、上诉人新证据进一步证明上诉人已经垫付了涉案合同款，进一步直接证明一审认定事实严重错误

2015年12月23日，上诉人的法定代表人张某某、会计任某某与北京C国际公司的财务部长王某某、财务总监刘某某进行了对账，形成了书面的对账单（以下称对账单）。对账单上双方对北京C国际公司收到外贸合同的美元款项及收到上诉人垫付的人民币款项分别进行了确认。

一审时，由于前四次庭审的案由均为买卖合同纠纷，焦点是被上诉人作为卖方是否有权向上诉人主张货款。上诉人没有将该份证据交给法庭。但一审法院却在2020年12月30日第五次庭审时变更案由，在2020年12月31日作出一审判决，致使上诉人没有时间针对变更后的案由提交证据，现上诉人将其作为二审新证据提交。这一份新证据进一步证明上诉人已经垫付了涉案合同款，进一步直接证明一审认定事实严重错误。

（一）对账单证明上诉人已经垫付110辆车的三方"协议"合同款2 585万元

对账单中合同号为FTBV120195HK的外贸合同，对应的三方"协议"合同便是被上诉人一审证据26，即110台车辆的三方"协议"合同。理由是：1. 从合同号来说：上诉人在一审证据二十六提供了合同号FTBV120195HK的110台车辆的外贸合同，被上诉人和北京C国际公司均认可该合同与110辆车三方"协议"相对应。2. 从发票号码来说：对账单显示该110辆车的发票号码为02162313、02162314、02162672，前述三份发票号码与被上诉人一审中提交的110辆车发票号码完全一致。3. 从金额来说：对账单显示三方"协议"金额为2 585万元，与被上诉人一审证据26的三方"协议"合同金额一致。

对账单显示上诉人已经向北京C国际公司垫付了2 585万元人民币，同时还显示北京C国际公司也收到了该110辆车的美元（款项）。

因此，对账单对110辆车的对账就能证明，三方转账协议是真实的，北京C国际公司收到了上诉人的垫付款，同时收到了海外客户的合同款，北京C国际公司对该110辆车的三方"协议"不享有债权，一审认定事实严重错误。

（二）对账单证明上诉人已经垫付22辆车的三方"协议"合同款509.7万元

对账单中合同号为FTBV120363HK的外贸合同，对应的三方"协议"便是被上诉人一审证据25，即22台车辆的三方"协议"。理由是：1. 从合同号来说：上诉人在一审证据二十二提供了合同号FTBV120363HK的22台车辆的外贸合同，被上诉人和北京C国际公司均认可与22辆车三方"协议"相对应。2. 从发票号码来说：

对账单显示该22辆车的部分发票号码为02162318、02162317,前述发票号码与被上诉人一审中提交的22辆车发票号码完全一致。3. 从金额来说:对账单显示三方"协议"金额为509.7万元,与被上诉人一审证据25的三方"协议"金额一致。

对账单显示上诉人已经向北京C国际公司垫付了509.7万元人民币,同时还显示北京C国际公司也收到了该22辆车的美元(款项)。

因此,对账单对22辆车的对账同样能证明,三方转账协议是真实的,北京C国际公司收到了上诉人的垫付款,同时收到了海外客户的外贸合同款,北京C国际公司对该22辆车的三方"协议"同样不享有债权,一审认定事实严重错误。

上诉人需要特别说明的是,上诉人均通过三方转账协议垫付前述两份三方"协议"的合同款2 585万元和509.7万元。二审新证据对账单清楚证明三方转账协议垫付的是涉案合同项下的款项,而不是其他合同的款项。二审新证据说明,德国D公司员工关于三方转账协议的款项不是涉案7份合同的款项,而是其他合同款项的陈述明显不成立。一审法院仅依据德国D公司的证人证言,认定三方转账协议不是垫付涉案的合同款,认定事实严重错误。

四、涉案7份三方"协议"均明确约定了合同有效期,其中2辆车和110辆车的三方"协议"还明确约定了付款时间,被上诉人2019年提起诉讼时,无论北京B汽车厂或北京C国际公司是否享有债权,也都已过诉讼时效

(一)涉案7份三方"协议"均约定了合同有效期

被上诉人主张的7份三方"协议"均约定了合同有效期,7份"协议"最晚的有效期为2012年12月31日。

合同有效期是合同各方当事人履行义务的期限,如果上诉人负有垫付义务,垫付义务也应当在合同有效期内履行。从2012年12月31日至2019年被上诉人起诉时,早已超过诉讼时效。一审法院认为三方"协议"没有对上诉人支付款项的时间进行约定,认定事实严重错误。

(二)2辆车和110辆车的三方"协议"明确约定了付款期限

1. 上诉人一审证据十八即2辆车的三方"协议"(合同金额416 400元)和上诉人一审证据二十四、二十五即110辆车的三方"协议"(合同金额2 585万元)第五条均约定"1. 丙方(被上诉人)交付车辆后30日内,凭乙方确认的车辆交接单,甲方(北京C国际公司)向丙方(被上诉人)付清全部货款,丙方直接开具增值税发票给甲方,乙方享受丙方商务政策;2. 乙方(上诉人)承诺在甲方(北京C国际公司)向丙方(被上诉人)支付货款之前10天内向甲方支付价款的同时向甲方支付一定金额的服务费……"。

因此，无论被上诉人在2012年何时发车，前述两份合同均已经过诉讼时效。虽然上诉人新证据表明在2015年12月23日与北京C国际公司进行了对账，但至2019年2月25日提起诉讼时，也已经过了诉讼时效。

五、一审判决违反法定程序，一审判决应当被撤销

（一）一审法院2020年9月17日的询问笔录违反调查取证程序，不应当被采信

首先，该询问笔录实质是法院调查取证，该调查取证程序不合法。本案在2020在9月15日第四次庭审时已经法庭辩论终结，被上诉人在庭前庭后都没有申请法院调查取证。本案也不属于《最高人民法院关于适用〈中华人民共和国民事诉讼法〉的解释》第九十六条规定的法院依职权主动调查取证范围。因此，一审法院主动调查取证，违反法律程序。

其次，该询问笔录本质是证人证言，而且是被上诉人关联公司员工的证言。依据证据规则，证人应当出庭接受审判人员和双方当事人的询问。但是该询问笔录的询问过程，除被上诉人外，没有其他当事人在场，而且询问内容明显偏向被上诉人一方，违反证据规则，不应当被采信。

最后，被询问人陈述的内容不是就其经历的事实进行陈述，而是对某类交易关系的主观评判，且其评判没有其他证据印证。

综上，询问笔录既违反法律程序，又不符合证据规则，不应当（被）采信，一审采信该证据明显错误。

（二）一审判决主动变更案由和争议焦点，违反法定程序

首先，一审被上诉人起诉的案由为买卖合同纠纷，前四次庭审均是按买卖合同纠纷审理，2020年9月15日第四次庭审后，法庭辩论已经终结，庭审工作已经结束。但一审法院却在2020年12月30日突然询问被上诉人是否变更案由，一审法院这样审理案件不仅违背基本的程序，而且对上诉人严重不公。

其次，本案中，即使如一审法院所言，北京C国际公司收到了海外客户的货款，但没有收到上诉人的垫付款，在这种情况下，北京C国际公司错误将款项退还给了上诉人。即使存在这种情况，北京C国际公司也只存在因错误退款的"不当得利债权"，而不是合同债权。本案只可能是不当得利纠纷，而不可能是合同纠纷。另外，本案即使是不当得利纠纷，本案也早已过了诉讼时效。

最后，一审法院在庭审中从未概括争议焦点为"上诉人是否应当向北京C国际公司付款"，整个庭审也从没有围绕该问题进行过任何调查和审理，但一审判决却将这一问题认定为案件的争议焦点。

（三）一审法院未审先判，违反法定程序

一审法院在 2020 年 9 月 16 日取得情况说明，在 2020 年 9 月 17 日对证人进行询问，形成询问笔录。但直到 2020 年 12 月 29 日通知上诉人于 12 月 30 日开庭时，才告知上诉人有前述材料。而且这两份材料又在 12 月 29 日 16：50 左右才邮件发送给上诉人，致使上诉人没有时间准备。

2020 年 12 月 30 日上午庭审后，下午下班时，上诉人才将书面质证意见邮寄给一审法院。12 月 31 日上午上诉人才向一审法院提供电子版质证意见。但在同一天，一审法院却已经出具了判决，并对这一情况说明和询问笔录作为重要证据予以了采信！显然一审法院在作出裁判前，在采信这些证据前，并没有阅看和合议上诉人的质证意见。明显是未审先判，违反基本的程序，违反对当事人权利的基本尊重！

综上，三方转账协议客观真实，上诉人已经向北京 C 国际公司垫付了合同款，北京 C 国际公司也收到了海外客户的合同款，北京 C 国际公司在本案中不再拥有债权。一审认定事实严重错误。上诉人和北京 C 国际公司的对账单这一份二审新证据也进一步证明一审认定事实严重错误。本案已经过了诉讼时效。一审在诸多方面违反诉讼程序，判决结果严重不公。

基于上述理由，特向贵院提起上诉，敬请依法撤销北京市昌平区人民法院(2019) 京 0114 民初 14428 号民事判决，并判决驳回被上诉人的全部诉讼请求。

此致
北京市第一中级人民法院

上诉人：北京 A 贸易公司（章）
法定代表人：×××
2021 年 1 月 10 日

四、胜诉裁判摘要

北京市第一中级人民法院
民事判决书

(2021) 京 01 民终 3026 号

（"本院认为"以前部分略）

本院认为，北京 B 汽车厂与北京 A 贸易公司、北京 C 国际公司签订的案涉 6 份"协议"系三方当事人真实意思表示，未违反法律、行政法规的强制性规定，应属

合法有效。本案中，北京B汽车厂依据案涉6份"协议"向北京A贸易公司主张货款，北京A贸易公司抗辩其并非案涉协议中约定的买方，且其已履行了垫付款的义务，不应向北京B汽车厂支付货款，双方就此产生争议，北京B汽车厂一审中确认，其诉讼请求所涉货款金额基础在于北京C国际公司对其转让的债权，因此本案的争议焦点为北京A贸易公司是否应就案涉的6份"协议"向北京B汽车厂支付款项。对此本院认为，结合北京A贸易公司、北京B汽车厂二审中提交的两张北京A贸易公司与北京C国际公司的对账单以及（2021）京0116民初2354号案件案涉材料等，可以看出，北京A贸易公司、北京C国际公司之间存在大量与本案6份"协议"类似的合同。同时，各方之间合作多年，时间跨度较长，且各方之间多年来系采取垫付以及滚动付款的方式进行结算，案涉6份"协议"业务发生于2012年前后，而北京B汽车厂据以主张的债权转让发生于2020年的诉讼期间，这期间各方之间持续存在业务往来，且付款行为亦缺乏各方认可的明确指向，故本案需要结合全部合同中的履行行为进行审查，现北京B汽车厂仅就案涉6份"协议"提起诉讼，在争议的合同未能全部进入诉讼的情形下，本院无法判断和确认案涉6份"协议"的款项是否在各方之间结算完毕。在无法通过各方交易之全貌对案涉合同的履行情况进行甄别厘清的情况下，对案涉6份"协议"中的付款义务不宜作出单独裁判，本案中各方之间的权利义务关系应进行全面审查，因此对于北京B汽车厂在本案中的诉讼请求应予驳回，一审法院关于北京A贸易公司应单独就案涉6份"协议"承担付款责任的认定有误，本院依法予以纠正。

综上所述，北京A贸易公司的上诉请求成立，应予以支持。本院依照《中华人民共和国民事诉讼法》第一百七十条第一款第二项之规定，判决如下：

一、撤销北京市昌平区人民法院（2019）京0114民初14428号民事判决；

二、驳回北京B汽车厂的诉讼请求。

一审案件受理费258 517元，由北京B汽车厂负担（已交纳）。

二审案件受理费256 058元，由北京B汽车厂负担（于本判决生效后七日内交纳）。

本判决为终审判决。

五、律师团队8点评析

（一）本案二审代理的关键是凸显一审基本事实认定错误

本案是一起一审对基本事实认定错误的典型案件，也是二审反败为胜的典型案件。本案二审代理的关键是凸显一审对基本事实认定的错误，从而引起二审法院对本案的重视，从而使二审法院纠正一审法院在事实认定方面的错误。在二审代理本案过程中，律师团队始终抓住这一关键点不放，通过民事上诉状、通过证据、通过二审庭审，凸显一审事实认定的错误，从而最终实现反败为胜。

（二）本案一审判决不认定三方转账协议的真实性明显错误

《民事诉讼法》规定：书证应当提交原件，物证应当提交原物。提交原件或者原物确有困难的，可以提交复制品、照片、副本、节录本。最高人民法院关于适用《中华人民共和国民事诉讼法》的解释进一步规定：上述提交原件确有困难的情形包括：(1) 书证原件遗失、灭失或者毁损的；(2) 原件在对方当事人控制之下，经合法通知提交而拒不提交的；(3) 原件在他人控制之下，而其有权不提交的；(4) 原件因篇幅或者体积过大而不便提交的；(5) 承担举证责任的当事人通过申请人民法院调查收集或者其他方式无法获得书证原件的。在上述情况下，人民法院应当结合其他证据和案件具体情况，审查判断书证复制品等能否作为认定案件事实的证据。

因此，并不是没有原件，书证的真实性就一定不能得到确认。在本案中，虽然委托人没有办法提交三方转账协议的原件，但委托人已经在一审中说明了三方转账协议原件的去处，已经说明三方转账协议的三份原件均在对方当事人集团内单位的控制之下，因此，本案中三方转账协议的真实性应当得到认定。

在民事上诉状中，在庭审中，律师团队详细阐述了这一观点，从三方业务的结算过程、从三方协议和三方转账协议的一致性、从退款金额和三方转账协议金额的一致性、从一审第三人北京C国际公司的书面说明情况等方面，充分论述了三方转账协议的真实性，凸显了一审不认定三方转账协议真实性的错误。这方面的论述在本案的改判中发挥了重要作用。

（三）本案一审判决不认定三方转账协议的关联性明显错误

本案一审判决不认定三方转账协议的关联性，即不认可三方转账协议与涉案六份三方协议的关联性也明显错误。为凸显这一错误，在民事上诉状中，在二审代理词中，在二审庭审中，律师团队对三方协议和三方转账协议的关联性进行了一一详细说明。通过对比，它们的金额、它们的时间、它们对应的车辆等可以相互吻合，分文不差！这些论述也进一步凸显了一审在这些基本事实的认定方面明显错误，在二审的改判中也发挥了重要作用。

（四）二审新证据也凸显了一审判决的错误

为进一步凸显一审判决的错误，本案二审中作者团队提交了二审新证据，即委托人北京A贸易公司和本案第三人北京C国际公司的财务对账单。在对账单中，双方对涉案六份协议中至少两份协议的业务进行了表述，确认在履行这两份协议过程中北京A贸易公司通过三方转账协议的方式或现金的方式为海外客户垫付了车辆款。这份二审新证据足以证明一审判决认定的基本事实错误，在本起案件的改判中同样发挥了重要作用。

（五）对一审程序错误的阐述

为引起二审法院对本起案件的重视，在民事上诉状中，在庭审中，律师团队针对性地阐述了一审法院在程序上的瑕疵。虽然这些瑕疵是一审法院在调查取证方面的瑕疵，在证据认定方面的瑕疵，但对这些瑕疵的阐述，也在本案的二审改判中起到较好的辅助配合作用。

（六）民事上诉状发挥了重要的作用

客观地说，民事上诉状在本案的二审改判中发挥了重要的作用。在二审法院调解过程中，承办法官当着双方代理律师的面说，整体来说二审案件改判的比例不到5％，但合议庭看了这起案件的上诉法律文书后对本案非常重视，就本案已经合议过多次。毫无疑问，本案的民事上诉状确实给二审合议庭法官留下了深刻的印象。

民事上诉状从五个方面阐述了上诉意见，以凸显一审判决的错误：(1) 三方转账协议客观真实，一审判决不认定三方转账协议的真实性，认定事实严重错误；(2) 北京C国际公司对涉案合同不享有债权，一审判决认为北京C国际公司享有债权，认定事实严重错误；(3) 二审新证据进一步证明北京A贸易公司已经垫付了涉案合同款，进一步直接证明一审认定事实严重错误；(4) 本案债权已经过了诉讼时效；(5) 一审判决违反法定程序。

民事上诉状紧紧依据证据、事实和法律，言之有物，结构严谨、层次清晰、说理充分，凸显了一审判决的错误，发挥了法律文书在二审中的突破作用。

（七）可视图表对案件事实的辅助说明

如前所述，本案有北京A贸易公司、北京B汽车厂、北京C国际公司、海外客户等多个法律主体，涉及三方合作法律关系，涉及北京C国际公司和海外客户之间的国际买卖合同关系，涉及款项的垫付、退还及结算，案件事实复杂。因此，在本案中可视图表，如法律关系图、资金流向图，可以起到很好的辅助说明作用。在二审过程中，律师团队绘制并提交了上述图表，这些图表为案件讨论，为案件事实描述，为庭审举证质证，为庭审辩论提供了很好的帮助。

（八）代理工作的综合评估

综合评估本案二审代理工作，律师团队认为本案的案件突破表现为：(1) 文书突破。民事上诉状在本案中发挥了重要作用。(2)证据突破。二审新证据发挥了积极作用,对一审证据进行整理和阐述、对数据相互吻合的阐述也发挥了积极作用。(3)程序突破。阐述了一审程序的瑕疵,进一步凸显了一审判决的错误。当然,除此外,庭审工作和可视化等方面的工作也起到了较好的作用。

二审再审的突破与逆转

案例 17：结合行业特点，收集新证据，证明名为买卖、实为借贷，凸显原审错误
——河南省高级人民法院濮阳某粮库与洛阳某光电公司买卖合同纠纷二审案的证据突破和庭审突破

- 上诉思路
- 二审代理词
- 律师团队 5 点评析

一、代理工作概述

濮阳某粮库因参与洛阳某光电公司、某生态农业公司之间名为玉米买卖、实为借贷的业务，被起诉到洛阳市中级人民法院，并被判令支付玉米买卖货款，赔偿违约金。濮阳某粮库认为其既未收到玉米，也没有收到借款，不应当承担责任。经企业界的朋友介绍，其负责人主动联系盈科律师事务所，请求提供二审代理法律服务。

在盈科律师事务所接受委托后，北京张群力律师和盈科郑州席丽英律师、牛敬义律师共同组成团队为委托人提供服务，张群力律师和席丽英律师担任二审代理人。

律师团队接受委托后，认真调查取证，及时调整思路，积极参加庭审，提交代理意见。经律师团队努力，河南省高级人民法院采纳了律师团队的意见，撤销了一审判决，将本案发回了洛阳市中级人民法院重审。

在本案后续历经重审、重审后的二审、再审后，法院最终认定本案名为买卖、实为借贷，濮阳某粮库不需要承担支付玉米款的合同责任，只在实际融资方不能还款部分很少比例范围内承担赔偿责任。[①]

---

① 本案二审的代理工作得到席丽英律师和牛敬义律师的大力配合和支持，对他们的合作和付出表示衷心感谢！

二、基本案情和一审情况

(一) 基本案情

2013年5月22日,洛阳某光电公司与濮阳某粮库签订销售合同,约定、洛阳某光电公司向濮阳某粮库销售玉米,数量13 000吨,每吨单价2 340元,合同总价款人民币3 042万元,濮阳某粮库在2013年11月21日前一次性支付给洛阳某光电公司。交货时间为合同签订后5日内分批交货,交货地点为濮阳某粮库仓库。2013年7月10日濮阳某粮库出具粮食入库凭证,载明收到洛阳某光电公司玉米13 000吨,等级为合格,单价每吨2 340元,仓单价值合计3 042万元。2014年1月17日,某生态农业公司、赵某某分别出具连带责任担保书,自愿为濮阳某粮库与洛阳某光电公司签订的销售合同提供连带责任保证。

2014年3月7日,洛阳某光电公司向濮阳某粮库开具了3 042万元的增值税发票。濮阳某粮库于2014年3月13日出具签收回执单。2013年10月9日、2014年2月17日,洛阳某光电公司两次向濮阳某粮库发出企业询证函,载明售出商品为13 000吨玉米,销售金额为3 042万元,应收账款3 042万元。濮阳某粮库在该两份企业询证函上均盖章确认。后洛阳某光电公司通过承兑汇票形式及银行转账方式共收到货款1 360万元,没有收到余款,就引起了本案诉讼。

(二) 一审情况

2015年2月,洛阳某光电公司向河南省洛阳市中级人民法院提起诉讼,要求濮阳某粮库支付货款1 682万元、赔偿违约金,某生态农业公司与赵某某承担连带清偿责任。在一审中洛阳某光电公司提交了销售合同、粮食入库凭证、发票、记账凭证、企业询证函及催款律师函。

被告濮阳某粮库的主要答辩观点包括:(1) 濮阳某粮库与洛阳某光电公司之间不存在真实的买卖合同关系;(2) 洛阳某光电公司和某生态农业公司之间是资金拆借关系;(3) 应当追加某粮油公司为第三人。

被告某生态农业公司、赵某某的主要答辩观点包括:(1) 洛阳某光电公司与某粮油公司签订粮食采购合同,名为买卖玉米,实为洛阳某光电公司向某粮油公司高息放贷;(2) 濮阳某粮库在中间起配合、协助作用,不是真正的债务人;(3) 某粮油公司是本案适格的被告,应追加某粮油公司为本案当事人;(4) 某生态农业公司和赵某某不应向洛阳某光电公司承担保证责任。

一审法院认定洛阳某光电公司与濮阳某粮库签订销售合同系合同当事人的真实意思表示,内容不违反法律法规的禁止性规定,合法有效,对合同当事人具有约束力，遂判决支持洛阳某光电公司的诉讼请求。一审判决书"本院认为"部分和判决主文部分表述为：

本院认为：在本案的审理过程中，濮阳某粮库、某生态农业公司、赵某某认为本案名为买卖合同关系、实为洛阳某光电公司与某粮油公司的资金拆借纠纷，均申请追加某粮油公司为本案第三人、被告参加诉讼。本院经审查后认为，洛阳某光电公司以买卖合同纠纷起诉要求三被告支付货款、违约金及律师费，其提交的证据能够证明买卖合同关系成立。濮阳某粮库、某生态农业公司、赵某某认为本案名为买卖合同关系、实为洛阳某光电公司与某粮油公司的资金拆借纠纷，但仅有其三方陈述，洛阳某光电公司对此不予认可，某粮油公司非本案"销售合同"的合同相对人，三被告亦未能提交有力证据证明其主张成立，故本院对三被告的申请不予支持，并口头裁定驳回其申请。关于本案买卖合同是否真实及实际履行的问题。2013年5月22日，洛阳某光电公司与濮阳某粮库签订"销售合同"系合同当事人的真实意思表示，内容不违反法律法规的禁止性规定，合法有效，对合同当事人具有约束力。2013年7月11日，洛阳某光电公司向某粮油公司支付人民币2925万元，采购了13 000吨玉米。后，洛阳某光电公司依据其与濮阳某粮库签订"销售合同"的约定，履行了合同义务，有濮阳某粮库出具的粮食入库凭证、出具的增值税发票签收回执单、濮阳某粮库以承兑汇票形式支付的部分货款以及洛阳某光电公司出具的由濮阳某粮库加盖公章（的）企业询证函为凭，足以认定。濮阳某粮库虽认为其出具的粮食入库凭证、承兑汇票上其背书签章、增值税发票签收回执单以及在企业询证函（上）盖章的行为非其真实意思表示，称其是为了配合洛阳某光电公司查账而为之，但其并未提交证据予以证明，本院认为其主张理由不充分、证据不足，本院不予采信。综上，本院认为洛阳某光电公司与濮阳某粮库之间的买卖合同关系成立并已实际履行。

关于濮阳某粮库是否应当承担责任的问题。"销售合同"签订后，洛阳某光电公司依约履行了合同义务，濮阳某粮库于2013年7月10日出具了"粮食入库凭证"，认可收到洛阳某光电公司玉米13 000吨，等级为合格，单价为2 340元/吨，仓单价值合计3 042万元，此后，又在洛阳某光电公司2013年10月9日、2014年2月17日向其发出的"企业询证函"上对洛阳某光电公司交付的玉米吨数及金额予以确认，但濮阳某粮库并未向洛阳某光电公司支付全部货款，已构成违约。洛阳某光电公司认可其已收到了1 360万元货款，并提交了相应证据予以证实，本院予以采信。洛阳某光电公司现起诉要求濮阳某粮库向其支付剩余货款1 682万元，并从合同约定的付款日期逾期之日起按每日0.05%计算违约金，因双方在"销售合同"

中对付款日期即2013年11月21日及逾期违约金的计算均作了明确约定，故濮阳某粮库应向洛阳某光电公司支付剩余货款1 682万元并按日0.05%自2013年11月22日起向洛阳某光电公司支付违约金。

关于律师费的问题。因濮阳某粮库未按合同约定支付货款，引发本案诉讼。考虑到洛阳某光电公司在本案诉讼中确实委托律师参加诉讼，支出了一定的律师费，洛阳某光电公司也与河南广文律师事务所签订"委托合同"，约定律师费为266 820元，但截止本案诉讼发生时，洛阳某光电公司仅支付律师费133 410元，有银行转账凭证及河南广文律师事务所出具的发票为证，该已支付的律师费本院依法予以支持。

关于某生态农业公司、赵某某是否应当承担连带责任的问题。2014年1月17日，某生态农业公司、赵某某分别向洛阳某光电公司出具连带责任担保书，系其为濮阳某粮库与洛阳某光电公司2013年5月22日双方签订的合同编号为S2013804的"销售合同"中约定的债务提供连带责任保证的单方允诺，内容不违反法律规定，对其法律效力本院予以认定，洛阳某光电公司要求某生态农业公司及赵某某对濮阳某粮库的上述债务承担连带清偿责任的主张本院依法予以支持。但某生态农业公司、赵某某承担担保责任后，有权向债务人濮阳某粮库追偿。

综上，依照《中华人民共和国合同法》第四十四条、第六十条、第一百零七条，《中华人民共和国担保法》第三十一条，《最高人民法院关于适用〈中华人民共和国担保法〉若干问题的解释》第四十二条，《中华人民共和国民事诉讼法》第一百五十二条之规定，经合议庭评议，判决如下：

一、被告濮阳某粮库于本判决生效之日起十五日内向原告洛阳某光电公司支付1 682万元货款及违约金（按日0.05%自2013年11月22日起计算至本判决确定的履行之日止）；

二、被告濮阳某粮库于本判决生效之日起十五日内给付原告洛阳某光电公司已经支出的律师费133 410元；

三、被告某生态农业公司、赵某某对上述款项承担连带清偿责任；

四、被告某生态农业公司、赵某某承担担保责任后，有权向濮阳某粮库追偿；

五、驳回原告洛阳某光电公司的其他诉讼请求。

逾期履行上述金钱给付义务，则依照《中华人民共和国民事诉讼法》第二百五十三条之规定，加倍支付迟延履行期间的债务利息。

案件受理费147 868元、财产保全费5 000元，共计152 868元，由被告濮阳某粮库、某生态农业公司、赵某某共同负担。

如不服本判决，可在判决书送达之日起十五日内向本院递交上诉状，并按对方当事人的人数提交副本，上诉于河南省高级人民法院。

三、代理思路和律师文书

（一）上诉思路

本案是名为买卖、实为借贷的案件，即委托人、债权人洛阳某光电公司、债务人某生态农业公司，通过名义上的多方循环买卖，达到拆借资金目的的案件。为纠正一审不利判决，律师团队从以下几方面确定了上诉思路：

第一，本案的粮食买卖形成闭合链条，并没有真实的粮食买卖。

第二，本案的资金形成闭合链条，是借新还旧，各方并没有向委托人支付货款。

第三，从行业惯例来分析、从濮阳某粮库的实际情况来分析，本案中并没有交付粮食行为。

第四，委托人并没有过错，是债权人和债务人隐瞒事实，欺骗委托人，让委托人参与到这种名为买卖、实为借贷的业务中来。

在上述思路指导下，律师团队努力收集新证据，并对原一审证据进行梳理和阐释，做好庭审工作，向人民法院系统介绍和阐述本案的实际情况，还原案件真相，争取使本案直接被改判或被发回重审。

（二）二审代理词

濮阳某粮库上诉洛阳某光电公司买卖合同纠纷二审案
代理词

尊敬的审判长、审判员：

在贵院审理的上诉人濮阳某粮库与被上诉人洛阳某光电公司、原审被告某生态农业公司、赵某某买卖合同纠纷一案中，我们分别受北京市盈科律师事务所的指派，接受上诉人濮阳某粮库的委托，担任其本案二审的诉讼代理人。现在依据事实和法律，发表如下代理意见，敬请采信。

一、本案的法律关系名为洛阳某光电公司和濮阳某粮库的买卖合同法律关系，实为洛阳某光电公司和某生态农业公司"以新还旧"的借贷法律关系

本案中，洛阳某光电公司起诉的合同依据是2015年5月22日洛阳某光电公司和濮阳某粮库的"销售合同"（见洛阳某光电公司一审证据1-1），但显然，该份合同只是洛阳某光电公司和某生态农业公司以新还旧借贷关系的财务手续，洛阳某光电公司和濮阳某粮库之间并没有形成真实的粮食买卖关系，本案中的真实法律关系是洛阳某光电公司和某生态农业公司或某生态农业公司的关联公司即睢县某粮油购

销有限责任公司（以下称某粮油公司）之间的借贷关系。

1. 某生态农业公司和某粮油公司名为两家单位，实为一家单位

濮阳某粮库提交了二审新证据十，即租赁合同。庭审中某生态农业公司的法定代表人赵某某先生也当庭出示了这份证据的原件。这是某生态农业公司2009年6月30日与某粮油公司的上级单位即睢县某粮油食品购销有限公司（以下称某粮油食品公司）签订的租赁合同。在该份租赁合同中，某生态农业公司租赁了某粮油食品公司的仓库、办公用房及土地等资产。同时双方在租赁合同第六条中还特别约定，某粮油食品公司允许某生态农业公司使用"睢县某粮油购销有限责任公司"的企业名称，协助某生态农业公司变更法定代表人及企业资本金，某粮油食品公司不参股，自变更之日起，某粮油食品公司不干涉某粮油公司的经营，由某生态农业公司自主经营。可见，自2009年起，某生态农业公司和某粮油公司就是利益共同单位，它们都为赵某某所完全控制，在对外业务中，它们名为两个单位，实为一个单位。

2. 一审中某生态农业公司提交的2012年洛阳某光电公司、某生态农业公司和某粮油公司的六份粮食销售和采购合同，已经清楚地证明了洛阳某光电公司和某生态农业公司是借贷关系

一审中某生态农业公司为证明本案不是真实的粮食买卖关系，而是洛阳某光电公司和某生态农业公司或某生态农业公司的关联单位某粮油公司的借贷关系（以下均简称为洛阳某光电公司和某生态农业公司的借贷关系），向一审法院提交了洛阳某光电公司与某生态农业公司、某粮油公司之间的六份粮食销售合同和采购合同。（见一审判决书第10页至第11页）。洛阳某光电公司虽然在本案的一审中以只有复印件为由，不认可这六份证据，但在洛阳某光电公司和某市国家粮食储备库的诉讼中，洛阳某光电公司已经认可这六份证据。单独依据这六份合同，就能清楚地证明，名义上或在财务手续上洛阳某光电公司和其他单位是粮食买卖关系，实际上却是借贷关系。

这六份合同分为三组，每一组的销售合同和粮食采购合同都一一对应，而且每一组合同均是在同一时间、同一地点分别由洛阳某光电公司和某生态农业公司、某粮油公司签订的。即：

2012年4月11日，在郑州市金水区，洛阳某光电公司与某粮油公司签订粮食采购合同，洛阳某光电公司向某粮油公司采购23 000吨玉米；同一天，同一地点，洛阳某光电公司又与某生态农业公司签订销售合同，洛阳某光电公司又将这23 000吨玉米转卖给某生态农业公司。

2012年4月29日，在郑州，洛阳某光电公司与某粮油公司签订粮食采购合同，

洛阳某光电公司向某粮油公司采购30 000吨玉米;同一天,同一地点,洛阳某光电公司又与某生态农业公司签订粮食销售合同,洛阳某光电公司又将这30 000吨玉米转卖给某生态农业公司。

2012年12月15日,在郑州市金水区,洛阳某光电公司与某粮油公司签订粮食采购合同,洛阳某光电公司向某粮油公司采购13 000吨玉米;同一天,同一地点,洛阳某光电公司又与某生态农业公司签订销售合同,洛阳某光电公司又将这13 000吨玉米转卖给某生态农业公司。

这些粮食采购合同和销售合同中,最初的粮食供货单位是某粮油公司,最终的粮食采购单位是某生态农业公司,洛阳某光电公司只是中间环节。而某粮油公司和某生态农业公司却是利益共同单位,即某生态农业公司和某粮油公司名为两个单位,实际是一个单位。因此,实际是洛阳某光电公司从同一单位买进粮食,又在同一天,同一地点将这些粮食全部转卖给了该单位。这不是赤裸裸的虚假交易,又是什么呢?(详见代理人庭审中所出示的"2012年粮食采购链示意图"。)难道这六份合同还不能证明洛阳某光电公司和某生态农业公司、某粮油公司之间的买卖合同是虚假合同吗?难道这六份合同还不能证明它们之间的真实关系是借贷法律关系吗?

在此,代理人想补充说明的是,从上述合同的名称来看,这些合同均是洛阳某光电公司提供的,即所谓销售合同均是洛阳某光电公司销售粮食的合同,所谓粮食采购合同,均是洛阳某光电公司采购粮食的合同。

代理人还想补充说明的是,2012年的这六份粮食销售合同和粮食采购合同,与本案2013年5月22日洛阳某光电公司和濮阳某粮库签订的销售合同,2013年5月22日洛阳某光电公司和某粮油公司签订的粮食采购合同,无论是从合同名称、合同格式来看,还是从合同的权利义务及合同条款来看,均是一脉相承的,大部分合同条款竟然一字不差。可见,本案2013年的粮食采购合同和销售合同,和2012年的合同一样,同样是洛阳某光电公司提供的,同样是虚假的。

3.2013年的粮食采购和销售合同,合同主体虽然略有不同,但同样构成粮食采购的闭合链,这些合同同样能证明名为买卖、实为借贷的客观事实

2013年洛阳某光电公司和某生态农业公司之间的借贷是以新还旧,即以新借款归还旧借款,因此,用作借贷手续的虚假买卖合同的主体略有不同,但它们同样构成了粮食采购的闭合链(详见代理人在庭审中出示的"2013年粮食采购链示意图")。这一闭合链同样能单独证明,2013年的粮食买卖合同是虚假的。

第一步,2013年5月22日,洛阳某光电公司与某粮油公司签订粮食采购合同,洛阳某光电公司从某粮油公司采购13 000吨玉米(见一审洛阳某光电公司证据2-1)。

第二步，同日，洛阳某光电公司与濮阳某粮库签订销售合同，洛阳某光电公司将这13 000吨玉米转卖给濮阳某粮库。第三步，2013年5月24日（实际日期是2013年5月22日，也就是当日，见一审濮阳某粮库证据四），濮阳某粮库又与某生态农业公司签订采购合同，濮阳某粮库将这13 000吨玉米销售给某生态农业公司。如前所述，某生态农业公司和某粮油公司名义上是两家单位，实际上是一家单位。因此，在同一天，这几份"粮食买卖合同"实际上同样形成了一个闭合链。这个闭合链的形成，就能单独证明，2013年的粮食买卖合同同样是虚假的。

4.2013年7月10日洛阳某光电公司当日支付的"玉米款"当日又回到洛阳某光电公司账上，同样能证明洛阳某光电公司和某生态农业公司是以新还旧的借贷关系，而不是所谓粮食买卖关系

2013年7月10日，洛阳某光电公司向某粮油公司支付了所谓"玉米款"2 925万元（见一审洛阳某光电公司证据2－3），这是第一步。第二步，同日，某粮油公司迅速将这些款项全部转入了某生态农业公司财务人员娄某某的个人账上（见一审濮阳某粮库的证据三及二审赵某某当庭出示的转账凭证原件），同时某生态农业公司给某粮油公司开具了2 925万元的收款收据，某生态农业公司财务人员娄某某在收据上签了字，某生态农业公司加盖了印章（见二审赵某某出示的收据原件）。第三步，同日，即2013年7月10日，某生态农业公司又将上述2 900万元转回了洛阳某光电公司，2013年7月11日，某生态农业公司从农业银行取得了银行盖章的2 900万元转款交易回单（见二审赵某某出示的电子银行交易回单）。

可见，2013年7月10日的资金划转在当日就已经形成了闭合链，洛阳某光电公司的资金当日就回到了洛阳某光电公司（详见代理人在庭审中所示的"2013年7月资金链示意图"），上述行为是赤裸裸的以新还旧，是赤裸裸的虚假买卖的资金划转。

综上所述，某粮油公司和某生态农业公司名为两家单位，实为一家单位。本案相关单位之间的粮食采购和资金划转在当日内均形成完整的闭合链条，本案名为粮食买卖合同关系，实际是洛阳某光电公司和某生态农业公司的以新还旧的借贷关系。

代理人想补充说明的是，2013年洛阳某光电公司和濮阳某粮库的粮食销售合同，作为本案的证据来说，它的复印件和原件一致，各方都没有异议，但我们认为这份合同的内容是不真实的。整体来说，我们并不认可这份证据的真实性。同时我们也认为，本案中，濮阳某粮库和洛阳某光电公司之间并没有形成真实有效的买卖合同法律关系。合同是平等民事主体之间设立、变更、终止民事权利义务的协议。合同的本质是双方对民事权利义务的设立、变更和终止达成了合意。如果双方达成

了合意，则可以认定双方之间的合同已经成立。如果双方没有达成真实的合意，或根本不存在合意，则不能认定双方之间的合同已经成立。

本案中，双方都明知"粮食销售合同"只是一个财务手续，双方都没有进行粮食交易的真实意愿。即洛阳某光电公司并没有向濮阳某粮库销售13 000吨玉米的真实意愿，而濮阳某粮库也没有购买13 000吨玉米的真实意愿。因此，双方并没有达成13 000吨玉米买卖的合意，双方只是在协助办理借贷的手续。因此，洛阳某光电公司和濮阳某粮库之间的粮食买卖合同并没有真实成立。本案的合同状况是：合同没有成立，而不是合同无效。

二、本案中，洛阳某光电公司并没有向濮阳某粮库实际交付13 000吨玉米

本案是粮食买卖合同纠纷，退一步说，即使洛阳某光电公司和濮阳某粮库之间的合同已经真实成立，合法有效，濮阳某粮库依据合同承担支付玉米款的前提条件是，洛阳某光电公司已经将13 000吨玉米客观地交付给了濮阳某粮库。但显然，洛阳某光电公司并没有真实地交付13 000吨玉米。

1. 某粮油公司没有交付13 000吨玉米，洛阳某光电公司没有玉米来源，自然不可能向濮阳某粮库交付玉米

一审中，洛阳某光电公司主张交付13 000吨玉米的来源和依据是，洛阳某光电公司和某粮油公司签订了粮食采购合同，向某粮油公司支付了2 925万元玉米款。进而，洛阳某光电公司将采购的13 000吨玉米款交付给了濮阳某粮库。但事实上，洛阳某光电公司当日支付给某粮油公司的所谓2 925万元玉米款，当日就转给了某生态农业公司（娄某某），某生态农业公司当日就转回给了洛阳某光电公司，用于归还某生态农业公司以前欠洛阳某光电公司的借款。某粮油公司根本没有用此款购买一粒玉米，某粮油公司不可能也没有向洛阳某光电公司或濮阳某粮库交付13 000吨玉米。关于某粮油公司没有交付玉米的事实，在其他案件中，某粮油公司提交了书面的单位证明，即"关于我公司与洛阳某光电公司资金往来情况的说明"（见濮阳某粮库二审新证据十），某粮油公司的负责人和原法定代表人许某某在该说明上签了字，某粮油公司加盖了单位印章。某粮油公司说明，某粮油公司根本没有向洛阳某光电公司或濮阳某粮库交付任何玉米。二审中，赵某某代表某生态农业公司和某粮油公司再次对没有实际交付13 000吨玉米的事实当庭作了陈述。某粮油公司没有交付13 000吨玉米，洛阳某光电公司没有玉米来源，自然不可能向濮阳某粮库实际交付玉米。

2. 从粮食行业的入库流程、濮阳某粮库的实际库容、粮食入库的速度来看，本案13 000吨玉米不可能实际入库并交付

(1) 从粮食行业的入库流程来看，本案 13 000 吨玉米不可能实际入库并交付

依据粮食行业及濮阳某粮库的粮食入库流程（见濮阳某粮库二审新证据四），粮食入库至少要经过检验、称量和入库等必经程序，检验人员、计量人员和仓库保管人员等人员必须在入库单上签字，而且一般一张入库单记载的入库量只有几十吨或一二百吨。但一审中，洛阳某光电公司提供的粮食入库凭证（见洛阳某光电公司一审证据1-2），不仅与濮阳某粮库通用的入库单样式不一致，而且缺少这些必经程序，更没有检验人员、计量人员和仓库保管人员的签字。一张入库凭证，数量竟然达到 13 000 吨。因此，从粮食的入库流程来看，洛阳某光电公司的粮食入库单显然是虚假的，本案的 13 000 吨玉米显然没有实际入库并交付。

(2) 从濮阳某粮库的库容来看，本案 13 000 吨玉米同样没有入库并交付

本案中，洛阳某光电公司提供的合同及粮食入库单中 13 000 吨玉米的入库和交付地点均是濮阳某粮库，而从濮阳某粮库的实际库容来看，本案 13 000 吨玉米根本不可能入库并交付。

2013 年濮阳某粮库只有六个仓（见濮阳某粮库二审新证据三、证据七），每个仓的库容只有 5 000 方至 8 000 方。如果入库 13 000 吨玉米，至少需要单独安排两至三个仓。而濮阳某粮库有两个仓长期租赁给烟草公司存储烟草，二审中濮阳某粮库当庭出示了这两个仓的保管协议及烟草公司的付款凭证以及濮阳某粮库给烟草公司开具的发票（见濮阳某粮库二审新证据一）。另四个仓是依据国家及政府的文件和规定，收购和储存市储备粮和保护价收购粮，有原始的收购合同和完整的入库、出库台账（见濮阳某粮库二审新证据二、证据五、证据六）。因此，2013 年，濮阳某粮库不可能有库容去收购和入库玉米。事实上，濮阳某粮库收储的粮食只是小麦，从来没有收购和储存过玉米。

(3) 从粮食入库的速度来看，本案 13 000 吨玉米不可能实际入库并交付

在洛阳某光电公司提供的合同中，粮食交付的方式是汽车车板交货，交货的时间是合同签订之日起 5 日内分批交货。洛阳某光电公司提供的粮食入库凭证上入仓的日期是 2013 年 7 月 10 日。

用汽车运输并交货入库，如果一辆货车装载 10 吨玉米的话，13 000 吨玉米，需要 1 300 辆货车。如果一辆货车装 40 吨玉米的话，13 000 吨玉米需要 325 辆货车。无论是一天，还是三天或五天，对一个市级粮库来说，先后入库 300 多辆汽车甚至 1 000 辆货车（装载的玉米），这可能吗？

另外，濮阳某粮库每天入库粮食的能力是 200 吨，如果加班加点，一天也只能入库 400 吨左右的粮食。入库 13 000 吨玉米，至少需要白天黑夜连续加班 40 多天，

怎么可能一天之内就入库完毕呢？

因此，从粮食的入库速度来看，本案的合同及粮食入库单明显是虚假的，本案13 000吨玉米不可能实际入库并交付。

综上，无论是从粮食行业的入库流程和濮阳某粮库的实际库容来看，还是从粮食入库的速度来看，本案13 000吨玉米均不可能实际入库并交付。

3. 濮阳某粮库的原经办人员及员工均能证实，13 000吨玉米没有实际入库和交付

常某某先生作为濮阳某粮库的仓储部经理和专业技术人员，出具了书面证言，并愿意出庭证明13 000吨玉米没有实际入库，而且从入库流程、库容和入库速度解释了为什么13 000吨玉米不可能在几天内入库并交付（见濮阳某粮库二审新证据八）。

韩某某先生作为濮阳某粮库配合出具该虚假合同及入库单的经办人，虽然现在已（被）调离了濮阳某粮库，但也出具了书面证言，并也愿意出庭说明濮阳某粮库配合出具虚假合同、粮食入库单和企业询证函的过程，并愿意当庭证实13 000吨玉米没有实际入库和交付（见濮阳某粮库二审新证据十二）。

综上，某粮油公司没有交付玉米，洛阳某光电公司交付玉米没有来源，洛阳某光电公司提供的合同和粮食入库单明显与粮食行业和濮阳某粮库的实际情况不符，本案13 000吨玉米并没有实际入库和交付。

代理人想说明的是，在本案一审中，双方对13 000吨玉米是否实际交付均提交了大量证据，而这些证据又互相矛盾。在这种情况下，一审法院应当根据实际情况，而不是根据表面上形式上的几个证据，就认定13 000吨玉米已经实际交付。

"以事实为根据，以法律为准绳"是我国司法的基本原则。无论是证据制度改革以前的实事求是的证据制度，还是证据制度改革以后的自由心证的证据制度，都强调人民法院和法官客观真实地认定案件事实，而不是依据几个表面上形式上的所谓"法定证据"来机械被动地认定案件事实。

本案中，虽然洛阳某光电公司提供了所谓合同、粮食入库单、企业询证函等形式上的证据，但濮阳某粮库和某生态农业公司已经提供证据证明这些证据只是形式上表面上的证据，客观实际中没有也不可能发生13 000吨玉米交付，这时，人民法院就不能违背粮食行业的实际情况，违背基本的常识，机械地认定13 000吨玉米已经实际交付。

虽然律师和法官都是法律工作人员，不可能像粮食企业的员工或专业技术人员一样对粮食企业的实际情况有同样清楚的了解，但是，在当事人已经清楚说明本案13 000吨玉米入库和交付严重不实，形式上的证据与行业惯例和社会常识相矛盾时，人民法院就应当客观谨慎地认定案件事实。一审判决机械地依据所谓形式上的

证据，认定的事实与社会常识相矛盾，不仅导致裁决结果严重不公，而且严重损害了司法的权威。

代理人还想补充说明的是，二审庭审中，洛阳某光电公司代理人所说的洛阳某光电公司认为已经交付 13 000 吨玉米和洛阳某光电公司已经实际交付 13 000 吨玉米是二个不同的概念。不管洛阳某光电公司是否认为它已经交付了 13 000 吨玉米，只要洛阳某光电公司没有实际交付 13 000 吨玉米，洛阳某光电公司就无权在本案中，依据合同要求濮阳某粮库支付 13 000 吨玉米的玉米款。

三、洛阳某光电公司明知本案是虚假的粮食买卖，明知本案是以新还旧的借贷

本案中，如果洛阳某光电公司事前对名为买卖、实为以新还旧的借贷不知情，则是濮阳某粮库和某粮油公司共同欺骗洛阳某光电公司签订虚假的粮食买卖合同，过错不在洛阳某光电公司，而在濮阳某粮库和某粮油公司。但事实上，本案中，洛阳某光电公司不仅事前对虚假的粮食买卖事实明知，对以新还旧的借贷事实明知，而且洛阳某光电公司和某粮油公司、某生态农业公司共同引诱濮阳某粮库签订虚假的粮食买卖合同，共同引诱濮阳某粮库出具办理借贷的虚假财务手续。因此，本案的过错完全在洛阳某光电公司和某粮油公司、某生态农业公司，而不在濮阳某粮库。

第一，如前所述，本案证据已经证明，早在 2012 年，洛阳某光电公司就和某生态农业公司、某粮油公司在进行大量的名为粮食买卖、实际资金借贷的违法行为。

第二，无论是 2013 年洛阳某光电公司与濮阳某粮库的粮食销售合同，还是 2013 年洛阳某光电公司与某粮油公司的粮食采购合同，均是以洛阳某光电公司的名义起草和提供的。

第三，洛阳某光电公司 2013 年 7 月 10 日支付某粮油公司 2 925 万元所谓玉米款，当日就从某生态农业公司收回 2 900 万元。

可见，在 2013 年名为买卖、实为以新还旧的借贷中，洛阳某光电公司不仅事前明知，而且还是共同组织者和策划者。洛阳某光电公司和某生态农业公司、某粮油公司是过错方，濮阳某粮库才是无辜的受害方。

代理人想说明的是，本案是买卖合同纠纷，濮阳某粮库支付玉米款的对价是洛阳某光电公司向濮阳某粮库交付的 13 000 吨玉米，因此，无论濮阳某粮库是否有过错，均不会影响濮阳某粮库是否应向洛阳某光电公司支付玉米款。进一步说，合同有效，不管濮阳某粮库是否有过错，只要洛阳某光电公司实际向濮阳某粮库交付了 13 000 吨玉米，濮阳某粮库就应当向洛阳某光电公司支付相应的玉米款。如果洛阳某光电公司没有向濮阳某粮库交付 13 000 吨玉米，不管濮阳某粮库是否有过错，也不管合同是否有效，濮阳某粮库均不应向洛阳某光电公司支付玉米款。

也就是说，即使濮阳某粮库存在过错，导致了洛阳某光电公司的借贷资金损失，洛阳某光电公司也不能在本案的买卖合同纠纷中主张濮阳某粮库支付玉米货款，只能依据濮阳某粮库的过错及洛阳某光电公司的实际损失，另案提起侵权之诉，另案向濮阳某粮库主张侵权赔偿责任。

事实上，相比较于洛阳某光电公司明知，濮阳某粮库并没有过错，濮阳某粮库才是受害方。因此，无论（是）在本案中，还是在其他案件中，洛阳某光电公司均无权要求濮阳某粮库承担责任。洛阳某光电公司的借贷债务，只能由洛阳某光电公司向实际借款人某生态农业公司追偿。

特发表如上代理意见，敬请依法撤销一审法院的错误判决，驳回洛阳某光电公司的全部诉讼请求。谢谢！

濮阳某粮库代理人
北京市盈科律师事务所张群力律师
2016年9月7日

四、胜诉裁判摘要

河南省高级人民法院
民事裁定书

（2016）豫民终1062号

（"本院认为"以前部分略）

本院认为：原审认定事实不清。依照《中华人民共和国民事诉讼法》第一百七十条第一款第（三）项之规定，裁定如下：

一、撤销洛阳市中级人民法院作出的（2015）洛民三初字第7号民事判决；

二、本案发回河南省洛阳市中级人民法院重审。

上诉人濮阳某粮库预交的二审案件受理费123 520元予以退回。

五、律师团队5点评析

（一）收集和提交新证据在二审中发挥了非常重要的作用

如前所述，在本案中关键是证明不是真实的粮食买卖关系，没有实际交付粮食。要证明这一事实，需要进一步收集相关证据。在接受委托并进行案件研讨后，律师团队将收集证据作为前期最重要的工作。

首先，律师团队到濮阳某粮库现场实地察看，实地了解情况。察看现场为本案的取证提供了很大的帮助。收集了仓库的入库流程、入库速度、仓储容量等证据，这些证据能证明洛阳某光电公司所述的入库事实根本不属实。

其次，律师团队与当事人负责人、工作人员及其他人员进行了开会交流，了解、收集和固定了对本案非常有利的证据，如某生态农业公司与其关联公司的承包协议，经办员工的书面证言等。

上述新收集到的证据，对本案被二审裁定发回重审起到了非常重要的作用。

（二）证明买卖合同及资金划转分别构成闭合链条在本案中非常重要

本案中，律师团队依据新收集的证据，依据原一审提交的证据，证明了买卖合同构成了闭合链条，并在庭审中提交了可视图表。买卖合同构成闭合链条就说明，多方之间不是真实的粮食买卖关系。

除此之外，律师团队还梳理了各方二审新证据和原一审的证据，说明在资金划转方面也构成闭合链条。本案的资金划转明显是借新还旧，这也同样有力地证明了本案不是真实的买卖关系，而是资金借贷关系。

（三）结合濮阳某粮库实际情况和粮食行业的基本惯例说明本案中没有交付粮食

在庭审中和代理词中，律师团队结合濮阳某粮库的实际情况、粮食行业的惯例，如从行业的入库流程、存储的库容、入库的速度等方面形象地说明本案中没有实际交付粮食也非常有说服力。上述说明不仅生动直观，而且易于被承办法官接受和采信。

（四）庭审和代理词在本案二审代理工作中发挥了积极的作用

本案二审法院将三起相类似的案件合并在一起审理：被上诉人洛阳某光电公司相同，一审被告赵某某及某生态农业公司相同，上诉人分别为三家粮食企业。三位上诉人各有两位律师出庭，这样上诉方共有六位律师出庭。律师团队作为上诉方的代表，准备比较充分，庭审代理工作得到了三家粮食企业的一致肯定。

庭后，律师团队及时提交了书面代理词，系统阐述了律师团队的代理意见。代理词结构严谨，说理充分，也起到了较好的作用。

经律师团队努力，最终河南省高级人民法院撤销了一审判决，将本案发回洛阳市中级人民法院重审。

（五）对代理工作的综合评价

通过上诉，成功地使二审法院撤销了原一审判决，将案件发回重审。综合分析，以下几方面的代理工作起到了突破作用：（1）证据突破。律师团队到仓库现场，调查收集了大量证据。这些证据证明本案中没有实际的粮食买卖关系，实际没有交付粮食。除此之外，律师团队还对一审证据进行重新整理和阐释，在二审法院对案件事实的认定中起到了很好的协助作用。(2) 庭审突破。律师团队对本案的庭审进行了认真准备，当庭形象地陈述了案件事实，当庭对一审证据进行了阐释和说明，庭审辩论也有较强的说服力。(3) 其他方面的突破。本案中律师团队对案例的检索，律师团队对可视图表的运用也发挥了积极作用。

第六章

知识产权纠纷案件的
突破和逆转

案例 18：结合著作权理论和侵权理论，阐述委托人授权他人在原约定范围内使用委托作品不构成侵权，凸显原审错误

——最高人民法院山东某设计院与济南某设计公司建筑图纸著作权侵权纠纷再审案的文书突破与庭审突破

- 申请再审思路
- 再审申请书补充意见
- 再审代理词
- 再审代理词（二）
- 律师团队 11 点评析

一、代理工作概述

这是一起在最高人民法院申请再审并反败为胜的建筑图纸著作权侵权纠纷案。

委托人山东某设计院是一家在行业内有一定知名度的民营建筑设计企业。2014年12月，济南某设计公司向济南市中级人民法院提起诉讼，要求山东某设计院立即停止使用济南某设计公司享有著作权的建筑设计图纸，公开赔礼道歉并赔偿损失。山东某设计院在济南市中级人民法院和山东省高级人民法院先后一审和二审败诉。在山东省高级人民法院判决山东某设计院败诉后，济南某设计公司依据生效的民事判决向当地公安机关报案，要求以侵犯著作权罪追究山东某设计院、建设单位以及他们的负责人的刑事责任。当地公安机关立案后对山东某设计院和建设单位的相关负责人采取了取保候审的刑事强制措施。山东某设计院向最高人民法院申请再审，期望最高人民法院能撤销原审判决，彻底解决本案的民事和刑事问题。

经北京律师界同行介绍，山东某设计院的负责人到北京委托律师团队的张群力律师参与本案的再审代理工作。接受委托后，律师团队多次进行了案件讨论和论证，提交了再审申请补充意见和代理词，参加了最高人民法院组织的听证和庭审。经努力，最高人民法院经提审后作出了（2016）最高法民再336号再审判决，撤销

了山东省高级人民法院二审判决和济南市中级人民法院一审判决，驳回济南某设计公司的全部诉讼请求。至此，本案在民事和刑事方面彻底反转！

本案是法律适用争议的典型案件，也是委托创作作品著作权限制的典型案件。本案较好地体现了文书突破和庭审突破在再审代理中的作用。[1]

二、基本案情及原审情况

（一）基本案情

涉案项目是山东省章丘市重点招商建设的商业广场项目，建设单位山东某建设公司2009年10月与济南某设计公司签订了建设工程设计合同，山东某建设公司委托济南某设计公司对涉案项目进行工程设计。2011年11月涉案项目的主体结构封顶，山东某建设公司请求济南某设计公司配合进行主体结构验收，但济南某设计公司以设计费纠纷为由拒不配合，从而导致涉案项目无法完成主体结构验收，无法进行后续施工，工程长期停滞。

2013年10月28日山东某建设公司发函解除与济南某设计公司的建设工程设计合同，同时与山东某设计院签订建设工程设计合同。山东某设计院接受委托后，根据工程现状及济南某设计公司原有图纸，以自己的名义重新出具了涉案工程全套图纸，并配合山东某建设公司进行工程验收和备案。济南某设计公司就以山东某设计院侵犯其涉案项目建筑图纸著作权为由向当地人民法院提起了诉讼。

（二）一审情况

2014年12月，济南某设计公司以山东某设计院为被告向济南市中级人民法院提起诉讼，要求山东某设计院停止使用济南某设计公司享有著作权的施工图设计文件、在报纸上刊登声明公开赔礼道歉并赔偿经济损失211.5万元。

山东某设计院的主要答辩观点包括：山东某设计院受山东某建设公司委托沿用济南某设计公司的设计图纸，对已经完工的建筑主体进行验收，并参照现场实际情况完善原有施工图纸，实质上是对济南某设计公司无法履行的义务提供了帮助，未对济南某设计公司构成侵权，也未谋取著作权法意义上的不当得利。

一审法院经审理认为，山东某设计院未经济南某设计公司许可，擅自复制了济南某设计公司的图纸，构成侵权，判决山东某设计院停止侵权、在报纸上刊登声明公开赔礼道歉、赔偿经济损失30万元。一审判决书"本院认为"部分和判决主文

---

[1] 本案由张群力律师和原审代理律师赵吉军律师共同担任最高人民法院申请再审阶段和提审阶段的代理人，邵庆梅律师全程配合参与了本案在最高人民法院的代理工作。在此，向他们一并表示感谢！

部分表述为：

　　本案涉及的《济南某商贸城》工程设计图是济南某设计公司按照山东某建设公司的设计要求完成的具有独创性及可复制性的图案，属于我国著作权法规定的能为建设施工提供依据的图形作品的范畴。根据著作权法的规定，如无相反证据，在作品上署名的人为著作权人。根据济南某设计公司提交的作品登记证书，可以认定济南某设计公司对该图形作品依法享有著作权，应受法律保护。

　　本院认为，本案双方当事人均认可在图审中心存档的济南某批发市场A9、B3、B4、C16、F1、F5、F9、F13、G1、G2楼施工图图审材料系山东某设计院根据涉案工程施工完毕后现场实际情况对济南某设计公司涉案图形作品（登记号国作登字-2014-J-×××）进行复制和修改而制作完成。

　　本案争议焦点是山东某设计院接受山东某建设公司委托，对济南某设计公司涉案图形作品（登记号国作登字-2014-J-×××）进行复制和修改并署名的行为是否侵犯了济南某设计公司涉案《济南某商贸城》图形作品的著作权。涉案图形作品，系济南某设计公司接受山东某建设公司委托为涉案工程施工而完成的设计。济南某设计公司与山东某建设公司签订的'建设工程设计合同'中约定'发包人应保护设计人的投标书、设计方案、文件、资料图纸、数据、计算软件、专利技术。未经设计人同意、发包人对设计人交付的设计资料及文件不得擅自修改、复制或向第三人转让或用于本合同外的项目'。根据著作权法的规定，受委托创作的作品，著作权的归属由委托人和受托人通过合同约定。合同未作明确约定或者没有订立合同的，著作权属于受托人。因此，受托人济南某设计公司取得涉案作品的著作权，委托人山东某建设公司虽取得涉案作品的使用权，但不得擅自修改、复制或许可他人修改、复制该作品。山东某建设公司与济南某设计公司的合同纠纷以及济南某设计公司设计资质被注销的事实，并不能导致山东某建设公司取得了许可他人修改、复制涉案图形作品的权利。因此，山东某设计院未经著作权人许可，接受山东某建设公司委托，对济南某设计公司涉案图形作品（登记号国作登字-2014-J-×××）进行复制和修改并署名的行为侵犯了济南某设计公司涉案《济南某商贸城》图形作品的著作权，应承担相应的法律责任。

　　因山东某设计院未给予涉案《济南某商贸城》图形作品的著作权人济南某设计公司合理的尊重，擅自对涉案图形作品进行复制和修改并署名，给济南某设计公司造成了不良后果和影响，故本院对济南某设计公司要求山东某设计院在《齐鲁晚报》上刊登声明公开道歉的诉讼请求予以支持。

　　山东某设计院应向济南某设计公司赔偿经济损失，关于赔偿数额，由于双方当事人均未能提供直接的证据证明山东某设计院的侵权行为给济南某设计公司造成的实际损失以及山东某设计院的实际获利,故本院综合考虑济南某设计公司涉案作品类型、山东某设计院的过错程度、侵权情节、侵权范围及方式等因素酌情确定。

对于济南某设计公司销毁所复制的施工图设计文件和签盖的施工资料等文件的诉讼请求,本院认为,一方面,山东某设计院在涉案工程主体结构工程质量验收报告、建筑工程施工许可证、建筑工程质量监督登记表上的签章,不是著作权法意义上的侵权行为,不属本案审理范围;另一方面,停止侵害规制的是侵权行为,侵权物品是承载知识产权侵权行为的物化载体,行为和物属于不同的客体,对侵权物品的处置不能因认定侵权而当然适用,应当结合侵权行为的严重程度、知识产权价值与侵权物品价值的衡量、销毁侵权物品对公共利益的影响和侵权物品的所有人及控制人等因素,综合考虑对侵权物品的处置措施。本案中,查明的涉案侵权物品为施工图图审材料,并不在山东某设计院的控制范围内,而是存放于图审中心,对涉案侵权物品的处置责任不能施加于履行法定职责的案外人图审中心之上。而且涉案侵权物品是图审中心作为审查机构对施工图进行结构安全和强制性标准、规范执行等情况进行审查的依据,涉及工程建筑质量、消防安全,销毁将带来公共安全隐患。综上所述,济南某设计公司"销毁所复制的施工图设计文件和签盖的施工资料等文件"的诉讼请求,本院不予支持。

综上,本院依据《中华人民共和国著作权法》第三条第(七)项、第十条第一款第(二)(三)(五)项、第二款、第十一条第四款、第十七条、第四十七条(五)项、第四十九条,《最高人民法院关于审理著作权民事纠纷案件适用法律若干问题的解释》第二十五条第二款之规定判决:

一、山东某设计院立即停止侵害济南某设计公司所享有的《济南某商贸城》(登记号国作登字-2014-J-×××)图形作品著作权的行为;

二、山东某设计院于本判决生效之日起三十日内在《齐鲁晚报》上刊登声明向济南某设计公司公开赔礼道歉(声明内容须经本院审核,费用由山东某设计院承担);

三、山东某设计院于本判决生效之日起十日内赔偿济南某设计公司经济损失30万元;

四、驳回济南某设计公司的其他诉讼请求。

(三)二审情况

一审判决后,山东某设计院和济南某设计公司均向山东省高级人民法院提起了

第六章　知识产权纠纷案件的突破和逆转

上诉。

山东某设计院的上诉理由主要为：（1）原审判决遗漏了对济南某设计公司严重违法过错行为的认定；（2）解除合同并委托新的设计单位承担设计单位义务、继续工程的验收和建设工作，是建设单位唯一可行的救济途径，是合法的；（3）山东某设计院作为新的设计单位参与工程的验收和建设手续，依据法律规定对于已经完工的主体建筑出具新的图纸，是履行法定义务和法律要求的合法行为；（4）原审法院认定山东某设计院构成侵权错误；（5）原审法院判决山东某设计院赔偿损失30万元和公开赔礼道歉没有事实和法律依据。

针对山东某设计院的上诉，济南某设计公司的主要答辩观点为：（1）济南某设计公司和建设单位确实签订了设计合同，合同明确约定了付款方式和设计图纸版权归属济南某设计公司；（2）济南某设计公司认可设计单位应对工程质量承担责任，但如变更设计单位，应由原设计单位出具委托书；（3）山东某设计院未经济南某设计公司同意，复制了济南某设计公司的施工图构成侵权。

济南某设计公司的上诉理由主要为：（1）一审法院已查明山东某设计院非法经营数额为593 760元，该款项建设单位已支付给山东某设计院；（2）原审法院未依法将侵犯著作权犯罪线索移交公安部门侦查、未依法对山东某设计院的侵权复制品和签盖的施工技术资料予以没收、未依法对山东某设计院采取民事制裁，判决山东某设计院赔偿济南某设计公司损失数额不当。

针对济南某设计公司的上诉，山东某设计院的主要答辩观点为：（1）山东某设计院在本案中不存在侵权行为，不应承担赔偿责任；（2）济南某设计公司不但没有经济损失，反而因其不履行设计人义务给建设单位造成严重损失、从中获得了不当利益，济南某设计公司向山东某设计院主张赔偿经济损失没有事实依据。

山东省高级人民法院经审理，认定山东某设计院构成侵权，但因本案侵权行为发生在涉案工程验收环节不宜要求山东某设计院停止使用被诉侵权图纸，二审判决撤销了一审要求山东某设计院停止侵权的部分，维持一审责令公开赔礼道歉的部分，改判山东某设计院赔偿济南某设计公司损失35.2万元。

三、代理思路及律师文书

（一）申请再审思路

这是一起有关法律适用争议的典型案件。

从表面上看，本案一审判决和二审判决有事实和法律依据，并没有错误。因为，济南某设计公司对原设计图纸拥有著作权，山东某设计院重新出具的图纸与济南某设计公司的图纸有80%相同的内容,存在所谓复制的事实;山东某设计院事先未取得济南某设计公司的许可,因此,认定山东某设计院侵犯著作权符合一般逻辑。

但深入分析,本案具有特殊性,本案不应当构成侵权。济南某设计公司的设计成果是委托创作作品,《最高人民法院关于审理著作权民事纠纷案件适用法律若干问题的解释》第12条对委托创作作品的著作权作了一定的限制,即委托人可以在委托范围内使用。本案中山东某设计院的复制行为源于建设单位的授权,即来源于原设计图纸这一著作权作品委托人的授权,属于委托创作作品著作权限制的免责范围。因此,本案不构成侵权。

为了进一步凸显原审适用法律错误,律师团队接受委托后,对申请再审思路进行了调整和完善,补充提交了再审申请书补充意见,从三个方面论述了委托人不构成侵权。

第一,从委托创作作品的著作权限制的角度,即从《最高人民法院关于审理著作权民事纠纷案件适用法律若干问题的解释》第12条的角度,论述不构成侵权。

第二,从著作权权属内容的角度,即从著作权的复制权、署名权、发行权的角度,论述不构成侵权。

第三,从侵权构成要件的角度,即从缺少损失要件的角度论述不构成侵权。

另外,结合原审判决的负面影响,律师团队提请最高人民法院重视对本案的审理;利用法律文书,利用听证和庭审的机会,向最高人民法院阐述好上述观点,努力争取使本案彻底改判。

(二)再审申请书补充意见

再审申请书补充意见

再审申请人(一审被告、二审上诉人):山东某设计院

被申请人(一审原告、二审上诉人):济南某设计公司

在贵院受理的(2016)最高法民申字1052号再审申请人山东某设计院与被申请人济南某设计公司侵害著作权纠纷申请再审一案中,现山东某设计院补充陈述如下申请再审理由。如山东某设计院以前的申请再审意见与本补充意见不一致的,以本补充意见为准。

一、山东某建设公司委托山东某设计院在原设计图纸和实际施工状况的基础上进行后续设计服务,是对原设计图纸的合理使用,不构成侵权,原审认定山东某设计院接受委托为涉案工程进行后续设计构成侵权,认定的基本事实缺乏证据证明,适用

法律确有错误，依据《民事诉讼法》第二百条第二项和第六项的规定，本案应当再审

（一）山东某建设公司委托山东某设计院进行涉案工程后续设计的前提是济南某设计公司严重违约且被吊销设计资质，没有也无法继续参与后续设计工作

原审中申请人向人民法院提交了下列四份证据证明山东某建设公司更换设计单位并委托山东某设计院进行后续设计服务的原因。

第一，敦促函，即在济南某设计公司没有提供后续设计服务且也没有能力继续提供后续设计服务的情况下，山东某建设公司于2013年10月22日催促济南某设计公司及时履行合同。

第二，解除合同律师函，即济南某设计公司继续严重违约且无能力继续履行合同的情况下，2013年10月28日，山东某建设公司正式解除与济南某设计公司的设计合同。

第三，山东省住房和城乡建设厅的通报，即济南某设计公司没有设计能力，被行政机关吊销了资质证书。

第四，建筑工程质量监督通知书，即涉案工程的监理单位山东某项目管理公司给相关施工单位发的通知。这些通知清楚记载，由于原设计单位济南某设计公司不再具有设计能力，不参与工程验收，不履行设计单位的相关义务，被解除合同，新设计单位为山东某设计院。

上述四份证据的真实性及所证明的事实均被原审法院予以认定，双方也没有争议。它们共同证明，济南某设计公司没有设计能力，设计资质被吊销，不能履行后续设计工作，迫不得已，山东某建设公司更换设计单位，重新委托山东某设计院进行后续设计。

（二）山东某设计院参与后续设计服务是基于山东某建设公司的特别授权及保证

原审中，申请人也证明了山东某设计院参与涉案工程的后续设计服务，是基于山东某建设公司的特别授权和保证。原审中，申请人至少向人民法院提交了如下五份证据。

第一，2013年11月18日，建设工程委托书。在该份委托书上，山东某建设公司明确涉案工程的基础工程和主体工程已经竣工，委托山东某设计院完成下列四项后续工程服务："1. 工程后续工作的现场服务和阶段验收；2. 工程资料的签字、盖章；3. 工程的后续变更设计；4. 竣工图设计。"

第二，2014年2月28日，建设工程委托书。在质监站要求施工图必须由参与验收的设计单位出具，否则不予对主体工程验收备案时，迫不得已，山东某建设公

司重新给山东某设计院出具建设工程委托书。在该份委托书上，山东某建设公司进一步要求，"为了便于工程验收，完善工程资料，委托山东某设计院复制原有施工图，并提供后续工程服务"。（虽然山东某建设公司授权复制原图纸，但实际履行过程中，由于工程变更，山东某设计院并没有复制原图纸，只是对工程现状进行实地勘察，据实出具施工图。二审庭审也查明，山东某设计院出具用于备案的图纸与济南某设计公司的图纸的差异至少在20%以上。工程图纸不同于艺术作品，差异在20%以上，即不存在复制问题。）

第三，2014年2月28日，山东某建设公司保证书。山东某建设公司对山东某设计院参与涉案工程的后续设计服务工作作出如下书面保证："因与济南某设计公司解除合同关系，更换山东某设计院进行后续服务，由此引发的一切责任和后果，由山东某建设公司承担。"

第四，2014年12月20日，山东某建设公司出具的关于济南某批发市场建设工程设计合同（一）有关问题的说明。

第五，2015年8月21日，山东某建设公司出具的情况证明。山东某建设公司书面证明："在工程后续验收报备过程中，对涉案工程实施政府质量监督管理的章丘市工程质量与安全生产监督站，针对设计人中途变更的实际情况，要求我单位委托新的设计人对涉案工程重新出具施工图纸并由新的设计人对工程设计质量负责。""山东某设计院应我单位要求和委托重新出具施工图纸的目的是协助我单位完成涉案工程的建设手续，且该施工图纸仅用于上述目的。"

双方对前四份证据的真实性均无异议。被申请人虽然对第五份证据提出异议，但该份证据与前四份证据相互印证。上述五份证据能从不同角度证明，山东某设计院参与涉案工程的后续设计，是受山东某建设公司的委托，并取得了山东某建设公司的特别授权和保证。

（三）依据《最高人民法院关于审理著作权民事纠纷案件适用法律若干问题的解释》第十二条的规定，山东某建设公司委托山东某设计院在原基础上设计，是对原设计成果在特定目的范围内的合理使用

《著作权法》第十七条规定，"受委托创作的作品，著作权的归属由委托人和受托人通过合同约定。合同未作明确约定或者没有订立合同的，著作权属于受托人。"

《最高人民法院关于审理著作权民事纠纷案件适用法律若干问题的解释》第十二条规定："按照著作权法第十七条规定委托作品著作权属于受托人的情形，委托人在约定的使用范围内享有使用作品的权利；双方没有约定使用作品范围的，委托人可以在委托创作的特定目的范围内免费使用该作品。"

本案被申请人主张的原设计图纸，是被申请人接受山东某建设公司的委托而创作的特定作品。虽然被申请人和山东某建设公司对作品的著作权权属没有约定，虽然被申请人和山东某建设公司对作品的使用范围也没有约定，但依据上述法律规定，山东某建设公司作为委托人，对济南某设计公司的上述原设计图纸拥有在原委托创作的特定目的范围内免费使用的权利。

本案中的"原委托创作的特定目的范围"显然是指涉案工程的相关范围，即只要是涉案工程的相关事项，包括施工、监理、工程备案、维修、存档等，山东某建设公司作为委托人，均有权使用这些图纸，或委托他人为涉案工程使用这些图纸。

申请人想说明的是，依据山东某建设公司与济南某设计公司的设计合同，山东某建设公司并没有违约，山东某建设公司如约支付了前期设计费 8.8 万元，余下的设计费须在工程竣工后，以竣工验收的商品房折抵。

退一步说，即使解除合同的原因不是基于济南某设计公司被吊销设计资质的事实，即使解除合同的原因不是基于济南某设计公司违约的事实，而是基于山东某建设公司自身的过错，合同解除时，只要山东某建设公司已经取得了设计图纸，并将设计图纸部分物化到了建筑物之上，济南某设计公司也无权再要求山东某建设公司停止使用上述图纸。济南某设计公司只能依据合同纠纷，要求山东某建设公司赔偿相关损失。山东某建设公司作为委托人，仍可以在涉案工程中合理地使用上述委托作品。

基于上述理由，不管济南某设计公司是否同意，只要山东某建设公司或山东某建设公司的受托单位将上述原图纸只用于涉案工程，而不是用作其他工程或其他用途，山东某建设公司及山东某建设公司的受托单位就是对上述原图纸的合理使用，就不构成侵权。

（四）即使不考虑《最高人民法院关于审理著作权民事纠纷案件适用法律若干问题的解释》第十二条的免责规定，本案也没有侵犯原设计图纸的复制权、修改权或署名权

（1）本案没有侵犯原设计图纸的复制权

复制包括从平面到平面的复制，也包括从平面到立体的复制，从立体到平面的复制。

依据设计图纸进行施工，完成建筑物的建设，实际是从平面到立体的复制。依据建筑物现状，描绘和重新设计出相应的图纸，实际是从立体到平面的复制。

如前所述，山东某设计院的后续设计是从立体到平面的复制，是对施工现状的正确描绘，是一个再创造的过程。双方都认可，由于施工变化及设计变更，山东某

设计院的图纸和济南某设计公司的原图纸至少有20%的差异。山东某设计院的图纸显然直接来源于客观实际，而不是对原图纸的简单复制。事实上，现在的绘图绝大部分都是计算机绘图，而不是原先的手工机械绘图。绘图时一般是由设计人员输入相应参数，尔后由计算机自动生成相应的图纸。因此，从绘图工艺来分析，本案也不存在所谓复制原设计图纸的情况。

综上，本案即使不考虑《最高人民法院关于审理著作权民事纠纷案件适用法律若干问题的解释》第十二条的免责规定，也不能认定山东某设计院侵权复制了原设计图纸，更不能认定山东某设计院剽窃了原设计图纸。

(2) 本案同样没有侵犯原设计图纸的修改权

工程实际施工中发生了设计变更，新图纸必然与原图纸存在差异。本案根本不存在所谓侵犯设计图纸的修改权问题。

(3) 本案同样没有侵犯原设计图纸的署名权

如前所述，申请人的图纸来源于施工现场，与济南某设计公司的图纸两者至少有20%的差异，是两套不同的图纸。因此，不存在申请人在济南某设计公司图纸上署申请人名称的问题。

另外，山东某设计院署名的涉案工程图纸，是按山东某建设公司和质监站的要求出具的，也只提供给了相关备案和存档单位，只满足本工程的特定存档和备案需求，没有用于其他项目，更没有向外发表和传播。

因此，即使不考虑《最高人民法院关于审理著作权民事纠纷案件适用法律若干问题的解释》第十二条的免责规定，本案也根本不存在所谓侵犯原设计图纸的署名权问题。

(五) 济南某设计公司主张山东某设计院侵权，应停止相关后续设计服务，将严重损害公共利益

《著作权法》第四条第一款规定："著作权人行使著作权，不得违反宪法和法律，不得损害公共利益。"如果依济南某设计公司的主张，山东某设计院不进行后续设计工作，山东某设计院不依据建筑物现状完成设计图纸的备案和存档，将损害广大业主的公共利益，损害城市的统一规划和建设。因此，济南某设计公司反对山东某设计院进行后续设计服务，损害了公共利益。

综上，原审机械地错误地理解法律，违背基本的工程惯例，违背基本的社会常识，认定事实和适用法律明显错误

二、原审认定35.2万元侵权损失，认定的基本事实缺乏证据证明，适用法律错误，依据《民事诉讼法》第二百条第二项和第六项的规定，本案应当再审

（一）济南某设计公司没有损失

后续设计行为与济南某设计公司是否得到合同款没有法律上的因果关系。如济南某设计公司有损失，济南某设计公司可以依据合同法律关系另案向山东某建设公司提起诉讼。因此，山东某设计院的后续设计服务不会给济南某设计公司造成损失。事实上，济南某设计公司也没有实际损失。

（二）山东某设计院没有因此而获利

对前期未完工的设计工作进行审查，对现场进行勘察，工作量非常大，后续设计工作比单独完成设计项目工作量还大。与其他同类工程项目的设计相比，山东某设计院没有因此减少工作量，没有因此而间接获利。

（三）山东某设计院后续设计工作，避免了山东某建设公司和济南某设计公司更大的损失

如果工程继续停滞，山东某建设公司和济南某设计公司将承担更大的损失。因此，山东某设计院的后续设计工作，避免了山东某建设公司和济南某设计公司更大的损失。

（四）适用《著作权法》第四十九条错误

《著作权法》第四十九条中规定："侵犯著作权或者著作权有关的权利的，侵权人应当按照权利人的实际损失给予赔偿；实际损失难以计算的，可以按照侵权人的违法所得给予赔偿。"因此，本案认定35.2万元的损失赔偿，认定的基本事实缺乏证据证明，适用法律错误。

三、原审遗漏山东某建设公司作为共同被告，依据《民事诉讼法》第二百条第八项的规定，本案应当再审

（一）共同侵权

《侵权责任法》第八条规定："二人以上共同实施侵权行为，造成他人损害的，应当承担连带责任。"本案中，山东某建设公司和山东某设计院对原设计成果的使用是共同使用，即山东某设计院的后续设计工作是基于山东某建设公司的委托，并由山东某建设公司提供相关便利，同时也由山东某建设公司进行了保证。因此，如果本案构成侵权，侵权主体也是山东某建设公司和山东某设计院这两家单位，而不仅仅是山东某设计院。

（二）必要的共同诉讼

《民事诉讼法》第五十二条第一款规定："当事人一方或双方为二人以上，其诉讼标的是共同的，或者诉讼标的是同一种类、人民法院认为可以合并审理并经当事人同意的，为共同诉讼。"

最高人民法院《关于适用〈中华人民共和国民事诉讼法〉的解释》第七十三条中规定,"必须共同进行诉讼的当事人没有参加诉讼的,人民法院应当依照民事诉讼法第一百三十二条的规定,通知其参加"。

因此,如果本案构成侵权,也是共同侵权,山东某建设公司和山东某设计院均应作为被告参加诉讼。

（三）山东某建设公司已申请参加诉讼

事实上,原审中山东某设计院已申请追加山东某建设公司参加诉讼,山东某建设公司也已申请参加诉讼。而且山东某建设公司参加诉讼,有利于查清对原设计图的使用情况,有利于查清各方的责任。

（四）本案符合《民事诉讼法》第二百条第八项再审情形,本案应当再审

《民事诉讼法》第二百条第八项中规定,"因不能归责于本人或者其诉讼代理人的事由,未参加诉讼的",人民法院应当再审。本案未追加山东某建设公司参加诉讼,因此本案应当再审。

特补充陈述如上申请再审的理由,敬请依法再审并改判。

此致

中华人民共和国最高人民法院

再审申请人：山东某设计院

2016 年 6 月 16 日

（三）再审代理词

山东某设计院与济南某设计公司著作权侵权纠纷再审案
代理词

尊敬的审判长、审判员：

在贵院审理的（2016）最高法民再字 336 号再审申请人山东某设计院与被申请人济南某设计公司著作权侵权纠纷再审一案中,我受北京市盈科律师事务所的指派,接受本案申请人山东某设计院的委托,担任其本案的诉讼代理人,现依据事实和法律,发表如下代理意见,谨请合议庭采信。

一、山东某建设公司委托山东某设计院进行涉案工程后续设计是合理的自救行为

原审已经查明,山东某建设公司与济南某设计公司在 2009 年 10 月签订了"建设工程设计合同",山东某建设公司将涉案工程委托给济南某设计公司进行设计。

山东某建设公司已依约支付了前期20%的设计费，如果合同继续履行，在项目竣工后，余下80%的设计费将由山东某建设公司用开发的商业房产顶抵。

但在山东某建设公司和济南某设计公司之间的设计合同履行过程中，济南某设计公司严重违约，拒不履行设计单位应当参与的工程验收工作。后济南某设计公司又因设计资质被吊销，无法参与后续设计及验收。由于济南某设计公司的原因，涉案工程长期停工，严重影响了山东某建设公司的合法权益。在迫不得已的情况下，山东某建设公司才依法解除与济南某设计公司的合同，另行委托山东某设计院参与涉案工程的后续设计。山东某建设公司委托山东某设计院对涉案工程进行后续设计，完全是一种合理的自救行为。

为证明上述事实，原审中，山东某设计院向原审法院提交了下列四份证据：

第一，敦促函，即在济南某设计公司没有提供后续设计服务且也没有能力继续提供后续设计服务的情况下，山东某建设公司于2013年10月22日催促济南某设计公司及时履行合同。

第二，解除合同律师函，即在济南某设计公司继续严重违约且无能力继续履行合同的情况下，2013年10月28日，山东某建设公司正式解除与济南某设计公司的设计合同。

第三，山东省住房和城乡建设厅的通报，即济南某设计公司因为没有设计能力，被行政机关吊销了资质证书。

第四，建筑工程质量监督通知书，即涉案工程的监理单位山东某项目管理公司给相关施工单位发的通知。这些通知清楚记载，由于原设计单位济南某设计公司不再具有设计能力，不参与工程验收，不履行设计单位的相关义务，被解除合同，新设计单位为山东某设计院。

上述四份证据的真实性及所证明的事实均被原审法院予以认定，双方也没有争议。它们共同证明，济南某设计公司没有设计能力，设计资质被吊销，不能履行后续设计工作。迫不得已，山东某建设公司更换设计单位，重新委托山东某设计院进行后续设计。山东某建设公司委托山东某设计院对涉案工程进行后续设计，完全是一种合理的自救行为。

二、山东某设计院参与工程后续设计取得了山东某建设公司的特别授权和保证

山东某设计院参与涉案工程的后续设计取得了山东某建设公司的特别授权和保证。为证明这一事实，原审中，山东某设计院至少向原审法院提交了如下五份证据。

第一，2013年11月18日，建设工程委托书。在该份委托书上，山东某建设公

司明确涉案工程的基础工程和主体工程已经竣工，委托山东某设计院完成下列四项后续工程服务："1. 工程后续工作的现场服务和阶段验收；2. 工程资料的签字、盖章；3. 工程的后续变更设计；4. 竣工图设计。"

第二，2014年2月28日，建设工程委托书。在质监站要求施工图必须由参与验收的设计单位出具，否则不予对主体工程验收备案的情况下，迫不得已，山东某建设公司重新给山东某设计院出具建设工程委托书。在该份委托书上，山东某建设公司进一步要求，"为了便于工程验收，完善工程资料，委托山东某设计院复制原有施工图，并提供后续工程服务"。（虽然山东某建设公司授权复制原图纸，但实际履行过程中，由于工程变更，山东某设计院并没有复制原图纸，只是对工程现状进行实地勘察，据实出具施工图。二审庭审也查明，山东某设计院出具用于备案的图纸与济南某设计公司的图纸，二者之间的差异在20％以上。工程图纸不同于艺术作品，差异在20％以上，即不存在复制问题。）

第三，2014年2月28日，山东某建设公司保证书。山东某建设公司对山东某设计院参与涉案工程的后续设计作出如下书面保证："因与济南某设计公司解除合同关系，更换山东某设计院进行后续服务，由此引发的一切责任和后果，由山东某建设公司承担。"

第四，2014年12月20日，山东某建设公司出具的关于济南某批发市场建设工程设计合同（一）有关问题的说明。

第五，2015年8月21日，山东某建设公司出具的情况证明。山东某建设公司书面证明："在工程后续验收报备过程中，对涉案工程实施政府质量监督管理的章丘市工程质量与安全生产监督站，针对设计人中途变更的实际情况，要求我单位委托新的设计人对涉案工程重新出具施工图纸并由新的设计人对工程设计质量负责。""山东某设计院应我单位要求和委托重新出具施工图纸的目的是协助我单位完成涉案工程的建设手续，且该施工图纸仅用于上述目的。"

双方对前四份证据的真实性均无异议。济南某设计公司虽然对第五份证据提出异议，但该份证据与前四份证据相互印证。上述五份证据能从不同角度分别证明，山东某设计院参与涉案工程的后续设计是受山东某建设公司的委托，并取得了山东某建设公司的特别授权和保证。

三、依据《最高人民法院关于审理著作权民事纠纷案件适用法律若干问题的解释》第十二条的规定，山东某建设公司委托山东某设计院在原基础上设计，是对原设计成果在特定目的范围内的合理使用，不构成侵权

《著作权法》第十七条规定，"受委托创作的作品，著作权的归属由委托人和受

托人通过合同约定。合同未作明确约定或者没有订立合同的，著作权属于受托人"。

《最高人民法院关于审理著作权民事纠纷案件适用法律若干问题的解释》第十二条规定："按照著作权法第十七条规定委托作品著作权属于受托人的情形，委托人在约定的使用范围内享有使用作品的权利；双方没有约定使用作品范围的，委托人可以在委托创作的特定目的范围内免费使用该作品。"

本案济南某设计公司主张的原设计图纸，是济南某设计公司接受山东某建设公司的委托而创作的特定作品。虽然济南某设计公司和山东某建设公司对作品的著作权权属没有约定，虽然济南某设计公司和山东某建设公司对作品的使用范围也没有约定，但依据上述法律规定，山东某建设公司作为委托人，对济南某设计公司的上述原设计图纸拥有在原委托创作的特定目的范围内免费使用的权利。

本案中的原"委托创作的特定目的范围"显然是指涉案工程的相关范围，即只要是涉案工程的相关事项，包括施工、监理、工程备案、维修、存档等，山东某建设公司作为委托人，均有权使用这些图纸，或委托他人为涉案工程使用这些图纸。

申请人想说明的是，依据山东某建设公司与济南某设计公司的设计合同，山东某建设公司并没有违约，山东某建设公司如约支付了前期20%的设计费，余下的设计费须在工程竣工后，以竣工验收的商业房产顶抵。

退一步说，即使解除合同的原因不是基于济南某设计公司被吊销设计资质的事实，即使解除合同的原因不是基于济南某设计公司违约的事实，而是基于山东某建设公司自身的过错，合同解除时，只要山东某建设公司已经取得了设计图纸，并将设计图纸部分物化到了建筑物之上，济南某设计公司也无权再要求山东某建设公司停止使用上述图纸。济南某设计公司只能依据合同纠纷，要求山东某建设公司赔偿相关损失。山东某建设公司作为委托人，仍可以在涉案工程中合理地使用上述委托作品。

基于上述理由，不管济南某设计公司是否同意，只要山东某建设公司或山东某建设公司的受托单位将上述原图纸只用于涉案工程，而不是用作其他工程或其他用途，山东某建设公司及山东某建设公司的受托单位的行为就是对上述原图纸的合理使用，就不构成侵权。

四、即使不考虑《最高人民法院关于审理著作权民事纠纷案件适用法律若干问题的解释》第十二条的免责规定，本案也没有侵犯原设计图纸的复制权、修改权或署名权

（一）本案没有侵犯原设计图纸的复制权

复制包括从平面到平面的复制，也包括从平面到立体的复制，从立体到平面的

复制。

依据设计图纸进行施工，完成建筑物的建设，实际是从平面到立体的复制。依据建筑物现状，描绘和重新设计出相应的图纸，实际是从立体到平面的复制。

如前所述，山东某设计院的后续设计是从立体到平面的复制，是对施工现状的正确描绘，是一个再创造的过程。双方都认可，由于施工变化及设计变更，山东某设计院的图纸和济南某设计公司的原图纸至少有20%的差异。山东某设计院的图纸显然直接来源于客观实际，而不是对原图纸的简单复制。

代理人想说明的是，现在绘图绝大部分都采用计算机绘图，而不是原先的手工机械绘图。绘图时一般是由设计人员输入相应参数，尔后由计算机自动生成相应的图纸。因此，从绘图工艺来分析，本案也不存在所谓复制原设计图纸的情况。

综上，本案即使不考虑《最高人民法院关于审理著作权民事纠纷案件适用法律若干问题的解释》第十二条的免责规定，也不能认定山东某设计院侵权复制了原设计图纸，更不能认定山东某设计院剽窃了原设计图纸。

（二）本案同样没有侵犯原设计图纸的修改权

工程实际施工中发生了设计变更，新图纸必然与原图纸存在差异。本案根本不存在所谓侵犯原设计图纸的修改权问题。

（三）本案同样没有侵犯原设计图纸的署名权

如前所述，山东某设计院的图纸来源于施工现场，与济南某设计公司的图纸两者之间至少有20%的差异，是两套不同的图纸。因此，不存在山东某设计院在济南某设计公司图纸上署山东某设计院名称的问题。

另外，山东某设计院署名的涉案工程图纸，是按山东某建设公司和质监站的要求出具的，也只提供给了相关备案或存档单位，只满足本工程的特定存档和备案需求，没有用于其他项目，更没有向外发表和传播。

因此，即使不考虑《最高人民法院关于审理著作权民事纠纷案件适用法律若干问题的解释》第十二条的免责规定，本案也根本不存在所谓侵犯原设计图纸的署名权问题。

综上，本案中即使不考虑《最高人民法院关于审理著作权民事纠纷案件适用法律若干问题的解释》第十二条的免责规定，山东某设计院也没有侵犯济南某设计公司原图纸的复制权、修改权或署名权，山东某设计院的行为不构成侵权。

五、原审认定存在35.2万元侵权损失，认定事实明显错误

（一）济南某设计公司没有设计费损失

后续设计行为与济南某设计公司是否得到合同中的设计费没有法律上的因果关

系。如济南某设计公司有设计费损失，济南某设计公司可以依据合同法律关系另案向山东某建设公司提起诉讼。因此，山东某设计院的后续设计服务不会给济南某设计公司造成设计费损失。事实上，济南某设计公司也没有实际的设计费损失。

（二）山东某设计院没有因此而获利

对前期未完工的设计工作进行审查，对现场进行勘察，工作量非常大，后续设计工作比单独完成设计项目工作量还大。与其他同类工程项目的设计相比，山东某设计院没有因此减少工作量，没有因此而间接获利。

（三）山东某设计院后续设计工作，避免了山东某建设公司和济南某设计公司更大的损失

如果工程继续停滞，山东某建设公司和济南某设计公司将承担更大的损失。因此，山东某设计院参与后续设计工作，避免了山东某建设公司和济南某设计公司更大的损失。

（四）本案适用《著作权法》第四十九条确定侵权损失赔偿明显错误

《著作权法》第四十九条规定："侵犯著作权或者著作权有关的权利的，侵权人应当按照权利人的实际损失给予赔偿；实际损失难以计算的，可以按照侵权人的违法所得给予赔偿。"本案中济南某设计公司并没有因山东某设计院的后续设计行为而蒙受损失，山东某设计院也并没有因为济南某设计公司先前的图纸而间接获益。本案依据《著作权法》第四十九条，认定济南某设计公司存在35.2万元损失，并进而要求山东某设计院赔偿35.2万元，认定事实和适用法律均明显错误。

六、原审错误判决负面影响非常严重

原审作出错误判决后，一方面，济南某设计公司依据判决确定山东某设计院侵害著作权的错误事实，要求公安机关追究山东某设计院的刑事责任。现公安机关已经刑事立案，并对山东某设计院的两位负责人采取刑事强制措施。原审的错误判决已经给山东某设计院及其员工造成了非常严重的伤害。

另一方面，济南某设计公司又将该错误判决书散发给质监站、市建委等行政机关，并四处告状。各行政机关及有关部门，也以山东省高级人民法院认定涉案项目存在设计侵权为由，拒绝办理涉案工程的综合验收。涉案工程2014年年底即已完工，建设、设计、施工、监理等各方都同意办理验收，但因判决认定设计侵权，一年多来，整个工程无法及时办完综合验收。没有办理完综合验收，势必影响到业主办理和取得产权证，进而影响到诸多业主的抵押贷款，影响到山东某建设公司建设资金的回笼及工程款的支付，引起大批业主、工程队和农民工上访。原审错误判决对涉案工程的后续管理和当地社会稳定正在造成非常严重的负面影响。

基于上述客观事实，我们恳请贵院迅速对本案再审，尽快纠正原审的错误判决，维护山东某设计院和山东某建设公司的合法权益，维护法律的正确适用，维护法律的尊严！

特发表如上代理意见，谨请合议庭采信。

谢谢！

山东某设计院代理人
北京市盈科律师事务所张群力律师
2016 年 9 月 30 日

（四）再审代理词（二）

山东某设计院与济南某设计公司著作权侵权纠纷再审案
补充代理意见

尊敬的审判长、审判员：

在贵院审理的（2016）最高法民再字 336 号再审申请人山东某设计院与被申请人济南某设计公司著作权侵权纠纷再审一案中，我受北京市盈科律师事务所的指派，接受本案申请人山东某设计院的委托，担任其本案的诉讼代理人。

2016 年 9 月 30 日，我们给贵院提交了代理词，从六个方面发表了代理意见。2016 年 11 月 8 日，我们参加了贵院组织的庭审。现结合庭审情况，再补充发表如下代理意见，谨请合议庭采信。

一、已有证据证明质监站要求参与竣工验收的设计单位和图纸的出图单位是同一单位

本案中，在涉案工程的主体结构工程竣工验收时，质监站明确要求，参与竣工验收的设计单位和图纸的出图单位必须保持一致。关于这一事实，虽然申请人没有提交质监站本单位的书面证明，但是申请人提供的其他证据已经足以证明：

第一，山东某建设公司单位证明。也即 2015 年 8 月 21 日山东某建设公司出具的情况证明。该单位证明加盖了山东某建设公司的公司印章和法定代表人印章，并由山东某建设公司经办人王某某经理签字。在该份证明中，山东某建设公司称："在工程后续验收报备过程中，对涉案工程实施政府质量监督管理的章丘市工程质量与安全生产监督站，针对设计人中途变更的实际情况，要求我单位委托新的设计人对涉案工程重新出具施工图纸并由新的设计人对工程设计质量负责。""山东某设计院应我单位要求和委托重新出具施工图纸的目的是协助我单位完成涉案工程的建

设手续,且该施工图纸仅用于上述目的。"

第二,山东某建设公司经办人王某某经理的当庭证言。在原审中,王某某经理当庭作证,出庭陈述了上述事实。

第三,山东某建设公司先后出具的两份建设工程委托书。也即山东某建设公司2013年11月18日和2014年2月28日两次给申请人出具的建设工程委托书。在2013年11月18日的委托书上,山东某建设公司只要求申请人提供工程的后续设计,只要求提供竣工图设计;但在2014年2月28日的委托书上,山东某建设公司却要求提供施工图设计。显然,这是山东某建设公司在质监站的要求下,被迫要求申请人增加的设计服务内容。前后两份不同的委托书,也能间接证明质监站要求参与竣工验收的设计单位和图纸的出图单位保持一致。

第四,虽然质监站以出具证明材料不属于其工作范围为由没有出具相应的证明材料,但质监站表示,如果人民法院到质监站调查,质监站会配合人民法院,并如实陈述。因此,申请人在原审中曾申请人民法院到质监站调查收集相关证据。

综上,本案中,虽然申请人没有提供质监站的单位证明,但依据山东某建设公司的单位证明,依据山东某建设公司经办人的当庭证言,依据两份建设工程委托书,应当可以认定质监站要求参与竣工验收的设计单位和图纸的出图单位保持一致这一客观事实。

二、依据著作权司法解释第十二条,本案不构成侵权

《最高人民法院关于审理著作权民事纠纷案件适用法律若干问题的解释》(以下简称著作权司法解释)第十二条规定,即使委托创作作品的著作权属于受托人,委托人也可以在约定的使用范围内享有使用作品的权利;双方没有约定使用作品范围的,委托人可以在委托创作的特定目的范围内免费使用该作品。

这一规定实际是对受托人委托创作作品著作权的限制,也是对委托人在特定范围内使用委托创作作品的免责规定。

著作权限制,依附于著作权作品本身,在某种程度上独立于委托人和受托人之间的债权债务纠纷。(著作权具有人身权和财产所有权的性质,著作权限制与债权的关系,可比照物权优于债权的原则处理。)也即,除非委托人和受托人另有约定,否则委托人和受托人之间的债权债务纠纷,不会影响到委托人对已经取得的委托创作作品的合理使用。

本案中,济南某设计公司主张的原设计图纸是济南某设计公司接受山东某建设公司的委托为涉案工程而创作的作品。依据著作权司法解释第十二条,山东某建设公司作为委托人,对济南某设计公司的上述原设计图纸拥有在涉案工程中使用的

权利。

山东某建设公司对上述图纸在涉案工程中的使用,不仅包括山东某建设公司本单位在涉案工程中使用,也包括山东某建设公司授权其他单位或个人在涉案工程中使用。不管是山东某建设公司本单位使用,还是山东某建设公司授权他人使用,只要是用于涉案工程,就是合理使用,就不会构成侵权。

三、本案没有损害结果,缺少民事侵权的基本构成要件,不构成侵权

民事侵权有四个基本的构成要件,即:(1)行为人有主观过错或推定过错,或者法律有特殊的规定;(2)侵权行为;(3)损害结果;(4)侵权行为和损害结果之间有因果关系。

第一,从被申请人的角度来分析,本案中被申请人没有损失。因为本案中无论是申请人的图纸还是被申请人的图纸都只用于涉案工程,没有用作其他用途。对被申请人来说,只要它依据与建设单位的设计合同,交付了合格的设计成果,履行了后续的设计义务,它就有权依据设计合同向建设单位主张设计费。如果因建设单位的原因,建设单位不支付设计费,它完全可以向人民法院提起诉讼,依法主张其合法权益。也就是说,申请人是否参与后续设计,均不会影响被申请人在涉案工程中依法主张设计费。因此,申请人参与涉案工程的后续设计,不会给被申请人造成损失。

当然,如果山东某建设公司或者申请人将被申请人的图纸用于涉案工程以外的其他项目,或用作其他用途,则被申请人可能存在损失。因为,用于其他项目或用作其他用途,可视为被申请人的潜在市场的减少,或被申请人的可得收入的减少。而本案根本不属于这种情况。

第二,从申请人的角度来分析,被申请人也没有损失。因为,申请人了解或获得被申请人的图纸后,并没有因此而减少任何工作量。相反,进行后续设计,申请人需要先到现场进行勘测,需要先对被申请人的前期图纸进行分析和论证,然后才能重新出图。这比申请人直接设计、单独出图的工作量要大得多。因此,申请人并没有因获悉被申请人的图纸而减少了工作量,并没有因获悉被申请人的图纸而间接获益。这一点代理人在上一份代理词中已作了阐述。

第三,从社会整体利益的角度来分析,被申请人也没有损失。本案中,申请人参与工程的后续设计,化解了社会矛盾,取得了良好的社会效果。同时避免了被申请人和山东某建设公司的损失进一步扩大。这一点代理人在庭审中也作了说明。

因此,无论是从被申请人的角度来说,还是从申请人的角度来说,抑或从社会整体利益的角度来说,申请人参与涉案工程的后续设计均没有损害结果,均不具有危害性。因此本案缺少民事侵权的基本构成要件,即缺少损害结果的基本构成要

件，本案不构成侵权。

在此，代理人想补充说明的是，依据著作权司法解释第十二条即委托创作作品著作权限制的规定不构成侵权，依据缺少损害结果侵权构成要件不构成侵权，二者虽然分析和论述的角度不同，但本质上是一致的。

因为，正是基于只将相关图纸用于涉案工程，而没有用作其他工程或其他用途，才可以直接界定出被申请人没有损失的客观结论，才最终认定出本案不构成侵权。

也正是基于只将相关图纸用于涉案工程，而没有用作其他工程或其他用途，才可以认定山东某建设公司或山东某建设公司的委托人是在合理范围内合理使用原委托创作作品，属于委托创作作品的著作权限制范围，属于委托人的免责范围，不构成侵权。

综上，本案属于著作权司法解释第十二条关于委托创作作品著作权限制的情形，本案不构成侵权；同时，本案缺少损害结果这一民事侵权构成要件，本案同样不构成侵权。

特补充发表如上代理意见，谨供合议庭参考。谢谢！

山东某设计院代理人
北京市盈科律师事务所张群力律师
2016 年 11 月 15 日

四、胜诉裁判摘要

（一）最高人民法院提审裁定摘要

中华人民共和国最高人民法院

民事裁定书

（2016）最高法民申 1052 号

（当事人情况略）

再审申请人山东某设计院因与被申请人济南某设计公司侵犯著作权纠纷一案，不服山东省高级人民法院（2015）鲁民三终字第 159 号民事判决，向本院申请再审。本院受理后依法组成合议庭，对本案进行了审查。本案现已审查终结。

本院经审查认为，山东某设计院的再审申请符合《中华人民共和国民事诉讼法》第二百条的规定。依照《中华人民共和国民事诉讼法》第二百零四条、第二百零六条之规定，裁定如下：

一、本案由本院提审；

二、再审期间，中止原判决的执行。

(二) 最高人民法院再审判决摘要

中华人民共和国最高人民法院

民事判决书

(2016) 最高法民再 336 号

("本院认为"以前部分略)

本院再审认为：本案争议的主要问题为，在济南某设计公司未按约履行设计单位相关义务的情况下，山东某设计院接受山东某建设公司委托，根据工程建设实况出具、使用设计图纸，并以设计单位名义署名的行为，是否侵犯了济南某设计公司就涉案施工设计图纸享有的著作权。

《最高人民法院关于审理著作权民事纠纷案件适用法律若干问题的解释》第十二条规定，按照著作权法第十七条规定委托作品著作权属于受托人的情形，委托人在约定的使用范围内享有使用作品的权利；双方没有约定使用作品范围的，委托人可以在委托创作的特定目的范围内免费使用该作品。

济南某设计公司作为设计单位接受建设方山东某建设公司委托完成的涉案施工设计图纸，主要用于济南某商贸城项目建设。对于发生纠纷后能否以及如何继续使用施工设计图纸的问题，双方虽然未在委托设计合同中作出明确约定。但按照前述司法解释的规定，山东某建设公司有权在建设济南某商贸城项目的特定目的范围内，采用适当方式继续使用前述施工设计图纸，直至完成工程建设任务。山东某建设公司作为建设方在不能自行使用设计图纸完成建设任务的情况下，可以另行委托具有相应资质的单位继续使用设计图纸参与工程建设。

根据二审法院查明的事实，涉案工程在 2012 年 9 月，除 A9 楼基础完工，其他 9 幢楼主体全部竣工。按照相关法律规定和合同约定，济南某设计公司作为设计单位应当及时配合进行主体基础工程质量验收。鉴于济南某设计公司不履行设计单位相关义务，山东某建设公司于 2013 年 10 月 28 日向其发出"解除合同律师函"，解除了双方之前签订的"建设工程设计合同"。同日，山东某建设公司又与山东某设计院签订合同，委托其入场承担设计单位职责，完成相关工作任务。之后，山东某设计院根据工程建设实际情况复制、修改施工设计图纸，并以设计单位名义署名签章出具图纸用于报审、验收等项目建设工作，系其履行设计单位职责的行为。该行为应当视为委托人山东某建设公司在约定建设项目特定目的范围内继续使用施工设计图纸的行为，不构成对济南某设计公司著作权的侵犯。

需要指出的是，《中华人民共和国著作权法》第十条第一款第（二）项规定的署名权，是指为表明作者身份而在作品上署名的权利。就本案而言，山东某设计院接受山东某建设公司委托为完成建设任务而在涉案施工设计图纸上以设计单位身份进行署名，不能当然认定属于表明作者身份的行为。山东某设计院不因前述署名行为而替代济南某设计公司成为涉案施工设计图纸作品的著作权人，亦不能在完成建设涉案工程特定目的范围之外使用前述施工设计图纸。

另外，同一行为在可能构成民事侵权的同时又涉嫌构成刑事犯罪的，权利人应当依照相应的民事或刑事程序依法追究行为人的法律责任，但其不能在已提起的民事诉讼程序中请求一并追究行为人的刑事责任。本院提出的知识产权案件审判"三合一"意见，是指将人民法院受理的知识产权民事、刑事和行政案件归由内设的同一审判庭进行审理，而非将不同性质的案件合并在一个诉讼程序中进行审理。济南某设计公司在向二审法院提出上诉时曾要求一并追诉山东某设计院侵犯著作权罪的刑事责任，后经二审法院释明放弃了此项上诉请求。其现又以相关公安机关立案调查为由提出本案应当依照"先刑后民"或"三合一"原则处理的主张，不符合法律规定。济南某设计公司答辩所称山东某设计院编造施工技术资料以致工程存在安全隐患涉嫌渎职等问题，亦与本案不是同一法律关系，不属本案审理范围。如其确有证据，可向相关部门依法检举反映。

综上，山东某设计院申请再审所述部分理由成立，本院予以支持。济南某设计公司关于山东某设计院被诉行为侵犯其著作权的主张理据不足，本院不予支持。二审法院关于山东某设计院被诉行为侵犯济南某设计公司复制权、修改权、署名权等著作权的判决意见，认定事实和适用法律均有错误，本院依法应予纠正。

依照《中华人民共和国民事诉讼法》第一百七十条第一款第（二）项、第二百零四条第二款、第二百零七条第一款之规定，判决如下：

一、撤销山东省高级人民法院（2015）鲁民三终字第159号民事判决；

二、撤销山东省济南市中级人民法院（2014）济民三初字第926号民事判决；

三、驳回济南某设计公司的全部诉讼请求。

一审案件受理费23 720元，二审案件受理费9 738元，均由济南某设计公司负担。

本判决为终审判决。

五、律师团队 11 点评析

（一）本案是典型的法律适用争议案件

本案的案件事实清楚，双方对案件事实基本上没有太大的争议，一审法院和二审法院对案件事实的认定也非常清楚，本案争议的是委托人的建筑图纸是否侵犯了对方当事人的著作权。本案是典型的法律适用争议案件。

随着司法改革的推进，四级人民法院的职责定位更加明确。对民商事案件而言，基层人民法院是一审法院，主要承担案件的事实查明、法律适用和一审裁判。中级人民法院主要是上诉法院，主要承担案件的二审工作。高级人民法院主要是再审法院，负责大部分案件的申请再审审查工作，同时对区域内的审判工作进行指导。最高人民法院主要负责司法解释的制定，指导全国法院系统的审判工作。最高人民法院对民商事再审案件的审理，主要限于对法律适用有争议，在事实方面没有争议的案件。

本起案件属于知识产权案件，申请再审的受理法院是最高人民法院。另外本案是在法律适用方面有代表性的案件，也比较适宜由最高人民法院审理。

（二）从委托创作作品著作权限制的角度，本案不构成侵权

《著作权法》第 17 条规定："受委托创作的作品，著作权的归属由委托人和受托人通过合同约定。合同未作明确约定或者没有订立合同的，著作权属于受托人。"

《最高人民法院关于审理著作权民事纠纷案件适用法律若干问题的解释》第 12 条规定："按照著作权法第十七条规定委托作品著作权属于受托人的情形，委托人在约定的使用范围内享有使用作品的权利；双方没有约定使用作品范围的，委托人可以在委托创作的特定目的范围内免费使用该作品。"

以上规定实际是对委托创作作品的著作权限制，即虽然依据双方约定，或者依据法律规定，委托创作的作品的著作权属于受委托人，但受委托人对著作权的行使有一定的限制。原委托人可以在原约定的范围内或委托创作使用特定目的的范围内使用该作品而不构成侵权。受委托人也无权禁止委托人在上述范围内合理地使用。

因此，从委托创作作品著作权限制的角度，本案的使用不构成侵权。虽然对方当事人即受托创作方取得了本案作品的著作权，同时与建设单位之间有合同纠纷，对方当事人不同意建设单位授权我方当事人使用本案的著作权作品，但这不应当影响建设单位在原特定目的范围内的使用。因为著作权权属限制依附于著作权本身，具有物权性质，当物权和债权发生冲突时，应当尊重物权优先原则，因此，即使建设单位和对方当事人之间存在合同纠纷，这一合同纠纷也不应影响建设单位和我方

当事人在本案项目中使用原建筑图纸。

（三）从著作权权属内容的角度，本案也不构成侵权

本案的法律适用有较大的争议，因此为进一步说明本案的法律适用问题，律师团队从著作权的理论角度进行了阐述，即从著作权权属内容的角度进行了阐述。无论是从复制权、署名权的内容来看，还是从发行权的内容来看，本案均不构成侵权。

（四）从侵权构成要件的角度，本案也不构成侵权

本案是侵权纠纷，为进一步说明本案的法律适用问题，律师团队从基本的民法理论角度，即从侵权构成要件的角度进行了阐述。这种角度的阐述，更有理论深度，更加有说服力。

（五）本案的再审申请书补充意见及代理词发挥了重要作用

基于本案主要是法律适用问题的争议，涉及较深的法学理论问题，因此所涉及的律师法律文书非常重要。本案中，律师团队提交的再审申请书补充意见、两份代理词对本案的法律适用问题作了系统的论述，起到了良好的作用。

（六）归谬法在本案庭审辩论中发挥了良好的作用

为了说明原审判决的不当，庭审辩论中律师团队使用了归谬法，即如果原审判决不被纠正，如果对方当事人的逻辑得到支持，那么任何建设单位都不敢聘请设计单位设计了。因为，只要设计单位的设计图纸被建设单位使用后，设计单位就可以漫天要价，只要设计单位的漫天要价不被满足，设计单位就可以威胁不配合建设单位的后续工作，建设单位的后续工程因不能另请新的设计单位而无法继续施工。这一归谬推理，非常恰当地凸显了原审判决的错误及危害。

（七）设问和顶真的组合运用在本案的庭审辩论中也发挥了良好的作用

在本案的庭审辩论中，律师团队组合使用了设问和顶真的修辞手法，起到良好的作用。如：

本案有两套建设图纸，这两套图纸有没有相同的地方？

有。有80％左右的内容是相同的。

相同的是什么？

相同的是数据。数据本身受不受著作权法的保护？

数据的本身并不是作品，它并不受著作权法的保护。

以上的一问一答，一层一层地推进，非常适合口语表达；相当形象地说明，本

案中的两套图纸有80％左右是相同的，但新图纸并不构成对原图纸的复制，并没有侵犯原图纸的著作权。

（八）排比和"辩论三原则"在本案法律文书和庭审辩论中也发挥了良好的作用

本案的法律文书和庭审辩论中大量运用了排比的手法，包括段落的排比、句子的排比、词语的排比，而且这些排比大部分体现了"辩论三原则"。如：

委托作品著作权限制的角度、著作权权属内容的角度、侵权构成要件的角度，这三个角度排比使用体现了"辩论三原则"。

复制权、署名权、发行权，这三个著作权权属内容的排比陈述也体现了"辩论三原则"。

对方当事人没有损失，我方当事人没有受益，社会避免了损失，这三个角度对损失要件的排比论述也体现了"辩论三原则"。

这些排比都较好地体现了"辩论三原则"，加强了法律文书和庭审辩论的说服力，发挥了良好的作用。

（九）广度和深度的结合使本案的辩论更有说服力

法律文书和庭审辩论都有一个非常重要的要求，即有说服力，要通过法律文书和辩论说服法官，使接受他们接受本方的观点，作出对本方有利的裁判。

法律文书和庭审辩论的说服力主要依赖于它们的广度和深度。广度即横向的展开，深度即纵向的展开。本案再审申请书补充意见对法律适用方面进行三个方面的横向展开，然后在每一个方面又进行了纵向展开。在委托创作作品著作权限制纵向展开后，在著作权侵权构成要件纵向展开后，又对这两方面的纵向展开进行了对比分析，指出他们的相通之处，指出不同的纵向展开殊途同归、互相呼应。这样使广度和深度更好地结合，使辩论成为立体交叉的辩论。这样的辩论就自然更有说服力。

在补充代理意见中，律师团队综合发表了如下意见：

在此，代理人想补充说明的是，依据《最高人民法院关于审理著作权民事纠纷案件适用法律若干问题的解释》第12条即委托创作作品著作权限制的规定不构成侵权，和依据缺少损害结果侵权构成要件不构成侵权，二者虽然分析和论述的角度不同，但本质上是一致的。

因为，正是基于只将相关图纸用于涉案工程，而没有用作其他工程或其他用途，才可以直接界定出被申请人没有损失的客观结论，才最终认定出本案不构成侵权。

也正是基于只将相关图纸用于涉案工程，而没有用作其他工程或其他用途，才可以认定山东某建设公司或山东某建设公司的委托人是在合理范围内合理使用原委托创作作品，属于委托创作作品的著作权限制范围，属于委托人的免责范围，不构成侵权。

上述广度和深度结合的立体交叉辩论，使辩论更具说服力，对代理工作的开展、对案件的改判起到了良好的推动作用。

（十）再审判决的意义

经过努力，最高人民法院采信了律师团队的意见，认定建设单位和我方当事人对原设计图纸的使用不构成侵权，撤销了原二审判决和一审判决，驳回了对方当事人的全部诉讼请求。至此，困扰建设单位和我方当事人的民事侵权问题及刑事问题都彻底得到解决。

最高人民法院对本案的再审判决，不仅维护了当事人的权益，而且有力地推动了委托创作作品著作权限制的正确法律适用。本案成为著作权限制的经典案例之一。

（十一）对代理工作的综合评价

本案通过向最高人民法院申请再审和最高人民法院提审最终成功实现逆转，综合分析，以下几方面的代理工作起到了突破作用：（1）文书突破。再审申请书补充意见、代理词，这些法律文书结合著作权理论，结合民事侵权理论，结合本案证据和实际情况，进行了系统的论述，凸显了原审判决的错误，凸显了本案在法律适用方面纠正错误的必要性，为本案的再审和改判发挥了重要作用。（2）庭审突破。本案在最高人民法院的听证和庭审也发挥了重要作用，有力地推动了本案的再审和改判。（3）思路突破。上述文书突破和庭审突破都离不开代理思路的调整和完善，即结合著作权理论，结合民事侵权理论，结合案件特点，对案件代理思路的扩充、优化和加强，这实际上也体现了案件的思路突破。

案例 19：结合合同法理论，阐述放弃已支付的合同款仍无权单方解除合同，凸显原审错误
——最高人民法院北京某化工公司与重庆某工业公司技术许可合同纠纷再审案的文书突破和庭审突破

- 申请再审思路
- 再审申请书
- 再审代理词
- 再审代理词（二）
- 律师团队 12 点评析

一、代理工作概述

这是一起在最高人民法院申请再审并反败为胜的技术许可合同纠纷案。

委托人北京某化工公司是一家从事化工设计、化工技术开发和工程承揽的高科技企业。2011 年 11 月，北京某化工公司与重庆某工业公司签订技术许可转让合同，北京某化工公司以普通实施许可方式向重庆某工业公司提供 65 万吨醋酸装置成套技术工艺包。后因重庆某工业公司涉案项目取消，双方就合同解除和合同款支付发生争议。

2015 年 5 月北京某化工公司向北京知识产权法院提起诉讼，要求重庆某工业公司支付合同余款 1 763 万元和违约金 377 万元。2016 年 12 月北京知识产权法院作出（2015）京知民初字第 802 号一审判决，支持了北京某化工公司的诉讼请求。重庆某工业公司上诉后，2017 年 11 月北京市高级人民法院作出（2017）京民终 342 号二审判决，撤销了一审判决，改判重庆某工业公司仅支付北京某化工公司合同款及违约金约 50 万元。

经北京律师界朋友推荐，北京某化工公司的负责人到盈科律师事务所北京总部委托作者所属律师团队的张群力律师代理其向最高人民法院申请再审。经努力，最高人民法院提审了本案，并最终判决重庆某工业公司支付合同款和违约金 800 多万元。

本案涉及合同解除条件的认定，涉及不可抗力和情势变更的认定，在法律适用方面有较大的争议。律师团队结合法学理论、合同特点、知识产权特点，调整和完善了代理思路，代理工作取得了良好效果。再审申请书和庭审代理得到了当事人的充分肯定，也有力地推动了本案的再审和改判。本案较好地体现了文书突破和庭审突破在再审案件中的作用。[①]

二、基本案情和原审情况

（一）基本案情

2011年11月23日，北京某化工公司和重庆某工业公司签订"许可转让合同"，约定北京某化工公司以普通实施许可方式向重庆某工业公司提供65万吨醋酸装置成套技术工艺包。合同总价款为6 480万元，其中专利实施许可及专有技术转让费5 000万元，工艺包编制费600万元，技术服务费800万元，培训费80万元。上述合同价款根据工程进度节点分7次支付：（1）卖方向买方交付第一批资料后20个工作日内支付首批款为合同总额的15%，计人民币972万元；（2）卖方向买方交付PID图、设备表和设备设计条件图后20个工作日内，买方向卖方支付进度款为合同总额的30%，计人民币1 944万元；（3）卖方向买方交付工艺包最终版后20个工作日内，买方向卖方支付进度款为合同总额的15%，计人民币972万元；（4）对工程设计方基础工程设计审查完成后20个工作日内，买方向卖方支付进度款为合同总额的5%，计人民币324万元；（5）合同装置机械竣工后的20个工作日内，买方向卖方支付进度款为合同总额的5%，计人民币324万元；（6）开车投料，负荷达到80%，产品质量合格，并稳定运行72小时后的20个工作日内，买方向卖方支付进度款为合同总额的10%，计人民币648万元；（7）性能考核完成，并经评定合格后的20个工作日内，买方向卖方支付尾款为合同总额的20%，计人民币1 296万元。合同第9.5条约定由于买方原因（包括不可抗力）造成的合同提前终止，买方已支付给卖方的款项，卖方不予退还。

2012年5月22日北京某化工公司向重庆某工业公司提交了最终版的工艺包资料。北京某化工公司已收到合同款3 888万元，"许可转让合同"已履行至第三个付款节点。

2013年8月12日，重庆某工业公司向北京某化工公司发出"合同解除通知"称：

[①] 本案由张群力律师担任主承办律师，卢青律师、于娟律师和律师团队其他成员协助参与了部分代理工作，在此向他们一并表示感谢！

"由于国家产业政策调整等不可抗力原因，重庆某工业公司依法决定与北京某化工公司解除涉案合同，请北京某化工公司即日起终止涉案合同的履行，其他事宜依法另行协商。"后双方就合同的解除及合同款的支付发生争议，引起了本案的诉讼。

（二）一审情况

2015年5月，北京某化工公司以重庆某工业公司为被告向北京知识产权法院提起了诉讼，要求重庆某工业公司支付合同余款1 763万元、赔偿逾期付款违约金377万元。

重庆某工业公司的主要答辩观点是：（1）由于受到政策调整的不可抗力因素影响，重庆某工业公司向北京某化工公司发出了解除合同的通知，北京某化工公司收到该通知，虽然提出异议，但是没有依法向人民法院申请继续履行合同，所以双方签署的合同已经依法解除；（2）重庆某工业公司已经全部支付了北京某化工公司履行义务相应的合同款项，合同目前已经解除，不存在重庆某工业公司继续支付合同余款的义务；（3）签署合同后，重庆某工业公司履行了合同的相应义务，在合同解除前和合同解除后没有违约的行为，不存在支付违约金的事实和法律依据。

一审法院以本案不构成不可抗力且重庆某工业公司具有违约行为为由，判决重庆某工业公司向北京某化工公司支付合同剩余价款1 756万元、赔偿违约金377万元。

（三）二审情况

一审判决后，重庆某工业公司向北京市高级人民法院提起了上诉。

重庆某工业公司的上诉理由主要包括：（1）按合同约定，北京某化工公司专利实施许可及专有技术转让工作并未完成，专利实施许可及专有技术转让余款1 712万元不具备支付条件。因此，北京某化工公司主张专利实施许可及专有技术转让费余款1 712万元及违约金370万元，无事实和法律依据。（2）重庆某工业公司解除涉案项目，系依据地方政府关于涉案项目停建的会议纪要精神。政府行为属于不可抗力，重庆某工业公司不应承担违约责任。（3）在合同解除通知后，重庆某工业公司与北京某化工公司多次协商，表示愿意按合同约定就已实际发生的费用进行结算付款。故已发生的费用至今未能结算支付，并非重庆某工业公司的责任，北京某化工公司不能以此认为重庆某工业公司构成违约。

北京某化工公司的主要抗辩理由为：（1）北京某化工公司履行了自己的合同义务，重庆某工业公司亦应按合同约定履行付款义务；（2）重庆某工业公司拖延付款给北京某化工公司造成经济损失，一审判决正确。

北京市高级人民法院经审理后认为，重庆某工业公司有单方解除合同的权利，对于合同终止不承担任何责任，撤销一审判决，改判向北京某化工公司仅支付技术服务费 445 714 元及违约金 7 万元。北京市高级人民法院原二审判决的"本院认为"部分和判决主文部分表述为：

本院认为：重庆某工业公司与北京某化工公司签订的"许可转让合同"系双方真实意思表示，未违反有关法律法规的强制性规定，应为合法有效的合同，双方当事人均应按照合同约定履行相关的合同义务。

按照《中华人民共和国合同法》的规定，因不可抗力致使不能实现合同目的，当事人可以解除合同。不可抗力是指不能预见、不能避免并不能克服的客观情况。因不可抗力不能履行合同的，根据不可抗力的影响，部分或者全部免除责任。不可抗力是指合同签订后发生的意外事故，它的发生与合同任何一方当事人的意志无关，是当事人所无法预见、无法避免和无法控制的。不可抗力的范围包括自然灾害、社会异常事件和国家、政府行为。由于国家行使立法、司法、行政等职能而致使债务不能履行，可以属于不可抗力的范围。但对国家政府行为的理解应区分抽象行为和具体行为，抽象行为如立法活动或制定的政策，具体行为是指针对特定民事活动所做出的行政行为。不宜将一般的政府具体行为认定为不可抗力，否则将导致不可抗力的滥用。根据重庆某工业公司提交的《西南某市 MDI 一体化项目及某化工产业链发展领导小组第八次会议纪要》《西南某市 MDI 一体化项目及某化工产业链发展总指挥部第二十四次会议纪要》《西南某市 MDI 一体化项目及某化工产业链发展总指挥部第三十次会议纪要》等文件记载，重庆某工业公司依据西南某市人民政府的决定停建涉案项目，故停建涉案项目系西南某市人民政府针对涉案项目所作出的行政行为，该行为在性质上应为具体行政行为，不属于不可抗力的范畴。因此，重庆某工业公司有关不可抗力的上诉理由不能成立，本院不予支持。

《中华人民共和国合同法》第九十一条规定，合同的权利义务终止原因包括：1. 债务已经按照约定履行；2. 合同解除；3. 债务相互抵销；4. 债务人依法将标的物提存；5. 债权人免除债务；6. 债权债务同归于一人；7. 法律规定或者当事人约定终止。本案双方当事人签订的"许可转让合同"第 9.5 条约定"由于买方原因（包括不可抗力）造成的合同提前终止，买方已支付给卖方的款项，卖方不予退还"。虽然西南某市人民政府关于涉案项目停建的决定不属于不可抗力，但西南某市人民政府所作出的决定，导致重庆某工业公司与北京某化工公司签订的"许可转让合同"的履行基础丧失，该合同已经无法继续履行。现重庆某工业公司的行为已构成合同约定的终止情形，故双方当事人签订的"许可转让合同"终止。合同权利义务终止后基于合同产生的权利义务全部归于消灭。本案双方当事人均认可"许可转让合同"履行至第九条9.2的第（3）个时间节点，后续工作北京某化工公司并未开展，故重庆某工业公司无须向北京某化工公司支付剩余款项1 712万元。一审法院有关重庆某工业公司构成违约，并判决重庆某工业公司支付合同剩余款项和违约金的认定有误，本院予以纠正。但因双方当事人一致认可，2013年5月之前北京某化工公司提供的技术服务的数量为78个人工作日，与之相对应的技术服务费价款为445 714元，因该笔费用已实际产生，重庆某工业公司应当向北京某化工公司支付上述费用。重庆某工业公司对一审判决中认定其应向北京某化工公司支付技术服务费445 714元及该笔款项产生的违约金7万元并未提出上诉，本院对此予以确认。

综上所述，重庆某工业公司的上诉请求成立，予以支持。依照《中华人民共和国民事诉讼法》第一百七十条第一款第二项之规定，判决如下：

一、撤销北京知识产权法院（2015）京知民初字第802号民事判决第一、二项；

二、维持北京知识产权法院（2015）京知民初字第802号民事判决第三项；

三、改判重庆某工业公司于本判决生效之日起十日内向北京某化工公司支付款项四十四万五千七百一十四元及违约金七万。

三、代理思路和律师文书

（一）申请再审思路

本案是一起合同纠纷案件，也是一起知识产权纠纷案件。一审中北京知识产权法院支持了委托人的诉讼请求，但二审中北京市高级人民法院却撤销了一审判决，驳回了委托人的绝大部分诉讼请求。本案一审和二审认定的事实基本相同，关键是法律适用争议。

委托人联系律师团队后，律师团队仔细阅看了原审材料，确定这是一起法律适用错误的典型案件，接受了委托及时向最高人民法院申请再审。

申请再审的基本思路是凸显二审法律适用的错误。二审主要存在以下三方面的错误：第一，对合同第9.5条理解错误，将合同第9.5条即违约终止合同无权要求退还已经支付的款项，理解为只要不要求退还已支付的款项，就可以单方解除合同。第二，错误认为合同解除后合同的权利义务消灭。第三，认定委托人的设计成果没有交付，认定委托人没有损失。前两点涉及合同法的基本原理，后一点涉及对知识产权价值的理解。因此，申请再审时要结合同法的基本原理，结合知识产权的特点，阐述和凸显二审在这三个方面的错误，请求最高人民法院再审并改判。

再审时，除重点关注和阐述上述三方面的意见外，还应当注意到政府政策对本案合同履行的影响，注意不可抗力、情势变更等法律规定在本案中的适用，注意可得利益损失的计算。

另外，针对本案实际情况，重点准备好再审申请书，重点做好再审听证和再审庭审工作。

（二）再审申请书

民事再审申请书

再审申请人（一审原告、二审被上诉人）：北京某化工公司

被申请人（一审被告、二审上诉人）：重庆某工业公司

再审申请人北京某化工公司与被申请人重庆某工业公司合同纠纷一案，由北京知识产权法院2016年12月30日作出的（2015）京知民初字第802号民事判决书一审判决和北京市高级人民法院2017年11月1日作出的（2017）京民终342号民事判决书二审判决。再审申请人不服北京市高级人民法院（2017）京民终342号民事判决（以下称二审判决），认为二审判决认定的基本事实缺乏证据证明、适用法律确有错误，依据《中华人民共和国民事诉讼法》（以下称《民事诉讼法》）第二百条第二项和第六项的规定，特向贵院申请再审。

申请再审请求：

请求依法再审，并判决如下请求：

（1）撤销北京市高级人民法院（2017）京民终342号民事判决；

（2）维持北京知识产权法院（2015）京知民初字第802号民事判决；

（3）二审诉讼费全部由重庆某工业公司承担。

申请再审事由：

（1）二审判决错误理解"专利实施许可和专有技术转让合同"（以下称"许可转让合同"）第9.5条的约定，即错误理解"由于买方原因（包括不可抗力）造成的合同提前终止，买方已支付给卖方的款项，卖方不予退还"，进而错误认定"重庆某工业公司的行为已构成合同约定的终止情形"，错误认定"双方当事人签订的'许可转让合同'终止"，错误认定重庆某工业公司不构成违约，二审认定的基本事实缺乏证据证明，适用《中华人民共和国合同法》（以下称《合同法》）第八条、第六十条、第九十三条第二款明显错误，本案符合《民事诉讼法》第二百条第二项和第六项规定的再审情形；

（2）二审判决错误认定"合同权利义务终止后基于合同产生的权利义务全部归于消灭"，并进而错误认定重庆某工业公司不构成违约，无须支付合同余款和违约金，二审适用《合同法》第九十一条、第九十七条和第九十八条明显错误，本案符合《民事诉讼法》第二百条第六项规定的再审情形；

（3）二审判决错误认定北京某化工公司并没有开展合同余款1 712万元对应的工作，二审认定的基本事实缺乏证据证明，本案符合《民事诉讼法》第二百条第二项规定的再审情形。

申请再审的具体事实与理由如下：

一、二审判决错误理解"许可转让合同"第9.5条的约定，错误臆断出重庆某工业公司有权单方任意解除合同，进而错误认定"重庆某工业公司的行为已构成合同约定的终止情形"，错误认定"双方当事人签订的'许可转让合同'终止"，错误认定重庆某工业公司不构成违约。二审认定的基本事实缺乏证据证明，适用《合同法》第八条、第六十条、第九十三条第二款明显错误。本案符合《民事诉讼法》第二百条第二项和第六项规定的再审情形，应当再审并改判

（一）除双方协商解除、单方约定解除和单方法定解除的情况外，任何一方单方解除合同均构成违约

我国1999年《合同法》颁布后，确立了严格的合同责任。大幅度缩小了无效合同的范围，严格区分了合同的无效和可撤销情形，严格限制了违约解除的条件。《合同法》第八条中规定："依法成立的合同，对当事人具有法律约束力。当事人应当按照约定履行自己的义务，不得擅自变更或解除合同。"第六十条第一款规定："当事人应当按照约定全面履行自己的义务。"第一百零七条规定："当事人一方不履行合同义务或者履行合同义务不符合约定的，应当承担继续履行、采取补救措施或者赔偿损失等违约责任。"

依据《合同法》的上述基本原则，当事人应当全面履行自己的合同义务，除《合同法》规定的下述三种解除合同的情况外，任何一方擅自单方解除合同，均构成违约：

（1）协商解除。

《合同法》第九十三条第一款规定的双方协商解除合同的情形，即"当事人协商一致，可以解除合同"。

（2）单方约定解除。

《合同法》第九十三条第二款规定的单方依据约定解除合同的情形，即"当事人可以约定一方解除合同的条件。解除合同的条件成就时，解除权人可以解除合同"。

(3) 单方法定解除。

《合同法》第九十四条规定的单方解除合同的五种法定情形，即"有下列情形之一的，当事人可以解除合同：（一）因不可抗力致使不能实现合同目的；（二）在履行期限届满之前，当事人一方明确表示或者以自己的行为表明不履行主要债务；（三）当事人一方迟延履行主要债务，经催告后在合理期限内仍未履行；（四）当事人一方迟延履行债务或者有其他违约行为致使不能实现合同目的；（五）法律规定的其他情形"。

除上述三种解除合同的情况外，其他任何一方擅自单方解除合同，均构成违约，均应承担违约责任。

（二）"许可转让合同"第9.5条的约定，不是对重庆某工业公司单方解除合同的条件的约定，不能被理解为重庆某工业公司有权依据《合同法》第九十三条第二款单方解除合同，二审判决认定依据"许可转让合同"第9.5条重庆某工业公司可以单方解除合同，认定的基本事实缺乏证据证明，适用《合同法》第九十三条第二款错误

（1）从文字表述来看，"许可转让合同"第9.5条并没有约定重庆某工业公司可以单方解除合同。

"许可转让合同"第9.5条约定，"由于买方原因（包括不可抗力）造成的合同提前终止，买方已支付给卖方的款项，卖方不予退还"。从上述文字表述来看，明显不是说，在什么条件出现时，或什么条件成就时，重庆某工业公司（买方）可以单方解除合同，而且重庆某工业公司解除合同的行为不构成违约。而只是说，如果因重庆某工业公司的原因解除合同，重庆某工业公司应当承担责任，承担的责任至少包括，重庆某工业公司已经支付给北京某化工公司（卖方）的款项无权要求退还。因此从文字的表述来看，"许可转让合同"第9.5条不是赋予重庆某工业公司对合同的单方解除权，相反，它是对北京某化工公司的保护，即约定因重庆某工业公司的原因合同终止时，重庆某工业公司无权要求退还已经支付的费用。[当然，这也并没有限制重庆某工业公司应承担的违约责任，当重庆某工业公司违约（不属于不可抗力），北京某化工公司有损失时，北京某化工公司仍可以依法向重庆某工业公司索赔]。

（2）从"许可转让合同"的整体条款结构来看，"许可转让合同"第9.5条也不能被理解为重庆某工业公司有权单方解除合同。

"许可转让合同"共二十一条。第一条至第七条约定技术内容、技术基本情况和服务保证等方面，第八条约定技术的验收和效果，第九条约定合同费用，第十条

至第十一条是双方的承诺,第十二条约定新技术成果的归属,第十三条约定合同的变更,第十四条约定违约责任,第十五条约定双方的联系方式及通知方式,第十六条约定合同的解除条件,第十七条至第二十条约定争议解决、合同组成等其他事项。

第九条关于合同费用的约定又包括6个小条。其中,第9.1条约定合同费用的组成,第9.2条约定合同费用分期支付的时间节点及条件,第9.3条约定北京某化工公司逾期交付工艺包按合同费用承担违约金的标准,第9.4条约定重庆某工业公司逾期支付合同费用应承担的违约金标准,第9.6条约定北京某化工公司接收合同费用的账号。

从"许可转让合同"及其第九条的上述条款结构来看,显然,第9.5条是对许可转让合同费用的相关约定,并不是对重庆某工业公司单方解除合同的条件的约定。

(3)从"许可转让合同"第十三条和第十六条的约定来看,许可转让合同第9.5条也不能被理解为重庆某工业公司可以单方解除合同。

"许可转让合同"第十三条约定,"本合同的变更必须经双方协商一致",只有在一方主体发生变更(如合并、分立)时,一方才可以向另一方提出变更合同权利义务的请求。可见"许可转让合同"第十三条明确了涉案合同只存在双方协商解除的可能,不存在一方依据约定单方解除的可能。即涉案合同没有关于单方约定解除的条款,"许可转让合同"第9.5条不能被理解为重庆某工业公司可以单方解除合同。

"许可转让合同"第十六条同样约定,"双方确定,出现下列情形,致使本合同的履行成为不必要或不可能,可以解除本合同:(1)见第二十条:发生不可抗力。"而依据《合同法》第九十四条第(一)项的规定,发生不可抗力解除合同的情形属于单方法定解除的情形,不属于单方约定解除的情形。可见第十六条再一次明确涉案合同没有单方解除的约定,"许可转让合同"第9.5条同样不能被理解为重庆某工业公司可以单方解除合同。

(4)从"许可转让合同"第9.2条对合同费用分期支付的时间节点和条件的约定来看,"许可转让合同"第9.5条的约定也不能被理解为重庆某工业公司可以单方解除合同。

"许可转让合同"第9.2条约定:"本合同自双方法定代表人或授权代表签署并加盖双方公章生效后,技术转让费用由买方(重庆某工业公司)分期支付卖方(北京某化工公司)。具体支付方式和时间如下:(1)卖方向买方交付工艺包最终版后20个工作日内,买方向卖方支付进度款为合同总额的15%,计人民币920万元……"

从上述约定来看,重庆某工业公司支付第一笔款以前,至少经历以下三个时间段:第一时间段,从合同签订到北京某化工公司准备第一批资料;第二时间段,北京某化工公司向重庆某工业公司交付第一批资料;第三时间段,北京某化工公司交付首批资料后至重庆某工业公司支付第一笔款以前,如果重庆某工业公司不违约,第三段时间不超过20个工作日,如果重庆某工业公司违约,第三段时间还可能超过20个工作日。

如果将"许可转让合同"第9.5条理解为重庆某工业公司有权单方随时解除合同,则只要重庆某工业公司在支付第一笔合同费用前解除合同,无论合同签订生效了多长时间,无论北京某化工公司是否准备了第一批资料,无论北京某化工公司是否交付了第一批资料,该合同对重庆某工业公司都没有任何约束力,重庆某工业公司解除合同前和解除合同时均不会支付或承担任何费用。这样的理解明显背离了基本的公平原则,明显违背了该条款的本意。因此,从"许可转让合同"第9.2条对合同费用分期支付的时间节点和条件来分析,"许可转让合同"第9.5条的约定也不能被理解为重庆某工业公司可以单方解除合同。

综上,无论是从"许可转让合同"第9.5条的文字表述来看,还是从"许可转让合同"的整体条款结构来看;无论是从"许可转让合同"第十三条和第十六条关于合同的变更和解除的约定来看,还是从"许可转让合同"第9.2条对合同费用分期支付的时间节点和条件来看,"许可转让合同"第9.5条均不能被理解为重庆某工业公司可以单方解除合同。

(三)将"许可转让合同"第9.5条理解为重庆某工业公司可以单方解除合同,违背了《合同法》的基本原则,二审判决适用《合同法》第八条和第六十条明显错误

如前所述,《合同法》第八条和第六十条规定了当事人全面履行合同的基本原则,除双方协商解除、单方约定解除和单方法定解除外,任何一方单方解除合同,都违背了《合同法》的上述基本原则,都应当承担违约责任。

二审判决将"许可转让合同"第9.5条理解为只要在重庆某工业公司不要求退还已付款的情况下,重庆某工业公司都可以任意单方解除合同。二审判决的上述认定违背了《合同法》的基本原则,适用《合同法》第八条和第六十条明显错误。

(四)将"许可转让合同"第9.5条理解为重庆某工业公司可以单方解除合同,同样违背了基本的商业惯例

由于买方原因造成合同提前终止,买方已支付的款项不予退还,这样的约定在

商业交往中非常常见。这样约定显然是要督促买方严格履行合同，而不是赋予买方任意解除权。二审判决将"许可转让合同"第9.5条理解为重庆某工业公司可以单方解除合同，违背基本的商业惯例。

事实上，在人民法院的以往案例中，均没有将"由于买方原因造成合同提前终止已交的款项不予退还"理解为买方可以单方解除合同。如2014年3月12日最高人民法院公布的10起维护消费者权益典型案例中的第八起案例，即孙某某诉上海某美容公司服务合同纠纷案。该案由上海市黄浦区人民法院一审，由上海市第二中级人民法院二审，并最终被最高人民法院选为典型案例公布。该案的合同约定，如因孙某某自身原因不能按上海某美容公司制定的方案切实履行，则孙某某不能要求退还任何已支付给上海某美容公司的费用。在该案的审理中，无论是一审法院，还是二审法院，都没有据此认定孙某某可以单方随时解除合同，都认为孙某某因个人原因提前解除合同应当承担违约责任。

综上，二审判决错误理解"许可转让合同"第9.5条的约定，错误臆断出重庆某工业公司有权单方任意解除合同，进而错误认定"重庆某工业公司的行为已构成合同约定的终止情形"，错误认定"双方当事人签订的'许可转让合同'终止"，错误认定重庆某工业公司不构成违约。二审判决对事实的认定违背双方在合同中的约定，违背《合同法》的基本原则，违背基本的商业惯例。二审判决认定的基本事实缺乏证据证明，适用《合同法》第八条、第六十条、第九十三条第二款明显错误。本案符合《民事诉讼法》第二百条第二项和第六项规定的再审情形，应当再审并改判。

二、二审判决错误认定"合同权利义务终止后基于合同产生的权利义务全部归于消灭"，并进而错误认定重庆某工业公司不构成违约、无须支付合同余款和违约金，二审适用《合同法》第九十一条、第九十七条和第九十八条明显错误，本案符合《民事诉讼法》第二百条第六项规定的再审情形，应当再审并改判

（一）二审判决适用《合同法》第九十一条明显错误

二审判决认定重庆某工业公司不构成违约，认定重庆某工业公司无须支付合同余款和违约金的主要理由之一是，依据《合同法》第九十一条的规定，"合同权利义务终止后基于合同产生的权利义务全部归于消灭"。很显然，二审判决的该项裁判理由完全不能成立，二审判决适用《合同法》第九十一条完全错误。

《合同法》第九十一条规定："有下列情形之一的，合同的权利义务终止：……（二）合同解除……"《合同法》该条只是规定，合同解除时，合同的权利义务终止，合同未履行的部分不再履行。该条并没有规定，合同解除时违约方可以不承担

违约责任；该条更没有规定，合同权利义务终止后基于合同已经产生的权利义务包括违约索赔的权利义务也一并消灭。

二审判决依据《合同法》第九十一条认为重庆某工业公司单方解除合同后，重庆某工业公司和北京某化工公司之间的全部权利义务消灭，重庆某工业公司不构成违约，无须支付合同余款和违约金。二审判决适用《合同法》第九十一条明显错误。

事实上，二审判决的上述逻辑错误显而易见，完全不应当发生。如果《合同法》存在这样的规定，即不管是依法解除合同，还是违法解除合同，只要合同已经解除，就认为双方的权利义务均全部归于消灭，双方均不需要再承担任何违约赔偿责任，这样的规定明显是鼓励违约，完全背离了《合同法》的基本原则！这样的规定显然不可能存在！

（二）二审判决适用《合同法》第九十七条和第九十八条明显错误

《合同法》第九十七条规定："合同解除后，尚未履行的，终止履行；已经履行的，根据履行情况和合同性质，当事人可以要求恢复原状、采取其他补救措施，并有权要求赔偿损失。"

《合同法》第九十八条规定："合同的权利义务终止，不影响合同中结算和清理条款的效力。"

依据上述规定，合同解除不影响违约方应当承担的赔偿责任，合同的权利义务终止，不影响双方就合同的解除而进行的结算和清理。因此，二审判决认为"合同权利义务终止后基于合同产生的权利义务全部归于消灭"，并进而认为重庆某工业公司不构成违约，无须支付合同余款和违约金，适用《合同法》第九十七条和第九十八条明显错误。

综上，二审判决错误认定"合同权利义务终止后基于合同产生的权利义务全部归于消灭"，并进而错误认定重庆某工业公司不构成违约，无须支付合同余款和违约金，二审适用《合同法》第九十一条、第九十七条和第九十八条明显错误，本案符合《民事诉讼法》第二百条第六项规定的再审情形，应当再审并改判。

三、二审判决错误认定北京某化工公司并没有开展合同余款1712万元对应的工作，二审认定的基本事实缺乏证据证明，本案符合《民事诉讼法》第二百条第二项规定的再审情形，应当再审并改判

（一）合同款包括四部分

"许可转让合同"第9.1条对合同款的各部分组成及金额均有非常具体的约定。即合同费用为固定价格，总价6480万元，包括四部分，其中：（1）专利实施许可

及专有技术转让费 5 000 万元；（2）工艺包编制费 600 万元；（3）技术服务费 800 万元；（4）培训费 80 万元。

（二）工艺包的编制工作和专利实施许可及专有技术转让工作已经完成

(1) 工艺包的编制工作已经完成且已经交付

2012 年 5 月 22 日，重庆某工业公司负责人签署的"西南某市 MDI 一体化项目文件传送单"（见北京某化工公司一审证据二十一）表明，工艺包的最终版本不仅编制完成，而且北京某化工公司已按许可转让合同的要求交付给了重庆某工业公司，并得到了重庆某工业公司的确认。对这一事实，一、二审都进行了认定，双方也没有异议。

(2) 专利实施许可及专有技术转让工作也已经完成

1)"许可转让合同"第 1.1 条就非常明确地约定："许可技术的内容：卖方（北京某化工公司）以普通实施许可方式向买方（重庆某工业公司）提供 65 万吨/年醋酸装置成套技术工艺包，该工艺包深度满足《石油化工装置工艺设计包（成套技术工艺包）内容规定》（SHSG-052-2003）的规定。"从以上约定可以看出，许可技术的载体就是工艺包。工艺包的交付标志着技术的许可和交付工作已经完成。

2) 事实上，工艺包的交付是重庆某工业公司委托的设计单位进行后续设计的基础和前提。重庆某工业公司及其设计单位进行后续设计表明重庆某工业公司已经在使用涉案的专有技术。

3) 虽然"许可转让合同"第四条中也提到了北京某化工公司还应当提供操作手册、分析手册和培训手册，但是操作手册、分析手册和培训手册并不是许可技术本身，它们只是北京某化工公司协助重庆某工业公司使用许可技术所提供的资料，编制这些手册属于技术服务的范畴。关于这一点，在"许可转让合同"附件 1 即"重庆某工业公司 65 万吨/年醋酸工艺包技术附件"第 36 页有非常清楚的表述。该附件第 9 条为技术服务，该条约定总计费时间为 1 400 人工日；其中第 1 项为规程编制，计取的人工日为 360；内容"包括工艺规程、操作规程、分析规程、安全规程和维修手册的编制"。可见协助重庆某工业公司使用许可技术的操作手册、分析手册属于技术服务的范围，已经另行单独计收费用，不属于许可技术本身。

因此，虽然操作手册、分析手册和培训手册的编制工作并没有完成，但它们并不影响双方已经完成专利实施许可和专有技术转让的客观事实。

4) 事实上，在本案诉讼前，双方对专利实施许可和专有技术转让已经完成的客观事实没有异议。在北京某化工公司一审提供的证据二十二，即"2014 年 1 月 21 日重庆某工业公司 65 万吨/年醋酸项目专利实施许可和专有技术转让合同处置交流会议纪要"中，北京某化工公司明确表示，"重庆某工业公司或重庆某集团公司的全资企业可在遵守保密协议及其他相关条款的前提下继续使用本工艺包"。重庆某工业公司明确表示，"重庆某工业公司或重庆某集团公司的其他下属企业可在保密的前提下使用工艺包，时间不受限制。"

综上，从以上四个方面都可以看出，本案的专利实施许可及专有技术转让工作已经完成。

（三）北京某化工公司已经完成合同余款1712万元对应的工作

"许可转让合同"第9.2条约定的分期付款时间节点和条件，前半部分主要依据北京某化工公司交付资料的情况来确定，后半部分主要依据重庆某工业公司项目建设的情况来确定。

前半部分付款时间节点包括：第9.2（1）条，在北京某化工公司交付第一批资料后20个工作日内支付15%的合同款972万元为首批款；第9.2（2）条，在北京某化工公司交付PID图、设备表和设备设计条件图后20个工作日内支付30%的合同款1944万元为进度款；第9.2（3）条，在北京某化工公司交付工艺包最终版后20个工作日内支付15%的合同款972万元为进度款。

前半部分款项合计3888万元，这些费用都已支付。如前所述，专利实施许可及专有技术转让费为5000万元，工艺包编制费为600万元。这两部分工作都已经完成，二者合计5600万元，扣除上述已经支付的3888万元，未支付专利实施许可及专有技术转让费和工艺包编制费为1712万元。

后半部分付款时间节点包括：第9.2（4）条，重庆某工业公司对工程设计方基础工程设计审查完成后20个工作日内支付15%的合同款972万元为进度款；第9.2（5）条，重庆某工业公司合同装置机械竣工后20个工作日内支付5%的合同款324万元为进度款；第9.2（6）条，重庆某工业公司开车投料，负荷达到80%，产品质量合格，并稳定运行72小时后的20个工作日内支付10%的合同款972万元为进度款；第9.2（7）条，重庆某工业公司性能考核完成，并经评定合格后的20个工作日内支付20%的合同款1296万元为尾款。

从后半部分的付款时间节点来看，后期主要依据重庆某工业公司的项目进度来支付合同款。这部分约定的合同款合计2592万元。包括技术服务费800万元、培训费80万元，也包括未支付的专利实施许可及专有技术转让费和工艺包编制费1712万元。

在一、二审中双方已经确认，培训工作没有开展，技术服务只发生78个人工日，折合44.5714万元。因此，后半部分应当支付的费用包括专利实施许可及专有技术转让费和工艺包编制费1712万元和已经发生的技术服务费44.5714万元。显然，北京某化工公司对上述1 712万元合同余款对应的工作已经完成。

综上，二审判决错误认定北京某化工公司并没有开展合同余款1 712万元对应的工作，二审认定的基本事实缺乏证据证明，本案符合《民事诉讼法》第二百条第二项规定的再审情形，本案应当再审并改判。

四、重庆某工业公司应当赔偿北京某化工公司的可得利益损失。技术许可费的支付不以被许可方实际使用为前提，二审判决驳回北京某化工公司要求支付1 712万元专利实施许可及技术转让费的请求，二审判决没有尊重知识产权的基本特点

（一）重庆某工业公司应当赔偿北京某化工公司可得利益损失

如前所述，重庆某工业公司迟延支付合同款、单方解除合同的行为属于违约行为，重庆某工业公司应当承担包括赔偿损失在内的违约责任。

《合同法》第一百一十三条第一款规定，"当事人一方不履行合同义务或者履行合同义务不符合约定，给对方造成损失的，损失赔偿额应当相当于因违约所造成的损失，包括合同履行后可以获得的利益，但不得超过违反合同一方订立合同时预见到或者应当预见到的因违反合同可能造成的损失"。

依据上述规定，重庆某工业公司违约造成本案合同终止，重庆某工业公司应赔偿北京某化工公司涉案合同中的可得利益损失。

（二）北京某化工公司在涉案合同中的可得利益损失范围

合同终止时，北京某化工公司在本案中的可得利益损失至少包括以下几部分：

(1) 没有支付的专利实施许可及专有技术转让费和工艺包编制费1 712万元。

如前所述，本案的工艺包编制工作已经完成且已交付，本案的技术许可工作已完成。合同终止后，这部分费用全部是北京某化工公司的可得利益损失。对这部分费用一审法院作了正确的认定和支持，二审法院错误地没有支持。

(2) 已完成技术服务部分对应的技术服务费。

已完成的技术服务部分对应的技术服务费为44.571 4万元。对这部分费用一审法院和二审法院均予以了认定和支持。

(3) 未完工作的技术服务费和培训费对应的利润。

技术服务费总计800万元，扣除已完成部分外，剩余755.428 6万元，对该剩余部分技术服务费的相应工作北京某化工公司没有开展。这部分费用扣除将来的服务成本后，剩余的利润部分也应当是北京某化工公司应得的利益损失。按20%的利润率计算，这部分的可得利益损失为151.085 7万元。本着合作的原则，对这些损失北京某化工公司没有主张。

培训费总计80万元，相应的培训工作都没有开展。这部分费用扣除将来的服

务成本后,剩余的利润部分也应当是北京某化工公司应得的利益损失。按20%的利润率计算,这部分的可得利益损失为16万元。本着合作的原则,对这些损失北京某化工公司也没有主张。

(4) 没有及时支付专利实施许可及专有技术转让费和工艺包编制费1712万元的利息损失和违约金。

该部分费用北京某化工公司据实主张了370万元,一审法院作了正确的认定和支持,二审法院错误地没有支持。

(5) 已完成技术服务部分对应的技术服务费44.5714万元的利息损失和违约金。

该部分费用北京某化工公司据实主张了7万元,一审法院和二审法院都予以了认定和支持。

(三) 技术许可费不以被许可方实际使用为前提,二审判决驳回北京某化工公司要求支付1712万元专利实施许可及技术转让费的请求,二审判决没有尊重知识产权的基本特点

知识产权的基本特点之一是无形性。对知识产权的尊重表现为,即使知识产权是无形的财产,但也应当像有形财产一样得到尊重和保护。

无论是专利许可,还是技术许可,只要办理了许可,许可方的主要义务就已经完成。除非双方另有约定,否则被许可方是否实际使用,均不影响被许可方向许可方支付许可费用。因此本案中,只要双方签订了转让许可协议,办理了使用许可,不管重庆某工业公司是否实际使用,不管重庆某工业公司是否投产,不管重庆某工业公司是否生产出有形的产品,均不应影响重庆某工业公司向北京某化工公司支付合同费用。

二审法院在一审法院认定正确的情况下,以重庆某工业公司未实际使用、以北京某化工公司已将同类技术许可其他单位使用为由,驳回北京某化工公司要求支付1712万元专利实施许可及技术转让费的请求,二审法院的判决不仅背离了《合同法》的基本原则,而且也背离了对知识产权的尊重和保护。

综上,二审判决错误理解"许可转让合同"第9.5条的约定,错误认定"重庆某工业公司的行为已构成合同约定的终止情形",错误认定"合同权利义务终止后基于合同产生的权利义务全部归于消灭",错误认定北京某化工公司并没有开展合同余款1712万元对应的工作,错误认定重庆某工业公司不构成违约,错误认定重庆某工业公司无须支付合同余款和违约金。二审判决认定的基本事实缺乏证据证明,违背《合同法》的基本原则,没有尊重知识产权的基本特点,适用《合同法》第八条、第六十条、第九十一条、第九十三条第二款、第九十七条和第九十八条明

显错误。

基于上述理由,依据《民事诉讼法》第二百条第二项和第六项的规定,特向贵院申请再审,请求依法公正再审并改判。

此致
中华人民共和国最高人民法院

再审申请人:北京某化工公司(章)

法定代表人(签字):×××

2017 年 12 月 1 日

(三)再审代理词

北京某化工公司与重庆某工业公司专利实施许可和专有技术转让合同纠纷再审案再审申请人代理词

尊敬的审判长、审判员:

在贵院审理的再审申请人北京某化工公司与重庆某工业公司专利实施许可和专有技术转让合同纠纷再审一案中,我们受北京市盈科律师事务所的指派,接受申请人北京某化工公司的委托,担任其本案的诉讼代理人。2018 年 10 月 30 日,我们参加了贵院组织的庭审。现结合庭审的情况,针对合议庭归纳的三个焦点问题,发表如下代理意见,敬请采信。

代理意见概述

一、重庆某工业公司主张的事实不属于不可抗力,因为:产品价格下滑是正常的商业风险,重庆某工业公司并没有证明政府的行政行为导致重庆某工业公司项目停建,政府的具体行政行为及履行国有资产出资人职能的行为均不能被认定为不可抗力。

二、重庆某工业公司主张的事实也不属于情势变更;在一审和二审重庆某工业公司未主张情势变更的情况下,再审法院不应当主动适用情势变更原则。

三、重庆某工业公司违约解除合同,重庆某工业公司应当赔偿北京某化工公司的可得利益损失。北京某化工公司的可得利益损失应包括未支付的合同余款及迟延支付合同余款的违约金,但应当扣除北京某化工公司履行合同的成本。

四、本案的专利实施许可和技术转让工作已经完成。

> 五、二审判决没有尊重契约原则，没有尊重知识产权的基本特点，没有尊重知识产权的价值和理念，应当得到纠正。

一、对第一个焦点问题的代理意见

合议庭归纳的第一个焦点问题是：重庆某工业公司有关其依据地方政府关于涉案项目停建的会议纪要精神解除涉案合同属于不可抗力、其不应承担违约责任的主张是不是成立？是否还需要支付剩余的款项？

对这一焦点问题，合议庭又进一步细化为如下四个小问题：第一个问题，重庆某工业公司发出解除通知的合同依据和法律依据是什么？第二个问题，重庆某工业公司于2013年8月12日发出合同解除通知，其中所称的国家产业政策调整等不可抗力原因是什么？在此之前是否有重庆某工业公司主张的政府会议纪要或者其他政府行为？第三个问题，重庆某工业公司有关不可抗力的主张能否得到支持？第四个问题，如果不属于不可抗力，是否属于情势变更？应当如何承担法律责任？

针对合议庭归纳的第一个焦点问题及细化的四个小问题，我们的代理意见如下：

（一）重庆某工业公司主张的事实不属于不可抗力，重庆某工业公司主张因不可抗力而解除合同没有事实和法律依据

1. 合同法及双方合同对不可抗力的界定

《中华人民共和国合同法》（以下简称合同法）第一百一十七条第二款对不可抗力进行了立法界定，即"本法所称不可抗力，是指不能预见、不能避免并不能克服的客观情况"。即构成不可抗力必须同时满足不能预见、不能避免、不能克服和客观情况四个条件。其中，不能预见是指当事人在签订合同时，按照通常的社会认知能力是不可能预测到会发生某种事件；不能避免是指当事人已经尽了最大的努力，但仍然无法避免某种事件的发生；不能克服是指当事人已经尽了最大的努力，但仍然不能克服事件所造成的损害后果，致使合同不能履行。不可抗力通常包括两种情况：一种是自然灾害，如水灾、地震等；另一种是社会非正常事件，如战争、罢工、国家政府行为等。

北京某化工公司与重庆某工业公司签订的"专利实施许可和专有技术转让合同"（以下称转让合同或双方合同）第18条第24款也对不可抗力作了界定，即：不可抗力是指超出本合同双方控制范围、无法预见、无法避免或无法克服、使得本合同一方部分或全部不能履行本合同的事件。这类事件包括政府行为或国家公权力的行为。

显然，转让合同对不可抗力的界定和合同法对不可抗力的规定是一致的。事实

上,退一步说,即使转让合同对不可抗力的表述和合同法的表述不完全一致,对转让合同中不可抗力的理解,也应当遵循合同法关于不可抗力的规定,任何不可抗力的构成都必须同时具备不能预见、不能避免、不能克服和客观情况这四个条件。

2. 2014年2月的政府会议纪要不属于政府的行政行为,重庆某工业公司至今没有提供任何证据证明是政府的行政行为导致了重庆某工业公司的项目停建

2013年8月12日,重庆某工业公司单方解除合同时,重庆某工业公司没有提供任何材料证明由于政府的原因导致重庆某工业公司的项目停建。2014年1月双方协商时,重庆某工业公司也没有提供任何书面的材料。其后,重庆某工业公司只提供了一份2014年2月14日的"西南某市MDI一体化项目及某化工产业链发展领导小组第八次会议纪要"(以下简称2014年2月会议纪要),除此份会议纪要外,重庆某工业公司再没有提供过任何其他证明材料。显然,单凭这一份会议纪要,不能证明是政府的行政行为导致了重庆某工业公司的项目停建;更不能证明,早在2013年8月,政府的行政行为就导致了重庆某工业公司的项目停建。

政府作为行使公权力的行政机关,只能依法行政。政府对外作出行政行为的方式只可能是通知、命令、决定等法定方式,而不能是不对外公开且对外不具有法律约束力的内部会议纪要。《国家行政机关公文处理办法》就明确规定,会议纪要是指记载、传达会议情况和议定事项的内部公文,对外不产生法律效力。

因此,2014年2月会议纪要不属于政府的行政行为,重庆某工业公司至今没有提供任何证据证明是政府的行政行为导致了重庆某工业公司的项目停建。

3. 即使2014年2月会议纪要属于西南某市政府的行政行为,会议纪要中的产品价格下滑也属于正常的商业风险,并不属于不可抗力

退一步说,即使2014年2月会议纪要属于政府的行政行为,2014年2月会议纪要中所述的产品价格下滑也属于正常的商业风险,根本不属于不可抗力。而且这种商业风险很常见、很典型。对常见的商业风险重庆某工业公司在签订合同时理应能够预见。商业风险所带来的不利后果理应由参加市场经济活动的重庆某工业公司来承担,重庆某工业公司不能以规避商业风险为由不履行合同并要求免责。

4. 即使2014年2月会议纪要属于西南某市政府的行政行为,西南某市政府的具体行政行为也不构成不可抗力

退一步讲,即使2014年2月会议纪要属于西南某市政府的行政行为,这也只是西南某市政府具体的行政行为,而具体的行政行为并不构成不可抗力。政府的行政行为包括抽象的行政行为和具体的行政行为。抽象的行政行为,如立法或政策的重大变化,可以构成不可抗力,而具体的行政行为并不构成不可抗力,因为,如果

将具体的行政行为归为不可抗力，容易导致不可抗力的滥用，从而影响经济秩序，损害市场经济中基本的契约精神。事实上，从立法上考量，如果合同的一方遭遇到具体的行政行为而不能履行合同，从而蒙受损失，该方完全可以通过行政赔偿或行政补偿等方式得到救济。立法上和司法实践中完全不应当将这种具体的行政行为归为不可抗力。

5. 即使重庆某工业公司项目的停建来源于西南某市政府的决定，西南某市政府履行国有企业国有资产出资人职能的行为，也不属于不可抗力

对企业来说，政府可能履行两方面的职能。第一，政府履行公共管理职能，这方面的行政行为有可能构成不可抗力。第二，政府或政府有关机关和部门对国有企业履行国有资产出资管理人职能。政府履行国有资产出资管理人职能的行为显然不构成不可抗力，因为，如果政府履行国有资产出资管理职能的行为能够构成不可抗力，将直接导致国有企业和非国有企业的不平等，直接背离市场经济的基本公平原则。

事实上，《中华人民共和国国有企业国有资产法》第六条规定，国务院和地方人民政府应当按照政企分开、社会公共管理职能与国有资产出资人职能分开、不干预企业依法自主经营的原则，依法履行出资人的职责。

本案中，退一步说，即使重庆某工业公司项目的停建来源于西南某市政府的决定，西南某市政府的这一决定也完全是履行国有资产出资人管理职能的行为，显然不属于不可抗力。无论是西南某市政府所属国有企业，还是其他企业，作为市场主体，在参与民事活动中，都必须遵循民事活动的基本原则，积极、合法、善意地履行合同的义务。

6. 即使存在政府行为导致重庆某工业公司项目停建等所谓不可抗力，这些所谓不可抗力也没有使本案双方的义务不能履行

本案中，北京某化工公司的主要义务是办理专利许可和技术转让。双方合同签订后，北京某化工公司的专利许可义务就已经完成。工艺包交付后，专有技术转让工作也已经完成。因此，本案不存在所谓不可抗力导致北京某化工公司不能履行合同的情形。

本案中，重庆某工业公司的主要义务是支付合同款。无论重庆某工业公司的项目是否停建，重庆某工业公司都不可能存在无法支付合同款的情形，都不存在重庆某工业公司因不可抗力无法履行合同的情形。

因此，即使存在政府行为导致重庆某工业公司项目停建等所谓不可抗力，这些所谓不可抗力也没有使本案双方的义务不能履行。

综上，本案所谓的产品价格下滑属于正常的商业风险，不属于不可抗力。2014年2月会议纪要不是政府对外的行政行为。即使西南某市政府的行政行为导致重庆某工业公司项目停建，西南某市政府的具体行政行为及履行国有资产出资人职能的行为也不构成不可抗力。本案不存在所谓不可抗力，更不存在所谓不可抗力导致重庆某工业公司不能履行支付合同款的义务。

（二）涉案项目并不存在国家产业政策调整的情形

1. 重庆某工业公司2013年8月解除合同时所述的国家产业政策调整不属实

重庆某工业公司2013年8月12日向北京某化工公司发出的解除合同通知中提到，由于国家产业政策调整，导致重庆某工业公司解除合同。但解除合同时，重庆某工业公司没有提供任何这方面的证明文件。事实上，重庆某工业公司解除合同时所述的国家产业政策调整根本不属实。

2. 2014年2月会议纪要也不能证明国家产业政策的调整

2014年2月会议纪要，虽然提到了产品价格持续下滑及项目设备没有采购从而想停建重庆某工业公司的项目，但很显然，会议纪要中所述的这种情况根本不属于国家的产业政策调整。

3. 即使重庆某工业公司所述的国家产业政策调整属实，产业政策的调整也不属于不可抗力，也不能成为重庆某工业公司单方解除合同的理由

综上，本案不存在因国家产业政策调整而解除合同的情况，重庆某工业公司更不会因国家产业政策调整而免于承担单方解除合同的违约责任。

（三）本案不存在情势变更的情形，而且，即使本案存在情势变更的情形，贵院也不应当主动适用情势变更原则

1. 情势变更的定义及司法认定原则

《最高人民法院关于适用〈中华人民共和国合同法〉若干问题的解释（二）》（以下称合同法司法解释二）第二十六条规定，所谓情势变更，是指合同成立以后客观情况发生了当事人在订立合同时无法预见的、非不可抗力造成的不属于商业风险的重大变化，继续履行合同对于一方当事人明显不公平或者不能实现合同目的，当事人请求人民法院变更或者解除合同的，人民法院应当根据公平原则，并结合案件的实际情况确定是否变更或者解除。

情势变更适用的条件包括：（1）应有情势变更的事实，也就是合同赖以存在的客观情况确实发生变化。（2）须为当事人缔约时不可预见。这里所说的"预见"，一般被理解为通常情况下当事人在正常能力范围内能够预测和顾及。（3）情势变更必须不可归责于双方当事人的原因而引起，即除不可抗力外的其他意外事故所引

起的。(4) 情势变更的事实必须发生于合同成立之后、履行完毕之前。(5) 继续履行合同显失公平。

《最高人民法院印发〈关于当前形势下审理民商事合同纠纷案件若干问题的指导意见〉的通知》（2009年7月7日，法发［2009］40号）指出，适用情势变更的重要要件之一是，在合同成立后出现了当事人无法预见的诸如全球性或区域性战争、经济危机或国家经济政策的重大调整等客观重大变化。需要注意的是，全球性金融危机和国内宏观经济形势变化并非完全是一个令所有市场主体猝不及防的突变过程，而主要是一个日益发展、逐步演变的过程。在该过程中，市场主体应当对于市场风险存在一定程度的预见和判断，在审判实务中对于当事人提出"无法预见"主张的，人民法院应慎重审查。对于合同标的物是石油、焦炭、有色金属等市场属性活泼、长期以来价格波动较大的大宗商品，通常不宜适用情势变更原则。

最高人民法院民二庭负责人就《关于当前形势下审理民商事合同纠纷案件若干问题的指导意见》答记者问时指出，人民法院在利益衡量方面应当认识到，司法解释规定情势变更原则的适用并非单项地豁免债务人的义务而使债权人单方承受不利后果，而是要求人民法院应当充分注意利益均衡，公平合理地调整双方利益格局。在调整尺度的价值取向把握上，人民法院仍应遵循侧重于保护守约方的原则。

可见，司法实践中对情势变更原则的适用限定得非常严格。

2. 本案属于正常的商业风险，而非情势变更

第一，从正常商业风险角度来分析，本案不存在情势变更。

商业风险属于从事商业活动的固有风险，尚未达到异常变动程度的供求关系的变更、价格的涨跌等属于商业风险。而情势变更是作为合同成立基础的环境发生了异常变动，是当事人在缔约时无法预见到非市场系统固有的风险。本案中，重庆某工业公司没有提供证明价格异常变化的任何证据，而且2014年2月会议纪要中表述的也只是"价格持续下滑"。因此从正常商业风险角度来分析，本案不存在价格方面的情势变更。

第二，从可预见性的角度来分析，本案也不存在情势变更。

对商业风险当事人可以预见，而对情势变更当事人未预见到，也不能预见。本案中，涉案项目中相关产品的价格涨跌属于正常的市场价格波动，作为正常的市场主体，重庆某工业公司是能够预见到产品价格会出现波动的，尤其是石油、活泼重金属、化工产品，价格存在波动是非常正常的现象。因此，从可预见性的角度来分析，本案产品价格下滑也是能够预见的商业风险，不构成情势变更。

第三，从是否构成双方重大利益失衡来分析，本案也不存在情势变更。

在买卖合同中,价格超出市场风险的暴涨或暴跌,会导致一方超出市场正常范围的获利,而使另一方蒙受超出市场正常范围的损失,从而导致合同双方的利益出现重大失衡,因此,需要本着公平原则,用情势变更来重新调整和平衡双方的利益。

本案中并不存在任何导致双方利益重大失衡的情况。产品价格是否下滑,均不会增加北京某化工公司的任何利益,更不会使北京某化工公司因此而获取暴利。产品价格是否下滑,甚至项目是否停建,也不会使重庆某工业公司额外增加合同款和履约成本。因此,产品价格是否下滑,甚至项目是否停建,均不会造成北京某化工公司和重庆某工业公司出现重大利益失衡,使一方获取暴利,而使另一方额外蒙受重大损失。所以,从是否构成双方重大利益失衡角度来分析,本案也不存在情势变更。

3. 退一步说,即使本案存在情势变更的情形,贵院也不宜依职权主动适用情势变更原则

情势变更原则的意义在于通过司法权力的介入,强行改变合同已确定的条款或撤销合同,在合同双方当事人订约意志之外,重新分配双方在交易中应当获得的利益和风险。虽然情势变更原则是对合同自由的一种修正,但这与合同法的立法精神存在冲突。合同法的立法精神是体现当事人自治的当事人主义,如果允许法官依职权对合同的内容作出变更,这显然是对合同自治的干涉。因此,对于情势变更,人民法院只能依照当事人的请求进行确认,而不能依职权直接认定。

在本案一审和二审中,重庆某工业公司提出解除合同的依据是转让合同的第9.5条和第18条,重庆某工业公司在一审和二审中从未主张本案属于情势变更,从未因情势变更而请求人民法院对合同的相关条款进行调整。因此,本案的再审中,贵院不宜依职权主动适用情势变更原则。

二、对第二个焦点问题的代理意见

合议庭归纳的第二个焦点问题是:再审申请人北京某化工公司有关重庆某工业公司单方解除涉案合同构成违约、应支付合同余款1 764万元和违约金377万元的主张能否成立?

对这一焦点问题,合议庭又进一步细化为如下四个小问题:第一个问题,本案具体涉及哪些违约行为?第二个问题,合同剩余款项如何确定?第三个问题,本案是否应当支付及如何计算违约金?第四个问题,涉案合同能否继续履行?

针对合议庭归纳的第二个焦点问题及细化的四个小问题,我们的代理意见如下。

(一)本案中重庆某工业公司的违约行为表现为重庆某工业公司单方解除合同

合同法第八条第一款规定,"依法成立的合同,对当事人具有法律约束力。当

事人应当按照约定履行自己的义务,不得擅自变更或者解除合同。"

在重庆某工业公司主张的事项不属于不可抗力的情况下,重庆某工业公司于2013年8月12日单方发出合同解除通知,单方要求解除合同,重庆某工业公司的行为即构成违约。事实上,在接到重庆某工业公司的解约通知后,2013年8月27日,北京某化工公司向重庆某工业公司发出了书面的异议通知。北京某化工公司明确指出了重庆某工业公司的违约行为,明确告知,重庆某工业公司所述事实不属于不可抗力,重庆某工业公司无权单方解除合同。

(二)重庆某工业公司应赔偿北京某化工公司可得利益损失,北京某化工公司的可得利益损失并不等同于重庆某工业公司未支付的合同款

合同法第一百一十三条中规定:"当事人一方不履行合同义务或者履行合同义务不符合约定,给对方造成损失的,损失赔偿额应当相当于因违约所造成的损失,包括合同履行后可以获得的利益。"

依据上述规定,北京某化工公司的损失包括直接损失和间接损失。直接损失包括因重庆某工业公司解除合同而增加的成本。如北京某化工公司催促重庆某工业公司过程中或北京某化工公司参与协商过程中发生的差旅费等。间接损失,即可得利益损失,即如果不解除合同,北京某化工公司可以得到的收益。当然,本案中北京某化工公司的损失主要是可得利益损失。

代理人想说明的是,本案中北京某化工公司的可得利益损失主要表现为重庆某工业公司未支付的合同余款,但北京某化工公司的可得利益损失并不等同于重庆某工业公司未支付的合同余款。因为:

第一,从资金的时间属性来分析,可得收益损失不仅包括未支付的合同余款本金,而且还包括未及时支付合同余款本金而产生的孳息,包括逾期付款违约金或利息损失。

第二,从履行合同的成本来分析,可得收益损失应扣除在合同正常履行情况下,守约方因履约而发生的成本。

因此,本案中北京某化工公司的可得利益损失应当为:未支付的合同余款,加上未及时支付合同款而产生的逾期付款违约金,减去合同继续履行过程中北京某化工公司需要发生的成本。

(三)合同余款的组成

1. 合同款总额

转让合同第9.1条对合同款的各部分组成及金额均有非常具体的约定,即合同费用为固定价格,总价6 480万元,包括四部分,其中:(1)专利实施许可及专有技术转让费5 000万元;(2)工艺包编制费600万元;(3)技术服务费800万元;

(4) 培训费 80 万元。

2. 北京某化工公司已完成工作对应的合同款

工艺包已经交付，说明北京某化工公司对第（1）项和第（2）项合同款对应的工作已经完成（详细理由将在代理词第三部分阐述）。这两项的合同款为 5 600 万元。

技术服务费 800 万元，一审和二审中双方都确认完成的技术服务部分对应的技术服务费为 44.571 4 万元（见二审庭审笔录第 4 页，二审案卷第 68 页），未完成部分对应的技术服务费为 755.428 6 万元。

培训费 80 万元对应的工作均没有开展。

综合上述数据计算，北京某化工公司已完成工作对应的合同款为 5 644.571 4 万元。未完成工作对应的合同款为 835.428 6 万元。

3. 合同余款

重庆某工业公司已支付的合同款为 3 888 万元。

总合同款为 6 480 万元，未支付的合同余款为 2 592 万元（6 480－3 888＝2 592）。

北京某化工公司已完成工作对应的合同款为 5 644.571 4 万元，已完成工作对应的合同款未支付部分为 1 756.571 4 万元（5 644.571 4－3 888＝1 756.571 4）。

其中，工艺包编制费和许可费为 5 600 万元，未支付的工艺包编制费和许可费为 1 712 万元，（5 600－3 888＝1 712）。

（四）北京某化工公司可以主张的可得利益损失的组成

1. 没有支付的专利实施许可及专有技术转让费和工艺包编制费为 1 712 万元

如前所述，本案的工艺包编制工作已经完成，工艺包已经交付，本案的专利许可和技术转让工作已完成。合同终止后，这部分未支付的款项都是北京某化工公司的可得利益损失。对这部分费用一审法院作了正确的认定和支持，二审法院错误地没有支持。

2. 已完成技术服务部分对应的技术服务费

已完成的技术服务部分对应的技术服务费为 44.571 4 万元。对这部分费用一审法院和二审法院均予以了认定和支持。

3. 未完工作的技术服务费和培训费对应的利润

技术服务费总计 800 万元，扣除已完成部分后，剩余 755.428 6 万元，对该剩余部分技术服务费的相应工作北京某化工公司没有开展。这部分费用扣除将来的服务成本后，剩余的利润部分也应当是北京某化工公司应得的利益损失。按 20% 的利润率计算，这部分的可得利益损失为 151.085 7 万元。本着合作的原则，对这些损失北京某化工公司没有主张。

培训费总计80万元，相应的培训工作都没有开展。这部分费用扣除将来的服务成本后，剩余的利润部分也应当是北京某化工公司应得的利益损失。按20%的利润率计算，这部分的可得利益损失为16万元。本着合作的原则，对这些损失北京某化工公司也没有主张。

4. 没有及时支付专利实施许可及专有技术转让费和工艺包编制费1 712万元的违约金

这部分违约金计算的基数为1 712万元。

这部分违约金计算的标准为同期银行贷款利率的1.2倍。

这部分违约金的起算日为重庆某工业公司拒绝履行合同并书面通知解除合同之日，即2013年8月12日。该部分违约金的计算截止日为重庆某工业公司实际付清该部分款项之日。暂计算到一审判决作出之日，即暂计算到2016年12月30日，计算的时段为3年零5个月。按年利率6%的1.2倍计算，到2016年12月30日可主张的违约金为421.152万元，计算公式为$1\,712 \times 6\% \times 1.2 \times (41/12) = 421.152$（万元）（在一审和二审中，双方对违约金的计算期限和计算标准都没有异议，详见二审庭审笔录第5页，二审案卷第69页）。如果暂计算到再审开庭之日，即暂计算到2018年10月30日，计算的时段为5年零2个月。按年利率6%的1.2倍计算，到2018年10月30日，可主张的违约金为636.864万元，计算公式为$1\,712 \times 6\% \times 1.2 \times (62/12) = 636.864$（万元）。

对这部分违约金北京某化工公司只主张了370万元（按年利率6%的1.2倍主张了3年）。对此，一审法院作了正确的认定和支持，二审法院错误地没有支持。

5. 已完成技术服务部分对应的技术服务费44.571 4万元的违约金

这部分违约金计算的基数为44.571 4万元。

这部分违约金计算的标准为同期银行贷款利率的1.2倍。

这部分费用对应工作完成的时间在2013年5月以前（详见一审判决书第17页第9行），起算日为2013年5月。该部分违约金计算的截止日为重庆某工业公司实际付清该部分款项之日。暂计算到一审判决作出之日，即暂计算到2016年12月30日，计算的时段为3年零7个月。按年利率6%的1.2倍计算，到2016年12月30日，可主张的违约金为11.499万元，计算公式为$44.571\,4 \times 6\% \times 1.2 \times (43/12) = 11.499$（万元）（在一审和二审中，双方对违约金的计算期限和计算标准都没有异议，详见二审庭审笔录第5页，二审案卷第69页）。

对这部分费用北京某化工公司只主张了7万元（同样只主张了3年），一审法院和二审法院都予以了支持。

6. 可得利益损失合计

前述 5 项中，暂计算到一审判决作出之日，北京某化工公司就可得利益损失总计可以主张 2 356.308 1 万元。计算公式为：

1 712＋44.571 4＋151.085 7＋16＋421.152＋11.499＝2 356.308 1（万元）。

而一审中，北京某化工公司主张的损失仅为 2 133.571 4 万元，计算公式为：

1 712＋44.571 4＋370＋7＝2 133.571 4（万元）。

（五）合同可以不再继续履行，但重庆某工业公司应赔偿北京某化工公司的可得利益损失

合同解除后，合同不再履行。

北京某化工公司已交付了工艺包，已完成了技术转让和许可，开展了少量的技术服务，培训工作没有进行。合同解除后，余下的技术服务工作和培训工作不再开展。

重庆某工业公司已支付合同款 3 888 万元，合同余款 2 592 万元未付。但合同解除后重庆某工业公司应赔偿北京某化工公司可得利益损失。到一审判决之日，北京某化工公司的可得利益损失至少为 2 356.308 1 万元，北京某化工公司主张其中的 2 133.571 4 万元，应当全部得到支持。

三、对第三个焦点问题的代理意见

合议庭归纳的第三个焦点问题是：重庆某工业公司上诉的时候主张北京某化工公司转让合同及专有技术转让工作并未完成的主张是否成立？对这一焦点问题，我们的代理意见如下：

（一）北京某化工公司工艺包的编制工作已经完成，工艺包已经交付

根据北京某化工公司提供的"西南某市 MDI 一体化项目文件传送单"（详见北京某化工公司一审证据二十一，一审证据第 196 页），北京某化工公司已经向重庆某工业公司提交了最终版本的工艺包，重庆某工业公司授权代表陈某某和苏某某已经书面签收确认。因此，北京某化工公司工艺包的编制工作已完成，工艺包已经交付。

（二）北京某化工公司专利实施许可及专有技术转让工作也已经完成

1. 工艺包是专利实施许可及专有技术转让的物质载体，是化工技术的核心，工艺包已经包括全部的技术内容、技术诀窍、技术秘密及知识产权，工艺包的交付标志着专利实施许可和技术转让工作已经完成

在化工行业，工艺包的开发及设计工作主要由研发、化工工艺、工艺系统、分析化验、自控、材料、安全卫生、环保等专业共同完成。工艺包的成品包括工艺流程说明、工艺流程图（PFD）、带控制点的流程图（PID）、工艺设备一览表和主要

非标设备说明、安全泄放装置的设置及参数说明、建议布置图、装置操作说明等。因此，工艺包的完成和交付标志着专利的许可和专有技术的转让已经完成。

事实上，双方签订的转让合同第 1.1 条就明确约定，专利实施许可和技术转让的内容为：卖方（北京某化工公司）以普通实施许可的方式向买方（重庆某工业公司）提供 65 万吨/年醋酸装置成套技术工艺包，该工艺包深度满足《石油化工装置工艺设计包（成套技术工艺包）内容规定》（SHSG-052-2003）的规定。从以上约定可以看出，工艺包是专利实施许可及专有技术转让的物质载体，工艺包的交付标志着专利实施许可和专有技术转让工作已经完成。

2. 重庆某工业公司及其委托的设计单位进行后续设计，也说明北京某化工公司的技术转让工作已经完成

事实上，工艺包的交付是重庆某工业公司及其委托的设计单位进行后续设计的基础和前提。重庆某工业公司及其设计单位进行后续设计表明重庆某工业公司已经在使用涉案的专有技术，北京某化工公司的技术转让工作已经完成。

3. 虽然操作手册、分析手册和培训手册的编制工作并没有完成，但它们并不影响双方已经完成专利实施许可和专有技术转让的客观事实

虽然转让合同第四条中也提到了北京某化工公司还应当提供操作手册、分析手册和培训手册，但是操作手册、分析手册和培训手册并不是许可技术本身，它们只是北京某化工公司协助重庆某工业公司使用许可技术所提供的资料，编制这些手册属于技术服务的范畴。

关于这一点，在许可合同附件 1 即"重庆某工业公司 65 万吨/年醋酸工艺包技术附件"第 36 页（详见北京某化工公司一审证据一）有非常清楚的表述。该附件第 9 条为技术服务，该条约定总计计费时间为 1 400 人工日；其中第 1 项为规程编制，计取的人工日为 360；内容"包括工艺规程、操作规程、分析规程、安全规程和维修手册的编制"。可见协助重庆某工业公司使用许可技术的操作手册、分析手册属于技术服务的范围，已经另行单独计收费用，不属于许可技术本身。

因此，虽然操作手册、分析手册和培训手册的编制工作并没有完成，但它们并不影响双方已经完成专利实施许可和专有技术转让的客观事实。

4. 在本案诉讼前，双方对专利实施许可和专有技术转让已经完成的客观事实没有异议

事实上，在本案诉讼前，双方对专利实施许可和专有技术转让已经完成的客观事实没有异议。在北京某化工公司一审提供的证据二十二（详见一审中北京某化工公司证据第 199 页和第 200 页），即"重庆某工业公司 65 万吨/年醋酸项目专利实施

许可和专有技术转让合同处理交流会议纪要"中，北京某化工公司明确表示，"重庆某工业公司或重庆某集团公司的全资企业可以在遵守保密协议及其他相关条款的前提下继续使用本工艺包"。重庆某工业公司明确表示，"重庆某工业公司或重庆某集团公司的其他下属企业可在保密的前提下使用工艺包，时间不受限制"。

综上，从以上四个方面都可以看出，本案的专利实施许可及专有技术转让工作已经完成。

（三）本案中专利实施许可及专有技术转让工作是否已经完成，不影响重庆某工业公司对北京某化工公司可得利益损失的赔偿

代理人想补充说明的是，本案中专利实施许可及专有技术转让工作是否已经完成，不影响重庆某工业公司对北京某化工公司可得利益损失的赔偿，因为无论专利实施许可及专有技术转让工作是否已经完成，只要重庆某工业公司违约解除了合同，重庆某工业公司就应赔偿北京某化工公司可得利益损失。只是如果专利实施许可及专有技术转让工作没有完成，在计算可得利益损失时，应扣除办理专利实施许可及专有技术转让工作而发生的成本。

四、本案的裁决应当尊重知识产权的基本特点

庭审中，我们已经结合本案如下两个特点发表了我们的代理意见。即：

本案特点之一为，本案的合同中，双方对技术转让工作和技术服务工作进行了区分。

部分技术转让合同中，合同双方并没有对技术转让工作和技术服务工作进行区分，技术转让工作往往包含了附带的技术服务，技术服务工作没有单独计取费用。但是本案中，双方对技术转让工作、技术服务工作和培训工作进行了明确的区分和界定，而且双方还明确，技术服务工作的报酬800万元折合的工时为1 400个工作日。因此，本案中很容易区分哪部分合同款对应的工作已经完成，哪部分合同款对应的工作并没有完成。计算可得利益损失时，哪部分合同款不需要再扣除履约成本，可以直接作为可得利益损失；哪部分合同款需要扣除履约成本，才能计入可得利益损失。

本案的特点之二为，本案是合同纠纷。尊重契约原则是处理合同纠纷的基础。无论是国有企业，还是民营企业，无论是国有企业国有出资人作出的决定，还是民营企业董事会作出的决定，都必须遵守基本的民事规则和契约原则。任何一方违约解除合同时，均需要承担民事责任。

在此，代理人想补充说明的是，本案的裁决同样应当尊重知识产权的基本特点。

虽然本案是合同纠纷，但本案终究是知识产权纠纷，是知识产权的合同纠纷。

因此，本案在适用合同法的相关条款时，要尊重知识产权的基本特点，要尊重知识产权的价值和理念。事实上，对知识产权特点的尊重，就是对知识产权价值和理念的尊重。

知识产权的特点之一是知识产权的无形性。尊重知识产权的无形性，就要求，虽然知识产权是无形的，但仍应当像有形的商品、有形的物质财富一样得到我们的尊重和保护。

如果本案转让的不是无形的技术，而是有形的设备，如果本案双方签订的合同不是技术转让合同，而是设备买卖合同，在设备买卖合同中，一方接收设备后，是否可以因为生产计划调整，设备不再使用，而拒绝支付设备款呢？在签订设备买卖合同后，一方是否可以因为生产计划调整，不愿再接收设备而拒绝赔偿呢？如果在有形的设备买卖合同中，购买方无权以设备没有使用为由而拒绝承担责任，在无形的技术转让合同中，难道受让方就可以以技术没有使用为由而拒绝承担责任吗？显然二审判决并没有尊重知识产权无形性的特点，并没有尊重知识产权的基本价值和理念。

知识产权的特点之二是知识产权的新颖性和创造性，知识产权是一种智力成果。对知识产权的保护就是对创新的保护。因为其是一种智力成果，所以知识产权并不是时间和金钱的简单堆砌，它的价值和它的成本并不一一对应。有时我们花费巨大的成本，但仍没有取得任何实质性的成果；但有时我们一个很小的突破，就会给我们带来巨大的价值。因此，对知识产权的保护，并不是仅仅对知识产权开发成本的保护。二审判决以北京某化工公司已将同一技术许可第三人，已从第三人收回相应的成本为由，而认定本案中北京某化工公司没有损失。二审法院的这样认定，明显没有尊重知识产权作为智力成果这一基本特点，明显没有尊重知识产权的基本价值和理念。

作为本案的代理人，我们当然期望本案能迅速改判，北京某化工公司的合法权益能得到有效维护。但我们同时也期望，人民法院每一份判决都能体现对国有企业和民营企业的同等保护，都能体现对契约原则的尊重、呵护和弘扬，都能体现对知识产权价值和理念的尊重、呵护和弘扬！

特发表如上代理意见，敬请依法撤销北京市高级人民法院二审判决，维持北京知识产权法院一审判决，支持北京某化工公司的全部诉讼请求。

谢谢！

北京某化工公司代理人
北京市盈科律师事务所张群力律师
2018年11月4日

(四) 再审代理词 (二)

北京某化工公司与重庆某工业公司专利实施许可和技术转让合同纠纷再审案再审申请人代理词（二）

尊敬的审判长、审判员：

在贵院审理的再审申请人北京某化工公司与重庆某工业公司专利实施许可和专有技术转让合同纠纷再审一案中，我们受北京市盈科律师事务所的指派，接受申请人北京某化工公司的委托，担任其本案的诉讼代理人。2018年10月30日，我们参加了贵院组织的庭审。2018年11月6日，我们针对合议庭归纳的三个焦点问题，向贵院提交了代理词。现就本案的相关问题，再补充发表如下代理意见，敬请采信。

一、在MDI一体化项目第二十四次会议纪要中，MDI一体化项目组和重庆某工业公司都承认了重庆某工业公司单方解除合同构成违约

"西南某市MDI一体化项目及某化工产业链发展总指挥部第二十四次会议纪要"（以下称MDI一体化项目第二十四次会议纪要）是重庆某工业公司在本案一审中提交的证据。在本案二审中，重庆某工业公司再次确认提交了这一份证据。二审开庭笔录第8页和第9页记载：审判人员问，"重庆某工业公司一审判决书第9页提到了西南某市政府第二十四次会议纪要，这是你们一审提交的证据吗？"；上诉人重庆某工业公司回答："对。"

而重庆某工业公司一审提交的该份会议纪要载明，"会议认为，目前MDI一体化项目正处于技术方案调整、人事调整的敏感时期……在人事调整过渡时期，周某同志负责开展合同清理工作，力争把违约损失降到最低"（详见一审判决书第9页）。

可见，在该份会议纪要中，MDI一体化项目组和重庆某工业公司都已经承认，重庆某工业公司等单位因项目调整单方解除合同的行为已经构成违约。会议确认，重庆某工业公司等单位清理上述合同违约问题的基本原则是将违约损失降到最低。

二、北京某化工公司向重庆某工业公司交付工艺包后，北京某化工公司的商业秘密已经受到实质性影响

如我们在代理词中所述，工艺包是专有技术的载体。工艺包交付后，北京某化工公司就完成了专有技术的转让。

专有技术属于北京某化工公司的商业秘密，具有严格的保密性。工艺包交付后，重庆某工业公司的相关人员，包括重庆某工业公司外委的后续设计人员及其他人员，就已经接触和了解到北京某化工公司的该商业秘密。这不仅使知悉北京某化

工公司该商业秘密的人员范围扩大，而且还大大增加该商业秘密的保密难度。

因此，北京某化工公司向重庆某工业公司交付工艺包后，北京某化工公司的商业秘密已经受到实质性影响。

三、在北京某化工公司和重庆某工业公司2014年1月的会议纪要中，双方都确认重庆某工业公司或重庆某工业公司母公司的下属企业可以继续使用北京某化工公司交付的工艺包

2014年1月21日，北京某化工公司和重庆某工业公司召开了交流会，并形成了"重庆某工业公司65万吨/年醋酸项目专利实施许可和专有技术转让合同处置交流会议纪要"。在该份会议纪要中，北京某化工公司表示："重庆某工业公司或重庆某集团公司的全资企业可在遵守保密协议及其他相关条款的前提下继续使用本工艺包。"重庆某工业公司表示："重庆某工业公司或重庆某集团公司的其他下属企业可在保密的前提下使用工艺包，时间不受限制。"（详见北京某化工公司一审证据二十二，一审证据页码第199页至第200页。）可见，双方都已确认重庆某工业公司或重庆某工业公司的母公司重庆某集团公司的下属企业可以继续使用北京某化工公司交付的工艺包，重庆某工业公司在本案中最终没有损失。同时，该会议纪要也表明，双方在2014年1月21日的协商已经满足了MDI一体化项目第二十四次会议纪要中的要求，双方已经将重庆某工业公司的单方违约损失降到了最低。

特补充发表如上代理意见，供合议庭参考。谢谢！

北京某化工公司代理人
北京市盈科律师事务所张群力律师
2018年11月8日

四、胜诉裁判摘要

（一）最高人民法院提审裁定摘要

中华人民共和国最高人民法院
民事裁定书

（2018）最高法民申886号

（当事人情况略）

再审申请人北京某化工公司因与被申请人重庆某工业公司专利实施许可和专有技术转让合同纠纷一案，不服北京市高级人民法院作出的（2017）京民终342号民事判决，向本院申请再审。本院依法组成合议庭对本案进行了审查，现已审查

终结。

本院认为，北京某化工公司的再审申请符合《中华人民共和国民事诉讼法》第二百条第二项、第六项规定的情形。

依照《中华人民共和国民事诉讼法》第二百零四条、第二百零六条，《最高人民法院关于适用〈中华人民共和国民事诉讼法〉的解释》第三百九十五条第一款规定，裁定如下：

一、本案由本院提审；

二、再审期间，中止原判决的执行。

（二）最高人民法院再审判决摘要

中华人民共和国最高人民法院
民事判决书

（2018）最高法民再271号

（"本院认为"以前部分略）

本院认为，本案的争议焦点问题为：一、重庆某工业公司向北京某化工公司发出"合同解除通知"是否导致涉案合同被解除。二、本案应如何确定重庆某工业公司应支付的合同价款及应承担的违约责任。

一、重庆某工业公司向北京某化工公司发出"合同解除通知"是否导致涉案合同被解除

合同法第九十三条第二款规定："当事人可以约定一方解除合同的条件。解除合同的条件成就时，解除权人可以解除合同。"合同法第九十四条规定："有下列情形之一的，当事人可以解除合同：（一）因不可抗力致使不能实现合同目的……"合同法第一百一十七条第二款规定："本法所称不可抗力，是指不能预见、不能避免并不能克服的客观情况。"

重庆某工业公司认为，其无法继续履行涉案合同是由于西南某市政府对涉案合同项目作出停建决定，属于涉案合同中约定的"政府行为或国家公权力"情形，故系由于不可抗力不能继续履行涉案合同，有权单方解除涉案合同。

本院认为，首先，关于本案争议所涉及的"政府行为或国家公权力"。涉案合同第18条第（24）项约定："'不可抗力'指超出本合同双方控制范围、无法预见、无法避免或无法克服、使得本合同一方部分或者全部不能履行本合同的事件。这类事件包括但不限于……政府行为或国家公权力的行为……"第16条约定："发生不可抗力，致使本合同的履行成为不必要或不可能，可以解除本合同。"第20.3.3条

约定:"如不可抗力事故延续到一百二十(120)天以上时,双方应通过友好协商尽快解决合同执行的问题,若双方无法达成一致,则本合同终止。"第9.5条约定:"由于买方原因(包括不可抗力)造成的合同提前终止,买方已支付给卖方的款项,卖方不予退还。"

其次,对重庆某工业公司主张的"政府行为或国家公权力"的理解,应符合该条款的真实意思表示。合同法第一百二十五条第一款规定:"当事人对合同条款的理解有争议的,应当按照合同所使用的词句、合同的有关条款、合同的目的、交易习惯以及诚实信用原则,确定该条款的真实意思。"对于涉案合同中的"政府行为或国家公权力的行为"的理解,应当与涉案合同第18条第(24)项约定的内容相适应,即应限于超出本合同双方控制范围或无法预见或无法避免或无法克服的情形,而不是所有的政府行为或国家公权力的行为均可构成涉案合同约定的合同解除条件,否则,将导致涉案合同的履行始终处于不确定状态。而且,"第八次会议纪要"显示,"由于产品价格持续下滑,且设备未进行采购,醋酸及醋酸乙烯/聚乙烯醇装置停建"。此处提到的"产品价格持续下滑,且设备未进行采购"等原因均属于正常的商业风险,并非当事人无法预见、无法避免或无法克服的情形。因此,一、二审判决均认定重庆某工业公司不能继续履行涉案合同的原因不属于"不可抗力",并无不当。

最后,根据一、二审法院以及本院查明的事实,在重庆某工业公司发出解除涉案合同的通知之前,重庆某工业公司据以主张不可抗力的"重庆某集团公司关于MDI一体化配套优化调整项目合同处置有关事项的通知""第二十四次会议纪要"以及"第八次会议纪要"均尚未作出。重庆某工业公司有关其由于"不可抗力"无法继续履行涉案合同的主张,缺乏证据证明。

综上,重庆某工业公司关于其通知解除涉案合同的原因为"不可抗力"的主张不能成立,本院不予支持。重庆某工业公司单方停止继续履行合同并发出"合同解除通知",已构成违约,该通知不能产生解除涉案合同的后果。重庆某工业公司的行为已构成违约,应当依照法律规定和涉案合同约定承担违约责任。

二、本案应如何确定重庆某工业公司应支付的合同价款及应承担的违约责任

(一)关于重庆某工业公司应支付的合同价款

合同法第四十五条第二款规定:"当事人为自己的利益不正当地阻止条件成就的,视为条件已成就;不正当地促成条件成就的,视为条件不成就。"

本案中,涉案合同第9.2条中约定:(4)对工程设计方基础工程设计审查完成后20个工作日内,买方向卖方支付进度款为合同总额的5%,计人民币3 240 000

元（大写：人民币叁佰贰拾肆万元整）；（5）合同装置机械竣工后的20个工作日内，买方向卖方支付进度款为合同总额的5%，计人民币3 240 000元（大写：人民币叁佰贰拾肆万元整）。上述第（4）（5）项约定的合同义务，均属于在北京某化工公司交付工艺包最终版后，应当由重庆某工业公司继续履行的合同义务。本案也没有证据证明系因北京某化工公司的原因，重庆某工业公司无法履行所述合同义务。在北京某化工公司依照涉案合同约定交付工艺包最终版后，重庆某工业公司单方面拒绝继续履行合同，导致涉案合同第9.2条第（4）（5）项约定的付款条件无法成就。因此，重庆某工业公司的前述行为应视为条件已成就，重庆某工业公司应支付涉案合同第9.2条第（4）（5）项约定的款项。

涉案合同第9.2条第（6）（7）项分别约定了在满足产品质量合格、性能考核完成等条件下，重庆某工业公司应当依照涉案合同约定履行相应的付款义务。但在本案中，由于涉案合同未能继续履行，无法确认北京某化工公司交付工艺包后，涉案合同第9.2条第（6）（7）项约定的付款条件能够成就，因此，对于北京某化工公司关于应支付该两项部分合同价款的主张，本院不予支持。综上，重庆某工业公司应向北京某化工公司支付涉案合同第9.2条第（4）（5）项约定的合同价款，共计648万元。

（二）关于重庆某工业公司应当承担的违约责任

合同法第一百一十四条第二款规定："约定的违约金低于造成的损失的，当事人可以请求人民法院或者仲裁机构予以增加；约定的违约金过分高于造成的损失的，当事人可以请求人民法院或者仲裁机构予以适当减少"。《最高人民法院关于适用〈中华人民共和国合同法〉若干问题的解释（二）》第二十九条规定："当事人主张约定的违约金过高请求予以适当减少的，人民法院应当以实际损失为基础，兼顾合同的履行情况、当事人的过错程度以及预期利益等综合因素，根据公平原则和诚实信用原则予以衡量，并作出裁决。当事人约定的违约金超过造成损失的百分之三十的，一般可以认定为合同法第一百一十四条第二款规定的'过分高于造成的损失'。"

首先，根据涉案合同的约定，买方应按当期中国人民银行同期人民币贷款利率计算的1.2倍计算损失。该约定并不属于导致违约金过分高于造成的损失的情形，可以作为确定重庆某工业公司应当承担的违约责任的依据。

其次，关于重庆某工业公司应承担的违约金的计算期限。重庆某工业公司于2013年8月通知北京某化工公司解除涉案合同，导致北京某化工公司无法获得涉案合同第9.2条第（4）（5）约定的款项648万元，故可以2013年8月作为合同余款对应的违约金的计算起点。北京某化工公司要求重庆某工业公司支付三年整的违约金，并无不当。

最后，关于中国人民银行同期人民币贷款利率，北京某化工公司主张按6‰计算，一、二审法院均据此计算违约金，重庆某工业公司也并无异议，故本院予以确认。

综上，重庆某工业公司应支付的逾期付款违约金为：648万×6‰×1.2×3＝139.968万元。

同时，对于重庆某工业公司应向北京某化工公司支付的技术服务费445 714元以及因该笔款项产生的违约金7万元，一、二审法院均予以认定，双方当事人对此并无异议，故本院予以确认。

综上，重庆某工业公司共应支付合同款项6 925 714元及因其逾期支付合同款项而产生的违约金1 469 680元。

综上所述，北京某化工公司的部分再审申请理由成立。依照《中华人民共和国合同法》第四十五条第二款、第九十三条第二款、第九十四条、第一百一十四条第二款、第一百一十七条第二款、第一百二十五条第一款，《最高人民法院关于适用〈中华人民共和国合同法〉若干问题的解释（二）》第二十九条，《中华人民共和国民事诉讼法》第二百零七条第一款、第一百七十条第一款第（二）项规定，判决如下：

一、维持北京市高级人民法院（2017）京民终342号民事判决第一、二项；

二、撤销北京市高级人民法院（2017）京民终342号民事判决第三项；

三、重庆某工业公司于本判决生效之日起十五日内向北京某化工公司支付合同款项6 925 714元；

四、重庆某工业公司于本判决生效之日起十五日内向北京某化工公司支付因其逾期支付合同款项而产生的违约金1 469 680元。

如果未按本判决指定的期间履行给付金钱义务，应当依照《中华人民共和国民事诉讼法》第二百五十三条之规定，加倍支付迟延履行期间的债务利息。

一审案件受理费148 820元，由北京某化工公司负担9万元，重庆某工业公司负担58 820元；二审案件受理费145 900元，由北京某化工公司负担9万元，由重庆某工业公司负担55 900元。

本判决为终审判决。

五、律师团队12点评析

（一）凸显二审法律适用错误，再审申请书发挥了非常重要的作用

如前所述，本案是法律适用错误的典型案件。在阅看原审案件材料后，在了解

案件事实并作相应的法律检索后，作者团队对本案进行了讨论，确定了申请再审思路，然后认真撰写了本案的再审申请书。

本案再审申请书结合案件的特点，结合合同法的基本原则，结合知识产权的特点，从三个方面系统阐述了二审适用法律错误。再审申请书不仅得到了委托人和律师同行的肯定，更为重要的是，引起了最高人民法院对本案的重视，有力地促使了最高人民法院对本案裁定再审。

（二）对合同解除情形的法理分析凸显了二审判决对涉案合同第9.5条的理解错误

为凸显二审判决对涉案合同第9.5条的理解错误，再审申请书对合同解除情形进行了铺垫性分析和论述，即除协商解除、约定解除、法定解除外，任何一方都无权单方违约解除合同。这一铺垫性分析和论述，结合了合同法的基本原理，凸显了二审判决对涉案合同第9.5条的理解错误，凸显了二审判决适用法律错误。

（三）对合同条款的系统分析同样凸显了二审判决对涉案合同第9.5条的理解错误

除结合合同法基本原理对涉案合同第9.5条的真实含意进行分析和论述外，再审申请书还从合同条款解释的角度进行了系统的论述，包括从文字表述角度的论述，从合同整体条款结构角度的论述，从其他条款关联关系的论述，从合同费用分期支付的时间节点和条件的对比的论述。上述不同角度的论述有比较强的说服力，即它们证明涉案合同第9.5条并没有赋予对方当事人单方解除合同的权利。

（四）律师团队进行了充分的庭前准备

经努力，本案顺利被最高人民法院裁定提审。在最高人民法院再审过程中，作者团队做了充分的庭前准备。最高人民法院对再审案件和二审案件的审理，一般围绕争议焦点逐一进行审理，一般会将庭审调查和庭审辩论合并进行。针对上述庭审模式，律师团队准备了详细的庭审提纲，对每一个争议点，从证据、法律和辩论理由等方面进行了全面准备。充分的准备非常方便律师团队当庭回复法庭的询问，非常方便律师团队针对庭审的实际情况采取应对措施。有了充分的庭前准备，律师团队在本案中取得了良好的庭审效果。

（五）庭后及时提交了代理词

庭审结束后，律师团队及时提交了代理词。代理词结合庭审情况，尤其是结合庭审中承办法官总结的争议焦点逐一阐述了代理意见。整体来说，代理词结构严谨，说理充分，有较强的理论深度。代理词为本案的最终胜诉同样发挥了非常重要的作用。

（六）对方当事人不能在本案中以不可抗力的理由免责

除再审申请书提到的再审理由外，律师团队在庭前重点关注了不可抗力在本案法律适用中可能的影响。如律师团队在庭审辩论和庭后代理词中所述，市场价格的变化是正常的商业风险，不属于不可抗力。另外，政府的行政行为分为两种：一种是一般的行政行为，如政策的变化，这类行政行为可能构成不可抗力；另一种是具体的行政行为，具体的行政行为一般不构成不可抗力。如果是政府有关部门履行国有资产出资人职权的行为，则这类行为属于国有企业内部的决策行为，更不构成不可抗力。无论在庭审中还是在代理词中，律师团队结合案情对不可抗力的相关问题作了较为全面的论述，成功地消除了承办法官在这方面的担心。

（七）人民法院在本案中也不应该主动适用情势变更

另外，庭前律师团队也对本案可能涉及的情势变更法律问题进行了研究，庭审中承办法官提到这一问题时，律师团队及时进行了阐述。庭后在代理词中律师团队也对这一问题再次进行了论述。

如前所述，本案中的风险是正常的商业风险，是可预见的风险，没有导致双方利益的重大失衡，更没有因此而使我方委托人获得额外的利益，因此本案的情形不属于情势变更。退一步说，即使本案属于情势变更，在当事人没有依据情势变更提出请求的情况下，人民法院也不能主动适用情势变更原则。律师团队的上述论述同样较好地消除了承办法官在这方面的担心。

（八）对比法在本案代理中发挥了良好的作用

本案庭审中和庭后代理词中，律师团队几次运用了对比法。通过对比，有力地加强了代理意见的说服力，有力地推动了本案代理工作的开展。

比如，律师团队在说明政府在国有企业履行国有资产出资人职权的行为不构成不可抗力的观点时，将国有企业的决策和民营企业的决策进行了对比。如果民营企业控股股东的决策不构成不可抗力，不能使企业免责，国有企业的控股股东作出的决策同样不能构成不可抗力，同样不能使企业免责，否则，国有企业和民营企业的市场地位就不平等。这一对比有力地说明，本案不存在所谓不可抗力。

再如，律师团队在说明对无形的知识产权需要给予同等保护时，将有形的设备买卖合同和无形的知识产权转让合同进行了对比。如果设备买卖合同中买方不能以没有使用设备为由而拒付设备款，在知识产权转让合同中，知识产权的受让方同样也不能以没有使用知识产权而拒付合同款。这一对比有力地反驳了对方当事人提出的没有使用涉案知识产权可以不支付合同款的主张，在本案的辩论中同样发挥了良好的作用。

(九) 结合本案特点的论述加强了本案代理意见的说服力

在庭审中和代理词中，律师团队结合了本案的特点进行了论述，该部分论述也有较强的说服力。第一，和其他技术转让合同不同，本案合同中双方对技术转让工作和技术服务工作进行了区分。本案中非常容易划分哪些合同款对应的工作已经完成，哪些合同款对应的工作没有完成。哪些未支付的合同款可以直接作为可得利益损失，哪些未支付的合同款在扣除相应的履约成本后才能作为可得利益损失。第二，本案是合同纠纷，尊重契约是处理合同纠纷的基本原则。结合本案特点的论述加强了我方代理意见的说服力。

(十) 结合知识产权特点的论述提升了代理意见的高度

代理词中，律师团队结合知识产权的特点作了进一步的论述。知识产权的特点之一是无形性。尊重知识产权的无形性就要求，虽然知识产权是无形的，但这一无形的财产也应当像有形的财产一样得到尊重和保护。知识产权的特点之二是新颖性和创造性。知识产权是一种智力成果，它不是时间和成本的简单堆积，因此对它的保护，不应仅停留在对开发成本的保护。不能因为委托人收回了开发成本，对方当事人就可以不在本案中承担赔偿责任。代理词最后提道："作为本案的代理人，我们当然期望本案能迅速改判，北京某化工公司的合法权益能得到有效维护。但我们同时也期望，人民法院的每一份判决都能体现对国有企业和民营企业的同等保护，都能体现对契约原则的尊重、呵护和弘扬，都能体现对知识产权价值和理念的尊重、呵护和弘扬！"代理词结合知识产权特点的论述，将本案的法律适用上升到了一个高度，为本案再审改判和最终胜诉起到了良好的推动作用。

(十一) 最高人民法院再审判决评析

最高人民法院经再审后，对二审判决进行了改判。判决对方当事人支付第四期和第五期合同款 648 万元，承担该部分款项相应的违约金约 140 万元，合计支付 788 万元。最高人民法院虽然没有支持委托人的全部诉讼请求，只支持了部分合同款本金和部分违约金，但这应该是最高人民法院对双方利益的适当平衡。本案能被最高人民法院提审并最终改判，非常难得。委托人对再审判决和律师团队的代理工作都表示满意。

(十二)对代理工作的综合评价

本案通过向最高人民法院申请再审和最高人民法院提审最终成功实现逆转，综合分析，以下两方面的代理工作起到了突破作用：(1) 文书突破。再审申请书、再审代理词，这些法律文书结合合同法理论、结合知识产权的特点、结合本案证据，进行了系统论述，凸显了原审判决的错误，为本案的再审和改判发挥了重要作用。(2) 庭审突破。本案再审开庭前，律师团队针对案件的争议焦点，针对可能涉及的法律问题，如不可抗力、情势变更，进行了充分准备。庭审代理工作得到了当事人的充分肯定，也有力地推动了本案的再审和改判。

案例 20：结合证明理论，结合行业特点，完善诉讼思路，论述已经达到著作权权属高度盖然性证明标准，凸显原审错误

——最高人民法院北京某图像公司与重庆某外运公司侵犯著作财产权纠纷再审案的思路突破和文书突破

- 申请再审思路
- 申请再审代理词
- 律师团队 7 点评析

一、代理工作概述

这是一起数码图像著作权侵权纠纷案件，涉及数码图像著作权权属证明标准的认定。

委托人北京某图像公司是国内领先的文化创意公司，主要从事数码图像的版权业务，授权客户商业性使用本单位及其境内外合作伙伴的图像著作权作品。重庆某外运公司未经授权在其宣传册上使用委托人经营的一张图片，委托人对该图片在中国境内的权利源于其境外合作伙伴的授权。

委托人在重庆市第一中级人民法院提起诉讼后，重庆市第一中级人民法院以委托人不能证明侵权行为发生时委托人拥有该图片著作权为由驳回了委托人的诉讼请求。委托人上诉后，重庆市高级人民法院驳回了委托人的上诉，维持了一审判决。

本案的败诉给委托人造成了非常严重的负面影响，引起了企业界对委托人数码图像著作权的质疑，影响了委托人在全国范围内的维权工作。为此，委托人在北京申请中国著作权协会就数码图像维权的相关问题组织召开了研讨会。会后，委托人委托律师团队的张群力律师代理其向最高人民法院申请再审。

经努力，最高人民法院提审了本案，并最终撤销了原二审判决和一审判决，判决侵权单位赔偿单张数码图片著作权损失 3 000 元及合理的维权费用。最高人民法院对本案的再审，以判决形式确定了数码图像著作权权属的合理证明标准，在全国

范围内有力地推动了图像著作权的保护。本案被评为当年 50 起有影响的知识产权案件之一。本案体现了思路突破和文书突破在再审案件代理中的作用。[①]

二、基本案情和原审情况

(一) 基本案情

美国某图像公司是在美国纽约证券交易所上市的创意图像公司,早在 2005 年之前,美国某图像公司就拥有了涉案图像的版权,并将其上传到了该公司网站。委托人北京某图像公司成立于 2005 年,是美国某图像公司在中国的合资企业,授权客户商业性使用本单位及其境内外合作伙伴的图像作品。2009 年北京某图像公司发现重庆某外运公司侵权使用了涉案图像,要求重庆某外运公司停止侵权并销毁相关制品。双方就著作权侵权赔偿问题进行了协商,但没有达成一致,就引起了本案的诉讼。

(二) 一审情况

2009 年,北京某图像公司向人民法院提起诉讼,请求重庆某外运公司立即停止侵权行为并销毁相关制品;在重庆电视台卫视频道公开赔礼道歉;赔偿经济损失 1 万元;赔偿维权成本损失 1 100 元。

重庆某外运公司答辩认为:北京某图像公司证明其权属的依据为公证书,但其不能证明在公证日以前美国某图像公司已对涉案图片享有著作权,因而原告对涉案图片也不享有提起本案诉讼的权利;公司宣传册系第三人广告公司制作并约定由广告公司承担责任,重庆某外运公司属使用者,未实施侵权行为且能够提供合法来源,不应承担侵权赔偿责任;北京某图像公司主张的赔偿数额明显过高,无事实及法律依据。

一审法院经审理后认为,涉案图像系其网站图片库上传的照片。网站上的图片库不同于其他公开出版物,不具有内容明确、固定的特点。美国某图像公司网站上有海量图片信息,并根据该公司随时新取得图片的情况而处于适时更新的变动状态,且每张图片均未显示上传时间,因此在重庆某外运公司提出权属抗辩的情况下,无法查明美国某图像公司是否在重庆某外运公司使用图片前拥有图片的著作权,遂驳回了北京某图像公司的诉讼请求。

一审判决对争议焦点的评述和判决主文部分的表述为:

[①] 本案再审的承办律师为律师团队的张群力律师。马偍偲律师和委托人单位版权部负责人张宏麟先生参与了本案的部分代理工作,在此向他们一并表示感谢。

本案须首先解决的争议焦点是美国某图像公司是否享有本案所涉图片的著作权从而原告依其合法授权是否享有本案相关权属。

根据我国著作权法相关规定，当事人提供的涉及著作权的底稿、原件、合法出版物、著作权登记证书、认证机构出具的证明、取得权利的合同等，可以作为享有著作权的证据。按照美国某图像公司的确认授权书，美国某图像公司有权展示、销售和许可他人使用附件A所列出之品牌的所有图像，其中包括C品牌，这些图像展示在该公司互联网网站上；原告为美国某图像公司在中国的授权代表，2009年3月23日，原告在美国某图像公司的互联网网站www.××.com上公证取证，查询并打印了相关网页的情况，网页上登载了涉案图片并载明图片编号为：××，内容：仓库，品牌：C品牌等。然而原告通过上述公证取证，仅能证明在2009年3月23日即公证取证之日美国某图像公司的网站上载有涉案图片，且根据美国某图像公司的声明，该公司对其网站上的图片享有著作权。因此，在没有相反证据的情况下，一审法院可以推定的事实是美国某图像公司从2009年3月23日起对涉案图片享有著作权。但是，美国某图像公司是一家专业图片经营公司，该公司享有著作权的图片或为该公司摄影师拍摄的职务作品，或为该公司通过其他途径继受取得，而该公司以其网站作为其图片库，网站上的图片库不同于其他公开出版物，不具有内容明确、固定的特点。美国某图像公司的网站上有海量图片信息并根据该公司随时新取得图片的情况而处于适时更新的变动状态，且每张图片均未显示上传时间。因此，在涉案宣传画册制作形成的时间即2006年，美国某图像公司是否享有涉案图片著作权，原告并未能加以证明，被告亦就此提出了明确的权属抗辩，被告质疑在2006年委托广告公司制作涉案宣传画册时，广告公司应对其所选择的图片享有著作权或相关授权。被告的质疑使涉案图片在2006年的权属处于不明确的状态。由于原告未能就美国某图像公司在本案所涉宣传画册形成时间之前该司拥有涉案图片著作权的事实提供充分的证据予以证明，从而原告亦不能根据该司授权而享有涉案图片相关权属及提起本案诉讼的权利，对于本案其他事实，一审法院认为已无进行评述认定的必要。综上，原告证明其权属的证据不足，其诉请被告承担侵权责任亦失去相应依据。

根据《中华人民共和国著作权法》第三条第五项、第十一条，《最高人民法院关于审理著作权民事纠纷案件适用法律若干问题的解释》第七条，《中华人民共和国民事诉讼法》第一百二十八条之规定，判决：驳回原告北京某图像公司的诉讼请求。本案案件受理费77.5元，由原告北京某图像公司负担。

（三）二审情况

一审判决后北京某图像公司提起上诉。北京某图像公司重点补充提交如下证据：第一组证据为中国国家版权局著作权登记证书，证明北京某图像公司经美国某图像公司授权，拥有包括但不限于展示、销售和许可他人使用涉案图片的权利，并进行了登记，期限为2005年8月1日至2010年6月30日。第二组证据为CN域名注册证书，证明北京某图像公司自2005年8月4日开始合法注册登记拥有涉案网站域名。第三、四组证据为两份案涉网站截图"公证书"，证明本案涉案图片上传时间为2005年8月25日。北京某图像公司还提交若干证据证明涉案图像曾在国内进行大规模宣传推广，并提供证据证明涉案图片曾被授权给其他公司合法使用。

二审法院以二审提供的照片没有水印字样为由，认为北京某图像公司曾对涉案图片的水印字样进行过修改，并认为"有合理的理由怀疑北京某图像公司对图片的上传时间进行了修改"。同时，二审法院认为著作权登记证书仅列明了涉案图像所属品牌的权利权属，并未明确列明涉案图像的权利归属。结合以上两点，二审法院继续以无法查明美国某图像公司是否在重庆某外运公司使用图片前拥有图片的著作权为由，驳回北京某图像公司的上诉，维持了一审判决。

三、代理思路及律师文书

（一）申请再审思路

本案的关键是确定数码图像著作权权属的证明标准，即一家数码图像的经营企业，对其拥有的海量数码图像，如何公平合理地举证证明它的著作权权属。

一审和二审确立的数码图像著作权权属证明标准过于苛刻，过于夸大了委托人相关证据的不足之处，偏离了公平原则。因此律师团队确定了如下申请再审思路：

第一，以授权委托书及中英文网站的权属公示证明委托人对涉案数码作品在中国地域范围内拥有著作权权利。以著作权的登记情况证明涉案作品的著作权。以图片宣传册及授权第三方使用涉案图片来证明涉案作品的著作权。

第二，反驳一审、二审判决对委托人证据的质疑。

第三，以侵权人使用图像没有权属来源来对比分析本案的证明标准。

第四，结合数码图像行业的特点论述本案著作权权属的证明标准，着重强调降低维权成本、提高侵权代价的知识产权战略背景。

律师团队在上述思路指导下申请再审，本案最终成功被最高人民法院裁定提审并再审胜诉。

（二）申请再审代理词

北京某图像公司和重庆某外运公司侵犯著作财产权纠纷再审案
代理词

尊敬的审判长、审判员：

在贵院审理的申请人北京某图像公司（以下称申请人或北京某图像公司）和被申请人重庆某外运公司（以下称被申请人或重庆某外运公司）侵犯著作财产权纠纷申请再审一案中，我们担任北京某图像公司的诉讼代理人。现在依据一审、二审和申请再审中双方提供的证据，结合贵院的听证情况，补充发表如下代理意见，敬请采信。

一、申请人提供的授权确认书和中英文网站图库公证书已经证明了申请人对本案图像在中国地域范围内拥有相应的著作权权利

申请人是美国某图像公司在中国的合资企业（见申请人营业执照复印件），总部设在北京，在广州、上海等地设有分公司，在深圳、大连等地设有办事处。依据美国某图像公司的授权，申请人在中国地域范围内拥有本案图片的相应著作权权利。为证明这一事实，申请人一审中提供了一审证据一、一审证据二，二审中提供了二审证据二、二审证据三、二审证据四，申请再审时又提供了申请再审证据一。这六份证据都是与美国某图像公司授权确认书和中英文网站图库公证有关的证据。

（一）

一审证据一，即北京市方圆公证处（2008）京方圆内经证字第21711号公证书。该份证据中，2008年6月9日，美国某图像公司盖章、美国某图像公司负责人签字确认，美国某图像公司授权申请人在中国境内展示、销售和许可他人使用附件所列品牌相关的所有图像，该附件所列的品牌中含有C品牌。同时授权书还明确，申请人有权在中国境内以其自己的名义就任何第三方对于美国某图像公司的知识产权的侵犯和未经授权使用附件所列出品牌相关图像的行为采取任何形式的任何法律行为。该份证据经过美国当地公证人员公证，并经过中国驻美领事认证，同时在北京方圆公证处做了翻译公证。

二审证据二，即CN域名注册证书，它说明www.×××.cn网站是申请人注册和管理的网站。

一审证据二，即大连市中山区公证处（2009）大中证民字第522号公证书。这份公证书是公证处对美国某图像公司英文网站www.×××.com、申请人中文网站www.×××.cn及中文网站图库中本案图片相应网页的公证。它说明本案的图片

是美国某图像公司和申请人图片库中的图片,图库中这幅图片有具体的编号、品牌;且这一幅图片的品牌是一审证据一附件中的C品牌。除此外,在中英文网站上均能看到这幅图片的版权声明。其中,中文网站首页的权属申明为:"本网站所有图片均由美国某图像公司授权发布,侵权必究"。中文网站图片下的中文权属申明为"美国某图像公司对本图片或影视素材拥有相应的合法权利。根据美国某图像公司和北京某图像公司的约定和授权,在中华人民共和国境内,北京某图像公司有权办理该图片或影视素材合法的授权使用许可;在中华人民共和国境内,如果您侵犯了该图片或影视素材的知识产权,北京某图像公司有权提起诉讼,并依据著作权侵权行为惩罚性赔偿标准或最高达50万元人民币的法定赔偿标准,要求您赔偿北京某图像公司的损失。"

一审证据一、二审证据二和一审证据二,这三份证据形成了一个完整的证据链,即这三份证据共同证明:依据美国某图像公司的约定和授权,申请人在中国地域范围内拥有C品牌图片的相应著作权(展览权、复制权、发行权、许可他人使用权、获得报酬权、索赔权),本案的涉案图片属于美国某图像公司和申请人图片库的C品牌图片,申请人有权以申请人自己的名义在中国地域范围内追究侵权使用本案图片的单位和个人的相关法律责任。

《著作权法》第十一条第四款规定:"如无相反证明,在作品上署名的公民、法人或者其他组织为作者。"本案是数码创意类图片(申请人的创意类图片有800多万张),申请人和美国某图像公司均是专业的图像公司,在申请人和美国某图像公司对外公示的网站图片库中能找到本案的图片,并有完整的品牌、编号等信息。依据数码图片的特点及著作权法对举证责任的规定,应当认定申请人已完成了相应的举证责任。

(二)为反驳一审判决的观点,二审中,申请人还提供了二审证据三和二审证据四。

二审证据三,即北京市方圆公证处(2010)京方圆内经证字第02221号公证书;二审证据四,即大连市中山区公证处(2010)大中证民字第206号公证书。这两份公证书分别是北京和大连两地的公证机关对申请人中文网站的后台原始数据进行的公证。它们能证明本案的图片,上传到申请人中文图库的时间是2005年8月25日5点30分56秒。

2005年8月,申请人刚刚成立,申请人需要将数以万计的数码图像从美国某图像公司英文图库中上传到申请人的中文图库中,因此,当时申请人上传图片是夜以继日地不间断地进行的。被申请人认为申请人上传图像的时间是凌晨、后台时间不真实的反驳理由显然不能成立。该一时间，恰恰说明，这是当时图库上传图像的自动真实记录。

二审法院认定申请人可能对这些后台数据进行过"修改"，也是明显错误的。第一，这是图库系统自动生成的时间，在技术上，申请人不可能对其进行修改。第二，申请人图库中的图片数以万计，每张图片上传的时间均是系统自动生成的，申请人不可能单独为了这起维权诉讼，而去修改整个图片库。

（三）为进一步反驳二审认定申请人修改了后台时间的错误事实，申请人提交了申请再审证据一，即大连市中山区公证处（2010）大中证经字第79号公证书。二审认定申请人可能对后台图像上传时间进行修改的理由之一是，申请人提供的证据中，有些图像有美国某图像公司水印标志，有些图像没有这一标志。申请再审证据一，这一份公证书是申请人图库的彩色打印件，申请人的代理人也当庭演示了这一份证据。这份彩色证据显示，在图库的小图中，看不出水印标志，点击小图随后出现的大图中却都能看到清晰的水印标志。因此，不能因为大图和小图上有无水印标志的差异，尤其是不能以黑白打印图上看不到水印标志，就主观"推断"出申请人对后台进行了修改。二审法院这一主观臆断，不仅与事实不符，而且严重不公平。

（四）代理人还想补充说明的是，基于著作权的地域特性，申请人和美国某图像公司的关系不是民法通则中的代理关系，而是在中国地域范围内著作权权利的转让关系。在民法通则的代理关系中，代理人只能以被代理人的名义从事民事活动，相关的民事行为由被代理人承担法律责任。而在本案中，美国某图像公司是将在中国地域范围内图像的展览权、复制权、发行权、信息网络传播权、许可他人使用权、获得报酬权和索赔权等相关著作权权利转让和许可给了申请人。申请人许可他人使用和获得报酬时是以申请人自己的名义，而不是以美国某图像公司的名义。因此，本案中申请人和美国某图像公司的关系不是民法通则中简单的代理关系，而是著作权权利在一定地域范围内的转让关系。

因为申请人本身能办理图片的使用许可，申请人和美国某图像公司不是民法通则中简单的代理关系，所以，第三人在中国地域范围内侵犯美国某图像公司图像的著作权时，同样也侵犯了申请人的权益，在中国地域范围内，申请人与该侵权行为有直接的利害关系。所以，在中国地域范围内，对该侵权行为，北京某图像公司有当然的诉讼主体资格。

（五）代理人还想说明的是，本案图片为数码类摄影图像，从世界上第一张数码图像到现在还不到50年，而摄影作品的著作权保护期为50年，因此本案涉案图片远远未过著作权保护期。

综上，单单从授权确认书和中英文图库的公证书来看，申请人对涉案图像在中国地域范围内拥有相应的著作权权利。原审认定基本事实缺乏证据，认定事实错误，应当再审改判。

二、申请人的著作权登记证书也能证明申请人对本案图像拥有相应的著作权权利

二审中，申请人为进一步证明申请人的权属，提供了二审证据一，即中国国家版权局著作权登记证书。该份证据加盖了国家版权局作品自愿登记专用章，附件中有本案涉案图像的样图和编号，发证日期为2009年11月24日，证明北京某图像公司取得权属的期限为2005年8月1日到2010年6月30日，而且该证书还明确表述，"经中国版权保护中心审核，对上述事项予以登记"。因此单凭这一份证据，即可证明被告对涉案图像拥有相应的著作权权利。

代理人想说明的是，这份证据涉及国家版权局对著作权实体权利的认定，是国家版权局对申请人权属进行实质审查后出具的，而不是如被申请人在听证时所说，国家版权局没有进行实质审查，只进行了形式审查。退一步说，即使这份证据存在瑕疵，在国家行政机关没有做出撤销决定前，这份证据仍具有法律约束力。人民法院仍应该将其作为有效证据来认定，而不能在司法审判中越权否认这份证据的效力。原审法院直接否认这份证据的效力，不仅严重不公平，而且也违背了基本的证据规则。

三、申请人提供的美国某图像公司和深圳某图片有限公司的图像协议及图片素材宣传册也能证明申请人对涉案图像的著作权权利

为进一步证明申请人的权属，二审中，申请人还提供了二审证据五，即美国某图像公司和深圳某图片有限公司（以下称深圳某公司）的图像协议（以下称图像协议）；二审证据六，即图片素材宣传册。这两份证据也能证明申请人对本案图像拥有著作权权利。

深圳某公司是申请人的前身，即申请人是由股东于2005年在原深圳某公司的基础上增资扩股组建而成。二审证据五即图像协议证明，早在1998年7月，美国某图像公司就授权深圳某公司在中国经营其拥有著作权的图像。二审证据六即图片素材宣传册证明，在当初深圳某公司经营的图片素材宣传册中能找到本案图片。这两份材料共同证明，早在2005年以前，美国某图像公司的图库中就有本案的图像，美国某图像公司就对本案的图像拥有相应的著作权权利。

二审否定图像协议的证明效力的理由不仅不客观，而且非常不合逻辑。

二审否定图像协议证明效力的理由之一是，图像协议中约定，该协议有中文和英文两个版本，二者不一致时，以英文为准。申请人无法提供英文版，因此，这份证据没有证明力。这样的推理显然没有任何道理，因为，协议中对中英文两个版本效力的约定，只是为了解决对这两个版本的理解发生冲突时优先适用哪个版本的问题。而对本案的证明作用来说，无论是中文版本，还是英文版本，它们都能证明美国某图像公司和深圳某公司开始合作的时间，无论是哪一个版本在本案中都能起到这一证明作用。因此，不能以申请人找不到英文版本为由，而否定这一图像协议在本案中的证明效力。

二审否定图像协议效力的理由之二是，认为图像协议这一证据是在香港形成的，没有在当地办理证据认证程序，所以没有证据效力。这一点推断理由也显然不能成立。因为这份证据来源于原深圳某公司，而深圳某公司是境内企业，不存在证据来源于境外的情况。虽然在这份证据的封页上注明了"香港高伟绅律师行"的字样，但这只表明这份协议是由香港律师起草的，并不表明这份协议是在香港签订的，更不能表明这份证据是申请人在香港取得的。

二审否认图片素材宣传册证明效力的理由也同样非常不合逻辑。二审法院认为这份证据是英文版本，没有中文译本，因此没有证明效力。这一理由也完全不能成立，因为图片素材宣传册在本案中是物证，而不是书证。它是依据宣传册中图像的样图本身来证明本案的事实，即当初美国某图像公司图库中有本案的图片的事实，而不是依据这份证据的文字内容来证明本案的事实，因此它只是物证，而不是书证。依据证据规则，不是书证，不需要提供中文译本，人民法院更不能因为没有提供中文译本来否定这份证据的效力。

综上，申请人提供的深圳某公司的图像协议和图片素材宣传册也能从另一个方面证明申请人的著作权权利，二审法院否定这两份证据的效力是完全错误的。

四、申请人提供的申请人和第三人关于本案同一幅图像的使用许可合同也能证明申请人对本案图像拥有的著作权权利

二审中，申请人提供了二审证据八，即申请人和某国际安全技术有限公司的使用许可合同及汇款凭据。该份证据证明，在申请人起诉被申请人以前，申请人就已许可第三人即某国际安全技术有限公司使用本案的图像，申请人对本案的图像拥有著作权权利。

申请再审时，申请人又提供了申请再审证据二和证据三，即申请人和上海某企业形象策划有限公司创意类图片使用许可合同及购图汇款凭证。这两份新证据同样能证明，在申请人起诉被申请人以前，申请人就已许可第三人使用本案的图像。

代理人想说明的是，二审法院否定二审证据八证明效力的理由是完全不能成立的。

二审法院否认二审证据八的理由之一是，申请人只提供了与第三人的合同，但没有证明第三人确实存在。依据公平举证责任的原则，申请人只要证明许可第三人使用本案的图像即完成了举证责任。如果被申请人对以上事实有异议，被申请人有责任提供相应的证据进行反驳，被申请人不能提出证据进行反驳，人民法院应当认定申请人证据的效力。二审法院以申请人不能证明第三人是否存在为由否定该证据的效力，不仅非常不公平，而且严重不合逻辑。

二审法院否定二审证据八的理由之二是，付款凭证上的付款人为个人，而合同上的第三人是单位，二者不一致。这一点否定证据效力的理由也是不能成立的，因为，单张图像使用许可费一般比较低，购图单位往往委托它的经办员工或广告设计师代为付款。申请人实事求是地提供这一份付款凭证，恰恰说明了当初的付款事实。

综上，二审否定申请人和第三人的使用许可合同的证明效力是错误的。申请人和第三人关于同一图像的使用许可合同证明了申请人对本案图像拥有著作权权利。

五、被申请人侵犯了申请人的著作权

为证明被申请人侵犯了申请人的著作权，申请人一审向人民法院提交三份证据，即一审证据三，被申请人的宣传册；一审证据四，版权确认函；一审证据五，版权质询函。

被申请人对宣传册的真实性没有异议，但认为这份宣传册印制时间是2006年。被申请人的这一辩驳理由在本案中没有实际意义，因为，申请人指向的侵权事实发生在2008年，即2008年被申请人仍在对外发行侵权的宣传册。对这一点，从申请人一审证据四和一审证据五中可以清楚地看到。这两份材料中，不仅清楚地陈述了被申请人2008年在使用该份宣传册的事实，而且还有申请人工作人员和被申请人联系的工作记录。至于说，被申请人的宣传册是否是2006年印制的，即被申请人的侵权行为是否会追溯到2006年，并不会影响本案侵权事实的成立。事实上，在再审听证时，被申请人的代理人也承认，现在这些宣传册被封存在被申请人的库房中，仍存在，只是没有继续对外发送。

被申请人认为不构成侵权的另一理由是，宣传册是被申请人委托第三人即重庆某广告有限公司（以下称某广告公司）印制的，因此即使构成侵权，也不是被申请人侵权，而是第三人侵权。被申请人的这一辩解理由也是不能成立的。

本案是著作权侵权纠纷，具体侵犯的客体是申请人图像著作权中的复制权和发行权。本案宣传册的主体是被申请人，宣传册的联系方式也都属于被申请人，因此宣传册是以被申请人的名义印制和发行的。被申请人自然要对该宣传册印制和发行过程中的侵权行为对外承担责任。

被申请人委托第三人印刷时，被申请人和第三人之间的关系是合同关系，所产生的纠纷是合同纠纷，和本案完全不属于同一法律关系。事实上，本案中，被申请人承担侵权责任后，完全可以依据它和第三人的合同，提起诉讼或仲裁，要求第三人承担违约责任。因此，第三人的违约，不影响本案中被申请人应承担的侵权责任。

六、申请人 11 100 元的赔偿请求是合理的请求，理应得到支持

代理人认为，本案中申请人 11 100 元的赔偿请求，是合理的请求，人民法院应该全额支持。代理人认为，本案确定具体的侵权赔偿标准，不仅要考虑申请人的企业品牌形象、被侵权图片的创意特性、申请人同类品牌图片的市场销售价格、被申请人商业侵权情况等方面的因素，还应该考虑著作权司法保护的惯例，以及我国"严厉打击盗版""降低维权成本""提高侵权代价"的知识产权保护政策。

（一）确定赔偿标准时，应考虑申请人的企业品牌及市场影响力

申请人是美国某图像公司在中国的合资公司。美国某图像公司名下品牌是全球知名的创意类图片品牌，美国某图像公司是在纽约证券交易所上市的唯一的图片公司，年销售额达到 10 亿美元，占全球图片市场的 30% 以上份额。为保持图片的创意性和领先性，美国某图像公司拥有 4 500 多名专职优秀摄影师，部分摄影师的年薪达到了 100 万美元。知名的品牌和深远的专业影响力，一方面说明了美国某图像公司图片的价值，另一方面也说明，美国某图像公司为维护这一全球创意和领先的品牌需要付出相当高的成本。因此，在确定本案侵权赔偿标准时，理应考虑美国某图像公司企业品牌及市场影响力。

（二）确定赔偿标准时，应考虑本案图片的创意特性

知识产权的本质特性就是新颖性或创意性。对知识产权的保护实质就是对创新的保护。本案图片均属于 C 品牌，C 品牌是申请人经典的创意类图片，具有较强的创意性。这类图片的价值不仅明显高于非创意类图片的价值，而且也明显高于申请人其他品牌的创意类图片。因此，在确定本案侵权赔偿标准时，理应考虑本案创意图片鲜明的创意特性。

（三）确定赔偿标准时，要考虑申请人 C 品牌图片的市场销售价格

基于 C 品牌是申请人经典创意类图片品牌，因此，申请人现阶段相当一部分 C 品牌图片的销售价（许可使用费）在 5 000 元以上。为证明申请人图片的市场销售

价格，申请人一审时向法庭提交两份证据，即两份销售合同。因此，在确定本案侵权赔偿标准时，理应考虑申请人已经证明的C品牌图片的市场销售价格。

（四）在确定本案侵权赔偿标准时，应考虑被申请人的商业使用特性

本案的图片均是用于企业的宣传册，目的是利用图片的创意性及美感，来宣传推广企业。该使用具有鲜明的商业特性。因此，在确定本案侵权赔偿标准时，理应考虑这一商业使用特性。

（五）在确定本案侵权赔偿标准时，应考虑图片著作权司法保护的惯例

北京市高级人民法院在《关于确定著作权侵权损害赔偿责任的指导意见》中明确，在确定侵犯著作权赔偿数额时，可以按正常标准的2至5倍计算。基于图片著作权的特殊性，司法实践中，一般判决赔偿的标准远高于5倍。在北京市第二中级人民法院审理的电影《可可西里》宣传图片侵权一案中，4张图片确定的赔偿金额为10万元，平均每张图片为2.5万元。在北京市第二中级人民法院审理的某实业银行业务手册图片侵权一案中，6张图片确定的赔偿金额为12万元，平均每张图片为2万元。以上图片侵权赔偿标准均在5倍以上。

申请人在北京市朝阳区人民法院某房地产开发有限公司案件中，每张图片获赔金额为5 000元，并被全额支持律师费和公证费；申请人在北京市西城区人民法院起诉某信息科技有限公司案件中，每张图片获赔5 000元，并被支持律师费和公证费4 390元；申请人在深圳法院起诉深圳市某科技有限公司案件中，1张图片获赔2万元（含维权成本）；申请人在广州法院起诉广州某房地产开发有限公司案件中，1张图片获赔2万元（含维权成本）；申请人在青岛法院起诉青岛某房地产开发有限公司案件中，4张图片获赔24 000元。

因此，在确定本案侵权赔偿标准时，应考虑图片著作权的司法保护惯例。

（六）在确定本案侵权赔偿标准时，应考虑国家将保护知识产权上升为基本政策的这一大的社会背景

依法加大知识产权的保护力度，建设创新型国家，已经上升为基本政策。《国家知识产权战略纲要》（国发［2008］18号）明确提出，"要切实加大知识产权执法力度，依法打击侵权行为，降低维权成本，提高侵权代价"。只有大幅度降低维权成本，只有大幅度提高侵权代价，才能从根本上遏制盗版侵权行为，才能从根本上克服漠视知识产权的陋习，培育出尊重产权、崇尚创新的良好社会环境。因此，代理人认为，贵院在确定本案侵权赔偿标准时，应考虑我国将保护知识产权上升为基本政策的这一大的社会背景。

事实上，本案中，申请人的维权成本相当高。

首先，申请人要委派相关人员收集资料，尔后，申请人要安排专业的技术人员进行图片检索，确定被申请人的图片侵犯了申请人的著作权。检索的工作相当繁重，相当耗费时间。

在确定侵权后，申请人工作人员需进一步核实侵权单位的情况，给侵权单位多次发函，多次电话联系。

申请人将材料转交律师事务所处理时，需要和律师事务所签委托代理协议，支付律师费。还需垫付公证费和诉讼费。

律师事务所接受委托后，工作成本也相当高。办理证据公证，需起草诉状、办理立案、参与证据交换、开庭、领取判决、进行诉讼费和案件款等费用的结算。一件案件往往要经过七、八个程序。

基于以上原因，考虑到在北京的办公成本、人力成本和交通成本，综合分析，申请人的诉讼维权大部分是亏损的。不仅申请人的该部分业务亏损，而且申请人委托的律师在某些案件上也会亏损。

因此，我们认为，人民法院在判决时，要考虑国家知识产权的基本政策，要考虑降低维权成本，加大侵权代价的国家政策。

（七）除图片赔偿费外，申请人1 100元维权成本的赔偿请求理应得到支持

被申请人盗版使用申请人的图片后，申请人一而再、再而三主动和被申请人协商，被申请人均没有提出有效的解决方案。申请人委托律师发出书面律师函后，被申请人仍置若罔闻。申请人为维护其合法权益，支出了公证费和律师代理费。依据《中华人民共和国著作权法》第四十八条和《最高人民法院关于审理著作权民事纠纷案件适用法律若干问题的解释》第二十六条的规定，对以上费用被申请人理应赔偿。

尊敬的审判长、审判员，尊重和保护知识产权已成为我国的政策，尊重和保护知识产权是我们建立创新型国家、提升整个社会发展水平的必由之路。打击盗版、降低维权成本、增大侵权代价已成为社会的迫切需求。面对被申请人的盗版侵权行为，申请人和申请人代理律师在一而再、再而三协商无果的情况下提起诉讼，不仅是为了保护申请人的合法权益，维护申请人和美国某图像公司的品牌形象，更是在广义上净化版权市场，维护法律的尊严！

一审和二审中，申请人仅仅为了证明一张数码图像的权属，先后提供了四份公证书、一份版权登记证书、一份图片素材宣传册和一份图像使用许可合同。被申请人实际使用了本案的图像，却没有提出取得该张图像合法授权的任何证据！然而，一审法院和二审法院却以各种理由否定申请人证据的效力，认定被申请人不构成侵权，驳回申请人的全部诉讼请求！

基于以上理由，请贵院迅速撤销重庆市高级人民法院（2010）渝高法民终字第71号民事判决和重庆市第一中级人民法院（2009）渝一中法民初字第209号民事判决，并判令被申请人承担全部侵权赔偿责任。

特发表如上代理意见，请采信。谢谢！

北京某图像公司的代理人
张群力律师
2010年11月1日

四、胜诉裁判摘要

（一）最高人民法院提审裁定摘要

中华人民共和国最高人民法院
民事裁定书

（2010）民申字第1108号

（主体部分略）

北京某图像公司与重庆某外运公司侵犯著作权纠纷一案，重庆市高级人民法院于2010年4月9日作出（2010）渝高法民终字第71号民事判决，已经发生法律效力。北京某图像公司不服该判决，向本院申请再审。本院依法组成合议庭对本案进行了审查，现已审理终结。

北京某图像公司申请再审称，北京某图像公司享有涉案图片相关权利的证据充分、事实清楚，重庆某外运公司否认非法使用涉案图片的事实，二审法院认定事实和适用法律错误。1. 重庆某外运公司使用的图片与北京某图像公司的图片完全相同，证明重庆某外运公司已经完成了"全部拿来，占为己有"的行为；2. 北京某图像公司提交了在侵权行为发生之前，对涉案图片进行销售的合同，但二审法院漏列该重要证据；3. 二审法院以北京某图像公司仅提交了授权合同中文文本，未提交英文文本为由，认定"无法核实该协议的真实性"，并对作为物证的素材库，以英文未经翻译为由，认定"无法核实证据来源的合法性和内容的真实性"，缺乏依据；4. 一审法院将公证时间作为北京某图像公司取得著作权的时间是错误的。在没有相反证据证明著作权登记事项错误的前提下，应当对北京某图像公司二审提交的登记证书所记载的著作权取得时间予以认可；5. 二审法院认定北京某图像公司对图片进行了修改，并以北京某图像公司没有提供与第三方签订的委托合同以及第三方的管理资质为由，对涉案图片上传时间不予认可，缺乏依据；6. 北京某图像公司现提供新证据，即（2010）大中证经字第79号公证书，证明北京某图像公司二审提交的经公证的图片之所以没有水印标志，是因为这些图片只是小规格图片．点击放大后，自然会有水印标志。请求撤销一审、二审判决，支持北京某图像公司原审时提出的诉讼请求。

重庆某外运公司答辩称，北京某图像公司提交的证据不能形成证据链条，不能证明其对涉案图片享有著作权等相关权利；即使北京某图像公司对涉案图片享有著作权等相关权利，重庆某外运公司也不应承担侵权民事责任。重庆某外运公司只是企业宣传画册的使用者，而非制作者，没有侵权的故意，且早已停止使用该宣传画册。请求维持原判，驳回北京某图像公司的再审请求。

本院经审查认为，北京某图像公司的再审申请符合《中华人民共和国民事诉讼法》第一百七十九条规定的情形。依照《中华人民共和国民事诉讼法》第一百七十九条第一款第二项及第六项、第一百八十一条、第一百八十五条及《最高人民法院关于执行〈中华人民共和国民事诉讼法〉若干问题的意见》第二百零五条之规定，裁定如下：

一、本案由本院提审；

二、再审期间，中止原判决的执行。

（二）最高人民法院再审判决摘要

中华人民共和国最高人民法院
民事判决书

（2010）民提字第199号

（"本院认为"以前部分略）

本院认为，根据北京某图像公司再审请求和理由及重庆某外运公司的答辩意见，并结合本案相关证据及一审、二审法院的判理，本案争议的焦点问题包括：（一）北京某图像公司是否取得了美国某图像公司的合法授权，是否有权提起诉讼并主张权利；（二）重庆某外运公司是否构成侵权。

一、关于北京某图像公司是否取得了美国某图像公司的合法授权，是否有权提起诉讼并主张权利的问题

本案中，美国某图像公司未参加诉讼，但美国某图像公司是否享有涉案图片的著作权，直接关乎其对北京某图像公司的授权行为是否存在瑕疵，以及对北京某图像公司主张能予以支持的问题，故应对此进行必要的审查，并结合双方当事人提供的证据综合分析判断。

首先，美国某图像公司系美国知名的专业摄影图片提供商，涉案图片上有"＊＊＊"的水印，即美国某图像公司的署名，并标注了"本网站所有图片均由美国某图像公司授权发布，侵权必究"等字样，根据著作权法的规定，如无相反证明，应认定在作品上的署名者为作者，并享有著作权。本案中，美国某图像公司出具的授权书已经美国公证机构公证，及我国驻美国总领事馆认证，对此证据效力应予采信。依据该授权书，北京某图像公司作为美国某图像公司在中国的授权代表，有权在中国境内展示、销售和许可他人使用美国某图像公司拥有著作权的图片，并有权在中国境内以北京某图像公司名义就任何侵权行为提起诉讼。

其次，关于涉案图片何时公开发表的问题。鉴于本案重庆某外运公司使用的涉案图片与美国某图像公司享有著作权的图片完全相同，但重庆某外运公司既未提交证据证明涉案图片的著作权不属于美国某图像公司，亦未能证明其对涉案作品的使用有合法依据。据此，可以推定涉案图片在重庆某外运公司2006年使用之前已经公开发表，至于涉案图片发表的具体时间已不重要。一审法院将北京某图像公司2009年3月23日申请公证机构公证的时间，作为美国某图像公司享有著作权的时间没有法律依据。二审法院以"现有证据不能证明美国某图像公司在2005年8月1日以前或者在2006年前对涉案图片享有著作权"为由，认定北京某图像公司不能依据美国某图像公司的授权，享有相关著作权及提起本案诉讼的权利，亦法律依据不足。据此，本院认为，根据北京某图像公司在一审、二审及申请再审过程中提供的相关证据，可以认定北京某图像公司已经取得美国某图像公司合法授权，其据此主张权利，依法应予支持。

二、关于重庆某外运公司是否构成侵权问题

如前所述，北京某图像公司对涉案图片依法享有著作权，并受著作权法保护。重庆某外运公司未经许可，擅自使用涉案图片，并用于企业宣传推广，侵犯了北京某图像公司依法享有的复制权和发行权，应当承担停止侵害、赔偿损失的民事责任。重庆某外运公司以其只是企业宣传册的使用者，不是制作者，没有侵权的故意，不构成侵权抗辩的理由不能成立。对于企业宣传画册制作者的责任，重庆某外运公司可以依据其与该制作者签订的合同，另案解决。关于赔偿数额，根据北京某图像公司相同图片的许可使用费价格及重庆某外运公司侵权行为的性质、主观过错等因素，由本院予以酌定。对于北京某图像公司请求判令重庆某外运公司赔礼道歉的问题，因赔礼道歉属于侵犯著作权人人格权利所应承担的民事责任，而北京某图像公司不是涉案图片的作者，其不享有涉案图片著作权中的人格权利，故对其该项主张不予支持。

综上所述，依照2001年修订的《中华人民共和国著作权法》第二条第二款、第十条第一款第五项、第六项，第十一条第四款、第四十七条第一项、第四十八条，《最高人民法院关于审理著作权民事纠纷案件适用法律若干问题的解释》第七条、第二十六条，《中华人民共和国民事诉讼法》第一百五十三条第三项、第一百八十六条之规定，判决如下：

一、撤销重庆市高级人民法院（2010）渝高法民终字第71号民事判决，撤销重庆市第一中级人民法院（2009）渝一中法民初字第209号民事判决；

二、自本判决生效之日起，重庆某外运公司停止使用编号为×××的摄影图片；

三、重庆某外运公司自本判决生效之日起七日内赔偿北京某图像公司经济损失3 000元及合理支出费用1 100元。如逾期给付，则按照《中华人民共和国民事诉讼法》第二百二十九条之规定，加倍支付迟延履行期间的债务利息。

四、驳回北京某图像公司其他诉讼请求。

一审、二审案件受理费共计150元，由重庆某外运公司负担。

本判决为终审判决。

五、律师团队7点评析

（一）本案是图像行业有代表性的重要维权案件

如前所述，本案的委托人是全国范围内领先的文化创意企业，是知名的图像版权公司。本案一审和二审的败诉给委托人造成了严重的负面影响，同时也影响到整个图像行业的维权和健康发展。如果本案一审和二审对图像权属的证明要求在其他人民法院被效仿，则大部分图像侵权案件无法及时提起诉讼。这样自然会影响正版版权市场的培育与发展。因此，及时纠正本案一审和二审的错误判决，不仅是委托人自身企业的期盼，也是整个图像行业共同的期盼。

（二）专家论证会对本案的成功再审起到了积极的推动作用

基于本案在行业内的影响，委托人申请中国著作权协会就图像著作权维权的相关问题组织召开了专家研讨会。图像行业代表、著作权协会代表、司法机关代表、律师代表及知名版权专家参加了专家研讨会。会议聚焦了数码图像的著作权证明标准、数码图像的维权成本、数码图像的版权现状及行业发展，会议也讨论了本起案件对行业的影响。

专家研讨会让司法机关和版权专家更多地关注了图像行业的特点，关注了本起案件。上述信息及时反馈到了最高人民法院，为最高人民法院及时提审本案发挥了积极作用。

（三）本案代理词系统阐述了本案的著作权权属证据，凸显了一审判决和二审判决的错误

在召开专家研讨会后，委托人正式委托律师团队的张群力律师向最高人民法院申请再审。我们重新梳理了一审和二审的证据，提交了再审申请书和代理词，并参加了最高人民法院组织的听证。代理词结合证据从四个方面系统阐述了委托人对涉案图片在中国地域范围内拥有著作权权利。第一，以授权委托书及中英文网站的权属公示证明委托人对涉案数码作品在中国地域范围内拥有著作权。第二，以著作权的登记证书证明本案作品的著作权。第三，以图片宣传册证明本案作品的著作权。第四，以委托人授权第三方使用涉案图片来证明本案作品的著作权。上述论述系统全面，有很强的说服力。同时在进行上述论述过程中，反驳一、二审判决对委托人证据的质疑，对侵权人使用图像没有权属来源进行了对比分析，强调了降低维权成本、提高侵权代价的知识产权战略背景。上述论述凸显了本案一审判决和二审判决的错误，为本案成功再审发挥了积极的作用。

（四）代理词对赔偿标准也进行了系统的论述

代理词除对著作权权属进行论述外，还结合图像行业特点，结合著作权维权的特点，结合国家知识产权战略，对本案的赔偿标准作了系统充分的论述。上述论述，对最高人民法院确定本案的赔偿标准也发挥了积极的作用。

（五）最高人民法院对本案证明标准及赔偿标准认定

最高人民法院在充分听取双方意见的基础上，结合数码图像行业的特点，确定了网络公示的数码图像著作权权属证明标准，即依据委托人在网站对涉案图像的著作权公示，推定委托人对涉案图像拥有著作权，撤销了一审判决和二审判决。同时根据数码图像的特点，判决单张图像的赔偿金额为3 000元，并另行承担合理的维权成本。

（六）本案判决有力地推动了数码图像著作权的保护

本案确定的数码图像著作权权属证明标准，大大地减轻了图像企业在维权过程中的举证责任，大幅度地降低了图像维护成本，有力地推动了图像行业的版权保护，有力地推动了图像行业的健康发展。本案被最高人民法院评为当年最有影响的50起知识产权典型案例之一。

（七）对代理工作的综合评价

本案通过向最高人民法院申请再审和在最高人民法院的再审成功实现逆转，综

合分析，以下三方面的代理工作起到了突破作用：（1）思路突破。本案的关键是合理确定数码图像著作权权属的证明标准。律师团队结合证明理论，结合数码图像的特点，结合本案的证据，论述了本案权属的合理证明标准，凸显了原审的错误。（2）文书突破。本案的再审申请书和听证后的代理词，依托证据和事实，依据法理和法律规定，论述充分，条理清晰，有很强的说服力，对本案的再审和改判发挥了重要作用。（3）体现团队突破的案件研讨会。本案申请再审前邀请版权界、法律界和企业界成员在北京召开了数码图像维权研讨会，引起了最高人民法院对本案的重视，为本案再审成功创造了有利条件。